상담학총서
COUNSELING SERIES

실존주의 심리치료

Irvin D. Yalom 저 · 임경수 역

Existential Psychotherapy

EXISTENTIAL PSYCHOTHERAPY
by Irvin D. Yalom

First Published in the United States by Basic Books,
A subsidiary of Perseus Books L.L.C.
The Korean language edition published by arrangement with Perseus Books through ShinWon Agency Co.

역자 서문

Irvin Yalom은 러시아에서 제1차 세계 대전 직후 미국으로 이민 온 러시아계 유대인으로 1931년 워싱턴 D. C에서 출생하였다. 이민 온 그의 부모는 경제적 곤란과 치안이 결여된 고립된 도시에서 채소장사를 하며 살았고, 밖을 활보하는 것이 위험한 지역이었기 때문에 집안에서 책을 읽는 것이 Yalom에게는 가장 안전했다. 그의 부모는 실지로 공식적인 교육적 배경이 없고, 생존을 위한 처절한 삶의 현장에서 모든 시간을 보내야 했기 때문에 알롬에게 부모와 의논하고 상담하는 것은 현실적으로 상상하기 어려운 것이었다. 이런 그에게 책, 주로 소설은 모든 것을 대체할 수 있는 피난처였고, 지혜와 영감의 근원이 되었다고 회상한다. 이런 어린 시절을 보낸 후 Yalom은 의과대학에 입학했고, 의과대학에서의 정신의학(psychiatry) 공부는 소설가 톨스토이와 도스토에프스키가 가진 인간에 대한 번뇌와 고민과 유사하다는 것을 느꼈다고 피력하고 있다. 역자는 그의 이러한 번민들이 이 책을 포함한 그의 주된 저서에 수록되어 있다고 생각한다.

오늘날 실존주의치료는 심리치료의 다양한 형태와 상황에서 사용되고 있으나, 실존주의 심리치료에 대한 구조, 분석 그리고 그 사용의 유용성에 대한 것은 부족한 상태였다. 그러나 Yalom의 책 『최신 집단정신치료의 이론과 실제(*Theory and Practice of Group Psychotherapy*)』는 미국에서 70만 부 이상이 읽혀지고 있으며, 이후 1980년에 발행된 『실존주의 심리치료(*Existential Psychotherapy*)』 역시 미국에서 서른두 번의 인쇄를 거듭하면서 심리치료에 관심 있는 전문가들과 학생 그리고 일반인의 관심을 끌고 있다.

이 책에서 저자가 강조하는 것은 인간이 무의식적으로 죽음을 부정하며 소위 '사랑' 이나 '행복' 을 추구하려는 것은 잘못된 것이며, 이러한 부정으로 사람은 진정한 의미에서 삶의 의미를 누리지 못하는 병리현상에 시달린다는 점이다. 죽음과의 진실한 직면은 개인으로 하여금 자신의 삶과 목적에서 어떤 것이 진정한 목적인지의 물음을 심각하게 던지도록 만든다. 그러나 현실에서 죽음의 직면이 전인적이고 참살이의 핵심이 됨에도 불구하고, 우리는 죽음에 대한 생각과 말을 원치 않는다는 것이다. 이러한 현상을 설명하기 위해 Yalom은 이 책에서 실존주의 심리치료의 핵심이 되는 네 가지 요소인 죽음(death), 자유(freedom), 소외(isolation), 무의미(meaninglessness)의 소주제들을 각각 다루고 있다. 이 소주제들을 끌어내기 위한 그의 노력들은 문학, 철학, 심리학, 신학의 분야에서 학제 간의 교류를 통하여 실존주의적 사상의 은닉된 언어와 사상을 연결시키고 있다. 그러기에 이 책에서 실존주의 철학자 사르트르, 하이데거, 키르케고르, 실존적 문학가인 카뮈, 톨스토이, 도스토예프스키, 실존주의 신학자 틸리히, 실존주의 심리학자 프랭클, 메이에 대해 합리적인 문헌적 제시와 임상적 사례는 독자들의 마음에 통찰의 놀라움과 깊은 감동을 남길 것이며, 새로운 분야에 대한 눈을 뜨게 해 줄 것이다.

실존주의 신학에서 실존주의적 인간심리를 분석하는 그의 접근은 이 책에 두루 편만하고 있지만, 2000년 Oscar Pfister Prize 시상식에서 심리학과 종교에 기여한 학문적 업적으로 수상한 그는 종교와 심리학은 양날을 대립적으로 세우고 있기도 하지만, 동시에 인간이 가진 문제를 고민하고 해결하려는 같은 짐을 지고 있다고 말했다. 이러한 점에서 그가 나이가 들어감에 따라 심리치료에 종사하는 것을 소명(calling)으로 여기고 있다고 소감을 피력하는 것은 성직자들이 가지는 직업의 소명과 비교할 수 있는 것이다.

누구나 책을 쓰든지, 번역을 하든지 자신이 관심 있는 분야의 주제를 택할 수밖에 없다. 역자가 이 책에 관심을 가지게 된 것은 1999년 여름이었다. 나름대로 인간의 실존과 심리에 대하여 궁금증을 가지고 있을 때 만난 이 책은 인간의 실존적 문제와 심리학의 상관성을 중재함으로써 해갈의 만족을 느끼게 했다. 뒤늦게나마 번역되어 소개하는 것에 의미를 두고 싶다. 3년간 번역작업을 하면서 인간실존과 심리치료를 주제로 하는 Yalom의 방대한 학제 간의 대화는 공감의 연속이었다. 번역은 최대한 저자의 의도를 살리되, 난해한 부분은 독자의 이해를 돕는 방향으로 엮어 나갔다. 그러나 많은 공감이 있었던 반면, 철학, 신학, 문학과 심리학을 오가는 저자의 의도를 살리려고 했지만 부족한 부분도 있을 줄 안다. 오랜 기간 기다려 준 학지사 김진환 사장님과 설득력 있는 글이 되도록 다듬어 준 편집부와 특별히 세밀한 교정을 해 준 이세희 씨에게 감사를 드린다. 아무쪼록 현실적 근거가 있고, 학문적 설득력으로 어우러진 실존주의 심리치료가 이 강산에 편만한 심리학의 줄기로 기여하고, 이 책이 소시민의 마음속에 자리를 잡는 데 도움을 제공하는 원천이 되길 바란다.

2007. 6.

영암관 교수 연구실에서

역자 임경수

저자 서문

이 책이 발간되기까지 많은 사람들이 도와주었기 때문에, 이 고마움을 모든 이들에게 다 말할 수가 없어 안타깝다. 이 책을 완성하는 데는 몇 년간의 세월이 걸렸으며, 출판 과정에서 많은 사람들에게 빚을 진 것을 생각하면 내 기억이 미치지 않는 곳까지 간다. 수많은 동료들이 원고를 전부 혹은 부분적으로 읽고 비판을 해 주었다. Jerome Frank, Julius Heuscher, Kent Bach, David Spiegel, Alex Comfort, James Bugental, Marguerite Lederberg, Michael Bratman, Mitchell Hall, Alberta Siegel, Alvin Rosenfield, Herbert Leiderman, Michael Nordern, 그리고 스탠퍼드 대학의 정신과 레지던트를 포함하여 모든 이들에게 감사를 드린다.

나의 연구년 기간인 1977~1978년 사이에 연구할 수 있도록 좋은 배려와 장학금을 제공한 행동과학고급연구센터(Center for Advanced Study in the Behavioral Sciences)와 Gardern Lindzey로부터 은혜를 입었다. 나에게 학문적 삶을 영위할 수 있도록 내내 관대하게 준비해 준 스탠퍼드 대학교에 깊은 감사를 드린다. 나는 이곳에서 지적인 자유, 물질적 도움, 최고의 전문가 동료들의 도움을 받았다. 행정적인 잡일로부터 해방될 수 있도록 방패가 되어 준 정신의학부의 의장 Thomas Gonda에게도 역시 깊은 감사를 드린다. 그리고 Marjorie Crosby의 지원과 용기를 제공해 줌에 대하여 감사의 마음을 갖는다. Phoebe Hoss는 훌륭하게 편집도움을 제공해 주었다. 이 긴 내용의 책을 처음부터 마지막 끝날 때까지 모든 원고를 타자 쳐 준 나의 비서 Bea Mitchell의 인내, 풍부한 상상력 그리고 성실함은 우리가 일을 함께 시작한 여러 해 동안 늘 그대로였다. 나의 아내 Marilyn은 끊임없이 나를 도와주었을 뿐만 아니라, 나의 이전 책에서처럼 가치로 측정할 수 없는 핵심적이고 편집할 수 있는 의견을 제공하였다.

이 책의 인용된 내용들을 허락한 것에 대하여 감사를 드린다.

The Standard Edition of the Complete Psychological "Works of Sigmund Freud, translated and edited by James Strachey. By Permission of Sigmund Freud Copyrights Ltd., The Hograth Press Ltd., and The Institute of Psycho-Analysis; also of Allen & Unwin Ltd. and Basic Books, Inc.

EST 60 Hours That Transform Your Life, by Adelaide Bry. Copyright © 1976 by Adelaide Bry. Reprinted by Persmission of Harper & Row Publishers. Inc.

Maria Nagy, "The Child's Theories Concerning Death," Journal of Genetic Psychology(1948) 73:3-27. Reprinted by permission of the author and The Journal Press.

"Everyman," in M. Abrams, et al., eds., Norton Anthology of English Literature, vol. I., pp. 281-303. Copyright © 1962. Reprinted by permission of W. W. Norton, Inc.

E. Fromm, D. Suzuki, and R. EdMartino, Zen Buddhism and Psychoanalysis. Copyright © 1960. Reprinted by permission of Harper & Row Publishers, Inc.

"Forgive, O Lord," from The Poetry of Robert Frost, edited by Edward Connery Lathem. Copyright © 1962 by Roberts Frost. Copyright © 1967 by Holt, Rinehart and Winston. Reprinted by permission of Holt, Rinehart and Winston, Publishers. Four lines from "Desert Places," from The Poetry of Robert Frost, edited by Edward Connery Lathem. Copyright © 1969 by Holt, Rinehart and Winston. Reprinted by permission of Holt, Rinehart and Winston, Publishers.

Purpose in Life Test (PIL) by James C, Crumbaught and Lenard T, Maholock. Reprinted with permission of James C. Crumbaugh. Published by Psychometric Affiliates, P. C. Box 3167, Munster, Indiana 46321.

V. Frankl, "Fragments from the Logotherapeutic Treatment in Four Cases," in A. Burton, ed., Modern Psychotherapeutic Practice (Palo Alto, Calif.: Science Behavior Book, Inc., 1965) Reprinted by permission of Arthur Burton.

차 례

제2부 자유

제3부 소외

제4부 무의미

제1장

서 문

몇 년 전 나와 친구 몇 명은 아르메니아(Armenian) 여성 요리사와 그녀와 나이가 비슷한 보조원들이 지도하는 요리강습에 등록을 하였다. 그들은 영어를 못했고, 우리도 아르메니아 말을 할 수 없었기 때문에 의사소통을 한다는 것이 어려웠다. 요리사는 시범을 보이면서 가르쳤다. 우리는 요리사가 가지(eggplant)와 양고기 접시를 정열하면서 준비할 때 가르쳐 준 양념의 양을 보려고 부지런히 쳐다보았다. 그러나 우리가 만든 양념은 불완전했다. 요리사의 양념을 흉내 내려고 최선을 다했지만 그렇게 할 수 없었다. '요리사의 것이 이렇게 특별한 맛을 내는 이유는 무엇일까?' 나는 곰곰이 생각해 보았다. 그러던 어느 날 이 물음에 대한 답을 찾았다. 그날 나는 부엌에서 어떻게 일이 진행되고 있는가를 특별히 유의해서 주시하고 있었는데, 요리사가 매우 신중하면서도 품위 있게 요리를 준비하는 것을 볼 수 있었다. 그녀는 그 요리를 보조원에게 건넸고, 보조원은 말없이 부엌의 오븐으로 옮겨 놓고 양념과 조미료를 한 움큼씩 뿌려 넣었다. 나는 바로 이렇게 말없이 은밀하게 뿌려 넣은 것이 나의 요리와 요리사의 맛 차이를 만든다는 것을 알았다.

그 후 심리치료를 할 때나, 특별히 성공적인 치료를 위해서 아주 중요한 요소에 대하여 생각할 때면 이 요리 강습에서 배운 것이 종종 마음에 떠오른다. 형식적인 교과서, 논문, 강의는 주의 깊게 세부화된 상담의 단계, 전략적인 기술적인 중재, 방법론적 발달과 전이의 해결책, 대상관계의 분석 그리고 주의 깊고 통찰적인 해석의 이성적 프로그램이 심리치료를 묘사한다. 그러나 나는 마음 깊은 곳부터 다른 사람이 보이지 않을 때 치료자가 '진정한 것' 을 내담자에게 넣는다고 믿는다.

그런데 이러한 '넣는 것들' (throw-ins) 혹은 '기록에 있지 않는' 보이지 않는 것들이란 무엇을 말하는가? 이러한 것들은 형식적 이론의 틀 밖에 존재하는 것이고, 여기에 대하여 기록된 것도 없으며, 명백히 교육되지도 않았다. 대개 치료자들은 이러한 요소들을 모르지만 왜 수많은 내담자들이 자신의 고통에서 점차적으로 회복되는지를 설명할 수 없는 것인 줄 알고 있다. 이 중요한 요소들은 묘사하기가 어렵고, 정의하기란 더 어렵다. 정말 이러한 중요한 요소들을 연민, 현존, 돌봄, 치료자 자신을 헌신하는 것, 심오한 단계를 통해 환자의 마음에 닿는 것 혹은 이 모든 것을 통틀어 지혜라고 할 수 있을까?

현대 심리치료의 기록을 보면 어떻게 치료자들이 위에서 언급한 요소들에 대하여 선택적으로 무관심한지에 대하여 잘 설명하는 한 예가 있다.[1] (후에는 치료자들이 이러한 관심에 대하여 훨씬 소용이 없게 되었는데 심리치료가 치료에서 적합한 행위라는 사실이 너무 교리화되어서 '기록에 있지 않는' 것들은 사례보고에서 빠지게 되었다.) 1892년 프로이트(Sigmund Freud)는 걸어갈 때 심리 유전적 장애를 보이는 엘리자베스(Fraulein Elisabeth Von R.)를 성공적으로 치료하였다. 프로이트는 환자가 가진 어떤 악의적 원함과 생각을 이완시키는 정화 기술로 성공적인 치료방법을 설명하였다. 그러나 프로이트의 자료를 연구하다 보면 그가 행한 수많은 다른 치료방법에 대하여 놀라움을 금치 못한다. 예를 들어, 프로이트는 엘리자베스를 친언니의 무덤을 방문하도록 하였고, 엘리자베스가 관심이 있는 어떤 한 남성에게 전화를 걸도록 했다. 프로이트는 엘리자베스를 대신해서 가족과의 관계를 통해 '그녀의 현 상황에 우호적으로 관심' [2]이 있음을 나타내 보였다. 프로이트는 환자의 어머니와 인터뷰를 했으며, 그 어머니에게 마음을 열어 딸과의 대화영역을 제공하라고 '간청' 했고, 엘리자베스가 정기적으로 마음의 짐을 덜어 놓을 수 있도록 하였다. 프로이트는 그녀의 어머니로부터 엘리자베스가 죽은 언니의 남편과 결혼할 가능성이 없었다는 사실을 안 후, 이 사실을 엘리자베스에게 전하였다. 프로이트는 이 가족의 재정적인 복잡한 문제를 해결하는 데 도움을 주었다. 프로이트는 엘리자베스에게 모든 사람은 불확실한 미래를 피할 수 없다는 사실을 고요 가운데 직면하도록 재촉하기도 하였다. 프로이트는 엘리자베스가 가지는 원하지 않는 감정에 대하여 책임을 질 필요가 없다고 꾸준히 위로했고, 이러한 감정으로 발생한 죄책감과 후회는 그녀가 가진 높은 도덕적인 인격의 증거라고 지적했다. 상담이 종료된 후 엘리자베스가 개인 댄스 파티에 간다는 소식을 들었을 때 프로이트는 자신을 초청해 달라고 했는데, 그것은 그녀의 생동감 있는 춤을 통해 그녀가 과거를 다 날려 보내는 것을 볼 수 있기 때문이었다. 우리는 무엇이 그녀로 하여금 온전하게 치료받게 되었는가에 대하여 궁금해하지 않을 수 없다. 의심할 것 없이 프로이트가 엘리자베스의 치료에 사용한 다양한 방법은 바로 효과적인 중재라는 사실이다. 그래서 이러한 요소를 치료이론에서 배재하는 것은 큰 실수를 범하는 것이다.

이 책의 목적은 심리치료의 한 방법을 제안하고 명료하게 밝히는 것이다. 이론적 구조와 이 구조에서 발생하는 치료 접근에서 기술적인 방법을 소개하여 심리치료에 도움이 되는 여러 방법을 위한 뼈대를 제공해 줄 것이다. 이러한 접근방법을 '실존주의 심리치료'(existential psychotherapy)라고 하는데 이 실존주의 치료의 방향은 경험적인 것이 아니고, 깊은 직관적(intuitive)이기 때문에 명료한 정의를 문제 삼지 않는다. 나는 이 치료방법에 대한 형식적인 것을 제안함으로 이 책을 시작할 것이고, 그러고 나서 이 책의 나머지 부분에서 그 정의를 밝힐 것이다. 실존주의 심리치료라는 것은 개인의 존재에 깊게 뿌리 내리고 있는 관심에 대하여 초점을 맞추고 있는 역동적인 접근이다.

나는 경험 있는 심리치료자 대다수의 사람이 어떠한 학파에 소속되었든지 관계없이 내가 지금부터 서술할 실존적인 통찰력을 사용하고 있다고 본다. 예를 들어, 흔히 개인의 유한성에 대한 깨달음은 환자가 자신의 선택에 따라 고통을 받고 있는 주된 관점의 중요한 내적 움직임을 정화시킬 수 있고, 환자를 치료하는 것은 관계성이라는 것을 알고 있다. 따라서 치료자는 환자가 행동으로 옮길 수 있는 '의지'를 촉진시켜야 하고 환자 대다수는 그들의 삶에서 의미의 부재로 괴로움을 당하고 있다.

그러나 실존적인 접근치료는 치료자들이 의식하지 않고 사용하는 은연중의 관점이나 난해한 강조보다 더 한 것이다. 나는 수년 전부터 심리치료자들에게 다양한 주제에 대하여 강의할 때 '여러분 중에 스스로가 실존주의적으로 기울어져 있다고 생각하는 사람이 있습니까?' 라는 질문을 했다. 강의를 듣는 많은 사람 중 약 50%가 넘는 사람이 확고하게 그러한 경향을 가지고 있다고 했다. 그러나 이 심리치료자들에게 '무엇이 실존적인 접근입니까?' 라고 물었을 때는 아무 대답도 들을 수 없었다. 심리치료자들이 어떤 치료적 접근에 대한 묘사를 하려고 사용하는 언어는 지금껏 뚜렷하거나 간단명료한 적이 없었다. 그러나 모든 치료 언어를 통틀어 보아도 이 실존주의 치료방법만큼 막연함과 혼란을 가져다주는 치료방법은 없다. 실존주의 치료를 사용하는 심리치료자들은 본질적으로 불명확한 단어와 연관이 명백하게 없는 단어와 관련되어 있다. 바로, 확실성(authenticity), 우연한 만남(encounter), 책임성, 선택, 인간적인, 자기실현, 중심을 가지는 것, 사르트르주의(Sartrean), 하이데거주의(Heideggerian) 등의 단어들이다. 그리고 많은 정신건강 전문가들이 이 실존주의 치료를 유하고(soft), 비이성적이며 하나의 치료적 접근방법이기보다는 훈련되어 있지 않기 때문에 즉흥적으로 자격증을 수여하고 그 접근을 불분명한 치료자들이 하고, '접근' 이기보다는 잡다한 것이 섞인 혼합된 치료로 오랫동안 여겨 왔다. 나는 이러한 결론을 믿을 수 없다. 그래서 실존주의 접근 치료방법은 다른 어떤 치료방법과 같이 이성적이고, 연관성이 있고, 조직적인 가치가 있고, 효과적인 심리치료적 패러다임을 가졌다는 것을 보여 주려 한다.

실존주의치료 : 역동적 심리치료

실존주의 심리치료는 역동적인 심리치료의 한 형태다. '역동적' (dynamic)이라는 용어는 '정신역동학' (psychodynamics)에서 사용되는 것과 같이 정신건강분야에서 자주 사용되는 용어다. 만일 실존적인 치료접근의 근본적인 특성 중의 하나를 이해하려고 한다면, 우선 역동치료의 의미를 분명히 이해하는 것이 필요하다. '역동성' 이라는 용어는 평범하고도 전문적인 의미를 가진다. 평범한 의미에서 '역동성' 은('강하게 혹은 힘을 준다' 는 의미인 그리스어 dunasthi에서 나온 말) 에너지나 움직임을 생각나게 한다. 그러나 전문적인 의미에서는 이 평범한 의미가 맞지 않는다. 만일 이 평범한 의미가 전문적인 의미에 맞는 것이라면, 심리치료자들이 느리고 나태하고 정체적(stagnant)이고 둔감한 비역동적인 것을 인정해야 했을 것이다. 역동성은 '힘' 의 관념을 포함하는 특별한 전문적인 의미를 가진다. 프로이트의 인간이해의 주된 공헌은 인간의 정신기능에 대한 역동적인 모델이다. 이 모델은 인간 내부의 갈등 안에 있는 힘, 즉 실생활에 적응할 수도 있고 병리적으로 나타날 수 있는 인간의 사고와 감정과 행동은 인간 내부의 갈등 힘의 결과라는 것을 말하고 있다. 더욱이 중요한 것은 이러한 힘이 의식에 다양한 형태로 존재한다는 것이고, 어떤 것은 전부가 무의식이라는 것이다.

그러므로 개인의 정신역동성은 개인의 내부에서 발생하는 다양한 무의식과 의식의 힘, 동기 그리고 공포를 포함한다. 역동적인 심리치료는 이러한 정신기능의 역동적인 모델에 기초한 치료다.

지금까지 말한 것은 다 좋다. 지금부터 서술할 실존주의치료는 이러한 역동적인 치료의 범주 안에 적합하다. 그러나 '어떤 힘(두려움이나 동기)이 갈등 안에 있는 것인가? 이러한 내적인 의식과 무의식의 고투내용이 무엇인가?' 라는 질문에서 벌써 역동적이고 실존적인 치료와 다른 역동적인 치료방법과의 차이가 발생한다. 실존적인 치료는 개인의 내부에서 상호작용을 하는 특별한 힘, 동기 그리고 공포에 대하여 아주 다른 관점을 가진다.

인간의 깊은 내면에 있는 갈등의 명료한 특성을 설명하는 것은 쉽지 않다. 문제가 있는 환자에게서 그 원인에 대한 근원적 형태의 주된 갈등을 증명해 내는 것은 거의 불가능하다. 대신 환자는 지대한 관심의 복잡한 세트에 피난처를 찾는다. 그리고 주된 관심은 은폐, 억압, 부인, 감정전이 그리고 상징화의 층에 층을 더하여 껍데기를 쌓는다. 그래서 임상 조사자들은 너무 엉켜 있어 풀기 어려운 수많은 실(thread)에 대한 임상적 그림을 살펴야 한다. 치료자는 주된 갈등의 원인을 찾기 위해 반드시 다양한 접근방법을 사용해야 한다. 그것은 깊은 사고, 꿈, 악몽, 뜻깊은 경험을 다시 생각하는 것, 통찰, 정신병적인 발언(psychotic utterances) 그리고 어린 시절에 대한 연구다. 후에 이러한 다양한 통로에 대하여 언급하겠지만, 지금은 간단한 개요가 도움을 줄 것이다. 개인의 원형적이고 정신적인 갈등에 대한 프로이트주의, 신프로이트주의 그리고 실존주의의 세 가지 대조적인 관점은 정신역동에 대한 실존적인 관점을 대비함으로써 설명할 것이다.

프로이트의 정신역동

프로이트에 따르면, 아이는 선천적으로 타고난 본능적인 힘의 지배를 받으며, 양치류의 잎처럼 심리성적 발달의 주기를 통하여 서서히 발달한다. 이 과정에서 몇 가지 갈등에 직면하는데, 이 중에 본능(자아 본능(ego instincts)대 리비도 본능 혹은 두 번째 이론에서는 사랑(Eros) 대 죽음(Thanatos)이다)은 서로에게 대적한다. 이 본능들은 환경의 요구와 함께 서로 충돌하고, 후에는 내재화된 환경, 즉 초자아(superego)의 요구에 따라서 충돌한다. 아이는 즉각적인 만족을 추구하는 내적인 압력과 만족을 연장시키려는 현실원칙 사이에서 협상을 하여야 한다. 본능적으로 움직이는 인간은 타고난 폭력적이고 성적인 욕구의 만족을 막는 세상과 전쟁 중이다.

신프로이트의 정신역동

신프로이트주의자들, 특별히 설리번(Harry Stack Sullivan), 호나이(Karen Horney), 프롬(Erich Fromm) 등은 사람이 가지는 근본적인 갈등에 대하여 다른 관점을 가지고 있다. 아이는 미리 조형된 프로그램에 따라 조성되고 본능적인 힘으로 태어난 것이 아니라, 또한 기질과 활동적인 면에서 선천적으로 중립적인 질(qualities)을 가지고 있다는 것과는 달리, 전적으로 문화와 개인적인 환경에 따라서 조성된다는 것이다. 아이에게 근본적으로 필요한 것은 인간관계에서의 수용과 승낙이라는 안전이다. 그리고 안전을 제공하는 중요한 성인과의 상호관계의 질은 아이의 성격구조를 결정한다. 아이는 본능에 지배당하지 않음에도 불구하고 선천적인 에너지, 호기심, 몸의 결백(innocence of the body), 성장하려는 선천적인 잠재성, 사랑하는 어른을 독점하고 싶은 욕망을 가지고 있다. 이러한 속성은 주위의 중요한 어른의 요구와 항상 일치하는 것은 아니며, 가장 중요한 갈등은 이러한 자연적인 성장경향과 아이의 안전과 승인에 대한 필요성 사이에 있다. 만일 아이의 부모가 불행하게도 신경질적 싸움을 일삼고 안전과 자율적 성장을 격려할 수 없다면 그때는 심한 갈등이 발생케 된다. 이러한 고투 가운데서의 성장은 안전성에 언제나 손상을 입힌다.

실존적인 정신역동

실존주의 심리치료는 인간의 근본적인 갈등에 대하여 다른 관점을 강조한다. 본능적인 것을 억압하는 데서 오는 갈등도 아니고 내재화된 중요한 어른에서 오는 갈등이 아니라, 인간존재에게 주어진 것과 개인이 직면하는 것에서 흐르는 갈등이다. 그리고 인간존재에 주어진 것이란 이 세상에서 인간으로 존재하는데 어떤 궁극적인 관심(ultimate concerns), 인간에게 한 부분이 되어 벗어 날 수 없는 고유성으로 주어진 것을 의미한다.

어떻게 사람이 인간에게 주어진 이러한 것들을 발견할 수 있을까? 어떤 의미에서는 이 작업이 어렵지 않다. 그 방법은 깊이 있는 개인적 숙고(reflection)다. 이렇게 하는 것은 매우 간단한데 개인이 경험하는 세상에 가득 차 있는 매일 생활의 혼란(distractions)으로부터 고독, 침묵, 여가, 자유를 가지는 것이다. 만일 우리가 매일 이 세상을 고려 대상의 밖에 두거나 털어내 버릴 수 있다면, 이 세상에서 우리의 존재와 한계 가능성이라는 '상황' 을 깊게 사고할 수 있다면, 모든 기초에 우선하는 근거에 도달할 수만 있다면 우리는 내가 후에 '궁극적 관심' 이라고 부를 존재의 '깊은 구조' 를 직면하게 될 것이다. 이러한 '한계' (boundary)나 '경계선' (border)은 자주 언급된 것과 같이 인간의 죽음에 직면하는 경험, 어떤 돌이킬 수 없는 결정 혹은 어떤 근본적 의미를 제공하는 도식(schema)의 붕괴를 경험하는 것을 포함한다.

이 책은 네 가지의 궁극적 관심, 즉 죽음, 자유, 소외, 무의미를 다루고 있다. 이러한 사실들은 개인이 일상생활에서 직면하는 실존적인 역동적 갈등의 내용을 만들고 있는 것이다.

죽음 가장 명확하고 가장 쉽게 두려워하는 궁극적인 관심은 죽음이다. 우리는 지금은 존재하지만, 언젠가는 존재하지 않을 것이다. 죽음은 올 것이고, 죽음으로부터 도피할 수는 없다. 이것은 끔찍한 사실이며, 인간은 이 죽음에 대하여 공포를 가지고 반응한다. 스피노자(Spinoza)의 말에 따르면, 모든 것은 인간의 존재에서 존속하려고 노력한다.[3] 핵심적인 존재론적 갈등은 피할 수 없는 죽음에 대한 자각과 계속 살고자 하는 원함 사이에 있는 갈등이다.

자유 또 다른 궁극적 관심은 우리가 한층 더 접근하기 어려운 자유다. 우리는 일상적으로 자유라는 것을 모호하지 않은 긍정적인 개념으로 생각한다. 역사를 통하여 인간은 자유를 갈망하고 쟁취하려고 하지 않았던가? 그러나 궁극적 관심에서 바라보는 자유는 두려움에 고정되어 있다. 실존적인 의미에서 자유라는 것은 외부적인 구조의 부재를 말하는 것이다. 일상의 경험과는 반대로 사람은 고유적인 디자인을 가지고 있는 잘 구성된 우주에 들어가지도 나오지도 못한다. 오히려 개인은 전적으로 자신의 세계, 인생설계, 선택 그리고 행동에 대하여 전적인 책임을 갖는 저자(author)다. 이러한 의미에서 '자유'는 예사롭지 않은 의미를 가지고 있다. 즉, 우리가 서 있는 아래에는 기초가 없다는 것이다. 무(nothing), 공허, 심연이 그것이다. 그래서 존재론적 역동에서 하나의 열쇠가 되는 것은 기초가 없는 것과 기초와 구조를 원하는 우리의 원함과의 충돌이다.

실존적인 소외 세 번째 궁극적인 관심은 소외다. 인간관계에서 오는 소외나 개인의 소외(자기 자신의 부분으로부터의 고립)가 아니라, 근본적인 소외, 즉 피조물과 세계로부터의 소외가 다른 소외 아래서 근본적으로 기초를 무색하게 한다. 우리가 서로 얼마나 가깝게 지내는지는 문제되지 않고, 실존적인 소외에는 최종적이고 연결할 수 없는 틈이 있다. 우리 각자는 실존에 홀로 들어가야 하고 홀로 떠나야 한다. 그래서 실존적인 갈등은 우리의 절대적 소외에 대한 자각과 접촉, 보호를 원하는 것, 좀 더 큰 전체의 부분이 되려는 것과의 긴장에서 오는 것이다.

무의미 네 번째 궁극적인 관심은 무의미다. 우리가 반드시 죽어야 한다면, 우리가 우리의 세계를 구성한다면, 각자가 무관심한 우주 안에서 궁극적으로 혼자라면, 인생이 어떤 의미를 가질 수 있는가? 왜 우리가 사는가? 어떻게 살아야 하는가? 만일 우리에게 미리 예정된 디자인이 없다면, 각자 인생 안에서 자신의 의미를 구축해야 한다. 그러나 각 개인의 창조의 의미가 개인의 삶을 지닐 수 있을 만큼 충분히 건전한 것인가? 이 실존적인 역동 갈등은 의미를 가지지 않은 채 우주에 던져진 의미를 찾는 피조물의 딜레마에서 발생하는 것이다.

실존적인 정신역동 : 일반적인 특성

'실존적인 정신역동' 은 위에서 언급한 네 가지의 궁극적인 관심, 의식과 무의식의 두려움과 개인에 따라 발생된 동기를 언급하는 것이다. 역동적인 실존적 접근은 프로이트가 만든 근본적인 역동 구조를 가지고 있으나, 철저하게 그 내용을 변형시키고 있다. 아래의 과거 공식은,

드라이브(Drive) → 불안(Anxiety) → 방어기제*

다음과 같은 공식으로 대체되었다.

궁극적 관심에 대한 관심 → 불안 → 방어기제**

이 두 공식은 불안이 정신병리의 연료가 되고 있다고 가정한다. 이러한 정신적 작용들 중 어떤 것은 의식적이고 어떤 것은 무의식적이며, 불안과 거래하기 위해서 변화를 한다. 이러한 정신 작용(방어기제)이 정신병리를 발생시킨다. 그리고 자기방어기제가 안정을 제공하지만, 이것들은 성장과 경험을 불변케 하며 엄격하게 제한한다. 프로이트의 공식과 실존주의 공식의 주된 차이점은 실존적 구조는 자각과 두려움에서 시작하는 구조인 반면, 프로이트의 공식은 '드라이브' 에서 시작한다는 것이다. 랭크(Otto Rank)[6]가 알고 있었던 것과 같이 치료자가 사람을 본능적인 드라이브에 의해 조정 받는 존재이기보다는 두려움을 가지고 있고 고통당하는 존재로 본다면 훨씬 더 많은 치료방법을 아는 것이 좋다.

죽음, 자유, 소외, 무의미, 이렇게 네 가지의 궁극적인 관심은 실존주의 정신역

* 불안이 위험의 신호인 곳에서, 즉 본능적인 드라이브 고삐가 자유롭게 허락되었다면, 몸인 유기체는 위험에 직면하게 된다. 왜냐하면 이고는 당황할 것이고 보복적인 벌(거세-포기)이 불가피하기 때문이다. 그리고 그 방어기제들은 직접적인 드라이브 만족을 제한시키지만 간접적인 표현은 허락한다. 말하자면, 전이, 승화 혹은 상징적 형태로 바뀐다.

동의 본체를 이룬다. 이 네 가지는 개인의 정신구조의 모든 층에서 매우 중요한 역할을 하고 임상에서도 중요한 관계를 가진다. 또한 이 요소들은 하나의 중심적으로 조직화시키는 원칙을 제공한다. 이 책은 이 네 가지 요소에 대하여 차례로 초점을 맞출 것이고 각 요소들의 철학적, 정신병리적 그리고 치료적인 함축적 의미를 탐험할 것이다.

실존적 정신역동 : 그 깊이에 대한 물음

실존적 정신역동과 프로이트파, 그리고 신프로이트 정신역동의 또 다른 중요한 차이점은 '깊이' 의 정의다. 프로이트에게 탐험이라는 것은 항상 발굴을 의미했다. 프로이트는 개인의 삶에서 가장 초기 사건의 심리적 찌꺼기로 원초적 갈등의 층인 근원층에 도달할 때까지 고고학자의 인내와 조심성을 가지고 많은 층으로 쌓여 있는 정신을 도려내 버렸다. 가장 깊은 갈등이란 초기의 갈등을 의미한다. 그래서 프로이트의 정신역동은 발달론적인 것을 기초로 하며 '근본적' 혹은 '주된' 것은 연대기적 순서로 알 수 있다. 우리 각 개인은 '처음' (사건)이라는 것과 동의어다. 예를 들어, 불안의 '근본적인' 출처는 가장 어릴 때의 심리성적 불행인 분리와 거세의 기원이 되는 것으로 여기고 있다.

실존적인 역동성은 발달론적 모델에 융합되지 않았다. '근본적' (이것은 중요한 것, 기초적인 것)인 것과 '처음' (이것은 연대기적으로 처음 것) 것이 동일한 개념이라고 가정하는 지성은 없다. 실존적인 관점에서 깊게 탐험하는 것이 과거를 탐험해야 함을 의미하지 않는 것이다. 오히려 사람은 매일 생활의 관심을 닦아내고 자신의 실존적 상황에 대하여 깊게 생각하는 것이다. 이것은 시간의 밖에서 생각하는

** 죽음, 기초의 상실, 고립 그리고 무의미의 공포에서 오는 불안이 있는 곳의 방어기제는 두 가지 종류다. ① 프로이트, 안나 프로이트[4] 그리고 설리반[5]이 철저하게 기술한 전통적인 방어기제로써, 일반적으로 불안의 근원이 무엇인지에 관계없이 개인을 방어한다는 것이다. ② 짧은 토의가 되겠지만 특수한 방어로서 주된 존재론적 불안에 대하여 대응키 위한 특수한 기능을 맡고 있는 것이다.

것이고, 자신의 발과 자신의 발 아래 있는 기반의 관계성, 자신의 의식과 그 의식을 둘러싸고 있는 공간에 대한 관계성에 대하여 생각하는 것이다. 그리고 과거로부터 현재를 거쳐 내가 된 그 길에 대하여 생각하는 것이 아니라, 현재의 나에 대하여 생각하는 것이다. 과거, 즉 과거의 개인의 기억은 개인의 현재적 부분이 되는 한 중요한 것이고, 개인의 궁극적 관심을 대면하는 현재 형태에 기여하고 있을 때 중요한 것이다. 그러나 내가 후에 언급할 것이지만 과거라는 것은 치료적 탐험을 할 때 가장 보답하는 분야는 아니다. 현재가 되어 가는 미래(future-becoming-present)가 실존적 치료의 주된 시제다.

이러한 실존주의 치료의 독특성은 발달론적 구조에서 존재론적 요소들을 끄집어 낼 수 없다는 의미는 아니다(제3장에서 아이가 가지는 죽음에 대한 발달론적 입장에서 그 깊이를 탐구할 것이다). 그러나 발달론적인 이슈는 우리가 '이 순간에, 나의 존재의 가장 깊은 차원에서, 두려움을 느끼는 가장 근본적인 근원이 무엇인가?' 라고 물었을 때 적절하지 않다는 의미다. 개인의 어릴 때 경험이라는 것이 인생에서 부인할 수 없는 중요한 것임에도 불구하고, 이러한 근본적인 물음에 대한 답을 주지 않는다. 사실, 어릴 때 경험의 잔재들은 이러한 물음에 대한 답을 모호하게 하는 생물학적 잡음을 만든다. 이 물음에 대한 답은 개인의 한계를 초월한 것이다. 또한 이 답은 모든 개인의 사적인 인생사를 넘어 있으면서 모든 사람에게 응용될 수 있는 것이다. 바로 세상에 있는 인간의 '상황' 에 속하는 것이다.

발달론적, 역동적, 분석적 모델과 즉각적, 개인의 역사와 관계없는 것, 실존적인 것과의 구별은 이론적인 흥미보다 더한 것을 가지고 있다. 이 책의 후반에서 언급할 것이지만, 이 실존적인 역동은 치료자들에게 줄 수 있는 심오한 함축성을 가지고 있다.

실존적 치료의 방향 : 낯설지만 친숙한 치료

인간의 궁극적인 관심에 대한 내 자료의 대다수는 낯설지만, 치료자들에게는 묘한 방법으로 친숙한 것이다. 그 내용이 이상하게 나타나는 이유는 실존적인 접근이 일반 상식의 범주를 넘어서고, 고상한 방법으로 임상관찰을 합치기 때문이다. 더욱이 사용하는 언어의 대부분이 다르다. 내가 전문 철학자들의 특수용어를 사용하는 것을 피하고 실존적인 개념을 설명하기 위해서 상식적인 용어를 사용한다 할지라도 임상치료자들은 그 언어가 심리학적으로 이방인이라고 여길 것이다. 심리치료에 '선택' '책임성' '자유' '실존적인 소외' '죽음' '생의 목적' '의지'라는 단어를 가진 어휘 목록이 있는가? 이러한 분야의 용어를 의학도서관 컴퓨터를 사용해서 찾아보려 했지만 헛수고였다.

그러나 임상치료자는 이러한 용어들이 자신과 매우 친숙하다는 것을 발견할 것이다. 나는 경험 있는 임상치료자는 흔히 존재론적인 구조 내에서 은연중에 사용한다고 믿는다. '마음 깊은 곳에서' 치료자는 환자의 관심과 응답에 감사한다. 이 응답이라는 것은 내가 처음에 언급한 결정적으로 '던져진 것들'(throw-ins)을 의미한다. 이 책의 주된 과업 중 하나는 치료자의 관심을 움직이는 것이며, 이러한 활력적인 관심과 형식적 치료의 주변에서 발생하는 치료적 처리에 대하여 관심을 가지고 간과된 중요한 요소들을 본래의 자리인 치료의 과정 중심에 두는 것이다.

실존주의적인 주된 관심 중 또 다른 친숙한 것은 인간사상이 기록되기 시작한 이후 우리에게 인지되고 토의되고 있으며, 이 중요한 요소들은 철학자, 신학자 그리고 시인의 끊임없는 물줄기를 통하여 인지되고 있다는 것이다. 이러한 사실은 영원한 진보의 나선 감각의 모더니즘 안에 있는 인간의 자랑에 대하여 기분을 상하게 할 수도 있고, 가장 명철하고 사고 깊은 개인이 만든 잘 짜인 경로를 통해서 시간의 뒤를 추적하는 여행을 한다는 재확신을 느낄 수도 있다.

두려움(dread)에 대한 이러한 실존적인 근원들은 친숙한 것이고, 보통 사람으로서의 치료에서 경험한다. 이러한 요소들은 심리적인 문제가 있는 개인만 경험하는 독단적인 영역에 있는 것이 아니다. 나는 이러한 것들이 인간 조건의 부분이라는 것을 반복하여 강조할 것이다. 그러면 사람은 정신병리의 이론이 모든 개인이 경험하는 요소들에 적용될 수 있는지를 물을 수 있을 것이다. 물론 이 질문에 대한 답은 모든 개인은 매우 개인적인 상황 안에서 인간 조건의 스트레스를 경험하고 있다는 것이다. 이러한 점에서 실존적인 접근 치료는 경쟁하는 모든 주된 이론과 비교해서 크게 다르지 않다. 모든 개인은 도사리고 있는 불안과 함께 발달단계를 통과한다. 모든 사람은 우리를 혼란케 하는 저돌적이고 성적인 감정의 돌출인 오이디푸스 갈등, 거세공포(적어도 남자에게만), 개성화와 분리의 고통 그리고 많은 다른 심한 발달적 도전을 통과하는 것이다. 인간이 경험하는 보편 우주적 요소에 기초하지 않는 정신병리치료에 대한 유일한 모델은 민감한 외상(acute trauma)에 기초한 이론이다. 그러나 외상적인 신경증은 그리 많지 않다. 당황할 정도로 다양한 정도의 스트레스를 받는 대부분 환자들의 고통은 모든 평범한 사람이 생활에서 경험하는 부분이다.

사실, 인간 고통의 보편성은 이런 사람들이 도처에 있다는 공통된 관찰을 통해서 설명될 수 있다. 이러한 관찰을 예증하기 위해서 말로(Andre Malraux)는 50년간 고해성사를 받아 온 신부에게 사람에게서 무엇을 배웠는지 물어보았다. 신부는 "우선, 사람은 자신이 생각하는 것보다 훨씬 더 불행하다는 것이다. 그리고 근본적인 사실은 성숙한 사람은 없다는 것이다."라고 대답했다.[7] 자주 우리가 어떤 사람은 환자라는 딱지를 붙이고 다른 사람에게 그렇게 하지 않은 것은 단지 외부적인 환경의 결과다. 예를 들어, 경제적인 자원, 심리치료사들의 유효성, 치료에 대한 개인적이고 문화적인 태도 혹은 전문가의 선택이다. 대다수 정신치료자는 스스로가 자신에게 성의 있는 환자가 된다. 스트레스의 보편성은 학자들이 정상상태를 정의하고 묘사하려고 시도할 때 만나는 어려움이 주된 이유 중 하나다: 정상과 병리의 차이는 양적인 것이 아니라 질적인 것이다.

이 증거가 가장 적합한 현대적 모델은 전염병은 단순히 막아 낼 준비가 되지 않은 몸에 박테리아나 바이러스 매체가 들어온 결과가 아니라고 제안하는 물리의학(physical medicine)의 모델과 가장 잘 맞는 것 같다. 질병은 오히려 유독한 매체와 몸의 저항 사이의 발생하는 불균형의 결과다. 다른 말로 하면, 유독한 매체는 언제든지 몸의 내부에 존재한다. 스트레스처럼 몸에서 분리할 수 없고, 모든 개인에게 직면하는 것이다. 개인이 질병을 진전시킬지는 몸의 저항력(면역 구조, 영양, 피로)에 달려 있다. 저항이 낮을 때는 나쁜 매체의 독성과 생식력이 변하지 않는다 해도 질병이 발달한다. 그러므로 모든 인간은 진퇴양난에 빠져 있는 것이고, 어떤 사람은 이것에 대처할 수가 없다. 정신병리는 단순히 스트레스의 부재 혹은 현존에 달려 있는 것이 아니고, 보편적인 스트레스와 개인의 방어기제 사이의 상호작용에 달려 있는 것이다.

궁극적인 실존적 관심이 치료에서 발생하지 않는다고 말하는 것은 전적으로 치료자의 선택적인 부주의에서 발생하는 것이다. 적합한 통로에 잘 조율한 사람은 실존적 관심에 대해 분명하고 풍부한 자료를 발견한다. 그러나 치료자는 궁극적인 실존적 관심에 주의를 기울이지 않을 수 있다. 왜냐하면 그것은 보편적인 관심이고, 이것을 탐험함으로써 어떤 건설적인 것이 오지 않으리라고 생각하기 때문이다. 솔직히 나는 임상에서 실존적인 관심의 말들이 끄집어내졌을 때 치료자와 환자가 잠시 동안 격렬하게 관심을 보이는 것을 흔히 목격한다. 그러나 잠시 후 그 토론은 방향을 잃고, 치료자와 환자는 간단하게 다음과 같이 말하는 듯하다. '자, 이것이 인생입니다. 안 그래요? 이제 우리가 무언가 할 수 있는 신경증적인 문제로 주제를 옮깁시다!'

다른 치료자들은 실존적인 관심을 다루는 것으로부터 방향을 돌리는 것은 실존적인 관심이 우주적인 이유에서가 아니라 직면하기에 너무나 혹독하기 때문이다. 어쨌든 신경증 환자는(그리고 치료자도 마찬가지) 이러한 죽음과 무의미와 같은 활기를 불어 넣은 항목이 더하는 것이 없는 데 대하여 너무 많이 걱정을 한다. 이러한 치료자는 실존적인 문제는 철저하게 무시당하고 있다고 믿는다. 왜냐하면 삶의 잔인한 실존적 사실을 다룰 수 있는 것은 단지 두 가지 방법만이 있다고 믿기 때문이다. 즉, 자신이 갈망하는 진리(anxious truth)나 부정이고 이 양자는 양립할 수 없다고 믿는 것이다. 스페인 작가 세르반테스(Cervantes)는 『돈키호테』에서 '현명한 광기 혹은 어리석은 온건함, 어느 것을 너는 택할 것인가?' 라고 질문함으로써 이 문제를 제시한 것과 같은 것이다.

실존적인 치료는 뒷부분에서 언급할 것이지만 이러한 딜레마를 거부한다. 지혜는 광기로 이끌지 않으며 온전함을 부인치도 않는다. 존재의 주어짐에 대한 직면은 고통스럽지만 궁극적인 치유다. 좋은 치료는 항상 사실적인 시험과 개인적 계몽을 위한 탐구와 동반된다. 사실과 진리의 확실한 면을 회피하려는 치료자는 불안정한 기반 위에 있는 것이다. 토마스 하디(Thomas Hardy)의 '만일 더 좋은 길이 거기에 있다면, 그것은 가장 나쁜 것을 전체적으로 보는 것을 요구한다.'[8]라는 말은 내가 앞으로 기술할 치료적 접근방법에 좋은 구조다.

실존적 심리치료의 분야

실존주의 심리치료는 집 없는 방랑자다. 이 치료는 어느 곳에 '속하지' 않는다. 부속 건물도 없고, 형식적인 학교도 없고, 교육기관도 없다. 더 좋은 학술적인 이웃에게 환영받지 못하며, 형식적인 협회, 좋은 학술지(출판되는 것은 아직 유아수준에 있다), 안정된 가계(家系), 가장(家長)도 없다. 그러나 이 치료는 기원을 가지고 있고, 몇몇 흩어진 사촌과 가족의 친구와 역사와 오래된 유럽과 미국에 조금 있다.

실존적 철학 : 조상의 고향

'실존주의는 쉽사리 정의되지 않는다.' 그래서 이것은 철학의 주된 현대 백과사전 안에서 실존적인 철학을 토의함으로써 시작한다.[9] 대부분 다른 참조자료도 비슷한 스타일로 시작하고 '실존적' 이라고 이름난 두 철학자가 모든 기본적인 점에 대하여 동의하지 않는 사실을 강조함으로 시작한다. 대부분의 철학적인 교과서는 실존과 연관된 주제들(예를 들어, 존재, 선택, 자유, 죽음, 소외, 불합리)을 나열하고 그 정의를 해결하고, 실존적인 철학자의 작업은 이러한 주제들을 탐험하려고 헌신하였다고 선포함으로써 시작한다(물론 이것은 실존적 심리치료의 분야를 증명키 위하여 내가 사용하는 전략이다).

철학에는 실존적인 '전통' 과 철학의 형식적 실존적인 '파' 가 있다. 분명하게 실존적인 전통은 나이가 없다. 어떤 점에서 위대한 사상가들이 그들의 삶과 작품에서 삶과 죽음의 이슈에 주목하지 않았는가? 그러나 실존철학의 형식적 학파는 분명하게 구별하면서 시작한다. 어떤 학파는 젊은 덴마크 사람이 1834년의 어느 일요일 오후 카페에 앉아 담배를 피면서 자신이 세상에 아무런 기여도 하지 못하고 노인이 되어 버린다는 사실을 묵상하는 데서 기원을 찾는다. 그는 성공한 많은 친구들을 생각했다.

> …인류에게 어떻게 유익을 끼칠 수 있는지 알고 은혜를 베푸는 사람은 철도를 만들고, 어떤 사람은 자동차와 증기선, 어떤 사람은 전신(telegraphy), 어떤 사람은

> 쉽게 이해할 수 있는 개론과 필수적으로 알아야 할 가치 있는 지식을 암송하는 것을 통해서 인생이 더 편리해질 수 있도록 유익을 미친다. 그러나 최종적으로 이 시대에 진정하게 은혜를 베푸는 자는 사고(thought)에 따라서 영적인 존재(인간)를 조직적으로 더 안락하게 하는 자다.[10]

그는 담배를 태웠다. 이 젊은 덴마크 사람 키르케고르(Kierkegaard)는 담배 한 가치에 다시 불을 붙이고 명상을 계속했다. 갑자기 그의 마음속에 다음의 생각이 떠올랐다.

> 너는 중요한 어떤 것을 해야 하나 너에게 있는 제한된 능력 때문에 본래의 것보다 편리하게 만드는 것은 불가능하다. 다른 사람처럼 인간적인 열정을 가지고 그 중요한 것을 더 견실하게 만들려고 책임을 져야 한다.[11]

그는 모든 것이 조화되어 편리해질 때는 편리함이 과도하게 있기 때문에 위험이 있을 것이라고 사유했다. 그는 자신의 운명을 발견했다는 것이 떠올랐다. 그는 인생의 어려움을 마치 새로운 소크라테스같이 찾아 가고 있었다.[12] 어려움이란 어떤 어려움을 의미하는가? 이 어려움들은 발견하기가 어렵지 않았다. 키르케고르는 자신의 실존적 상황, 자신의 두려움, 선택, 그의 가능성 그리고 제한성에 대하여 단지 숙고하였다.

키르케고르는 자신의 남은 짧은 인생을 그의 실존적 상황을 탐험키 위해 헌신하였고, 1840년대에 중요한 몇몇 논문을 썼다. 그의 작품은 오랫동안 번역되지 않은 채 남아 있었고, 이 논문은 제1차 세계 대전 후까지도 영향력을 미치지 못하다가, 그 이후 마틴 하이데거(Martin Heidegger)와 칼 야스퍼스(Karl Jaspers)의 노력으로 그 가치가 발굴되었다.

실존주의치료와 실존주의 철학과의 관계는 임상 약물요법(pharmacotherapy)과 생화학작업 조사와의 관계와 같은 점이 많다. 나는 자주 임상적 이슈를 설명하고 확증하고 해설하기 위해서 철학적 작품을 배경으로 하여 전개할 것이다. 그러나 어떤 철학자 혹은 실존철학의 주된 경향에 대하여 매우 설득력이 있는 경향으로 토의하는 것이 나의 의도(학자로서 나의 영역에도 속하지 않는다)가 아니다. 이 책은 심리분석가를 위한 것이고, 임상적으로 유용할 것이다. 철학에 대한 나의 회유(回

遊)는 매우 간단하고 실용적이 될 것이다. 내가 임상에서 제공할 수 있는 철학에 대한 수단의 한계를 이 정도로 제한할 것이다. 나의 제한성으로 인해 전문 철학자들이 나를 섬세하고 귀한 보석은 멀리하는 대신 보석용 원석을 움켜지는 침입자 바이킹 해적에 비유해도 그들을 원망할 수는 없다.

정신치료사들의 대다수의 교육이 철학에 대하여 아주 적게 혹은 전혀 강조하지 않는 것처럼 나는 독자의 철학적인 어떤 배경도 가정하지 않을 것이다. 철학적 교과서에 대하여 설명할 때 특수용어를 사용하지 않고 간단하게 말하려고 노력할 것이다. 부수적으로 말하면 전문적인 실존적 철학자들은 어지럽고 둘둘 말려 있는 언어를 사용하는 정신분석 이론가조차 능가하기 때문에 이러한 작업은 쉬운 것이 아니다. 이 분야에서 단 하나의 가장 중요한 철학적 교과서는 하이데거의 『존재와 시간(*Being and Time*)』으로, 언어적 혼돈에서 가장 확고한 챔피언으로 자리하고 있다.

나는 꿰뚫을 수 없는 불가해한 깊은 의미의 언어를 사용하는 이유를 지금까지 이해하지 못한다. 기본적인 실존적 개념들은 복잡한 것이 아니다. 이런 개념들은 암호를 다시 풀거나 그 뜻이 다시 발견될 수 있을 정도로 상세하게 분석할 필요가 없다. 모든 사람은 인생의 어떤 지점에서 생각에 잠기게 되고 궁극적인 실존적 관심에 대하여 어떤 관계를 가지게 된다. 이때 필요한 것은 형식에 치우친 설명이 아니다. 철학자의 일과 치료자들의 일은 사람이 오랫동안 익숙하게 알고 지냈던 것을 활성화하고 다시 알려 주는 것이다. 이것이 바로 실존주의를 이끄는 사상가들이(Jean-Paul Sartre, Albert Camus, Miguel de Unamuno, Martin Heidegger 등) 형식에 치우친 철학적 논쟁보다는 문학적 설명을 더 선호하는 이유다. 무엇보다 이러한 철학자들과 치료자들은 사람에게 자신의 내면과 자신의 실존적 상황에 주의할 수 있도록 용기를 주어야 한다.

실존적 분석가 : 유럽의 사촌들

유럽의 정신분석가의 다수는 프로이트의 정신분석 접근방식의 많은 근본을 문제시했다. 그들은 프로이트가 물리학에서 빌려온 에너지 보존 법칙에 따라 인간을 이해하려는 정신기능 모델을 반대했고, 이러한 개요는 인간을 부적합한 관점에서 본 결과라고 여겼다. 만일 모든 사람을 설명하는 데 한 이론을 적용하면, 우리는 특별한 사람의 독특한 경험을 놓칠 것이라고 주장했다. 그들은 프로이트의 환원주의(reductionism, 모든 인간 행위의 추적은 몇몇 근본적인 드라이브에 있다고 보는 것), 물질주의(낮은 것으로 높은 것을 설명하는 것) 그리고 결정론(모든 정신적 기능은 미리 존재하고 있는 증명할 수 있는 요소에 따라 발생한 것)을 반대했다.

다양한 실존적 분석가들은 하나의 근본적 순서에 동의한다. 분석가는 환자의 현상적인 것에 접근해야 한다는 것이다. 즉, 분석가는 환자의 경험적 세계에 반드시 들어가야 하고 그 세계의 현상 이해를 곡해시키는 어떠한 추측도 없이 경청해야 한다. 실존주의 분석가로 가장 널리 알려진 사람 중 하나인 빈스와그너(Ludwig Binswanger)는 "하나의 공간과 시간만 있는 것이 아니라, 주체로써 수많은 공간과 시간이 있다."라고 했다.[13]

프로이트의 인간에 대한 기계론적이고 결정론적인 모델에 대항한 유럽학자들의 반응은 차치하더라도, 실존적인 분석가들은 공통적인 것이 없었고 결집력이 있는 이상적인 학파로 여겨지지 않았다. 이러한 사상가들은 빈스와그너를 포함하여, 보스(Melard Boss), 민코프스키(Eugene Minkowsky), 겝자틀(V. E. Gebsattel), 쿤(Roland Kuhn), 카루소(G. Caruso), 뵈이텐디에크(F. T. Buytendijk), 발리(G. Bally) 그리고 프랭클과 메이(Viktor Frankl & Rollo May)가 1958년에 매우 영향력이 컸던 『실존』이라는 책과 특별히 그의 개요적인 수필[14]을 통해 이들의 사상을 미국에 소개할 때까지 미국의 정신분석학회에는 거의 알려지지 않았었다.

그러나 메이의 책이 소개된 지 수십 년이 지난 오늘날에도 이러한 인물이 미국 정신치료 실행에 영향력을 거의 미치지 못하고 있다는 것은 놀라운 일이다. 그저 앨범 속에 빛바랜 사진에 있는 이름을 알려지지 않는 사람과 같은 것이다. 부분적으로 이러한 부주의는 언어적 장벽의 결과다. 빈스와그너, 보스(Boss) 그리고 프랭클의 저서를 제외한 다른 철학자들의 작품은 번역도 되지 않았다. 그 대부분의 이유는 이들 저서가 너무 난해하기 때문이다. 이들은 유럽의 철학적 세계관에 배어들었기 때문에 치료에서 실용적인 전통과 동일성을 가지기에는 너무 멀었다. 그래서 대부분 유럽의 실존적인 분석가들의 사상은 여기저기 뿔뿔이 흩어져 버렸고, 내가 서술하려고 의도하는 실존주의 치료의 사촌들을 잃어버렸다. 나는 이 책에서 전 세계적으로 널리 번역되고, 뛰어난 실용적 사상가인 프랭클을 제외한 이들에 대하여 깊게 접근하지 않는다.

인본주의 심리학자 : 미국 일가(一家)

유럽의 실존적 분석경향은 프로이트의 인간이해 모델에 반대하기 위해서, 그리고 철학적 개념은 임상경험에서 인간에게 적용하고자 하는 열망에서 발생한 것이다. 미국에서는 이 움직임이 1950년대 후반에 우르르 시작되었고, 1960년대에 표면으로 나타나 연합하였으며, 1970년대에는 모든 방향으로 미친 듯이 퍼져 나갔다.

1950년대까지 미국의 학문적 심리학은 두 부류의 주된 이념적 학파로부터 오랫동안 영향을 받았다. 첫 번째는 단연 가장 오랫동안 영향을 준 과학적 확실성 행동주의(scientific positivistic behaviorism)이고, 두 번째는 프로이트의 정신분석이다. 1930년대 후반에 처음으로 소수의 다른 성향이 나타났고, 1940년대에는 이상심리학자(abnormal)와 사회심리학자의 경험적 심리학 방어 거점 안에서 거북하게 상존하고 있었다. 점차로 이러한 성격 이론가들이(Gordon Allport, Henry Murray, Gardner Murphy 그리고 후에는 George Kelly, Abraham Maslow, Carl Rogers, Rollo May 등) 행동주의와 정신분석 학파의 제한성과 함께 불편하게 성장하였다. 이들은 행동주의와 정신분석 학파가 인간이해 접근에서 인간을 진정 인간되게 하는 가장 중요한 질적인 것을 배제하고 있다고 느꼈다. 예를 들면, 선택, 가치, 사랑, 창의성, 자작, 인간 가능성 등이다. 이들은 1950년에 '인본주의 심리학' (humanistic psychology)이라는 새로운 이념적 학파를 설립하였다. 때때로 심리학에서 '제3의 힘' 이라고 불리는 인본주의 심리학은(행동주의와 프로이트의 정신분석 심리학 이후) 회원들이 증가하고 연차 회의에는 수천 명의 전문가가 참석하는 막강한 조직이 되었다. 1961년 미국 인본주의 심리학회(American Association of Humanistic Psychology)는 잘 알려진 인물인 로저스(Carl Rogers), 메이, 멈퍼드(Lewis Mumford), 골드슈타인(Kurt Goldstein), 뮬러(Charlotte Muhler), 매슬로(Abraham Maslow), 헉슬리(Aldous Huxley) 그리고 부겐탈(James Bugental)이 편집인으로 구성된 『인본주의 심리학 저널(*Journal of Humanistic Psychology*)』을 발간하였다.

이제 깃털을 단 이 조직체는 자신들의 학파를 정의하려는 시도를 하였다. 1962년에는 다음과 같이 피력했다.

> 인본주의 심리학은 실증주의나 행동주의 이론 혹은 정신분석이론에는 거의 없거나, 아예 체계적 자리가 없는 인간능력과 잠재력에 대하여 주된 관심을 가지고 있다. 예를 들면, 사랑, 창의성, 자기, 성장, 유기체(organism), 근본 필요-만족(basic need gratification), 자기실현, 높은 가치, 존재, 과정(becoming), 자발성, 놀이, 유머, 애정, 자연, 온정, 자아초월(ego-transcendence), 객관성, 자율성, 책임감, 의미, 공명 정대한 행동, 초월적 경험, 심리적 건강 그리고 연관된 개념들이다.[15)]

1963년에는 회장인 부겐탈이 다섯 가지의 기본적 가정을 제시했다.

1. *인간은 그의 부분적인 조합을 능가한다*(인간은 부분적 기능을 연구하는 과학적 연구로 이해될 수 없다는 것이다).
2. *인간은 자신의 존재를 인간이 살아가는 장(human context)* 안에 가지고 있다(인간은 인간관계 경험을 무시하는 부분적인 기능으로서 이해될 수 없다는 것이다).
3. *인간은 깨닫고 있다*(그리고 인간의 연속적이고 많은 층으로 쌓인 자기인식을 인정하는 실패한 심리학으로 인간은 이해될 수 없다).
4. *인간은 선택을 가지고 있다*(인간은 자신의 존재에 대한 관망자가 아니다. 즉, 인간은 자기 자신의 경험을 창조한다).
5. *인간은 의도적이다*(인간은 미래를 향한다. 인간은 목적, 가치 그리고 의미를 가지고 있다).[16)]

이 초기 성명서의 많은 부분, 즉 반결정주의, 자유에 대한 강조, 선택, 목적, 가치, 책임성, 개인이 가지는 특별한 경험적 세계를 인정하는 헌신은 내가 이 책에서 말하는 실존적 구조를 참조하는 데 중요한 것이다. 그러나 미국의 인본주의 심리학 분야가 유럽의 실존적 전통과 같은 뜻이라는 것은 결코 아니다. 유럽에서의 실존적인 전통은 항상 인간의 한계성과 존재의 비극적 차원을 강조했다. 이렇게 된 이유는 아마도 유럽인은 전쟁, 죽음 그리고 불안정한 실존과 함께 지정학적 그리고 인종적으로 매우 동일한 것을 가지고 있기 때문이다. 반면, 미국은(그리고 미국이 야기한 인본주의 심리학) 확장, 낙천주의, 제한 없는 영역, 실용의 시대정신

(zeitgeist) 안에 둘러싸였다. 따라서 수입된 실존주의 사상의 형태는 조직적으로 변형이 되고 있다. 실존주의 근본적 교의(tenet)는 북미 대륙의 독특한 특징을 지녔다. 유럽인의 초점은 인간의 제한성, 불확실성과 비존재(non-being)의 불안에 자기 자신을 직면하고 담그는 것이다. 다른 면으로 인본주의적 심리학자들은 인간의 잠재적 발달보다는 인간의 제한성과 우연성(contingency)을, 자각보다는 수용을, 최고점의 경험과 대양적 일치(oceanic oneness)보다는 불안을, 자기실현보다는 인생의 의미를, 나와 너(I-Thou)의 만남보다는 분리와 근본적 고립에 대하여 적게 이야기한다.

1960년대에는 대항문화(counterculture)는 수반하는 사회적 현상과 함께 언론의 자유 운동, 히피족, 마약문화, 인간 잠재능력 회복운동가(human-potentialists), 성혁명 등의 인본주의 심리학 운동에 몰두하였다. 곧 협회 회의는 축제의 양상으로 발달하였다. 인본주의 심리학의 커다란 텐트는 관대하였고 실존적 국제어 안에서조차 서로에 대하여 거의 대화를 할 수 없어 당황할 만큼 많은 학파를 포함시켰다. 게스탈트 치료, 초인성 치료, 집단 감수성 훈련 그룹(encounter group), 전인적 의술, 종합심리요법(psychosynthesis), 수피(Sufi) 그리고 많은 다른 학파들이 이 분야로 들어왔다. 이 새로운 성향은 심리치료에 중요한 함축을 지닌 가치 방위(orientation)를 가지고 있다. 이 성향은 쾌락주의('만약 좋다고 느끼면, 그것을 하라'), 반지성주의(모든 인지적 접근을 상담을 혼란시키는 것(mind-fucking)으로 생각한다), 개인 성취('너의 일을 하라' '절정 경험') 그리고 자기실현(인간의 완전성에 대한 믿음은 실존적 철학적 전통 안에 깊게 기초를 두고 있는 메이가 예외이고 대부분의 인본주의 심리학자들에게 공통적인 것이다)이다.

급격히 늘어나는 이러한 추세 중 특별히 반지성적인 것들은 인본주의 심리학과 학문적 공동체 사이의 분리에 급속한 영향을 주었다. 학문적 위치에 정착한 인본주의적 심리학자들은 함께 하는 동료들을 불편하게 느꼈고 점차적으로 이것으로부터 멀리했다. 이러한 훈련방법 옹호자와는 거리가 먼 펄스(Fritz Perls)는 '마약 사용'(turner-oners) '흘러가는 대로'(anything goes), '즉각적인 감각 지각'(instant sensory awareness) 접근에 대하여 큰 염려를 나타냈다.[17] 그리고 결국 인본주의 심리학 초기의 지적 지도를 제공한 세 명의 인물 메이, 로저스, 매슬로는 비이성적인 경향을 더욱 용납하지 않았고 점차 적극적인 후원을 중지하였다.

그래서 실존주의 심리학은 인본주의 심리학과 모호한 관계에 있다. 이 양자는 근본적인 경향을 많이 나누고 있으나 많은 인본주의 심리학자들은 실존주의적 오리엔테이션을 가지고 있다. 이들 중 매슬로, 펄스, 부겐탈, 빌러 그리고 특별히 메이는 이 책에서 자주 언급될 것이다.

인본주의 정신분석가 : 가족의 친구

내가 '인본주의적 정신분석가' 라고 부르는 친척 그룹이 남아 있다. 이 그룹은 내가 지금껏 설명했던 계보에서 일찌감치 탈퇴했다. 이들은 자신을 실존주의 심리학의 한 파로 생각하지 않음에도 불구하고, 일에서는 서로 같은 방향을 가지고 있다. 이 그룹의 주된 사람들은 랭크, 호나이(Karen Horney), 프롬 그리고 카이저(Helmuth Kaiser) 등으로 모두가 유럽에서 프로이트주의 정신분석 전통의 훈련을 받았지만 미국으로 이민을 왔다. 그리고 랭크를 제외한 다른 사람은 미국의 지적 공동체에 몰두하는 동안에 중요한 기여를 했다. 이들 각자는 인간행동을 본능, 즉 힘이 된 모델로 보는 프로이트의 이론을 반대했고, 각자 중요한 수정된 것을 발표했다. 이들의 학문은 광범위하지만 일정 기간 자신들의 관심을 실존주의 치료로 향했다. 그 후에 해석가 베커(Ernest Becker)가 명석하게 논쟁해 왔던 랭크는 의지와 죽음의 불안에 대한 중요성을 강조했다. 호나이는 미래라는 것이 행동에 영향을 미치는 결정적인 역할을 하는 것으로 보았다(개인은 과거의 사건에 따라서 결정되고 형성되는 것이 아니라 의도, 이상, 목적에 따라 영향을 받는다). 프롬은 행동에서 자유의 두려움과 역할에 대하여 능숙하게 설명하였다. 카이저는 책임성과 고립에 대하여 다루었다.

철학자, 인본주의적인 심리학자, 그리고 인본주의적 경향을 가지고 있는 정신분석가들의 주된 분파 위에 있는 실존적인 치료의 기원적 족보는 실존적인 문제를 탐험하고 설명한 위대한 작가들이 만든 중요한 부분을 가지고 있다. 그래서 도스토예프스키(Dostoevsky), 톨스토이(Tolstoy), 카프카(Kafka), 사르트르(Sartre), 카뮈(Camus) 그리고 그 밖의 뛰어난 스승들의 말이 이 책에서 자주 언급될 것이다. 프로이트가 오이디푸스 렉스(Oedipus Rex)[18]에서 지적한 것과 같이 위대한 문학은 생존하는데, 그 이유는 독자 안에 있는 그 어떤 것이 문학의 진리를 껴안기 위해 뛰어나가기 때문이다. 소설 등장인물의 진실은 바로 우리의 진실이기 때문에 우리를 감동시킨다. 더욱이 위대한 문학은 우리 자신에 관해 가르친다. 왜냐하면 이 등장인물은 아주 솔직하고, 마치 임상자료와 같이 정직하기 때문이다. 위대한 소설가의 인격은 많은 등장인물로 나누어져 있지만 소설을 통해서 자신이 궁극적으로 나타난다. 와일더(Thornton Wilder)는 이렇게 썼다. '만일 엘리자베스 여왕이나 프리드리히 대왕 혹은 헤밍웨이가 자신의 전기를 읽었다면, 그들은 '아, 내 비밀은 아직은 안전하구나' 라고 말할 것이다. 그러나 나타샤 로스토프(Natasha Rostov)가 『전쟁과 평화』를 읽었다면 그녀는 손으로 자신을 얼굴을 가리고 '어떻게 알았지? 그 사람이 어떻게 알았지?' 라고 소리를 질렀을 것이다.[19]

실존주의치료와 학문세계

이 책의 초반에서 나는 실존주의 심리치료를 더 나은 학문적인 세계에 들어오지 못한 집 없는 부랑자로 비유했다. 학문적 정신치료와 심리학의 지지를 받지 못하는 것은 실존주의 심리치료의 분야에서 중요한 의미를 가지는데, 학문적으로 세력을 펼치고 있는 기관들은 임상의와 학회 회원의 훈련, 연구기금, 자격증, 학술지 발간과 같은 임상적 훈련의 발전에 영향을 미치는 중요한 공급 노선을 지배하고 있기 때문이다.

왜 실존주의적 치료접근이 학문적인 세계에서 격리되었는지 생각할 수 있는 시간을 잠시 가지는 것은 가치 있는 일이다. 여기에 대한 답은 지식의 근본적인 이슈인 '우리가 알고 있는 것을 어떻게 알고 있는가' (how do we know what we know) 라는 것에 주된 중심을 두고 있다. 확실한 전통에 기초한 학문적 정신치료와 심리학은 정당한 지식의 방법으로서 경험적인 탐구를 가치 있게 여긴다.

학자들의 전형적인 이력을 고려해 보라(내가 말하는 것은 단순히 관찰뿐만 아니라 20년간의 학문적 경력으로 말하는 것이다). 젊은 강사나 부교수는 경험적 조사에 대한 동기나 적절성을 보였기 때문에 채용되고, 후에는 주의 깊고 조직적으로 수행된 연구로 보상을 받고 승진이 된다. 교수 정년이 되는 데 결정적으로 중요한 사항은 저명한 과학적 학술지에 경험적 조사의 양에 기초하여 결정이 된다. 교수방법 혹은 비경험적 책들, 공동저서에 있는 부분적인 내용, 그리고 시론(時論)은 교수정년을 결정하는 데 2차적인 요소에 불과하다.

경험적인 조사를 기초로 하여 실존적인 문제에서 학문적인 결과를 가져오는 것은 학자들에게는 대단히 어려운 것이다. 실존적인 치료의 근본적인 노선은 경험적인 조사방법들이 적용할 수 없거나 부적당하다. 예를 들어, 경험적인 조사방법은 조사자로 하여금 복잡한 유기체를 각 파트로 나누어 놓는 것을 필요로 한다. 그러나 이러한 근본적인 원칙은 기초적인 실존주의 원칙을 부정한다. 프랭클의 이야기는 이 사실을 잘 말해 준다.[20)]

두 명의 이웃이 심한 논쟁에 빠졌다. 한 사람은 상대방의 고양이가 자신의 버터를 먹었기 때문에 보상을 요구했다. 이 문제를 서로 해결할 수 없게 되자, 이 두 사람은 피고인 고양이를 데리고 마을의 현자에게 재판을 요청하였다. 현자는 고소인에게 '이 고양이가 얼만큼의 버터를 먹었습니까?' 라고 물어보았다. 고소인은 '10파운드입니다.' 라고 대답을 했다. 현자는 이 고양을 저울에 올려놓았다. 정확하게 고양이는 10파운드의 무게였다. 그는 '이렇게 말하는 것이 이상하지만!' 그는 '여기에 (10파운드 무게의) 버터는 있는데 고양이는 어디 있는가?' 라고 선언하였다.

고양이는 어디에 있는가? 함께 취해진 모든 부분들은 창조물을 재구성할 수 없다. 인간에 대한 근본적인 신조(credo)는 '인간은 자신의 모든 부분품의 합보다 더 위대하다.' 는 것이다. 사람이 마음의 구성 부분(예를 들면, 의식과 무의식, 초자아, 자아 그리고 본능)을 얼마나 주의 깊게 이해하고 있는가에 관계없이 사람은 인간을 핵심적으로 움직이는 생명력 있는 작용인 인간의 무의식(혹은 초자아 혹은 본능(id) 혹은 자아)이 무엇인지 아직 알지 못한다. 더욱이 경험적인 접근은 정신적인 구조가 지닌 의미에 대하여 배울 수 있는 도움을 결코 주지 못한다. 의미는 구성되어 있는 부분을 연구하는 데서 얻어질 수 있는 것이 아니다. 왜냐하면 의미는 인간이 가진 어떤 부분적 요소에 따라서 발생되는 것이 아니기 때문이다. 의미는 인간을 구성하는 요소보다 위에 있는 인간에 따라서 창조가 된다.

그러나 심리치료의 실존주의적 접근에서 '고양이가 어디 있는가?' 라는 물음보다 더 근본적인 문제가 경험적 조사방법에 있다. 메이는 이러한 질문에 대하여 실존주의를 '르네상스 후 즉시 서구사상과 과학을 혼돈시키고 있는 주체와 객체 사이의 갈라진 틈(cleavage) 아래를 도려냄으로써 이해하려는 것이나 노력'[21]으로써 정의한다고 암시하였다. '주체와 객체 사이의 갈라진 틈'에 대하여 좀 더 세밀하게 살펴보자. 실존주의의 입장은 세계를 주체와 객체가 가득 차 있는 것으로 보는 전통적인 데카르트 관점에 도전한다. 분명하게 이러한 과학적인 방법은 근본적인 약속이다. 즉, 객관적인 조사를 통하여 이해될 수 있는 제한된 고유성을 가진 대상이 있다. 그런데 실존주의 입장은 이 주체-객체의 틈 밑을 자르고, 인간을 적당한 환경 아래서 외부적 실체를 인식할 수 있는 주체로 여기지 않고 실체의 구조 속에 참여하는 하나의 의식으로 여기는 것이다. 이 점을 강조하기 위해서 철학자 하이데거는 항상 인간을 현존(dasein)으로 말했다. *Da*('거기')는 인간이 거기 있다는 것을 말하는 것이고, 구성된 대상이다. 그러나 동시에 세계를 구성한다(이 말은 '초월적 자아'(transcendental ego)라는 것이다). 현존은 한때 주는 자와 알려진 자(the known)를 뜻하기도 했다. 그래서 각 현존은 각자의 세계를 구성한다. 각 현존이 같은 세계에 기거하고 있지만 어떤 표준화된 도구를 가지고 이 모든 존재를 연구한다는 것은 연구에서 기념비적인 실수를 하는 것이다.

그러나 경험적인 정신치료 연구의 제한성은 치료에서 실존적인 접근에도 있다는 것을 명심하는 것이 중요하다. 실존주의 접근에는 더 명백한 제한성이 있다. 치료가 개인, 인간의 경험과 깊게 연관되어 있는 어떤 학파의 정신치료에 관한 경험적인 연구든 실수를 가지고 있고 제한된 가치가 있다. 30년의 역사를 가진 정신치료의 조사가 치료의 실제에 그리 많은 영향을 주지 못했다는 것은 상식이다. 사실 경험적 정신치료 조사의 아버지인 로저스가 슬프게 써 놓은 것과 같이 정신치료의 조사자들조차도 자신의 조사를 정신치료에 변화를 줄 만큼 충분한 발견으로 보지 않는다.[22]

정신과 전문의의 대다수가 자신의 졸업논문이나 정년교수 보장을 얻었을 때 사용한 경험적 탐구방법을 중지했다는 것은 상식적인 사실이다. 만일 경험적인 연구방법인 진리를 찾고 발견하는 것이 쓸모 있다면 왜 심리학자들과 정신과의사들은 예전에 학문적 필요에 따라 필수적으로 했던 것을 버리는가? 나는 전문의들이 성숙해짐에 따라 정신치료의 경험적인 연구에는 선천적으로 혼미케 하는 문제가 있다는 것을 알기 때문이라고 믿고 있다.

나의 개인적 경험이 그 예가 될 수 있을 것이다. 몇 년 전 두 동료와 나는 집단 감수성 훈련(encounter group)의 진행과 그 결과에 대하여 조사하는 대형 연구 프로젝트를 시행했다. 이 결과는 『집단 감수성 훈련: 첫 사실들(*Encounter Group : First Facts*)』[23]의 제목으로 출판되었고, 임상에서 표준을 제시하고 수많은 인본주의적 심리학자들의 공격적인 비난을 받았다. 사실 앞서 언급한 인본주의 심리학 학술지(Journal of Humanistic Psychology)의 이슈는 이 작업에 대하여 강력하게 맞섰다. 나의 두 동료는 담대하게 글을 썼고 비판에 대하여 효과적으로 답했으나, 나는 그렇게 하지 않았다. 그때 나는 전적으로 이 책을 저술하는 데 집중하고 있었기 때문이다. 더 깊은 차원에서는 그때 나는 우리의 조사에 대하여 의심을 가지고 있었다. 그것은 이 조사 결과에 대한 공식적인 반대라서가 아니라 다른 어떤 이유가 있기 때문이었다. 나는 우리 조사의 참석자들의 진정한 경험이 대단히 기술적이고 컴퓨터화되어 있는 통계적인 접근을 통해서 바르게 기술될 수 있다는 것을 믿을 수 없었다. 특별히 이 조사에서 방법론적 중심에 있는 한 사실이 문제가 되었다.[24] 우리는 이 집단 감수성 훈련에 참석한 참석자들이 얼마나 변화하였는가를 평가하기 위해 거대한 한 벌의 심리측정 도구를 사용했다. 그 결과 네 가지는 다른 관점에서 측정되었다. ① 참석자 자신들에게서, ② 그룹 리더에게서, ③ 참석자들의 같은 구성원들에게서, ④ 참석자들의 사회적 네트워크에서였다. 이러한 네 가지 변화의 관점 사이의 상관성(correlation)은 영(zero)이었다! 즉, 누가 변화하였는가에 대한 다양한 정보의 출처와 얼마나 그들이 변화하였는가의 사이에 어떠한 서열도 없이 일치되었다는 것이다.

물론 이러한 발견을 '다루는' 통계적인 방법이 있으나 결과의 평가는 매우 상대적이고 정보의 출처에 매우 의존하고 있다는 사실이 남아 있다. 이러한 사실은 이 연구에게만 국한된 것은 아니다. 이것은 모든 정신치료 결과 연구를 괴롭히는 사실이다. 결과에 대하여 더 많은 방법들이 사용될수록, 이 결과에 대한 연구자들의 확신은 작아진다!

조사자는 이러한 문제를 어떻게 취급하는가! 한 가지 방법은 더 적은 질문을 함으로써 신뢰도를 향상시키고, 결과에 대한 한 가지 출처에 의존하는 것이다. 보통 쓰이는 다른 방법은 윤곽이 뚜렷하지 않은(soft) 것과 주관적이고 기준이 있는 것을 제거하도록 하고, 객관적인 기준에 따라서만 측정하는 것이다. 예를 들면, 소비된 알코올의 양, 특정 시간 동안 배우자가 상대를 방해한 횟수, 음식을 씹는 횟수, 전류에 따른 피부 반응, 젊은이의 나체 슬라이드 사진을 보는 동안 발기된 음경의 크기 등이다. 그러나 사랑의 능력, 다른 사람을 돌보는 것, 삶의 활력성, 목적성, 관대성, 풍부, 자율성, 자발성, 유머, 용기 혹은 삶의 맹세 등은 측정하려는 조사자들에게는 고난이 있을 것이다.사람은 계속해서 정신치료의 조사에서 삶의 근본적인 사실을 만난다. 그 결과의 정확성은 다양한 연구의 사소한 것에 직접적으로 영향을 준다. 얼마나 이상한 형태의 학문인가!

그러면 어떤 것이 대안이겠는가? 다른 한 개인의 내적 세계를 이해하기 위한 적당한 방법은 '현상학적' 인 것이고, 이 현상에 직접적으로 다가가 '표준화된' 기구나 예측이 없이 다른 사람을 만나는 것이다. 지금까지는 조사자가 자신의 세계관을 '고려대상의 밖에 두고' (bracket) 상대의 경험적 세계에 들어가는 것이 가능했다. 다른 사람을 알기 위한 이러한 접근은 정신치료에서 자주 사용하는 방법이다. 모든 좋은 치료자들은 이러한 방법을 환자에게 사용하려고 한다. 이 방법은 공감, 현존, 경청, 비판단적 수용 혹은 메이의 적당한 말을 사용하면 '훈련된 순진함' (disciplined naivety)의 태도를 의미한다.[25] 실존주의 치료자들은 환자가 '정상' 에서 이탈한 것에 초점을 맞추기보다는 환자의 개인적 세계를 이해하려고 노력해야 한다는 것을 항상 주장했다. 그러나 정의에 따르면, 비경험적인 이 현상학적인 접근은 고도의 학문적 표준을 성취하려고 하는 조사자들이 아직도 망설이게 하는 풀리지 않는 문제다.

이러한 제한에도 불구하고, 나의 전문적인 훈련은 실존적 치료의 네 가지 근본적인 관심인 죽음, 자유, 소외 그리고 무의미에 대하여 생각하지 않을 수 없게 한다. 물론 주의 깊은 조사는 몇몇 중요한 질문의 분야에 대하여 긍정적인 결과를 가져올 수 있다. 예를 들어, 조사는 환자가 얼마나 자주 명백하게 실존적인 문제에 대한 관심을 가졌는가 혹은 치료자들이 얼마나 자주 이러한 관심을 인식하는가를 말해 줄 수 있다.

조사자들이 분명하게 연구하지 않은 많은 실존적인 주제들이 있기 때문에 나는 실존주의 이슈를 가능한 포함할 수 있고 접선할 수 있는 분야를 조사하였다. 예를 들어, 제6장에서는 '통제의 중심' 조사에 대하여 논하였는데, 책임감과 의지의 분야와 연관되어 있기 때문이다.

다른 주제들은 이유가 이야기되었기 때문에 경험적 조사를 허용하지 않았다.

따라서 조사자들은 연구에 좀 더 사용할 수 있는 약간의 부분적 문제들을 선택하였다. 우리가 보겠지만, 예를 들어 두려움의 현상을 연구하여 낸 죽음불안의 기준치는 많이 있으나 매우 피상적이고 규정에 기초한 방법이기에 제공하는 것이 너무나 적다. 나는 밤에 열쇠를 잃어버리고는 떨어뜨린 어두운 복도에서 찾는 것이 아니라, 불빛이 밝은 가로등 밑에서 찾는 사람의 이야기가 떠올랐다. 나는 이 부분적인 조사 문제를 적당한 경고와 함께 인용했다.

아직도 지식이 직관적으로 남아 있어야 할 다른 분야가 있다. 존재의 어떤 진실은 분명하고 확실해서 논리적인 논의나 경험적인 조사의 공동 작업은 매우 바람직하다. 신경심리학자인 래쉴리(Karl Lashley)는 '만일 당신이 개에게 바이올린을 가르친다면, 그것을 증명하기 위해서 현악 4중주는 필요없다.' 는 충고를 했다.

나는 이 책을 평범한 독자에게 지적으로 다가갈 수 있도록 충분히 명료하고 허튼소리가 없도록 쓰려고 하였다. 그러나 이 책이 의도한 주된 독자는 학생이고 실전에 있는 심리치료사다. 독자에게 철학적 교육에 대한 기반이 없을 거라는 추정에도 불구하고, 내가 독자가 임상적 배경을 가지고 있다는 것을 아는 것이 중요하다. 이 책이 '첫 번째' 혹은 완전한 심리치료의 교본이 아니고, 독자는 의례적인 임상적 설명 구조에 익숙하다는 것을 기대하고 있다는 것이다. 그래서 실존적인 구조의 틀에서 임상적 현상을 묘사할 때, 대체적인 형태의 설명을 항상 제공하지 않는다. 나의 의무는 심리치료자들이 애매하게 사용하고 있는 치료 절차에 분명한 것을 줄 수 있는, 실존적인 관심에 기초한 연관된 심리치료접근을 말하는 것이다.

나는 정신병리학과 심리치료에 절대적인 이론을 설명하려는 것이 아니다. 대신 임상자들에게 조직적으로 설명할 수 있는 심리적 구조의 패러다임을 보이려고 한다. 이 패러다임은 수없이 나열된 임상적 정보에서 임상자들에게 이치에 맞게 설명되고 정신치료에 조직적 전략을 형성할 수 있는 구조다. 이 패러다임은 설득력 있는 힘을 가지고 있다. 이 패러다임은 인색하고(이 말은 상대적으로 아주 적은 추측에 기초한다) 접근이 가능하다(이 말은 이 추측은 모든 사색하는 개인이 직관적으로 인식할 수 있는 경험에 기초하고 있다). 더욱이 이 패러다임은 인도주의적으로 기초한 패러다임이고, 치료하는 계획에서 인간적 성격과 깊게 일치하고 있다.

그러나 이 책은 하나의 패러다임을 제시하는 것이지 절대적인 것이 아니다. 즉,

어떤 환자에게는 사용할 수 있지만, 모든 환자들에게는 아니다. 또 어떤 치료자에게는 이 이론을 사용할 수 있지만, 모든 치료자들에게 사용되는 것은 아니다. 실존주의적 접근은 다른 많은 치료접근 중 하나다. 이것은 다른 치료에서 다른 패러다임과 같이 임상적 자료를 재구성한 것이지만, 배타적인 주도권이 없으며 인간의 모든 행위를 설명할 수 없다. 인간은 너무나 복잡하고 이렇게 복잡해지는 것을 허용하는 가능성을 가지고 있다.

존재는 냉혹하게 자유롭기에 불확실하다. 문화적 제도와 심리적 제도가 흔히 이러한 자유와 불확실의 상태를 불명료하게 만든다. 그러나 사람의 실존적인 상황에 대한 직면은 사람으로 하여금 패러다임은 스스로 창조된 것이고, 불확실성의 고통에 대한 매우 얇은 울타리라는 것을 생각나게 한다. 성숙한 치료자는 다른 치료에서와 같이 실존적이고 이론적인 접근 안에서 이 근본적 불확실성을 인내할 수 있어야 한다.

제1부

죽 음

앞으로 4개 장에 걸쳐 정신병리와 정신치료에서 죽음의 개념에 의해 연출된 역할에 대한 것을 연구할 것이다. 여기에 대한 근본적인 가정은 단순하다.

1. 죽음의 두려움은 인간의 내적 경험에 중요한 역할을 한다. 죽음은 그 어떤 것도 할 수 없는 것이지만 우리를 늘 따라다닌다. 표면 밑에서 연속적으로 소리를 낸다. 죽음은 어둡고, 의식의 가장자리에 있는 정착하지 않은 현존이다(unsettling presence).
2. 아동은 죽음에 상당히 많이 사로잡혀 있고, 이 아동의 주된 발달과업은 없어질 것이라는 무시무시한 두려움과 거래하는 것이다.
3. 이러한 두려움에 대처하기 위해서 죽음의 자각에 대하여 부인(denial)에 기초한 방어기제를 만들고 이러한 것은 성격구조를 조형하는데 만일 잘못 적용되면 임상적 증후군을 일으킬 수 있다. 다른 말로 하면, 정신병리는 죽음의 초월성에 대한 비효과적 양식의 결과다.
4. 마지막으로 정신치료에서 강력하고 효과적인 접근은 죽음의 자각에 기초한 구조일 것이다.

제2장은 정신치료에서 죽음 개념의 역할에 대한 전반적인 것을 제공할 것이고, 연관적 임상과 조사의 근거를 보여 주었다. 그리고 왜 전통적 분석 사상이 고통스럽게도 정신치료이론과 기술에서 제외되었는지를 조사하였다.

제3장은 아동이 죽음 개념을 발달시키는 것과 개인이 죽음의 불안으로부터 자신을 보호하려는 자기방어기제를 출현시키는 것에 대하여 초점을 맞추었다. 제4장은 이러한 죽음 부인 방어에 근거한 정신병리의 패러다임을 보여 주었다. 제5장은 죽음의 자각에 기초한 치료의 실제적 이행과 이론에 대한 것을 서술하였다.

제2장

삶, 죽음 그리고 불안

위대한 정신과 의사 마이어(Adolph Meyer)는 한 정신과 학생과 상담하면서 "가려운 데를 긁지 마라."라고 했다.[1] 이 교훈은 죽음에 대한 환자의 태도를 조사하는 데 반대한 아주 적당한 논의가 아닌가? 환자는 치료자가 삶의 두려움에 소름끼치는 것을 상기시키지 않으면 두려움과 공포에 대하여 충분한 것을 느끼지 못하는가? 왜 죽음이라는 쓰고도 변경할 수 없는 실체에 초점을 맞추는가? 만일 치료의 목적이 희망을 불러일으키는 것이라면 왜 희망을 없애버리는 죽음을 불러오는가? 치료의 목적은 개인이 어떻게 살아갈 수 있는 방법을 배우도록 돕는 것이다. 죽어 가는 사람들에게 왜 죽음을 남겨 두지 않는가?

이 장에서는 이러한 물음에 대하여 답을 할 것이다. 그리고 죽음은 항상 우리를 가렵게 하고 있고, 죽음에 대한 우리의 태도는 살아가는 방법과 삶에서 비틀거리는 것과 아픈 것에 대하여 영향을 주고 있음을 말할 것이다. 나는 정신치료 실습에 중요한 함축성을 가지는 두 가지의 근원적인 주장을 고찰하려고 한다.

1. 삶과 죽음은 상호의존적이다. 동시에 존재하는 것이지, 연속선상에 있는 것이

아니다. 죽음은 삶의 표면 밑에서 끊임없이 휘젓고 있으며 경험과 행동에 막강한 영향을 발휘한다.

2. 죽음은 불안의 가장 근원적 요소이고, 정신병리의 주된 원천이다.

삶과 죽음의 상호의존성

사상의 기록 초기로 거슬러 올라가 유서 깊은 사상을 살펴보면 삶과 죽음이 서로 맞물려 있음을 강조하는 것을 알 수 있다. 모든 것은 시들어가고 인간은 이 쇠퇴를 두려워함에도 불구하고, 사라져가는 면전에서, 죽음의 앞에서 살아야 한다는 것은 인생의 가장 명백한 진리 중의 하나다. 스토아학파(Stoics)는 죽음이 삶에서 가장 중요한 사건이라고 한다. 잘 살아가기 위해서는 잘 죽어 가는 것을 배워야 한다. 역으로 말하면, 잘 죽어 가는 것을 배우는 것은 잘 살아가는 것을 배우는 것이다. 키케로(Cicero)는 "철학을 하는 것은 죽음을 준비하기 위해서다."라고 했다.[2)] 그리고 세네카(Seneca)는 "생의 끝을 준비하려고 하고, 준비하는 사람 외에 삶의 진정한 맛을 즐기는 사람은 없다."라고 했다.[3)] 성 오거스틴(St. Augustine)은 "죽음 앞에서 만 인간의 자아(self)가 태어난다."라고 하여 같은 생각을 표현했다.[4)]

죽어 가는 사람에게서 죽음을 떠나게 하는 것은 불가능하다. 생물학적인 삶-죽음의 한계는 비교적 명료하다. 그러나 심리적으로 삶과 죽음은 서로 합하여 있다. 죽음은 삶의 한 사실인 것이다. 죽음에 대하여 잠시 숙고해 보면 죽음이 단순히 삶의 마지막 순간이 아니라는 것을 알 수 있다. 마닐리우스(Manilius)는[5)] "출생에서조차 우리는 죽는다. 시작부터 끝은 거기 있었다."라고 말했다. 몽테뉴(Montaigne)는 죽음에 대한 속을 뚫어 보는 듯한 그의 수필에서 다음과 같이 물었다. "왜 우리는 생의 마지막을 두려워하는가? 다른 것들과 마찬가지로 마지막 날은 죽음에 영향을 미치지 않는다. 생의 마지막은 우리를 약화시키는 것이 아니라 드러내는 것이다."[6)]

죽음에 관한 중요한 문장을 계속 인용하는 것은 간단한 일이다(그리고 아주 매력있는 것이다). 실제로 모든 위대한 사상가들(일반적으로 생의 처음 혹은 끝을 향해)은 죽음에 대하여 심사숙고하여 글을 썼다. 그리고 많은 사상가들은 죽음이라는 것은 삶에서 벗어날 수 없는 한 부분이고, 생애 전반에 걸쳐 죽음에 대하여 생각하는 것은 삶을 빈약하게 하기보다는 오히려 풍요롭게 한다고 결론지었다.

이러한 죽음에 대한 생각은 너무 중요하기 때문에 인간의 역사에 계속해서 되풀이된다. 신체적 죽음은 인간을 파멸시키지만, 죽음의 생각은 인간을 살린다. 그러나 이러한 말은 명확하게 무엇을 의미하는가? 어떻게 죽음의 생각이 인간을 살릴 수 있는가? 그리고 무엇으로부터 인간을 구한다는 말인가?

실존주의 철학의 중심된 개념을 간단히 살펴보면 우리에게 이러한 질문에 대한 명확성을 드러내 줄 수 있을 것이다. 1926년 철학자 하이데거는 죽음의 개념이 인간을 살릴 수 있는지 연구하였고, 인간 개인의 죽음에 대한 자각은 인간으로 하여금 존재의 한 차원에서 더 높은 차원으로 옮길 수 있는 자극으로써 작용한다는 중요한 통찰력에 이르는 결론을 내렸다. 하이데거는 이 세상에 존재하는 양식은 다음의 두 가지라고 했다. ① 존재를 망각하고 있는 상태거나(a state of forgetfulness) ② 존재로 가득 찬 상태(mindfulness of being)다.[7)]

사람이 존재를 망각한 상태에서 살아가는 것은, 물질의 세계에 사는 것이고 매일 생활의 유희 속에 자신을 몰두시키게 된다. 차원이 낮아지고 쓸모없는 잡담에 빨려 들어가 자신을 상실한다. 또한 일상 세계의 일과 물질의 길(way)에 자신을 포로화시킨다. 이와 다른 상태인 존재로 가득 찬 상태는 물질의 길에 감탄하는 것이 아니라 그것이 존재하는 것에 대하여 감탄한다. 이러한 상태에 있는 것은 계속해서 존재에 대해 깨우치는 것이다. 이러한 상태는 흔히 '존재론적 양식'(ontos는 그리스어에서 왔으며, '실존'을 의미한다)으로 불려지는데 존재에 대하여 마음이 가득한 상태에 있는 것이다. 이 상태는 존재의 연약성에 대한 것만이 아니라 자신의 존재에 대한 책임 또한 의미한다는 것이다(여기에 대한 것은 제6장에서 언급할 것이다). 이 상태는 존재론적인 상태이기 때문에, 이 안에 있는 사람은 자기 창의성(self-creation)과 접촉할 수 있어서 오직 이러한 상태에서만 자신을 변화시킬 수 있는 힘을 가질 수 있게 된다.

일반적으로 사람은 첫 번째 형태에 살고 있다. 존재의 망각은 존재의 매일 생활양식이다. 하이데거는 이것을 '비근거적'(inauthentic)인 것이라고 부르고 있다. 이 양식에서 사람은 자신의 인생과 자신이 '도망하고 실패하는' 세계에서 자신이 주인공임을 자각하지 못하고 있고, '어떤 누구에 따라서 선택을 움직이지 않는' 존재로 선택을 피하며 안락하게 지낸다.[8] 그러나 존재로 가득 찬 두 번째 양식에 들어가면, 사람은 확실하게 존재한다(그래서 현대 심리학에서는 '확실성' (authenticity)의 용어를 자주 사용한다). 이 상태에서 사람은 전적으로 자각할 수 있으며 초월적 자아와 경험적 자아를 자각한다. 여기서 사람은 자신의 가능성과 제한성을 포용하고 절대적 자유와 무(nothingness)에 직면한다. 그리고 이러한 사실들에 직면하면서 불안에 놓인다.

그러면 이 모든 사실과 함께 죽음은 무엇을 해야 하는가? 하이데거는 사람은 존재의 망각 상태에서 더 계몽적인 존재의 불안한 염두(anxious mindfulness of being) 상태를 단순한 묵상과 분발로(by bearing down) 혹은 이를 악물어서 되는 것은 아니라는 것을 알았다. 더 나은 단계로 도약하려면, 변경할 수 없고 돌이킬 수 없는 조건, 개인에게 충격을 주는 첫 단계, 일상생활, 존재의 평범한 상태에서 존재의 온전한 상태로 끄집어내는 '긴박한 경험' (urgent experiences)이 필요하다. 이러한 긴박한 경험들(야스퍼스(Jaspers)는 후에 이러한 것들을 '경계' 혹은 '경계선' 혹은 '제한' 상황이라고 했다)[9] 에서 죽음이야말로 비할 데 없이 좋은 경험이다. 죽음은 인간으로 하여금 확실한 양식 가운데 살 수 있게 하는 조건이기 때문이다.

죽음이 삶에 긍정적인 기여를 한다는 이 관점은 사람이 쉽게 받아들이기 어렵다. 일반적으로 우리는 죽음을 요동하지 않는 악, 즉 죽음에 대해 반대적인 관점을 받아들일 수 없는 농담으로 처리한다. 우리는 죽음을 재앙 없이 잘 취급할 수 있다.

그러나 이러한 판단을 잠시 보류하고 죽음의 사상이 없는 인생에 대하여 상상해 보라. 인생은 그 긴장의 어떤 것을 상실한다. 죽음을 부인할 때 삶은 위축될 것이다. 이유가 있기 때문에 잠깐만 언급하겠지만, 죽음에 대하여 적게 언급한 프로이트는 인생의 일시성은 그 안에 살아가는 우리의 기쁨을 증대시킨다고 믿었다. "기쁨의 가능성 안에 있는 제한성은 기쁨의 가치를 끌어올린다." 프로이트는 제1차 세계 대전 동안의 저술을 통해서 전쟁이 유혹적인 것은 전쟁이 삶을 다시 가져다주기 때문이라고 했다. "정말로 삶은 다시 흥미롭게 된다. 삶은 그 전적인 내용을 회복하게 된다."[10] 삶에서 죽음이 배제되었을 때, 삶에서 위태로운 상황이 있다는 통찰을 상실할 때 삶은 무미건조해진다. 프로이트는 이렇게 되었을 때를 다음과 같이 표현하였다. "(인생은) 얕고 빈 것이 된다. 말하자면 이것은 사랑하는 두 사람이 마음속의 심각한 결과들을 끊임없이 참는 대륙적 사랑과는 대조적으로, 처음부터 아무 것도 발생하지 않을 것이라고 생각하는 어떤 미국인이 장난삼아 하는 연애로 변해 버린다."[11)]

죽음 사실의 부재와 죽음 생각의 부재는 삶에 대한 민감성을 무디게 한다고 많은 사람이 생각하고 있다. 예를 들어, 프랑스의 극작가 지로두(Jean Giraudoux)의 희곡 「암피트리온 38(Amphitryon 38)」에는 불사조 신들과의 대화가 있다. 주피터(Jupiter)가 머큐리(Mercury)에게 지상의 여인과 사랑을 하기 위해서 변장하는 것이 어떠한지에 대해 물었다.

(지상의) 여인은 표현을 하지 않을 것이고, 이것은 우리 사이의 심연을 더 넓게 할 것이다…. 그녀는 "내가 어렸을 때" 혹은 "내가 나이가 들었을 때" 혹은 "내 생에 결코 그런 것이 없이"라고 말할 것이다. 머큐리, 이것이 나를 아프게 한다…. 머큐리, 우리는 일시성의 통렬한 아픔, 죽음의 두려움과 같은 중요한 사실을 놓쳤어. (인간은) 네가 잡을 수 없는 달콤한 슬픔의 어떤 것을 잡고 있는 것이다.[12)]

이와 유사하게 몽테뉴는 반은 신이고 반은 인간인 키론(Chiron)이, 그의 아버지 새턴(Saturn, 그리스신화에서는 '크로노스')이 선택의 함축성에 대하여 묘사할 때 불사성을 거부한 대화를 상상했다.

내가 인간에게 부여한 생명보다 인간이 더 오래 영원한 삶을 산다는 것이 인간에게 얼마나 더 고통스럽고 참을 수 없는지 솔직하게 상상을 해봐라. 만일 네게 죽음이 없다면, 너에게서 죽음을 빼앗아 간 나를 끊임없이 저주할 것이다. 나는 네가 죽음에 너무 욕심을 내고 절제 없이 안아 수용하려는 것으로부터 너를 보호하기 위해서, 네가 죽음의 유용성을 보면서 죽음을 통해 약간의 쓴맛을 신중하게 혼합하였다. 내가 너에게 요구하는 이러한 적합한 상태에 너를 두기 위하여, 즉 삶에서 도망하거나 죽음으로부터 되돌아오는 것이 되지 않기 위하여, 나는 삶의 단맛과 쓴맛 사이의 것을 섞어서 조합하였다.[13)]

나는 죽음을 선호하는 제사(cult)에 참여하거나 삶을 부정하는 병적인 것을 주장하려는 것이 아니다. 그러나 잊지 말아야 하는 것은 인간의 기본적인 딜레마는 우리 각자가 천사도 되고 들판의 짐승도 된다는 것이다. 인간은 죽어야 한다는 사실을 우리가 알고 있기 때문에 죽음의 피조물이라고 할 수 있다. 어떤 형태의 죽음에 대한 부인도 인간의 기본적 기원을 부인하는 것이고, 인간의 자각과 경험을 매우 제한시키는 결과를 낳는다. 죽음에 대한 생각의 통합은 인간을 구원한다. 이것은 인간을 존재의 공포에 놓이게 하는 중형을 구형하거나 비관주의에 빠지게 하기보다는 우리를 더 권위 있는 삶의 형태에 들어갈 수 있도록 하는 정화로서 작용하고 우리의 삶 속에서 즐거움을 증진시킨다.

죽음의 직면 : 개인적 변화

훌륭한 문학작품을 보면 죽음과의 밀접한 만남이 개인의 긍정적인 삶의 효과가 있다는 것을 묘사하고 있다.

톨스토이의 『전쟁과 평화』는 죽음이라는 것이 어떻게 개인에게 획기적인 변화를 낳게 하는지를 보여 주는 좋은 예다.[14] 주인공 피에르(Pierre)는 러시아 귀족사회에서 공허한 삶의 무의미를 체험하며 삶을 죽음처럼 느낀다. 영혼을 잃어버린 이 주인공이 생의 의미를 찾기 위해서 비틀거리는 모습이 이 책의 900페이지에 걸쳐 묘사되고 있다. 이 책의 가장 결정적인 부분은 피에르가 나폴레옹의 군대에 체포당해 사형이 확정되었을 때다. 여섯 번째였던 그는 앞에 있는 다섯 명이 자신의 앞에서 총살당하는 것을 보면서 죽음을 기다렸다. 그런데 바로 이 마지막 순간에 형 집행이 유예된다. 이 경험 이후 피에르가 생을 활력 있고 목적 있는 삶으로 살아가는 변화된 모습을 이후 300페이지에서 다루고 있다. 그는 다른 사람과의 관계에서 자신을 전적으로 열어 놓아 관계성을 형성할 수 있게 되었고, 자연적인 주변 환경에 대해 민감하게 인식할 수 있었으며, 자신에게 의미가 있는 일을 발견할 수 있었고, 이 일을 위해서 자신을 헌신 할 수 있었다.*

톨스토의 단편집 『이반 일리치의 죽음(*The Death of Ivan Illyich*)』에서도 유사한

* 실제로, 도스토예프스키는 29세 때 사형장에서 마지막 순간에 집행이 유예되었다. 이 사건은 그의 인생과 소설에 결정적인 영향을 주었다.

내용이 담겨져 있다.[15] 영혼이 죽은 관료주의자 주인공 이반 일리치는 치명적인 질병에 걸려 매우 견디기 힘든 고통을 당한다. 그의 번민은 죽기 일보 직전까지, 삶의 놀라운 진실을 발견하기 전까지 거침없이 계속된다. 그는 나쁘게 죽어 간다. 왜냐하면 나쁘게 살았기 때문이다. 죽음까지 남아 있는 며칠 동안 이반 일리치는 개인적 성숙이라는 말 외에 다른 용어로 묘사하기 어려운 드라마틱한 변화를 거친다. 만일 이반 일리치가 환자였다면, 그가 보인 심적인 변화에 대하여 매우 자랑스럽게 생각했을 것이다. 주인공 이반 일리치는 매우 공감적으로 다른 사람들과 관계성을 가졌고, 그의 고질적인 신랄함, 거만 그리고 자기과신은 사라졌다. 간단히 말해서, 삶의 마지막 며칠 동안에 그가 평생 살았던 이전의 어떤 것보다 훨씬 더 높은 통합의 단계를 달성한 것이다.

이러한 현상은 임상자의 세계에서 매우 자주 발생한다. 금문교에서 자살을 시도한 열 명 중 생존한 여섯 명을 인터뷰했을 때 이들은 자신의 인생관에 변화가 있다고 말했다.[16] "살려는 의지가 나를 삼켰습니다…. 우주의 모든 것을 꿰뚫어보는 하늘에 계신 자비하신 하나님이 있습니다." 또 다른 사람은 "우리는 모두 하나님 품성의 구성원입니다…. 위대한 하나님 인간(God humanity)입니다." 어떤 사람은 "나는 삶에 대한 강한 힘이 있습니다…. 나의 모든 삶은 다시 태어났습니다…. 나는 과거의 방법들을 다 없애 버렸습니다…. 지금 나는 다른 사람의 존재를 느낄 수 있습니다." 또 다른 사람은 "나는 지금 하나님을 사랑하고 있다고 느끼고 다른 사람을 위하여 의미 있는 것을 하기를 원합니다."라고 했다. 또 어떤 사람은,

> 나는 살아 있다는 것에 대해 새로운 희망과 목표로 가득 찼다. 나는 마치 하늘에 새가 날아가는 것과 같은 삶의 기적에 대해 감사한다. 우리가 가지고 있는 것을 상실할 때 모든 것은 더 의미를 가지게 된다. 나는 세상의 모든 것과 모든 사람과 일치하는 감정을 경험했다. 나의 정신적 중생 이후 나는 모든 사람의 고통에 대한 것을 느꼈다. 모든 것은 분명했고 밝았다.

임상에서 이러한 사례들은 얼마든지 있다. 슈미트(Abraham Schmitt)는 장기적으로 우울증에 시달려 자살을 시도하다가 간발의 차이로 목숨을 건진 한 환자에 대해 상세하게 기술하면서 '그녀의 자살 전후의 두 가지 인생' 에 대해 지적하였다. 슈미트는 이 환자에게 치료자로써 전문적으로 접촉한 사실을 말하는 것이 아니라

자살을 전후로 그녀에게 발생한 드라마틱한 변화를 지켜본 것에 대하여 서술하였다. 친구들이 그녀에 대하여 사용하는 단어는 '삶과 열정을 가진' 것을 의미하는 '활력적' 이라는 단어다. 치료자는 그녀의 자살시도 이후에 "그녀, 그녀의 삶, 남편과의 관계에 있게 되었다. 그녀의 지금 삶은 전적으로 가장 최고치를 위해 일을 하고 다른 사람의 삶을 채우고 있다…. 자살 이후 1년 후에 낳은 자녀들 중 첫 번째 아이를 임신했다(사실 그녀는 자살 전에는 오랜 기간 임신을 할 수 없었다)." [17]

노이에스(Russel Noyes)는 거의 사망의 경험을 한 200명의 사람을 연구하였다(차량사고, 익사, 낙사 등등). 그리고 몇 년 후 이들의 23%가 자신의 죽음을 경험한 결과로써 다음과 같은 것을 가지게 되었다고 한다.

> 삶의 짧음과 그 고귀함에 대한 강한 느낌…. 삶의 강한 역동성, 지각성과 주변 환경에 대한 감성적 책임감에 대하여 향상…. 빠른 시간 속에 살아가는 능력과 시간에 따라 흘러가는 순간을 아끼는 것…. 삶의 위대한 깨달음, 즉 삶과 살아 있는 것에 대한 깨달음, 너무 늦기 전에 즐겁게 살려는 충동에 대한 깨달음이다. [18]

죽음을 가까이서 경험한 많은 사람이 예전보다 더 인간애 중심적이 되고 더 연민적으로 되어 '삶의 우선권에 대한 재평가' 를 말하였다.

죄수들의 내과의사였던 후사인(Abdul Hussain)과 토즈먼(Seymour Tozman)은 사형을 언도받았다가 마지막 순간에 집행 유예를 받은 세 사람에 대한 임상적인 연구결과를 밝혔다. 이 저자들에 따르면, 이 세 사람 모두 성격유형에서 많은 변화와 이후 몇 달간 지속된 '태도의 획기적인 변화' 를 분명히 나타내었다. [19]

암 : 죽음의 직면 중국의 상형문자에 따르면 '위기' 라는 것은 두 가지 상징의 조화다. 즉, 위험과 기회다. 말기암 환자들과 상담을 하면서 같이 지낸 여러 해 동안 그들 중 얼마나 되는 사람이 자신의 위기와 위험을 변화를 위한 기회로 사용하는지 알고는 충격을 받았다. 그들은 '개인적 성숙' 이라고 밖에는 표현할 수 없는 내적인 변화의 놀랄만한 움직임을 보였다.

- 삶의 우선권에 대한 재조정 : 가치 없는 것을 가치 없게 한다.
- 자유의 느낌 : 자신이 원하지 않는 것에 대해 선택하지 않는 능력을 가진다.
- 은퇴까지나 미래의 어떤 시점까지 미뤄 두기보다는 바로 지금이라는 삶의 향상

된 감각을 가진다.

- 근본적인 삶의 사실에 대한 생동감나는 감사 : 변화하는 계절, 바람, 낙엽, 크리스마스 등등
- 위기 전보다 사랑하는 사람과의 더 깊은 대화
- 위기 전보다 사람 간의 두려움이 작아지고, 거부에 대하여 적은 관심, 모험을 하려는 더 큰 의지

상원위원이었던 뉴버거(Richard Neuberger)는 암으로 죽기 바로 전에 이러한 변화에 대하여 말했다.

> 내가 믿기로 역행할 수 없는 변화가 나에게 왔다. 명성, 정치적 성공, 재정적 상태에 대한 질문들 모두가 한 번에 무가치해졌다. 암에 걸렸다는 사실을 알았을 때 처음 몇 시간 동안 나의 상원위원 자리, 은행구좌, 자유로운 세상의 운명에 대하여 생각해 보지 않았다.
>
> …내가 암 진단을 받은 이후 나는 아내와 다툰 적이 없다. 나는 아내가 치약을 아래부터 짜지 않고 위부터 짜는 것, 정성을 다해 음식을 준비하지 않는 것, 나와 의논 없이 초대손님의 명단을 짜는 것, 옷을 사는 데 너무 많은 낭비를 하는 것에 대해서 불만을 토하곤 했다. 그러나 지금은 이러한 일들에 대하여 관심을 가지지 않으며, 이런 것들이 살아가는 데 관계가 없는 것 같다….
>
> 그 대신 내가 병을 얻기 전에 당연하게 생각했던 것들, 즉 친구들과 함께 점심을 먹는 것, 고양이가 귀를 긁는 소리를 듣는 것, 침실 램프 아래의 조용한 곳에서 책을 읽는 것, 케이크 한 조각이나 오렌지 주스 한 잔을 마시기 위해 냉장고를 여는 것 등에 대한 고마움이 마음에 다가왔다. 생애 처음으로 나는 정말로 인생의 의미를 맛보고 있다고 생각했다. 마침내 나는 불사성을 가진 존재가 아니라는 것을 깨달았다. 내 인생 중 건강이 가장 좋았을 때의 거짓된 자만, 인위적인 가치들, 그리고 터무니없는 경멸로 잘못한 일들을 기억할 때마다 몸이 떨린다.[20)]

얼마나 공통적으로 긍정적인 개인적 변화가 죽음을 직면함으로써 나타날 수 있을까? 내가 조사한 암 환자들은 스스로 선택한 하나의 샘플로서의 암을 지니고 심리적으로 어려움을 가지고 있었고 암 환자를 위하여 지지 그룹을 구하고 있었다. 이 현상의 일반적인 영향을 시험하기 위하여 나와 동료들은 순전히 병원 차원

의 환경에서 환자를 연구하기 위하여 연구 프로젝트를 만들었다.[21] 우리는 이들의 개인적인 변화를 측정하기 위하여 질문지를 만들었고, 이 질문지를 전문 의료진에 유방암 치료를 의뢰한 환자 70명에게 연속적으로 사용하였다(이 환자들은 온 몸에 암이 퍼져 있는 상태여서 수술이나 의료적 치료가 불가했다).* 질문의 한 부분은 17개의 개인적 성숙에 대한 것이다.** 그리고 두 번의 기간을 기준으로(암 진단을 받기 '전' 과 진단을 받은 '지금') 점수 스케일을 5점으로 하였다(자신의 행위에 대해 범위는 '거의 하지 않는다' 에서 '항상' 한다). 결과를 조사할 때 환자들의 대다수는 '전' 과 '지금' 사이에 변화가 없다는 것을 알았다. 그러나 '전' 과 '지금' 에 변화가 있다고 표시한 환자들은 암 발생 시작 이후 변할 수 없는 큰 정신적인 성숙이 있었다고 했다. 더 많은 환자들은 17항목 중 14가지에 대하여 부정적보다는 긍정적이라고 답했다. ***어떤 항목은 중요한 차이를 보여 주었다. 예를 들어, 14번 항목(인생에 대하여 사람에게 가르칠 수 있는 어떤 가치를 가지고 있다고 느낀다)에

* 이 연구에서 환자들은 모두 외래환자였는데, 신체적 고통이나 움직임이 어려운 사람은 거의 없었다. 이들 모두는 병명과 진단을 알고 있었고, 또한 몇 달이나 몇 년을 살 수 있음에도 불구하고, 궁극적으로 죽을 것이라고 있었다.

** 1. 나는 남편과 열린 대화를 한다.
2. 자연의 아름다움에 감사한다.
3. 개인적인 자유함을 가지고 있다.
4. 나의 자녀들과 열린 마음으로 대화를 하려고 노력한다.
5. 모든 사람의 사랑을 받는 것이 나에게 중요하다.
6. 인생의 많은 즐거움을 가지고 있다.
7. 다른 사람과 솔직하고 진실하게 이야기한다.
8. 내가 진정 원하는 것만을 한다.
9. 나는 과거나 미래보다는 현재를 좋아하면서 산다.
10. 나는 자연의 깊은 고요함을 느끼는 시간을 갖는다.
11. 자신의 개인적 권리를 표현할 수 있다.
12. 심리적으로 안정된 느낌을 가지고 있다.
13. 친구들과 열린 마음으로 대화를 한다.
14. 인생에 대하여 사람에게 가르칠 수 있는 어떤 가치를 가지고 있다고 느낀다.
15. 내가 원하는 것을 택할 수 있다.
16. 내 인생은 의미와 목적을 가지고 있다.
17. 나에게 종교적/영적인 믿음은 더 중요한 것이다.

*** 반대된 성향을 보인 것은 3번과 13번이다. 나는 3번(개인적 자유함을 가지고 있다)이 암에 따른 신체적 고통의 영향을 받았을 것이라고 본다. 13번(친구들과 열린 마음으로 대화를 한다)

대하여 18명의 환자가 긍정적인 변화가 있는 반면 3명은 부정적이고, 11번 항목(나 자신의 개인적 권리를 표현할 수 있다)은 12명이 긍정적이고 3명은 부정적이었다. 2번 항목(자연의 아름다움에 감사한다)은 11명이 긍정적이고 2명이 부정적이었다. 치명적인 암이 개인의 '깊은 고요함을 느끼는 시간' 을 증진시킬 수 있다는 것을 누가 믿을 수 있을 것인가?(10번 항목). 그러나 18명의 환자는 이러한 느낌을 더 가졌다고 말했다(8명은 부정적이었다).

질문지의 다른 부분은 공통적인 두려움의 정도에 대한 변화를 물어보는 것이었다. 일반적인 두려움의 목록에서 29가지의 두려움을 선택했고,* 환자들은 순서를 매겼다(암 발생 전과 후). 이 질문에 대한 결과는 개인적 성숙의 항목과 같은 경향을 보여 주었다. 9가지 항목에 대하여 환자들은 암 발생 후에 큰 두려움을 표시하였다. 한 항목에 대하여서는 똑같은 변화를 보였다(지금 더 공포를 느낀다와 지금 덜 공포를 느낀다는 환자의 숫자가 같다). 그리고 환자들은 29항목 중 19가지에 대하여 암을 가지기 전보다 지금 두려움을 덜 느낀다는 환자가 많았다.

이러한 현상이 조사연구에 조직적으로 나타난 예가 없음에도 불구하고, 대부분의 치료자들은 이 현상을 예시하기 위하여 교훈적인 임상자료를 제공할 수 있다.** 많은 치료자들은 치료 가운데 인생의 관점에 급한 변화를 가졌고, 삶의 우선

은 환자들의 많은 친구들이 매우 불편한 것을 보여 주었고, 환자들은 친한 친구와의 관계는 증진되는 반면, 다른 친구와의 관계는 긴장된 상태인 듯했다.

* 1. 죽은 사람 2. 화난 사람 3. 친구와 결별 4. 폐쇄된 장소 5. 타인으로부터의 따돌림 6. 거부당한 느낌 7. 무시당하는 느낌 8. 어둠 9. 흉측한 사람 10. 실수 11. 어리석게 보이는 것 12. 통제상실 13. 결정에 대하여 책임을 질 때 14. 정신적으로 병을 가지게 될 때 15. 필기시험을 볼 때 16. 다른 사람이 자신을 만질 때 17. 다른 사람과 다르게 느낄 때 18. 혼자 있을 때 19. 낯선 거리에 있을 때 20. 대중적으로 이야기할 때 21. 나쁜 꿈을 꿨을 때 22. 실패 23. 다른 사람이 이미 다 와서 앉아 있는 곳에 들어갈 때 24. 높은 빌딩에서 내려다볼 때 25. 낯선 사람 26. 분노를 느낄 때 27. 권위적인 사람 28. 대화 중 소강상태 29. 기어다니는 곤충

**죽음에 가까운 입원되어 있는 환자들에 대하여 연구들이 수행되었고,[22] 지금 이 연구보다 더 많은 부정적인 발견들이 있다고 말한다. 그러나 이러한 환자들은 보통 격리되어 있고 은닉된 상태이며 많은 고통을 받고 있다. 근래 한 암환자가 바로 이 점에 대하여 작업을 하려고 쿠버-로스(Küber-Ross)의 연구를 생각했다. 즉, 죽어가는 단계를 말하는 쿠버-로스의 연구는 격리되어 있는 환자들을 대상으로 한쪽으로 기울어진 연구이고, 만일 쿠버-로스의 연구대상 환자들이 자신의 죽음을 직면하여 받아들이면 발생할 수 있는 '황금 기간' (golden period)에 대하여 간과했다고 주장한다).[23]

권을 재편성하는 죽음과의 어떤 직면을 했던 환자들과 같이 상담을 하고 있다.

슈미트는 신장병으로 죽음이 얼마 남지 않은 환자가 있었다. 오랜 기간 신장투석 후에 그 환자는 성공적인 콩팥이식 수술을 했고, 이 투병생활을 계기로 심리적으로나 신체적으로 중생의 경험을 가지고 새로운 인생을 출발하게 되었다. 이 환자는 자신의 경험을 다음과 같이 말했다.

> 내가 나의 인생에 대하여 실제적으로 묘사할 수 있는 유일한 방법은 내 자신이 두 가지의 삶을 살고 있다고 생각하는 것이다. 나는 이것을 첫 번째 그리고 두 번째라고 한다. 첫 번째 나는 신장투석을 하는 동안에 죽었다. 죽음의 면전에서 인생을 연장시킬 수 없었다. 두 번째 나는 다시 태어났다. 캐시(Kathy)가 죽음 가운데 태어난 것이다…. 첫 번째 캐시는 시시한 아이였다. 그녀는 음식점에서 식은 음식을 먹거나 외과간호 강의가 지겹거나 부모가 불공평할 때 불평을 하는 아이였다. 인생 목적은 주말을 즐겁게 놀며 보내 것이었다…. 미래는 먼 것이었고 관심도 없었다. 단지 하찮은 것만을 위해 살았다.
>
> 두 번째 캐시는 지금의 나다. 나는 인생에 열중하는 사람이다. 하늘의 아름다움을 보라! 정말 멋있는 푸른색이다. 정원으로 가 보니 모든 꽃들이 예쁜 색깔을 가지고 있어서 그 아름다움에 감탄했다. 내가 알고 있는 한 가지는, 내가 첫 번째 캐시에 머물러 있었다면 나의 전인적인 인생에서 멀어졌을 것이고, 인생의 참다운 즐거움이 어떤 것인지 결코 알 수 없었을 것이라는 점이다. 내가 살아나기 전에 죽음과 얼굴을 맞대고 직면해야 한다. 살기 위해서 죽어야 했다.[24)]

알코올 중독자였던 아서(Arthur)는 죽음과 이상한 직면을 했는데, 이것이 그의 삶에 전환점이 되었다. 이 환자는 알코올 때문에 목숨의 내리막길로 향하고 있었다. 몇 년 동안 술을 심하게 마셨고, 효과적인 심리치료를 하는 데 필요하고도 충분한 절주 기간을 가지지 못하였다. 집단상담에 들어와 상담을 하던 중 호흡이 멈춰 기절하기도 했다. 집단은 의식이 없는 아서를 의자에 두고 회의를 계속하고, 어떻게 할 것인가를 결정하고 병원으로 옮겼다.

다행히 이 집단상담의 과정이 녹화되었는데, 후에 아서가 이 녹화 비디오를 보았고 죽음에 대해 중대한 직면을 한 것이다. 몇 해 동안 모든 사람이 아서에게 죽을 때까지 술을 마실 거라고 말하곤 했다. 그러나 그는 이 녹화 비디오를 보기 전까지 그 사실을 인정하려고 하지 않았다. 그가 기절했을 때 사람이 그의 주위를 둘러싸고 말하는 녹화 장면을 보고, 그는 한 해 전 죽은 자신의 쌍둥이 동생의 장례식 광경과 이상하게도 비슷하다는 느낌이 들었다. 그는 시체의 안치대에 누워 있는 자신을 둘러싸고 친구들이 말하는 광경을 상상했다. 아서는 이 상상으로 몸을 떨었고, 성인으로 살면서 가장 오랜 기간 금주를 하게 되었으며 심리치료 과정에 처음으로 준비되어 들어왔고, 이 과정은 그에게 큰 도움을 주었다.

넓게 이야기하자면, 실존주의 심리치료에 대한 나의 관심은 나의 환자가 죽음을 통한 충격을 받고 변화한 데서 발생하였다. 환자 제인(Jane)은 심한 위 통증과 우울증을 겪어 심리치료를 받는 25세의 대학생이었으며, 깊이 뿌리내린 무기력감과 무목적성에 빠져 있었다. 처음 상담에서 제인은 혼란스러운 태도로 자신의 문제를 표현했고, "무엇이 어떻게 되고 있는지 몰라요."라고 반복적으로 한탄했다. 이 말은 자신에 대한 경멸의 긴 탄원에 묻힌 것이었기 때문에 나는 이 말이 무슨 말인지 이해하지 못했고 잊어버렸다. 나는 제인을 치료집단에 소개했고, 이 집단에서 그녀는 다시 자신 안에서 무슨 일이 일어나고 있는지 알 수 없다는 강한 느낌을 가지게 되었다. 그녀는 자신에게 무엇이 발생하고 있는지, 왜 다른 구성원들이 그녀에게 그렇게 무관심했는지, 왜 그녀가 전환마비(conversion paralysis)를 발달시켰는지, 왜 다른 구성원들과 피학대 음란증적(masochistic)인 관계를 발전시켰는지, 왜 치료자에게 그렇게 열중하였는지 이해하지 못했다. 그녀에게 인생은 넓은 의미에서 어떤 것이 '저기 밖에서' 그녀에게 일어나는 것이고, 어떤 것이 비같이 그녀 위에 내리는 신비였다.

상담집단에서 제인은 수줍어 했고 지겨워했다. 그녀가 말하는 모든 것은 예측이 가능했다. 그녀는 말하기 전에 그룹 구성원이 무엇을 원하고 있는지 근거를 찾기 위해 구성원의 얼굴을 쭉 쳐다보고 나서 가능한 한 모든 사람을 즐겁게 하기 위하여 자신의 말을 꾸몄다. 다른 구성원들이 다른 방향으로 가지 못하도록 무엇이든지 대항하는 것을 피하였다(물론 실제로는 그녀가 화를 내서가 아니라 구성원이 그녀에게 지루함을 느꼈기 때문에 관심을 가지지 않았다). 제인은 정기적으로 자신의 인생으로부터 도피했다. 그룹의 모든 구성원들은 그녀가 자신에 대하여 말할 때마다 그 맹종의 말 안에 있는 '진정한 제인'을 발견하려고 노력했다. 그리고 그들은 제인에게 용기를 주려고 노력했다. 사회성을 가지도록, 공부하도록, 졸업에 필요한 마지막 논문을 쓰도록, 옷을 사도록, 공과금을 내도록, 자신을 가꾸도록, 머리에 빗질하도록, 이력서를 준비하도록, 직업을 찾아보도록 권유했다.

대부분의 노력과 마찬가지로 이러한 노력은 성공적이지 않아서 집단은 다른 방법을 사용했다. 구성원들은 제인에게 유혹(lure)과 실패의 가치, 그리고 왜 사람을 끌려고(lure) 하는지에 대하여 생각해 보라고 말했다. 제인이 행한 것의 결말은 무엇인가? 왜 실패라는 것은 가치가 있는가? 이러한 질문은 더 나은 생산적 결과를 가져다주었고, 그 결말은 괄목할 만한 것이었다. 제인을 활력 있게 하는 데 실패하였기 때문에 그녀를 방어적으로 만들었고, 자신이 스스로 선택할 수 없도록 만든 것이었다. 제인에게 도움이라는 것은 '밖' 에 있는 것이었다. 그녀가 보는 것과 같이 치료에서 그녀가 할 일은 치료자로 하여금 최선의 양심 가운데서 제인을 억누르지 못하는 지경에 이르도록 자신을 유약하게 보이는 것이었다.

제인의 겨드랑이에 큰 혹이 났을 때 치료에 결정적인 순간이 발생했다. 이 집단은 화요일 저녁마다 만났는데, 제인은 화요일 오전에 조직검사를 했고 이 조직이 악성인지 아닌지 그 결과를 알기 위해 24시간을 기다려야 했다. 당일 저녁 제인은 두려움에 가득 차 집단상담에 참석했다. 이전에는 자신의 삶에 대하여 묵상한 적이 없었으나, 집단 구성원들은 제인이 죽음에 대한 두려움을 직면하고 표현할 수 있도록 도와주었다. 그날 집단상담에서 대단한 역동이 발생했다. 제인에게 가장 결정적인 경험은 무서운 외로움이었다. 이 외로움이 그녀가 의식의 끝자락에서 늘 인식하던 것이었고 항상 두렵게 만들었던 것이었다. 이날 만남에서 제인은 자신의 깊은 의식에서 자신이 무엇을 하였든, 자신에 대하여 얼마나 비굴했든 관계하지 않고, 죽음에 대하여 궁극적으로 홀로 직면해야 한다는 것을 깨달았다. 누구도 그녀를 방해할 사람이 없고, 누구도 그녀를 대신하여 죽을 수 없기 때문이었다.

다음 날 검사 결과는 음성으로 나왔다. 그러나 이 경험이 그녀에게 미친 심리적인 효과는 아주 큰 것이었다. 많은 다른 일들이 제인에게 주어졌고, 그녀는 전에 하던 방식이 아닌 전혀 다른 방법으로 결정하기 시작했으며, 자기 인생의 열쇠를 스스로 잡았다. 그녀는 어느 날에는 모임에서 "나에게 무슨 일이 일어나고 있는지 알겠습니다."라고 말했다. 나는 그녀가 처음 늘어놓았던 불평을 오랜 기간 동안 잊고 있다가 기억해 냈고 이해했다. 그녀는 어떤 다른 것보다 외로움과 성인기에 수반되는 죽음을 피하려고 노력했다. 그녀는 마술적인 방법으로 젊음을 유지함으로써 선택과 책임을 피하고, 자신을 선택하고 동행해 줄 사람이 있다는 신비를 믿는 것을 선택하여 죽음을 회피하려고 노력했던 것이다. 성숙하다는 것, 선택한다는 것, 다른 사람으로부터 분리된다는 것은 또한 고독과 죽음에 직면하는 것을 의미한다.

요약하자면 죽음의 개념은 심리치료에 결정적인 역할을 하는데, 그것은 죽음은 인간의 각자 경험에서 아주 중요한 역할을 하기 때문이다. 죽음과 삶은 상호보완적이다. 죽음의 육체적 성질은 우리를 파괴시키지만, 죽음에 대한 사상은 우리를 살린다. 죽음을 인식하는 것은 삶의 통열감(a sense of poignancy)을 맛보도록 하고, 삶의 관점에 대한 급진적 변화를 가져다주며, 분열과 고요와 자질구레한 근심으로부터 더 본질적인 삶의 유형으로 이동하도록 한다. 죽음에 직면한 후 발생한 중요한 개인적 변화의 사례에는 심리치료를 위한 분명하고 중요한 함축이 있다. 필요한 것은 치명적인 병의 출현이나 뜻밖의 환경에 종속하기보다는 심리치료자들로 하여금 모든 환자들과 함께 이 심리치료적 잠재성을 발굴하는 기술을 개발하도록 하는 것이다. 이러한 문제에 대하여 제5장에서 언급할 것이다.

죽음과 불안

불안은 심리치료에서 중심적이고 분명한 역할을 하기 때문에 이 점을 장황하게 검토할 필요는 없다. 불안의 독특한 위치는 전통적인 정신질병분리학(nosology)에 따라 명백하게 나타나 있다. 여기에서는 주된 정신적 신드롬을 '반응'(reaction)이라고 부르는데, 정신병 반응(psychotic reactions), 신경증적 반응, 정신생리적 반응(psychophysiological reaction)이 있다. 우리는 이러한 것들을 불안에 대한 반응으로 본다. 이것들은 잘못된 현실에 대한 적응임에도 불구하고 불안과 대처하려는 노력이다. 정신병리는 여기서 발생하는 하나의 방향량(vector)이다. 즉, 신경증적이고 성격적인 불안과 개인적인 불안은 방어의 결과다. 일반적으로 치료자들은 환자에게 명백하게 나타나는 불안, 불안과 동등한 것 혹은 불안으로부터 자신을 보호하려고 시도하는 중에 개인이 설정한 불안에 초점을 맞추어 작업을 시작한다. 치료적인 작업이 여러 방향으로 분포되었음에도 불구하고, 치료자들은 불안을 하나의 등대나 나침반의 표시로 계속 이용하고 있다. 치료자들은 불안에 대하여 연구하고, 근본적인 근원을 밝혀내고, 근원되는 것을 무장 해제하여 뿌리를 뽑는 것을 최종의 목표로 삼아 일하고 있는 것이다.

죽음의 불안 : 인간경험과 행위에 유력한 결정요소

죽음은 도처에서 위협하고 있고 삶의 에너지의 중요한 부분을 차지하는데, 그 중대성은 죽음에 대한 부인(denial)으로 소모된다. 죽음에 대한 초월성은 인간의 경험에서 주된 동기가 된다. 가장 깊은 곳의 개인적 내적 현상, 우리의 방어, 동기, 꿈과 악몽부터 대부분의 대중적 거대 사회적 구조, 영구적 가치가 있는 업적, 신학, 이념, 공동묘지, 미라를 만드는 것 등 삶의 모든 것들이다. 가령 우리의 시간, 유희에 대한 중독, 신비의 진행에 대한 끊이지 않는 신념, 앞서 가려는 인간의 본능, 지속적인 명성을 얻기 위한 갈구 등 모든 것이 포함된다. 프로이트가 사색한 것과 같이 인간생활 분자들의 가장 근본적인 인간 그룹은 죽음의 두려움에서 형성된 것이다. 첫 번째 인간은 분리의 공포와 어둠에 은닉되어 있는 공포를 이겨내기 위하여 함께하였다. 인간은 자신을 불멸(不滅)케 하기 위하여 인간의 집단을 영구화시켰고, 이 집단이 역사 안에서 계속되는 것은 인간이 염원하는 불사성(immortality)을 위한 상징적인 추구인 것이다. 철학자 헤겔이 가정했듯이 역사 그 자체는 죽음과 인간이 무엇을 하고 있는가다. 리프턴(Robert Jay Lifton)*은 인간이 상징적인 불사성을 성취하기 위해 시도하는 몇 가지 양식을 말하고 있다. 인간의 편만한 문화적 함축성을 고려해서, ① 생물적 양식(biological mode), 즉 생물적인 애착의 사슬을 통하여 자신의 자손 안에서 살아가는 것, ② 신학적 양식(theological mode), 즉 실존의 높은 경지에서 다르게 살아가는 것, ③ 창의적 양식(creative mode), 즉 개인의 일을 통하여, 인간의 개인적 창의성 혹은 다른 사람에 대한 영향의 영속성을 통하여 살아가는 것이다(리

* (역자 주) 후기 프로디언 정신과의로 예일대학교 교수를 역임했다. 주요 저서는 *Death in Life The Broken Connection*이다.

프턴은 치료자가 이 원천에서 상담의 자양물을 끌어 온다고 제안한다: 치료자는 자신의 환자를 돕는 것으로 인해 환자들의 자녀와 지인들에게 치료자의 홀씨(spore)를 주는 것과 같이 끊임없는 연결을 시도하는 것이다). ④ 영원한 자연의 주제, 즉 사람은 자연의 소용돌이치는 힘과의 재결합을 통하여 생존한다. ⑤ 경험적 · 초월적 양식(experiential transcendent mode), 즉 한 상태에 격렬하게 '자신을 몰입' (losing onself)함으로써 시간과 죽음이 사라지고 사람은 '연속적인 현재' 에 사는 양식이다.[25)]

죽음의 두려움에 대한 이러한 사회적 결과와 불사성에 대한 물음은 편만하기 때문에 이러한 요소들은 이 책의 범위를 넘어서고 있다. 특별히 브라운(Norman Brown), 벡커(Ernest Becker) 그리고 리프턴은 죽음의 두려움이라는 것이 인간의 사회적 구조의 바탕에 침투하고 있다는 것을 아주 명석하게 제시하고 있다. 나는 여기서 죽음불안의 효과가 어떻게 인간 개인의 내적인 역동성에 영향을 주는지에 관심을 가지고 있다. 나는 죽음의 두려움이 인간 불안의 주된 요소라고 믿는다. 이러한 나의 주장이 단순하고 매일의 생활에서의 직관적 통찰과 일치함에도 불구하고, 죽음에 대한 이론과 임상에 대한 지류(支流)는 우리가 앞으로 살펴볼 것처럼 광대하다.

죽음의 불안 : 정의

먼저 죽음의 불안 의미를 살펴보자. 나는 죽음의 불안이라는 말 대신 같은 의미를 가진 몇 가지 용어를 사용할 것이다. 죽음불안, 죽음의 두려움, 죽음공포(mortal terror), 유한성의 두려움 등이다. 철학자들은 존재의 약함(Jaspers), 비존재(non-being)의 두려움(Kierkeggard), 높은 가능성에 대한 불가능성(Heidegger), 존재론적 불안(Tillich*)이라고도 했다. 인간은 다양한 방향으로 죽음에 대한 경험을

* (역자 주) 20세기가 배출한 가장 역량 있는 신학자 중 한 사람으로 실존주의 신학을 하였고, 심리학과 신학에 대한 연계성 있는 학문을 하였다. 유니온신학대학교, 하버드대학교, 시카고대학교에서 교수로 역임했다.

하기 때문에 이러한 죽음에 대한 정의는 그 강조하는 내용이 다르다. 우리가 좀 더 간략하게 할 수 있을까? 정확한 것은 우리 모두가 죽음을 두려워하고 있다는 것이 아닐까?

이러한 문제를 조사하는 연구자들은 죽음의 두려움이 아주 작고 미세한 두려움들이 합쳐진 것이라고 제안한다. 예를 들어, 디고리(James Diggory)와 로스먼(Doreen Rothman)은 죽음에 대한 두려움 순위를 조사하기 위하여 일반인으로 구성된 집단(N = 563)에게 물어보았다. 아래는 죽음에 대한 공통적인 두려움을 순서대로 나열한 것이다.

1. 나의 죽음은 친척과 친구들에게 슬픔을 줄 것이다.
2. 나의 모든 계획과 프로젝트는 끝날 것이다.
3. 죽음의 과정은 고통스러울 것이다.
4. 죽음은 내가 더 이상 어떤 경험도 할 수 없는 것이다.
5. 나에게 부양되어 있는 사람을 더 이상 돌볼 수 없는 것이다.
6. 죽음 후에 삶이 있다면 나는 어떤 일이 일어날지 두렵다.
7. 죽음 후에 나의 몸에 어떠한 것이 발생할지 두렵다.[26)]

이 죽음에 대한 두려움 중 몇 가지는 개인적인 죽음과는 무관한 듯하다. 고통에 대한 두려움은 분명하게 죽음의 편에 거짓말을 하고 있다. 죽음 후의 생에 대한 두려움은 죽음을 비종국적인 사건으로 바꿔서 (죽음의) 문제를 회피하고 있다. 다른 사람에 대한 두려움은 분명하게 자신에 대한 두려움이 아니다. 개인적인 소멸에 대한 두려움은 관심의 핵심에 있는 것 같다: “나의 모든 계획과 프로젝트는 끝날 것이다.” 그리고 “죽음은 내가 더 이상 어떤 경험도 할 수 없는 것이다.”

코론(Jacques Choron)은 죽음에 대한 주된 철학적 관점을 살펴본 후 비슷한 분석을 했다. 그는 죽음을 세 가지 형태로 구별하였다. ① 죽음 후에 무엇이 올 것인가, ② 죽음의 사건, ③ 존재하는 것을 멈추는 것이다.[27)] 카스텐바움(Robert Kastenbaum)이 지적한 것 같이 이들 중 처음 두 개는 죽음과 연관된 두려움이다.[28)] 문제는 바로 세 번째다. ‘존재하는 것을 멈춘다’ (제거(obliteration), 소멸(extinction), 전멸(annihilation))는 것은 죽음의 두려움에 더 핵심적인 듯하다. 그리고 이러한 두려움이 이 책에서 언급할 내용이다.

키르케고르는 두려움과 불안(공포)을 분명하게 구분한 최초의 사람이다. 그는 어떤 것(*some*thing)에 대한 두려움과 아무것도 없다(*no*thing)는 두려움의 공포를 대조하였다. 이 아무것도 할 수 없다는 것은 그가 뒤틀리게 쓴 것처럼 "개인이 '무(nothing)'와는 아무것도 할 수 없는 '무'라는 것"이다.[29] 사람은 자신을 상실하고 무로 된다는 것을 공포(혹은 근심)스러워한다. 이 불안은 한 곳에 있는 것이 아니다. 메이가 말한 것 같이 "불안은 모든 곳에서 한 번에 우리를 습격한다."[30] 이해될 수도 없고 한 곳에 고정될 수도 없는 두려움은 직면할 수도 없는 것이기에 여전히 더욱 두려운 것이다. 이 두려움은 더한 불안을 지속적으로 일으키는 무력(helpless)의 감정을 낳는다. 프로이트는 불안을 무력의 반응이라고 느꼈다. 그는 불안은 '위험이 있다는 것을 알리는 신호' 라고 기술했고, 개인은 무력한 상황을 움직이기 위해서 불안을 기대한다고 했다.[31]

어떻게 우리가 불안과 싸울 수 있는가? 불안을 무에서 어떤 중요한 것으로 옮김으로써 할 수 있다. 이것이 키르케고르가 두려움의 대상인 아무것도 아닌 것이 더욱 더 어떤 중요한 것으로 되는 것이라고 말한 것이다.[32] 이것은 메이가 불안은 두려움이 되려고 한다고 말한 것이다.[33] 만일 우리가 아무것도 아닌 것의 두려움을 어떤 중요한 것의 두려움으로 변형시킬 수 있다면, 우리는 자기 보호적인 캠페인을 준비할 수 있다. 이것은 우리가 두려워하는 것을 피할 수 있거나, 이 두려움에 대하여 동맹을 결성할 수 있거나, 이 두려움을 달래기 위해 마술적인 의식(rituals)을 개발할 수 있거나, 이 두려움을 완화시키 위해서 조직적인 캠페인을 계획할 수 있다는 것이다.

죽음의 불안 : 임상적 명시

불안이 두려움이 되려고 한다는 것은 불안의 주된 원인을 증명하려고 시도하는 임상자들을 혼동하게 한다. 주된 죽음의 불안은 임상에서는 원래의 형태로 만나는 경우가 아주 드물다. 발생기 산소(nascent oxygen)같이 불안이 빠르게 다른 상태로 변형하기 때문이다. 죽음의 불안을 떨쳐 버리기 위해, 어린이는 부인에 기초한 방어기제를 개발하고 몇 단계 거치면서 결국 매우 복잡한 구조의 정신적 작용으로 구성한다. 이것은 드러난 죽음의 불안을 억압하고, 이 불안을 전이, 승화 그리고 전환(conversion)의 방법과 같은 방어적 작용의 층 아래에 묻어 버린다. 때때로 삶에서의 충격적인 경험이 방어의 커튼을 찢어서 생생한 죽음의 불안을 의식 안으로 분출하도록 허용한다. 그러나 무의식 자아는 이 찢어진 곳을 재빨리 수선하고 죽음의 성향을 은닉시킨다.

나는 개인적인 경험으로 이것에 대한 예를 들 수 있다. 이 책을 쓰고 있을 시기에 자동차 정면 충돌 사고가 났다. 한가로운 외곽 도로를 운전하고 있는데 갑자기 앞이 아련하게 보였고, 어떤 차가 통제 불능으로 내 앞으로 향해 오는 것을 보았다. 양쪽 차가 망가질 정도로 심하게 충돌했는데, 상대방 운전자는 좀 큰 부상을 입었고 나는 특별한 신체적 부상으로 고생하지 않았다. 이 사건이 일어난 지 두 시간 후에 나는 비행기를 타고 다른 도시로 날아가 예정된 강의를 하였다. 그러나 결국 이 사건 후 나는 심하게 흔들렸고, 멍한 상태였으며, 떨렸고, 먹거나 잠을 잘 수가 없었다. 다음 날 저녁에 미련하게도 나는 끔찍하게 공포스럽고 무시무시한 영화를 보았는데, 종영되기 전에 극장을 나왔다. 며칠 후 간헐적인 불면증과 불안한 꿈 외에는 특별한 심리적 현상이 없이 집으로 돌아왔다.

그러나 이상한 문제가 생겼다. 당시 나는 캘리포니아에 있는 행동과학 연구소(the Center for Advanced Study in the Behavioral Sciences)에서 연구원으로 한 해를 보내고 있을 때였다. 동료들과 지내는 것이 즐거웠고, 특별히 매일 학문적인 이슈에 대하여 토의하는 흥겨운 점심시간을 기대하였다. 그런데 사고 이후 이 점심시간이 다가오면 심한 불안을 느꼈다. 점심시간에 내가 중요한 말을 해야 하는가? 동료들이 나를 어떻게 여길 것인가? 내 자신을 바보로 만드는 것이 아닌가? 이 불안이 격렬해진 며칠 후 나는 혼자서 점심식사를 하겠노라고 동료들에게 양해를 구했다.

나는 이러한 곤경에 대하여 분석하기 시작했는데, 한 가지 사실은 근거가 충분할 정도로 분명했다. 점심시간에 대한 불안은 차량사고 후 처음으로 발생했다는 점이다. 더욱이 하루 혹은 이틀 내에 내가 목숨을 잃을 수도 있었던 이 사고에 대한 분명한 불안은 모든 것을 사라지게 했다. 불안이 공포로 되었다는 것이 명백했다. 무시할 수 없는 죽음의 불안은 사고 후에 갑자기 발발했고, 나는 이 불안의 핵심을 분산시키고, 편리하고 특별한 상황에 집중케 하는 전이를 중심으로 다루었다. 그래서 나의 근본적인 죽음의 불안은 자존심, 인간관계 거부로부터의 불안 혹은 굴욕감과 같은 그리 중요하지 않은 관심으로 세속화되기 전에 잠시의 성과(efflorescence)를 가졌다.

이 불안을 다루기도 하고 '과정' 을 밟았음에도 불구하고, 이것을 뿌리채 뽑을 수 없었다. 이 영향은 몇 달 후에 명백해졌다. 내가 점심시간에 대한 공포 가운데서 일했음에도 불구하고, 차를 운전하는 것이나 자건거를 타는 것에 대한 공포 등 연속적인 것이 나타났다. 몇 달 후 스키를 타러 갔을 때, 나는 심하게 조심하는 자신을 발견했고, 발생할 수도 있는 불행에 대하여 겁을 먹고 있었다. 그래서 스키 타는 즐거움과 실력은 효과적이지 않았다. 여전히 이러한 두려움이 공간과 시간에 있을 수 있고, 어떤 조직적인 방법으로 취급될 수도 있다. 이러한 공포들이 괴롭혔지만 이것들은 근원적인 것이 아니었고, 나의 존재를 위협하지 못했다.

이러한 특별한 두려움 외에도 나는 불안정한 듯한 세상의 변화를 주목했다. 나를 위한 거처를 잃어버렸고 위험은 도처에 있는 것 같았다. 하이데거가 말한 '무시무시함' (uncanny)인 '이 세계 안의 집에 있지 않다' 는, 그가 죽음을 자각한 전형적인 결과라고 생각했던 것을 경험함에 따라 실체의 성격은 요동했다.[34]

정신건강문헌에 자주 혼돈을 일으키는 죽음불안의 또 다른 한 특성은 죽음의 두려움이 다양한 수준에서 경험될 수 있다는 것이다. 내가 언급했던 것과 같이 사람은 죽어 가는 것에 대한 걱정, 죽음의 고통에 대한 불안, 하지 못한 일들에 대한 후회, 개인적 경험이 종말을 맞이하는 것에 대한 한탄, 그리고 "내가 있는 곳에 죽음이 있지 않고 죽음이 있는 곳에 내가 없다. 그러므로 죽음은 나에게 아무것도 아니다."라고 말하는 쾌락주의자처럼 죽음을 이성적이고 덤덤하게 생각할 수 있다(Lucretius). 그러나 이러한 반응은 죽음의 현상에 대한 성인들의 의식적 반사작용이라는 것을 명심해야 한다. 이러한 현상은 결코 무의식에 거하는 죽음의 원시적 두려움과 동일하지 않다. 이 두려움은 존재 구조의 요소이고, 정확한 개념이 형성되기 전 인생의 초기에 형성된 것이고, 소름 끼치게 무시무시하고 미발달된 것이고, 언어와 형상 전에 존재하고 바깥쪽에 존재하는 것이다.

임상의들은 순전한 형태의 죽음불안을 거의 만나지 못한다. 이 불안은 의례적인 방어에 따라 취급된다(예로, 억압, 전이, 합리화). 그리고 어떤 특별한 방어만이 불안에 따라 취급된다(제4장을 보라). 물론 이 상황이 우리를 지나치게 방해하지는 않는다. 왜냐하면 이러한 불안의 상황은 불안의 모든 이론에 나타나고 있기 때문이다. 주된 불안은 항상 개인에게 덜 독소적이지 않은 변형된 형태로 나타난다. 이러한 것이 바로 심리적 방어의 전적 구조의 기능이다. 프로이트 이론을 구조로 삼는 임상의가 가장된 거세공포(castration anxiety)를 관찰하는 것은 거의 드물다. 대신 불안의 어떤 변형을 본다. 예를 들어, 여성에 대하여 공포를 느끼는 남성환자, 어떤 사회적 상황에서 남성과 함께 경쟁하는 것에 대해 두려움을 가지는 것, 이성과의 성관계보다는 다른 형태의 성적 만족을 느끼는 경향을 가지는 것이 다른 변형이다.

그러나 실존적인 구조를 개발하는 임상의는, 진행되는 죽음불안을 인식할 것이고, 그 죽음불안의 빈도와 그것이 표현되는 다양성에 놀랄 것이다. 임상적인 사례를 들어 보자. 나는 근래에 실존적인 불안 때문이 아니라 평범한 고통적인 관계성의 문제를 해결하려고 상담치료를 원하는 두 명의 환자를 보았다.

조이스(Joyce)는 고통스런 이혼 과정에 있는 30세의 대학교수였다. 그녀는 15세 때 친구 잭(Jack)과 첫 데이트를 했고, 21세에 그와 결혼을 했다. 몇 해 동안 이 결혼 생활은 원만하지 않았고, 그래서 몇 해 동안 헤어져 있었다. 조이스는 그동안 다른 남자와 만족스러운 관계를 이루었음에도 불구하고 이혼을 진행할 수 없었다. 사실, 그녀의 주된 불평은 그녀가 상담과정에 들어와서 잭에게 말할 때마다 절제할 수 없이 우는 것이었다. 이 울음을 분석하자 몇 가지 중요한 사실이 밝혀졌다.

첫째, 이 눈물은 잭이 계속해서 그녀를 사랑한다는 것이 가장 최고의 중대성이다. 조이스가 잭을 더 이상 사랑하지도, 원하지 않음에도 불구하고, 그녀는 그가 자신을 아주 많이 생각하고, 이제껏 사랑했던 여성들에게 하지 않은 사랑을 원했던 것이다. 내가 이유를 물었을 때 그녀는 "모든 사람은 기억되기 원한다."라고 했고, "이것은 나 자신을 후세에 남기는 방법의 하나다."라고 했다. 그녀의 이 말은 사람이 자신의 자녀들에 의해 기억되는 한, 그 사람은 계속 존재한다는 가정하에 만들어진 유대인의 카디쉬(Kaddish) 의식을 떠올리게 했다. 잭이 그녀를 잊어버렸을 때, 그녀는 어느 정도 죽은 것이다.*

조이스의 눈물에 대한 다른 근원은 그녀와 잭이 사랑스럽고 중요한 많은 경험들을 함께 나눴다고 그녀가 느끼기 때문이다. 그녀는 잭과 결합하지 않으면 이러한 경험들이 모두 없어질 것이라고 느꼈다. 과거가 희미해지는 것은 시간의 잔인한 서두름을 생생하게 생각나게 해 주는 메모다. 과거가 사라질수록, 미래 시간의 코일(coil)은 짧아지는 것이다. 조이스의 남편은 그녀의 미래와 과거의 시간을 얼릴 수 있도록 도와주었다. 그녀가 이것을 의식하지 못하고 있음에도 불구하고, 조이스는 미래의 시간을 다 사용해 버린다는 것에 놀라고 있었던 것이 분명했다. 예를 들어, 그녀는 일을 끝까지 마무리하지 않는 습관이 있었다. 집안일을 할 때는 한 구석을 청소하지 않은 채로 항상 남겨 두었다. 그녀는 '끝나는 것' 에 대한 두려움이 있었다. 책상 위에 다음에 읽을 책 한 권이 없으면 책을 읽지 않았다. 이런 경향은 과거를 다시 잡음으로서 '시간을 삼켜 버리는 절박한 위기상황' 에서 탈출하는 것이 주된 문학적 성향이었던 프루스트(Proust)**를 생각나게 한다.

조이스가 운 이유 중 다른 것은 실패에 대한 두려움이다. 근래까지 그녀에게 인생은 방해받지 않은 성공의 계단이었다. 결혼에 실패한다는 것은 그녀가 흔히 언급하는 것과 같이 '다른 사람과 같은' 것이었다. 그녀에겐 괄목할 만한 재주가 있지만, 그녀의 기대는 허황한 것이었다. 근래 시작한 연구조사를 통해서 노벨상을 받는 것 같은 국제적 명성을 얻는 것을 기대하고 있었던 것이다. 만일 이러한 기대가 5년 이내에 이뤄지지 않으면, 소설을 한 번도 써 보지 않았으면서도 자신의 에너지를 1970년대의 『당신은 다시 집에 갈 수 없어(*You Can' t Go Home Again*)』와 같은 소설에 쓰려고 계획을 잡을 것이다. 그러나 그녀는 자신이 특별하다는 것에 대한 이유를 가지고 있었다. 그래서 자신의 목적 달성을 실패하지 않았다. 그런데 결혼의 실패는 그녀가 상승하는 것에 대한 첫 번째 방해이며 그녀의 가정적인 세계에 대한 도전이었던 것이다. 제4장에서 언급하겠지만 결혼의 실패는 그녀가 특별하다는 것을 위협하였고, 가장 공통적이고 잠재적인 죽음, 즉 부인 방어

* 샤프(Allen Sharp)의 책 『게데스에 있는 푸른 나무(*A Green Tree in Geddes*)』에는 두 부분으로 나뉜 멕시코 인의 공동묘지를 묘사하고 있다: 죽은 자의 무덤가에는 살아 있는 꽃이 놓여지고 꾸며지며 진짜 죽은 자의 무덤가에는 더 이상 꽃이 놓이지 않는다. 이것은 살아 있는 어떤 사람도 기억하지 않는 것이다.[35] 이런 의미에서 매우 늙은 노인이 죽었을 때 많은 다른 사람 또한 죽는 것이다. 죽은 사람은 모두 이들을 취한다. 누구도 기억하지 않는 근래 죽은 모든 사람은 그 순간 진짜 죽은 것이다.

** 프랑스의 소설가(1871~1922).

중의 하나였다.

그러면 조이스의 평범한 문제는 주된 죽음불안에 뿌리가 뒤로 쭉 뻗어 있는 것이다. 나는 실존적으로 교육된 치료자로서 이러한 임상적 현상들, 예를 들어, 사랑받고 영원히 기억되기를 원함, 시간이 멈추기를 원함, 개인적으로 상처를 입지 않는 다는 믿음, 다른 사람과 함께 섞이고 싶은 원함 등은 조이스에게 죽음의 불안을 누그러뜨리는 기능으로 작용하고 있다고 생각한다.

그녀가 이러한 문제들을 분석하고, 이러한 현상들에 대한 공통적인 근원을 이해하면서 임상결과는 괄목할 정도로 향상되었다. 가장 놀라운 것은, 그녀가 신경증적 욕구에 따른 잭의 필요성과 죽음을 무시하는 기능으로 잭을 이용하는 것을 멈추었을 때, 처음으로 진정 사랑하는 방식으로 그에게 갈 수 있었고 전적으로 다른 기초에 의거하여 결혼을 재정립할 수 있었다는 것이다. 이에 대한 자세한 내용은 8장에서 언급하기로 한다.

다른 사례는 한 남성과 만족할 만한 관계성을 형성할 수 없는 무능력 때문에 치료를 원하는 30세의 미혼녀 베스(Beth)다. 그녀는 예전에 형편없는 선택을 한 경우가 많았으며, 남성에게서 흥미를 상실했기에 관계가 깨졌다고 말했다. 치료하는 동안에도 그녀는 이 주기를 되풀이했다. 그녀는 한 남자와 사랑에 빠졌고, 우유부단의 고문받는 상태로 들어갔고, 마침내 그 남자와 약속을 할 수가 없었던 것이다.

우리가 그녀의 딜레마를 분석하려고 했을 때 그녀가 영속적인 관계성을 형성하는 데 압박을 느낀다는 것이 명백해졌다. 그녀는 외로움과, 혼자 사는 생활에 지쳐 있었고, 아이를 필사적으로 원했다. 이러한 압박은 자신이 점점 나이 들어 간다는 것과 임신이 가능한 연령을 지나고 있는 것에 대한 그녀의 관심으로 격화되었다.

그러나 남자친구가 결혼에 대하여 의논하려고 하면, 그녀는 공포에 질렸다. 남자가 더 압박할수록, 그녀의 근심은 더 커졌다. 그녀는 결혼을 벽에 핀을 꽂는 것에 비유했다. 방부제로 생물표본을 고정하는 방법처럼, 그녀는 결혼 때문에 영원히 움직이지 못할 것이라고 여겼다. 그녀는 자신이 성장 발전하여 옛날의 자신보다 더 중요해져야 했다. 그녀는 연인이 자신과 삶에 대하여 너무 즐거워하고 만족하고 있다고 두려워했다. 점차적으로 베스는 그녀의 삶 속에서 이 주제의 중요성을 알게 되었다. 그녀는 결코 현실에 머물러 산 적이 없다. 먹을 때나 음식을 나를 때조차도, 그녀는 한 코스 앞에 있었다. 주요리를 먹을 때 생각은 이미 디저트에 머무르고 있었다. 그녀는 '편히 쉬는 것' (settling in)을 '안정된 것' (settling down)과 동일시하는데 이에 대하여 자주 무서운 생각이 들었다. 결혼에 대하여서나 다른 형태의 의무에 대하여 생각할 때마다 자신에게 '생명이 있어 살아간다는 것이 이것으로 전부인가?' 라고 자주 묻는다.

치료에서 베스가 항상 앞서 있으려는 충동, 나이 들어가는 것에 대한 두려움, 죽음과 침체성에 대한 두려움으로 세분화될 때, 그녀는 예전보다 더 불안해했다. 우리가 특별히 깊게 조사한 집단모임에서 어느 저녁에 그녀는 매우 예외적인 공포를 경험했다. 그녀의 강아지를 데리고 걸어가는 동안 지구상에 없는 어떤 존재가 추격하고 있다는 으스스한 기분을 느꼈다. 그리고 모든 방향의 뒤를 돌아보았고, 마침내 뛰기 시작하여 급하게 집으로 왔다. 후에 폭풍우가 왔고, 그날 저녁 그녀는 지붕이 뜯겨 나가거나 집이 물에 쓸려 내려 갈 것이라는 비이성적인 두려움에 떨며 한숨도 자지 못했다. 제5장에서 언급하겠지만, 두려움의 출발은 흔히 어떤 것(베스의 경우는 결혼 혹은 잘 못된 선택에 대한 두려움)에 대한 두려움이 정말 무엇인지 이해되었을 때 발생한다. 바로 아무것도 아닌 것에 대한 두려움이다. 베스에게 결혼과 두려움의 압박은 부분적으로 죽음불안을 수용하려는 더 깊은 싸움의 표면적 반향이었다.

많은 임상의들이 임상 정신병리의 전체 스텍트럼에서 죽음불안의 변형과 존재를 말하고 있다. 이 주제는 제4장에서 깊이 다루고, 여기서는 중요한 점만 언급하겠다. 스쿠그(R. Skoog)는 심한 강박관념 신경증 환자의 70% 이상이 이 병이 시작될 때 안전을 저해하는(security-disturbing) 죽음 경험을 한다고 보고했다. 이 증상이 시작됨에 따라 환자는 자신의 세계를 통제하는 것과 기대치 않는 것이나 우연히 발생하는 것을 점점 더 회피하였다. 환자는 무질서하거나 청결치 않는 것을 피하였고, 악한 것과 위험한 것을 막기 위해 의식(rituals)을 개발했다.[36] 스트라우스(Erwin Strauss)는 강박증 환자가 부패, 질병, 병균, 더러운 것을 싫어하는 것은 개인적 허무의 두려움과 밀접하게 연관되어 있다고 본다.[37] 쉬위더(W. Schwidder)는 이러한 강박적인 방어들은 죽음불안을 흡수하는 데 전부 효과적이지 않다고 보았다. 강박적인 두려움을 가지고 있는 100명이 넘는 환자에 대한 연구에서, 그는 1/3이 속박감(constriction)을 무서워했고 많은 사람이 분명한 죽음불안을 가졌다고 밝혔다.[38]

라자루스(Herbert Lazarus)와 코스탄(John Kostan)은 호흡항진(亢進, hyperventilation) 증상에 대한 포괄적인 연구에서(아주 공통적인 조건 : 의사에게 의뢰하는 5~10%의 환자가 이 현상으로 고통받고 있었다) 환자들에게 다른 형태의 공포에서 변형되어 기초가 되는 죽음불안의 역동성을 강조했다. 이 죽음불안을 충분히 묶을 수 없는 무능력은 호흡항진 공포를 일으킨다고 보았다.[39)]

프리드먼(D. B. Friedman)은 죽음불안 때문에 자신이 모든 사람의 기억에서 잊혀질 것이라는 강박적 생각을 가진 강박증 환자를 설명했다. 환자는 자신의 세계 안에서 기분 좋은 일들을 항상 놓치고 있다고 생각하였다. "정말 좋은 일은 내가 없을 때, 내 시간 전이나 후에, 내가 태어나기 전이나 죽은 후에 발생한다."[40)]

죽음불안은 안전과 자기 신체의 건강에 늘 관심을 기울이는 우울증 환자에게 아주 적게 위장되어 있다. 이 우울증은 그 환자나 환자와 가까운 사람이 심한 병을 겪은 후에 흔히 시작된다. 크랄(V. Kral)은 고통 과정의 초기에는 직접적으로 경험되는 죽음의 두려움이 있는데 이것은 후에 신체의 다른 기관으로 분산된다고 했다.[41)]

몇몇 임상적 조사는 자신의 실체를 상실하는 현상에서 죽음불안의 중심적 역할을 보고했다.[42)] 예를 들어, 로스(Martin Roth)는 죽음이나 심한 병은 자신의 실체를 상실하는 현상이 있는 환자의 50% 이상에게서 발생하는 것을 발견했다.[43)]

이러한 신경증적 현상은 한 가지 중요한 공통적 특성을 가지고 있다. 이러한 현상들은 환자를 제지하고 불편하게 하지만, 명백하고 무서운 죽음불안으로부터 환자들을 보호하는 데 성공한다는 것이다.

죽음불안 : 경험적 연구

약 30년 전부터 죽음에 대하여 경험적 사회과학 연구의 흐름이 미약하지만 지속되고 있다. 실제로 죽음에 대한 논문들은 절실한 필요성과 세심한 조사가 부족한 것에 대한 의분 혹은 한탄으로 시작되었다. 나 역시 문헌들을 고찰한 후 같은 불만을 가질 수밖에 없었다. 확실히 죽음에 대한 사색 혹은 감명 있는 글과 방법론적 조사 사이의 대조는 충격이었다. 예를 들어, 1972년까지 죽음에 대한 참고목록으로는 2,600권이 넘는 책과 논문이 있다. 그러나 경험적 연구에 대한 것은 2%를 넘지 않고, 겨우 소량만이 실존주의 이론과 치료에 직접적 연관이 있을 뿐이었다.

나의 현재 토론과 거리 있는 조사들에서 다음과 같은 이슈를 조사하려고 시도하였다. 죽음불안의 빈도, 죽음불안 정도에 대한 관련 있는 연구들 그리고 다양한 통계적 요소(나이, 성, 결혼 여부, 직업, 종교, 교육 등), 성격적 요인들(MMPI 치수*, 일반적으로 불안 혹은 우울의 차원), 그리고 삶의 경험(인생 초기의 상실, 격리 경험), 그리고 죽음불안의 정신병리에 대한 관계성 혹은 다른 심리적 경험과의 관계성, 특별히 환상, 꿈 그리고 악몽에 대한 관계성이다.

지금까지 언급된 것은 좋다. 그러나 카스텐바움과 아이젠베르그(Ruth Aisenberg)가 그들의 사려 깊은 논평에서 지적한 것과 같이, 죽음에 대한 연구는 몇 가지만 제외하고 그 범위에서 심하게 제한되어 있거나 방법론적으로 큰 결함이 있다.[44] 죽음에 대한 많은 연구들이 불명확한 방식으로 조사되었는데, 예를 들면, 이 연구들은 자신의 죽음에 대한 두려움과 다른 사람의 죽음에 대한 자신의 두려움 혹은 개인의 죽음이 다른 사람에게 미치는 여파에 대한 자신의 두려움을 구별하지 못했다.

그러나 더 심각한 문제는 대부분의 연구가 죽음에 대한 의식적 태도를 척도하거나 의식적인 명료한 불안을 측정한다는 것이다. 더 문제가 되는 것은 이러한 연구들이 급조된 연구의 도구(두 개의 예외가 있다[45]) 방식을 사용하고 있는데, 신뢰성과 유용성이 검증되지 않은 '집에서 양조' (home brew)한 척도를 사용하고 있다.

흥미로운 한 직업적인 조사가 있다. 의과대 학생들을 조사하기 위해 의식의 죽음불안 척도와 '권위적인' (authoritarian) 척도(California Personality Inventory F scale)를 사용하였다. 부정적 관계성은 죽음불안과 권위주의 사이에 발견되었다. 그것은 더 권위주의일수록 죽음불안이 적어지고, 역으로 죽음불안이 적어지면 더 권위주의적이다. 더욱이 정신의학을 선택한 의대생들은 외과를 선택한 의대생들보다 죽음불안을 더 느꼈다(그리고 권위적인 것이 적었다).[46] 아마 외과 의사들은 죽음불안에 대하여 더 좋은 방어를 하고, 정신의들은 죽음불안을 더 자각해서

* 미네소타 다중인격 목록(Minnesota Multiple Personality Inventory).

그럴 것이다(마찬가지로 새내기 정신의는 절대적 죽음불안을 더 가지고 있고, 개인적 안도를 찾기 위해서 정신의학 분야에 입문했을 것이다).

몇몇 연구들은 종교에 헌신적인 개인들이 죽음불안을 덜 가지고 있다고 보고한다.[47] 부모가 죽은 학생들은 죽음불안이 더 높았다.[48] 죽음의 관심과 죽음의 가까움 사이에 긍정적인 관계성이 있음에도 불구하고[49] 대부분의 연구는 나이와는 관계가 별로 없는 것을 보여 준다.[50] 천 명의 남녀 대학생들의 가장 공통적인 두려움에 대한 연구에서는 죽음과 연관된 두려움이 이 집단에 매우 중요한 것으로 밝혀졌다.[51]

몇몇 연구에서는 설명하지 않았지만 여성이 남성에 비해서 죽음불안의 의식이 높다고 했다.*[53]

의식적 죽음불안의 고려는 흥미로운 것임에도 불구하고 성격구조와 정신병리를 이해하는 데 제한된 관계성을 가진다. 역동심리학의 기초는 명확하게 강한 불안은 의식에 남아 있지 않다는 것이다. 이 불안은 억압되고 진행된다(processed)는 것이다. 불안 근원의 진행에서 가장 주된 것의 하나는 대상으로부터 효과를 분리시키거나 고립시키려는 것이다. 그러므로 사람은 죽음에 대한 것을 단지 적당한 불안으로 생각하고, 죽음불안의 진원지에 전이된 불안을 거의 실마리 없이 경험할 수 있다. 약간의 연구만이 의식적 죽음불안과 무의식 죽음불안 사이의 차이에 민감하고, 무의식적 차원에서 죽음 두려움의 시험을 시도하고 있다. 이러한 연구들로는 TAT(주제통각시험, Thematic Apperception Test), 로르샤하(Rorschach) 테스트, 꿈 분석, 단어연상 테스트, 문장완성 테스트, 타키스토스코픽(tachistoscopic) 프로젝션,** 그리고 전기 피부 반응이 있다.

* 825명에 대한 한 조사는 여성과 남성에 대한 차이가 없으나 결과에 대한 정확한 관찰을 하면 남성이 불안하게 하는 질문 항목에 답하는 것보다 여성은 이 경향이 적었다. 예를 들어, 한 항목('당신 자신을 죽어 가거나 죽은 것으로 생생하게 상상할 수 있는가')라는 질문에 여성은 78%, 남성은 98%가 답했다.[52]

** (역자 주) 아주 간단히 노출되는 조건하에 화상적인 자료를 보여 주는 것이다. 3~4개의 분리된 스크린에 섬세하게 틀린 점이 있고, 1000/1초라는 매우 짧은 시간 동안 보여 주고, 화면의 밝기 정도를 조절하여 보여 준다.

죽음불안과 정신병리학

의식적 죽음불안 따로따로 떨어져 서로 관계없는 약간의 보고들만이 의식적 죽음불안과 정신병리를 연관시키려고 시도하였다. (이 관계 검사에) 자원한 학생들 중에는 죽음불안과 신경증 사이에 긍정적인 상호성이 있다(Eysenck 신경척도[54]). 경범죄로 투옥된 수인들을 정상적인 통제와 비교했을 때 죽음불안, 죽음에 대한 선입견 그리고 장례식, 질병에 대한 생각을 더 가지고 있었고, 죽음에 대하여 훨씬 더 억압하는 생각을 가지고 있었다.[55] 의식적 죽음불안은 나이 든 정신병 환자들에서 MMPI 우울척도와 함께 긍정적으로 연관되었다. 사실, 이 상관성은 아주 강해서 조사자들은 높아진 죽음불안은 나이 든 사람에게 우울적인 현상의 부분으로 이해하여야 한다고 제안했다. 같은 연구에서 죽음불안과 신체적 증후군 사이에 관계성이 없음을 보여 주었다.[56] 신체적 증후군은 죽음불안에 대응하여 나타나고, 죽음불안이 모여 있는 구덩이로 활동한다.

연구결과에 따르면, 정상적으로 나이 든 사람은 명백한 죽음불안에 대해 낮은 증거를 보여 주었으나[57] 심리적으로 미성숙하거나 정신적으로 문제가 있는 나이 든 사람은 높은 죽음불안의 증거를 나타냈다.[58] 청소년은 다른 연령층 집단보다 높은 죽음불안의 증거를 보인다. 그리고 정신병리적(이 연구에서는 격리상태에서 심각한 비행적 행위로 정의한다) 근거가 있는 개인은 통제보다는 죽음불안을 더 표현한다.[59] 여자 청소년에 대한 연구에서는 비정상적인 여자 청소년이 죽음에 대한 명백한 두려움을 가지고 있었다.[60] 이와 유사한 연구를 진행한 연구자는 고등학교에서 성취도가 낮은 학생은 죽음의 두려움이 상당히 많다는 것을 발견하고, "종종 이 두려움이 편만하게 있어서 간접적으로 밖에 알 수 없다고 밝혔다."[61]

무의식적 죽음불안 그러나 이러한 의식적 죽음의 태도와 불안에 대한 연구들은 정신역동에서 죽음불안의 역할을 이해하는 데 거의 도움을 주지 못한다. 이에 몇몇 조사자들은 죽음에 대한 무의식적 관심에 대한 연구를 시도하였다. 파이펠(Feifel)과 그의 동료들이 관심의 세 가지 수준을 정의하였다. ① 의식('자신의 죽음에 대하여 두려워하고 있습니까?' 라는 질문에 답한 것을 점수 매김으로 측정한 것), ② 환상('자신의 죽음에 대하여 생각할 때 어떤 생각과 그림이 마음에 떠오릅니까?' 에 대한 긍정적이거나 부정적인 응답을 측정한 것), ③ 낮은 수준의 자각(단어연상 테스트와 색깔 있는 단어간섭 테스트(color word interference test)에서 죽음의 단어에 대한 반응시간을 측정한 것이다).[62]

조사자들은 이 세 가지 수준에서 죽음에 대한 관심이 매우 다양하다는 것을 발견했다. 의식적 수준에서는 대다수(70%가 넘는)가 죽음의 두려움을 부인했다. 환상적 수준에서 죽음의 두려움을 부인한 사람은 27%였고, 62%가 애매하게 답했으며, 11%가 죽음불안에 대한 주목할 만한 증거를 보였다. 낮은 수순의 자각에서는 대부분이 죽음에 대하여 주목할 만한 혐오감을 보였다. 정상인, 신경증 환자 그리고 정신병 환자 사이에서 주된 차이는, 정신병 환자는 다른 두 부류보다 전반적인 죽음불안에 회피적이었다는 점이다. 좀 더 의식적인 수준에서 나이가 더 들고 더 종교적인 사람은 죽음을 '매우 긍정적인 맥락에서, 그러나 실질적인 수준에서 죽음불안에 압도된 것' 으로 인식하였다.[63] 이러한 연구들이 사용한 도구는 조잡한 것들이지만 그럼에도 불구하고 죽음에 대한 관계를 연구하는 데 여러 가지 인식 단계에서 연구해야 할 필요성을 지적하고 있다.

한 흥미로운 실험에서, 마이스너(W. W. Meissner)는 중요한 무의식적 불안의 존재를 보여 주었다.[64] 그는 30항목에 이르는 문제를 실험대상인 정상적인 사람에게 주어 전기 피부 반응(GSR)을 시험하였다. 30개의 중립적 용어와 20개의 죽음 상징(예를 들어, 검은색, 타는 초, 여정, 잠자는 사람, 침묵하는 사람, 다리를 건너는 것)이었는데, 이 상징들은 다른 통제적 언어보다 중요하게 큰 전기 피부 반응을 불러일으켰다.

매그니(Klass Magni)는 다른 방법으로 무의식적 죽음불안을 시험했다.[65] 죽음과 연관된 장면(장례식 사진, 부패되고 절단된 시체 등등)들이 연속적으로 좀 더 긴 시간 동안 타키스토스코픽(tachistoscopically)*적으로 화면에 비추어졌다. 매그니는 한 장면이 무엇인지 알기 위해서 소요되는 시간을 측정하였고, 신학을 공부하여 성직자가 되려는 학생들은 다른 사람과의 긴밀한 연결이 적은 연구나 가르치는 직업에 종사하려는 학생들보다 그림의 장면을 훨씬 빨리 알아본다는 사실을 밝혀내

* (역자 주) 앞서 설명한 내용을 참조하기 바람.

었다(그래서 추정적으로 훨씬 적은 무의식적 죽음불안을 가진다고 본다). 인터뷰 자료[66] 혹은 TAT[67]를 사용하는 몇몇 연구들은 신경증이 높은 사람이 더 큰 죽음불안을 보이고 있다고 지적하고 있다.

TAT와 문장완성 테스트를 사용하여 노인의 무의식적 죽음불안에 대해 연구한 결과에 따르면 익숙했던 환경과 유사한 기숙사 시설에서 지내는 노인은 일반 기관에 머무르는 노인보다 죽음불안이 현격하게 적은 것으로 나타났다.[68] 노인이 다양한 활동을 한다면 무의식적 죽음불안이 더욱 적게 나타난다.[69] 노인의 죽음불안에 대한 TAT 조사는 MMPI의 신경증적 현상(침울증, 의존성, 충동성, 우울증)[70]과 긍정적으로 연관이 된다. 중년기에서 나이 든 성인을 대상으로 한 무의식적 죽음불안의 한 연구(문장완성기술)에서는 젊은 성인이 나이 든 집단보다 죽음불안이 더 있는 것으로 나타났다.[71]

만일 죽음불안이 불안의 주된 요인이라면, 이 불안은 무의식적 주제들이 자주 다른 것에 비하여 가장되지 않은 형태로 나타나는 꿈에서 발견되어야 한다. 꿈에 대한 표준적인 한 조사에서는 명백한 죽음불안은 29%가 꿈에서 나타난다고 지적한다.[72] 악몽에 대한 광범위한 조사에서는 성인 꿈의 가장 공통적인 불안은 죽어 가는 것이나 살해당하는 꿈이라고 밝혔다. 다른 공통적인 주제 역시 죽음과 연관되어 있다. 가족 구성원이나 다른 사람이 죽어 가는 것 혹은 꿈꾸는 자가 사고의 위협을 받거나 어떤 사람이 자신을 쫓아오는 것이다.[73] 의식적 죽음불안의 양이 죽음에 대한 악몽의 숫자와 연관되어 있지는 않을까? 이 연구들은 특정한 죽음불안 측정방식의 사용에 따라 갈등되는 결과를 가져온다는 것을 보여 준다. 그러나 가까운 친구나 친척의 죽음으로 고통을 받는 사람은(특별히 열 살 이하) 더 많은 죽음의 악몽을 꾸는 것 같다.[74] 한 연구는 당혹스러운 발견을 보고하였는데, 의식적 죽음불안과 꿈속의 죽음 주제 사이에는 곡선적 관계성이 있다는 것이다.[75] 다른 말로 하면, 의식적 죽음불안에 대하여 아주 높거나 아주 낮은 상태인 사람은 죽음의 꿈을 꾸는 경향이 있다는 것이다. 가능하게 높은 의식적 불안은 아주 높은 무의식적 불안을 반영하기에 이것은 수용될 수 없고 실패된 꿈(악몽)과 의식으로 흘러 넘친다. 매우 낮은 의식적 죽음불안(평균 개인에서 기대하는 것보다 낮음)은 깨어 있는 상태에서 부인과 억압으로 억제되어 있으나, 수면 상태에서는 꿈 감지기관을 당황시키는 강한 무의식적 죽음불안을 반영하는 것일 수도 있다.

요약하면, 죽음불안에 대한 조사연구는 정신병리학과 심리치료에서 죽음불안의 역할 이해를 증진하는 데 제한적인 도움이 된다. 조사의 대부분은 의식적 죽음불안(조잡하게 구성된 측정들)의 상관적 연구와 인구통계학과 다양한 정신 측정의 다수로 구성되어 있다. 이러한 연구들은 높은 죽음불안과 우울, 초기상실, 종교적 믿음의 결핍 그리고 직업적 선택 사이에 어떤 긍정적 상관성이 있음을 보여 주고 있다. 다른 연구들은 의식의 깊은 층을 조사하여 상당한 죽음불안이 자각의 밖에 있다는 것을 보여 주었다. 이 죽음불안은 사람이 의식에서 무의식적 경험으로 이동함에 따라 증가된다. 이 죽음불안은 꿈 속에서 우리에게 성큼성큼 걸어온다. 나이 든 사람이 심리적으로 비성숙한 경우는 죽음불안이 더하다. 혹은 이 나이 든 사람이 참여할 수 있는 사회활동이 없을 경우 죽음불안은 더하다. 그리고 마지막으로 죽음불안은 의식과 무의식에서 신경증상태와 연관되어 있다.

심리치료와 실행에서 죽음에 대한 부주의

앞서 기술한 죽음에 대한 관점들의 모든 것, 즉 문화적 전통, 임상적 경험 그리고 경험적 조사 등은 심리치료에 강한 함축성을 가지고 있다. 인간 삶에서 죽음의 협조는 삶을 풍요롭게 한다. 죽음은 인간 개개인을 하잘것없는 소일에서 벗어나 더 바른 목적과 의미 있는 삶을 살도록 한다. 죽음에 대한 전적인 자각은 개인의 급진적인 변화를 증진할 수도 있다. 그러나 죽음은 불안의 주된 요소다. 죽음은 인간의 내적 경험에 침투하고 인간은 개인적 역동들의 군집에 따라서 죽음을 방어한다. 제4장에서 언급하겠지만, 죽음불안을 잘못 다루면 다양한 형태의 표징, 징후, 그리고 '정신병리' 라는 성격경향의 결과를 가져온다.

이것을 강요하는 이유들이 있음에도 불구하고, 심리치료에서는 죽음의 개념을 거의 포함하지 않는다. 죽음은 정신건강 분야의 거의 모든 관점에서 철저하게 간과되었다. 이론, 근본적이고 임상적인 조사, 임상적 보고, 그리고 임상실습의 모든 형태에서 간과되는 것이다. 죽음이 무시되지 않는 예외적인 한 분야는 죽어가는 환자를 돌볼 때뿐이다. 심리치료에서 문헌에 출현하여 간헐적으로 죽음을 다룬 논문들은 일반적으로 이류나 삼류의 연구지에 실려 있고, 그 형식도 일화(逸話)적이다. 이 논문들은 호기심만 가득 차고 주된 이론과 치료에 주변적인 것에 지나지 않는다.

임상사례 보고

한 예를 들면, 임상사례 보고에서 죽음의 두려움을 빠뜨리는 것은 너무 뻔한 것이어서 임상경험에서는 침묵 밖에 없었다는 결론을 내리게 된다. 임상사례 보고에서 죽음을 취급하는 데는 주된 세 가지 전략이 있다. 첫째, 저자들은 선택적으로 이 이슈에 대하여 관심을 기울이지 않고 죽음의 어떠한 요소가 임상에 있는지 자료를 보고하지 않는다. 둘째, 저자들은 죽음과 연관된 풍부한 자료를 제출할 수도 있다. 그러나 사례에 대한 역동적 형성에서는 완전히 자료를 무시한다. 예를 들어, 이것은 프로이트의 사례 역사에 있는 상황이고, 나는 이것에 대한 증거를 짧게 제공할 것이다. 셋째로, 저자들은 죽음과 연관된 임상적 자료를 제출할 것이나 이 사례의 형성에서, '죽음' 은 특별한 이념적 학파에서 양립할 수 있는 개념으로 번역한다는 것이다.

저명한 학술잡지에서 실린 「죽음에 대한 심리신경증 환자의 태도(The Attitudes of Psychoneurotics toward Death)」라는 널리 인용되는 논문에서 두 명의 저명한 임상의 브룸버그(Walter Bromberg)와 스킬더(Paul Schilder)는 죽음이 중요한 역할을 한다고 몇몇의 사례보고를 이용해 진술하고 있다.[76] 예를 들면, 한 여성 환자는 성적인 기대치를 가졌던 여성 친구의 죽음 후에 예민한 불안증세가 나타났다. 이 환자는 죽음에 대한 개인적 두려움과 친구의 죽음을 명백하게 경험함으로써 점화되었다고 진술하면서도 저자들은 "그녀의 불안 반응은 그녀가 힘겹게 싸우고 있는 무의식적 동성애 애착에 대한 것이다…. 그녀 자신의 죽음은 세상을 떠난 사랑하는 동성애 여인과의 재결합을 의미하는 것이었다…. 죽는다는 것은 그 부인당한 사랑의 대상과의 재결합을 의미한다."라고 하였다.

아버지가 장의사였던 한 환자는 자신의 심한 불안을 묘사했다. "나는 항상 죽음을 두려워했다. 나는 사람이 나를 방부처리하는 동안 내가 깨어날지도 모른다는 것 때문에 두려웠다. 나는 긴박한 죽음에 대하여 이상한 감정을 가지고 있다.

나의 아버지는 장의사였다. 나는 시체들과 함께 있는 동안에는 죽음에 대한 생각을 해 본 적이 없다…. 그러나 지금 도망가기를 원한다고 느낀다. 나는 이것을 꾸준하게 생각한다. 나는 이것을 무너뜨리려고 싸우고 있는 것처럼 느낀다." 저자들은 '죽음에 관한 불안은 수동적으로 되고자 하고, 장의사 아버지에 의해 다루어졌으면 하는 억압된 원함의 표현' 이라고 결론지었다. 이들의 관점은 여성 환자의 불안은 위험스러운 욕구를 갖고 있는 자신에 대한 체벌을 구하는 자기방어의 산물이라는 것이다. 같은 논문에 있는 다른 사례는 저자들이 더 근본적인 두려움이라고 고려하는 것으로 죽음을 해석했다. "이 소년에게 죽음은 아버지와의 동성애적 재결합 안에서 최종적 가학피학성 변태성욕적(sado-masochistic) 만족을 의미한다." 혹은 "죽음은 그 어머니로부터의 분리와 그의 무의식적 리비도적 욕망 표현의 끝을 의미한다."라고 했다.

분명하게 죽음을 파악하는 데 이러한 압박이 왜 있는지 의아해하지 않을 수 없다. 만일 환자의 삶이 공개된 공간, 개, 방사성 낙진의 두려움으로 삭감되거나, 사람이 청결에 과도하게 집착하거나, 문이 잠긴 것에 신경이 온통 사로잡힐 때 등의 피상적인 관심들을 더 근본적인 의미로 해석하는 것은 합리적인 것 같다. 그러나 죽음불안은 죽음의 불안일 뿐, '더 깊은' 불안으로 해석할 수 있는 것이 아니다. 후에 토론하겠지만, 이것은 신경증적 환자가 필요로 하는 해석이 아니다. 아마 이 환자들은 실체와의 접촉 밖에 있는 것이 아니라, 대신 '정상적' 부인방어를 세우지 못하는 실패를 통하여 진실에 가깝게 갈 수 없는 것이다.

임상적 조사

죽음의 개념에 대한 부주의는 임상적 조사에도 광범위하게 미치는 함축성이 있다. 예를 들어, 슬픔과 사별의 분야를 고려해 보라. 많은 조사자들이 생존자의 적응에 대하여 상세하게 연구하고 있음에도 불구하고, 이들은 계속해서 생존자는 '대상 상실' 에 따른 고통을 받을 뿐 아니라, 또한 자신의 상실을 만나고 있다는 사실을 고려하는 데 실패하고 있다. 대상을 잃어버린 슬픔 밑에는 '만일 너의 어머니(아버지, 자녀, 친구, 배우자)가 죽는다면, 너 역시 죽을 것이다' 라는 메시지가 있다(나의 환자가 자신의 부친을 잃은 후 얼마 되지 않아 하늘에서 "너는 다음 차례다."라는 환청을 들었다고 했다.”). 남편과 사별한 지 1년된 여성에 대한 연구가 비중 있게 인용되고 있는데, 이 연구에서 조사자들은 “나는 검은 갱도의 끝자락을 걷고 있는 것처럼 느낀다.”라고 말했다. 혹은 그들이 지금 세상을 불안전하고 잠재적으로 해악이 가득한 장소로 보고 있다는 것에 대한 설명, 또 생의 초점이 없고, 목적이 없고, 별 이유없이 화내고 있다는 대상자들의 진술을 기록했다.[77] 나는 이러한 반응 하나하나를 깊게 탐구한다면, 조사자로 하여금 경험을 통한 상실은 개인적 죽음과 생존의 만남을 도와주는 잠재력을 가지고 있다는 중요한 결론에 도달할 것이라고 본다. 그러나 이 연구에서의 조사와 내가 읽은 사별에 대한 광범위한 연구는 각각 다른 평가 기준에서 작업했기에 기름진 토양을 만드는 데 실패했다. 이 실패는 행동과학이 직관적으로 증거되는 진실들을 무시했을 때 빈약함이 연속적으로 발생하는 또 다른 슬픈 실례다. 사천 년 전에 기록된 최초의 문헌 중 하나인 바빌론의 서사시 「길가메시(Gilgamesh)」에서 친구 엔키두(Enkidu)의 죽음을 잘 알고 있는 주인공은 자신의 죽음 전조를 나타내 보였다. “이제 잔다는 것은 그대를 움켜쥐는 것인가? 너는 어둡게 되고 나의 말을 들을 수가 없다. 내가 죽을 때 엔키두처럼 되지 않을까? 슬픔이 나의 가슴으로 들어오고, 나는 죽음을 두려워한다.”[78]

임상의사

어떤 치료자들은 죽음에 대한 관심은 단순히 자신의 환자를 통하여 나오지 않는다고 말한다. 그러나 나는 진정한 이슈는 치료자가 들을 준비가 되지 않았다는 것이라고 믿는다. 환자의 관심에 대하여 깊은 주의를 기울이는 수용적인 치료자는 일상을 통해 끊임없이 죽음을 만날 것이다.

환자는 최소한의 용기가 주어지면 죽음에 대한 관심과 연관된 아주 많은 자료를 가지고 올 것이다. 이들은 자신의 부모나 친구의 죽음, 나이 들어가는 것에 대한 걱정, 죽음에 따른 괴롭힘을 당하는 꿈, 동창회에 가서 늙어 버린 동창들을 본 충격, 자녀의 주도권에 대한 아픔을 인지하고 있다. 때로 노후의 즐거움을 즐기고 있다고 메모한다. 이들은 많은 작은 죽음들을 알고 있다. 쇠약한 치구(plaque), 피부의 기미, 흰 머리카락, 뻣뻣한 관절, 굽은 자세, 깊어 가는 주름 등이 그것이다. 은퇴는 다가오고, 자녀는 집을 떠나고, 자신이 조부모가 되고, 자녀가 자신을 돌보고,

삶의 주기가 이들을 덮어 버린다. 다른 환자들은 허무의 두려움에 대하여 이야기한다. 살인자들이 집에 침입하는 공통적인 무서운 환상, TV나 영화에 있는 폭력에 대한 두려운 반응 등이다. 만일 치료자가 잘 들을 수 있다면, 즉 모든 환자는 죽음에 관한 관심 저류(底流)에 동반된다는 것을 들을 수 있다면 치료가 발생할 것이다.

나의 개인적 임상경험은 죽음에 대한 관심이 편만한 것을 확증하고 있다. 이 책을 쓰면서 나는 상당한 양의 보이지 않는 임상적 자료를 접할 수 있었다. 의심할 나위 없이 환자들이 확실한 증거를 제공해 주기를 어느 정도 암시하였다. 그러나 나의 개인적 믿음으로는 대부분 죽음이라는 것이 임상실험에 있었다. 예를 들어, 제2장의 앞에서 나는 인간상호 관계성의 정착과 단절에 임상적인 문제를 공통적으로 가지고 있는 조이스와 베스라는 두 명의 환자를 소개했다. 깊은 질문에 대해 두 여성은 실존적 이슈에 많은 관심을 보였는데, 이것은 내가 적합한 심리학적 틀이 없었으면 결코 인지할 수 없는 것이었다.

이 실존적 이슈와 '조율' 하는 또 다른 예는 내가 죽음불안의 주제에 대하여 강의할 때 참석했던 심리치료사로부터였다.

> …나의 상담에 이 강의 주제가 표면으로 나타날지 기대하지 못했다. 왜냐하면 나는 Reed 대학 상담사였고, 학생은 대개 신체적으로 건강했기 때문이다. 어느 월요일 아침 첫 번째 상담을 하는데, 상담자는 2개월 전에 강간을 당한 여학생이었다. 이 여학생은 그 사건 이후 수많은 불유쾌한 일과 고통스러운 징후 때문에 고통을 받고 있었다. 이 학생은 당황스러운 웃음을 지으면서 이런 말을 했다. "만일 내가 어떤 일로 죽지 않는다면, 다른 일로 죽을 것입니다." 이 죽음에 대한 것은 아마도 부분적으로 최소한일 것이다. 왜냐하면 그 인터뷰가 그녀의 죽음불안 쪽으로 관심을 돌리게 되었다는 관찰과, 강간을 당한 것과 죽는다는 것은 그녀가 단지 다른 사람에게 발생할 수 있을 것이라고 그녀가 생각해 왔기 때문이다. 지금 그녀는 상처를 느끼고 억압된 불안으로 가득 차 있다. 그녀는 치명적인 병이 없음에도 불구하고 죽는 것이 두렵다고 이야기하는 것이 좋다는 데 대하여 안도를 느끼는 듯했다.[79)]

심리치료가 진행되는 곳이나 지나간 어떤 치료에서 죽음과 연관된 치료는 흔히 많은 임상적 자료를 제공한다. 물론 꿈은 특별히 이러한 풍부한 자료를 제공할 수 있다. 31세의 한 여성은 오랜 친구의 장례식에 참석한 후 그날 저녁에 꿈을 꿨다.

"나는 앉아서 TV를 보고 있었다. 의사가 들어와서 청진기로 나의 폐를 검사하였다. 나는 화를 내며 무슨 권리로 검사하느냐고 했다. 의사는 내가 훈제소처럼(smokehouse) 담배를 피웠다고 했다. 그리고 나의 폐에 많이 진척된 질병이 있다고 했다." 이 꿈을 꾼 여성은 담배를 피우지 않았으나, 죽은 친구는 하루 세 갑을 피우는 사람이었다. 폐의 물시계 질병이 그녀와 가지는 연관은 '시간이 연속적으로 흐르고 있다' 는 것이다.[80]

부인(denial)은 치료에서 치료자들이 선택해서 부주의하는 죽음에 핵심적인 역할을 한다. 부인은 어디에나 존재하는 것이고 힘 있는 방어다. 오로라(aura)와 같이 방어는 죽음이 나타나는 곳마다 죽음과 연관된 영향을 포위한다(프로이트의 방대한 전집에 실린 한 농담이 이 죽음에 대하여 말하고 있다. 한 남자가 부인에게 "만일 우리 둘 중 하나가 죽는다면, 나는 파리로 이주할 거라고 생각해."라고 말했다).[81] 부인은 치료자들을 봐 주지 않고, 취급과정에서 치료자의 부인과 환자의 부인은 충돌한다. 많은 치료자들은 수많은 세월 동안 개인적 분석의 경험을 가지고 있으나, 개인적 죽음의 공포를 통하여 일하거나 탐구하지 않는다. 그들은 공포적으로 자신의 개인적 삶 속에서 이 죽음 분야를 회피하고, 심리치료에서 분명하게 죽음과 연관된 자료들에 대하여 선택하여 부주의한다.

심리치료자 개인의 죽음에 대한 부인에 더하여, 심리치료 전 분야에 걸쳐 집단적인 부인이 있다. 이 집단적 부인은 왜 죽음이 불안의 정식적인 이론에서 빠지게 되었는가를 연구함으로써 가장 잘 이해될 수 있을 것이다. 불안이 역동적 심리치료의 실행과 이론에서 절대적으로 핵심적인 역할을 함에도 불구하고, 전통적인 불안의 역동성에서 죽음과 일치하는 곳은 없다. 만일 우리가 치료의 실행을 변경하려 한다면, 죽음의 개념이 제공하는 임상적 수단을 사용하려 한다면, 불안의 근원에서 죽음의 역할을 보여 주는 것이 필요하다. 이 죽음을 바로 이해하기 위해서 불안의 개념에 대한 정신역동의 진화를 거슬러 올라가고, 죽음의 개념에 대하여 조직적으로 배제한 것을 이해하려고 시도하는 것이 가장 좋은 방법이다.

프로이트 : 죽음 없는 불안

프로이트의 생각은 심리치료 분야에 영향력을 많이 미치기 때문에 심리치료 사상의 진화 중 상당 부분은 프로이트 사상의 진화다. 그러나 그의 비범한 통찰에도 불구하고, 인간의 내적 세계의 분명한 관점들이 프로이트에게 지속적으로 보이지 않았던 것이 죽음 분야라고 생각한다. 나는 프로이트가 임상과 이론의 고찰에서 죽음을 피했던 방법에 대한 자료를 여기서 보여 주고, 이러한 회피의 뒷면에 있는 이유를 제시할 것이다.

프로이트의 죽음에 대한 회피

프로이트가 최초로 임상적이고 이론적으로 기여한 것은 1895년 브로이어(Josef Breuer)와 함께 쓴 『히스테리 연구(*Studies in Hysteria*)』에 나타났다.[82] 이것은 흥미로운 연구로, 놀랍게도 죽음에 대하여 선택적으로 부주의한 것에 주목을 끌 수 있을 만하고, 이것이 생산한 역동치료의 전 분야에서 죽음을 배제하는 기초를 놓았다. 이 책은 다섯 가지의 주된 사례를 소개하는데, 브로이어가 한 사례(Anna O.)를, 프로이트가 네 가지를 소개하였다. 몇몇 다른 사례가 단편적인 형식으로 나타나 있고, 관주나 토의는 없다. 여기에 나타난 환자들은 각각 마비, 고통, 안면경련, 피로, 망상, 숨 막힘, 맛과 냄새의 상실, 언어적 분열, 불면 등 눈에 띄는 증상을 호소해 치료가 시작되었다. 이 다섯 환자에 대한 연구에서 프로이트와 브로이어는 히스테리의 기원과 이 기원에 기초한 조직적인 치료의 형태를 가정했다.

이 다섯 환자는 어린 시절에 겪은 중요한 감정적인 외상(trauma)들로부터 고통받고 있었다. 프로이트는 평상적으로 외상이 사람을 혼란시킴에도 불구하고 지속되는 현상은 발생하지 않는데, 그 이유는 외상으로 발생된 감정은 뿔뿔이 흩어지기 때문이라고 기록하고 있다. 이러한 감정들이 소산(abreacted)되거나(개인이 다른 효과적인 방법으로 자신의 감정을 표현함으로써 카타르시스를 경험한다) 혹은 다른 방법을 통해 흩어지게 된다(프로이트는 외상의 기억은 '다른 경험들과 함께하는 매우 복잡한 연관의 구조' 로 들어오고, 이것은 없어지거나 개정되거나 혹은 개인의 성취와 장점

을 고려함으로써 손상을 다룸으로 실체를 시험하는 것에 시달리게 된다고 했다).[83)]

이 다섯 명의 환자에서 외상은 흩어진 것이 아니라 계속적으로 이 환자들을 괴롭혔다("히스테리 환자는 그 회상으로부터 고통을 당한다."[84)]). 프로이트는 그의 환자들을 통하여 외상의 기억과 감정은 의식적 생각으로부터 억압되었다고 제안했다(억압과 무의식 개념의 첫 사용이다). 그러므로 정서가 흩어지는 정상적 과정에는 종속되지 않는다. 그러나 숨 막히는 정서는 무의식의 힘과 신선함과 함께 지속되고 신체적 증상의 전환(여기서는 전환 히스테리를 말한다)을 통하여 어떤 의식적 표현으로 발견된다.

치료의 함축성은 분명하다. 환자로 하여금 외상을 기억하도록 하여야 하고, 이것이 미치는 영향에 대하여 표현하도록 하여야 한다. 프로이트와 브로이어는 환자들에게 영향을 주는 기억의 근원을 밝히는 것을 돕고, 이 영향을 언어적으로나 행동적으로 표현하는 것을 돕기 위해서 최면을 사용했으며, 후에 프로이트는 자유연상을 사용했다.

효과가 증가되는 것과 소실(dissipation), 증세의 형상, 이러한 예측에 기초한 치료의 구조에 대한 프로이트의 사색은 획기적으로 중요했고, 프로이트를 따르는 역동이론과 치료의 많은 부분의 윤곽을 나타내게 하였다. 나의 토론에서 가장 밀접한 것은 근원적인 외상의 성격이 언어장애 영향의 근원에 관련되어 있다고 생각하는 프로이트의 관점이다. 증상에 대한 이론과 치료의 방법은 프로이트의 책 전반에 실려 있다. 그러나 증상에 대한 책임 있는 외상의 성격 묘사는 그의 첫 번째 환자부터 마지막 환자까지 흥미로운 진화를 겪고 있다(서론에서 프로이트는 "정화에서 정신분석의 발달에 관심을 가지고 있는 이들에게 내가 줄 수 있는 조언은 『히스테리 연구』에서 시작하는 것보다 좋은 것이 없다는 것이다. 그러므로 내가 이제껏 밟은 길을 따라야 한다."라고 했다).[85)]

이 책의 처음 사례들에서는 외상을 중요치 않게 여긴다. 처음에 프로이트는 사람의 심한 신경증적 상태는 사나운 개에게 쫓겼을 때,[86)] 고용주에게 막대기로 맞았을 때, 개에게 컵으로 물을 주는 하녀를 보았을 때,[87)] 자신의 고용주와 사랑에 빠졌을 때, 불공평한 비난으로 고통받을 때[88)] 발생한다는 신념을 강요한다. 책이 진행될수록 예기되는 외상에 대한 프로이트의 설명에는 미사여구가 따른다. 그는 자신의 환자들이 그리스 비극에 나타난 가치 있는 원형적 관심의 괴롭힘을 받고 있다고 믿었다. 이들은 아이의 증오(왜냐하면 이들이 죽어가는 남편을 섬기는 부인의 능력을 성적으로 폭행했기 때문),[89] 부모와의 근친상간적 행위,[90] 성 행위 장면 경험,[91] 언니의 죽음에 쾌감을 느끼고 그 언니의 남편을 사랑한 경험 등을 한 환자들이었다.[92] 이러한 후기의 사례들과 그 관주들, 그리고 프로이트의 편지들[93] 모두는 불안의 근원에 대한 프로이트의 생각을 굽힐 수 없는 방향에 대해 증거를 가지고 있다. ① 그는 점차적으로 불안에 대한 책임 있는 진짜 외상은 인생의 초기에 있는 것으로 보았다. ② 그는 외상의 성격을 분명하고 독단적으로 성적인 것으로 보기에 이르렀다.

프로이트의 다섯 환자의 감정적 외상에 대한 그의 즐김은 불안에 대한 형식적 이론을 점차적으로 발달케 했다. 불안은 예기된 위험에 대한 신호였다. 불안의 씨앗은 중요한 외상이 발생한 인생의 초기에 심어진 것이다. 외상적 사건에 대한 기억은 억압되고, 이에 수반된 영향은 불안으로 변형된다. 외상의 재발이나 어떤 유사한 위험에 대한 기대는 불안을 다시 불러일으킬 수 있다.

어떤 유형의 외상인가? 어떤 사건이 그렇게 근본적으로 상처가 있는 것이어서 그 흔적이 개인의 전 생애를 괴롭히는가? 여기에 대한 프로이트의 첫 번째 대답은 "불안은 무력에 대한 근원적 반응이고 후에 외상의 면전에서 도움을 요청하는 신호로써 재발된다."라는 것이다.[94] 그렇다면 할 일은 어떠한 상황이 무력을 불러일으키는가를 결정하는 것이다. 불안의 문제는 정신분석이론의 핵심이기 때문에, 그리고 프로이트가 대담하게 자신의 활동을 통하여 근본적인 이론을 변형하였기 때문에, 불안에 대한 그의 이론은 많고 다양하고 때로는 충돌을 일으킨다.[95] 불안에 대한 두 가지의 주된 기원은 프로이트의 이론을 생존케 했다. 바로 어머니의 상실(포기와 분리), 그리고 성기의 상실(거세공포)이다. 다른 주된 기원들은 초자아 혹은 도덕적 불안, 자신의 자기파괴 경향에 대한 두려움, 자아의 부조화다. 자기 안에 거하는 비이성적 밤의 힘인 어둠 때문에 당황하는 존재인 것이다.

프로이트는 불안에 대한 다른 근원에 대해 자주 언급하면서도, 주로 불안에 대한 포기와 거세에 대하여 강조하였다. 이 두 가지가 불안한 아이(Katzenjammer Kids)는 항상 변장하여 깨어 있는 일상생활에서 우리를 괴롭히고, 수면 시에는 두 가지 공통된 악몽의 연료를 공급한다. 떨어지는 꿈이나 누구에게 쫓기는 꿈이 그것이다. 고고학자들이 항상 더 근원적인 구조를 찾는 것과 같이 프로이트는 거세와 분리는 공통된 특징이 있다고 제안했다. 그것은 상실인데 사랑의 상실, 어머니와 결합하는 능력의 상실이다. 순서적으로, 출생의 외상에서 상실 분리가 첫 번째로 발생한다. 인생의 첫 번째 순간이다. 그러나 프로이트는 거세를 불안의 주된 원인이고 진짜인 것으로 선택했다. 그가 제안하기를 초기 분리는 이것이 발달할 때 초기 불안 경험을 포함하는 개인의 거세불안을 준비한다고 했다.

프로이트가 불안에 대하여 낸 결론과 외상의 원천으로 삼은 자료(『히스테리 연구』에 나온 환자들의 사례)를 고찰해 보면, 그 사례 역사와 프로이트의 결론과 형식 사이에 놀랄 만한 모순을 발견하여 충격을 받을 것이다. 죽음이라는 것이 환자들의 임상적 기록에 너무 퍼져 있기 때문에 너무나 작은 부주의에 따른 외상을 예측하는 그의 토의에서 이것을 빠뜨렸을 것이다. 다섯 명의 환자 중 두 명은 단순하게 토의되었다(한 명은 휴양지에서 프로이트의 심부름꾼이었고, 한 회기로 끝이 났다). 다른 주요 환자들은 안나(Anna O.), 에미(Frau Emmy von N.), 그리고 엘리자베스(Fraulein Elisabeth von R.)였다(정신과 문헌에서 최초의 역동적 사례보고다). 이들의 임상적 특징들이 괄목할 만하고 죽음에 대한 참조들이 있다. 만일 프로이트가 죽음불안에 대하여 특별히 관심을 가지고 있었다면, 죽음에 대한 주제에 관련하여 더 많은 자료를 끄집어내고 보고했을 것이다.

안나의 병은 그녀의 아버지가 아팠을 때 처음 발생했다(그리고 10개월 후에 그녀는 이 병에 압도되었다). 처음에 그녀는 아버지를 열성적으로 돌보았다. 그러나 결국 그녀에게 의식이 바뀌는 상태, 즉 기억상실, 언어적 문제, 식욕부진 그리고 감각과 근육에 경련 현상이 발생하였고, 마침내 죽어 가는 아버지로부터 격리되는 결과를 가져왔다. 이듬해 그녀의 증상은 더 악화되었다. 브로이어는 안나가 죽음에 사로잡혀 있다고 적었다. 예를 들어, 그는 그녀가 "좀 별나고, 의식이 급하게 변하는 장애를 가지고 있음에도 불구하고, 한 가지 그녀가 의식의 대부분 머무르고 있는 것 같았던 것은 그녀의 아버지가 사망했다는 것이다."라는 의견을 말했다.[96)]

안나를 대하여 최면하고 있는 동안에 그녀는 아버지의 죽음과 연관된 무서운 환상을 가지고 있었다. 아버지 시중을 들면서 아버지가 머리를 숙이고 죽은 것을 상상하다가 실신한 적이 있다(치료하는 동안 그녀는 거울을 한 번 보았는데 거울에서 자신을 본 것이 아니라 죽은 아버지가 자신을 응시하는 것을 보았다). 다른 사건은 검은 뱀이 아버지를 습격하는 환상을 본 경험이었다. 그녀는 이 뱀과 싸우려고 했으나 그녀의 팔과 손가락이 뱀으로 변하고 손톱은 작은 해골로 되는 환상을 보았다. 브로이어는 이러한 환상이 병의 가장 주된 원인인 죽음의 위협에서 발생하는 것이라고 보았다. "치료의 마지막 날 그녀의 아버지가 썼던 방의 물품을 옛날과 비슷하게 다시 정렬하는 것을 도울 때 그녀의 전반적인 질병의 뿌리를 이루고 있는 무서운 환상이 다시 발생했다."[97]라고 했다.

세 번째 환자인 엘리자베스의 병은 죽어 가는 아버지를 18개월 동안 간호하면서 구체화되었고, 가족의 냉혹한 악화를 목격한 데서 비롯되었다. 한 형제는 멀리 이사했고, 어머니는 심각한 병으로 고생을 하였으며, 아버지는 결국 죽었다. 마지막으로 너무나 사랑하는 언니의 죽음이 있은 후 병은 최고로 악화되었다. 치료하는 동안 프로이트는 옛날 기억과 정서를 불러오려고 언니의 무덤을 방문하게 하는 과제를 부여하였다(이와 거의 유사한 방법으로 브로이어는 안나의 아버지가 돌아가신 방과 비슷하게 하려고 그의 상담실을 재정렬하였다).

프로이트는 불안은 어릴 적부터 오랫동안 잊어버린 두려움과 무력을 불러일으키는 상황에 따라서 발생한다고 믿었다. 이러한 환자들의 죽음과 연관된 외상들은 그들 안에 있는 두려움과 무력의 감정을 불러일으킨다. 그러나 각 사례의 해결에서 프로이트는 죽음에 대한 주제를 전적으로 무시하거나 각 환자의 상실로 발생하는 일반화된 스트레스로 단순하게 돌린다. 그의 공식들은 각 환자의 외상의 성적인 구성요소에 초점을 맞추고 있다.* 그래서 엘리자베스의 언니가 죽었을 때 프로이트는 그녀가 이것을 인식할 수 있도록 도와주었고 그녀는 기뻐했다(결과적으로 죄의식을 극복하였다). 왜냐하면 그녀가 사모한 언니의 남편은 이제 그녀와 결혼할 수 있는 자유로운 사람이 되었기 때문이다. 하나의 중요한 발견은 원시적 욕구의 나머지인 무의식은 마음의 지하에 파묻혀 있다는 것이다. 왜냐하면 이 원시

* 리프턴(Robert Jay Lifton)은 그의 책 『깨어진 관계(*The Broken Connection*)』, New York: Simon & Schuster, 1979)에서 프로이트의 또 다른 중요한 사례인 『꼬마 한스(*Little Hans*)』는 거의 명료하게 같은 관점을 말하고, 리비도 이론은 죽음을 '죽이는' (dedeathifies) 것이라고 결론지었다. 불행히도 리프턴의 책은 나의 책이 완성된 후에 나왔기 때문에 나는 그의 풍부한 통찰력에 어떤 다른 방법으로도 동화할 수 없었다. 그의 책은 생각이 깊고 주의 깊은 독서를 요하는 중요한 작품이다.

적 욕구는 밝은 곳에 적합하지 않기 때문에 의식 안으로 일시적으로 탈출했고, 궁극적으로 전환증후군으로 한정되는 큰 불안을 발생케 하기 때문이다.

의심할 것 없이 프로이트는 환자들에게서 중요한 갈등을 발견하였다. 이 갈등은 단서를 가지고 있는데 그는 이것을 빠뜨렸다. 부모, 배우자 혹은 가까운 사람의 죽음은 일반화된 스트레스보다 더 한 것이다. 이것은 중요한 대상의 상실보다 더한 것이다. 이 죽음이 부인(denial)의 문에 있는 노크(knock)다. 만일 프로이트가 사색한 것과 같이, 엘리자베스가 언니가 죽었을 때 아주 짧은 순간이라도 '이제 형부는 다시 자유로워졌고 내가 그의 부인이 될 수 있다.' 고 생각했다면, 가장 확실하게 그녀 역시 '만일 나의 사랑하는 언니가 죽는다면, 나도 역시 죽을 것이다' 는 사실로 떨 것이다. 언니의 죽음에 대한 엘리자베스의 반응처럼 안나도 그녀의 아버지 죽음에, 에미가 남편의 죽음에 같은 반응을 보일 것이다. 이들 각자는 깊은 차원에서 잠시나마 그녀 자신의 죽음에 대하여 어렴풋하게 붙든 것이 틀림없다.

불안의 근원에 관한 연속적인 형성에서 프로이트는 가장 호기심 어린 방식으로 죽음을 간과하는 것을 계속했다. 그는 거세와 포기라는 상실에 대하여 동의하였다. 성기의 상실과 사랑의 상실이다. 여기에서 그의 태도는 독특하지 않다. 두려움을 모르는 고고학적 발굴자는 어디에 있는가? 프로이트는 가장 초기의 기원을 발견하기 위해 생명의 새벽을 찾기 위해, 원시인의 길을 찾기 위해, 대홍수 이전의 주된 유목민 무리를 찾기 위해, 인간의 근본적인 욕구와 본능을 찾기 위해 항상 암반을 뚫었다. 그러나 죽음에 다가가기 전에 멈추었다. 왜 그는 포기와 거세의 공통적인 분모 쪽으로 분명한 한 발자국을 가지 않았는가? 이 양쪽 개념은 존재론적 암반 위에 놓여 있다. 포기는 해결할 수 없게 죽음과 엉켜 있다. 포기된 영장류는 항상 멸망한다. 추방자들의 운명은 신체적 죽음에 급하게 따르는 사회적 죽음이다. 만일 비교적인 측면에서 거세를 보면 허무(annihilation)와 유사어다. 만일 문자적으로 보면(프로이트는 이것을 문자적으로 보았다), 이것은 거세된 개인이 자신의 씨앗을 미래에 뿌리지 못하여 멸종을 면할 수 없는 죽음으로 이끈다.

프로이트는 『금지, 증상 그리고 불안(*inhibitions, symptoms and anxiety*)』에서 간결하게 신경증의 기원으로써 죽음의 역할을 고려했으나 피상적으로 이것을 염두에 두지 않았다(나는 후에 무엇이 '깊이' 와 '피상성' 으로 정하는지에 대한 뒤죽박죽된 분석적 관점을 토의할 것이다). 이론가들이 헤아릴 수 없는 만큼 인용한 한 구절에서, 프로이트는 불안의 주된 원인으로서 죽음불안을 빠뜨린 이유를 묘사하고 있다.

> 신경증이 정신장치의 깊은 층에 참여도 없이 단순히 위험대상의 출현으로 나타나는 것은 없을 것이다. 그러나 무의식은 우리가 가지는 삶의 공허개념에 줄 수 있는 내용이 없는 듯하다. 거세는 신체에서 배변이 분리되는 일상생활의 경험, 혹은 젖을 뗄 때 어머니 젖가슴의 상실에 기초하여 상상할 수 있다. 그러나 죽음을 닮은 어떤 것도 경험되지 않는다: 만일 그렇다면, 실신한 경우처럼 죽음은 추적할 어떤 흔적도 남기지 않는다. 그래서 나는 죽음의 두려움은 거세공포의 유추로 여겨져야 한다는 관점에 마음이 간다. 그리고 자아가 반응하는 상황은 보호하고 있는 초자아, 즉 운명의 힘에 의해 포기된 것이기 때문에 자아는 자아를 둘러싸고 있는 모든 위험에 대하여 보호할 어떤 것도 가지고 있지 않다.[98)]

프로이트의 논리는 여기서 심하게 비틀거린다. 첫째로 프로이트는 우리가 죽음의 경험이 없기 때문에 무의식 안에 대표할 만한 것이 없다고 주장한다. 그렇다면 우리는 거세의 경험이 있는가? 프로이트는 직접적인 경험이 없음을 알고 있다. 그러나 그는 우리에게 거세 경험은 없지만 경험적으로 유사한 다른 상실들을 경험하고 있다고 말한다. 날마다 배설물의 분리와 젖을 떼는 경험을 한다. 확실히 배설물–젖떼기–거세 연결은 인간에게 타고나고, 작가의 죽음의 직관적 개념보다 논리적으로 강하지 않다. 사실은 죽음이 불안의 주된 요소인 거세로 대체되었다는 논의는 지지할 수 없는 것이기에, 내가 마치 분명하게 왜곡된 대적과 싸우는 것처럼 공격하는 것이 불편하다. 예를 들어, 여성이 불안을 가지고 있다는 분명한 점을 고려해 보라. 거세이론을 여성에게 적용시키는 데 요구되는 노력은 정말로 분석적 초심리학(metapsychology)에서의 문제가 된다.

클라인(Melanie Klein)은 주된 요인에 대한 프로이트의 호기심의 역설에 대하여 분명하게 비판적이다. "죽음의 두려움은 거세의 공포를 강화하고, 이것은 거세의 공포와 유사한 것이 아니다…. 왜냐하면 재생산은 죽음에 반대로 행하는 본질적인 방법이기 때문이며, 성기의 상실은 생명을 보존하고 지속할 수 있는 창의적인 힘의 끝을 의미할 수 있기 때문이다." 또한 클라인은 무의식 안에는 죽음의 두려움이 없다는 프로이트의 입장에 반대하였다. 그녀는 프로이트가 나중에 가정한 무의식의 가장 깊은 층에 죽음의 본능(타나토스)을 받아들이면서 "죽음의 두려움은 또한 무의식에 거하면서 이 본능에 반대하여 작용한다."[99]라고 했다.

클라인과 같은 입장이었던 랭크(Rank)와 아들러(Adler), 다른 이들의 반대에도 불구하고 프로이트는 그의 관점을 주장했고 죽음에 대해 부인했던 의식을 치료자들의 세대 속에 남겼다. 주요 분석 교재들은 이러한 경향을 보이고 영구화시킨다. 페니헬(Otto Fenichel)은 "죽음의 생각은 주관적으로 상상할 수 없는 것이기 때문에, 모든 죽음의 두려움은 다른 무의식의 생각을 감춘다"라고 진술한다.[100] 발데르(Robert Waelder)는 전적으로 죽음을 고려하는 것을 빠뜨렸다.[101] 그린슨(Ralph Greenson)은 간략하게 프로이트의 죽음본능인 타나토스의 관점에서 죽음을 토의했는데, 그것은 용기는 있으나 정착할 수 없는 하나의 호기심으로 여기고 생략했다.[102] 단지 점차적으로 프로이트 전통의 밖에 있는 사람(혹은 자신들이 밖에 있다는 사실을 발견한 사람)이 필요한 개선책을 제공하였다.

왜 프로이트는 정신역동이론에서 죽음을 배제하였는가? 왜 죽음을 불안의 가장 주된 원인으로 고려하지 않았는가? 분명 이 제외는 단순히 못 본 것이 아니다. 죽음의 불안은 파악하기 어려운 개념이 아니다. 그리고 프로이트가 이 문제를 파악하지 못했던 것이 아니다(일부러 이것을 배제했다). 1923년, 그는 죽음불안에 대하여 명백했다. "소리 높여 말하는 '모든 불안은 궁극적으로 죽음의 불안이다' 라는 것은 거의 어떤 의미를 가지기 어렵고 정당화될 수 없다."[103]라고 했던 것이다. 그의 논쟁은 전과 같이 이해할 수 없는 노선을 따라 진행된다. 이것은 죽음을 인식하는 데 정말로 불가능하다. 자아의 어떤 부분은 살아 있는 관망자로 항상 남아 있다. 다시 한 번 프로이트는 "죽음의 두려움은 양심의 두려움과 같이 거세의 불안의 발전이다."[104]라고 하며 만족할 수 없는 결론에 이른다.

역시 프로이트의 죽음에 대한 부주의는 불안, 억압, 그리고 무의식의 형식 이론 토의에서 제한되어 있다. 간략이 말한다면, 정신기제의 내적인 일들에 제한되어 있다.*[105] 그는 자신의 세력을 펼 수 있는 기회가 허락될 때마다 죽음에 대하여

* 프로이트는 64세 때 『쾌락의 원칙을 넘어(*Beyond the Pleasure Principle*)』에서 그의 마음 구조이론에서 죽음의 자리를 만들었다. 그러나 이러한 구조에서조차 주된 죽음의 두려움을 말하지 않고 대신 죽음의 의지에 대해 말한다. 타나토스는 주된 두 가지 드라이브 중의 하나로 정해졌다.

담대하고 힘 있게 숙고했다. 예를 들어, 제1차 세계 대전 말에 쓴 예리한 짧은 수필인 『죽음에 대한 태도(*Our Attitude toward Death*)』에서 그는 죽음의 부인에 대해 토의했고 인간 불사성과 신비의 창조를 통해서 죽음을 없애려고 시도한다고 하였다. 앞서 나는 삶의 일시성이 생의 통렬함과 부요함을 증진시킨다는 프로이트의 의견을 인용했다. 그는 삶의 조형에서 죽음의 역할에 대하여 마음을 두고 있었다.

> 죽음에 대하여 실체의 자리, 인간 사상의 원인이 되는 죽음, 우리가 주의 깊게 억압하고 있는 죽음을 향한 무의식적 태도에 좀 더 나은 탁월성과 자리를 주는 것은 좋지 않은 것이다. 이것은 더 높은 성취에 나아갈 수 없을 것이고, 오히려 퇴보하는 것이다. 그러나 이것은 진리를 더 고려할 수 있다는 장점이 있고, 다시 한 번 인생을 인내할 수 있는 것으로 만들 수 있다. 어쨌든 생을 인내하는 것은 모든 살아 있는 존재의 첫 번째 의무다. 환상이 우리를 더 힘들게 한다면, 환상은 가치 없는 것이 된다. "만일 평화를 보존하려면, 전쟁을 위해 무장하라."라는 옛말이 생각난다. 즉, "만일 인생을 지속하길 원하면, 죽음을 준비하라."라는 말과 같다.[106)]

"만일 인생을 지속하길 원하면, 죽음을 준비하라." 프로이트는 치료자의 일은 환자가 인생을 지속하도록 하는 것이라고 믿었다. 프로이트의 전 생애는 이것에 초점이 맞추어졌다. 그러나 이러한 격언에서 벗어나 그는 죽음을 준비하는 것, 심리치료에서 죽음의 역할에 대하여 영원히 입을 다물고 있었다. 왜 그랬을까?

사람은 자신의 어깨 너머로 쉽지 않게 뒤를 돌아볼 때 프로이트가 간과한 것을 지적하면서, 그의 맹점들에 대하여 비평할 수 있다. 그의 관점은 여러 관점에서 우리보다 위대한 것이다. 아마 죽음에 대한 이슈가 너무 단순해서 이것에 대한 그의 입장에 대한 전적인 논리를 제공할 필요로 느끼지 못했을 것이다. 나는 프로이트의 입장 배경의 이유들을 주의 있게 고려해야 한다고 본다. 두 가지의 근원에서 나오는 불충분한 이유 때문에 역동이론에서 죽음을 빼어버렸다고 보는데, 하나는 시대에 뒤떨어진 이론적인 행동모델이고, 둘째는 개인적 영광을 위한 혹독한 탐구(relentless quest) 때문이다.

프로이트의 죽음에 대한 부주의 : 이론적 이유

프로이트가 75세였을 때, 자신에게 가장 영향을 미친 인물은 누구인가라는 질문을 받았다. 그는 주저함 없이, 늘 말했던 대로 '브뤼케' (Brücke)라고 했다. 브뤼케는 의과대학에서 프로이트의 생리학교수였으며 프로이트가 신경생리학을 연구하는 동안 성실한 조언자(mentor)였다. 브뤼케는 프로이센(Prusssian)의 강철같은 의지와 강철색의 눈을 가지고 있었으며, 당시 비엔나 의과대학 학생이 두려워하고 가까이하기 어려워하는 사람이었다(시험시간에는 구두질문에 대하여 각 학생이 답을 해야 하는 몇 분이 할당이 되었다. 만일 한 학생이 질문에 답을 하지 못하면 학생과 참석한 교무처장의 간절한 부탁에도 불구하고 엄격한 침묵 속에서 할당된 나머지 시간을 마저 채우면서 앉아 있곤 했다). 브뤼케는 마침내 가치 있는 학생 프로이트를 발견을 하였고, 이들은 몇 년 동안 신경학 실험실에서 함께 연구하였다.

브뤼케는 헬름홀츠(Hermann von Helmholtz)가 설립한 생물학의 이상적 학파를 뒷받침해 주는 주요 세력이었으며 19세기 후반의 서구유럽의 의학과 근본과학 연구를 지배했다. 프로이트에게 브뤼케의 유산인 근본적 헬림홀츠의 입장은 이 조직의 다른 창시자인 레이먼드(Emil du-Bois Reymond)의 진술에 분명하게 드러나 있다.

> 공통적인 신체적-화학적인 힘보다 인간조직체 안에 활동적인 힘은 없다. 이러한 힘으로 설명이 될 수 없었던 시기의 사례들 경우 사람은 특별한 방법을 찾거나, 신체적 · 수학적 방법의 수단으로 행동을 형성하거나, 물질 안에 선천적으로 있는 화학적 · 신체적 힘과 사람을 끌거나 배격하는 힘으로 축소할 수 있는 동등한 새로운 힘들을 추측했다.[107]

헬름홀츠주의의 입장은 결정론적이고 반생기론이다. 인간은 화학적, 신체적 기재에 따라 움직이는 기계다. 브뤼케는 1874년 생체학 강의(Lectures on Physiology)에서 인간유기체는 소화흡수적인 힘에서 기계마다 다름에도 불구하고, 이것은 에너지 보존법칙에 따라 힘에 의해 움직이는 물질세계의 현상이며, 유기체를 움직이는 힘들에 대해 대부분 모르는 가운데 있다고 했다. "지식의 발달은 이것을 두 가지로 줄인다. 즉, 끄는 것과 배격하는 것이다. 이 모든 것이 적용이 되고 또한 유기체인 인간에게도 그렇다."[108]

프로이트는 유기체 이해에서 이 모델을 채택하였고, 자신의 마음 구조이론을 형성하는 데 적용하였다. 70세 때는 "나의 인생은 한 가지를 목표로 하였다. '어떻게 정신구조가 조형이 되었고 힘이 이 사이에서 어떻게 활동하고, 반대로 행동하는지' 에 대하여 밝히는 것이다."[109] 그러므로 프로이트가 브뤼케에게 빚을 진 것은 명백하다. 흔히 비이성적으로 공격하는 프로이트학파의 이론은 전통적인 생물신체, 즉 화학적 학설에 깊게 뿌리내리고 있다. 프로이트의 이중 본능이론인 리비도 에너지 보존과 변형의 이론과 그의 양보하지 않는 결정주의는 그가 정신과 의사가 되고자 하는 결정에 앞서는 것이다. 모든 것은 인간을 기계적으로 보는 브뤼케에 연관되어 있다.

마음에 대한 이러한 배경을 이해하는 것과 함께, 프로이트가 인간행동을 형식에서 죽음을 배제한 것에 대한 질문으로 돌아가자. 이중성—두 가지의 서로 용납할 수 없는 근본적 드라이브의 존재—은 프로이트가 자신의 초심리학적(metapsychological) 모델을 세운 기초다. 헬름홀츠주의 이론은 이중성을 요구한다. 브뤼케의 말을 다시 생각해 보자. 인간 유기체 안에는 두 가지의 근본적인 활동이 있는데, 끄는 것(attaraction)과 배격하는 것(repulsion)이다. 정신분석적 사상의 출발점에서 억압의 이론은 이중적 조직을 요구한다. 억압은 두 가지 근본적인 힘 사이에 갈등을 필요로 한다. 프로이트 생애를 통하여 그는 인간 유기체를 움직이는 근본적으로 적대하는 한 쌍의 드라이브를 증명하려고 시도했다. 그의 첫 번째 제안은 개인유기체의 보존과 종족의 영구화 사이에 투쟁 가운데 구체화된 '굶주림과 사랑' 이다. 대부분의 분석적 이론은 이 변증법에 기초하고 있다. 프로이트의 초기 이론에서 자아와 리비도 본능 사이의 투쟁은 억압과 불안의 근원의 원인이었다. 후에는 이 토의와 연관되지 않고 이 이중성은 지속될 수 없다는 것을 깨닫고, 다른 이중론을 소개했다. 인생 자체에 기초한 근본적인 이중론인 삶과 죽음의 본능(Eros and Thanatos)이다. 그러나 프로이트주의 심리치료나 심리학에서는 첫 번째 본능에 기초하고 있다. 프로이트나 브라운(Norman, O. Brown)을 제외한 그의 제자들[110]은 삶과 죽음의 본능에 기초하여 프로이트의 작업을 재형성하지 않는다. 그리고 프로이트 추종자들의 대부분이 이 두 번째 본능을 무시하였는데, 이것은 치료적 비관주의 위치로 이끌었기 때문이다. 그래서 추종자들은 첫 번째 리비도-자아 보존 변증에 머물렀거나, 억압의 이론을 반대하는 입장을 가진 본능을 일원론으로 보는 융(Jung)의 계열로 옮겼다.

죽음은 아직 발생한 것이 아니다. 죽음은 일어날 사건이며, 미래의 사건이다. 죽음을 상상하는 것은 죽음에 대하여 근심하는 것이고, 복잡한 정신적 활동이 필요하다. 바로 자신을 미래로 투사하는 것과 계획이다. 프로이트의 결정주의적 구조에서 무의식의 힘이 부딪히고 이것으로 발생한 방향량(vector)이 우리의 행동을 결정한다는 것은 원시적이고 본능적이다. 정신적 힘 세포 안에는 미래가 상상되고 두려워지는 복잡한 정신활동에 대해 장소가 없다. 프로이트는 의식적 숙고가 행동의 결과에 불필요하다는 니체(Nietzsche)의 입장에 가까웠다. 니체에 따르면, 행동은 무의식적 기계 힘에 따라서 결정된다. 의식적 고려는 행동을 앞서기보다는 행동을 따르는 것이다. 개인이 자신의 행동을 다스린다는 것은 전적으로 환영(illusion)이다. 단지 인간은 자신의 힘을 가지려는 의지, 자신을 자율적인 존재로 인식하는 것을 필요로 하는 것, 결정하는 존재인 것을 만족시키기 위해 행동을 선택하는 것을 상상할 뿐이다.

그러면 죽음은 프로이트의 역동적 이론에서 역할이 없다. 죽음이라는 것은 결코 경험될 수 없고 진실하게 상상될 수도 없는 미래사건이기 때문에 이것은 무의식에 존재할 수 없고 행동에 영향을 줄 수 없다. 그래서 죽음은 축소행위적 관점에서 두 개의 대립적인 주된 본능에 대하여 있을 자리가 없다. 프로이트는 자신의 결정주의적 이론의 노예가 되었고 불안의 발생 안에서 죽음이 움직이는 역할과 인생에 대한 두 가지 관점에서 단지 한 가지를 통해서만 죽음의 역할을 토의할 수 있었다. 그는 자신의 형식적 이론 밖에서 일할 수 있었다(각주나 「전쟁과 죽음에 대한 시대의 사상」(Thoughts for the Times on War and Death)[111] 그리고 「세 가지 작은 상자의 주제」(The Theme of the Three Caskets)[112]와 같은 기록 밖의 글에서). 혹은 프로이트는 죽음은 어떤 더 근본적인 두려움(거세)이나 모든 행위의 저변에 흐르는 두 가지의 근원적인 드라이브 중 하나로서 의지를 고려하기 위해 죽음의 두려움을 적용함으로써 죽음을 억지로 밀어 넣었다. 근원적인 드라이브인 죽음을 선포하는 것은 문제를 풀지 못한다. 이것은 죽음을 미래의 사건으로 고려하는 데 실패한다. 이것은 삶에서 죽음을 하나의 지침, 목적, 인생의 모든 의미를 발가벗기거나 인간다운 존재로 살아가는 데 지침이 되는 최종적인 종착점으로서의 죽음의 중요성을 간과한다.

프로이트의 죽음에 대한 부주의: 개인적 이유

왜 프로이트가 분명하게 떠오른 지적인 것을 누르는 이론에 집착하는 것을 계속하고 왜곡된 입장에서 강요했는지의 이유를 발견하기 위해서 프로이트라는 한 인간에 대한 간단한 연구에 관심을 가져야 한다. 예술가, 수학자, 유전공학자의 작품은 그 스스로를 말해 주므로, 예술가나 과학자의 개인적 삶과 동기를 연구하는 것은 즐거움이다. 흔히 이것은 흥미로운 즐거움이고, 때때로 지적으로 계몽되게 해 준다. 그러나 사람이 인간행위와 동기의 가장 깊은 곳을 발가벗기는 이론을 생각할 때, 그리고 한 사람의 자기분석에서 많은 부분 이론을 보조해 주는 자료가 나올 때면 그것은 흥미가 아니라 인간을 가능한 한 깊게 연구할 필요성을 가지는 것이다. 다행히 자료가 없는 것은 아니다. 아마도 프로이트에 대해서는 그 어떤 현대 인물보다 가장 많은 것이 알려져 있을 것이다(우디 앨런(Woody Allen)이 예외일 수 있다).

정말로 프로이트에 대한 전기는 아주 많다. 3권으로 구성되고, 1,450페이지에 이르는 존스(Ernest Jones)의 『프로이트의 생과 사상(*The Life and Work of Sigmund Freud*)』[113], 평범한 전기들,[114] 옛 환자들의 회상을 모아 발간한 것,[115] 서신왕래를 통해서 하나씩 책으로 발간된 것[116] 등 많은 자료 중에서 신중하게 선택해서 프로이트의 성격구조에 대하여 터무니없는 가정들을 방어할 수 있다.

나는 프로이트의 결정론의 핵심에는 위대함을 성취하려는 그의 목마르지 않는 열정이 있다는 것을 제안할 수 있는 자료들이 많이 있다고 믿는다. 존스의 자서전은 바로 이 주제에 중점을 두고 있다. 프로이트가 태어난 것은 항상 명성을 예언한 민간전승에서 하나의 사건이었다. 그의 가족은 프로이트가 명성을 가질 운명이라고 믿었다. 이 사실을 의심치 않았던 그의 모친은 프로이트를 '나의 금쪽같은 자식' 이라고 했으며 그를 어떤 다른 자녀보다 좋아했다. 프로이트는 후에 "어머니로부터 명백한 사랑을 받은 사람은 흔히 실지로 성공을 이끌어내는 성공의 확신을 가진 정복자의 기분을 가지고 인생을 산다."[117]라고 기술했다. 이 믿음은 초기 예언에 따라서 부추겨졌다. 어느 날 빵가게에서 어떤 이상한 노인이 프로이트의 모친에게 위대한 인물을 배출했다고 이야기하였다. 유원지에서 만난 음유시인(minstrel)은 많은 아이 중에서 프로이트를 가리켜 프로이트가 언젠가는 장관이 될 것이라고 예언했다. 프로이트가 가진 확실한 지적인 능력은 이러한 믿음을 더 확고히 했다. 그는 항상 학교에서 우등생이었다. 사실 존스에 따르면, 프로이트는 이러한 특권적 자리에 있었기 때문에 전혀 이러한 질문을 받지 않았다고 했다.[118)]

프로이트가 자신의 운명에 대하여 질문하기를 그치는 것은 그리 오래 걸리지 않았다. 청소년 시절에 남자친구에게 편지를 썼는데, 작문에서 탁월한 점수를 받았다. "너는 독일 문장가와 편지를 교환하고 있었다는 사실을 모르고 있었다. 너는 사람이 모르는 이것들을 유의해서 간직하는 편이 좋겠다."[119)] 이 점에 대하여 가장 흥미로운 진술은 프로이트가 28세 때 약혼자에게 쓴 편지에서 발견된다(이때는 아직 정신과 분야에 입문하지 않았다!).

> 나는 지금까지 나타나지 않았고 불행으로 운명지어진 하나의 결심을 했는데, 그것은 한 집단만이 정확하게 느낄 수 있을 것이다. 내가 누구를 의미하는지 당신이 추측할 수 없기 때문에 내가 말할 것이다: 이들은 나의 자서전을 쓸 사람이다. 나는 과거 14년간의 모든 일기, 편지, 과학적 메모, 나의 저술에 대한 원고들을 파기했다. 단지 가족편지만을 남겨 두었다. 내가 사랑하는 당신의 편지는 안전하다. 모든 나의 옛 우정과 교제가 나의 앞에서 사라졌고 말없이 그들의 파멸을 맞이하였다…. 일반적으로 세계에 대한 나의 사상과 감정, 그리고 특별히 이것이 나에게 어떻게 연관되었는가 하는 것은 이 세상에 존재할 가치가 없어졌다. 이것들은 다시 생각될 것이다. 그리고 나는 많은 양을 메모했으나 모래가 스핑크스를 만드는 것처럼 이 자료들이 나를 포위하였다. 그리고 곧바로 나의 단점들만 수없는 자료 위에 보일 것이다. 나는 여기를 떠날 수 없고, 누가 나의 지나간 논문을 보려고 하는지에 대한 불안한 생각을 정복해 버리기 전에 죽을 수 없다. 그것 외에 나의 생에서 결정적인 분기점 전, 우리가 함께 하고 내가 소명 선택 전에 있는 모든 것을 내 뒤에 두었다: 이것은 오랫동안 죽었던 것이고 영예로운 죽음으로 부인되지 않을 것이다. 전기 작가들로 하여금 잡담을 하게 하고, 우리는 전기를 쉽게 쓰지 못하게 할 것이다. 이들 각자가 '영웅의 발달의 구상'에서 프로이트가 옳다고 믿도록 하자: 지금조차도 나는 전기 작가들이 헤맬 것이라는 생각에 즐거워한다.[120)]

위대해지고자 한 그의 추구는 위대한 발견을 탐구하도록 했다. 그의 초기 편지에는 그가 즐겨했고 무시했던 아이디어가 혼란스럽게 기록되어 있다. 존스에 따르면, 프로이트는 그의 초기 신경역사적 작업을 논리적 결론에 이르지 않음으로 위대해지는 것을 놓쳤다. 즉, 뉴런(neurone) 이론을 정착시키지 못했다. 그는 다시 코카인으로 작업을 할 때 이러한 기회를 놓쳤다. 프로이트는 이 사건을 편지에 묘사했다. "나는 여기서 과거로 약간 돌아가서 어떻게 이것이 나의 약혼자의 실수였던가를 설명할 수도 있다. 그 어린 나이에 유명해지는 데 아직 준비되지 않았다."[121] 계속해서 프로이트는 어느 날 우연히 그의 친구인 의사 콜레르(Karl Koller)에게 코카인의 마취성향에 대한 관찰을 언급했고 약혼녀와 오랜 체류를 하기 위하여 마을을 떠났다. 프로이트가 돌아왔을 때 콜레르는 이미 결정적인 외과 실험을 시행했고 국부 마취의 발견자로서 명성을 얻었다.

프로이트와 지적인 힘을 견줄 수 있는 사람은 많지 않다. 그는 위대한 상상력을 가졌고, 무한한 에너지와 정복할 수 없는 용기의 소유자였다. 그러나 그가 전문적인 성인기에 들어갔을 때 그는 성공을 향한 길이 정당치 않고 교묘하게 막혀 있다는 것을 발견했다. 브뤼케는 비엔나에 있는 반유대주의에 대하여 프로이트에게 알려 주었고, 실제로 성공적인 학문적 이력을 그곳에서 가지는 것은 희망이 없었다. 대학의 보조, 인지도, 승진 모두 그에게 막혀 있었다. 27세 때 프로이트는 그의 연구를 포기하게 되었고, 개업의로 생활비를 벌었다. 그는 정신의학을 연구했고 개인 의과진료를 했다. 그 '위대한 발견' 은 명성을 얻는 데 유일한 기회였다.

프로이트가 느끼는 시간과 기회가 멀리 가 버렸다는 것은 의심할 것 없이 코카인 사건에서 그의 무분별함을 설명해 준다. 그는 남아메리카 토속민들이 코카인 식물을 씹음으로서 힘을 얻는다는 것을 읽었다. 그는 이 코카인을 임상실습과 비엔나 의과회(Viennese Medical Society)의 한 연설에서 소개했고, 우울과 피로에 이 코카인의 좋은 효과를 알렸다. 그는 자신의 환자에게 이 코카인을 처방하였고, 그의 약혼녀에게까지 사용해 보라고 말했다. 이들이 이것을 사용하고 코카인 중독자가 처음 발생한 것이 보고되자, 비엔나 의사회에서 프로이트의 신빙성은 급락했다(이 사건은 적어도 조그만 부분에서 비엔나의 학술 공동체가 프로이트의 후기 발견들에 대하여 책임성이 결핍되어 있는 것을 설명해 준다).

프로이트는 심리학에 완전히 매료되었다. 프로이트가 말하는 것과 같이 마음의 구조를 해명하는 것은 그의 사랑하는 여인이 되었다. 그는 빠르게 히스테리의 심리적 기원에 대해 이해할 수 있는 이론을 만들었다. 명성을 위한 그의 희망은 이 이론의 성공에 달려 있었다. 모순되는 임상적 증거가 나타날 때는 뭉개 버렸다. 프로이트는 이러한 것을 1897년 그의 친구 플리스(Wilhelm Fliess)에게 보낸 편지에 다음과 같이 기록했다. "영원한 명성과 어느 정도의 부를 위한 희망은 너무 아름답고 이것은 상호보완적이다…. 모든 것은 히스테리 이론이 성공되는가 아닌가에 달려 있다."[122)]

조금씩의 관찰들은 그리 중요치 않다. 프로이트 지식의 원천은 마음의 모든 것을 포괄하는 모델이다. 1895년 정신의학과 신경생리학의 중간 단계에 아직 머물러 있을 때, 프로이트는 마음구조 모델의 발견이 눈앞에 있다고 느꼈다. 그는 편지에 다음과 같이 썼다.

> 갑자기 장벽들이 없어지고, 장막들은 떨어졌으며 신경증의 세부적인 모든 것에서 의식의 모든 조건들을 보는 것이 가능해졌다. 모든 것은 제자리로 가고, 톱니바퀴는 맞물리고, 생물체는 정말로 한순간에 자동적으로 돌아가는 기계가 된 것 같았다. 뉴런의 세 가지 조직, 양(quantity)의 '자유'와 '구속' 상태, 첫 번째와 두 번째 진행, 신경조직의 주된 성향과 타협적 성향, 주의집중과 방어라는 두 개의 생물학적 법칙, 질, 실체, 그리고 사상의 표시, 심리성적 그룹의 상태, 억압에 대한 성적 결정, 그리고 마지막으로 영구적 기능으로써 의식을 결정하는 요소 등의 모든 것이 함께 되고 여전히 이렇게 되고 있다. 자연스럽게 기쁨으로 차 있는 나를 자제할 수 없다.[123)]

프로이트가 요구하는 것을 전적으로 만족하기 위한 발견은 두 가지 특성을 필요로 했다. ① 마음의 모델은 이해하기 쉬운 것으로 헬름홀츠주의(Helmholtzian)의 과학적 요구에 맞는 것이야 한다. ② 첫 발견이어야 한다. 프로이트주의의 마음에 대한 근본적 구조는 억압의 존재, 의식과 무의식의 관계성, 사고와 영향에 대한 근본적이고 생물학적인 기질로 창의적인 조화 구성에서 소설이 아니라(쇼펜하우어와 니체는 대담한 자취를 나타냈다) 꿈과 환상에서 행동, 현상형성 그리고 정신이상까지 수많은 인간 활동의 적용성과 철저성에 있는 소설이다(그의 전 연구자들에 대하여 프로이트는 "많은 사람이 무의식과 함께 바람이 났지만, 내가 무의식과 처음으로 결혼했다."라고 표현했다). 프로이트 이론의 모델(성적 힘 혹은 리비도)의 에너지 구성은 미리 결정된 것을 통하여 진행되는 끊임없는 에너지의 양, 유아기와 아동기 동안 잘 정의된 단계들로 제한될 수도 있고 제한되지 않을 수도 있다. 또 이것은 대상에게 정화될 수도 있고, 넘쳐 흐를 수도 있고, 억누를 수도 있고 혹은 전이가 될 수도 있는 사상, 행동, 불안 그리고 현상의 근원이다. 전적으로 최초의 것이며 대단한 발견이고 프로이트는 이것에 맹렬하게 달라붙었다. 리비도 이론을 구하기 위하여 그는 자신의 새로운 발견, 즉 인간동기에서 리비도의 핵심적인 역할의 절대적 주장을 수용하기를 거부하는 촉망되는 제자들과의 관계성을 단절하는 희생을 치루었다.

분명하게 인간행동에서의 역할은 불안근원의 요소로써 혹은 동기를 결정하는 요소로써 프로이트에게 호소하는 것이 없다. 이것은 그의 개인적인 역동적 요구에 부합되는 것이 전혀 없다. 이것은 본능이 아니다(1920년에 프로이트는 이것이 그렇다고 가정했음에도 불구하고). 그리고 헬름홀츠주의 모델에 맞는 것이 아니다. 또한 이것은 소설이 아니다. 사실 이것은 오래된 것이다. 그리고 시간의 처음으로 돌아가 사상가들의 긴 과정과 결합하는 것은 프로이트의 목적이 아니었다. '영원한 명성' 은 거기에 있는 것이 아니었다. 영원한 명성은 그가 인간 동기인 리비도에 대해 알려지지 않은 근원을 발견하는 것으로 얻어지는 것이었다. 프로이트가 인간행위에서의 중요한 사실은 바르게 기술했다는 것에 대하여 질문은 없을 것 같다. 그러나 프로이트의 이론은 과도한 정신집중(overcathexis)의 실수다. 리비도 수위에 대한 지독한 집중은 너무 과하게 결정되었다. 그는 인간 동기의 한 면을 절대적 수위와 독점성, 그리고 이러한 경향하에서 모든 인간과 시대에 적용할 수 있도록 높였다.

반대이론들

즉시 프로이트에 반대하는 이론들이 생겼다. 프로이트의 가장 창의적인 학생들이 리비도 이론을 문제화했다. 그리고 1910년까지 융, 아들러, 그리고 랭크가 프로이트의 인간에 대한 이중-본능 관점을 가진 기계론적인 것을 받아들이기보다는 스승의 좋은 호의를 떠나는 것을 선택했다. 각각의 제자들은 동기에 대한 다른 근원을 제안했다. 융은 영적인 삶과 힘의 일원론을 제안했다. 아들러는 성인 세계의 큼과 전개되는 우주에서 자신의 무력과 왜소함과 생존키 위한 아이의 관심을 강조했다. 랭크는 죽음불안을 강조했고 인간은 두 가지 공포, 즉 삶의 두려움(이것은 본연적인 고립)과 죽음의 두려움 사이에서 항상 뒤틀리고 있다고 제안했다. 그러나 이러한 관점들과 메이, 프롬(Fromm), 틸리히(Tillich), 카이저(Kaiser), 베커(Becker)와 같은 후기 이론가들의 모든 보충은 프로이트의 이론을 대체할 수 없다. 죽음의 두려움과 당황을 프로이트의 이론에 접목하기 위해서는 단순히 그 이론을 다시 소개시켜 주는 것이다. 죽음은 거세의 밑에, 분리와 포기의 밑에 항상 있는 것이다. 이 한 가지 예에서 프로이트와 계속되는 정신분석의 전통은 너무 추상적으로 머물러 있었다. 후기 이론가들은 프로이트의 이론에 정당한 힘을 제공해 주고 있고 인간에 대한 우리의 관점을 더 굳히는 데 일조하고 있다.

제3장

아동 안에 있는 죽음의 개념

죽음의 불안을 다루는 양식이나 죽음에 대한 우리의 관심은 묘사하거나 이해하기 쉬운 표면적인 현상이 아니다. 이러한 현상은 성인기에 새로 발생하는 것도 아니다. 오히려 이것은 과거에 깊게 뿌리 내리고 있으며 안전과 생존으로 점령된 일생을 통하여 광범위하게 변형된다. 아동에 대한 연구는 가장 원초적인 형식에서 죽음과 인간이 투쟁하는 비교할 수 없는 연구의 기회를 제공해 준다. 아동의 불사성과의 직면, 죽음에 대한 인식, 아동의 공포, 침입과 강화 그리고 죽음의 두려움에 직면한 후의 발달을 연구하는 것이 이 장의 목적이다.

내 생각에는 아동이 느끼는 죽음의 중요성과 아동발달 학문에서 주목하는 죽음에는 분명한 불일치가 있다. 다른 아동발달 이슈에 대한 수많은 조사보고서와 비교하였을 때 죽음에 관련된 조사보고서는 빈약하고 게다가 형식적인 것 같다. 특히 아동 죽음의 개념에 대한 연구는 매우 드물다. 정신분석학적으로 공부한 임상의들이 이 문제에 대하여 연구를 시도한 경우가 있으나, 우리가 앞으로 살펴볼 것이지만, 이러한 연구는 관찰의 정확성을 저해하는 편견을 가지고 연구한 것이다. 더욱이 연구에 적합한 많은 자료들이 일반적으로 아동발달 혹은 아동정신 문헌의 주류에 관련된 것 중에서도 오래된 문헌에서 발견되는 것들이다. 나는 연구를 훌륭하게 관찰하고 분석하여 집대성한 앤서니(Sylvia Anthony)의 『아동기와 그 이후의 죽음의 발견(*The Discovery of Death in Childhood and After*)』[1] 에서 많은 정보를 얻었다.

이에 나의 임상과 다른 사람의 연구에 대한 고찰에서 다음의 몇 가지 결론을 내렸다.

1. 행동주의 과학자들은 죽음의 문제를 깊이 조사하면 일정하게도 아동이 특별하게 죽음에 점유되어 있다는 것을 발견한다. 죽음에 대한 아동의 관심은 편만하고 아동의 경험적 세계에 광범위하게 영향을 미친다. 죽음은 아동에게 큰 수수께끼이며, 아동의 주된 발달과업 중의 하나는 소멸의 공포를 다루는 것이며, 반면 성적인 문제는 2차적이며 파생적인 것이다.[2]
2. 아동만 죽음에 대해 관심을 가지는 것이 아니며, 이러한 관심은 일반적으로 생각하는 것보다 어린 나이에 시작한다.
3. 아동은 죽음의 자각 속에서, 그리고 그들이 죽음의 두려움을 다루고 있는 방법에 따라 순차적으로 발달 단계를 거친다.
4. 아동이 대체하는 전략은 하나같이 부인(denial)에 기초한 것이다: 이것은 우리가 삶과 죽음에 대한 직설적인 사실을 인내하면서 성장할 수 없거나, 아마 그렇게 할 수 없다.

아동 안에 있는 죽음 관심의 편만성

프로이트는 '어디서부터 인가?' 라는 질문으로 몰두된 침묵적인 성적인 탐색은 아동들에게 만연한 관심이고, 아동과 성인들과의 세대 간 격차 기초를 만들었다고 믿었다. 그러나 '어느 방향으로?' 라는 질문은 아동의 마음을 또한 강렬하게 지배하는 방대한 증거가 있고, 삶을 통하여 사람들의 마음에서 떠나지 않는다.

아동이 죽음에 대하여 갑작스러운 뜻밖의 질문을 할 때, 놀라지 않는 부모나 관찰자는 거의 없다. 한번은 다섯 살 된 아들과 해변을 따라 조용히 거닐고 있는데 아들이 갑자기 얼굴을 나에게 돌리더니, "아빠, 있잖아. 내가 할아버지들을 만나기 전에 할아버지들은 다 죽었어."라고 말했다. 이것은 '빙산의 일각' 같은 발언이었다. 아들은 이 문제에 대하여 오랫동안 조용하게 생각해 왔던 게 분명했다. 나는 되도록 조용하게 아들에게 얼마나 자주 죽음과 같은 것에 대하여 생각하냐고 물었다. 아이는 이상한 어른의 목소리로 "이것에 대하여 생각을 안 해 본 적이 없어요."라고 대답했고 나는 이에 동요되었다.

또 다른 경우는 형이 대학으로 떠날 때 천진하게 "이제 집에는 세 명만 있어. 아빠, 나 그리고 엄마. 누가 먼저 죽을지 궁금하네."라고 말했을 때다.

네 살 반이 된 아이가 아버지에게 "나는 매일 죽는 것이 무서워요. 나는 성장하지 않았으면 좋겠어요. 그러면 죽지 않을 테니까요."[3]라고 하고, 세 살 반짜리 어린 소녀가 성장을 멈추고 나이도 먹지 않고 죽지 않도록 자기 머리에 돌을 올려 달라고 했다.[4] 아이의 어머니는 아이가 죽지 않을 것이라고 조용히 약속하고 다른 수단으로 달래려 했으나 뜻대로 되지 않았다.[5] 네 살짜리 여자아이는 할머니가 사망한 후 며칠이 지났을 때 부엌에서 테이블 위에 목이 축 늘어져 죽어 있는 피묻은 거위의 머리를 보았다. 할머니의 죽음을 들었을 때는 별다른 반응을 보이지 않았는데 아이는 순간 거위를 근심스럽게 보더니 엄마에게 "이게 엄마가 말한 죽는 것이라는 거예요?"[6]라고 말했다.

에릭슨(Erik Erikson)은 할머니의 죽음과 관을 본 날 저녁에 간질 증상을 일으킨 4세 아이의 사례를 보고했다. 아이는 한 달 후 죽은 두더지를 발견했고, 죽음에 대하여 물어보고는 다시 발작을 일으켰다. 두 달 후에는 우연히 자기 손으로 나비를 눌러 버린 후에 세 번째 발작이 일어났다.[7]

꾸밈없는 아이의 질문의 성격은 사람의 숨을 멈추게 한다. 어린아이는 서슴없이 말한다. "언제 죽으러 갈 거예요?" "사람이 죽을 때는 몇 살이죠?" 또는 "나는 천 살까지 살 거야. 지구에서 가장 오래 사는 사람이 될 거야."라고 말하곤 한다. 이러한 것은 천진난만한 생각들이고, 할머니, 동물, 꽃이나 잎새의 죽음을 통해서 자극되었을 것이다. 그러나 흔히 죽음에 대한 생각은 어떤 외부적 자극에 따라서 갑자기 일어난다. 아동은 단순하게 오랫동안 생각해 왔던 내적인 관심에 감정을 드러낸다. 후에 아동이 '정복자의 새로운 의상' 을 볼 수 있도록 배움에 따라 아동 역시 죽음이라는 것이 큰 관심의 문제가 아니라는 것을 믿게 된다.

앤서니는 5~10세의 어린이 98명에게 이야기 완성 시험을 시행하여 아동이 죽음에 대한 관심을 보는 객관적인 방법을 제공했다.[8] 이야기의 끝은 결론 없이 열려져 있는 것이고 죽음에 대한 분명한 참고도 없는 것이다(예를 들면, 밤중에 남자아이가 화장실에 갔을 때 무엇을 생각했을까? 혹은 한 남자아이가 학교에서 노는 시간이 되었는데 왜 친구들과 놀지 않고 구석에 혼자 머물렀을까?) 아이들은 이야기를 완성하면서 죽음과 허무에 상당히 몰두하는 반응을 나타낸다. 약 50%의 아이들이 이야기를 완성하면서 죽음, 장례식, 사살 혹은 유령에 대하여 언급했다. 약간 유사한 답들을 포함했을 때("그 사람이 차에 치였어." 혹은 "그 여자는 아이들 중 하나를 잃었어.")의 비율은 60%를 넘는다. 예를 들어, "밤중에 그 남자아이가 화장실에 갔을 때 무엇을 생각했을까?" 라는 질문에는 "어떤 사람이 그 아이 방에 들어와 아이를 죽였을 거예요." 혹은 "백설공주. 나는 실제로 보지 못했지만 이야기책에서 백설공주가 죽어 있는 것을 보았어요." 혹은 "어떤 사람이 그 아이의 집으로 와서, 그의 아버지가 죽었고, 그 아이도 죽었어요." 라는 답을 했다.

아이들에게 요술 요정에 대한 이야기를 하며 어른이 되기를 원하는지 혹은 영원히 어린이로 머물기를 원하는지 물었다. 아이들이 성장하는 것, 강하게 되는 것, 유능한 사람이 되는 것을 강하게 바랄 것이라는 일반적인 생각과는 대조적으로 35% 이상의 아이들이 이야기 완성 테스트에서 계속 어린이로 머물기를 원한다고 표현을 하였다. 아이들이 나이가 들어간다는 것을 죽음과 연관시켰기 때문이다.

죽음의 개념 : 발달단계

나는 아동이 죽음에 대해 관심이 있다는 것에 관련된 방대한 자료를 가지고 죽음개념의 기원을 생각하였다. 많은 조사자들이 죽음에 대한 아동의 두려움과 생각, 그리고 아동이 이 두려움을 대처하는 방법은 발달의 어떤 단계에 매우 특별하다고 보고 있다.

아동이 죽음에 관해 알고 있다는 사실을 방해하는 것들

아주 나이 어린 아동이 죽음에 관해 알고 있다는 것을 알아내는 방법 중 많은 부분은 진척이 없이 멈춰 있다. 결과적으로 이 분야에 많은 논쟁이 벌어지고 있다.

추상적 사고 능력과 언어의 결핍 나이 어린 아동의 언어의 결핍은 아동의 내적 경험을 이해하려는 성인에게는 상당한 장벽이다. 그래서 전문가들은 추측이라는 큰 편견을 가지고 아동이 무엇을 알고 있고 무엇을 알지 못한다고 단정한다. 다른 사실 하나는 발달심리학자들, 특별히 피아제(Jean Piaget)는 아주 어린아이들은 추상적으로 사고하는 능력이 부족하다고 말한다. 열 살이 되면 아동은 구체적인 정신작용에 있으며 무엇이 잠재적이고 가능한지에 대해 바른 설명을 시작한다.[9] 발달심리학자들은 죽음이라는 것이 개인의 죽음, 존재와 비존재, 의식, 최종성, 영원성 그리고 미래에 관한 추상적 개념이기 때문에 어린아이는 죽음에 대한 구체적인 개념이 없다고 결론짓는다.

프로이트의 입장 전문가들의 관점에 영향을 미치는 또 다른 중요한 요소는 어린아이는 죽음의 진정한 함축적 의미를 알 수 없다고 생각했던 프로이트의 강한 입장이다. 프로이트는 인생에서 초기 부분이 인격을 형성하는 데 가장 유효한 기간이라고 생각했기 때문에 정신발달에서 죽음을 중요하지 않은 것으로 생각하였다. 『꿈의 해석(*The Interpretation of Dreams*)』에 있는 다음의 구절은 프로이트의 이러한 입장을 말해 준다.

> …아동이 가지는 '죽었다'라는 생각은 어른이 생각하는 것과 공통점을 별로 가지고 있지 않다. 아동은 내세의 모든 신비에 따라 증명된 것과 같이 성인이 수용하기 힘들어하는 생각들에 대하여 아무것도 모르고 있다. 즉, 부패의 공포, 얼음장 같이 차가운 무덤 안에서 냉동되는 것, 영원한 무(nothing)의 두려움이 그것이다. 죽음의 공포는 아동에게 의미 없다. 그래서 아동은 이 공포스러운 말로 장난을 하고, 친구에게 위협적인 수단으로 사용한다. "너 다시 한 번 그렇게 하면 프란츠(Franz)처럼 죽을 거야!"…여덟 살 넘은 아이가 자연사박물관을 견학한 후 집으로 와서 어머니에게 "난 엄마의 미라에 대해 관심이 많아요. 엄마가 죽었을 때 엄마를 미라로 만들어서 이 방에 둘 거예요. 그러면 내가 항상 볼 수 있잖아요."라고 말하기도 한다. 성인과

> 아동이 생각하는 죽음의 사이에는 공통점이 거의 없다. 나는 열 살 된 매우 명석한 아이가 아버지의 갑작스러운 죽음 후에 "아빠가 죽었다는 것을 알아요. 그러나 왜 아버지가 저녁식사를 하러 오시지 않는지 이해할 수 없어요."라고 말하는 것에 놀랄 수밖에 없었다.
>
> 더욱이 아동에게는 죽음에 앞서 있는 고통의 장면들이 비춰지지 않기 때문에 '죽었다'는 것은 대개 '밖으로 갔다'는 것과 같은 의미다. 그래서 자신에게는 더 이상 문제가 되지 않는다. 아동은 어떻게 이런 부재함(absence)이 발생했는지 구별치 못한다. 이 부재함이 여행, 해고, 아니면 죽음 때문인지…. 사람이 없을 때도 아동은 강렬하게 그들을 그리워하지 않는다. 많은 어머니들은 자신이 여름휴가차 몇 주간 집을 떠났다가 휴가를 마치고 돌아와 아동이 어머니의 안부를 물어본 적이 없었다는 사실을 알고 슬픔에 빠진다. 만약 어머니가 실제로 '어떤 여행자도 돌아오지 않는 발견되지 않는 나라'로 여행을 떠났다면 아동은 처음에 어머니를 잊어버린 듯하다가, 시간이 지난 후 죽은 어머니를 자신의 마음속에서 부르기 시작한다.[10)]

그러므로 프로이트의 관점에서는 아동이 여덟 살 혹은 아홉 살이 되어서도 죽음에 대하여 거의 알지 못한다(그리고 두려움도 거의 느끼지 못한다). 프로이트는 아동의 근본적인 관심에 관한 이론형성에서 죽음을 발달단계의 비교적 늦은 위치로 추방했고 성적인 관심을 초기와 주된 위치에 두었다. 인간발달에서 죽음의 역할에 대한 그의 결론은 매우 영향력이 있는 것이었기에 이 이슈는 너무 빠르게 밀봉되었다. 앞 장에서 토의한 것처럼 프로이트의 실수는 개인적이고 이론적인 이유로 그런 것만이 아니라 방법에도 문제가 있었다. 그는 어린아이들을 직접 연구하지 않았던 것이다.

성인의 편견 편견은 아동이 죽음에 대하여 무엇을 알고 있을까를 알아내는 것의 중요한 장벽이다. 아동에 대한 연구가 관찰이든, 정신측정(psychometric)이든, 주관적이든, 성인은 반드시 자료를 모으고 해석해야 한다. 또한 성인의 개인적 두려움과 죽음의 부인은 자주 그 결과를 오염시킨다. 성인은 아동에게 죽음에 대하여 말하기를 싫어한다. 그래서 이 주제를 피하고 물음 없이 표면적인 자료를 받아들인다. 아동에 대해 더 연구하려고 하지 않기 때문에 조직적으로 아동의 경험을 오해한다. 그래서 아동은 죽음의 자각이 적으며, 이에 따라 번민이 적다고 한다.

아동의 두려움에 대하여 조사한 것으로 널리 인용되는 라포즈(Rema Lapouse)와 멍크(Mary Monk)의 연구는 편견의 역할에 대한 예증이다.[11] 이들은 6~12세까지의 정상적인 아동에게 무엇이 두려움의 정도와 성격을 정하는가를 목적으로 폭넓은 연구(N = 482)를 하였다. 그러나 수백 명의 아동을 인터뷰하는 것이 불가능했기 때문에 대신 어머니들과 인터뷰를 하였다. 어머니들은 죽음과 가장 가깝게 연관된 두 개의 두려운 항목에(아프다, 사고로 죽는다, 건강에 대한 걱정) 최소한의 관심이 있었다. 단지 12%의 어머니들이 첫 번째 항목을 중요한 관심이라 했고, 16%가 두 번째 항목을 꼽았다(대조적으로 44%가 뱀이 중요한 관심이라 했고, 비슷하게 38%가 학교성적(school marks)이라 했다).

그래서 저자들은 서브샘플(subsample, N = 192)을 선택하여 아동과 어머니를 인터뷰했다. 그 결과, 일반적으로 어머니들은 아동의 두려움을 자주 과소평가하는 것으로 나타났다. 죽음과 연관된 두 가지의 항목은 특별히 모순점들을 보여 주었는데, 이 두 가지 항목에 대하여 단지 45%의 항목만 어머니와 아이들이 일치했다. 불일치의 90%는 죽음에 대한 아동의 이해를 어머니가 과소평가했기 때문이다(또한 어머니들은 더 추론적으로 죽음과 연관된 항목에 대하여 같은 정도로 과소평가했다. 예를 들어, 식구 중에 누가 아프거나 죽는 것, 병균, 화재 등) 이러한 발견은 어머니들은 죽음에 대한 자녀들의 관심에 별로 주의를 기울이지 않는 경향이 있다는 것을 보여 준다.

다른 연구는 케네디(John F. Kennedy) 대통령의 죽음에 대한 반응에 대한 소아병원의 보고다.[12] 조사자들은 매우 잘 훈련된 병원 직원이 죽음에 대한 아동의 반응을 관찰하는 데 신뢰할 수 없다는 것을 알았다. 이 직원들은 아동의 반응을 관찰하는 것뿐만 아니라 얼마나 많은 정보가 아동에게 주어져야 하는지, 아동이 감정적인 스트레스를 얼마나 많이 참을 수 있는지에 대하여서도 매우 달랐다.

전 생애를 아동에 대한 연구에 집중한 피아제는 매우 정교한 장르의 심리테스트조차도 흔히 완성되지 않거나 속이는 정보를 낳는다는 것을 느꼈다. 질문의 가장 만족스러운 형태는 일반적 시험이다(혹은 임상적 인터뷰). 그러나 문헌에는 아동과 심층 인터뷰를 한 중요한 보고가 얼마 되지 않는다. 양육본능은 고양이, 개, 당나귀에서 인간에 이르기까지 어떤 포유동물이건 나이 어린 대상이 있음으로써 발생한다. 생물학적 성질에 대항하는 것, 아동을 죽음 앞에 벌거벗은 채 있는 그대로의 진실에 노출시키는 것은 어렵다. 나는 이 어려움이 전문적 질문의 결핍 뒤에 있는 가장 중요한 사실이라고 믿는다. 사실 죽음에 관한 어린아이의 명료한 질문을 포함하도록 고안된 연구가 인간주제연구위원회로부터 분명한 것을 얻어낼 수 있을지 심각한 의심을 가지고 있다. 이러한 연구는 의심할 것 없이 부모의 강한 반발을 받을 것이기 때문이다.

결과적으로 이 질문들은 일반적으로 추론적이면서 아주 추상적이다. 직접면담에 기초한 질문에 대한 보고는 몇 개 되지 않으며,[13] 이 중 대부분은 수십 년이 경과된 것이다. 나기(Maria Nagy)와 앤서니(Sylvia Anthony)는 1940년대 행해진 연구에 대한 보고를 했다. 나기는(그녀가 조사를 한 학교에서 그녀는 아동에게 '죽음 아줌마' (Auntie Death)로 알려졌다) 죽음에 관한 그림 그리기, 죽음에 관하여 작문 쓰기 등 죽음에 대한 자신의 생각을 토의하도록 하였다.[14] 앤서니는 죽음과 연관된 단어의 정의를 물었고 이야기 완성 테스트를 하였다.[15] 1935년에는 쉴더(Paul Schilder)와 웩슬러(David Wechsler)가 아동에게 죽음과 연관된 사진을 보여 주었고, 이들의 반응을 물었다.[16] 이 그림들은 분명하고 진짜로 섬뜩한 것임에도 불구하고, 저자들은 아동의 반응을 표면상 가치에서 보고하는 것과 받아들임에 따라 아동이 느끼는 죽음에 대한 민감성을 가졌기에 조사하지 않았다. 대상이 어른이었다면 조사자들은 이 과정을 결코 포기하지 않았을 것이다. 대신 이들은 증명하고, 조사하고, 반응을 심도 있게 해석했을 것이다.

아동은 무엇을 배웠나 아동이 죽음에 대하여 무엇을 알고 있는가를 아는 데 다른 한 가지 장애가 있다. 아동이 죽음에 대하여 아는 상태는 미성숙한 형태에서는 그리 오래 가지 않는다. 성인은 아동이 죽음의 생각과 접전하는 광경을 보면 대단히 걱정하고 아이를 구하려고 뛰어든다. 아동은 어른의 고민을 인식함에 따라 죽음의 관심을 억압하는 것이 불가피하다는 것을 깨닫는다. 부모로부터 진정한 안도는 거의 없을 것이다. 많은 부모는 (죽음에 대한) 상당한 계몽과 확고한 해결을 위해 솔직한 교훈을 제공하려 하지만, 아동의 불안을 보면 흔들리게 된다. 앤서니는 5세 아이와 대학교수인 어머니의 간략한 대화를 그 예로 보고했다.

아이 : 동물도 죽게 되나요?

어머니 : 그래, 동물도 죽는단다. 모든 살아 있는 것은 죽게 된단다.

아이 : 난 죽기 싫어요. 난 지구에서 어떤 것보다 오래 살고 싶어요.

어머니 : 너는 죽지 않을 거야. 너는 영원히 살 수 있을 거야.[17)]

일반적으로 부모는 아이에게 특유한 부인 방식이나 사회적으로 용인된 불사성 신비를 제공함으로써 아이의 두려움을 달래 주려고 시도한다. 조사자들이 자주 발견한 것은 아이의 자연적인 경향이 아니라 아이의 (죽음에 대한) 깨달음, 불안 그리고 어른의 불안과 부인방어와 섞인 불안이다. 나는 아동이 반드시 해야 하고, 들어서는 안 될 한 가지 이슈를 토의할 계획이다. 우리는 왜 죽음의 교육에 대하여 다양한 방법을 택했는지 이해하여야 한다. 이것은 어린아이를 위한 것인가, 어른을 위한 것인가? 부모가 죽은 어린아이들을 가까이서 연구한 퍼먼(Erma Furman)은 "어떤 점에서 죽음에 대한 구체적 정보는 아동에게 도움이 되었다. 주변에 있는 어른이 죽음의 사실을 의식하거나 부지불식간 잘못 해석했거나 불투명하게 하는 것은 아동을 더 어렵게 한다."[18)]라고 했다.

죽음에 대한 첫 번째 깨달음

아동은 언제쯤 죽음에 대하여 처음으로 알게 될까? 여기에 대한 몇몇 자료가 있다(이 모든 자료는 내가 언급한 방해로 억압되고 있다). 부모나 훈련된 관찰자의 주의 깊은 장기 관찰, 주로 단어 정의에 따른 심리적 테스트(말하자면, 죽음, 삶, 살아 있는 것 등), 이야기 완성, TAT(Thematic Apperception Test; 주제지각 테스트), 그림분석, 병원이나 집에 머무는 연구원들의 조직적인 관찰 그리고 어린이 치료사의 사례 혹은 회고적인 자료를 공급하는 성인치료사에 대한 자료들이다.

죽음과 언어의 발달 더 많은 객관적 수단은 아이의 언어 습득에 의지하고 있다. 앤서니는 '아동은 언제쯤 죽음에 대하여 알게 될까?' 라는 질문에 대해 83명의 어린아이들에게 '죽음' 이라는 단어를 일반단어 테스트에 넣고 정의하도록 했다. 일곱 살 혹은 그 이상 나이의 아동은 모두(2/3는 여섯 살) 이 단어의 의미를 이해했다(아이들이 자주 정의 현상에 대하여 논리적으로나 생물학적으로 하지 못했음에도 불구하고). 26명의 아이들 중 단지 3명 혹은 더 어린아이들은 이 단어의 의미를 전혀 몰랐다.[19)]

이 문제에 대한 다른 객관적인 접근은 아동에게서 '살아 있는 것' 혹은 '삶'의 개념발달을 연구하는 것이다. 어린아이들은 살아 있는 실재의 특성에 대하여 많은 혼란을 겪고 있다. 1895년 설리(J. Sully)는 어린아이들이 매우 눈에 띄게 자발적으로 움직이는 것은 생명의 신호로 여기고, 따라서 그러한 움직이는 대상인 불이나 연기 같은 것을 살아 있는 것으로 여긴다는 것에 주목했다.[20] 피아제는 아동의 정령숭배(animism, 즉 원시인들의 정령숭배와 유사한 것으로 느꼈다)를 네 가지 단계로 구분했다. 아동은 처음에는 생기가 없는 대상을 일반적으로 생과 의지를 가지고 있는 것으로 생각한다. 일곱 살 무렵의 아동은 움직이는 물체만 생명이 있다고 생각한다. 8~12세의 어린아이들은 스스로 움직이는 것만 생명이 있다고 보고, 이후 아이들의 관점은 차차 어른 관점이 된다.*[21]

아동은 삶이 무엇이고, 무엇이 생명을 가졌고 무엇이 생명이 없는 것인가를 이해하려고 노력하는 매우 혼란한 과정을 겪는다. 한 조사에 따르면 7~8세 아동의 1/3이 시계나 강이 살아 있다고 믿는다고 한다.[22] 아동의 이러한 혼란은 아마 환경이 주는 혼란스러운 메시지의 영향을 받아서일 것이다. 아동은 어른에게서 생명과 무 생명에 대해 분명하고 명쾌한 교육을 받지 않는다. 그래서 아동은 살아 있는 것처럼 움직이는 장난감이나 인형 때문에 혼란을 겪는다. 언어에서 시적인 표현도 혼란을 일으키는 또 다른 요소다(구름이 하늘을 가로질러 경주하고 있다, 달이 창문 사이로 보고 있다, 시냇물의 바다로 가며 춤을 춘다 등).

아동의 관찰 언어발달을 연구한 조사들은 많은 발달심리학자와 임상의들이 내가 이제 제시할 직접적 관찰에서 지적하는 것보다 훨씬 뒤에 아동의 죽음자각의 시기를 추정하게 만들었다. 조사자들은 불필요하게 엄격한 요구사항을 만들었다. 아동이 자신도 언젠가는 다른 곤충이나 동물 혹은 사람과 같이 죽을 것이라

* 피아제는 죽음의 주제는 우연성의 성숙개념발달에서 도구가 될 것이라고 생각했다. 아동의 초기 생각에서 동기는 근원과 살아 있는 존재의 설명으로 고려되고, 모든 원인은 동기와 연결되어 있다고 본다. 아동이 죽음을 알게 되었을 때, 생각의 구조는 격변을 경험한다. 동물과 사람의 죽음은 이들의 동기에 따라서 설명될 수 없다. 아동은 죽음이라는 것이 획일적이고 비정한 자연의 한 법칙이라는 것을 점차 알게 된다.

는 것을 알기 위하여 '살아 있다는 것' 혹은 '죽음' 이라는 것을 반드시 정의할 수 있어야 하는 이유라도 있는 것인가? 매우 어린아이들을 연구한 대부분의 조사자들은 어린아이들이 죽음에 대하여 주목할 만한 교류가 있다고 결론을 맺는다. 8~10세 이하의 어린아이들이 추상적 개념을 이해할 수 없다는 이론적 반대는 위의 질문에 답하지 못하는 것이다. 카스텐바움(Kastenbaum)과 아이젠버그(Aisenberg)는 "이해하지 못하는 극단적인 것과 명백하게 조화된 추상적 사고 사이에는 어린아이의 마음이 들어가 죽음과 관계성을 맺을 수 있는 많은 방법이 있다."[23]고 지적한다. '죽음과 함께 관계성으로 들어간다' 는 분명 막연한 말이지만, 죽음에 대하여 무서워하는 것이고, 죽음에 대하여 호기심을 가지는 것이고, 자신과 평생 함께 있을 죽음과 연관된 개념을 등록하는 것이고, 죽음에 대항하는 요술에 기초한 방어들을 세우는 것이다.

카스텐바움과 아이젠버그는 뜰에서 죽은 새를 발견한 18개월 된 데이비드(David)라는 아이에 대한 관찰을 기록했다. 아이는 기절한 듯했고, 부모에 따르면, 아이는 그리스 비극 드라마의 표정을 닮은 표현을 의식화한 얼어붙은 상태로 있었다.[24] 데이비드는 손이 닿는 곳에 있는 모든 것을 만져 보고 들어 보는 전형적인 유아였다. 그러나 그는 죽은 새 앞으로 가까이 다가가 허리를 구부려서 보기만 했을 뿐 만지려고 하지는 않았다. 몇 주 후에 아이는 다른 죽은 새를 발견했다. 이번에는 그 새를 집어 들고 날아다니는 새 같은 몸짓을 하면서 이 새는 나뭇가지에 돌려놓아야 한다고 주장했다. 부모가 그 죽은 새를 나무에 두었는데 새가 날지 않자, 데이비드는 새를 나무 사이에 두어야 한다고 계속 주장했다. 몇 주 후 아이는 떨어진 잎새를 보고 그 나뭇잎을 나무에 붙여 놓으려고 애를 썼다. 뜻대로 되지 않자, 아버지에게 그 잎새를 나무에 달라고 했다. 데이비드는 아직 말할 수 없었기 때문에 사람은 이 아이가 겪는 경험의 명확한 성격을 확신할 수 없었다. 그러나 그의 행동은 죽음의 개념을 알고 있다는 것을 보여 주는 것이었다. 죽음에 대한 노출은 확실히 예측할 수 없고 예외적인 행동을 끌어낸다는 것은 질문할 여지가 없다.

심리학자 브란트(Sxandor Brant)는 2년 3개월 된 아들 마이클(Michael)의 사례를 보고했다.[25] 1년에 걸쳐 젖병을 뗀 마이클은 저녁에 젖병 때문에 신경질적으로 비명을 지르면서 몇 번 깬 적이 있었다. 왜 그러냐고 물어보았을 때, 마이클은

"젖병을 만지지(contact) 않을 거야." "가솔린이 다 떨어질 거야." "난 달리지 못하고 죽게 될 거야."라고 말했다. 마이클이 밤에 깨어나기에 앞서 아버지 차의 가솔린이 떨어지면 자동차가 어떻게 '죽게' 되고 어떻게 배터리가 '죽게' 되는지에 대해 한참 이야기한 적이 있었다. 아버지는 마이클이 마시는 액체는 계속 가지고 있어야 하고, 그렇지 않으면 죽게 될 것이라고 인식한 것 같다고 결론을 내렸다. 보이는 죽음에 대한 마이클의 관심은 죽은 친척의 사진을 보고 그 친척이 어떻게 지내느냐고 부모에게 끝없이 질문한 어린 시절에서부터 시작되었다. 마이클의 이야기는 죽음이 어린아이들에게는 매우 중요한 고민이 될 수 있다는 것을 알려 준다. 더욱이 앞선 사례에서와 같이 마이클은 아주 어린 나이에 죽음을 문제로 인식했다. 카스텐바움이 제안한 것과 같이 죽음은 아동에게 첫 번째로 생생한 문제이고 계속되는 정신발달의 주된 자극이 되는 듯하다.[26)]

로클린은 3~5세의 정상적인 아동의 놀이과정을 기초로 하여 아동은 어린나이에 삶에 끝이 있다는 것을 배우고, 죽음은 자기에게 올 것이고 또한 자기가 의존하고 있는 사람에게도 온다는 것을 알고 있다는 결론을 내렸다.

> 나는 연구를 통해 자신의 죽음 가능성을 포함한 죽음에 대한 지식이 일반적으로 생각한 것보다 훨씬 어린 나이에 배우게 된다는 결론을 내렸다. 세 살이 되면 자신에 대한 죽음의 두려움을 솔직하게 표현할 수 있다. 세 살보다 더 일찍 이러한 정보를 획득하는 경우는 희박하다. 죽음의 주제에 대하여 어린아이들과 말하는 것은 가망 없는 것이다. 또한 이러한 대화는 소용없는 것이다. 중요한 것은 세 살 아이들에게 죽음은 두려움과 가능성으로써 이미 중요한 영향을 미친다는 것이다.[27)]

로클린은 이러한 증거는 아동의 말을 듣고 아동의 놀이를 관찰하려는 사람이라면 누구든지 쉽사리 관찰할 수 있다고 말한다.[28)] 아동은 자신의 세계에서 죽음과 부활의 놀이를 한다. 아동에게 죽음에 관한 것을 배우는 기회가 많이 있다. 고기를 사러 시장에 가는 것은 아동에게 자신이 알기 원하는 것 이상을 말해 준다. 어쩌면 아동이 죽음을 이해하는 데 경험이 필요하지 않을 수 있다. 어쩌면 셸러(Max Scheler)가 주장한 것과 같이[29)] 인간 각자는 죽음에 대한 직관적인 지식을 가지고 있을 수도 있다. 그러나 죽음에 대한 지식의 근원에 관계없이 한 가지 확실한 것이 있다. 죽음의 경향이 우리 각자 안에 깊게 자리잡고 있으며, 심지어 어린 시기에도 우리는 죽음을 부인한다는 것이다. 욕구가 지식에 대항할 때, 지식은 포기된다.

실체(reality)가 강력하게 침입할 때, 갓 태어난 죽음의 부인 방어들은 머뭇거리게 되고, 불안이 새어 나도록 한다. 로클린은 부모에게 언제 자기나 부모가 죽을지에 대해 얘기하는 세 살 반 된 어린아이의 사례를 설명했다.[30] 그 아이는 자기가 죽지 않을 것이라고 혼자 중얼거리곤 했다. 그 후 할아버지가 돌아가셨다(이 할아버지는 먼 거리에 사셨는데 아이는 거의 만나지 않은 분이었다). 아이는 자주 악몽을 꾸었고, 잠자는 시간을 자꾸 늦추었다. 분명 아이는 잠자러 가는 것과 죽는 것을 동일시하고 있었다. 아이는 죽는 것이 아프고 두렵다고 말했다. 아이의 놀이에는 질병, 죽음, 죽이는 것 그리고 살해당하는 것이 점철되어 있었다. 초기 작동기에 있는 어린아이의 내적 세계에 '죽음' 이라는 것이 어떤 것을 의미하는지 확인하는 것이 어려움에도 불구하고, 위의 내용은 이 아이가 중요한 불안과 연관이 있는 듯했다. 죽음은 하수도 안에 처박히는 것, 다치는 것, 사라지는 것, 배수(背水)가 다 없어지는 것, 무덤에서 썩는 것을 의미했다.

네 살짜리 다른 아이는 자신의 생일에 할아버지가 돌아가셨다. 아이는 할아버지가 죽은 것이 아니라고 주장했다. 그때 할아버지가 늙었기 때문에 돌아가신 것이라는 말을 들은 아이는 아버지와 어머니가 늙지 않았다는 것을 재확인하고 싶어 했고, 부모에게 자기는 나이 들고 싶지 않다고 했다. 아래의 대화는 네 살 된 아이가 분명하게 죽음과의 관계성으로 들어가는 것을 나타낸다.

D : 어젯밤에 죽은 벌을 발견했어요.

Dr : 죽은 것처럼 보였니?

D : 누가 죽인 거예요. 어떤 사람이 벌을 밟아서 죽게 되었어요.

Dr : 죽음은 사람이 죽은 것을 좋아하니?

D : 그들은 죽었어요. 그러나 죽은 사람 같지 않아요. 어떤 것도 죽은 사람 같지 않아요.

Dr : 어떤 차이점이 있니?

D : 사람도 죽고 새도 죽었어. 그러나 사람은 땅속에 묻혀서 좋지 않아요.

Dr : 좋지 않아?

D: 시간이 오래 지난 후에 벌은 살아날 거예요. 그러나 사람은 안 그래요. 그것에 대

해 말하고 싶지 않아요.

Dr : 왜 그러니?

D : 왜냐하면 난 두 명의 살아 있는 할아버지가 있어요.

Dr : 두 명?

D : 한 명.

Dr : 한 명한테는 무슨 일이 일어났니?

D : 오래전에 죽었어요. 백 년 전에요.

Dr : 너는 오래 살 거니?

D : 백 년이요.

Dr : 그리고 어떻게 할 거니?

D : 아마 나도 죽게 되겠죠.

Dr : 모든 사람은 죽어.

D : 그래요. 나도 그럴 거예요.

Dr : 슬프네.

D : 그래도 그렇게 해야죠.

Dr : 네가 그렇게 죽는다고?

D : 예, 우리 아버지도 죽게 돼요. 슬퍼요.

Dr : 왜 아버지가 죽게 되니?

D : 상관 마세요.

Dr : 그것에 대하여 말하기가 싫구나.

D : 지금 우리 엄마를 보았으면 좋겠어요.

Dr : 내가 엄마한테 데려다 줄게.

D : 난 죽은 사람이 어디 있는지 알아요. 공동묘지에 있어요. 할아버지가 돌아가셨는데, 할아버지가 나올 수가 없어요.

Dr : 할아버지가 묻힌 것을 말하는구나.

D : 할아버지는 나올 수가 없어요. 절대로 나올 수 없어요.[31)]

클라인(Melanie Klein)은 아동을 분석한 경험에 기초해서 매우 어린아이들은 죽음과 긴밀한 관계성을 가지고 있다고 결론지었다. 이 관계성은 상당 기간 아동의 죽음에 관한 개념적 지식에 따라 예상하는 관계성이다. 클라인은 죽음의 두려움을 유아의 초기 경험의 부분으로 진술했다. 그녀는 죽음을 향한 우주적인 무의식적 드라이브가 있다는 프로이트의 1923년 이론을 받아들였으나, 만일 인간이 생존하려고 하면 생명 상실에 대한 두려움에 균형을 맞추는 것이 있어야 한다고 주장하였다. 클라인은 죽음의 두려움을 불안의 원초적 근원으로 생각하였다. 성과 초자아에 대한 불안은 후에 오는 것이고 파생적 현상으로 보았다.

> 나의 분석적 관찰은 인간의 무의식 속에 생의 무효화에 대한 두려움이 있다는 것을 말해 준다. 또한 나는 만일 우리가 죽음본능의 존재를 가정한다면, 마음의 가장 깊은 층에 삶의 무효화에 대한 두려움 속에 있는 이 본능에 반응이 있다고 가정해야 한다. 죽음 본능의 내적 작업에서 발생하는 위험은 불안의 첫 번째 원인이다…. 삼킴을 당하는 두려움은 자신의 전적인 무효화 두려움의 명백한 표현이다…. 죽음의 두려움은 거세공포로 들어가나, 죽음공포와 거세공포는 유사한 것이 아니다…. 생식이 죽음을 반대하는 본질적인 방법이기에 성기의 상실은 삶을 보존하고 지속시키는 창의적 힘의 종말을 의미한다.[32)]

나는 생식에 대한 관심이 죽음의 두려움에서 나온다는 클라인의 논의는 만만치 않은 것이고, 이 두려움이 개인의 정신적 삶에서 무엇이 '주된' 것인지에 대해 전통적 분석적 관점에 질문을 던지는 것이라고 본다. 초기 정신분석운동에서 죽음에 관하여 깊게 생각한 아이슬러(Kurt Eissler)는 아동의 초기에 갖는 성에 대한 몰두는 파생된 탐구이고, 더 먼저 있는 죽음의 두려운 자각의 이차적인 것이라 했다.

> 이 문제에 대한 상세한 조사는 아동이 일반적인 과정(삶의 사실 등)에 대한 연구보다 나중이고 죽음에 대한 질문에 짧게 지속되는 부차적인 것이다. 아마도 아동은 죽음에 대한 질문으로부터 돌아서는데, 이는 동반되는 공포, 전적인 희망 상실 그리고 조사 과정에서 동반되는 절망 때문이다.[33)]

아동을 가까이서 관찰한 다른 사람은 어린아이들이 이론적으로나 지적으로 죽음을 이해할 수 있든 없든, 죽음에 대한 본질적인 것을 갖고 있다는 결론을 내린다. 런던 대공습 때 어린아이를 연구했던 안나 프로이트(Anna Freud)는 다음과 같이 썼다. "런던 대공습 당시 두 살 이상의 모든 어린아이들은 폭격으로 집이 무너지고 사람이 많이 죽거나 부상당한다는 것을 분명 알고 있었을 것이다."[34] 그녀는 아버지의 죽음을 알고 있는 네 살 반 된 아이에 대하여 묘사했다. 이 아이의 어머니는 어린 자녀가 아버지의 죽음을 부인하기를 원했으나, 아이는 "나는 아버지에 대하여 모두 알고 있어. 아버지는 살해당했고, 아버지는 돌아오지 않을 거야."라고 말했다.

퍼먼은 부모를 잃은 수많은 어린아이들에 대해 연구했고, 아동은 두 살이 되면서 죽음에 대한 기본적인 이해를 할 수 있다는 결론을 내렸다. 죽음의 이해는 아동에게 필요한 정신적 구조를 형성하는 데 도움을 주는 초기 경험에 따라 높아진다. 퍼먼은 아래의 예를 인용했다.

> 어머니가 돌아가셨을 때 수지(Suzie)는 겨우 세 살이었다. 수지는 어머니가 죽었다는 슬픈 소식을 듣고 난 후 바로 "엄마 어디 있어요?"라고 물었다. 아버지가 얼마 전 죽은 새를 발견하여 땅에 묻었던 일을 수지에게 상기시켰다. 그는 엄마도 마찬가지로 죽어서 땅에 묻었다고 설명했다. 아버지는 수지가 언제 어디서든 원한다면 보여 주겠다고 했다. 한 달 후 수지는 아버지에게 "지미(이웃에 있는 여섯 살 소년)가 말하는데 자기 엄마가 말했기 때문에 우리 엄마가 금방 올 거라고 했어요. 그래서 내가 지미에게 우리 엄마가 죽었기 때문에 그것은 진짜가 아니라고 말했어요. 그리고 네가 죽었을 때 너도 다시 돌아올 수 없다고 했어요. 내 말이 맞죠. 그렇죠 아빠?"라고 말했다.[35]

한 어머니는 세 살 9개월 된 아이와 나눈 대화를 보고했다.

> 제인(Jane)은 종교적 교육을 받지 않았고 아는 사람의 죽음을 경험해 본 적이 없다. 며칠 전 제인이 죽음에 대하여 물어보기 시작했다…. 제인은 만일 죽은 사람이 봄철의 꽃과 같이 다시 돌아올 수 있느냐고 물었다(약 일주일 전에 아이가 좋아하는 꽃이 죽은 것에 매우 당황했고, 우리는 봄이 되면 꽃이 다시 필 것이라고 위로했다). 나는 이 꽃이 예전과 똑같이 다시 돌아오지 않고, 아마도 조그만 꽃으로 돌아올 것이라고 대답했다. 이 답을 듣고 제인은 걱정을 했다. 아이는 변화와 사람이 늙어 가는 것을 싫어했다. 제인은 "나는 난(Nan)이 달라지는 것을 원치 않아요. 나는 그녀가 변화되고

> 늙게 되는 게 싫어요."라고 하면서, 그때 "난은 죽게 돼요? 나도 죽어야 해요? 모든 사람은 죽어요?"라고 물었다. 내가 그렇다고 대답하자, 제인은 정말 가슴 아프게 울면서 "그러나 난 죽기 싫어요, 난 죽기 싫어요…." 라고 계속 말했다. 그러고 나서 어떻게 사람이 죽는지, 그것이 아픈지, 사람이 죽었을 때 언제 눈을 뜨는지, 말하고 먹고 옷을 입는지에 대하여 물어보았다. 이 모든 질문의 중간에 갑자기 울면서 "이제 내 차(tea)를 가지고 갈 거예요."라고 하더니 잠시 이 일을 잊었다.[36]

딸이 어렸을 때 출생에 대해 질문하면서 어디에서 아이가 나오는지 질문하면, 어머니는 난처해하며 고생스럽고 불확실한 대답을 하기 마련이다. 이는 흥미로운 것이다. 이 어머니는 당시의 경험을 다음과 같이 보고했다. "모든 것이 알지 못하는 것이었다. 출생이나 죽음에 대한 질문을 할 것이라고 예상했으나 생각하지 않았기 때문에 매우 모호하다." 분명하게 아이는 부모가 제공할 수 있는 언어적으로 위로하는 확신과 함께 이러한 부모의 불안과 혼란을 받아들였다.

부모와의 대화에 대한 다음의 다른 보고는 죽음에 대한 아이의 두려움과 호기심을 보여 준다.

> 5세의 리처드(Richard)는 목욕 시간에 훌쩍거리며 죽음에 대하여 비참해하였다. 어제 아이가 목욕할 때 내가 물 위로 올라왔다 내려갔다 하자 리처드는 죽지 않는 가능성, 천 년까지 살 수 있는 가능성에 대한 놀이를 했다. 오늘은 리처드가 "내가 죽을 때 혼자일 수도 있는데, 아빠는 나와 함께 있을래요?" 하고 말했다. 전에 어떤 날 어떻게 죽는지에 대하여 알지 못하여 아이가 두려워하는 것 같았을 때, 엄마는 자신이 먼저 죽기 때문에 리처드가 사람은 어떻게 죽는지를 알 수 있을 것이므로 걱정할 필요 없다고 말했다. 이 말이 아이를 안심시키는 것 같았다.[37]

마우러(Adah Maurer)는 대화식의 한 논문에서 유아의 초기 죽음의 두려움에 대한 논쟁이 될 만한 고찰을 했다.[38] 마우러는 사유하기를, 유아의 처음 경험은 자신과 환경 사이에서 차별화하는 것이라고 했다. 비존재의 반대로 존재를 아는 것이다. 유아가 의식과 무의식 사이를 왔다 갔다 움직이면서, 수면과 깨어 있는 사이에서 이 두 가지 상태의 감각을 가지게 된다. 무서운 밤에 겪는 유아의 정신적 경험은 무엇인가? 마우러는 유아는 비존재의 자각과 두려움을 경험할 것이라고 제안했다. 어둡고 조용한 방에 누워 있는 것은 시각과 청각을 빼앗아 가는 것이고, 유아는 몸이 해산되는 것 같은 공포를 느낄 것이다(밤의 공포에 대하여 연구한 스턴(Max Stern)도 유사한 결론에 이르렀다. 아이들은 비존재에 따라 공포를 가진다.[39]).

왜 유아들이 높은 의자에서 장난감을 던지는 게임을 좋아하는 것일까? 자신이 던진 장난감을 돌려줄 수 있는 상대방이 있다면, 유아는 상대방이 피곤에 지쳐서 그만 할 때까지 이 게임을 지속하는 것이 일반적이다. 이 기쁨은 근육운동의 성애적 쾌락(erotic pleasure)에 근원이 있는 듯하다. 아마 이것은 화이트(Robert White)가 '효과' 를 위한 추진력으로 부른 것의 표현일 것이다. 이 추진력은 개인의 환경을 정복하려는 선천적인 쾌락이다.[40] 마우러는 유아가 이용할 수 있는 사고와 행위 가운데서 존재와 비존재 개념의 물질적인 상징인 사라짐(disappearance)과 다시 나타남(reappeararance)에 따라 매료된다고 제안한다.[41] 확실히 화이트의 효과 추진력은 유아가 비존재를 없애려고 시도하는 하나의 파생물일 것이다. 이러한 생각들은 '대상 영구성' (object permanence)에 대한 어린아이의 발달적 문헌의 거대한 본체와 공명하게 한다. 이 대상 영구성에 대한 철저한 토의는 주제에서 너무 벗어나게 한다. 그럼에도 불구하고 일시적으로 어린아이들은 자신들의 대상에 영구성을 정착시킬 때까지 대상의 사라짐을 평가할 수 없다. 영구성은 변화, 파괴 혹은 사라짐에 대한 평가가 없이는 의미를 가지지 않는다. 그러므로 아동은 연계(tandem) 속에서 영구성과 변화의 개념을 발달시킬 수 있다.[42] 더욱이 대상 영구성과 자기 영구성(self-permanence)의 느낌 사이에는 친밀한 관계성이 있다. 변동의 같은 형태인 영구성(살아 있는 것, 존재)과 사라짐(비존재, 죽음)의 대전편성은 아이의 발달에 본질적인 것이다.

'모두가 죽었어' 라는 것은 아동의 단어에서 처음 나타나는 것 중 하나이며, 아동기 두려움에서 공통된 주제다. 아동은 닭이 식사시간에 어떻게 사라지는지 주목한다. 혹은 마개를 뽑았을 때 어떻게 목욕탕의 물이 다 없어지는지 주목한다. 혹은 용변이 어떻게 물로 쓸려 내려가는지 주목한다.

아동이 사라진 대상은 영원히 재기할 수 없다는 것을 깨달으면, 아동은 비존재의 위협으로부터 자신을 구하려는 전략을 세운다. 아동은 '모두가 죽었어' 라는 것의 희생자가 되기보다는 정복자가 된다. 어둠 속에 삼켜져 버리거나, 물에 쓸려 내려가는 것, 배수관에 빨려 들어가는 것을 두려워하지 않는 아이는 드물다. 분석

문헌(analytic literature)은 용변과 시체를 무의식적으로 동등하게 여기는 것을 주목하고 있다.[43] 아마 정신치료사들은 용변훈련갈등의 역동성에 대하여 다시 고려해야 할 것이다. 왜냐하면 구강적 성애 혹은 완고한 저항이 이 용변훈련갈등에 더 포함되어 있기 때문이다. 아동에게 용변훈련은 신체적 통합과 생존에 대한 두려움을 불러일으킨다.

아동이 사라진 물체들은 다시 올 수 없다는 것을 깨달았을 때, 아동은 이 비존재의 위협으로부터 자신을 방어할 수 있는 전략을 찾는다. 아동은 '모두가 사라진다' 는 것의 희생자가 되기보다는 그것을 다스리는 주인이 된다. 아동은 목욕탕 안의 꼭지를 잡아 빼고, 화장실 배변기의 물을 내리고, 미소를 지으면서 성냥불을 불어 버리고, 쓰레기통 페달을 밟아 쓰레기를 버릴 수 있도록 어머니를 돕는 것을 좋아한다. 후에 아동은 카우보이나 인디언 게임에서 상징적으로 그들을 죽이거나 곤충을 죽임으로써 죽음을 흩어 버린다. 호나이(Karen Horney)는 아이의 적대성과 파괴성은 아동이 자신의 생존이 위험에 처해 있는 정도에 직접적으로 비례한다고 느꼈다.

아이들이 한 번 '알고' 있는 것에는 어떤 일이 발생하는가?

이미 알려진 것은 알려진 채로 남지 않는다. 매킨타이어(Matilda McIntire), 엔젤(Carol Angle)과 스트렘플러(Lorraine Struempler)는 598명의 아동에게 고양이를 키우던 사람이 고양이가 죽으면 그 고양이를 보고 싶어 하는지 질문하였고, 조사자들은 7세 아동이 11~12세 아동보다 죽음의 결말과 불개변성에 훨씬 마음이 기울어진 것을 발견했다.[44] 이것과 연관해 알렉산더(Irving Alexander)와 아들러슈타인(Arthur Adlerstein)이 5~16세의 수많은 아동에게 중립적 단어를 계속 제시하면서 죽음과 연관된 단어에 노출되는 것을 시험하는 GSR* 테스트를 통하여 발견한 내용을 보고하였다.[45] 이들은 아동을 아동(5~8세), 사춘기 전 혹은 잠재기(9~12세),

* Galvanic skin response는 불안에 대한 생리학적 측정을 말한다.

그리고 청소년기(13~16세)의 세 그룹으로 나누었다. 결과는 어린아이들(그리고 청소년기)은 잠재기에 있는 아동보다 죽음과 연관된 단어에 훨씬 더 감정적 반응을 하였다는 것을 보여 주었다. 저자들은 잠재기는 자애롭고, 아동기의 '황금기' 라고 결론짓고, "이 시기의 아동은 일상적 생활과 죽음의 개념과 연관된 표면적 쾌락에 너무 많이 관여되어 있다."라고 했다.

나는 이러한 결과들, 아동이 어린 나이에 '삶의 진정한 사실들' 을 만난다는 것, 아동을 조사하는 이러한 연구들이 죽음의 발견으로 조사자를 이끈다는 결과들을 설명하는 데 훨씬 적은 극단적 낙천주의 방법이 있다고 믿는다. 그러나 아동은 주된 불안의 경험과 발견 때문에 당황한다. 아동은 재확신을 구하지만, 아동은 죽음과 거래를 해야만 한다. 아동은 죽음의 직면으로 공포에 떨 수도 있고, 죽음을 부인할 수도 있고, 냉소할 수도 있고, 억압하거나 전이할 수도 있지만, 중요한 것은 아동은 반드시 이 죽음과 거래를 해야 한다는 것이다. 아동은 잠재 기간에 이 죽음을 부인하는 것을 배운다. 그리고 점차적으로 아이가 효과적이고 그럴싸한 변명의 부인을 발달시킴에 따라 죽음의 자각은 무의식으로 들어가고, 죽음에 대한 명료한 두려움은 감소한다. 사춘기 전의 근심 없는 시기, 잠재기의 '황금기간' 은 죽음불안을 감소시키는 것이 아니라 죽음으로부터의 결과다. 잠재기 동안에 아동은 많은 일반적 지식을 습득하기도 하지만, 동시에 삶의 사실에 대한 지식으로부터 후퇴한다. 그리고 죽음의 자각은 유아성욕만큼 '잠재적' 이다. 사춘기 동안에는 아동기 부인 시스템이 더 이상 효과적이지 않다. 이 시기의 자기관찰적 성향과 사춘기의 더 큰 자원들은 다시 한 번 이들을 죽음의 불가피성에 직면하게 하며, 죽음의 불안을 견디도록 하며, 삶의 사실에 대체할 수 있는 양식을 구하게 한다.

아동의 죽음 개념에 대한 연속적 발달을 하는 유효한 연구는 아동이 언제 처음으로 죽음에 대하여 '알았는지' 를 물어보는 공개된 질문에 기초할 때다. 아동은 죽음에 대한 자각을 점차적으로 발달시키거나, 혹은 내가 믿는 것과 같이 너무 일찍 그리고 너무 많은 것을 아는 과정에 사로잡히고, 점차적으로 자신이 처음에 알았던 것들을 수용할 수 있을 때까지 이 지식을 모르는 것으로 억압할 방법들을 찾는다. 이에 대하여서는 확실한 것은 없다. 이 양자적 입장에 대한 결정적인 증거는 없다.

나는 한 아이가 부인에 기초한 것으로 죽음에 대하여 처음 가지는 지식이 인생의 단계에 계속되고 있다고 생각한다. 부인의 개념 속에 본래부터 가지고 있는 것은 이전 지식의 존재다. 사람은 오직 알고 있는 것을 부인할 수 있다. 만일 독자가 내가 말한 이전 지식에 대한 동조를 받아들일 수 없다고 선택했다면, 그 사람은 내가 '부인' (denial)에 대하여 쓴 '지식에 접근' 을 읽어 보아야 한다.

부인 : 죽음은 일시성, 축소, 중지된 활기(suspended animation), 혹은 잠이다. 말할 수 있는 정도의 아동은 죽음을 의식의 정지라기보다는 되돌이킬 수 있거나 일시적이거나 혹은 축소되는 것으로 생각한다. 이러한 죽음에 대한 관점은 주인공들이 날려서 없어지고, 터져 버리고, 짓눌러지고, 헤아릴 수 없을 정도로 산산이 부서져 버리는 것으로 죽음을 보지만, 결국 기적적으로 다시 재건된다는 TV 속의 획일적인 동화를 통해서 상당히 강요된 것으로 받아들이는 것이다. 나기(Nagy)는 약간의 예화적인 인터뷰 내용을 보고했다.

S.C.(4년 8개월) : "시체를 움직일 수 없어. 왜냐하면 관 안에 있기 때문이야."

"관 안에 있지 않았다면, 움직일 수 있을까?"

"먹고 마실 수 있어."

S.J.(5년 10개월) : "시체의 눈이 감겼어. 저기에 누워 있어. 그래서 죽은 거야. 사람이 이것에 무엇을 해도, 시체는 한 마디도 하지 않아."

"땅속에 묻으면 10년 후에도 모습은 똑같을까?"

"시체는 점점 늙어갈 거야. 이것은 항상 늙어갈 거야. 이게 100살이 되면 나무 조각과 똑같이 될 거야."

"어떻게 이것이 나무 조각처럼 될 수 있을까?"

"그것을 난 말할 수 없어. 내 작은 언니는 다섯 살이 될 거야. 작은 언니가 죽었을 때 나는 살아 있지 않을 거야. 작은 언니가 죽을 때쯤 아주 크게 될 거야. 작은 언니 관은 작은 것이지만, 거기에 잘 맞을 거야.

"작은 언니가 지금 무엇을 하고 있다고 생각하니?"

"누워 있어요, 항상 거기에 누워 있어요. 작은 언니는 여전히 작지만, 나무 조각같이 되지 않을 거예요. 나이 든 사람만 그렇게 돼요.

"땅속에선 무슨 일이 일어나고 있을까?"

B.I.(4년 11개월) : "그 사람이 죽었기 때문에 울어요."

"왜 그 사람이 울어야 하니?"

"왜냐하면 그 사람 자신이 두렵기 때문이에요."

T.P.(4년 10개월) : "죽은 사람은 마치 잠자고 있는 것 같아요. 땅속에서 잠자는 것과 같아요."

"네가 저녁에 잠잘 때처럼 자니 혹은 다르게 자니?"

"음, 눈을 감지요. 사람이 저녁에 잠자는 것과 같이. 그렇게 잠자는 것처럼요. 그렇게 해요."

"사람이 잠을 자는지 혹은 죽었는지 어떻게 아니?"

"만일 사람이 저녁에 잠자러 침실에 가면 눈을 뜨지 않는다는 것을 알아요. 만일 사람이 잠자러 갔는데 일어나지 않으면 그 사람은 죽었거나 아픈 거예요."

"그 사람이 깨어날 수 있을까?"

"아니요. 죽은 사람은 어떤 사람이 무덤에 왔을 때만 알아요. 죽은 사람은 사람이 무덤에 가까이 왔거나, 거기서 말을 할 때 알아요."

"죽은 사람은 자기 무덤에 꽃을 올려놓을 때 느껴요. (꽃의) 물이 땅을 적셔요. 천천히, 천천히, 그 사람은 모든 것을 들어요. 아줌마, 죽은 사람은 물이 땅속 깊은 데로 가면 그것을 느껴요?"

"죽은 사람은 땅속에서 나오려고 한다고 생각하니?"

"땅속에서 나오고 싶어 하지만, 관이 못으로 박혀 있잖아요."

"만일 죽은 사람이 땅속에 있다면, 그 사람이 돌아올 수 있을까?"

"죽은 사람은 덮여 있는 모래를 벗어날 수 없어요."

H.G.(8년 5개월) : **"사람은 죽은 사람이 느낄 수 있다고 생각해."**

"죽은 사람은 그렇게 할 수 없어요?"

"아냐, 그 사람은 잠자는 것같이 느낄 수 없어. 내가 자면 나는 꿈꾸는 것 외에 느낄 수 없어."

"우리가 죽으면 꿈을 꿔요?"

"나는 우리가 꿈을 꿀 수 없다고 생각해. 우리가 죽으면 꿈을 꿀 수 없어. 때때로 어떤 것이 번쩍이지만 꿈의 반도 되지 않아."

L.B.(5년 6개월) : "눈을 감겼어요."

"왜?"

"죽었기 때문이죠."

"잠자는 것과 죽은 것의 차이가 뭘까?"

"산 사람은 관을 가지고 와서 죽은 사람을 이 안에 넣어요. 사람이 죽었을 때 사람은 손을 이렇게 만져요."

"관 속에서 이 사람에게 무슨 일이 일어날까?"

"벌레가 이 사람을 먹어요.

"왜 벌레가 먹도록 그 사람이 내버려두지?"

"그 사람은 이제 일어날 수 없어요. 왜냐하면 그 사람 위에 모래가 너무 많아요. 관에서 나올 수 없어요."

"그 사람 위에 모래가 없다면, 그 사람이 나올 수 있을까?"

"심하게 찔리지 않았다면 그렇게 할 수 있어요. 모래를 제치고 파고 나올 거예요. 이것이 그 사람이 살기를 원하는 것을 보여 줘요."

T.D.(6살 9개월) : "내 누나의 대부(godfather)가 죽었고 나는 그 사람 손을 쥐었어요. 그 사람 손이 너무 차가웠어요. 손은 파랗고 푸른색이었어요. 얼굴은 주름으로 덮여 있었어요. 그 사람은 움직일 수 없어요. 손을 꽉 쥘 수 없어요. 왜냐하면 그는 죽었기 때문이에요. 그리고 숨을 쉴 수 없어요."

"그 사람 얼굴?"

"소름 끼쳐요, 왜냐면 너무 차갑기 때문이에요. 그는 차가워요. 왜냐하면 죽었기 때문이고, 몸 전부가 차가워요."

"그 사람이 차가운 것을 느낄 수 있을까? 아니면 그 사람 피부가

원래 그랬을까?"

"만일 그 사람이 죽었으면 적게 느낄 수도 있어요. 만일 아주 죽었으면 더 이상 못 느껴요."

G.P.(6년): "그는 손을 뻗었어요. 그리고 내려놓았어요. 당신은 그 사람 손을 눌러 내려놓을 수 없어요. 그 사람은 말을 할 수 없어요. 움직일 수 없어요. 눈을 뜰 수 없어요. 4일 동안 누워 있어요."

"왜 4일 동안이지?"

"왜냐하면 천사들이 아직 이 사람이 어디 있는지 알지 못하기 때문이에요. 천사들이 이 사람을 파내고, 같이 데리고 갈 거예요. 천사들이 이 사람에게 날개를 주고 날아갈 거예요.[46]

위의 이야기들은 매우 유용한 정보다. 사람은 이 짧은 인터뷰 안에 있는 죽음에 대하여 명백하게 알고 있는 지식이 변화하는 차원과, 내부의 모순으로 충격을 받는다. 죽은 사람은 느끼지만, 이들은 느낄 수 없다. 죽은 사람은 자라지만 어떤 면에서 같은 나이에 머무르고, 관과 같은 크기로 딱 맞는다. 어떤 아이는 애완용 개를 땅에 묻고 무덤에 음식을 남겨 두는데 그 이유는 개가 배고플 수도 있다고 생각하기 때문이다.[47] 아동은 죽음의 몇 단계를 믿는 것 같다. 죽은 사람은 '약간만' 느낄 수 있다(혹은 꿈을 꿀 수도 있다). 그러나 완전히 죽은 사람은 더 이상 느낄 수 없다(부수적으로 말하면, 증거로써 나기(Nagy)가 제공한 이러한 아동의 진술은 죽음을 일시적인 것으로 여기거나, 죽음을 떠나거나, 잠자는 것과 동일시함으로 완전히 부인하는 것이다). 또 다시, 관찰자의 편견은 명백하다. 나에게 이러한 구절들은 아동이 죽음에 대하여 상당한 지식을 가지고 있다는 것을 암시한다. 죽음으로써 벌레들에게 잡아먹혀 흙 아래 영원히 머물러 있는 것으로, '아주 죽은' 그리고 '더 이상을 어떤 것을 느끼지 못하는' 존재에게 죽음이 일시적이거나 미완성적인 것은 없다.

아동이 잠자는 것과 죽음을 동일시하는 것은 잘 알려진 사실이다. 잠자는 상태는 아동이 의식 없는 상태로 되는 가장 가까운 경험이고, 이것은 아동이 죽는다는 것이 무엇과 같다는 것을 아는 유일한 단서다(그리스 신화에는 죽음인 타나토스(Thanatos), 그리고 잠자는 것인 히프노스(Hypnos)는 쌍둥이 형제다). 이러한 관계는 수면장애에 대한 함축적 의미가 있고, 많은 임상의들은 죽음의 두려움을 불면증에 시달리는 성인과 어린아동에게 중요한 요소가 된다고 제안한다. 두려움을 느끼는 많은 아동들은 잠자는 것을 위험스럽게 여긴다. 한 아이의 기도를 생각해 보자.

지금 잠을 자려고 누웠어요.
주님께서 나의 영혼을 지켜 주시길 기도합니다.
만일 내가 깨기 전에 죽어야 한다면,
주님께서 내 영혼을 거두어 주세요.

또한 나기가 수집한 인터뷰 내용은 아동이 가진 죽음에 대한 지식이 불완전하더라도 죽음을 무섭고 놀라운 것으로 여기고 있다는 것을 분명히 보여 준다. 정말로 무서운 것은 못이 박힌 관 안에 갇히는 것, 땅속에서 자신을 위해 우는 것, 백 년 동안 땅속에 묻혀서 누워 있다가 나무로 변해 버리는 것, 벌레들에게 먹히는 것, 차갑게 느끼는 것, 검푸른 색으로 변하는 것, 숨을 쉴 수 없는 것에 대한 생각이다.*

죽음에 대한 아동의 이러한 관점은 특별히 죽음의 주제에 대하여 전적으로 불쾌하게 무시하는 교육자와 부모를 진지하게 만드는 것이다. '아동이 알지 못하는 것은 아동에게 상처 주지 않을 것' 이라는 것은 공식적으로 제가된 것의 뒤에 있는 기준이다. 그러나 아동이 모르고 있는 것을 아동은 고안한다. 그리고 우리가 이러한 예들에서 본 것과 같이 아동이 만든 고안품들은 진실보다 더 섬뜩한 것이다. 후에 나는 죽음 교육에 대하여 더 언급할 것이다. 그러나 지금은 죽음에 대한 아동의 믿음은 정말로 무시무시하다는 것은 명백하고, 아동은 이로부터 자신의 마음을 편하게 만들기 위해서 길을 찾도록 강요당한다는 것을 밝힌다.

부인 : 죽음에 대한 두 가지 근원적 방벽 아동은 죽음의 위협에 대항하여 두 가

* 이러한 죽음에 대한 초기 관점은 놀라운 정도의 영속성과 함께 무의식 안에 남아 있다. 예를 들어, 자크(Elliott Jacques)는 밀실 공포증에 있는 중년의 꿈을 말하였다. "그녀는 관 안에 누워 있었다. 그녀는 조그만 고깃덩어리로 잘려서 죽었다. 그러나 잘려진 살덩어리를 통하여 이어져 있는 얇은 실이 그녀의 두뇌와 연결되어 있었다. 그래서 그녀는 모든 것을 경험할 수 있었다. 그녀는 자신이 죽었다는 것을 알았다. 그녀는 움직일 수 없었고 소리를 낼 수 없었다. 그녀는 어두운 밀실 안과 관 속의 침묵 안에서 단지 누워만 있었다."[48)]

지의 자기방어기제를 가지고 있다. 이 방어기제는 삶의 초기부터 시작된다. 아동은 자신의 개인적 불가침성(inviolability)과 독특한 개인적인 궁극적 구원자의 존재에 대한 깊은 믿음을 가지고 있는 것이다. 이러한 믿음들이 영생 신화, 모든 것을 보호하는 하나님 그리고 개인적 기도의 효율성을 이용하는 분명한 부모와 종교적 가르침에 따라 부추기게 되지만, 이 모든 요소들은 유아의 초기 삶의 경험 안에도 기초를 두고 있다.

특별성 우리 모두는 처음에 아이로, 나중에는 성인으로 우리의 특별함에 대한 비이성적인 신념에 매달리고 있다. 제한, 나이 듦, 죽음은 다른 사람에게 적용이 될 수 있어도, 자기 자신에게는 아니다. 마음 깊은 곳에는 자신의 불사성과 불멸성을 가지고 있다. 이 원시적 신념(Jules Masserman은 이것을 초기-방어(ur-defense)라고 하였음[49])은 생명의 시작에서 발견된다. 우리 모두의 생의 초기는 격렬한 자기중심적 시기다. 인간은 우주다. 자기와 다른 대상이나 존재 사이에 경계선이 없다. 개인의 모든 변덕스런 마음은 개인적 노력 없이 만족한다. 개인의 생각은 정말로 실현된다. 자기가 특별하다는 것으로 형판(型板)이 떠지고, 개인은 이 준비된 신념을 죽음불안에 대항하는 방패로 소환한다.

궁극적 구원자 이 인간중심의(anthropocentric) 망상(delusion) (나는 이 망상이라는 단어를 경멸적인 의미로 사용하지 않았는데, 이것은 폭넓게 사용되는 보편적인 망상이기 때문이다)과 손을 잡는 것은 궁극적 구원자에 대한 믿음이다. 역시 이 신념은 삶의 초기에 아동에게 놀라운 부속물이고, 아이에게 힘찬 운행자뿐만 아니라 영원한 종이 되는 부모를 통해 기초가 된다. 영원한 종이라는 신념은 유아기와 아동기 동안 부모의 주의 깊은 돌봄에 따라서 강화된다. 매 시간 아동은 너무 멀리 모험을 하게 되면서 현실의 말뚝 울타리를 만나게 되는데, 이때 아동을 체온 속에 감싸는 거대한 어머니의 날개로 구조된다.

자신의 특별성과 궁극적 구원자에 대한 신념은 성장하는 아동을 돕는다. 이것은 개인이 죽음의 두려움에 대항하여 설 수 있는 방어구조의 절대적 기초다. 이것을 위해 다른 이차적 방어들이 서는데, 이차적인 방어는 흔히 성인 환자에게 본래 초기 방어와 주된 불안의 성격을 차차 애매하게 만든다. 이 두 가지 근원적인 방어는 깊게 연관되어 있다(이 두 방어는 불사성 신비와 실질적으로 모든 주된 종교 조직

안에서 인간 개인 안에 신성이 있다는 믿음에 따라서 지속되고 있다*). 그리고 내가 다음 장에서 언급할 것과 같이 이것은 성격구조와 현상형성 위에서 힘 있는 영향력을 미치기 위해서 성인기에도 지속된다.

부인 이것은 아동은 죽지 않는다는 신념이다. 인생의 초기에 어린아이 스스로 가치를 두는 공통적인 위안은 아동은 죽음으로부터 면역되어 있다는 신념이다. 어린아이는 죽지 않고, 나이 든 사람에게 죽음이 발생한다. 그리고 나이가 드는 것은 자신과 아주 멀리 있다. 다음의 사례를 보자.

S.(5년 2개월) : 엄마의 어머니는 어디 있어요?

어머니 : 하늘에 계셔. 옛날에 돌아가셨어. 내 생각으로는 70세일 거야.

S. : 80세나 90세였을 거예요.

어머니 : 아니야. 겨우 70세야.

S. : 글쎄요. 사람은 99세까지 사는데. 엄마는 언제 죽을 거예요?

어머니 : 나는 잘 모르겠어. 내가 70세 혹은 80세 혹은 90세겠지.

S. : 아(잠시 멈춤), 난 어른이 되면 수염을 깎지 않을 거고 그러면 난 턱수염이 있겠죠? [앞선 대화에서 이 남자아이는 사람이 나이가 많이 들면 턱수염이 무성해지는 것을 알았다. 후에 이 아이는 죽음을 무기한적으로 연장하려는 노력으로 수염을 깎지 않겠다고 제안했었다!][51)]

Ruth(4년 7개월) : 아빠는 죽을 거예요?

아버지 : 그래, 그런데 아빠가 늙기 전에는 안 죽어.

Ruth : 아빠는 늙나요?

아버지 : 그래, 그래.

Ruth : 나도 늙나요?

* 정신역동적 가치나 종교의 의미는 본래적인 종교적 관점을 배제하지 않는다. 이는 프랭클(Victor Frankl)이 쓴 것과 같다. "조숙한 성적 호기심을 만족하기 위하여 우리는 아이가 어떻게 태어나는지에 대한 이야기를 만든다. 그러나 이러한 이야기가 있지도 않는 것에서 발생하는 것은 아니다."[50)]

아버지 : 그래.

Ruth : 매일 나는 죽는 것이 두려워요. 나는 늙어 가지 않았으면 좋겠어요. 그러면 나는 죽지 않을 테니까요. 나는 그렇게 될 수 있죠?[52)]

면담자 : 아이는 죽을까?

G.M.(6년) : 아니요. 아이는 차에 치이지 않는 한 죽지 않아요. 만일 병원에 가면 다시 살아날 것이라고 생각해요.

E.G.(5년) : 난 죽지 않을 거예요. 당신이 늙으면 죽을 거예요. 난 죽지 않아요. 사람은 나이가 들면 죽어요[후에 이 남자아이는 나이가 들면 자기가 죽을 것이라고 말했다].[53)]

이야기 완성 테스트에서 대부분의 아동은 빨리 어른이 되기보다는 오랫동안 어린아이로 머물기를 선호했다. 아홉 살 반 된 남자아이는 어린아이로 남기 위해서 성장이 멈추었으면 좋겠다고 말했는데, '사람이 늙어 갈수록 그 사람 안에 생명이 적기 때문' 이었다.[54)]

물론 아동의 진짜 죽음은 아동에게 심각한 문제를 준다. 흔히 아동은 살해당했는가 아니면 자연히 죽었는가를 구분함으로써 해결한다. 한 아이가 "남자아이는 칼에 찔리거나 차에 치이지 않고는 죽지 않아요."라고 말한다. 다른 아이는 "네가 열 살이 되었을 때 어떤 사람이 너를 죽이지 않는 이상 네가 어떻게 죽을지 난 몰라."라고 했다.[55)] 여섯 살 된 아이는 "난 죽지 않을 거야. 그러나 네가 빗속으로 나가면 죽을 수 있어."라고 했다.[56)] 이러한 말들은 죽음이 급박한 문제가 아니고, 혹은 적어도 피할 수 없는 것이 아니라는 재확신을 함으로써 아동이 불안을 달래는 것이다. 죽음이 나이 든 것으로 추방을 당하거나—이 나이 든 시기는 아동이 상상할 수 있는 것을 넘어 있다—혹은 우연적인 죽음이 발생할 수 있는데, 이것은 사람이 '아주, 아주' 부주의했을 때다.

부인 : 죽음의 인격화 5~9세의 어린아이들 대부분은 죽음을 의인화하는 시기를 거친다. 죽음의 주어진 형태요, 의지다. 죽음은 도깨비, 소름 끼치게 거두어 가는 자, 해골, 유령, 그림자다. 혹은 죽음은 단순히 죽은 자와 연관된 것이다. 이것에 대한 예는 매우 많다.

B.G.(4년 9개월) : "죽음은 잘못하고 있어요."

"죽음이 무엇을 잘못하고 있는데?"

"칼로 죽을 때까지 당신을 찔러요."

"죽음이 무엇이지?"

"사람이에요."

"어떤 사람이지?"

"죽은 사람."

"어떻게 알지?"

"난 그 사람을 보았어요."

"어디서?"

"풀 속에서. 내가 꽃을 모으고 있을 때."

B.M.(6년 7개월) : "죽음은 나쁜 아이들을 실어다 날라요. 나쁜 아이들을 잡아다가 멀리 보내요."

"죽음이 어떻게 생겼든?"

"눈처럼 하얗죠. 죽음은 어디서나 하얗죠. 그리고 악해요. 아이들 같지 않아요."

"왜?"

"왜냐하면 죽음은 나쁜 마음을 가졌어요. 죽음은 남자 어른과 여자도 거두어 가요."

"왜?"

"왜냐하면 죽음은 그 사람들을 보는 것을 싫어해요."

"죽음에서 어떤 것이 하얗지?"

"해골. 뼈 해골."

"진짜로 그러니 혹은 단지 그렇게 말하는 거니?"

"진짜로 그래요. 한번은 죽음에 대하여 말하였는데 그날 저녁 죽음이 왔어요. 죽음은 어디든 들어갈 수 있는 열쇠가 있어서 문을 열 수가 있어요. 죽음은 들어와서 모든 곳을 어지럽혔어요. 침대에 와서 이불을 잡아당겼어요. 나는 이불로 잘 싸고 있었어요. 그래서 죽음이 이불을 벗기지 못했어요. 그러고 나서 가 버렸어요.

P.G.(8년 6개월) : 죽음은 누가 죽었을 때 오고, 큰 낫을 가지고 와서 죽은 사람을 잘라서 가지고 가요. 죽음이 가 버리면, 뒤에는 발자국이 남아요. 발자국이 사라질 때, 죽음이 다시 와서 많은 사람을 베어 죽여요. 그러고 나서 사람이 그것을 잡으려 하지만, 죽음은 다시 사라져요.

B.T.(9년 11개월) : 죽음은 해골이야. 죽음은 아주 강해서 배를 뒤로 돌릴 수 있어. 죽음은 보이지 않아. 죽음은 숨겨진 장소에 있어. 죽음은 섬에 숨어 있어.

V.P.(9년 11개월) : 죽음은 매우 위험해요. 죽음이 당신을 옮기는 데 시간이 얼마나 걸리는 것조차 알 수 없어요. 죽음은 보이지 않고, 세상에 있는 어떤 사람도 보지 못했어요. 그러나 밤에 모든 사람에게 와서 데리고 가요. 죽음은 해골과 같아요. 모든 부분이 뼈로 만들어졌어요. 그러나 빛이 비칠 때, 아침이 되었을 때, 죽음의 흔적은 없어요. 이것이 위험한 죽음이에요.

M.I.(9년 9개월) : 사람은 죽음을 항상 해골과 검은 망토로 그려요. 실지로 죽음을 볼 수 없어요. 실지로 죽음이 유일한 영혼의 종류예요. 사람을 데리고 오고 데리고 가는데, 거지이건 왕이건 상관하지 않아요. 만일 죽음이 원하면 사람을 죽이죠.[57)]

이러한 설명들이 놀라운 것 같지만 죽음의 인격화 과정은 불안완화제(emollient)다. 밤에 묘지에서 나타나 성큼성큼 걸어가는 해골의 광경은 소름이 끼치고 실제하고는 반대이지만 (아동에게) 확실한 것이다. 아동이 죽음을 어떤 외부의 힘이나 사람이 가져오는 것이라고 믿는 한, 죽음이 외부적이 아니라는 정말 무서운 진실로부터 아동은 안전한다. 삶의 초기부터 사람은 자신의 죽음의 포자를 지니고 있다. 더욱이 죽음이 지각력이 있는 존재라면, 마지막 예에서 아이가 말한 것과 같이, 상황에 따라 '죽음이 원해서 사람을 죽일 수 있다면, 아마 죽음은 원하지 않는 것으로 영향을 받을 수 있다. 아마 『페르귄트(*Peer Gynt*)』에서 입센(Ibsen)이 죽음을 버튼 메이커(Button Maker)에 비유한 것같이, 죽음은 연장될 수 있고 회유될 수 있다. 혹은 아무도 알 수 없게 혀를 찔릴 수도 있고 패배할 수도 있다. 아동은 죽음을 인격화하면서 문화적 진화의 요점을 되풀이해서 말하고 있다. 모든 원시적 문화는 자연의 숨어 있는 힘들을 인간 자신의 운명을 더 지배하는 경험으로 만들려는 노력으로 의인화하였다.*

부인 : 죽음의 비웃음 나이가 든 어린아이들은 자신이 살아 있음을 확신함으로써 죽음의 두려움을 누그러뜨린다. 아홉 살이나 열 살 된 아동은 흔히 죽음을 비웃는다. 학생들의 언어에 대한 한 연구는 죽음을 비웃는 것이 아동에게 재미있는 것으로 나타났다. 예를 들면,

> 넌 땅에 파묻히거나 불에 탈 거야.
> 너를 죽이는 것은 감기가 아니라, 너를 죽여서 옮기는 것은 관이야.
> 난 이제 누워서 잠을 자야겠어.
> 바나나 한 봉지가 내 발 아래에 있어.
> 내가 깨기 전에 내가 죽는다면,
> 너는 그것이 복통이었다는 것을 알게 될 거야.
>
> 벌레들이 기어 들어오고,
> 벌레들이 기어 나가고,
> 너는 이것이 무엇에 대한 것인지 알 수 없을 거야.[59)]

많은 어린이들, 특별히 남자아이들은 무분별하게 무모한 재주를 부린다(남자 청소년의 태만한 행동은 죽음불안에 대한 방어의 지속성을 보여 주는 것일 가능성이 크다).

* 1974년 쿠처(Koocher)가 미국 아동의 죽음에[58)] 대한 태도 연구는 나기가 죽음에 대한 의인화에서 발견한 것(헝가리 아동을 조사)과 일치하지 않는다. 아마 여기에는 문화적인 차이가 있었을 것이다. 그러나 이 두 연구의 방법론에서의 차이성을 비교하는 것은 어렵다. 미국 아동 조사에서 인터뷰는 매우 증거가 적은 구조로 되어 있거나 면접자와 대상과의 상호작용이었다. 반면 헝가리 아동을 대상으로 한 것은 훨씬 더 자유 해답식(open-ended)이고, 집중적이었으며, 개인적이었다.

어린 여자아이는 공통적으로 남자아이보다 이러한 행동이 훨씬 적다. 이것은 사회적 기대치나, 마우러가 제안한 것처럼,[60] 여자아이들은 어머니로서, 그러므로 (생명의) 창조자로서의 생물학적 역할에 대한 지식을 가지고 있기에 죽음의 두려움에 대한 압박을 덜 느끼고 있는 것이다.

아동정신과 문헌에 있는 죽음 자각에 대한 부인 아동이 어린 시기에 죽음을 발견하고 죽음에 대한 관심을 널리 가지고 있다는 설득력 있고 감탄할 수 밖에 없는 논의와 지지적 증거에도 불구하고, 성격발달의 정신역동적 형성이나 정신병리학에서 죽음의 두려움에 대한 이성적 포섭으로 헛된 조사를 한다. 임상적 관찰과 역동적 이론 사이에는 왜 모순이 있는 것일까? 이 질문에 대해 '어떻게' 와 '왜' 를 고려해야 한다.

어떻게? 나는 죽음이 단순한 기제(mechanism)에 따라 정신역동이론에서 배제되었다고 믿는다. 죽음의 역할은 역동이론에서 '분리' 로 여기도록 번역되었다. 볼비(John Bowlby)는 분리에 대한 그의 기념비적 연구에서,[61] 여기에서 말하기에는 너무 방대한 설득력 있는 행동학적, 실험적 그리고 관찰적인 증거를 제시하였는데, 어머니로부터의 분리는 유아에게 재앙적인 사건이고, 이 분리불안은 6~30개월 동안에 나타난다고 하였다. 볼비는, 분리는 불안형성에서 주된 경험이라고 결론지었고, 이 결론은 임상의들이 폭넓게 수용하고 있다. 분리불안은 근본적인 불안이고 죽음의 불안을 포함한 불안의 다른 근원들은 분리불안과 함께 평등한 감정적 중대성을 획득한다는 것이다. 다른 말로 하면, 죽음은 두려운 것인데 왜냐하면 죽음은 분리불안을 재환기시키기 때문이다.

볼비의 연구는 대부분 아주 잘 논의되었다. 그러나 죽음불안에 대한 그의 상상은 흥미롭게도 생략된 것 같다. 예를 들어, 볼비는 400명의 어린아이에게 두려움에 대하여 물어본 저실드(Jersild)의 조사를 인용하였다.[62] 저실드는 아프거나 죽는다는 특별한 두려움이 드물다는 것을 명백히 발견하였다. 이 두려움은 8세 이하 200명의 학생 중 누구도 말한 적이 없고, 9~12세의 200명 어린아이 중 단지 6명만이 말했다. 볼비는 이러한 자료를 통해 10세 이하의 어린아이에게는 죽음불안이 없으며, 이 불안은 후에 습득되는 것이고, 이 죽음불안은 분리와 같은 것이라고 결론지었다.[63] 저실드의 연구는 아동이 두려워하는 것은 동물, 어둠, 높은 곳이나 어둠 속에서 유령이나 유괴범의 습격을 받는 것이라는 것을 보여 준다. 그러나 분명한 질문이 제기되지 않았는데, 어린아이가 어둠 속에서 유령이나 무서운 동물에게 습격받는 것, 어둠이 어린아이에게 가지는 중요성이 무엇인가의 문제다. 다시 말하면, 이러한 두려움의 밑바닥에 있는 의미, 정신적 표상(representation)이 무엇인가 하는 문제다.

메이(Rollo May)는 불안에 대해 명백하게 저술한 자신의 책에서 저실드의 연구는 단순히 불안이 두려움으로 변한다는 것을 제시했다고 말했다.[64] 아동의 두려움은 흔히 예측할 수 없는 것이고, 변화하는 것이며, 현실과 연관되지 않는다(예를 들어, 아동은 친근한 동물보다 고릴라와 사자 같은 동물을 더 무서워한다). 메이는 추상적 차원에서 예측할 수 없는 것으로 나타나는 것은 깊은 것과 일치한다고 주장한다. 아동의 두려움은 '근원적인 불안의 객관화된 형태' 다. 메이는 "저실드는 개인적 대화에서 이러한 (아동의) 두려움은 정말로 표현된 불안이라고 말했다. 그는 이러한 것을 보다 일찍 보지 못한 것에 대하여 놀랐다. 그가 이러한 것을 보지 못한 것은 우리의 전통적인 사고방식에서 벗어나는 것이 얼마나 어렵다는 것을 보여 준다."라고 밝혔다.[65]

행동연구는 어린아이에게 두려움이 발생하는 많은 상황을 상세하게 말해 준다. 같은 질문을 이 실험자료에서 물어본다. 왜 어린아이는 낯선 사람, 혹은 '시각적 절벽' (visual cliff, 유리 탁자 아래 깊게 갈라진 틈이 보이는 것), 혹은 다가오는 대상(어렴풋이 보이는 것), 혹은 어두움을 무서워하는가? 동물, 유령 그리고 분리 등의 상황이 생존하는 데 위협하는 것을 분명하게 나타내기 때문이다. 그러나 주된 불안은 소멸(annihilation), 자아 분해(ego dissolution), 삼킴을 당하는 것[66]이라고 보는 클라인(Melanine Klein)과 위니콧(D. W. Winnicott)을 제외하고 아동은 왜 이러한 생명을 위협하는 상황에 두려움으로 가득 차 있는가라는 질문은 거의 물어보지 않았다. 아동발달론자나 아동분석가들은 아동이 대상관계성이나 유아적 성에 몰두할 때 아동의 내적 삶에 대하여 매우 높은 추론적 결론을 지었다. 그러나 아동의 죽음개념을 고려하면 이들의 직관과 상상은 억제된 채로 남아 있다.

분리불안의 실제의 증거는 확실한 행동적 관찰에 기초한 것이다. 새끼는 어미와 분리되었을 때 전반적으로 포유류의 걱정의 징조를 분명히 나타내었다. 외부적 행동 징조와 내적 생리학적인 징조를 모두 보인 것이다. 또한 여기에는 의심할 것 없이, 그리고 볼비가 훌륭하게 보여 준 것 같이, 분리불안은 유아의 생의 초기에 아주 명백하고, 그래서 분리에 대한 관심은 성인의 내적 세계의 주된 주제로 남아 있다.

그러나 행동연구가 밝힐 수 없는 것은 어린아이의 내적 경험의 성격이다. 혹은 안나 프로이트(Anna Freud)가 말했듯이 행동적 반응의 '정신적 표상' (mental representation)은 밝힐 수 없는 것이다.[67] 무엇이 두려움을 불러일으켰는지 아는 것은 가능하지만 무엇이 두려움인지는 알 수 없다. 경험적 연구는 아동이 분리되었을 때 두려워한다는 것을 보여 주지만, 분리불안이 주된 불안이고 이 불안에서 죽음의 불안이 파생되었다는 것은 어디에서나 보여 주지 못한다. 생각과 언어의 이전 단계에서 아동은 이제 막 시작하는 비존재의 불안을 경험할 수도 있다. 그리고 그 불안은 어른에서와 마찬가지로 어린아이에게서 두려움이 되는 것을 찾는다. 이것이 나이가 있는 어린아이에게는 오직 '언어'를 사용함으로써 가능하지만, 분리불안으로 제한되고 변형된다. 발달론자들은 어린아이, 말하자면 30개월 전의 유아는 죽음불안을 경험할 수 있다는 생각을 피하고 있다. 왜냐하면 그들은 둘러싸여 있는 대상에서 분리된 자신에 대한 개념이 거의 없다고 생각하기 때문이다. 그러나 같은 경우를 분리불안에 적용해서 말할 수 있다. 아동이 경험하는 것은 무엇인가? 그것은 확실히 분리가 아니다. 왜냐하면 자신에 대한 개념이 없이는 아동이 분리를 이해할 수 없기 때문이다. 그렇다면 어떤 것에서 분리된다는 것은 무엇인가?

묘사할 수 없는 인간의 내적 경험에 관하여 아는 우리의 지식은 제한되어 있고, 그리고 이 토의에서 아동의 사상을 '성인형태화' (adultomorphizing)시키는 것이 위험하지만, 도전해 보기로 한다. '분리불안' 이라는 용어는 경험적 연구에 기초한 합의된 용어이고 어떤 지울 수 없는 두려움의 내적 상태를 언급하는 것이다. 그러나 어른에게 죽음불안을 분리불안(혹은 대상상실불안), 혹은 더 근본적인 불안에서 왔다고 옮겨 놓아도 이해할 수 없다. 내가 앞 장에서 언급한 것과 같이 사람은 '근본적인' (fundamental)의 두 가지 의미인 '기초적' (basic)인 것과 '연대기적으로 처음 것' (chronologically first)이라는 의미를 구분해야 한다. 분리불안이 연대기적으로 처음 불안이라는 논의를 받아들이는 것은 죽음불안이 '정말로' 대상상실의 두려움이라는 것을 따르지 않는다. 가장 근본적인(기초적인) 불안은 자기상실의 위협에서 온다. 그리고 사람이 대상상실을 두려워하면 불안해지는데 왜냐하면 대상상실은 자신의 생존을 위협(혹은 위협을 상징화한다)하는 것이기 때문이다.

왜? 역동이론에서 죽음불안이 빠진 것은 일부러 빠뜨린 것이 절대 아니다. 또한 이것은 우리가 논의했던 것과 같이 이 불안을 다른 개념으로 옮기는 것을 정당화시키는 실속 있는 이유도 없다. 나는 이 일에 적극적으로 억압하는 과정이 있다고 본다. 이 과정은 죽음을 부인하는 인류의 보편적인 경향에서 근거를 둔 과정(행동조사자들과 이론가를 포함하는)으로, 개인적으로 그리고 일을 통하여 죽음을 부인하는 과정이다. 죽음의 두려움을 연구한 다른 사람은 비슷한 결론에 이르렀다. 앤서니(Anthony)는 다음과 같이 말했다.

> 인류학과 역사가 인간 동기에 힘을 주고 가장 공통적인 것 중 하나로 제시하는 인간의 죽음에 대한 두려움으로 나타내는 현상의 비논리성과 명백한 둔감성은 이것을 쓰는 저자 자신들(아동발달 조사자들)과 그들의 연구에 따라서 이 두려움에 대하여 단지 상투적 억압으로 돌린 것이다.[68]

같은 맥락에서 월(Charles Wahl)이 의견을 말했다.

> 죽음의 두려움에 대한 현상 혹은 죽음에 대한 두려움(죽음공포증으로 불림)은 확실히 임상적으로 희박하지 않지만 정신과문헌이나 정신분석문헌에 거의 묘사되지 않았다는 것은 놀랍고 중요한 사실이다. 이 부재는 의심스러운 것이다. 이것은 다른 죽을 수밖에 없는 사람과 같은 정신의학자들이 인간 정황에 수반되는 부수적 사건에 밀접하고 개인적으로 나타내는 죽음을 고려하기를 혐오한다는 것을 제시하는 것이 아닌가? 아마 이들은 그들의 환자들과 같이 라로슈푸코(de La Rochefoucauld)의 "사람은 태양 혹은 죽음을 직접적으로 볼 수 없다."라는 관찰을 확신하는 것 같다.[69]

죽음불안과 정신병리의 발달

만일 죽음불안이 정신병리 발달의 주된 요소라면, 그리고 죽음의 개념과 함께 어느 시기에 오는 것이 모든 아동에게 주된 발달과업이라면, 왜 어떤 이들은 큰 피해를 입으며 정신분열을 하고 어떤 이들은 비교적 잘 조화된 방식으로 성인기에 이르는가? 이 질문에 대한 답에 도움이 될 경험적 조사는 없다. 현재 내가 제시할 수 있는 것은 단지 가능성이다. 의심할 나위 없이 복잡한 방식에는 수많은 요소가 상호작용을 하고 있다. 거기에는 어떤 '이상적' 시간 혹은 발달적 사건의 연속이 있을 것이다. 아동은 자신의 내적 자원들과 양립할 수 있는 위치에서 이 문제들을 다루어야 한다. '너무 많이' '너무 빨리'는 분명 불균형을 초래한다. 개발된 적합한 방어를 가지기 전에 아동은 죽음과 직면하기가 어렵다. 인생에서 어린아이에게 전적으로 불유쾌한 스트레스는 일시적 불안을 초월한다. 예를 들어 프로이트는 인생의 초기에 큰 외상(trauma)으로 자아에 불균형적이고 지속적인 상처가 발생한 것은 태아 발달의 아주 초기에 태아를 매우 살짝 바늘로 찌른 것이 성장 후 성인기관에 재앙적 결과를 가져오는 것과 같다고 생물학의 실험을 예로 들어 말하였다.[70)]

그렇다면 어떤 형태의 외상이 이에 포함될 수 있을까? 몇 가지 분명한 가능성이 나타난다. 어린아이의 환경에서 죽음에 대한 노출은 중요한 사건이다. 죽음과 접촉하는 어떤 유형들, 즉 적당한 투약, 건강에 좋은 타고난 요소인 자아 자원들, 그리고 죽음불안에 잘 적응해서 대처할 수 있는 협조적인 어른들은 무해한 결과를 낳는 반면, 어떤 유형은 아동이 자신을 보호하려는 능력을 초과할 수 있다. 모든 아동은 벌레, 꽃, 애완용 동물 그리고 다른 작은 동물과의 만남 가운데 죽음에 노출되어 있다. 그리고 이러한 죽음의 경험은 아동에게 당황이나 불안의 근원이 될 수 있고, 부모와 함께 죽음에 대한 물음과 두려움에 대하여 토의할 수 있도록 자극한다. 그러나 사람의 죽음을 경험한 아동은 외상의 가능성이 훨씬 더 크다.

내가 토의했던 것처럼 다른 아이의 죽음은 아동에게 특별히 큰 놀라움인데, 왜냐하면 이것은 나이가 많이 든 사람만 죽는다는 위로적인 신념을 깨뜨리기 때문이다. 나이가 어리고, 자신에게 중요한 형제의 죽음은 주된 외상이다. 여기에는 몇 가지 중요한 문제들이 포함되어 있기 때문에 아동의 반응은 매우 복잡하다. 즉, 형제간의 경쟁 때문에 발생하는 죄의식(그리고 부모의 관심을 더 받기 위하여 명령하는 쾌감에서 오는), 상실 그리고 자신의 죽음에 대한 두려움이 발생한다. 여기에 관한 문헌들은 주로 첫 번째 문제인 죄의식에 대하여 다루며, 때때로 두 번째인 상실을 취급하고 있다. 그러나 세 번째 것은 거의 다루지 않고 있다. 예를 들어, 로젠츠바이그(Rosenzweig)와 브레이(Bray)는 일반 사람과 비교하였을 때 조울증, 그리고 일반적 마비를 가진 정신병 환자 중에 여섯 살 전에 형제의 죽음을 경험한 사람에게서 중요하게 큰 발생률이 있다는 자료를 발표했다.[71)]

로젠츠바이그는 이 결과의 표준분석적 해석을 제공했다. 즉, 내적으로 형제에 대한 적의와 근친상간의 감정에서 나타나는 당황스러운 죄의식은 정신분열적 행동유형을 발생케 하는 중요한 요소라는 것이다. 그는 이 결론을 돕기 위해서 세 개의 간단한(한 문장) 사례 보고를 발표했다. 그의 이론을 지지하기 위해서 많은 임상적 자료에서 선택함에도 불구하고 세 개의 인물묘사 중 두 개가 개인적 죽음의 두려움이 있다고 했다. 어린 시절 자신의 어머니와 두 명의 형제를 잃은 어느 환자는 사촌의 죽음에 대하여 강하게 반응하였다. "그는 너무 심하게 불안해 하여 아프게 되었고 침대로 갔다. 자신이 죽는다는 것에 대하여 계속 두려워했다. 의사는 신경쇠약이라는 진단을 내렸다. 순간 이 환자는 정신병 종류의 기괴한 행동을 보이기 시작했다."[72)] 자신이 첫째였는데 여섯 살 때 세 명의 형제가 사망한 한 환자가 있었다. 세 번째 형제가 죽고 난 후 17세 때 정신이상이 발생하였다. 이 환자를 통해 인용된 단 하나의 진술은 죽음에 대한 반응이 죄의식보다 더한 것을 나타냈다. "때때로 나는 그 형제의 목소리를 듣습니다. 나는 거의 그 형제가 된 것 같습니다. 잘은 모르겠지만 허무함이 내 가까이에 있는 것 같습니다. …글쎄요, 죽음과 같은 허무를 어떻게 내가 극복할 수 있을까요? 내 형의 죽음과 나는, 나는 살았는데, 나는 잘 모르겠습니다…."[73)] 이 선택된 사례보고는 허무를 증명한다. 나는 조사문헌 해석에서 문제를 제시하기 위하여 이 점을 오래도록 검토했다. 조사자들과 임상의들은 전통적인 해석에 판이 박히고, 이 조사에서처럼 다른 설명이 그럴듯하고 자료와 일치가 될 때도 그러한 경향을 바꾸기 어려웠다.

만일 부모와 형제의 상실을 생각한다면, 로젠츠바이그의 조사에서 우리는 60%가 넘는 정신병 환자가 어린 시절에 겪은 죽음의 경험으로 고통받고 있다는 것을 알 것이다. 아마 정신병 환자는 '너무 많이' '너무 빠른' 시기에 고통을 경험한 것이다. 이러한 환자는 죽음에 너무 많이 노출되었을 뿐 아니라, 가족 환경 안의 병리적 정도 때문에 특별히 환자와 가족은 죽음불안을 대처할 수도 없다(제4장에서 논의하겠지만, 실즈(Harold Searles)는 성인 정신병 환자의 정신치료를 기초로 같은 결론에 도달했다[74]).

한 부모의 죽음은 아동에게 재앙적인 사건이다. 성장 후 이 사건에 대한 반응은 몇 가지 요소에 기초한다. 부모와 관계성의 질, 그 부모 죽음의 상황(아이가 부모의 자연스러운 죽음을 보았는지, 폭행을 당한 죽음을 목격했는지), 부모가 병을 앓는 동안의 부모의 태도, 그리고 강하게 생존하려는 부모, 지역사회와 가족 간의 연결망 등이다.[75] 아동은 깊은 상실로 상처를 받고, 자신의 지나친 행동이나 환상적 관심이 부모의 죽음에 연관되어 있을 수도 있다는 관심에 비정상적으로 당황한다. 상실과 죄의식의 역할은 잘 알려져 있고 다른 사람들이 충분하게 토의를 했다.[76] 그러나 전통적인 사별 문헌에서 빠진 것은 부모의 죽음이 아동 자신의 자각에 미치는 영향이다. 앞서 강조한 것과 같이, 소멸(annihilation)이라는 것은 개인의 주된 공포이고, 다른 사람의 죽음에 대한 반응에 많은 근심을 제공한다. 마우러는 이것을 잘 말하였다. "실지 인식 밑의 차원에서 막연한 나르시시즘의 아동은 부모의 죽음이 생명과 자신의 연결점을 상실한다는 것을 '안다.' …사랑하는 대상의 상실에 대한 질투적인 소유성보다 더 아동의 생명에 전적인 공포는 분리불안 걱정의 기원이다."[77]

정신병 환자가 일반적인 사람보다 더 많이 부모를 잃었다는 것을 보이는 것은 어렵지 않다.[78] 그러나 부모의 상실을 경험한 아동에게는 그 함축적 의미가 너무 광대하여 죽음의 경험과 연관된 모든 분리된 요소 중에 어떤 것이 중요한지에 대한 것과 얽힌 것을 풀어 나가는 조사는 매우 어렵다. 예를 들어, 어미에게서 분리된 어린 새끼에 대한 실험을 통해 분리된 새끼는 어미와 함께 있었던 다른 새끼보다 실험적 신경증을 나타내고 훨씬 더 혐오적으로 스트레스에 반응한다는 것은 잘 알려져 있다. 사람의 경우 낯선 사건으로 발생된 불안은 어머니의 즉각적인 출현으로 줄어든다. 이것은 어머니가 사망한 아이는 직면해야 할 모든 다른 스트레스보다 훨씬 더 상처가 된다는 것이다. 아동은 죽음자각에서 나오는 불안에 노출되어 있을 뿐 아니라, 아동 자신이 대처할 수 없는 많은 다른 스트레스(인간관계,

성적인 것, 학교와 연관된 것) 때문에 비정상적으로 고통을 당하고 있다. 그러므로 아동은 살아가면서 증후군(symptomatology)과 하나 위에 다른 하나를 얻어 층을 이루는 신경증적 방어기제를 나타낼 것이다. 개인적 죽음의 두려움은 심연의 가장 깊은 층에 내려앉아, 악몽이나 무의식의 다른 표현 속에서 가장하지 않은 형태로 튀어나온다.

힐가드(Josepth Hilgard)와 뉴먼(Martha Newman)은 어린 시절에 부모의 사망을 경험한 정신병 환자를 연구하여 논란거리가 될 만한 발견을 보고했다. 이것을 사람은 '기념적인 반응' (anniversary reaction)이라고 불렀는데, 정신병동 입원 시 환자의 나이와 환자의 부모가 죽었을 때 나이의 상호관계성을 말한다.[79] 다른 말로 하면, 환자가 입원을 했을 때는 환자의 부모가 죽었을 때와 같은 나이가 된다는 것으로, 우연보다 확률이 높다는 것이다. 예를 들어, 어떤 환자의 어머니가 서른 살에 사망했다면, 이 환자는 서른 살에 '위험한 상태' 에 있다는 것이다. 더욱이 환자의 큰 아이는 환자의 아버지가 죽었을 때 병이 난 것처럼 그 환자의 나이와 같을 수 있다는 것이다. 예를 들어, 어떤 환자가 여섯 살 때 어머니가 사망하였다면, 이 사람은 결혼해서 자신의 장녀가 여섯 살일 때 정신적병적인 '위험' 이 있을 수 있다는 것이다. 이 연구는 죽음불안에 대해 문제를 제기하지 않지만, 어머니의 죽음은 후에 환자가 된 아동을 우발적 사건 속으로 집어 던진다. 어머니의 죽음은 아동에게 역시 죽게 될 것이라는 신호를 보낸다. 아동은 이러한 결론과 환자의 부모가 사망했을 나이가 되어 생각날 때까지 무의식에 남아 있는 연관된 불안을 억압한다.

외상의 정도는 큰 범위에서 죽음에 대하여 가족이 어떻게 기능하는가 하는 것이다. 다양한 문화에 있는 아동은 죽은 자에 대한 의식(ritual)에 참여하고 있다. 이들은 장례식이나 다른 죽음 의식에서 역할을 맡는다. 예를 들어, 뉴기니(New Guinea)에 있는 포어(Fore) 문화에서는 아동이 죽은 친척을 먹는 의식에 참가한다. 대부분 그렇듯이 이러한 경험은 아동에게 재앙적인 것은 아니다. 왜냐하면 어른들이 심각한 불안 없이 이 의식에 참여하기 때문이다. 그러나 오늘날의 서구 문화에서 죽음의 문제에 대하여 부모가 심한 불안을 경험하면, 그때 어린아이에게 죽음에 대한 불안의 메시지가 주어진다. 이러한 부모와의 대화는 심한 신체적 질병을 가지고 있는 아동에게는 특별히 중요할 수 있다. 브레켄리지(Marian

Breckenridge)와 빈센트(E. Lee Vincent)가 쓴 것 같이, "아이는 자기도 죽을 수 있다는 그들 부모의 불안을 느끼고, 건강한 아이가 체험하지 못하는 막연한 근심을 가지는 경향이 있다."[80)]

아동의 죽음 교육

우리 문화에서 많은 부모가 죽음 교육에 대한 실체를 점차적으로 향상시키려고 시도하고 있다. 아주 어린 아이는 죽음으로부터 방어되고 있다. 그들은 분명히 죽음에 대하여 잘못 알고 있다. 어린 시절에 천국 이야기를 듣거나 죽은 자가 돌아오는 것 혹은 아동은 죽지 않는다는 확신이 주입되어 죽음을 부인한다. 후에 아동이 죽음을 받아들일 수 있을 때, 부모는 점차 죽음의 실체 양을 증가시킨다. 때때로 계몽된 부모는 자기기만에 대항하여 확고한 입장을 가지고, 아동에게 죽음 실체를 무효화시키기 위해 가르치는 것을 거부한다. 그러나 부모는 아동이 죽음으로 놀라고 고민할 때, 실체를 부정하는 어떤 재확인을 통하여 위로를 제공하는 것, 즉 죽음을 별것 아닌 것으로 부인하거나 내세 신비인 '긴 여행' 을 설명하면서 죽음에 대한 교육이 어렵다는 것을 발견한다.

쿠버 로스(Elisabeth Küber-Ross)는 하늘의 요정 이야기, 하나님 그리고 천사를 통해 아동에게 죽음을 교육하는 전통적 종교의 관례를 찬성하지 않았다. 그러나 그녀가 죽음에 관심 있는 아동이나 부모와 작업한 것을 기술하였을 때 부인을 기초로 하는 위로를 제공한 것은 틀림없다. 그녀는 아동에게 죽음의 순간, 사람은 '나비같이' 위로가 되고, 손짓하는 미래로 변형되고 자유로워진다고 알려 주었다.[81)] 쿠버 로스는 이것은 부인이 아니라고 주장하고, 대신 이것은 죽음 후 삶의 경험에 객관적 조사에 기초한 사실임에도 불구하고, 경험적 증거는 아직 공개되지 않은 채 남아 있다. 죽음을 두려워하지 않고 한때 죽음을 직면한 이 놀라운 치료자의 현 위치는 자기 속임(self deception) 없이 죽음을 직면하는 것이 얼마나 어려운지를 보여 준다. 내가 판단하는 한 쿠버 로스의 객관적인 자료는 신앙을 통하여 아는 전통적 종교의 교육방식과 중요하게 다른 것이 없다.

서양 문화에는 신체적 발달, 정보 획득, 사회기술 그리고 심리적 발달과 같은 분야에 대한 분명한 교육적 안내가 있다. 그러나 죽음을 교육할 때는 부모가 자신의 것을 많이 가지고 한다. 많은 다른 문화는 죽음에 대하여 애매성이나 불안도 없는, 문화적으로 시인된 신화를 제공한 것이 아동에게 전달된다. 서양 문화는 부모가 따를 수 있는 죽음에 대한 안내를 제공하지 않는다. 이 죽음의 문제가 우주 보편적이고, 아동의 성장발달에 결정적으로 중요하고, 싫든 좋든 부모의 죽음에 대하여 무엇인가를 가르쳐야 한다는 것을 결정해야 함에도 불구하고 안내가 없다. 흔히 아동은 애매한 정보를 받고, 부모의 불안과 혼합되어 주변 환경에서 얻은 다른 정보와 모순되어 혼란스러워질 수도 있다.

죽음의 교육 정도에서 전문 교육가 사이에는 첨예한 불일치가 있다. 앤서니는 부모가 아동에게 교육할 때 실체를 부정하라고 추천한다. 그녀는 "사실(reality)의 부정은 사실을 무시하는 것과 수용하는 사이에 일시적 기간이다." 라고 말한 페렌치(Sandor Ferenczi)의 말을 인용했고, 아동의 죽음부인을 도와주는 것을 실패하면 '죽음과 연관된 부분이 활동하는 신경증'[82]의 결과를 낳는다고 제시했다. 앤서니는 다음과 같이 계속해서 말한다.

> 사실 수용을 돕는 경향의 논의는 확고하다. 그럼에도 불구하고 이 정황에서 그렇게 하는 것에는 위험이 있다. 부인이라는 것 자체가 수용을 쉽게 한다는 이해는 부모의 작업을 더 쉽게 할 수도 있다. 아동이 부인할 필요가 있는 자신의 요구가 지나가 버렸을 때 부모는 불신뢰와 거짓의 책임을 질 수도 있다. 만일 공개적으로 비난받게 되면, 부모는 "그때 네가 그것을 받아들일 수 없었어." 라고 말할지도 모른다.[83]

다른 한편으로 많은 전문교육자들은 "어떤 발달단계에 있든지 어떤 주제라도 아동에게 지적으로 솔직한 형태 안에서 효과적으로 가르칠 수 있다."[84]라는 브루너(Jerome Bruner)의 관점을 받아들이고, 죽음개념에 대하여 아동이 점진적으로 실질적인 이해를 돕도록 시도한다. 완곡어법 (잠자러 갔다, 하늘에 갔다, 천사와 함께 있다)은 "죽음 두려움에 대항하는 매우 얇은 방어막이고 이것은 아동을 당황케 하기만 한다."[85] 죽음의 문제를 무시하는 것은 부모에게 바보들의 천국의 결과를 가져오게 한다. 아동은 이 문제를 무시하지 않고, 성 분야와 같이 흔히 믿을 수 없는 자료를 발견하여서 아동이 죽음에 대해 실제보다 더 무섭게 받아들인다.

요약하면, 아동은 어린 시절에 죽음을 발견한다는 설득력 있는 증거가 있다. 그리고 아동은 인생이 궁극적으로 없어질 것이라는 것을 두려워하고, 이 생각을 자신에게 적용시켜 심한 불안으로 고통당한다. 주된 발달론적 과제는 이 불안을 다루는 것이고 아동은 두 가지 주된 방법으로 한다. 죽음을 참을 수 없는 객관적인 현실로 변경하거나 내적 주관적인 경험으로 변경하는 방법이다. 아동은 죽음의 불가피성과 영구성을 부정한다. 그래서 아동은 불사성의 신화를 만들어 낸다. 혹은 어른에게서 제공되는 신화를 고맙게 수용한다. 또한 아동은 내적 현실을 변경함으로써 죽음의 앞에 있는 현재 자신의 무력을 부인한다. 아동은 자신의 독특성, 전능성, 불사성과 모든 사람을 기다리고 있는 운명에서 자신을 구출할 어떤 외부의 개인적 힘이나 존재를 믿는다.

로클린이 진술한 것처럼 '주목해야 할 것은 아동이 생의 종말에 대한 어른의 관점에 도달했다는 것이 아니라, 오히려 얼마나 끈질기게 생애를 통해서 어른이 아동의 신념을 잡고 있는가이며, 그리고 그 신념이 아동을 즉각적으로 실행하게 하는가다."[86] 그러므로 이런 상태에서는 죽은 자는 죽은 것이 아니다. 이들은 휴식을 취하고 있고, 공원묘지 안에서 영원한 음악소리에 잠을 자는 것이다. 그들은 영생을 즐기고 있고, 이 영생 안에서 자신의 사랑하는 사람과 궁극적으로 다시 만날 것이라는 것이다. 부정의 기제는 개인 삶의 양식과 성격구조를 만든다. 어른으로서만 아니라 아이로서의 개인적인 짐은 개인적 유한성을 다루는 것이다. 다음 장에서 언급할 정신병리의 연구는 실패한 죽음초월의 연구다.

제4장

죽음과 정신병리

환자들이 나타내는 임상적 상황의 유형인 정신병리의 범위는 너무 넓어서 임상의들에게는 현상, 행동 그리고 성격유형을 의미 있는 범주로 해 줄 어떤 조직적 원칙이 필요하다. 임상의들은 정신병리의 어떤 구조화된 패러다임을 적용할 수 있는 만큼 불완전한 상황을 직면하는 불안으로부터 안도된다. 그들은 환자와의 진정한 치료적 관계를 위해 사전에 필요로 하는 인식감이나 친근감, 그리고 전문지식감(sense of mastery)을 개발한다.

이 장에서 언급할 패러다임은 대부분의 정신병리 패러다임이 하는 것과 같이, 정신병리는 불안과 대처하는 무자비하고 비효과적인 형태라는 추측에 기초하고 있다. 실존주의적 패러다임은 불안이 실존 안에서 궁극적 관심(ultimate concern)과 개인의 직면에서 발생한다고 추측한다. 나는 이 장에서 죽음불안과 싸우는 개인의 투쟁에 기초하여 정신병리의 모델을 제시할 것이고, 이 책의 후반에서는 환자의 불안이 다른 궁극적 관심들, 즉 자유, 소외 그리고 무의미에 더 밀접하게 연관된 환자들에게 적용할 수 있는 모델을 제시할 것이다. 교육적인 목적에도 불구하고 이러한 관심들을 각각 토의할 것이고, 이 네 가지 관심 모두가 실존 줄기의 가닥들을 대표하고, 모든 것은 궁극적으로 정신병리의 결합된 실존주의 모델로 재결합되어야 할 것이다.

모든 개인은 죽음불안을 직면한다. 그리고 대부분 적응할 수 있는 형태를 개발한다. 이 형태들은 죽음의 독성을 제거하거나 상징적 불사성 성취를 목적으로 한 넓고 다양한 전략을 통하여 죽음을 극복하려는 개인적 노력인 억제, 억압, 전이, 개인적 전능성에 대한 믿음, 사회적으로 인정된 종교적 신념의 수용이다.

비정상적인 스트레스나 사용할 수 없는 부적합한 방어전략 때문에 '환자기'(patienthood)라 불리는 영역에 들어온 개인은 죽음의 두려움을 다루는 보편적 형식들이 부족한 것을 발견하고 극단적인 방어형태로 몰린다. 이러한 방어적인 책략은 흔히 공포를 다루는 데 좋지 않은 형태로 임상적 그림을 구성한다.

(모든 조직에서) 정신병리는 그 정의에서 비효과적인 방어형태다. 심한 불안을 성공적으로 막은 방어적인 책략조차도 성장을 방해하고 수축시키며 불만족스러운 생활을 하게 만든다. 많은 실존주의 치료자들은 죽음불안을 대처하고 싸우는 데 많은 대가가 요구된다는 기초 위에 의견을 말한다. 철학자 키르케고르(Kierkegaard)는 인간은 제한되어 있고, 모든 사람은 다음 문에서 대기하고 있는 두려움, 멸망 그리고 허무의 관념을 피하기 위해서 자신을 제한시키고 스스로를 작게 한다고 했다.[1] 랭크(Otto Rank)는 신경증을 빚(죽음) 지불을 피하기 위해서 빌리는(삶) 것을 거부하는 것으로 묘사했다.[2] 틸리히(Paul Tillich)는 '신경증은 존재를 피함으로써 비존재를 피하는 방법' 이라고 하였다.[3] 베커(Ernest Becker)는 비슷한 관점을 피력하였다. "인간조건의 아이러니한 것은 가장 깊은 욕구가 죽음과 허무의 불안에서 자유로워지는 것이다. 그러나 이것을 깨닫게 하는 것이 인생 자체이기에 전적으로 살아 있는 것으로부터 움츠려야 한다."[4] 리프턴(Robert Jay Liftton)은 신경증적 개인이 죽음불안으로부터 자신을 어떻게 보호하는지를 묘사하기 위하여 '정신적 망연' (psychic numbing)이라는 용어를 사용하였다.

드러난 죽음불안은 내가 묘사할 정신병리의 패러다임 안에 쉽사리 명백하게 나타나지 않을 것이다. 그러나 이것은 놀라운 일이 아니다. 원시적 형태 안에서의 주된 불안은 어떤 이론적 구조 안에서든 쉽사리 나타나지 않는다. 방어적 구조는 내적 위장을 목적으로 하여 존재한다. 중심 역동 갈등의 성격은 억압과 다른 불안 줄임 책략에 따라서 감추어져 있다. 결국 중심적 갈등은 깊이 묻히고, 전체가 알

려지지 않으며, 단지 이 책략들은 힘든 분석을 통해서 알려지게 된다.[5)]

예를 들어 보자. 개인은 어머니와의 공생적 끈을 유지함으로써 개성화(individuation) 안에 전수된 죽음불안으로부터 자신을 보호하려고 할 것이다. 이러한 방어적 책략은 아마 일시적으로 성공하겠지만, 시간이 지나면서 이 자체가 두 번째 불안의 근원이 될 것이다. 예를 들어, 어머니로부터 분리되는 것을 싫어하는 것은 학교에 등교하거나 사회적 기술의 발달을 방해할 수 있다. 그리고 이러한 경향은 사회적 불안을 낳을 수 있다. 반대로 자기경멸은 억압을 달래지만 성장을 느리게 하며 불안의 부수적인 층과 방어를 발생시키고 새로운 방어를 만들어 낼 수 있다. 조만간 이 중심 갈등은 이러한 현상으로 심하게 외피가 형성되고, 주된 불안의 발견을 매우 어렵게 만든다. 죽음불안은 임상의들에게 금방 명확하게 나타나지 않는다. 이것은 꿈, 환상, 정신병 환자의 말 혹은 신경증적 현상 발병에 대한 고통스러운 분석을 통해서 발견된다. 예를 들어, 로저(Lewis Loesser)와 브라이(Thea Bry)[6)]는 주의 깊게 분석된 첫 번째 공포적 발병은 죽음불안의 타결에 따른 변함없는 특성으로 있다고 보고한다. 후에 발생하는 발병은 노력, 대체 그리고 전이의 출현으로 뒤죽박죽된다.

그럼에도 불구하고 불안의 두 번째 형태로 파생된 것은 '진짜' 불안이다. 개인의 사회적 불안이나 자기 경멸로 파멸될 수 있다. 그리고 다음 장에서 보겠지만 일반적으로 이것을 다루는 노력은 주된 불안을 향하기보다는 파생된 것으로 향하고 있다. 정신치료자들은 불안의 주된 원인과 정신병리의 초기 이유에 관한 자신의 신념이 어떤 것이든 관계없이 환자의 관심 차원에서 치료를 시작한다. 예를 들어, 치료자는 환자를 지원하거나, 적응할 수 있는 방어를 세워 주거나, 상호작용에서 파괴적인 인간 간의 형태를 교정함으로써 환자를 도울 수 있다. 그러므로 많은 환자를 치료함에서 정신병리의 존재론적 패러다임은 전통적 치료전략이나 기술을 무리하게 버리는 것을 요구하지 않는다.

죽음불안 : 정신병리의 패러다임

내가 중요하게 실습적이고 학습적 가치를 가지고 있다고 믿는 임상적 패러다임은 앞 장에서 예시했다. 대처하는 아동의 죽음의 자각 형태는 부인에 기초하고 있고 이 부인 시스템의 두 가지 주된 방법은 개인적으로 자신이 피해를 입지 않을 것이고 궁극적인 구원자의 보호를 영원히 받을 것이라는 오래된 신념이다. 이러한 두 가지의 신념은 특별히 강한데 그것은 이 두 가지 근원을 통해 강화를 받기 때문이다. 즉, 초기 삶의 환경과 불사성 구조와 신성(deity)에 주의 깊은 인간 존재를 포함하는 문화적으로 광범위하게 인정된 신화다.

이 두 가지 근본적인 방어에 대한 임상적 표현은 마이크(Mike)와 샘(Sam)이라는 두 명의 환자들을 두 시간 안에 연속적으로 본 어느 날 특별히 분명해졌다. 이들은 죽음부인의 두 가지 양식에 대한 상당한 연구를 제공하였다. 이 둘의 차이는 놀랄 만한 것이었다. 이들은 각각 반대의 가능성을 설명함으로써 다른 사람의 역동성에 대한 빛을 발산하였다.

종양학 의사(oncologist)에게 위탁을 받은 25세의 마이크는 악성종양을 가지고 있었다. 그는 새로운 화학요법(chemotherapy)을 제안받았으나 거부하였다. 나는 마이크를 딱 한 번 보았다(그 만남에 그는 15분 늦었다). 그러나 그의 삶을 안내하는 동기는 개성화(invididuation)라는 것이 이미 명백했다. 그는 생의 초기에서 어떤 형태의 통제에 대하여 싸웠고 자기자족에 대한 괄목할 만한 기술을 개발했다. 12세 이후 그는 자립하였고, 15세 때 집을 떠났다. 고등학교에서 이후 계약직으로 종사했고, 목수직, 전기공, 배관공사, 석수 등 금방 모든 분야의 거래를 익혔다. 집 몇 채를 지어 실속 있는 이익을 남기면서 팔았다. 배를 구입하고 결혼하고, 부인과 함께 세계 일주를 하였다. 그는 저개발 국가에서 발견한 문화에 매력을 느껴 이민을 준비하고 있었는데 암이 발병한 것이다. 내가 그를 만나기 4개월 전에 발생한 것이다.

인터뷰 중에 느꼈던 가장 놀라운 특징은 화학요법 치료에 대한 마이크의 비이성적 태도다. 치료는 심한 현기증과 구토를 발생시키는 아주 불쾌한 것이었지만, 마이크의 두려움은 이성을 넘는 정도다. 그는 심한 불안증상을 보였고 이 치료를 피할 방법을 찾고 있었다. 치료에 대하여 마이크가 분명하게 두려워하는 것은 무엇인가? 그는 그것이 무엇인지 구체화시킬 수 없었지만, 화학요법이 자신을 무력하게 고정시킨 가운데 행해진다는 것을 알고 있었다. 의사가 주사를 놓기 위해 준비하는 동안 그는 기다리는 것을 참을 수 없었다(주사는 함부로 놓는 것이 아니라, 약을 섞어야 하는데 그것은 그의 혈액검사에 달려 있었고, 이 혈액검사는 매번 주사를 놓기 전에 했다). 그러나 모든 것 중 가장 두려운 것은 정맥 주사였다. 그는 주사기를 자신의 신체에 꽂는 것, 그 후 반창고를 붙이는 것, 몸 안으로 액체가 떨어지는 것을 싫어했다. 무력하게 억제당하는 것, 병원 침대에 조용히 눕혀 손이 움직이지 않게 되는 것을 싫어했다. 마이크는 의식적으로 죽음을 두려워하지 않았으나 치료에 대한 두려움은 분명한 죽음불안의 전이였다. 마이크에게 정말로 두려운 것은 누구를 의지해야 하고 움직이지 못하게 된다는 것이다. 이러한 조건이 두려움에 불을 붙였고, 이것들은 죽음과 동등한 것이었다. 그리고 그 생의 대부분을 숙련된 자기신뢰(self-reliance)를 통해서 이것들을 극복했다. 그는 자신의 특별함, 즉 누구도 자신에게 상처를 입힐 수 없다는 것을 믿었고, 암에 걸리기까지 자신의 신념을 강화하는 삶을 창조했다.

내가 할 수 있는 일은 담당의사에게 마이크가 약을 준비해야 하고, 병의 진행과정을 볼 수 있도록 그가 허락해야 하고, 정맥주사를 조정해야 한다는 것을 제안하는 것뿐이었다. 이러한 제안은 도움이 되었고, 마이크는 치료과정을 끝냈다. 마이크는 나와의 다음 약속을 지키지 않았다. 대신 스스로 할 수 있는 근육긴장완화 카세트테이프를 물어보느라 전화를 했다. 그는 계속 수행해야 할 치료를 받지 않고 이민 계획을 실행하기로 결정했다. 그의 아내는 이민 계획을 반대했고, 그는 홀로 떠났다.

샘(Sam)이라는 환자는 마이크와 대략 같은 나이였지만, 어떠한 면에서도 마이크를 닮은 점이 없었다. 그는 아내가 자신을 떠나기로 결정한 후에 나를 만나러 왔다. 마이크처럼 말 그대로 죽음을 직면하지 않았지만, 샘의 상황은 상징적 차원에서는 마이크와 유사하였다. 그의 행동은 그가 비정상적으로 자신의 생존에 대하여 심한 위협에 직면하고 있다는 것을 말해 주었다. 그는 공황상태를 걱정하였고, 계속해서 몇 시간을 통곡했으며 자거나 먹을 수가 없었다. 그리고 어떠한 대가를 치르더라도 아내와의 이별을 막으려 하였고, 심각하게 자살을 생각하고 있었다. 몇 주가 지나면서 샘의 재앙적인 반응은 수그러들었다. 그러나 그의 불안은 좀처럼 사라지지 않았다. 그는 계속해서 아내를 생각하였다. 그가 말한 것처럼 그는 '삶 가운데 살지' 않았고, 삶의 밖에서 도망치며 살았다. '시간이 지나는 것'은 의식이 되었고 심각한 일이 되었다. 낱말 맞추기, 수수께끼, TV 시청, 신문과 잡지 읽기는 무료함을 채우고, 가능하다면 고통 없는 시간을 얻기 위한 수단이 되었다.

샘의 성격구조는 '용해'(fusion)라는 주제를 중심으로 잘 이해될 수 있다. 바로 마이크의 '개성화'에 드라마적으로 방해하는 주제다. 제2차 세계 대전 동안 샘의 가족은 위험을 피하기 위해 여러 번 이동을 했다. 이 과정에서 샘은 사춘기가 되기 전에 아버지의 사망과 몇 년 후 어머니의 사망을 포함한 많은 상실을 경험했다. 그는 친밀한 관계를 맺음으로써 이러한 어려운 상황에 대처했다. 첫째는 어머니와 친척들 혹은 입양된 친척들이었다. 그는 모든 사람에게 재주 많은 잡부였다. 그는 관대한 양의 시간과 돈을 상당히 많은 어른에게 늘 나눠 주는 사람이었다. 사랑받고 관심받는 것보다 더 중요한 것은 없는 것 같이 보였다. 부인이 떠난 이후 그는 자신이 사랑을 받을 때만 존재한다는 것을 깨달았다. 흡사 공포에 질린 동물처럼 소외 상태에서는 생기가 중단된 상태 속으로 얼어붙었다. 이것은 사는 것도 죽은 것도 아니었다. 부인이 떠난 이후 나타난 고통에 관하여 한 번 이야기할 때, 그는 "집에 혼자 앉아 있을 때 가장 어려운 것은 내가 살아 있다는 것을 누구도 알고 있지 않다고 생각하는 것이다."라고 말했다. 혼자 있을 때, 원시적인 필요만 제외하고는 먹는 것과 어떤 만족할 수 있는 것은 거의 구하지 않았다. 집 안을 청소하지 않았고, 빨래도 안 했고, 책도 읽지 않았다. 그는 예술적인 소질이 있었지만, 그림을 그리지 않았다. 샘이 말했듯이 "다른 사람이 나에게 돌아온다는 것이 확실하지 않는 이상 에너지를 소비하는 것은" 의미가 없었다. 그의 존재를 유효화시키는 어떤 사람이 있지 않는 한 그는 존재하지 않았다. 그가 혼자 있을 때 다른 사람이 그에게 생명을 복원시키는 에너지를 제공하지 않는 한 그는 영구적인 포자(胞子)로 남아 있었다.

그는 필요할 때 연장자의 도움을 구했다. 입양한 친척들이 있는 집으로 가서 몇 시간의 위안을 받기 위해서 비행기를 타고 대륙을 날아간다. 그의 어머니와 자신이 한때 4년 동안 살았던 집 밖에 단지 서 있는 것만으로도 위안을 받았다. 위로와 충고를 받기 위해서 전화비는 천문학적 숫자로 치솟았다. 인척들은 많은 위로를 주었고, 자신의 딸들보다는 샘에게 사람을 보냈는데, 그것은 샘이 그들에게 한 헌신 때문이었다. 위기가 왔을 때 자신을 도우려는 샘의 노력은 상당한 것이었으나 단조로운 것이었다. 그는 자신을 보호해 주는 어떤 인물이 자신을 지키고 보호하고 있다는 믿음을 강화하기 위해서 여러 방법을 구하였다.

극단적인 외로움에도 불구하고, 샘은 외로움을 감소시킬 절차를 밟으려 하지 않았다. 나는 어떻게 그가 친구를 만나야 하는지에 대한 실질적인 제안을 만들었다. 독신자 모임, 교회활동, 자연환경보호단체(Sierra Club), 성인교육과정 등이었다. 그는 나의 충고에 전적으로 귀를 기울이지 않았다. 점차 나는 그를 이해하였다. 외로움에도 불구하고 샘에게 중요한 것은 다른 사람들과 함께 하는 것이 아니라, 궁극적 구원자에 대한 그의 신념을 확인하는 것이었다. 그는 분명 집 밖으로 나가서 독신자들과 데이트를 하면서 시간을 보내지 않으려고 했다. 이유가 무엇일까? 그는 전화를 받지 못할까 봐 두려워했던 것이다! '밖에서' 걸려오는 전화는 수십 가지의 사회활동보다 더 가치 있는 것이었다. 무엇보다 샘은 도움을 요청하는 일 없이, 그리고 자신의 구조를 계획함이 없이 발견되고, 보호받고, 구조되기를 원했다. 사실 깊은 차원에서 샘은 자신을 도움으로써 자신의 책임성을 추측케 하는 성공적인 노력으로 더 불편해졌다. 나는 샘을 4개월 넘게 보았다. 그가 점점 편해지면서 (나의 도움과 다른 여성과의 만남을 통하여), 분명하게 계속된 심리치료 작업 동기가 필요 없었기에 우리 둘은 차례대로 작업의 종료에 동의했다.

죽음에 대항하는 두 가지 근본 방어

마이크와 샘의 사례를 통해 무엇을 배웠는가? 우리는 이들이 근본적인 불안에 대처하기 위해서 급진적으로 다른 두 가지의 유형을 사용한다는 것을 분명히 보았다. 마이크는 자신의 특별성과 불가침성(inviolability)을 믿고 있었다. 샘은 궁극적인 구원자의 존재에 대한 신념을 가지고 있었다. 마이크의 자기만족감은 비대한 반면, 샘은 혼자 존재하지 않았고 다른 사람과 함께 융합하려고 하였다. 이 두 가지 유형은 정반대다. 그리고 서로 배타적이지 않음에도 불구하고, 임상의로 하여금 임상상황의 넓은 다양성을 이해하도록 유용한 변증법적인 것을 구성하였다.

우리는 절박한 경험 시기에 있는 마이크와 샘을 만났다. 이 두 사람은 이 위기에서 새로운 방어를 끌어내지는 않았다. 최상의 순수 가능한 방법 가운데서 위기는 본능과 그들의 존재형태의 제한성을 두드러지게 하였다. 개성화나 용해형태의 극단적인 집착은 분명히 잘못 적응되는 성격적 완고성의 결과를 낳는다. 마이크와 샘은 스트레스를 증가시키고, 대처하는 것을 방해하고, 성장을 저해시키는 극단적인 형태를 보였다. 마이크는 생명을 구하는 치료에 참가하는 것을 거부했고 후에 따르는 진단을 거부했다. 샘의 아내가 떠나기로 결정한 것은 샘의 관심을 끌기 위한 격렬한 욕망에 책임이 있다. 용해를 하기 위한 그의 열정은 외로움의 고통을 증대시키는 결과를 낳았고 삶의 새로운 상황에 책략 있게 대응치 못하는 무능력을 가져왔다. 마이크나 샘은 위기의 결과로 성장할 수가 없었다. 당연히 정의에 따르면, 개인적 성장을 방해하는 부적응적이고 완고한 행동은 신경증적 행동이다.

순수한 점에서 이 두 가지 방어는 변증법을 구성한다. 바로 인간의 상황을 직면하는 두 개의 정반대로 대립하는 형태다. 인간은 용해되거나 분리하고, 흡수되거나 벗어나는 것이다. 인간은 '본능에 거부함으로써 자신의 자율성을 확고히 한다.' (Otto Rank가 표현한 것과 같이)[7] 혹은 다른 힘과 결합함으로 안전을 구하는 것으로 자신의 자율성을 확인했다. 자기가 자신의 아버지가 되거나 영원한 아들로 남는 것이다. 확실히 이것은 프롬(Erich Fromm)이 인간을 묘사했을 때 '복종을 열망하거나 권력을 욕망한다' 는 것을 의미한다.[8]

이 실존적인 변증법은 임상의에게 그 상황을 '잡을 수' 있는 패러다임을 제공한다. 각각의 설명에 도움을 주는 힘을 가진 많은 패러다임이 있다. 마이크와 샘은 정신분열과 수동적 의존성이라는 성격장애를 가지고 있다. 마이크는 부모에 대해 계속된 반항적인 갈등, 반대의존(counterdependency), 오이디푸스적 투쟁의 신경증적 영구화 혹은 동성애의 공포라는 관점에서 볼 수 있다. 샘은 어머니, 해결되지 않은 슬픔, 거세불안, 임상의가 가족 역동성 안에서 아내와 샘의 상호작용에 주목한 것에서 동일시하는 관점들을 통해서 이해할 수 있다.

그러므로 존재론적인 접근은 많은 패러다임 중 하나이고, 이 접근의 존재 이유는 유용성 때문이다. 이 변증법은 치료자에게 임상에서 흔히 간과되고 있는 자료들을 이해할 수 있게 한다. 예를 들어, 치료자는 왜 마이크와 샘이 자신의 고통스러운 환경에 그렇게 강력하고 습관적으로 반응했는지, 혹은 샘이 자신을 위한 책임감을 가정함으로 그의 상태를 '향상' 시키려는 경향을 왜 회피하였는지 이해할 수 있을 것이다. 이 변증법은 치료자로 하여금 가장 깊은 차원에 관여하도록 한다. 이 치료는 즉각적인 현재 안에 존재하는 주된 불안의 이해에 기초하고 있다. 치료자들은 환자의 증상은 현재 환자를 위협하는 죽음불안의 반응으로써 보는 것이지, 과거의 외상이나 스트레스의 환기 책임으로 보는 것이 아니다. 그러므로 이 접근은 자각, 직접성(immediacy) 그리고 선택을 강조한다. 즉, 치료자의 수단을 앙양시키는 강조다.

이 책의 나머지 부분에서 죽음을 부정하는 두 가지 근본적인 형태에 이 부인에서 나타나는 정신병리의 형태에 대하여 서술할 것이다. 많이 알려진 임상적인 현상들이 죽음에 대해 부인을 하는 정신병리에 따라서 이해되고 보일 수 있음에도 불구하고, 나는 소모적으로 분류하지 않는다. 이것은 사례보다 훨씬 더 명확하고 포용성이 있다. 자신의 특별성과 궁극적 구원자에 대한 두 가지 신념은 매우 잘 적용될 수 있다. 그러나 이 각각의 적응이 무너질 지경까지 너무 짐이 많이 실릴 수도 있고, 희박하게 영향을 주기 때문에 불안은 새어 버리고, 정신병리는 방어고장이나 방어도피(runaway)의 형태로 나타난다.

분명히 하기 위해서 각 방어를 구별해서 토의할 것이다. 그리고 이것들을 다시 합칠 것인데, 왜냐하면 이것들은 복잡하게 상호의존적이기 때문이다. 대다수의 개인은 그들의 성격구조 안에 이 양쪽의 방어가 짜인 흔적을 가지고 있다.

특수성

아직까지 어떤 누구도 이반 일리치(Ivan ILyich)*의 입을 통해 말하는 톨스토이보다 우리의 특별함을 힘 있고 독설적으로 깊은 비이성적 신념에서 묘사한 사람은 없다. 그는 다음과 같이 말했다.

그의 가슴 깊은 곳에서 그는 자신이 죽어 간다는 사실을 알고 있었다. 그러나 그는

* (역자 주) 톨스토이의 단편소설 『이반 일리치의 죽음』에 나오는 주인공.

이러한 생각에 익숙해져 있지 않을 뿐만 아니라, 그는 단순히 그렇게 하지도 않았고, 그것을 잘 수도 없었다. 키제베터(Kiezewetter)의 논리에서 배운 삼단논법, "가이오(Caius)는 사람이다, 사람은 죽는다, 그러므로 가이오(Caius)는 사람이다."는 가이오에게 적용이 될 때 항상 맞는 것 같았다. 그러나 확실히 자기에게 적용될 때 그렇지 않았다. 가이오는 추상 속에 있는 사람이고, 이것은 정말 맞다. 그러나 그는 가이오가 아니다. 추상적인 사람이 아니라, 모든 다른 것들로부터 정말 분리된 창조물이다. 그는 과거에 어머니와 아버지, 미타야(Mitaya)와 볼로디야(Volodya), 장난감들, 마부와 유모와 함께, 그 후에는 카텐카(Katenka) 그리고 아동기, 소년기 그리고 청년기의 환희, 슬픔과 기쁨을 함께한 바냐(Vanya)였다. 가이오는 바냐가 그렇게 좋아했던 줄 쳐진 가죽공의 냄새에 대해 무엇을 알 수 있을까? 가이오가 자기 어머니의 손에 이렇게 입맞춤을 했다면 어머니 옷의 비단 스치는 소리가 가이오에게도 날까? 학교에서 구워 만든 과자가 좋지 않았을 때 화를 냈던 것처럼 가이오도 그렇게 하였을까? 가이오가 그렇게 사랑에 빠졌을까? 그가 한 것처럼 가이오가 회의에서 의장으로 활동을 했을까? 가이오는 정말로 인간이었고 죽은 것은 당연한 것이었다. 그러나 나는, 작은 바냐인 이반 일리치는 나의 모든 생각과 감정에서 보면, 이것은 전적으로 다른 것이다. 내가 반드시 죽어야 된다는 것은 성립될 수 없다. 그것은 너무 무서운 것이다.[9)]

우리 모두는 존재의 근본적 범위 안에 다른 것들과 차이점이 없다고 알고 있다. 의식적 차원에서 누구도 이것을 부인하지 못한다. 그러나 우리 각자의 깊고 깊은 곳은 이반 일리치가 말한 것 같이 죽음의 법칙이 다른 사람에게는 적용되지만, 나에게는 분명 적용되지 않는다고 믿는다. 때때로 이러한 신념이 의식 속으로 갑자기 들어가면 사람의 보호막이 해체된다. 그리고 자신의 불합리성에 놀란다. 예를 들면, 근래 나는 안경이 옛날처럼 잘 보이지 않아 안과 의사를 찾아갔다. 그는 검안한 후 나이를 물었다. 내가 "48세입니다."라고 말하자, 그가 "예정대로 나타날 나이입니다."라고 했다. 나의 깊은 어디에선가 생각이 떠올랐고, 경멸적인 소리가 나왔다. "무슨 예정이란 말이야? 누가 예정에 따르고 있단 말이야? 당신과 다른 사람은 그런 줄 몰라도, 난 확실히 아니야."

예를 들어, 암과 같은 심각한 병에 걸렸다는 것을 알았을 때, 일반적으로 첫 번째 반응은 어떤 형태의 부인이다. 이 부인은 생명을 위협하는 것과 연관된 불안에 대처하려는 노력이다. 그러나 또한 이것은 개인의 불가침성에 대한 깊은 신념의 기능이기도 하다. 많은 심리학적 작업들은 개인 일생의 가정적인 세계(assumptive world)를 재구조하는 데 역점을 두어야 한다. 방어가 손상을 입었을 때 사람은 정말로 움켜쥐면서 "하나님, 나 정말 죽게 되었습니다."라고 소리치고, 삶이 다른 사람을 다룬 것과 같은 거친 방법으로 자신을 다룬다는 것을 깨닫고 절망감에 빠지며, 약간 묘한 입장에서 배신감을 느낀다.

치명적인 암 환자들을 돌보는 동안 자신의 죽음에 대하여 알려는 의지가 매우 다양하다는 사실을 관찰했다. 때때로 많은 환자들은 의사들이 환자의 예후에 대하여 말하는 것을 듣지 않는다. 환자는 많은 내적인 재구조가 행해진 후 이러한 말들을 받아들인다. 어떤 환자는 자신의 죽음에 대하여 알고, 죽음을 단음적인(staccato) 식으로 직면한다. 간단한 자각의 순간, 간단한 두려움, 부인, 내적 진행, 더 많은 정보에 대한 준비다. 다른 사람은 죽음의 자각과 연관된 불안이 무섭도록 빠르게 범람해 버린다.

자궁경관암을 가진 28세의 여성 환자 팸(Pam)은 인상적인 방법으로 자신이 가진 특별성의 신비가 무너졌다. 검진에 필요한 개복수술을 받은 후에, 외과의사는 그녀에게 상황이 정말 위독하고, 살 수 있는 기간이 약 6개월이라고 알려 주었다. 한 시간 후에 외과의사와 팸의 치료계획을 미처 얘기하지 못한 방사선 치료 팀이 방문해서 그녀에게 방사선 치료를 할 계획이라고 알려 주었다. 그녀는 두 번째 방문자들을 믿었다. 그러나 불행하게도 담당 외과의는 그녀 모르게 대기실에서 기다리던 부모에게 그녀가 6개월밖에 살 수 없다는 메시지를 전달했다.

팸은 가장 비현실적인 환경인 부모의 집에서 병의 차도가 있는 몇 달을 보냈다. 부모는 딸이 6개월 안에 죽을 것처럼 대해 주었다. 부모는 그녀에게서 세상의 일과 자신들을 격리시켰다. 그들은 불안정한 통화를 가려내기 위해서 딸의 전화내용을 감시하였다. 간단하게 말한다면, 딸을 '편하게' 해 주었다. 마침내 팸은 부모에게 하나님께 맹세컨대 정말 무엇이 어떻게 되는 것인지 알고 싶다고 요구했다. 부모는 의사와 나눈 내용을 이야기했다. 팸은 방사선 치료 팀의 이야기를 했으나, 자신의 잘못된 이해는 금방 명확해졌다.

팸은 이 경험으로 많이 흔들렸다. 수용치 못한 의사의 말을 부모와의 직면을 통해 들었고, 그녀가 죽음으로 향하고 있다는 사실을 깨달았다. 그녀의 말은 그것을 나타내고 있다.

> "점점 좋아지는 것 같았고 행복했다. 그러나 부모님은 마치 내가 살지 않을 것처럼 대하셨고, 부모님이 이미 나의 죽음을 받아들였다는 것을 깨달은 무서운 감정 속에서 고민하게 되었다. 실수와 잘못된 전달 때문에 가족에게 나는 이미 죽은 것이었다. 나는 죽음으로 출발했고, 내 자신을 다시 살아나는 쪽으로 되돌리는 것은 매우 어려운 것이었다. 매우 아팠을 때보다 더 좋아졌으나 이후에는 더 나빠졌다. 가족들은 내가 갑자기 좋아지자 나를 떠나 자신의 일상생활로 돌아갔고 나는 여전히 죽은 것으로 남겨졌기에 이 상황을 잘 처리할 수 없었다. 나는 아직까지 놀라 있고 내 앞에 있는 것 같은 경계선을 넘으려고 노력하고 있다. 이 경계선은 내가 죽은 것인가 혹은 살 것인가의 경계선이다."

팜이 진정으로 이해했던 점은 그녀의 의사가 말한 어떤 것으로 죽는다는 것이 아니었고, 그녀의 부모가 그녀 없이 계속 살 수 있는 것과 세상은 예전처럼 흘러간다는 충격적인 사실이다. 그녀가 표현한 것과 같이, 좋은 시간들은 그녀 없이도 계속된다는 것이다.

온몸에 암이 전이된 한 환자는 어떻게 가치 있는 개인적인 소유들을 나눌지에 대해 자녀들에게 지시하는 편지를 쓸 때 앞의 환자와 달랐다. 오히려 그녀는 죽음 앞의 황량한 행정적인 일들을 기계적으로 수행했다. 자신의 뜻을 쓰는 것, 장례구상을 하는 것, 장례집행자의 약속 등이었는데, 그녀에게 정말 죽음을 실감하게 한 것은 자녀에게 보내는 개인적 편지였다. 편지는 간단했지만 자녀가 그 편지를 읽을 때 그녀는 더 이상 이 땅에 존재하지 않는다는 것에 대한 공포스러운 깨달음이었다. 그녀가 자녀에게 반응할 수도 없고, 그들의 반응을 볼 수도 없고, 자녀들을 인도해 줄 수도 없다. 그들은 이 땅에 그대로 있겠지만 그녀는 아무것도 아닌 것이 된다.

또 다른 환자는 몇 달간 고민한 끝에 자신이 암 말기이고, 오래 살지 못한다는 사실을 십대의 아들들과 이야기하기로 고통스러운 결정을 내렸다. 그녀의 아들은 슬픔에 젖어 대답했으나 용기와 자기만족감을 가지고 있었다. 그녀에게 아들의 이러한 태도는 너무 많은 용기와 자신감이었다. 그녀의 마음 한구석에서는 자식에 대한 어떤 자랑을 느낄 수 있었다. 즉, 좋은 부모가 해야 하는 것을 그녀가 했다는 것, 그리고 그녀가 자녀에게 본을 보여 준 것을 따라 자신들의 삶을 사는 것에서 비롯된 자랑이었다. 그러나 자녀는 그녀의 죽음을 너무나 잘 수용했다. 그리고 그녀가 자신의 비이성성을 증오했음에도 불구하고, 자녀가 그녀 없이 지속되고 잘 자랄 것이라는 것 때문에 불안해했다.

잔(Jan)은 유방암이 뇌로 번진 환자다. 의사들은 몸이 마비될 것이라고 경고했다. 그녀는 의사들의 말을 들었지만, 마음 깊숙한 곳에서는 그 가능성에 독선적으로 면역을 느꼈다. 참을 수 없는 약함과 마비가 오자 잔은 갑자기 자신의 '특수함' 이라는 것은 하나의 신화라는 것을 깨달았다. 그녀는 죽음에는 '탈출 조항' 이 없다는 것을 깨달았다. 그녀는 이 모든 것을 집단치료 상담에서 말하였고 그리고 지난주에 굉장한 진리를 발견하였다고 했다. 그 진리는 그녀가 서 있는 기반을 흔들게 하였다. 그녀는 자신이 선호하는 인생 기간에 대하여 즐겼었다. 70세는 괜찮을 것이고, 80세는 너무 늙었다는 것이었다. 그리고 갑자기 '나이가 들었을 때 그리고 죽게 되었을 때, 내가 원하는 것은 절대적으로 죽음과 함께 할 수 없다' 는 것을 깨달았다.

아마 이러한 임상적 사례는 아는 것과 진정으로 아는 것, 우리 모두가 소유하고 있는 일상생활에서의 죽음의 자각과 '나의 죽음' 을 전적으로 직면하는 사이에 어떤 다른 것이 있다는 것을 전달한다. 자신의 죽음을 수용하는 것은 각각 불안의 영향력 분야를 가진 많은 다른 불쾌한 진리를 직면하는 것이다. 개인은 유한하다. 개인의 삶은 정말 끝이 온다. 그럼에도 불구하고 세상은 지속된다. '개인은 많은 것들 중 하나일 뿐 더도 아니고 덜도 아니다. 우주는 개인의 특별성을 인정하지 않을 것이다. 우리 모두의 삶은 허위의 증빙을 수행했고, 마지막은 어떤 완전한 존재의 불변차원은 사람의 영향력을 넘어 있는 것이다. 사실 개인이 원하는 것은 절대 죽음과 함께 할 수 없다' 는 진리들이다.

한 개인이 자신의 특별성이 신화적인 것임을 발견할 때는 분노와 생에 대한 배반을 느낀다. 확실히 이 배반감은 프로스트(Robert Frost)가 "오 주님, 내가 당신에게 대한 약간의 농담을 용서해 주십시오. 그리고 나는 당신이 나에게 내린 큰 거짓을 용서하겠습니다."[10]라고 썼을 때 그의 마음에 있는 것이다.

많은 사람들이 좀 더 일찍 알았더라면 자신의 삶을 다르게 살 수 있을 것이라고 느낀다. 그들은 분노를 느낀다. 그러나 그 분노는 힘이 없고, 합리적인 반대를 가지고 있지 않기 때문이다(의사들이 종종 전이된 분노의 표적이 되기도 하는데, 특별히 죽어 가는 많은 환자들에게 그렇다).

개인의 특별성에 대한 신념은 적응을 매우 잘하게 하고 본성으로부터 나오도록 허용하며, 동반되는 불안을 인내하도록 한다. 즉, 이것은 소외, 우리의 작음에 대한 자각, 외부 세계의 거대함, 부모의 부적합성, 우리의 피조성, 우리를 본성에 묶어 두는 신체적 기능, 그리고 우리 모두의 의식의 끝에서 끊임없이 솟아나는 죽음에 대한 생각 등이다. 자연의 법칙으로부터 면제되어 있다는 신념은 행동의 많은 부분에 기초한다. 이 신념은 용기를 증가시키고 개인적 소멸 위협에 따라서 당황 없이 위험을 만날 수 있도록 한다. 성서의 시편 기자는 "너의 오른손에 천 명이 쓰러질 것이고, 왼손에 만 명이 쓰러질 것이다. 그러나 죽음은 너에게 오지 않을 것이다."라고 말하고 있다. 이렇게 발생한 용기는 많은 사람이 말하고 있는 인간의 자신감, 효과, 힘 그리고 통제를 위한 '자연적' 노력을 발생시킨다. 사람이 어느 정도 힘을 성취하면, 죽음의 두려움은 더 누그러지고 자신에 대한 특별함은 더 강요된다. 앞으로 전진하고, 성취하고, 물질적인 부를 축적하고, 멸망하지 않을 기념으로 작품을 남기는 것은 인간의 밑에서 휘젓는 죽음의 문제를 효과적으로 숨기는 하나의 방법이 되는 것이다.

충동적인 영웅주의

많은 사람에게 영웅적인 개성화는 자신의 실존적인 상황에서 가장 잘할 수 있는 것을 대표한다. 그리스의 작가 카잔차키스(Nikos Kazantzakis)는 이러한 정신을 가졌고, 그의 조르바(Zorba)는 그의 본질적인 자신만족감의 사람이었다. 자서전에서 카잔차키스는 자신의 모델인 조르바의 마지막 말, "만일 어떤 성직가가 나에게 죄를 고백하라고 와서 성만찬을 주면, 그에게 자신이나 죄 없도록 하라고 말하면, 아마 그가 나를 저주할 것이다! …나 같은 사람은 천 년을 살아야 한다."를 인용했다.[11] 어디에선가 율리시스(Ulysses)의 입술을 통하여 카잔차키스는 우리에게 인생을 완전하게 살기 위해서는 죽음을 단지 '불에 탄 성'[12]으로 생각하고 떠나는 것이라고 충고하고 있다. 헤라클레이온(Herakleion)의 성벽에 있는 그의 무덤 비석에는 단순한 영웅적 비명이 있다. "나는 아무것도 원치 않는다, 나는 아무것도 두려워하지 않는다, 나는 자유다."

이것을 조금 더 압박하면, 방어는 지나치게 확장된다. 영웅적 자세가 그 자체에 파고들어 와, 영웅은 앞서 이야기한 암 환자 마이크처럼 자신 안에 있는 큰 위험을 피하기 위해서 위험을 직면하려는 충동적인 영웅이 된다. 충동적인 영웅의 원형인 헤밍웨이는 그의 생애 전체를 통해서 위험이 없다는 것을 증명하는 기괴한 방법으로 위험을 정복하고 구한 사람이었다. 그의 어머니는 그의 첫 번째 문장의 하나가 "아무것도 두려워마라."[13]라고 말했다. 그는 아주 아이러니한 방법으로 분명히 무를 두려워했다. 왜냐하면 그는 우리처럼 무(nothingness)를 두려워했기 때문이다. 헤밍웨이식의 영웅은 개인적 해결로 긴급한 상황에서 도망하는 것을 대표한다. 이 영웅은 선택이 아니다. 그의 행동은 무언가의 조정을 받고 고정된 것이다. 그는 새로운 경험들로부터 배우지 않는다. 죽음 접근조차도 자신의 응시를 돌리지 못하거나 그의 지혜를 증가시키지 못한다. 평상상태의 방향(芳香)을 가지고 있기 때문에 헤밍웨이의 방식에는 나이가 드는 것과 소멸하는 것의 설 자리가 없다. 소설 『노인과 바다』에서 산티아고(Santiago)는 획일적인 방법 가운데 그의 다가오는 죽음을 만난다. 같은 방법으로 그는 인생의 근본적인 위협을 직면한다. 거대한 물고기를 잡기 위해 홀로 바다로 나간 것이다.[14]

헤밍웨이 자신은 그의 개인적 불가침성 신비의 와해를 존속시킬 수 없었다. 그의 건강과 신체가 약해지면서, 그의 '평상상태' (어떤 의미에서 그는 모든 사람이 인간의 상황을 직면하는 것을 좋아했다)는 고통스러운 사건이 되었고, 그는 빼앗겼으며 끝내 깊게 좌절하였다. 그의 마지막 병, 학대망상의 편집증적 정신분열과 암시생각은 일시적으로 그에게 특별성의 신비를 보완했다(모든 학대적 경향과 암시생각은 개인적 장중함(grandiosity)의 핵심에서 흐르는 것이다. 여하튼 아주 특별한 사람만이 악의적인 의도에도 불구하고 그의 환경으로부터 관심을 받을 수 있다.). 결국 편집증적 해결은 실패했다. 그리고 죽음의 두려움에 대하여 방어를 남기지 않았고, 헤밍웨이는 자살을 했다. 이것은 죽음의 두려움 때문에 자살한 것이라는 역설임에도 불구하고 평상적인 것이다. 많은 사람들이 사실상 '나는 죽음이 무서워서 자살하려고 한다.' 고 말한다. 자살의 생각은 두려움을 멈추도록 한다. 이것은 적극적 행동이다. 자살은 자기를 통제하는 두려움을 통제할 수 있도록 한다. 더욱이 월

(Charles Wahl)이 주목한 것처럼 많은 자살은 죽음에 대한 마술적 관점을 가지고 있고, 죽음을 일시적이고 되돌릴 수 있는 것으로 여기고 있다.[15] 적개심을 나타내기 위해서 혹은 다른 사람에게 죄의식을 불러오기 위해서 자살하는 개인은 의식이 계속되는 존재를 믿고 있고, 그래서 자살의 결과를 거두는 것이 가능할 것이다.

일중독

충동적인 영웅적 개인주의자는, 임상적으로 공통적이지는 않지만, 또한 드문드문 펴져 있는 특별성(specialness)방어의 예를 대표하는 것이며 불안으로부터 개인을 보호하는 것을 실패한 것이나 혹 도망하는 유형으로 퇴보한 것이다. 공통적 예는 '일중독' 이다. 사람이 일에 미쳐 버리는 것이다. 일중독의 특징 중 가장 놀랄 만한 것은 자신이 앞으로 진보하며 위로 움직이고 있다는 분명한 신념이다. 시간은 무한의 사촌이기에 적일 뿐만 아니라, 이것은 특별함이라는 환상의 보조 중 하나를 위협하기 때문이다. 일중독자는 사람은 영원히 나아가고 있다는 신념, 즉 시간의 메시지에 귀를 막아야 한다. 과거는 움츠리고 있는 미래의 대가로 점점 비대해진다.

일중독이라는 삶의 형태는 충동적이고 역기능적이다. 일중독자는 일이나 자신에게 몰두하는데, 원해서(wish) 하는 것이 아니라 해야(has) 하기 때문에 하는 것이다. 일중독자는 자신과 인간의 제한에 대하여 고려하지 않고 자비 없이 자신을 밀어붙인다. 여가시간이 고민의 시간이고, 흔히 광적으로 어떤 활동에 심취하는데 이것은 성취의 환영을 뜻한다. 그러므로 살아가는 것은 '되어가는' 것이나 '행하는' 것 같이 된다. '되어 가는' 것이 없는 시간 소비는 '살아가는' 것이 아니라, 시작하려고 기다리는 인생이다.

물론 문화는 개인의 가치를 조형하는 데 중요한 역할을 한다. 클러크홈(Florence Kluckholm)은 '활동' 에 관하여 세 가지 범주를 가정하는 가치지도의 인류학적 분류를 제안했다. 존재, 되어 가는 존재, 그리고 행함이다.[16] 존재의 지도는 목적보다는 활동을 강조한다. 이것은 성격의 '존재상태' (is–ness) 의 자발적인 자연적 표현에 초점을 맞춘 것이다. 되어 가는 존재는 사람이 무엇을 완성할 수 있는가보다는 사람이 무엇인가에 강조를 가진 존재의 방향을 의미하나, 발전의 개념을 강조한다. 그러므로 이것은 자기에 대한 모든 면의 발전을 목표로 지시된 활동을 부추긴다. 행함 지도(orientation)는 행동하는 개인의 외부 표준에 따라서 측정할 수 있는 완성을 강조하는 것이다. 분명하게 '개인이 무엇을 해야 하는가?' 그리고 '일을 끝내도록 하라'에 대해 강조하는 현대의 보수적인 미국 문화는 극단적인 행함 문화다.

아직 모든 문화에는 넓은 범위의 개인적 다양성이 있다. 일중독자의 내부에는 문화의 표준과 함께 상호작용하는데, 이 상호작용은 비대하고, 엄격한 가치 시스템의 내재화를 낳는다. 개인은 자신의 문화를 위에서 내려다보는 관점과 자신의 가치 구조를 가능성 있는 다른 많은 입장 중의 하나로 보는 것이 어렵다. 나는 희귀하게 정오에 일하는 (특별하게 중요한 완성을 위한 보상으로써) 일중독 환자를 만났는데, 그는 단순히 일광욕을 하는 수백 명의 사람들을 보고 '이 사람들은 하루 종일 무엇을 하는 것인가? 이러한 방법으로 어떻게 살 수 있을까?' 하고 궁금해 했다. 시간과의 광적인 싸움은 강력한 죽음의 공포를 나타내는 것일 수 있다. 일중독자는 긴박한 죽음의 봉인 아래 있는 것처럼 분명하게 시간과 연관시키고, 가능하면 완전한 것을 가지기 위해 종종걸음으로 달린다.

우리 사회에 깊이 묻어 있는 것은, 우리는 아무런 질문도 하지 않고 앞서 간다는 정당성의 선함을 수용한다. 얼마 전 나는 카리브의 바닷가 리조트에서 혼자 휴가를 가졌다. 어느 날 저녁 독서를 하고 있었다. 그리고 때때로 아무것도 하지 않고 바다를 물끄러미 응시하는 바(bar)에서 일하는 소년을 힐끔힐끔 쳐다보았다. 나는 그를 따뜻한 바위 위에서 햇빛을 즐기는 도마뱀 같다고 생각했다. 나와 그 소년이 비교하면서 나는 매우 멋지고 아늑한 기분을 느꼈다. 그 소년은 아무 것도 하지 않고 시간을 소비하고 있었다. 반면에 나는 매우 유익한 독서와 배움을 하고 있었다. 간단히 말해 나는 앞서 가고 있었다. 어떤 내부적 아이가 다음의 두려운 질문을 던지기 전까지는 모든 것이 좋았다. '무엇이 앞서 가고 있는가?' '어떻게?' 그리고 '(훨씬 나쁘게) 왜?'라는 질문이었다. 이러한 질문들은 아직까지도 나를 불안하게 한다. 이러한 비정상적인 질문과 함께 내가 집으로 가져온 것은 어떻게 내가 계속적으로 자신을 미래로 투사함으로써 죽음 패배의 환영 속으로 현혹시키고 있는가였다. 나는 도마뱀이 존재하는 것처럼 존재하지 않는다. 나는 준비하고, 나는 되어 가고, 변환기에 있다. 케인스(John Maynard Keynes)는 이렇게 말했다. "목적적인 사람이 항상 안전해지려는 것은 위조와 환영적인 불사성이다. 이 불사성은 때맞추어 일에 몰두함으로써 자신의 이런 행위에 대한 불사성을 가진다. 그는 자신의 고양이를 사랑하지 않는다. 그러나 그 고양이의 새끼고양이는 사랑한다. 실지로 그 고양이 새끼도 아니다. 단지 그 고양이 새끼의 새끼만을 사랑한다. 그리고 고양이계가 없어질[17] 때까지 영원히 계속 이렇게 한다."

톨스토이의 소설 『안나 카레니나(*Anna Karenina*)』에서 호화로운 경력, 현명한 결혼, 모든 것이 상승하고 있는 안나(Anna)의 남편 알렉산드로비치(Alexey Alexandrovitch)는 '나선형 높은 곳'(upward spiral)의 신념 구조가 붕괴되는 것을 묘사했다. 안나가 남편을 떠나는 것은 그녀를 잃어버리는 것보다 훨씬 더 강조된다. 이것은 개인적 세계관의 붕괴다.

> 그는 어떤 비논리적이고 비합리적인 것과 얼굴과 얼굴을 맞대고 서 있다고 느꼈고, 무엇이 행하여졌는지 알지 못했다. 알렉산드로비치는 그의 아내가 자신보다 다른 사람을 사랑하는 가능성과 함께, 인생에 얼굴과 얼굴을 맞대고 서 있었다. 그리고 이것은 매우 비이성적이고 이해할 수 없는 것인데 왜냐하면 인생 자체가 그렇기 때문이었다. 그의 전 생애 동안 알렉산드로비치는 공직 분야에서 생을 회상하면서 살았고 일을 해 왔다. 그리고 매번 그는 인생 그 자체에 대하여 비틀거렸고, 인생 그 자체로부터 멀리 피했다. 다리로 조용하게 절벽을 건너가는 동안 그는 다리 밑에 금이 가 있고, 갑자기 다리가 부서졌다는 것을 발견해야 하는 한 남자와 가깝다는 감정을 경험했다. 그 틈은 인생 그 자체이고, 그 다리는 인공적 인생이며, 이 안에서 알렉산드로비치가 살았다.[18]

"그 틈은 인생 그 자체이고, 그 다리는 인공적 인생이며…" 어떤 누구도 이것에 대하여 분명하게 말하지 못했다. 만일 성공적이라면 방어는 그 틈이 있다는 정보로부터 개인을 막아 준다. 부서진 다리와 실패한 방어는 사람을 진리와 공포에 노출시키고, 자기 기간의 시간을 쫓아갔던 중년에 있는 개인을 직면하기에는 잘못 준비되었다.

나르시시즘

자신의 특별함 가운데 대단히 우세한 신념을 가지고 근본적 불안을 대처하는 사람은 인간관계성에서 주된 어려움들을 종종 만난다. 흔히 그렇듯이 만일 개인적 불가침성의 신념이 타인의 특별함과 권리가 감소하고 있는 인식과 함께 연결되면, 그때는 나르시시즘적인 성격이 완전하게 발달한다. 프롬은 나르시시즘적인 성격을 가진 환자와 의사와의 대화를 보고하여 나르시시즘적 성격을 설명할 계획이었다. 환자는 그날 약속 날짜를 요청했다. 의사는 일정이 꽉 찼기 때문에 불가능하다고 말했다. 환자는 "그러나 박사님, 나는 당신 사무실에서 겨우 몇 분만 있었어요."라고 외쳤다.

나르시시즘적 성격 유형은 개인상담치료보다는 집단치료에서 더 극명하다. 개인상담치료에서는 환자의 모든 말을 들을 수 있고 각자의 꿈, 환상 그리고 감정을 조사한다. 모든 것이 환자에게 주어지며, 말을 주고받는 것이 별로 없다. 그리고 나르시시즘적 특징이 분명하게 나타나기까지 몇 달이 걸릴 수 있다. 그러나 집단치료에서는 환자는 시간을 소용하여야 하고, 집단의 타구성원과 함께 이해하고 공감을 형성해야 하며, 다른 사람의 감정에 대하여 관심을 가져야 한다.

나르시시즘적 유형은 여러 방법으로 그 자신을 나타낸다. 어떤 환자는 다른 사람을 화나게 했다고 느낀다. 그러나 그는 개인적 비평에서 면제되었다고 생각한다. 이들은 자연적으로 자신과 사랑에 빠진 어떤 사람이든 친절하게 보답할 것으로 느낀다. 다른 사람을 기다릴 필요가 없다고 느끼며 자신은 아무것도 주지 않으면서 선물, 놀라운 일 그리고 관심을 기대한다. 사랑받기를 기대하고 단순히 거기 있는 것을 좋아한다. 치료그룹에서 그들은 최대한 그룹의 관심을 받아야 한다고 생각하고, 자신의 것을 밖으로 내놓으려는 노력이 없이 다가와야 한다. 자신은 다른 사람에게 접근하지 않으면서 자신에게 접근하기를 기대한다. 집단 인도자는 이러한 환자를 자주 지적해야 한다. 이러한 기대가 적당한 때는 일생에 한 번밖에 없다. 바로 유아였을 때 보답에 대한 어떠한 질문 없이 어머니로부터 무조건적 사랑을 받는다.

집단치료에 있었던 할(Hal)은 이러한 점들을 잘 보여 주고 있다. 그는 명석하고 거침없이 분명하게 말하는 물리학자로, 남쪽에서 보낸 자신의 어린 시절 이야기로 몇 달 동안 집단을 즐겁게 하였다(8명 그룹 시간의 40%를 소비하였다). 또한 그는 날카롭게 말했지만, 그의 빈정거림이 너무 현명하고 현란해서 집단구성원은 반항하지 않았고, 구성원은 그것을 통해 즐거워했다. 단지 점차적으로 다른 구성원이 주목받으려는 그의 욕심과 호의에 대하여 분개하게 되었다. 구성원은 그의 이야기를 참기 어려워하기 시작했고, 그에 대한 집중을 다른 구성원에게로 옮겼으며, 그를 시간과 주목을 받으려는 욕심꾸러기로 분류하였다. 할의 분노는 격해졌고, 세련된 빈정거림에서 벗어나, 상습적으로 분출되었다. 그의 개인적인 전문직 인생은 부패하기 시작했다. 그의 아내는 떠날 거라고 위협했고, 학부의 의장은 그와 학생의 관계가 형편없다고 엄하게 훈계하였다. 집단은 그에게 분노를 시험해 보라고 재촉했다. 집단구성원은 그에게 계속 물어보았다. "무엇에 대하여 화를 내고 있습니까?" 그리고 어떤 구체적 사건에 대하여 토의를 했을 때, 구성원은 그에게 의식의 깊은 곳에 내려 가서 다시 답하라고 부탁했다. "무엇에 대하여 화를 내고 있습니까?" 그러자 의식의 깊은 곳에서 할이 말했다. "여기 있는 사람들이 나를 알아보지 못했기 때문에, 나는 여기 있는 다른 사람들보다 더 낫기 때문에 화가 났다. 나는 더 똑똑하고, 나는 더 빠르고, 더 나은데 누구도 나의 진가를 인정해 주지 않는다. 나는 부유하고, 르네상스시대의 사람처럼 인식되어야 하는데 다른 사람과 같이 취급되었다."

할에게 집단은 여러 면에서 유용한 것이었다. 집단은 단순히 그가 발굴할 수 있다. 이러한 기분을 가질 수 있도록 도와줄 수 있었고 집단구성원을 이성적으로 고려하는 것은 본질적이고 거대한 이익을 주는 첫 단계였다. 다른 구성원들은 자신들도 민감한 존재라는 사실을 할이 인식하도록 천천히 도움을 주었다. 할은 다른 사람들이 감사와 놀라움으로부터 자신의 유아론(唯我論)을 위해서 그가 끊임없이 보조를 끌어올 수 있는 단순히 샘이 아니라는 것을 배웠다. '공감' 은 할에게 중요한 개념이었다. 그리고 집단구성원들은 할에게 때때로 그룹의 주위를 돌면서 구성원들 각자가 그에 대하여 어떻게 느끼고 있는지를 추측해 보라고 요구하여 할로 하여금 공감을 경험하도록 도왔다. 점차로 그는 구성원들이 무엇을 경험하고 있는지 느낄 수 있었다. 예를 들면, 그들도 시간이 필요했거나 화가 났고, 환멸을 느끼거나 고통을 느꼈다는 것 등이었다.

나르시시즘은 너무 내적인 것이어서 흔히 환자는 자신이 지탱하고 자신을 관찰하는 '특별함' 밖에 있는 '뛰어난 부분' 을 발견하는 데 어려움을 가진다. 여러 면에서 할을 닮은 다른 환자는 흥미로운 방식 가운데 자아중심적인 것이 자신에게 안락함을 주었다. 그는 2년간 집단치료에 있었고 놀라운 향상을 하였는데, 특별히 타인을 사랑하고 다른 사람에게 자신을 위임할 수 있는 것이 그랬다. 집단상담이 종료된 지 6개월이 지났을 때 집단 활동기간을 보고하는 그를 보았다. 나는 치료 동안에 겪었던 특별히 중요한 사건을 떠올릴 수 있는지 물어보았다. 그는 앞선 모임이 나오는 비디오를 보았던 한 회기를 골랐다. 그는 자신이 기억할 수 있는 회기가 단지 자기에게 초점을 가진 회의에 대하여서만 기억하고 있다는 것을 발견하고는 놀랐다. 다른 회기들은 마치 이 사람이 처음인 것처럼 여기는 것이 많이 있었다. 다른 사람들은 그의 자기중심적인 면을 자주 비판했으나, 그가 이러한 것이 자신을 위한 것이라는 점을 발견했을 때 이러한 비판은 그를 단지 안식처로 데려다 놓은 것이었다.

공격과 통제

죽음 초월성의 주된 한 형태로써의 특별성은 잘못 적응된 다른 형태를 동반한다. 힘을 위한 드라이브는 이 역동성에 따라서 보통 동기화된다. 자신의 두려움과 제한성은 자신과 통제할 수 있는 개인의 영역을 확장함으로써 피한다. 예를 들어, 죽음과 연관된 전문직(군인, 의사, 성직자, 장의사)들은 부분적으로 죽음불안에 대한 통제를 획득할 필요성에 따라서 동기화될 수도 있을 것이다. 예를 들어, 파이펠(Herman Feifel)은 의사들은 환자그룹이나 일반인들보다 죽음에 대한 의식을 적게 가지고 있음에도 불구하고 죽음에 대한 두려움을 크게 가지고 있다고 했다.[19] 다른 말로 의식적인 죽음의 두려움은 힘의 가정에 따라서 경감될 수 있으나, 전문가의 직업에 있는 더 깊은 두려움은 여전히 작동을 한다. 특별하게 두려움이 강할 때 충돌적인 드라이브는 평화적인 승화로 나타날 수 없고, 이것은 가속화시킨다. 거만과 공격성은 이러한 근원에서 파생된 공통적인 것이다. 랭크는 "자아의 죽음두려움은 다른 사람의 죽음과 희생에 따라 경감된다. 다른 사람의 죽음을 통하여 죽음의 형벌로부터 자유함을 산다."[20] 랭크(Rank)는 분명히 문자적 죽음보다 더한 것을 언급한다. 공격성의 더 섬세한 형태, 즉 지배, 유린 혹은 입센(Ibsen)이 쓴 것같이 '영혼 살인자'[21]는 같은 목적을 가지고 있다. 그러나 이러한 적응의 형태는 흔히 도망가는 방어로 보상을 상실한다. 우리가 항상 알고 있는 것처럼 절대적인 힘은 절대적으로 부패한다. 왜냐하면 이것은 개인에게 속임수를 쓰지 않기 때문이다. 우리의 무력함과 죽음의 실체는 항상 몰래 기어든다. 인간의 과학이 별에 접근할 정도로 발달했지만, 죽음의 운명은 우리를 기다리고 있다.

특별성에 대한 방어 : 떨림과 불안

죽음의 두려움을 대처하는 특별성의 형태를 토의하는 동안에 나는 개인적이든 대리적이든 해결 형태에서 부적응 형태에 초점을 맞추었다. 도망하는 영웅적 개인주의(인간의 약함으로 수반되는 두려움을 가지고), 충동적인 일중독 해결, 영원히 나선적으로 위로 향하는 방해로부터 나오는 침울, 심각한 나르시시즘적 성격장애로 동반되는 문제 있는 인간관계, 부적응적이고 호전적이며 남을 통제하려는 삶의 스타일 등이 그것이다. 그러나 특별성의 방어에서 이것보다 더 심각한 본질적 제한이 있다. 면밀한 관찰자들은 아주 기분좋은 상태는 때때로 개인주의적 표현과 성취를 가져올 수 있음에도 불구하고, 불안이 안주하는 지점에 이르게 된다는 것을 주목하고 있다. '묻혀 있는 것으로부터 출현' 하거나 '본성을 거스르는' 사람은 자신이 추진(성공)한 것에 따라서 대가를 치러야 한다. 개성화에 대한 것, 전체에서 자신을 분리시키는 것, 앞으로 가려고 하고 분리되어 고립된 존재로서 살아가는 것, 자신의 동료와 부모를 능가하는 것에 대한 어떤 두려움이 있다.

많은 임상의들은 '성공 신경증' (success neurosis)에 대하여 글을 썼다. 오랫동안 추구했던 왕관을 쓰려는 성공적 단계에 있는 개인은 행복감을 나타내는 것이 아니라 자신이 성공하지 못했다는 것을 확인해 주는 큰 손해를 부르는 불안감을 나타내는 신기한 조건에 대한 글이다. 프로이트는 이 현상을 '성공으로 난파된' 증후군이라고 언급하였다.[22] 랭크는 이것을 '생의 불안' 으로 묘사하였다.[23] 즉, 분리된 존재로써 삶을 직면하는 두려움이다. 매슬로(Maslow)는 가장 높은 가능성으로부터 인간은 움츠린다고 말했고(또한 우리의 가장 낮은 가능성부터로도), '요나 콤플렉스' (Jonah complex) 현상이라고 명명하였는데, 우리처럼 요나도 자신의 개인

적 위대함을 참을 수 없었고, 그리고 자신의 운명을 피하기를 구했기 때문이다.[24)]

어떻게 사람이 자기를 부정하는 신기한 인간의 경향을 설명할 수 있을까? 아마 이것은 성취와 공격의 복합에서 발생하는 결과일 것이다. 어떤 사람은 성취를 다른 사람을 초월하는 것을 변명하는 수단으로 사용한다. 그들은 자신의 동기를 다른 사람이 알까 봐 두려워하고 성공이 너무 컸을 때 보복할까 봐 두려워한다. 프로이트는 이러한 것이 자신의 아버지를 능가하는 것으로 두려움을 많이 가지고 있는 것이고, 그래서 자신을 거세의 위협에 노출시키는 것이라고 생각했다. 베커(Becker)는 우리의 생각을 앞서는데, 그것은 자신의 아버지를 초월하는 것으로 두려운 것은 거세가 아니라 자신의 아버지로 된다는 두려운 관점 때문이라고 한다.[25)]

그러므로 인생에 뛰어든 개인은 불안해지도록 운명이 정해져 있다. 인간본성에 거슬리는 것, 자기 자신의 아버지가 되려는 것, 혹은 스피노자(Spinoza)가 썼듯이 '자기 자신의 신' 이 되려는 것은 철저한 고립이다. 이것은 구조자는 구원자의 신비가 없이, 사람의 위로함 없이 홀로 서 있는 것을 의미한다. 개성화의 고립에 이렇게 방어되지 않은 노출은 우리 모두가 참기에는 너무나 두려운 것이다. 개인의 특별함과 불가침성에 대한 신념은 고통으로부터 중지를 제공할 수 있는 것이 실패했을 때, 우리는 다른 선택적인 부인 시스템으로부터 구조를 구한다. 바로 개인적이고 궁극적인 구조자에 대한 신념이다.

궁극적 구조자

개체발생은 종족발생 발달단계를 재현한다. 개인의 신체적이고 사회적인 발달 양자에서 종족의 발달은 반영되어 있다. 사회적 속성 안에 개인의 전능한 중대자의 존재에 대한 인간의 신념보다 더 명백한 증거가 있는 곳은 없다. 개인은 자신을 영원히 살피고, 사랑하고, 보호하는 힘이나 존재에 대하여 신념을 가지고 있다. 이러한 신념이 개인으로 하여금 심연의 끝자락까지 가까이 가게 하는 모험을 할 수 있게 함에도 불구하고, 이것은 궁극적으로 우리를 구하여 준다. 프롬은 이 신비적인 인물을 '마술적 구조자' (magic helper)로 규정하고,[26)] 매서먼

(Masserman)은 '전능한 하인' (omnipotent servant)으로 규정한다.[27] 나는 제3장에서 초기 아동기에서 이러한 신념구조의 발달을 추적하였다. 이것은 개인적 특별함에 대한 신념 같은 것으로, 아동기 초기에 개인의 모든 필요에 대하여서 부모들이 영원히 관심을 가지고 만족시키는 일들에 뿌리를 두고 있다. 확실히 인간은 역사의 시작 이래 개인적 신에 대한 신념에 매달려 있다. 이 신은 영원히 사랑하고, 두려운 것이고, 변하기 쉬운 것이고, 달래야 하는 것이고, 화를 내는 존재였다. 그러나 언제나 저기(there)에 있는 존재였다. 인간의 초기 문화에도 무관심한 세상에서 혼자였다고 믿는 문화는 없었다. 어떤 이들은 자신의 구조자가 초자연적인 존재가 아니라 자신을 둘러싸고 있는 지구적 환경이라고 생각하거나, 지도자 혹은 어떤 인간보다 높은 차원의 원인이라는 것을 발견하였다. 수천 년 동안 인간은 이러한 방법으로 죽음의 두려움을 정복했고, 자유와 삶을 포기하는 선택을 하였는데, 그것은 더 높은 인물이나 인격화된 원인을 포용하기 위해서였다. 톨스토이는 인간이 신과 같은 인물을 제조하는 것과, 우리의 창조로부터 나오는 안전성의 환영 속에서 행복한 처지에 놓이기를 원하는 인간의 필요성을 날카롭게 파악하였다. 『전쟁과 평화』에서 로스토프(Rostov)가 황제와 가까이 있다는 생각에서 가진 전쟁터 환상을 생각해 보자.

그는 황제가 가깝게 있는 행복감에 전적으로 빨려 들어갔다. 하루 종일 실패하면서 혼자 이곳에 가까워졌다는 것은 저절로 된 것임을 그는 느꼈다. 사랑하는 사람이 오래 기대하던 만남의 순간이 올 때 기쁜 것처럼 그는 기뻤다. 앞 줄에서 주위를 감히 둘러볼 수 없지만, 주위를 둘러봄이 없이 무아경의 본능에 따라서 그의 접근을 느꼈다. 그리고 그는 다가오는 기마병의 요란한 말발굽의 소리에서만이 아니라, 황제가 가까워짐에 따라 모든 것은 더 밝고, 더 기쁨에 넘치고, 더 중요했고, 더 축제적이었다(더 가까이, 가까이 움직이는 해는 그의 주위에 온화한 놀라운 빛을 뿌렸고, 그는 자신이 이 빛 안에 싸이는 것을 느꼈고, 그는 자신의 목소리를 들었다). 이 소리는 애무하고, 조용하고, 놀라웠으나 단순한 것이었다…. 그리고 로스토프는 일어나서, 죽는다면 행복이라는 것이 무엇일까를 꿈꾸면서 모닥불이 있는 곳으로 갔다. 황제의 생명을 구하는 것이 아니라(이것에 관해서 그는 감히 꿈꾸지 않았다), 단순히 황제의 눈앞에서 죽는 것이다. 정말로 그는 황제와 사랑 가운데 있었고 러시아 군대의 영광, 그리고 다가올 승리에 대한 희망에 있었다. 그리고 그는 아우스터리츠(Austerlitz) 전쟁에 선행된 기억할 만한 날들을 느끼는 사람일 뿐만이 아니었다. 러시아 군대의 9/10의 남자는 덜 환상적임에도 불구하고 러시아 군대의 영광과 그들의 황제와 사랑에 있었다.[28]

"황제가 가까워짐에 따라 모든 것은 더 밝고, 더 기쁨에 넘치고, 중요했고, 더 축제적이었다. 더 가까이, 가까이 이 태양이 움직였다…" 톨스토이의 내적방어 황홀경은 얼마나 아름답고 분명한가. 물론 이것은 러시아의 군대만이 아니라 치료자가 매일 임상에서 만나는 모든 남자와 여자도 그렇다.

구조자의 방어와 성격제한

전반적으로 궁극적 구조자의 방어는 개인적 특별성에 대한 신념보다 덜 효과적이다. 이것은 사람을 더 압도할 것 같을 뿐만 아니라 본질상 사람에게도 제한적이다. 후에 나는 이것의 비효과성을 보이는 경험적 조사에 대해 말할 것이다. 그러나 철학자 키르케고르는 백 년 훨씬 이전에 직관적으로 여기에 대한 통찰을 가지고 있었다. 그는 '모험하는'(출현, 개성화, 특별함) 것의 위험성과 모험하지 않는 것(섞임, 마음속에 묻어 두는 것, 궁극적 구조자에 대한 신념)에 대한 것을 대조하는 흥미로운 말을 했다.

…모험을 한다는 것은 위험스러운 것이다. 왜 그럴까? 자신을 잃어버릴 수 있기 때문이다. 모험을 하지 않는 것은 움츠리는 것이다. 그러나 모험을 하지 않은 것은 가장 모험할 만한 모험에서조차 상실하기 어려운 것을 아주 지독히 잃어버리기 쉽게 만든다.… 자기 자신이다. 만일 내가 모험을 부적당하게 하면, 그때 삶은 징벌로 나를 도와준다. 그러나 내가 전혀 모험을 하지 않는다면 누가 나를 도와줄 것인가? 그리고 더욱이 만일 최고의 의미에서 모험을 전혀 하지 않았다면 (그리고 최고의 의미에서 모험을 한다는 것은 명백하게 자신이 되는 것이다) 나는 모든 지구상의 혜택을 얻는 것이다…. 그리고 자신을 잃어버리는 것이다. 이는 무엇인가?[29]

다른 곳에 묻혀 있는 채로 지내는 것은, 즉 '모험하지 않는 것은' 가장 위험한 곳에 자신을 굴복시키는 것이다. 자기 안에 있는 잠재성의 실현을 개발하거나 탐험하는 것을 실패하는 것이다. 즉, 자신을 상실하는 것이다.

구조자 방어가 너무 많이 요청되면 집단치료에서 31세의 레나(Lena)처럼 매우 경직된 삶의 양식을 낳게 된다. 레나는 심하게 우울하였고, 자살할 생각으로 가득 차 있었으며, 계속해서 며칠 동안 억압적인 혼수상태에 빠져 있었다. 그녀는 대부분의 시간을 엉성한 방에서 보내며 살았다. 그녀의 외관은 충격적이었다. 관리하지 않은 긴 금발머리부터 장식된 바지, 군복 스타일의 작업복, 젊음에 가득 찬 자세와 속기 쉬움(gullibility)까지 모든 면에서 사춘기 소녀 같았다. 그녀는 어머니를 다섯 살에, 아버지를 열두 살에 잃었고 할아버지와 할머니에게 과도하게 애착되어서 성장했다. 그리고 다른 부모가 대리부모 역할을 했다. 조부모가 늙고 허약해질수록, 그녀는 전화에 대해 공포를 보였다. 그 전화는 아버지의 죽음을 알려 준 통보자였다. 그리고 그녀는 전화가 그녀의 조부모의 죽음을 알리지 못하도록 대답하는 것을 거부하였다.

레나는 죽음에 대하여 확실히 겁에 질려 있었고, 죽음에 대한 어떤 주제와도 접촉을 피하였다. 아주 비효과적이고 마술적인 형태 안에서—이 방법은 내가 많은 환자들이 사용하는 것을 보아 왔다—죽음의 두려움을 다루려고 시도하였다. 그녀는 사는 것을 거부함으로써 죽음을 교묘하게 회피하려고 하였다. 그라스(Güter Grass)의 『양철북』에 나온 오스카(Oskar)처럼 그녀는 시간을 정복하려고 했고, 영원히 아이에 머물러 시간을 영원히 고정시키려고 했다. 그녀는 개성화를 피하기 위해서 자신에게 몰두했고, 자신이 보호자에 들어가는 것을 시도함으로써 안전성을 구하였다. 집단상담치료에서 원칙은 구성원들이 여기저기에서 상호작용을 통하여 자신의 내적 방어를 나타내는 것이다. 언젠가 집단상담에서 그녀는 지난주에 아주 심한 자동차 사고가 있었다고 알렸다. 그녀는 150마일 떨어진 도시로 친구를 방문하러 갔는데, 운전을 하다가 크게 실수하여 차가 도로를 벗어나 뒤집혔던 것이다. 그녀는 가까스로 죽음을 면했다. 레나는 의식을 다시 회복하지 않는 것이 쉽고 바람직했을지도 모른다고 했다.

집단구성원들은 여기에 대하여 말하였다. 그들은 레나의 소식을 듣고 관심과 놀라움을 표현했다. 구성원들은 그녀에게 깊은 애정을 제공하면서 서로 최선을 다했다. 집단 지도자는 조용하게 모임의 과정을 분석하기 전까지 같은 방식으로 응답을 했다. 레나는 항상 죽어 가고 있었고, 늘 그룹을 놀라게 하였으며, 다른 구성원들로부터 대량의 관심을 동원하였다. 사실 그룹의 처음 몇 달 동안 구성원들은 레나를 활력 있게 지내고, 먹을 수 있도록 하며, 자살로부터 지키는 작업을 생각했다. 치료자는 "레나에게 좋은 일들이 발생하고 있을까?" 하고 놀라워했다.

레나의 사고는 그녀의 친구를 방문하러 가는 길에 발생했다. 갑자기 지도자는 스스로에게 질문을 했다. "무슨 친구지?" 레나는 친구나 친척이나 심지어 친한 사람이 없는 고립된 개인이라고 집단에서 무분별하게 자신을 나타내었다. 그러나 그녀는 150마일을 차를 몰고 친구를 만나러 갔다고 했다. 치료자의 이 질문으로 레나에게 남자친구가 있다는 사실이 알려졌다. 그녀는 몇 달 동안 주말을 남자친구와 함께 보냈다. 그리고 그 남자는 레나와 결혼하기를 원했었다. 그러나 그녀는 이러한 사실을 집단구성원들과 나누지 않았던 것이다. 그렇게 하지 않은 이유는 명백했다. 레나에게 중요한 것은 성장이 아니라 생존이고, 생존은 오직 집단과 치료자로부터의 돌봄과 보호로만 가능한 것처럼 보였다. 그녀의 주된 곤란은 보호를 어떻게 영구적으로 가질 수 있는가였다. 그녀는 집단구성원들과 치료자에게 자신이 치료를 그만두어도 충분하다는 결론을 내리지 않도록 성장과 변화의 증거를 주어서는 안 되었던 것이다.

집단치료 동안에 레나는 자신의 주된 방어구조에 도전하는 사건들로 매우 위협을 받았다. 그것은 도움이 '저기에 있다'는 신념과 그녀의 안정성을 확신할 수 있는 구조자의 출현이 계속되는 것이다. 치료자와 함께 연합하려는 레나의 열정은 치료 동안 내내 연속적인 주목을 필요로 하는 많은 곡해된 전이를 낳았다. 그녀는 치료자의 거부 표시에 매우 민감했고, 그의 죽음(mortality), 틀리기 쉬운 것(fallibility), 뜻대로 되지 않는 것(unavailability)에 대하여 강하게 반응하였다. 레나는 치료자가 휴가를 가거나 아프거나 집단에서 명백하여 실수하거나 혼란해할 때 집단의 어떤 구성원들보다 놀라거나 화를 내었다. 다음 장에서 말하겠지만 궁극적 구원자에 대한 과도한 갈망을 가지고 있는 환자와 함께 하는 작업은 전이의 분석에서 중심이 될 것이다.

구조자의 붕괴

인생의 많은 것을 통하여 궁극적 구조자에 대한 신념은 괄목할 만한 위로와 기능을 제공한다. 대부분의 개인은 궁극적 구조자의 신념구조가 그 목적을 실패할 때까지 자신의 신념구조를 모르는 채로 있다. 혹은 하이데거가 말한 것처럼, '기계의 고장' [30)]이 있을 때까지 그렇다. 신념구조가 고장이 나는 데는 여러 가능성이 있고 방어기제의 붕괴와 많은 형태의 병리학이 연관되어 있다.

치명적 질병 궁극적 구조자 망상(delusion)의 효과성에 대한 가장 심한 테스트는 치명적 질병에 따라서다. 많은 개인들은 상당한 에너지를 현재의 그들의 신념과 보호자의 힘을 뒷받침해 주기 위해서 흘려보낸다. 구조자의 역할에 대한 분명한 후보가 의사인 것처럼, 환자와 의사의 관계는 짐이 지어지고 복잡하다. 부분적으로 구조자의 옷은 환자가 믿고 싶어하는 것 때문에 의사에게 주어진다. 의사는 그 옷을 기쁘게 입는다. 왜냐하면 환자에게 하나님 놀이를 하는 것은 개인의 특별함에 대한 신념을 논하는 의사의 방법이기 때문이다. 두 가지 방법 모두 그 결과는 같다. 의사는 생명보다 더 크게 보여지고, 의사에 대한 환자의 태도는 자주 비이성적으로 복종적이다. 치명적인 질명을 가진 환자는 공통적으로 자신의 의사를 실망시키거나 화내게 하는 것을 두려워한다. 이러한 환자는 의사를 빼앗은 것을 사과한다. 그리고 환자는 의사의 출현에 당황하여 자신이 준비한 질문을 물어보는 것을 잊어버린다(어떤 환자는 이 문제에 대처하기 위하여 의사에게 질문할 목록을 적어서 이 문제에 대처한다).

환자에게는 의사들이 환자가 도전이나 의심을 하지 않도록 하는 힘을 소유하는 것이 중요하다. 사실 많은 환자들은 아주 마술적인 방법으로 자신이 가진 중요한 심리적, 심지어 신체적 고통의 정보를 은닉함으로써 성공적인 치료자의 역할을 유지할 수 있도록 허용한다. 그래서 흔히 의사들은 환자의 절망의 깊이에 관하여 아는 마지막 사람이다. 간호사나 사회복지사에게 자신의 고민에 대하여 완전히 공개할 수 있는 환자는 즐거움을 유지하고, 의사를 담대하게 대하는 환자는 상황을 잘 다루며, 또한 그렇게 기대된다고 의사는 결론을 맺는다(결과적으로 의사들은 심리적 치료를 위하여 치명적인 질병환자를 보내는 것을 아주 싫어한다).

개인은 고집을 가지고 부인(denial)에 달라붙는 것이 다르나, 결국 모든 부인은 당황스러운 현실을 직면하여 무너진다. 예를 들어, 쿠버-로스(Küber-Ross)는 그녀의 장기간의 경험을 통해서 죽는 순간까지 부인을 가지고 있는 사람은 극소수에 불과하다고 보고한다. 의학적 치료나 수술을 통한 치료가 없다는 사실을 안 환자의 반응은 재앙적이다. 환자는 분노하고, 배신당했다고 느낀다. 그러나 누구에게 화를 낼 수 있을까? 우주에게? 운명에게? 많은 환자들은 의사에게 화를 내는데, 그것은 의료적으로 실패했기 때문이 아니라 환자의 궁극적 구조자라는 환자의 개인적 신비의 실재화에 실패했기 때문이다.

우울 심리적으로 우울한 개인을 연구한 아리에티(Silvan Arieti)는 우울증에 앞서 있고 '근거를 준비하는' 삶의 관념 형태인 핵심적 주제를 설명하였다.[31] 그의 환자들은 명상하는 행태로 살았다. 즉, 그들은 자신만을 위해 사는 것이 아니라, '지배적인 타인' 혹은 '지배적인 목적'을 위해서 살았다. 용어가 다름에도 불구하고, 이 두 가지 관념에 대한 묘사는 내가 설명한 죽음의 공포에 대한 두 가지 방어와 밀접하게 일치한다. '지배적인 목적'을 위해 살아가는 개인은 개인적 특별함과 불가침성에 대한 신념을 가지고 살아가는 사람이다. 처음에 토의했던 것과 같이, 우울증은 흔히 항상 상승하는 나선(지배적인 목적)이 붕괴하였을 때 발생한다.

'지배적인 타인'을 위해 살아가는 것은 삶의 의미와 보호의 배분자로써 인식한 사람과 함께 몰입하려는 시도다. 그 지배적인 타인은 배우자, 어머니, 아버지, 사랑하는 사람, 치료자 혹은 사회기관이나 사업의 의인화가 될 수 있다. 관념은 여러 가지 이유로 붕괴될 수 있다. 지배적인 타인은 죽거나, 떠나거나, 사랑과 관심을 멈추거나, 일을 수행하기에 너무 연약하다는 것을 보이기 때문이다.

환자가 자신의 관념이 실패라는 것을 알았을 때, 대개 당황한다. 환자는 모순으로 증명된 것을 위해 자신의 삶이 희생되었다고 느낄 수 있다. 그러나 그들은 대처할 수 있는 대안적 전략을 가지고 있지 않다. 한 환자에 대하여 아리에티는 다음과 같이 말한다.

> 정신역동성 힘의 재균형이 필요한 위험한 지경에 이르고, 새로운 인간관계성의 유형이 필요하지만 그 환자는 집중할 수 없었다. 이것이 그 환자의 곤경이었다. 그녀는 어떻게 할 수가 없었다. 그녀는 회복할 수 있는 다음 단계로 이끄는 대안적인 인식구조를 마음에 그릴 수 없었다. 혹은 그녀가 그릴 수 있다고 하더라도, 정복할 수 없는 것으로 나타난다. 다른 때는 이러한 대안이 실현할 수 있는 것으로 보이지만, 가치 없는 것이다. 왜냐하면 그녀는 자신의 모든 관심과 바람을 실패한 관계에만 투자했다

는 것을 배웠기 때문이다.[32)]

그 환자는 관계성을 재정립하려 하거나, 다른 사람을 찾으려고 시도할 수도 있다. 만일 이러한 시도가 실패하면, 그 환자는 자원이 고갈되고 자기비난을 느낄 것이다. 인생의 관념을 재구조화하는 것은 이해를 넘는 것이다. 그리고 많은 환자들이 그들의 근본적인 신념구조에 대한 물음을 하기보다는 자신이 가치가 없다거나 자신이 너무 나빠서 궁극적 구조자의 사랑과 보호를 보증할 수 없다고 결론을 맺는다. 더욱이 무의식적으로 사랑을 위한 마지막 처절한 탄원으로 기능하는 고통과 자기제물(self-immolation)이 된다는 사실로 우울증을 더 부추기게 된다. 그러므로 그들은 사랑은 잃었기 때문에 빼앗긴 것이고, 그들은 회복하기 위해서 빼앗긴 채로 남아 있는 것이다.

피학대음란증 나는 궁극적 구조자 속에서 이상 발달된 신념과 함께 연관된 행동의 한 집단을 설명하였다. 자기말소(self-effacement), 사랑이 떠나는 것에 대한 두려움, 수동성, 의존성, 자기제물, 성인기 수용을 거부하는 것, 신념구조의 붕괴에 대한 우울증 등이다. 이러한 각각의 요소가 강조되면, 성격적 임상적 현상을 낳게 만들 것이다. 자기제물이 지배할 때 환자는 '피학대음란적' 으로 분류된다.

내가 2년 동안 치료한 40세의 카렌(Karen)은 자신에게 상처를 주는 충동의 뒤에 있는 역동성에 대하여 많은 것들을 가르쳐 준 환자다. 카렌은 몇 가지 이유로 치료를 시작했다. 피학대적인 성적 기질, 남자친구에게서 성적 쾌감을 성취할 수 없는 것, 우울증, 널리 퍼진 무력증 그리고 두려운 악몽과 최면 경험이다. 치료에서 그녀는 강력한 긍정적인 전이를 빠르게 발달시켰다. 나에게서 관심과 돌봄을 끌어내려는 계획에 몰두했다. 그녀의 자위적 환상들은 그녀가 매우 아파지는 것과 나의 보호와 양육으로 이루어져 있었다(결핵과 같은 신체적 질병이나 정신병 발생). 그녀는 여분의 시간을 나와 함께 하려고 내 사무실에 남아 있곤 했다. 내 사인을 받기 위하여 취소된 개인수표로 상담료를 지불하였다. 나의 눈길을 잡기 위해서 내 강의에 참석하였다. 그녀에게 엄격하게 하는 것보다 그녀를 즐겁게 하는 것은 없는 것 같았다. 사실 내가 짜증을 냈다면, 그녀는 내 사무실 안에서 성적 흥분을 경험했을 것이다. 모든 면에서 그녀는 나를 인생보다 큰 존재로 만들었고 선택적으로 나의 분명한 결점을 무시했다. 그녀는 내가 어떤 환자와 함께 상담하면서 느낀 내 자신의 번민과 제한성에 대하여 매우 강하게 나를 노출하여 저술한 책을 읽었다.[33] 그러나 그녀의 반응은 나의 제한성을 음미하는 것보다는 그 책에 드러난 나의 용기에 대하여 나를 더 숭배하는 것이었다.

그녀의 인생에서 다른 중요하고 힘 있는 사람들의 약점이나 제한성의 나타냄에 대하여도 유사한 반응을 보였다. 그녀의 남자친구가 아프거나, 약점과 혼란을 피하려 하거나, 우유부단하면 그녀는 고통을 더 경험한다. 그녀는 그가 멈칫거리는 것을 참을 수가 없었다. 한번은 남자친구가 자동차 사고로 심한 부상을 입었는데 그녀는 병실을 방문하는 것에 대하여 공포를 느꼈다. 그녀는 부모에게도 비슷하게 반응했고 부모가 나이가 들어 약해지는 것에 대하여 큰 고통을 받았다. 그녀는 어렸을 때 병을 통하여 부모와 이어졌다. 카렌은 "아픈 것은 내 인생의 거짓말이었다."라고 말했다. 구조를 받고자 그녀는 고통을 구했다. 그녀의 아동기 때 거짓 병으로 침대에서 몇 주를 지냈다. 사춘기에는 신경성 식욕부진을 보였고, 신체적 굶주림을 관심과 배려로 바꿀 수 있어서 좋았다.

그녀의 성적 관심은 안전성과 구조(deliverance)를 추구하는 것과 연관되었다. 약함, 수동성, 심지어 부드러움이 그녀를 물리친 반면, 완력, 제지, 힘, 고통이 그녀를 자극했다. 벌을 받는다는 것은 보호를 받는 것이었다. 묶이고 감금되고 제한되는 것은 좋은 것이다. 제한은 정착되는 것이고, 어떤 힘센 인물이 그것을 설정하는 것이다. 그녀의 피가학성음란증은 과하게 결정된 것이다. 그녀는 정복을 통하여서만 아니라, 고통의 마술적 가치를 통하여서도 생존을 구하였다. 어쨌든 그녀에게 작은 죽음은 실제보다 더 좋은 것이다.

치료는 민감한 우울증, 악몽, 자살에 사로잡힌 생각을 경감하는 데 성공적이었다. 그러나 나와 치료를 하는 것이 성장에 더 방해가 될 것 같은 시간이 왔다. 나를 잃는 것을 피하기 위하여 카렌은 자신을 계속 희생했다. 그래서 나는 앞으로 6개월 후에 치료를 마칠 것이고 그 후로 다시는 치료에서 그녀를 보지 않을 것이라고 했다. 그 후 몇 주간 우리는 모든 증후군의 심한 재발의 폭풍을 경험했다. 그녀는 심한 불안과 악몽의 재발뿐만 아니라 혼자 있을 때 거대한 박쥐가 덤벼드는 환각으로 시달렸다.

이 시기는 카렌에게 큰 두려움과 절망의 기간이었다. 궁극적 구조자에 대한 그녀의 망상은 죽음의 두려움으로부터 그녀를 항상 보호했고, 궁극적 구조자가 제외되면 그녀는 명백히 두려움에 노출이 된 채로 남았다. 그녀가 일기에 쓴 훌륭한 시(치료가 종료된 후 나에게 편지를 보냈다)는 그녀의 두려움을 사실적으로 묘사하고 있다.

내 입 안에 있는 죽음과 그리고
나의 가슴을 먹고 있는 구더기와 함께 나는 당신에게 말합니다.
종소리의 불협화음 속에서
나의 향기는 들리지 않았습니다.
죽음은 실망이고,
쓴 빵입니다.
당신은 나의 비명을 질식시키기 위해
그 쓴 빵을 나의 목구멍에 밀어 넣습니다.

카렌이 깊게 지반을 굳힌 강력한 신념은 나와 합침을 통해서 자신이 죽음을 탈출할 수 있겠다고 믿게 하였고, 그 점이 이 시에 명백하게 표현되어 있다.

나는 나의 선생처럼 죽음을 대할 것이다.
부드러운 손에 그의 채찍을 요청하고,
그와 함께 그가 기거하는
무너진 동굴까지 차를 타고 갈 것이다.
끓어 넘치는 삶과 함께 씨앗의 벌어지는
여름의 익은 냄새를 기꺼이 저버리고
얼음의 보좌 위에 그 사람과 함께 앉아
그의 사랑을 아는 것이다.

치료의 종료 시기가 다가오자 카렌은 이 종료를 멈출 수 있는 수단을 모두 끌어냈다. 그녀는 치료를 종료하면 자살하겠다고 위협했다. 다음의 시는 그녀의 마음과 위협을 표현하고 있다.

죽음은 겉치레가 아니다.
그것은 실체처럼 반짝이고

삶 그 자체처럼 완전한 현실이며,
다른 궁극적 선택이다.
나 자신이 거미집으로 옷을 입히고
당신이 내게 맡긴 실체로부터 은닉하여
어둠 속으로 달려가고 있는 것을 느낀다.
나는 나의 어두운 망토 죽음을 잡기를 원하고,
그리고 그것을 가지고 당신을 위협하기 원한다.
이해하시겠어요?
당신이 계속 주장하면 나는 이 안에 나를 포장할 것입니다.

나는 카렌의 위협에 놀랐고, 가능한 많은 도움을 제공하였으나, 내 입장을 바꾸지 않기로 결정했다. 6개월 후에는 그녀의 병이 어떻게 되든지 관계없이 치료를 더 이상 하지 않겠다는 입장을 유지한 것이다. 치료의 종료는 마지막이었고 돌이킬 수 없는 것이었다. 그녀의 걱정거리는 영향을 미치지 못했다. 나와 함께 섞이려고 하는 그녀의 노력은 서서히 가라앉았고, 그녀는 자신이 해야 할 일로 돌아갔다. 어떻게 건설적으로 우리의 마지막 시간을 사용할 수 있는지의 문제로 돌아간 것이다. 그녀가 나와 함께 계속하고, 나의 영원한 나타남에 대한 희망을 포기하였을 때만이 치료에 효과적으로 임할 수 있었다. 그녀는 자신을 알도록 허락하였고, 장점과 성장과정을 알려 주었다. 그녀는 자신의 재주와 기술에 균형이 맞는 풀타임 직업을 서둘러 가졌다(4년 동안 구직을 미루고 있었다). 그녀는 품행과 우수에 잠긴 방랑자에서 성숙하고 매력적인 여성으로 변하였다.

상담종료 2년 후 그녀는 친구의 죽음을 겪은 뒤 나를 만나자고 요청했다. 나는 한 차례 만남에 동의했다. 그녀는 자신의 변화를 유지하고 있었을 뿐만 아니라 괄목할 말한 성장을 했다. 환자를 통해서 배운 것은 치료자들은 도움을 줄 수는 있지만 제공할 수 없는 중요한 한 가지가 있다는 것이다. 인생에서와 마찬가지로 치료에도 불가피한 외로운 작업과 실존의 기질(基質, substrate)이 있다는 것이다.

구조자의 방어와 개인 간의 난관 궁극적 구조자의 존재에 대한 신념을 통하여 죽음의 두려움을 피하는 사람의 경우는 의사에게 상호 간의 이해할 수 없는 것에 대해 유용한 참고 구조를 제공한다. 의사가 공통적으로 문제를 가지고 있는 다음의 예를 생각해 보라. 환자가 명백하게 불만족에 빠져 있고, 심지어 파괴적인 인간관계를 가지고 있으며 이것들로부터 자유로울 수 없는 상태인 경우다.

보니(Bonnie)는 48세로, 심한 순환성 장애를 가지고 있었고, 결혼 후 20년 동안 자녀 없이 지냈으며, 남편과 10년간 헤어져 있었다. 밖에서 생활하기를 열광적으로 좋아하는 그녀의 남편은 매우 무감각하였고, 자기중심의 독재자였다. 남편은 보니가 사냥이나 낚시를 함께 즐길 수 없을 정도로 건강이 나빠지자 그녀를 떠나버렸다. 그리고 별거하는 10년 동안 보니에게 재정적인 도움을 제공하지 않았고, 몇 명의 여성들과 관계를 맺었다. 집에는 매주 혹은 2주에 한 번 다녀갔는데, 세탁기를 사용하거나, 자신의 사업과 연관된 전화 메시지를 확인하기 위해서였고, 1년에 1~2회 정도 그녀와 성관계를 가졌다. 강한 도덕적 기준 때문에 보니는 별거하는 동안에도 다른 남자들과 데이트하는 것을 거부하였다. 보니는 남편에게 계속 매달리고 있었다. 어떤 때는 그를 보면서 분노하였고, 어떤 때는 사랑하였다. 그녀의 삶은 남편이 매주 세탁기를 사용하기 위하여 방문하는 것 때문에 아프고, 외롭고, 정신적 고문을 받으면서 지나가고 있었다. 그러나 그녀는 이혼도 할 수 없었고, 전화선을 끊을 수 없었고, 세탁기 사용을 중지시킬 수도 없었다.

들로레스(Delores)는 남자들과 늘 불만족스러운 관계를 가지며 지내다가, 드디어 35세에 매우 비정상적으로 충동적이고, 심리적으로 불안정한 사람과 결혼했다. 결혼 전에 그녀는 장기간의 불안과 십이지장 궤양 때문에 치료를 받았었다. 결혼 후 남편의 통제는 성관계 전에 불안감을 느끼게 만들었다. 그는 들로레스의 주말 계획(9 : 00~10 : 15 ⇒ 정원 손질, 10 : 30~정오 ⇒ 식품점 쇼핑 등)과 소비지출에 대한 표를 만들었고, 그녀의 모든 전화를 감시했으며, 다른 사람들과 함께 보내는 시간을 싫어하면서 자기와만 보내기를 원했다. 들로레스는 금방 불안해졌고 그녀는 분노를 억압했다. 그리고 별거나 이혼의 생각으로 공포에 휩싸였다.

마르타(Martha)는 31세로, 결혼과 자녀 양육에 대해 자포자기했다. 몇 해 동안 그녀는 신비적인 종파에 소속된 한 남자를 만났는데, 이 종파에서는 그에게 개인이 할 수 있는 몇 가지 의무를 가르쳤는데, 심각한 문제는 그의 자유분방함이었다. 결과적으로 그는 마르타와 함께 있는 것을 좋아했음에도 불구하고, 함께 사는 것과 그녀에게 어떠한 의무를 해야 한다는 것은 거부했다. 그는 마르타가 자신을 필요로 하고 있다는 것에 놀랐다. 그리고 그녀가 더 좁게 죄어 올수록, 약속을 더

하지 않으려 했다. 마르타는 그에게 사로잡혀 있었고, 의무의 결핍으로 설명할 수 없는 고통을 받았다. 그러나 그녀는 중독된 듯한 느낌이었고 이 구속으로부터 자유로워질 수 없었다. 매번 그녀는 그와 이별을 결심했다가 취소하는 고통스러운 상태로 고생했고, 결국 그에게 공포나 우울 속에서 전화를 하려고 했다. 떨어져 있는 동안에는 그는 아주 평온했다. 그는 그녀를 돌보아 주었으나 그녀 없이 자신을 잘 관리할 수 있었다. 마르타는 다른 관계성을 효과적으로 구하기 위하여 그에게 너무 마음을 빼앗겼다. 인생에서 그녀의 주된 계획은 그의 헌신을 끌어내는 것이었다. 그녀의 이성과 경험은 그 헌신은 오지 않는다고 알려 주었던 것이다.

위의 세 사람은 괄목할 만한 번민에 책임을 가지고 있는 관계성과 연관되어 있다. 각자 이러한 관계를 지속하는 것은 자기파괴라는 것을 깨달았다. 이들은 자신을 죄고 있는 것으로부터 자유로워지기 위해 노력했지만 허사였다. 사실 이러한 헛된 시도는 각 사례에 나타난 세 명의 여자에 대한 치료의 주된 주제를 형성하고 있다. 얽매인 것으로부터 해방하는 데 무엇이 그렇게 어렵게 하였는가? 한 가지 분명하고 공통된 것은 세 명 환자의 관심이 통하고 있고, 그것은 각각의 환자들에게 자신이 파트너로부터 격리된다고 상상했을 때 무슨 생각이 드는지 나에게 말해 보라고 했을 때 금세 분명해졌다.

보니는 자신을 위해 모든 결정을 하는 남편과 20년간 결혼생활을 했다. 그 남자는 모든 것을 할 수 있는 사람이었고 그녀를 '보호할 수' 있던 사람이었다. 그녀는 남편과 분리가 되었을 때 '돌봄을 받는다는 것'은 그녀의 성장과 자기만족을 제한한다는 것을 알았다. 그러나 누군가가 곁에서 그녀를 항상 보호해 주고 구조해 준다는 것은 안락한 것이었다. 보니는 심각한 질병을 앓고 있었고, 10년간의 별거 생활에도 끈질기게 남편이 그녀를 보호하기 위해서 '저기 밖에' 있다는 것을 믿었다. 나는 매번 남편 없는 삶을 되돌아 보라고 하자(그리고 상징적 출현에 대해 말했다. 세탁기를 함께 쓰는 것과 몇몇 기계적 성행위 외에 몇 해 동안 의미 있는 신체적 출현은 없었다.), 그녀는 매우 근심했다. 이러한 긴급한 상황에서 그녀는 무엇을 했어야 했나? 누구를 불러야 하나? 그가 없는 삶은 참을 수 없이 외로운 것이었다. 분명하게 그는 아무도 없다는 거친 현실을 직면하는 것으로부터 방패가 되는 하나의 상징이었다. '비상'(emergency)은 불가피한 것이므로 상징적이든 실재든 어떤 사람도 이것을 무시해 버릴 수는 없다.

보니처럼 들로레스는 혼자 있는 외로움으로 두려워했다. 남편이 말할 수 없을 정도로 매우 엄격한데도 불구하고, 그녀가 말한 것처럼, 길거리에서의 자유함보다 결혼의 감옥에 있는 것을 더 좋아했다. 그녀는 아무것도 아닌 것이고, 다만 이따금 곁길로 나가는 한 남자를 찾는 부적합한 여군의 군인 부랑자다. 상담 시간에 단순히 그녀에게 분리를 생각하라고 한 것은 그녀에게 심각한 환기(換氣, hyperventilation)를 초래하기에 충분한 것이었다.

마르타는 그녀의 삶을 미래가 지배하도록 허용했다. 내가 헌신이 없는 그녀의 남자친구와의 관계성을 포기하는 것에 대해 생각해 보라고 할 때마다, 항상 그녀는 '63세에 혼자 식사하는 것' 만 생각난다고 대답했다. 내가 헌신에 대한 정의를 물어보자, 그녀는 "그것은 내가 결코 혼자 살지 않는다는 것이나 혼자 죽지 않는다는 것에 대한 확신이다."라고 했다. 식사를 혼자 하는 것이나 영화를 혼자 보러 가는 것이 부끄러움과 공포로 가득 차 있었다. 그녀가 관계로부터 진정 원했던 것은 무엇일까? 그녀는 '도움에 대한 요청 없이 도움을 받는 것' 이라고 대답했다.

마르타는 항상 자기 앞에 있어야 한다는 것, 즉 미래에 자신이 혼자 될 것이라는 것 때문에 고통을 받았다. 많은 다른 신경증 환자처럼 그녀는 현재에 살고 있지 않았으며, 대신 미래에 있는 과거(이것은 어머니와 함께 연결된 결속)를 발견하려고 시도하였다. 마르타의 두려움과 필요가 너무 크기 때문에 동료는 남자와 만족할 만한 관계를 형성하지 못할 것이라고 확신했다. 그녀는 현재의 불만족스러운 관계를 포기했을 때 닥칠 외로움에 대하여 겁을 내었고, 필요한 것은 자기에게 관심을 보이는 남성을 을러서 내쫓아 버리는 것이었다.

이러한 여성을 묶고 있는 힘은 말하자면 관계성이 아니라 혼자 된다는 두려움이다. 혼자 된다는 것에 대하여 특별히 두려운 것은 우리 각자를 살피고, 필요를 기대하고, 죽음의 운명에 대하여 방패를 제공하고 우리 각자의 곁을 맴돌고 있는 마술적이고 힘을 가진 존재의 부재 때문이다.

궁극적 구조자에 신념은 제한적인 인간관계성을 낳을 수도 있다는 것은 예외적으로 분명하게 성인과 나이 든 부모 사이의 관계성에서 예시된다. 아이린(Irene)은 40세로, 어머니와 매우 심한 애매한 관계성을 오랫동안 가지고 있었다. 어머니는 적의적이고, 요구하며, 오랫동안 우울증세가 있고, 딸에게 지겹고 강한 분노를 가지고 있었다. 그러나 어머니가 아이린이 사는 조건에 대하여 불만을 얘기하면,

아이린은 어머니와 같이 살기 위하여 나라를 가로질러서라도 이사하고 어머니를 초대했다. 당시 아이린이 상담을 했음에도 불구하고, 그녀는 어머니에게 초청장을 보내고도 상담자에게 이야기를 하지 않았다. 어머니가 도착한 지 얼마 되지 않아, 아이린은 호흡곤란을 경험했다. 심한 불안 발작, 난치 불면증 그리고 격한 천식이 나타났다. 우리가 어머니의 죄의식을 발생케 하는 책동, 강제성, 독성을 가진 성벽(性癖)에 초점을 두는 한, 어떤 발전도 할 수 없었다. 해답은 우리가 다른 질문으로 돌리기까지 오지 않았다. 그 질문은 성인과 부모 사이에서 고문을 받은 많은 관계성을 이해하는 데 결정적이다. 왜 어머니는 아이린에게 그렇게 중요한가? 왜 어머니의 행복을 확인하는 것이 그녀의 일이고 책임이었는가? 왜 아이린은 어머니로부터 분리할 수 없었는가?

내가 아이린에게 어머니 없는 인생의 구조에 대하여 생각해 보라고 요청했을 때, 그녀의 첫 번째 연상은 흥미로웠다. 그녀는 "어머니가 없다면 어떤 누구도 내가 먹는 것에 대하여 관심을 가지지 않을 것입니다!"라고 말했다. 어머니는 하늘을 떠돌아다니면서 그녀의 오른쪽 어깨 너머로 딸이 무엇을 먹는가를 주목하고 있는 것이다. 의식적인 차원에서 어머니의 출현은 아이린을 항상 분노케 했지만, 그녀가 더 깊게 볼수록 안전을 재확신하는 것이었다. 만일 어머니가 딸이 먹는 것을 감시하고 있었다면, 이것은 다른 면에서 딸의 복지를 책임지고 있다는 것이다. 아이린은 어머니가 살아 있을 뿐 아니라 왕성한 간섭이 필요했다. 그녀의 어머니가 약하거나, 냉담하거나 우울증을 겪는 것은 깊은 의미에서 아이린을 괴롭게 하는 것이다.

정신병리에 관한 통합된 관점

변증법적인 목적으로 죽음의 불안을 대처하는 두 가지 주된 양식에 대하여 분리하여 살펴보았고, 이 두 가지 근본적 방어에 대하여 각각 증상을 나타내는 환자들을 간결하게 묘사하였다. 이제는 이 두 가지 양식을 통합할 때다. 물론 대부분의 환자들은 한 종류의 임상적 현상을 나타내지 않는다. 일반적으로 사람은 한 가지의 골몰한 방어를 구축하지 않고, 대신 불안을 벽으로 에워싸기 위해서 짜맞춘

복합적인 방어를 사용한다. 사람들은 대부분 죽음불안에 대하여 자신에 대한 불가침성과 궁극적 구조자의 존재에 대한 신념이라는 두 가지의 망상적 믿음을 통하여 방어하고 있다. 이 두 가지 방어에 대하여 상호 간 긴밀하게 의존하고 있다는 것을 변증법적으로 설명했다. 왜냐하면 사람은 독특하고 특별한 존재로 우주 안에 있는 특별한 힘과 연관되어 있기 때문이다. 우리의 궁극적 구조자가 전능함에도 불구하고, 그는 우리의 영원한 종이다.

랭크는 「삶의 두려움과 죽음의 두려움(Life Fear and Death Fear)」이라는 논문에서 이 두 가지 방어 간의 관계성을 밝혀 주는 근원적 역동성을 말했다.[34] 랭크는 인간의 주된 두려움은 때때로 개인 안에서 삶의 두려움으로, 때로는 죽음의 두려움이 있다고 했다. 랭크가 말하는 '삶의 두려움' 이라는 것은 '더 큰 완전체와의 연결 상실' 에 직면하게 될 때의 불안을 의미한다. 삶의 두려움은 개성화의 두려움이고, 고립된 존재로써 인생을 '앞으로 나아가는' '자연스러움에서 뛰쳐나가는' 것을 직면하는 것의 두려움이다. 랭크는 인생에서 원형적 두려움은 근원적 외상이며 근원적 분리인 '출생' 이라고 했다. 랭크는 '죽음의 두려움' 을 멸절의 두려움, 개인의 상실 두려움, 전체로 다시 용해되어 가는 두려움으로 말한 것이다.

랭크는 "이 두 가지 두려움의 가능성, 두려움의 두 가지 기둥 사이에서 사람들은 자신의 전 인생 동안 앞뒤로 던져진다."라고 했다. 개인은 개성화를 위해, 자신의 자율성을 확신키 위해, 앞으로 나가기 위해, 자신의 잠재성을 실현키 위해 자신을 분리하려고 시도한다. 그러나 사람이 이러한 것을 시도할 때 삶에서 두려움이 나타나는 시기가 온다. 개성화, 돌발 혹은 내가 여기서 기술했듯이 특별함에 대한 확신은 면세가 아니다. 이것들은 보호받지 못한다는 고독감과 두려움을 수반한다. 고독감은 개인을 반대 방향으로 향하게 누그러뜨리는 것이다. 사람이 '뒤로 물러나' 개성화를 포기하는 것은, 섞여서 안락을 찾는 것이고, 자신을 용해시키는 것이고, 개인이 다른 것에 자신을 포기하는 것이다. 그러나 그 위안은 안정적이지 않다. 왜냐하면 이 선택 또한 죽음의 두려움을 불러일으키기 때문이다. 포기하고, 침체되고, 마침내 와해된다. 사람들은 두려움의 이 두 가지 축인 삶의 두려움과 죽음의 두려움 사이에서 살아간다.

여기서 내가 제안하는 특별함과 궁극적 구원자라는 이중적 방어는 랭크가 말한 '삶의 두려움과 죽음의 두려움' 과 똑같지는 않지만 분명하게 중복된다. 랭크가 말하는 두려움의 축들은 내가 설명한 방어기제의 선천적 제한과 밀접하게 연관된다. '삶의 불안' 은 독특성의 방어에서 나타나는 것이다. 이 불안은 인간 본연의 모습으로부터 가리지 않고 나타나려는 것에 대한 대가를 치르는 것이다. '죽음불안' 은 혼동에 대한 사용료다. 사람이 자율성을 포기하면 자신을 잃어버리고 죽음 형태의 고난을 받는다. 그러므로 사람은 불안이 방어의 구제보다 무거울 때까지 한 방향으로 움직이다가 다른 방향으로 움직인다.

이 움직임은 내가 이미 말한 임상적 자료에서 어느 정도 제시되었다. 사춘기에 머물러 있는 것으로 불안을 피하려 한 레나를 생각해 보라. 그녀는 끊임없이 다른 구조자와 자신을 합치려고 했다. 그러나 그녀는 자주 자신의 상황으로 두려워했다. 그녀는 다른 사람에게 달라붙었지만 완강하게 반항하기도 했다. 그녀는 밀접함을 열렬히 구했다. 그러나 그것이 제공되면 그녀는 도망갔다. 그녀의 에너지의 많은 부분이 삶의 변화와 성장과 함께 '삶의 불안' 을 피하려는 쪽으로 향하였던 것 같다. 그녀는 평화, 편함 그리고 안전함을 구하였다. 그러나 그녀는 이것들을 가졌을 때 죽음의 불안에 떨었다. 자는 것 혹은 어떤 정적 상태를 혐오하거나, 그것을 피하기 위하여 과격한 활동을 하였다. 예를 들어, 흔히 밤새도록 목적지 없이 운전을 하는 것 등이었다.

카렌은 피가학성적인 상태에 있었고, 나를 껴안기 위해서 필요하다면 자신을 희생하는 것을 선택하였다. 그러나 그녀 역시 반대의 경우에서 놀랐다. 다른 것과 함께 섞이는 것은 위안과 안전을 의미했지만, 이것 또한 자신의 상실을 의미했다. 그녀의 시 가운데 하나가 그녀의 딜레마를 잘 보여 주고 있다.

나는 물에서 나온 개처럼 당신의 영향으로부터
내 자신이 자유로워지기 위하여 털어 버리고 싶었습니다.
나 역시 당신과 함께 자유로워지고 싶었고,
당신을 내 가슴에 가까이 하고 싶어서
차가운 금속에 붙은 살처럼 당신에게 붙어 버렸습니다.
나를 따뜻하게 해 줘서 나를 가도록 해 주세요.
내 자신이 자유로워지기 위해서,
내 살을 찢어야 하고 이것은 상처를 남기고

치료되지 않을 것입니다.

이것이 당신이 나에게 원하는 것이에요?

출현과 용해 작용은 십대 자녀가 집을 떠나려는 문제가 있는 가족치료에서 특별하고 분명하게 자주 나타난다. 이러한 가족을 치료한 적이 있다. 돈(Don)은 19세의 환자였고, 표면상 부모가 돈의 인생을 통제하였다. 돈이 간헐적으로 자신이 되려고 노력한 것은 대학을 선택하는 것이나 대학 입학허가 과정에서 부모의 관여를 거부한 것이었다. 그러나 그는 자신이 선택한 대학의 입학 허가를 얻는 데 너무 지연했기 때문에 결국 집에 머물렀고 지역의 전문대학을 다녔다.

집안에서 계속 돈이 머물자 숨 막히는 가족관계가 형성되기 시작했다. 그는 자유에 대하여 매우 혼란스러워했다. 자신의 자유를 제한하는 부모의 행동에 대하여 고통스러울 만큼 민감했음에도 불구하고, 그는 명백하게 자신의 자유의 삭감을 요구했다. 그는 계속해서 늦은 밤까지 오디오를 귀먹을 정도로 시끄럽게 틀었고, 차를 쓰겠다고 요구하면서 차에 총을 쏘았다. 찻길에서 주행 시 타이어가 미끄러지는 소리를 내었고, 휘발유가 거의 다 빈 채로 집으로 가지고 와서 아버지에게 넘겼는데, 그나마 다음 날 아침 정비소에서 수리해야 했다. 데이트하기 위해서 부모에게 돈을 요구하면서 '의도적'으로 엄격한 부모가 보도록 옷장에 콘돔을 두었다.

돈은 자유를 요구했지만 가지지는 않았다. 친구와 함께 며칠 동안 집을 떠나 해안을 돌아다녔지만, 자신이 살 아파트를 얻으려고 진지하게 노력하지 않았다. 그의 부모는 부유했지만, 그는 부모가 자신의 아파트 월세를 내지 못하게 했고, 자신도 지불하지 않았다(그는 여름에 일을 해서 충분한 돈이 있었지만 아파트 비용을 내지 않았는데, 그것은 '정말로' 돈이 필요한 때를 위해서 저축하고 싶어서였다!) 돈이 자유를 갈망하고 이것을 위해 싸웠음에도 불구하고, 동시에 그는 부모에게 "나는 아직 미성숙하고 책임감이 없어요. 나를 돌봐주세요. 하지만 부탁하지 않은 것처럼 할 거예요."라고 말했다.

돈의 부모는 이러한 연속극 같은 상황에서 결코 방관자로서 흥미가 없는 것은 아니었다. 돈은 장남이었다. 그가 집을 떠난 것은 부모의 인생 주기에서 이정표를 의미하는 것이다. 돈의 아버지는 경쟁적인 일에 격정적으로 중독된 사람인데 특별히 돈이 떠나는 것에 위협을 느꼈다. 이것은 그의 특별성 투사에 망상적 성격을 드러낸 것이다. 이것은 개인적 소모, 낯선 것의 시작, 활력적이지 않고, 생의 유용한 단계가 적은 이동과 쇠퇴이며, 이 양쪽 너머 숨어 있는 죽음이다. 어머니와 주부로서의 정체성을 갖고 있는 돈의 어머니도 유사하게 돈이 떠난다는 것에 위협을 느꼈다. 그녀는 외로움과 자신의 생애에서 의미의 상실을 두려워했다. 결과적으로 부모의 가장 교묘한 방법이 그의 성장을 방해했다. 부모는 한 자율적인 성인으로서 (이것은 성공적인 부모의 목적이 아닐까?) 자신들의 삶을 위해 자식을 준비했다. 그러나 이렇게 간청한 것이다. "성장하지 마라. 우리를 떠나지 마라. 영원히 젊게 있어라. 그러면 우리도 그럴 것이다."*

출현과 혼돈 사이에서 움직이는 또 다른 개인은 30세의 성공한 비즈니스 행정가인 롭(Rob)이다. 그는 자신의 복장도착증 때문에 나에게 의뢰했다. 그는 청소년기 이후로 항상 은밀하게 이성의 옷을 입었다. 그리고 지금까지의 그 유형은 자아동조적(ego-syntonic)이었다. 이것은 그 사람의 가장 중심으로부터 나오는 것 같았다. 이성의 옷을 입는 것은 많은 쾌락을 제공하였고, 그는 계속하기를 원했다. 그러나 근래는 이러한 행동이 다르게 느껴졌다. 그는 자주 근심했고 이성의 옷을 입는 것이 불안을 가라앉히는 것을 발견했다. 이 증상은 더 많은 것을 요구했다. 이제는 대중에게 자신이 여성으로 보이기를 원했다. 그는 몸의 모든 털을 깎았고, 마지막으로 자신의 생식기를 절단하고 여성처럼 되기를 요구했다. 그래서 그는 두 가지를 근심했다. 이성의 옷을 입지 않았을 때의 근심과 입었을 때의 걱정이다.

일반적으로 정신치료사들은 이성 복장을 하는 환자의 거세공포를 피하기 위한 시도는 성적 곡해라고 추측함으로써 환자를 이해한다. 이성복장을 하는 증상은 두 가지 기능을 가지고 있다. 이것은 상징적 거세다(즉, 만일 이미 거세가 되었다면,

* 이와 유사한 역동성은 학교 공포증이 있는 아이가 있는 가정에서 일반적으로 발견된다. 티에즈(W. Tietz)는 학교 공포증으로 발생한 죽음의 두려움을 가진 환자의 몇 가지 사례를 발표했다. 한 아이는 가족과 떨어지는 것을 거부함으로써 죽음의 공포로부터 자신을 방어하려고 하였다. 그 가족은 아이의 성장 자율성에 대한 반대감정병존(ambivalence)으로 이 현상을 은밀히 놓아두었다.[35)]

거세 습격으로부터 안전하기 때문이다). 그리고 동시에 개인은 생식적 만족의 형식을 가지도록 한다. 이러한 패러다임은 롭에게 어떤 설명적인 힘이 있다. 예를 들어, 이것은 왜 그가 여성의 복장을 했을 때만 자위행위를 하고 자신을 여성으로 여기는 공상에 빠지는지를 분명하게 한다. 그러나 설명되지 않는 것이 너무 많고, 존재론적 패러다임은 롭의 행위에 대하여 폭넓은 관점을 제공한다.

롭의 공상은 좀처럼 분명하게 성적이지는 않았다. 일반적으로 그는 자신을 여성 집단에서 구성원으로 받아들이는 집단의 환영을 받고 부러움을 사는 한 여성으로 상상했다. 그들은 롭의 외모로 그를 받아들였거나 그냥 받아들였지만 특이한 행동을 하지 말라고 부탁했을 것이다. 그는 그 여성들과 함께 합쳐지길 원했고, 그들 중 한 사람이 되어 이제 시작하는 간호사, 집안을 치우는 주부, 혹은 타자를 치는 사람이 되길 원했다. 특별히 중요한 것은 이해할 것이 없었다고 말했다. 그는 선천적으로 남자라는 것을 매우 싫어했다. 경쟁하고 나타나야 하고, 투쟁하고 자신의 기술을 보여야 한다는 것을 싫어했다.

이성의 복장을 입는 것은 죽음의 두려움과 많은 선입견을 감출 수 있다. 롭의 어머니는 롭이 십대였을 때 암으로 서서히 죽어 갔다. 그리고 그는 14년이 넘게 어머니에 대한 꿈을 연속해서 꾸었다. 이성 복장을 착용하는 것은 그의 어머니 그리고 모든 여성들과 섞이는 상징이다. 이성 복장 착용은 그의 대부분의 인생에서 개성화 안에 있는 선천적인 불안을 제한하였다. 항상 높은 성취가였던 롭은 오래전에 그의 아버지를 능가했다. 그러나 이렇게 하면서 랭크가 말하는 '삶의 두려움' 을 직면한 것이다. 롭은 이성 복장의 기제를 통한 공상적 삶 속에서 혼합이 지배적 주제였던 이성 복장을 함으로써 항상 개성화의 불안에 대응하였다. 그러나 이성 복장 착용의 방어는 더 이상 효력을 미치지 않았다. 이렇게 하는 것은 더 많은 '죽음불안' 을 불러일으켰고, 롭은 자신의 공상이 끝날 것이고, 혼합 속에서 자신을 상실해 버릴지도 모른다고 생각하여 두려워했다.

성적 혼합을 통하여 개성화 불안을 달래려는 시도는 일반적이다. 오로지 권력, 앞서 가려는 것, 뛰어나려고 하는 것, 자신의 이름을 알리는 것에 전신을 다하는 성공적인 사람은 필히 개성화에서 선천적으로 외롭게 보호받지 못함을 직면할 것이다. 흔히 이러한 경우는 사업하는 과정에 발생한다. 열심히 노력하는 사람이 자신의 일에 에너지와 집중할 통로가 더 이상 되지 않을 때, 익숙하지 않은 입장에서 자신이 쳐질 때, 그 사람은 심각한 고독과 심한 격노를 경험한다. 그는 여성에게서 사랑의 포옹이 아니라 섹스를 찾는다(이것은 자신을 상실하는 두려움을 휘저을 수 있다). 그는 속임수의 섹스를 찾는 것인데, 이 성적인 행위는 삶을 지배할 수 있도록 하고, 깨달음을 제한시킨다. 그러나 이것은 밑바닥에 있는 죽음불안과 고립에 약을 제공한다. 물론 이 관계성은 허구다. 그리고 어떤 깊은 지경에서는 그 사람이 다른 것을 만나는 자신의 권위가 없는 양식을 인정한 것이다. 다음에 발생하는 죄의식은 불안과 결합하고, 더 큰 고립과 분노를 낳고, 여전히 다른 여성을 필요로 해서 때때로 수분 내로 첫 번째 여성을 떠난다.

죽음의 불안을 달래려는 양식으로써의 성적 행위는 임상적으로 자주 관찰되었다. 맥켈빈-호언(Patricia McElveen-Hoehn)은 이러한 몇 가지 사례를 발표했다. 부모나 가까운 친척의 장래식에서 돌아온 성적으로 보수적인 여성이 피임도구를 가지고 낯선 사람이나 뜻밖의 친구와 특별하지 않게 성적인 관계를 맺는다. 혹은 심한 심장병을 앓는 사람이 병원으로 가는 중에 부인의 가슴을 애무하며 성적 행위를 하기도 한다. 혹은 백혈병으로 죽어 가는 아이가 있는 남자가 매우 난잡한 성관계를 가지는 경우다.[36)]

다른 사례는 부인이 백혈병으로 죽어 가는 서른 살의 팀(Tim)에 대한 것이다. 팀은 확연한 슬픔 때문에 치료를 시작한 것이 아니라 성적 충동과 몰두 때문이었다. 아내가 아프기 전까지 그는 일부일처의 생활을 하였다. 그러나 그녀가 죽음에 가까워지자, 그는 충동적으로 포르노 영화관과 독신자들의 술집(대중에게 노출된다는 큰 부담이 있다)을 갔고, 죽어 가는 부인 옆의 침대에서 하루에 몇 차례 자위행위를 했다. 아내의 장례식을 치른 날 저녁, 그는 창녀를 찾았다. 팀의 슬픔과 자신의 죽음에 대한 두려움은 성적 충동 아래에서 쉽게 구별할 수 있다. 다음 장에서 언급할 그의 꿈은 이러한 관심에 대하여 분명한 증거를 보여 준다.

섹스와 죽음과의 관계성을 보여 주는 충격적인 사례가 또 하나 있다. 암이 자궁경부에 수술할 수 없을 정도로 퍼진 환자의 사례다. 그녀의 분명한 고통과 악액질에도 불구하고 그녀는 끝없이 남자를 찾았다. 젊은 날 관계를 가졌던 남자들보다 더 많은 관계다. 그녀의 짝들은 역공포적으로 죽음의 두려움을 다루고 있었다. 그들은 인생의 중심에나 '땅속 깊이' 까지 아주 가까워지는 것의 즐거움을 말하였다. 내가 믿기로는 그들은 죽음에 가까운 것, 죽음의 면전에 토하는 것, 그리고 매

시간 완전하고 상처 입지 않은 채 드러나는 것에 기분이 고양되었다. 그 환자는 다른 동기를 가지고 있었다. 그녀는 죽음에 아주 가까웠고 죽음의 외로움에 두려워했기 때문에 다른 사람과 함께 섞여야 하는 필요성에 몰두한 것이다. 그린버거(Ellen Greenberger)는 암 말기에 있는 여성에 대하여 연구를 했고 TAT 점수에 기초하여 매우 높고 명백한 성적인 주제들에 대하여 말했다.[37)]

양자의 필요, 즉 분리와 자율성 그리고 보호와 섞임을 만족시키려는 일과 그리고 각자에게 있는 죽음의 두려움을 직면하는 것은 개인의 내적인 세계를 다스리는 인생 전반의 변증법이다. 이것은 인생의 처음에 시작해야 하는 일이다. 이 시기에 어머니와 공생적으로 합쳐져 있는 아이는 (이후에는 감정적으로 어머니로부터 줄어들기 시작한다) 정체성, 전인성, 분리를 발전시키기 위해서 어머니로부터 자유로워지고 구별되어야 한다. 이 작업이 말러(Margaret Mahler)가 말하는 '분리-개성화' (separation-individuation)다.[38)]

신경증적 적응의 대가

죽음의 불안에서 탈출하려는 시도는 신경증적 갈등의 핵심이 된다. 이 시도가 극단적이고 엄격할 때 행동은 '신경증' 이 된다. 그리고 우리가 지금껏 고찰한 것과 같이 죽음에 대한 주된 방어들이 과대해지면 신경증적 적응(neurotic adaptation)을 낳는다. 신경증적 삶은 죽음의 불안으로 발생한다. 그러나 이 신경증적인 사람이 자발적이고 창의적으로 살려는 능력을 제한하는 한 죽음에 대한 방어는 그 자체가 부분적 죽음이다. 이것이 랭크가 신경증 환자는 죽음의 빚에서 탈출하기 위해 생의 대여(loan)를 거부한다고 말한 의미다. 이들은 날마다 부분적인 자기 파괴를 통해 죽음의 두려움에서 자신을 자유롭게 하도록 산다.[39)]

그러나 자기 제한(self-restriction)은 신경증적 적응 대가의 끝이 아니다. 왜냐하면 신경증 환자들은 죄의식 때문에 남은 삶에서조차도 처벌을 모면하는 탈출을 할 수 없다. 전통적으로 죄의식은 다른 것에 대한 진짜 혹은 공상으로 한계를 넘었을 때 발생하는 감정으로 정의된다. 죄의식의 다른 근원, 즉 자신에 대한 한계를 넘는 것으로 자신에게 할당된 삶을 사는 데 실패하는 것에 주목한 사람은 키르케고르,[40)] 그리고 후에는 랭크와 틸리히다.[41)] 랭크는 "우리가 스스로를 …너무 격렬하거나 너무 빠르게 방어할 때, 사용되지 않은 삶, 우리 안에 있는 사용되지 않는 것으로 죄의식을 느낀다. 그래서 억압은 양면에 날이 있는 검이다."[42]고 했다. 동시에 이것은 삶의 제한과 죄의식의 형태를 만드는 반면 우리에게 안정성과 불안으로부터의 안심을 제공한다. 그래서 이것은 '실존주의 죄의식' 이라고 불린다. 제6장에서 이것에 대하여 깊이 있게 다룰 것이다.

정신분열과 죽음의 두려움

정신분열증의 많은 형태가 중요한 생물화학적 성분을 가진다는 증거가 지배적임에도 불구하고, 정신분열증은 또한 비극적 인간경험이라는 사실에 대한 반대는 없다. 이 정신분열증은 장기적(역사적)이고 횡단적(현상적)인 양쪽의 관점에서 이해된 것이다. 발달론적 스트레스를 눌러 터뜨리는 것은 정신분열적 환자의 세계관을 발달하도록 하고, 환자는 무섭고 혼란스러운 경험적 세계에 거주한다.

정신분열을 치료하는 사람 중 메릴랜드(Maryland) 주 로크빌(Rockville)에 있는 체스트넛 로지(Chestnut Lodge)에서 몇 년 동안 정신병 환자를 치료한 실즈(Harold Searles)보다 정신병환자들의 세계를 섬세하게 이해하려고 영웅적 노력을 기울인 사람은 없을 것이다. 그는 1958년 「정신분열과 죽음의 불가피성(Schizophrenia and the Inevitability of Death)」이라는 매우 통찰력 있는 논문을 썼으나 관심받지 못하였는데, 여기서 그는 정신분열증 환자의 정신역동성에 대한 그의 관점을 피력했다. 그의 논문은 다음과 같이 요약되었다.

> 실제에서 불가피한 죽음의 외면상 평범한 사실은 인간의 불안의 궁극적 잠재적 근원의 하나이고, 실체에 대한 관점의 감정적 반응은 우리가 경험하기에 가능한 가장 격렬하고 복잡한 것 중에 있다는 것이다. 정신과 질병의 방어기재들은 정신병에서 흔히 색다르게 나타나는 것을 포함하여 개인의 자각이 접근하는 것을 방지하도록 고안되었다. 내적 그리고 밖의 실체의 다른 불안을 불러일으키는 관점에서였다. 이것은 삶의 제한성의 단순한 사실이다.[43]

실즈(Searles)는 신경증 환자들과 같이 정신병 환자의 역동성은 자신의 죽음 불가피성에 대한 환자 반응의 관점에서만 온전히 이해될 수 있을 것이라고 했다. 분명 정신병 환자의 방어는 신경증 환자보다 더 이상하고, 더 극렬하고, 더 무능하게 한다. 더욱이 정신병 환자는 신경증 환자보다 어린 시절에 더 황폐한 경험을 하였다. 그러나 인간현실의 실존적 성격은 우리 모두를 형제와 자매로 만들었다. 위협의 양이나 반응의 성격이 다름에도 불구하고 신경증 환자와 마찬가지로 정신병환자들을 괴롭히는 것은 인간의 한계다. 실즈는 이것을 날카롭게 기술하고 있다.

> 확신하기는 정신분열은 과거의 이상하고 왜곡시키는 경험의 결과로 생각할 수 있다. 특별히 유아기와 초기 아동기의 경험이다; 그러나 필자는(the writer) 한편으로는 정확하고, 주목할 만한 임상적 유효성을 가지고 정신분열은 불안한 현재에 대처하기 위해 매우 어린 시절에 학습되었던, 어떤 특정한 자기방어기재의 사용으로 보인다고 생각한다.
>
> 저자는 자기 경험에서 죽음을 불가피성은 단지 정신분열과 거의 관계가 없다는 것 이상의 것이 있음을 매우 분명히 하고 싶어 하는 것이다. 이것은 환자가 자신의 정신분열에서 자유롭게 성장하여 어떻게 할 수 있다는 문제가 아니라, 죽음 불가피성이라는 건너편에 있는 더 큰 삶의 환경에 자신의 관심을 돌리는 것이다—예전에 이 환경은 자신의 삶의 시야에서 주변에 둔감하게 놓여 있던 것이거나, 혹은 전적으로 관심 밖의 것이었다. 반대로 저자의 임상적 경험은 앞서 언급한 것 보다 훨씬 더 죽음의 관계성이 중심적인 것을 암시해 주고 있다. 이것은 오히려 환자가 정신분열증으로 되어 가는 것(물론 여기서 이 정신분열증의 대부분 혹은 전부가 무의식적인 목적성을 가지고 있다), 그리고 이 상태에 오랫동안 머물러 있는 것은 내 외적인 실체의 여러 면 중에서 생이 유한하다는 사실을 **직면하는 것을 회피하기 위해**서다.[44]

정신분열증 환자들에 대한 전통적인 사례는 항상 그들의 갈등이 있었던 초기 아동기와 초기 가족 환경에 있었던 심한 병리인 황폐한 환경을 강조하고 있다. 그러나 만일 환자의 실존적인 사례 역사가 쓰인다면 어떻게 할 것인가? 정신과 실험은 인터뷰하는 사람이 환자가 시간, 장소 그리고 사람에게 지향되었는지를 발견하기 위한 정신 상태에 대한 질문이 부분적으로 있다. 실즈는 한 환자가 응답한 것이 정말로 '지향되어 있다' 고 가정하였다.

> 나는 1953년 4월 15일에 태어났고, 현재 51세인 브레넌(Charles Brennan)입니다. 지금은 메릴랜드 주에 있는 체스트넛 로지 정신병원에 살고 있습니다. 8년 동안 이곳에서 살고 있습니다. 이 심각한 정신적 질병은 25년이 넘게 지속되고 있습니다. 현재 나의 나이를 고려하면 이 정신적 질병은 나에게서 현실을 빼앗아 갔습니다. 결혼하는 것, 자녀를 가질 수 있는 것을 빼앗아 갔고, 남은 생애 동안 이 병원에 계속 입원해야 한다는 것만 확실할 뿐입니다. 나는 한때 부모와 일곱 형제자매가 있는 한 가정의 구성원이었습니다. 그러나 수년 동안 이 가정에서 충격적인 사건을 연속해서 보았습니다. 몇 해 전에 나의 어머니는 오랫동안 앓은 정신병 상태에서 돌아가셨고 형제 중 하나는 장기 입원이 필요한 정신병이 발발했습니다. 다른 형제는 자살했고, 또 다른 형제는 제2차 세계 대전 때 죽었습니다. 그리고 세 번째 형제는 근래 그의 사회적 지위가 아주 높았을 때 정신질환을 가진 환자에게 살해당했습니다. 남아 있는 아버지는 나이가 많이 들어 과거에 강했던 사람에서 이제는 너무나 다른 애처로운 사람이 되었고, 죽음이 아버지에게 가까이 있습니다.[45]

이 특별한 사례에는 놀랍고 충격적인 점이 있다. 그러나 아마 더 충격적인 것은 이 사례가 초기발달, 교육, 군복무 기간, 대상관계, 성문제에 초점을 맞추지 않고, 인생의 실존적 사실에 초점을 맞춘 유사한 비극적 사례로 모든 환자에게 적용될 수 있다는 것이다(치료자에게도).

실즈는 자신이 몇 해 동안 치료했던 심각한 정신병 환자의 치료과정을 설명했다. "처음에 그 환자는 풍부하고 상세한 증거, 환상적으로 이상하고 복잡하고 극단적으로 엄격하게 방어된 몽상적 구조, 무시무시한 개념의 모든 방법으로 가득 차 있었고, 동물적인 야만에서 마술사적이고 공상과학의 복잡한 기계의 범주까지 미치는 것을 보였다."라고 했다. 환자의 경험이 무서움에도 불구하고, 실즈는 모든 인간을 겁나게 하는 병, 즉 나이 듦과 불가피한 죽음에 대하여서는 표현이 아주 적었다는 것을 주목했다. 환자는 이러한 문제들을 분명하고 광대한 죽음의 부인과 함께 취급하였다. "세상에 있는 모든 사람에게 기쁘지 않거나 비참한 오늘에 대한 이유가 없다. 사람들에게는 모든 것에 대한 격언이 있다… 사람은 죽지 않는다. 그러나 실제에서는 죽음이 단순히 '변하는 것' 이고, 장소를 옮기는 것이거나 영화에서 깨닫지 못하는 사이에 주제가 되는 것이다."

3년 반 동안의 정신치료 후에 그 환자는 현실을 기초하여 세상을 보는 관점을 가지고 시작했고 인간의 삶을 포함하여 삶은 유한하다는 사실을 받아들였다. 이 깨달음이 있기 전 몇 개월 동안 그녀는 죽음의 불가피성 인식에 대한 그녀의 망상적인 방어의 마지막 격함의 증거를 보여 주었다.

…그녀는 대부분의 시간을 낙엽을 줍는 것, 때때로 죽은 새와 죽은 동물을 찾는 데 소비하였고 마을 가까운 상점에서 모든 종류의 물품을 사서 연금술 같은 과정을 거쳐 한 형태나 다른 살아 있는 형태로 바꾸려는 시도를 하면서 시간을 보냈다. 죽은 다양한 나뭇잎을 선택하고 생명을 가져오기 위하여 다른 것을 선택하여 그녀 자신이 하나님이라고 느낀 것은 분명했다(그리고 그녀 자신이 이것을 실증하였다). 여러 차례 병원 마당에서 심리치료가 있었다. 이때 그녀는 근처에 있는 잔디밭을 오랫동안 자세히 살폈고, 치료자는 의자에 앉아 있었다.

그러나 죽음을 부인하는 종말을 향하여 몇 달이 지나자, 그녀는 자신의 이러한 행동에 대한 느낌을 더욱더 공개적으로 표현하였다. 치료기간 중의 어느 가을날 치료자와 이 환자는 가까운 의자에 앉아 있었고 잔디 위에 떨어진 잎새를 함께 응시하고 있었다. 그녀는 무언으로 자신이 감미로움, 부드러움 그리고 슬픔에 차 있다는 것을 알게 하였다. 그녀는 눈물을 흘리면서 받아들여야 할 사실에 대하여 체념하는 목소리로 "나는 이 잎새들을 양(sheep)으로 변화시킬 수 없습니다."라고 말했다. 치료자 "나는 아마 인간의 생명도 이렇게 된다는 사실, 이 잎새처럼 인간의 생명도 죽음으로 끝이 난다는 사실을 당신이 깨닫고 있음을 알았습니다."라고 대답했다. 그녀는 그렇다고 고개를 끄덕였다.

이러한 깨달음으로 본격적인 치료가 진행되었다. 그 환자는 점차적으로 죽음에 대한 주된 방어기제인 자신의 전능성과 불가침성에 대한 신념을 포기했다. 그녀는 깨달았다.

…그녀가 하나님이 아니라는 것을. …그리고 우리 인간은 죽을 존재라는 것을. 이것은 그녀가 가진 편집증적 분열 질병의 가장 기초가 되었던 것이 부서지는 것이다. 예를 들면, 이 질병은 죽은 부모가 아직도 살아 있다는 확신을 몇 년 동안 가지고 있는 것이었다.[46]

이 여성과, 실즈가 설명한 다른 정신분열환자의 방어는 극단적이고 과도하게 원시적임에도 불구하고, 신경증 환자에게서 방어형태로 발견되는 같은 유형의 것이다. 예를 들어, 편집증 환자는 죽음을 피하는 주된 형태의 하나인 전능성과 장엄의 망상 속에서 자신의 특별함과 불사성에 대한 신념을 가지고 회피한다.

많은 정신병 환자들은 자신이 전적으로 살아 있음을 경험할 수 없다. 의심할 것 없이 죽었다는 것은 정신병 환자에게 영향을 미치는 일반적 억압 기능이다. 그러나 또한 이것은 실즈가 제안했듯이 부수적인 방어목적을 가지고 있다. '죽은 듯'이 있는 것은 환자를 죽음으로부터 보호할 수 있는 것이다. 한정된 죽음은 실제 죽음보다 낫다. 사람이 어떤 방법으로 죽었다면 죽음에 대하여 두려워할 필요가 없기 때문이다.

그러나 우리 모두는 죽음을 직면한다. 만일 죽음의 두려움이 정신병 환자에게 핵심적인 역동이라면 우리는 왜 정신병 환자가 이 편재하는 두려움에 따라 현상을 일으키는가에 대한 수수께끼에 대한 답을 해야 한다. 실즈는 몇 가지 이유를 제안하고 있다.

첫째, 죽음을 직면하는 불안은 개인적 전인성(wholeness)을 강화하는 지식이 없고 삶에 전적으로 참여하지 않는 사람들에게 무한정으로 크게 느껴진다. 실즈는 "사람은 자신의 전적인 삶의 경험을 할 때까지 불가피한 죽음의 예상을 직면하는 것을 참을 수 없다. 그리고 정신병 환자들은 아직 전적으로 삶을 살지 못하고 있다."[47]라고 했다. 『죽음에 대항하는 삶(*Life Against Death*)』이라는 비범한 책에서 브라운(Norman Brown)은 비슷한 이야기를 했다. "출생을 확신하는 사람만이 죽음을 확신할 수 있다…. 죽음의 공포는 우리 몸에 있는 살지 않는 삶과 함께 죽어가는 공포다."[48] (죽음불안이 삶의 실패에 따라서 매우 증가한다는 이 이론은 치료에 상당한 의미를 함축하고 있고 다음 장에서 의견을 나눌 것이다)

정신병 환자가 죽음 때문에 당황한다는 것은 환자가 성장발달과정에서 일찍 큰 상실을 경험했기 때문에 상실들을 통합할 수가 없기 때문이다. 환자는 비성숙한 자아를 가졌기 때문에 상실에 대하여 병리적으로 반응하고, 일반적으로 이 반응은 상실을 부정하도록 하는 주관적인 유아적 전능성의 강화에 따른 것이다. 그러므로 과거의 상실들을 통합할 수 없다는 것은 환자가 현재 모든 상실의 위대한 전망을 통합할 수 없다는 것이다. 자신의 상실과 자기가 알고 있는 모든 사람들의 상실이다. 죽음에 대한 이 환자의 주된 방어는 모든 정신질환에 핵심적 특징인 전능성의 느낌이다. 그래서 정신병 환자는 삶을 온전히 경험키 위하여 필요한 전인성의 감각을 결코 개발하지 않는다.

더욱이 정신병 환자는 이 공생적 관계가 생존을 위해 필요하다고 인식하고 있다. 이 환자는 이러한 관계성을 위협하는 것에 대한 보호가 필요하다. 그리고 이러한 위협 중에서 자신의 심한 애매성보다 위험한 것은 없다고 생각한다. 아동은 자신이 가장 사랑하는 사람에 대하여 깊은 미움을 느끼면서 뿌리 깊은 무력감을 가진다. 또한 아동은 같은 사람이 심하게 자기를 사랑하고 미워한다는 사실을 직면하면서 무력해진다. 이러한 무력함은 아동으로 하여금 통상적으로는 유아기 때 자신의 전능성의 환상을 유지하는 것을 필요로 한다. 불가피한 죽음의 수용보다 개인의 전능성을 철저하게 파괴하는 것은 없다. 그리고 정신병 환자는 격렬한 절망 중에서 자신의 죽음 불안에 집착한다.

정신병리학의 실존적 패러다임 : 조사 증거

죽음에 대한 부인이 편재함에도 불구하고, 그리고 죽음에 대한 부인 형태의 다양함에도 불구하고, 이 장에서는 죽음의 주된 두 가지 이유를 가정하려고 한다. 바로 개인적 특별함에 대한 신념과 궁극적 구조자에 대한 신념이다. 이러한 방어들은 삶의 초기에서 기원되고 개인의 인격을 형성하는 데 중요한 영향을 미친다. 궁극적 구원자를(그리고 융해, 합병 혹은 흡수되길 노력함) 강하게 믿고 있는 개인은 자신의 밖에서 힘을 구한다. 자신이 다른 사람에게 의지하는 탄원자인 것이다. 분노를 억압하며 피학대음란적 경향을 보일 수 있다. 그리고 유력한 타인을 잃었다는 것 때문에 매우 우울해질 것이다. 특별함과 불가침성으로 기울어진 개인은 아마도 자기도취적일 것이다(그리고 위급(emergency), 개성화, 자율화 혹은 분리를 하려고 한다). 흔히 이러한 사람들은 충동적인 성취자들이다. 직접적인 폭력을 나타내기 쉬우며, 아마 필요한 거부, 즉 다른 사람들로부터 적합한 도움이 필요할 지경까지 자기를 믿을 것이다. 그리고 자신의 개인적 허약과 제한을 받아들이지 않을 것이다. 이러한 위급한 상황을 나타나는 존재에 대한 직접적인 경험적 증거는 없다. 프로이트, 설리반, 호나이, 프롬, 융 등의 학자가 단정한 다른 임상병리적 패러다임도 없다. 임상적 패러다임은 항상 직관적으로 발생하고, 임상적 유용성으로 정당화되고 유효화되었다. 그러나 유사한 성격 구조는 두 가지의 강한 물음으로 단정되고 연구되고 있다. 인식유형에 대한 실험실적 조사와 통제 중심에 대한 성격조사다.

인식 유형

1949년 위트킨(Herman Witkin)은 두 가지 근본적인 지각형태인 분야의존과 분야독립을 증명하였다. 그리고 이것은 궁극적 구조자와 특별성의 성격조직과 유사하다는 것을 증명했다.[49] '분야의존'(궁극적 구조자 유형과 유사함)에서 개인 관념은 그 분야의 전체 조직의 강한 지배를 받는다. '분야독립'(특별성 유형과 유사함)에서는 분야의 부분들이 배경으로부터 별개의 것으로 경험된다. 이 연구의 대부분은 지각의 한 형태나 다른 형태를 향한 경향은 개인의 기능에 지속적이고 널리 미치는 특성을 가진다는 것을 보여 주고 있다. 지각 임무*의 광범위한 다양성의 전역에서 분야의존 개인들은 환경적 장(context)으로부터 분리하여 전경(foreground)을 지킬 수 없었다. 반면 분야독립적 개인은 이러한 작업에 어려움이 없었다. 그러므로 이러한 시험은 결과로 나타난 것처럼 개인의 유형 경향은 관념에 제한되는 것이 아니고, 개인의 지적 활동, 몸 개념 그리고 분리정체감에서 명백하게 널리 미치는 인식 유형이다.

* 이 현상을 제시하기 위하여 사용할 수 있는 지각 테스트가 많이 있다. 예를 들어, 몸 조절(body-adjustment) 테스트에서 개인은 오른쪽 혹은 왼쪽이라고 명칭된 의자에 앉고, 그 의자는 오른쪽 혹은 왼쪽이라고 명칭된 작은 방문에 놓는다. 여기에 사람들 근처에 있는 방이 명명되면 사람들은 자신의 몸을 똑바로 세워야 한다. 분야의존적인 개인은 주변의 방 위치로부터 자신을 분리할 수 없었다. 다른 말로, 방이 명명되면 사람들은 자연히 자신을 기울이게 될 것이고, 45° 정도로 기울어 있음에도 불구하고 자신이 똑바로 있다고 보고할 것이다. 분야독립적인 사람들은 자신을 둘러싸고 있는 방의 위치에 관계없이 정말로 똑바른 것에 자신의 몸을 가까이 할 수 있다. 그러므로 분야의존적 개인은 몸과 분야(field)에 혼합된 것을 가지고 있는 것 같고, 분야독립적 개인은 배경으로부터 자신의 몸을 즉각적으로 분리하는 감각을 가지고 있는 것 같다.

지적 활동 분야의존 개인은 현장에서 중심된 요소를 분리시키는 문제를 분야독립적 개인보다 잘풀지 못한다. 이러한 경향을 '인식 유형' 이라고 한다. 경험을 하는 데 지속적인 경향을 가지는 것과 다른 한편에서는 자세하고 구조화된 것이 있다. 위트킨은 인식 유형의 이러한 두 축을 '전체적인 것' (global)과 '세부적인 것' (articulated)이라고 불렀다. 그러나 세상은 이러한 두 가지 종류에 따라서 사람들이 사는 것이 아니라는 사실을 강조하는 것이 중요하다.

신체상(Body Image) 개인 유형은 '밖에 있는 것' 을 인식하는 데 영향을 주는 것만이 아니라 '내부' 에 있는 것에 영향을 주기도 한다. 신체상에 대한 실험(예를 들어, 사람을 그리는 시험)은 자신의 몸을 인식하는 방법은 지각적이고 인식적 시험에 대한 개인의 수행방법과 연관 있다는 것을 강하게 제시한다. 분야의존('전체적인') 유형의 개인들은 섬세한 것을 덜 나타내고, 부분과 몸의 부분에 대하여 비사실적으로 표현하며, 성 역할에 대하여 거의 표현하지 않는다. 분야독립('세부적인') 유형의 개인의 부분과 성 차이에 대하여 분명한 것을 보여 준다.

정체성(Identity) 분야독립 인식 유형의 사람은 발달된 분리정체감의 증거를 보여 주었다. 말하자면, 자신으로서 자신을 인식하는 특성, 감정, 필요성에 대해 자각하고 있었고 다른 사람들과 구별되게 여겼다. 다른 한편으로 분야의존 인식 유형의 사람은 자신의 특성, 판단, 감각 그리고 자신에 대한 관점에 대한 정의를 하는 데 외부적 자료에 상당히 의존하였다.* 예를 들어, 분야의존적인 사람이 분

유사한 시험에서 사람들에게 번쩍이는 막대기와 쇠구조물(어두운 방안에서 볼 수 있는 물체)을 보여 주고, 쇠구조물의 경사에 관계없이 똑바로 막대기를 놓으라고 했다. 이러한 시험은 어떤 특별한 단순한 인물들이 끼어 있는 복잡한 디자인을 사람들로 하여금 연구하도록 요청하는 것이다. 분야의존적 개인은 단순한 인물을 인식할 수 없다. 그러나 분야독립적 사람은 단순한 인물을 인식하는 것이 분명했고, 디자인이 의미하는 '나타나는 것' 을 잘 인식한다.

* 자발운동적(autokinetic) 상황에 놓여진 분야의존 개인은 심어둔 공모자의 제안에 일치하여 빛의 뾰족한 점의 움직임에 관한 판단을 바꾸었다.(자발운동적 상황은 어두운 방 안에서 빛의 정지된 점을 보도록 요청하고, 이 빛의 점이 얼마나 움직였는가를 평가하도록 물어본다. 이 빛 자체는 움직이지 않는다. 그러나 개인들은 실험적 주제 혹은 실험에서 개인들을 앞서가는 공모자의 평가에 의해서 다소간 영향을 받을 수 있다.

야독립적인 사람보다 성인 실험자의 얼굴을 훨씬 더 자주 쳐다본다는 것이다. 더욱이 분야의존적 사람은 자신이 먼저 본 사람의 얼굴을 더 잘 인식하고, 실험자와 자신이 연관된 꿈을 훨씬 자주 꾸었다.

인식 유형과 죽음부인 실험적으로 정의된 '분야의존적' 사람들은 궁극적 구조자의 존재 쪽으로 치우친 임상적 특징을 가진 사람들과 비슷하다. '분야독립적' 사람들은 개인적 특별성의 신념을 가진 사람들과 비슷하다. 분야의존성과 분야독립성은 전적으로 관념적이고 인식적 기능의 경험적 연구에서 파생된 것이나 주관적 내용이 결여되었다. 여기에서 묘사된 실존적 변증법은 '두려움' 이 전기의 피부(galvanic skin) 반응과 연관되어 있다는 것과 같은 방법으로 연관되어 있다. 실존적 변증법은 이러한 인식 유형 중 하나로 분류되어 있는 개인들에게 현상학적 경험이 개인적 의미를 제공한다. 나는 인식유형과 죽음불안에 대한 주된 방어들의 개별적인 것과 연관되어 있는 정신병리에 대하여 이 장의 앞 부분에서 관찰한 정신병리와 인식유형 사이의 경험적 연관에 대한 유비(analogy)와의 비교를 더 연구할 것이다.

정신병리학과 인식 유형 개인의 인식 유형은 심리적 방어의 '선택' 과 정신병리학의 형태와 밀접하게 연관되어 있다. 분야의존적, 분야독립적인 것은 정신병리학에 발생하는 양쪽의 극단적인 연속이다. 더욱이 병리학은 이 두 양극과는 전혀 다른 형태를 가진다.

성격적 장애를 가진 분야의존적 사람은 의존, 수동성 그리고 무력이라는 깊게 뿌리내린 문제를 연상시키는 증상과 함께 심한 정체성 문제를 가지기 쉽다. 몇몇 연구에서 이러한 환자는 '분리 정체감' 의 발달에 부족함을 보이는 알코올 중독, 비만, 부적절한 성격, 우울 그리고 정신생리학적 반응(예를 들면 천식) 현상과 연관되어 있는 것으로 나타났다. 분야독립적 사람이 망상을 가지기 쉬운 것처럼 정신병 환자는 환영을 가지기 쉽다.[50)]

병리학을 나타내는 분야독립적 사람은 외부적으로 거칠고, 자기가 우월하다는 과대망상적이고 도취적인 생각을 하며 편집증적 증상과 우울과 충동적인 성격구조를 보이기 쉽다.

정신치료에 들어간 분야의존적 사람과 분야독립적인 사람 사이의 차이성에 대한 흥미로운 관찰이 있었다. 주된 차이는 전이에 있었다. 예측할 수 있는 것처럼,

분야의존적 환자는 분야독립적인 환자보다 금세 좋아지는 것을 느끼고 치료자에게서 빠르고 매우 긍정적인 전이를 발달시키는 경향을 가졌다. 분야독립적인 사람은 치료자와 관계를 발전하는 데 훨씬 더 조심하는 경향을 보이는 반면, 분야의존적 환자는 치료자와 '혼돈' 되는 경향을 보였다. 분야독립적 환자는 처음 치료자를 만날 때 자신의 문제에 대한 생각과 구체화된 설명을 가지고 왔으나, 분야의존적 환자는 특별한 것이 없었다. 분야의존적인 환자는 치료자의 제안을 받아들이고, 치료자로부터 도움을 끌어내고, 상담회기의 마지막 시기에 닥친 불안감정 때문에 상담회기를 연장하려고 시도하였다.

정신치료사의 인식 유형은 정신치료적 상황에 중요한 결정을 하게 한다. 분야독립적 정신치료사들은 환자에게 직접적이거나 환자를 관찰하는 수동적인 것을 좋아하는 반면, 분야의존적 치료자들은 자신의 환자와 함께 개인적이고 상호관계성을 가지는 것을 선호한다.

유사성은 분명하다. 분야의존성 혹은 궁극적 구조자로 치우친 경우의 끝은 수동성, 의존성, 구순기(orality), 자율적 기능의 부족, 부적합에 따른 특성을 지닌 병리성의 결과를 가진다. 분야독립성 혹은 특별성의 끝은 병리적 과대망상, 편집적 증상, 공격성, 충동성을 나타낸다. 이러한 관찰은 다른 조사로부터 부수적인 지원을 받는다-경험적으로 나온 성격 패러다임으로서 이것 또한 특별성을 갖는데, 바로 궁극적 구조자 임상적 패러다임과 밀접하게 닮은 통제의 중심이다.

통제의 중심

로터(Joseph Rotter)[51] 와 파레스(Jerry Phares)[52]의 연구와 함께 시작하면서 많은 조사자들은 성격 패러다임에 대하여 관심을 보였다. 이것은 개인이 통제에서 내적이거나 외적인 자리를 하고 있는지 아닌지를 조사하는 것이었다. 사람은 자기 인생의 사건을 통제하는 것을 느끼고 있는가 혹은 이러한 사건들이 개인의 행동과는 독립적으로 발생하고 있다고 느끼는 것인가? 내적 · 외적 통제에 대한 대부분의 조사는 한 가지 도구에 기초한다. 1966년 로터가 개발한 I.E.척도*로 이후에 수백 건의 연구에 사용되었다.[55]

'내적인' 사람들은 내적인 통제중심을 가지고 있고, 자신의 개인적 운명을 조절하고 있다고 느낀다. '외적인' 사람들은 통제중심을 외부에 두고 자신을 위한 답, 지지와 안내도 외부에서 구한다.

내적인 사람들은 많은 부분에서 외적인 사람들과 다르다. 내적인 사람은 독립적, 성취적, 정치적 행동 경향이 있고, 개인적 힘에 대한 감각을 가지고 있다. 이들은 더 많은 힘을 구하고, 자신의 주변 환경을 지배하는 힘을 얻기 위해 노력하는 방향으로 움직인다. 폐렴으로 병원에 입원한 내적인 환자는 자신의 상황에 대하여 많이 알고 있으며, 자신의 질병과 상황에 대하여 더 질문이 많았고 의사와 간호사로부터 얻은 정보에 대하여 만족하지 못하고 있다고 지적했다.[56] 실험자가 이들에게 TAT 카드를 주었을 때 내적인 환자들은 외적인 환자들보다 훨씬 적게 영향을 받았고, 제안에 대하여 마음이 열려있지 않았다.[57]

일반적으로 내적인 환자는 더 많은 정보를 요구하여 자신의 세계를 훨씬 더 잘 조절하고 유지한다. 내적인 환자는 덜 제안적이고 더 독립적이며, 자신의 판단을 신뢰한다. 외적인 환자와 대조적으로 명성에 기초하거나 정보 출처의 전문성에 기초하여 대답하기보다는 정보의 장점에 치중하여 정보를 평가한다. 내적인 환자는 더 높은 성취가인 듯하며, 후에 더 큰 보상을 가지기 위해서 만족을 연기하기도 한다. 외적인 환자는 훨씬 더 제안적이고 흡연자가 되거나 위험을 무릅쓰고 활동한다. 성취, 지배, 참을성이 낮았고, 자기 비하와 다른 것들로부터 구조를 높게 나타내었다.[58]

이러한 특성들과 분야독립자(혹은 자신의 특별성을 믿는 사람)와 분야의존자(혹은

* I.E.(Internal-External) 척도는 23개 항목으로 선택자기평가 질문지다. 다음과 같은 짝을 이루고 있다.

a. 사람들은 외롭다. 왜냐하면 친하게 지내려고 노력하지 않기 때문이다.
b. 만일 사람들이 당신을 좋아한다면 사람들을 즐겁게 하려는 것이 어렵기 때문에 노력하지 않을 것이다.

a. 나에게 발생한 것은 나 때문이다.
b. 때때로 나의 가는 인생방향에 대하여 조절할 충분한 힘이 없다고 느낀다.[53]

이 질문지에는 유치원생을 위한 질문들이 있다.
a. 바지에 구멍이 있다면, 이것은
a) 내가 그것에 구멍을 냈기 때문이다.
b) 바지가 낡았기 때문이다.[54]

궁극적 구조자를 믿는 것)에 대한 것은 매우 비슷하다. 우리는 이러한 발견들을 통제의 외적 자리를 가진 분야의존성과, 다른 한편에서는 궁극적 구조자에 대한 특성을 가지고 있는 것과 통제의 내적 자리인 분야독립성과, 다른 한편으로는 개인적 특별성을 가지고 있는 것과 연속을 상상함으로 통합시킬 수 있을 것이다. 이러한 연속성의 양쪽 끝에 있는 위치는 임상적으로 매우 분명한 정신병리와 연관되어 있다. 그러나 많은 조사들이 연속의 한 가지 통제만을 가지는 것은 덜 효과적이고 정신병리를 더 발생키 쉬운 성격적 구조를 구성한다. 분야의존적 개인들인 통제의 외적 자리의 사람들은 분야의존적 개인이나 통제의 내적 자리를 가지고 있는 사람보다 정신병리를 보여 주기가 더 쉽다.[59] 통제점수의 높은 외적 장소를 가진 개인들은 자신이 부적합하다고 느끼기 쉽다.[60] 그리고 더 걱정하고, 적대적이고, 피로해하고, 혼란스럽게 생각하고, 우울해지고,[61] 활동적이지 않고, 쾌활하지 않다.[62] 심각하게 손상된 정신병 환자들은 더 외적이기가 쉽다.[63] 정신분열 환자들은 훨씬 더 외적이기가 쉽다.[64] 많은 연구들이 통제의 외적 자리와 우울과의 강한 관계성을 보이고 있다.[65]

이러한 연구결과들은 임상적 경험과 일치한다. 더 많은 개인들이 치료를 원하는 것은 자신의 특수성을 망쳤기 때문이라기보다는 궁극적 구조자 방어 실패(의존갈망, 낮은 자존감, 자기경멸, 무력, 피가학성 음란적 경향, 상실에 따른 우울, 자신보다 우세한 상대의 상실 위협) 때문이다. 통제의 외부적 중심과 죽음불안 사이의 긍정적 상호관계성을 보고한 조사 팀도 있다.[66] 다른 말로 외부적 형태는 내부적 형태가 하는 것보다 죽음의 불안에 대한 덜 효과적 방패인 것 같았다(그러나 다른 죽음불안 도구를 이용한 실험은 이러한 발견을 하지 못했다.).[67]

밖의 구조자에 대한 신념의 방어는 선천적으로 제한된 것 같다. 이것은 주된 불안을 전적으로 포용하지 못할 뿐만 아니라, 이것의 주 특성에 따라 추가적 병리를 낳게 된다. 개인의 인생이 외부적 힘으로 통제된다는 믿음은 힘이 없고, 비효과성과 낮은 자기애와 연관되어 있다. 따라서 자신을 믿거나 의지하지 않는 사람은 정보 획득과 기술 습득을 제한하고 남에게 매우 호감을 주는 매너를 갖추려 한다. 낮은 자존감을 가진 사람, 자신을 비하하는 경향을 가진 사람은 자기 자신을 쌓는 기술이 없고, 불만족스러운 인간관계를 맺는다. 이것들은 모든 정신병리를 발생케 하는 토양이 된다.

제5장

죽음과 심리치료

이론에서 실천으로 옮기는 것은 쉬운 일이 아니다. 이 장에서는 죽음에 대한 심리학적 관심에서 심리치료를 하는 것으로 갈 것이고, 이러한 점에서 치료의 어떤 것이 연관되어 있는지를 추출하는 시도를 할 것이다.

죽음의 실체는 두 가지 면에서 심리치료에 중요하다. 죽음의 자각은 '한계상황' 으로써 행동하게 할 수 있고, 생에 대한 관점을 급격히 이동하도록 자극한다. 그리고 죽음은 불안의 주된 근원적 요소다. 나는 번갈아서 이 각각의 치료의 기술에 적용하는 것을 토의할 것이다.

한계상황으로써의 죽음

'한계상황' 이라는 것은 이 세상에서 자신의 실존적 '상황' 과 함께 직면하게 재촉하는 급격한 경험의 사건이다. 개인의 죽음(나의 죽음)에 대한 직면은 가장 한계적인 상황이고 개인이 이 세상을 살아가는 방법에 상당한 변화를 제공하는 힘이다. 죽음의 육체성(physicality)은 개인을 파멸시킴에도 불구하고, 죽음의 생각은 그 사람을 구한다. 죽음은 사람을 존재의 한 상황에서 더 높은 상황을 옮길 수 있는 촉매로 작용한다. 사물이 어떻게라는 놀라움의 상태에서 사물이 있는 그 놀라움의 상태로 움직이게 한다. 죽음의 자각은 하찮은 사로잡힘으로부터 멀어지게 하고 깊고 통절한 인생과 전적으로 다른 인생관점을 제공한다.

앞서서 나는 문헌과 죽음을 직면한 후 급격한 개인적 변화를 겪은 사람들의 임상적 기록들을 생각해 보았다. 톨스토이의 『전쟁과 평화』에서의 피에르(Pierre)와 『이반 일리치의 죽음』에서의 이반 일리치(Ivan Illyich)는 '개인적 변화' 혹은 '개인적 성장'의 분명한 예다. 다른 충격적인 예는 모든 사람이 선호하는 기적적으로 변화된 영웅 스크루지(Ebenezer Scrooge)*다. 많은 사람들은 스크루지의 얼음같이 차가운 외모가 따뜻한 성탄절의 자연적 결과가 아니었다는 것을 잊어버리고 있다. 그를 변화시킨 것은 자신의 죽음과의 직면이었다. 디킨스(Dickens)의 미래의 유령(아직 오지 않은 크리스마스의 유령)은 존재론적 충격 치료의 강력한 형태로 사용되었다. 스크루지는 자신의 죽음을 보았고 자신의 죽음에 대한 마을 사람들의 이야기를 엿들었다. 그는 이것을 가볍게 생각하였다. 그리고 자신의 재산에 대하여, 심지어 침대 이불과 잠옷을 놓고 낯선 사람들이 싸우는 것을 들었다. 그리고 스크루지는 자신의 장례식을 목격하였고, 마지막 장면에서는 교회의 뜰에 무릎을 꿇고 묘비에 새겨진 자신의 이름을 확인하는 것이었다.

죽음직면과 개인적 변화 : 행동기제

어떻게 죽음의 깨달음이 개인적 변화를 자극할 수 있을까? 변화된 개인의 내적 경험은 무엇일까? 제2장에서는 암 말기 환자들이 체험한 긍정적 변화의 정도와 형태에 관련된 몇 가지 자료를 제시했다. 이 환자들과의 인터뷰는 심리과정에 대한 어떤 통찰력을 제공한다.

* (역자 주) 디킨스(Dickens)의 소설 『크리스마스 캐럴(*A Christmas Carol*)』의 주인공으로 나오는 늙은 수전노.

암은 정신신경증을 치료한다 어떤 환자는 인간관계에 대한 공포증을 가지고 있었지만 암이 발생한 이후에 기적같이 이 문제가 해결되었다. 이것이 어떻게 치료되었는지 물어보자, 그 환자는 "암이 정신신경증을 고쳤습니다." 라고 했다. 이 환자는 이 말을 너무나 가볍게 자주 말했으나, 그 말 안에는 진실이 있다. 죽음에 따른 슬픔으로 삶을 제거해 버린다는 우울한 진리가 아니라, 죽음의 기대가 삶의 관심에 대한 풍요로운 관점을 제공한다는 기대다. 이 환자에게 자신의 변화에 대하여 설명해 보라고 하자, 환자는 단순한 과정이었다고 말했다. 암을 직면하자, 죽음에 대한 두려움이 정복되었다. 암에 대한 두려움이 다른 사소한 두려움을 정복한 것이다. 그녀는 두려움을 개인적으로 정복한 것에서 강한 자신감을 경험했다.

존재는 미루어질 수 없다 심한 우울증에 시달리고 있는 45세 에바(Eva)는 난소암을 앓고 있었고, 마지막 여행을 할 것인가에 대하여 매우 고민하고 있었다. 그녀는 치료 중에 다음과 같은 꿈을 이야기했다.

> 많은 군중이 모여 있었다. 이것은 마치 영화에 한 장면 같았다. 나는 어머니와 그곳에 함께 있다는 것을 알았다. 그들이 나에게 "너는 갈 수 없어, 너는 암이 있고, 너는 아픈 사람이다."라고 노래를 불렀다. 이 노래는 끊임없이 계속되었다. 그때 나는 돌아가신 아버지가 확실하게 말씀하시는 것을 들었다. "난 네가 나처럼 암을 가지고 있는 줄 안다. 그러나 나처럼 죽을 것을 기다리며 집에 머물지 말고, 삶의 지혜를 얻어라. 아프리카로 가라. 그리고 살아라."

에바의 아버지는 암으로 오랫동안 투병하다가 오래전에 사망했다. 그녀는 사망 몇 개월 전에 아버지를 보았는데 아버지의 상실로 슬퍼한 것뿐만이 아니라, 아버지가 돌아가신 과정 때문에도 슬퍼했다. 가족들은 아무도 그의 암에 대하여 말하려 하지 않았고 집에 머물러 닭 수프를 먹는 상징은 적절한 것이었다. 그의 남아 있는 인생과 그의 죽음은 감동적이지 않았고 영웅적이지 않았다. 그 꿈은 효과적인 충고를 가지고 있었다. 에바는 꿈의 의미에 잘 유의했고, 자신의 인생을 드라마틱하게 변경했다. 그녀는 의사를 만나서 자신의 암에 대하여 얻을 수 있는 모든 정보를 요청했고, 치료방법을 결정하고 의사에게 주장하였다. 그녀는 오래된 우정을 재정립했다. 다른 사람들과 함께 자신의 두려움을 나누었고, 그 사람들의 슬픔을 함께 나누어 그들을 도왔다. 그녀는 병 때문에 여행이 짧아졌지만, 아프리카로 마지막 여행을 갔고, 이 여행은 삶의 깊은 만족을 얻도록 하였다.

에바의 문제는 다음과 같이 말할 수 있다. "존재는 미루어질 수 없다."는 것이다. 암 환자들은 현재에 더 충실하게 살 수 있다고 보고되고 있다. 이들은 미래의 어떤 시점까지 삶을 미루지 않는다. 이들은 인생이 현재만 정말로 살 수 있다고 깨닫는다. 사실 사람은 현재를 벗어나 살 수 없다. 이 사실은 언제나 우리와 함께 있다. 삶을 뒤돌아보는 마지막 순간조차도 현재에서 경험하며 살고 있는 것이다. 미래가 아니라 현재가 영원한 시제다.

나는 크리스마스를 홀로 지내는 나이 든 여인으로 자신을 생각하는 것에 사로잡힌 30세의 여인을 기억한다. 그녀는 이러한 생각에 사로잡혀 괴로워하면서 자신의 짝을 광적으로 찾는 데 성인기의 많은 시간을 소비했다. 너무 집착하여 약혼자를 두렵게 하여 내쫓았다. 그녀는 현실을 거부했고, 초기 아동기 시절의 안정감을 재발견하기 위하여 자신의 삶을 바쳤다. 신경증 환자는 미래에서 과거를 찾으려고 노력하는 것으로 현재의 흔적을 없앤다. 물론 이것은 역설적이다. 나는 이런 사람이 죽는다는 것 때문에 공포에 질려 현재에 '사는 것' 을 하지 않을 것이라는 것을 후에 더 언급할 것이다. 카잔차키스(Kazantzakis)는 "매우 만족한 손님같이 왜 삶의 향연을 떠나지 않는가?" 라고 질문했다.[1)]

대학교수였던 한 사람은 암과의 심각한 한 판 승부를 벌인 결과가 임박해 오는 현실 속에서 미래를 즐기기로 결심했다. 그는 원하지 않았던 것을 선택하지 않을 수 있었다는 것을 발견했다. 그가 수술을 회복하고 일터로 갔을 때, 그의 행동은 놀랍게 변했다. 그는 번거로운 행정적 일에서 자신을 벗어버리고, 자신의 연구에 가장 열정적으로 몰입하였고(그 결과 국가적 명성을 얻었다), 그리고 다른 교수회의에 결코 참석하지 않았다.

프란(Fran)은 주기적으로 우울해하고 두려움에 가득 차 있었다. 그녀는 15년간 매우 불만족스러운 결혼 생활을 해 왔지만, 이것으로 이혼은 하지 못했다. 이혼의 최종 장애는 남편 소유인 거대한 수족관 때문이었다! 그녀는 이 집에 머물기를 원했다. 그녀의 자녀가 친구들과 계속 관계를 지속할 수 있고, 같은 학교에 남을 수 있기를 원했기 때문이다. 그러나 그녀는 물고기에게 먹이를 주는 데 소요되는 2시간을 감수할 수 없었다. 또한 그 거대한 수족관은 막대한 비용을 들이지 않고는 이동할 수도 없었다. 문제는 풀리지 않을 것 같았다(이러한 사소한 문제는 삶을 허비하는 것이다).

프란은 뼈에 악성 암이 생겼는데, 이 발병이 그녀로 하여금 살아가는 것이 자신의 인생이며 하나뿐이라는 단순한 사실을 알게 하였다. 갑자기 그녀는 시간이 계속해서 흘러간다는 사실과, 시간이 멈추었을 때 중간 휴식이라는 것이 없다는 것을 깨달았다. 그녀는 병이 심해져서 남편의 신체적, 경제적 보조가 절실했으나, 10년 동안 미루어 왔던 이별을 용기 있게 결정할 수 있었다.

죽음은 우리에게 존재는 연기되지 않는다는 것을 생각나게 한다. 그리고 여전히 삶의 시간은 있다. 만일 사람이 자신의 죽음을 마주칠 만큼 운이 좋고, 삶을 '가능성의 가능성' (possibility of possibility)(Kierkegaard)[2]으로 경험하고, 죽음을 '더한 가능성의 불가능성' (impossibility of further possibility)(Heidegger)[3]으로 안다면, 살아 있는 한 자신이 가능성을 가지고 있다는 사실을 깨닫는다. 사람은 자신의 삶을 단지 마지막 순간까지만 변경할 수 있다. 오늘밤 우리가 죽는다면 내일의 모든 계획과 약속들은 사산되는 것이다. 이것이 바로 스크루지가 배운 교훈이다. 사실 그의 변화의 형태는 과거의 잘못된 행동에 대한 구체적인 반대로 구성되어 있다. 그는 자신이 저주한 크리스마스 캐럴에 관심을 가졌고, 얕잡아 본 자선사업가에게 기부를 하고, 경멸했던 조카를 포옹했고, 포학하게 대한 점원에게 석탄, 음식 그리고 돈을 주었다.

당신의 복을 헤아려 보아라 죽음에 직면함으로써 삶의 변화를 나타낸 또 다른 기제(mechanism)는 한 여성 식도암환자의 경우에서 찾아볼 수 있다. 이 환자는 음식을 삼키는 것이 힘들었다. 점차 그녀는 부드러운 음식과 고기와 야채를 삶아서 걸러 낸 수프를 먹었고, 마지막에는 액체음식만을 마셨다. 하루는 식당에서 묽은 수프를 삼킬 수조차 없을 때 주위에서 저녁식사를 하고 있는 사람들을 둘러본 후, '삼킬 수 있다는 것이 얼마나 복인지 이 사람들은 알고 있는가?' 라는 생각이 들었다. 그녀는 이 단순한 원리를 자신에게 적용하여 자신이 무엇을 할 수 있었고, 무엇을 경험할 수 있었는지 알게 되었다. 그녀는 삶의 근본적인 사실, 계절의 변화, 주변에 있는 자연의 경관, 보는 것, 듣는 것, 만지는 것 그리고 사랑하는 것에 대한 아름다움을 경험했던 것이다. 니체(Nietzsche)는 이 원칙을 다음과 같은 아름다운 문구로 표현했다.

> 깊은 심연으로부터, 그렇게 심한 병으로부터 사람은 새롭게 태어나고, 더 불안정하고 악의가 있는 자신의 껍질을 벗어 버리고, 기쁨에 대한 더 섬세한 맛을 가지고, 모든 선한 일에 대한 더 부드러운 혀를 가지고, 더 즐거운 감각을 가지고, 기쁨 속에 있는 두 번째의 위태로운 천진난만성을 가지고, 더 아이스럽게 그러나 예전보다 백 배나 더 정교함을 가지고 새롭게 태어난다.[4)]

당신의 복을 헤아려 보아라! 이러한 단순한 훈계에서 우리는 좋은 것을 거의 얻지 못한다. 평상시 우리가 가진 것과 우리가 할 수 있는 것을 잊고, 무엇이 부족한지 혹은 무엇을 할 수 없는지에 따라서 관심이 딴 곳으로 흐른다. 사소한 관심과 우리의 존엄성에 대한 위험, 혹은 우리가 자랑하는 조직 때문에 평상시 것들이 왜소해 보이는 것이다. 마음속에 죽음을 가지고 있으면, 사람은 자신에게 헤아릴 수 없이 많은 것이 주어진 것에 감사하게 된다. 이것이 바로 스토아학파가 "만일 어떻게 살아야 하는지 배우기를 원한다면 죽음을 묵상하라."라고 한 의미다.[5)] 우울한 죽음에 사로잡혀 있으라는 의미가 아니라, 인간과 기초에 초점을 집중하면 인간존재는 의식화되고 삶이 더 풍요로워진다는 것이다. 산타야나(Santayana)가 "죽음이 공급하는 어두운 배경은 가장 순수함으로 삶의 부드러운 색상을 가져온다." 라고 말한 것과 같다.[6)]

비동일시 정신치료자들은 매일의 임상경험에서 걱정하지 않아도 될 일들을 심각하게 걱정하는 환자들을 만난다. 불안은 자신의 계속되는 존재에 어떤 위협이 있음을 인식한다는 신호다. 신경증 환자의 안정에 대한 문제는 모호한 것이어서 환자는 자신의 방어적 반경을 아주 길게 확장한다. 다른 말로 하면, 신경증적 환자는 자신의 핵심을 방어할 뿐만 아니라 많은 다른 속성들(일, 존엄성, 역할, 허무, 성적으로 용감한 행위, 운동 실력)을 같은 강도로 방어한다. 많은 개인들이 비정상적인 스트레스를 받으면, 자신의 경력에 위협을 느끼거나 다른 속성들도 위협을 느낀다. 사실상 그들은 '나의 경력이 나를 말해 준다' 혹은 '나의 성적 매력이 곧 나' 라고 믿는다. 치료자들은 "아닙니다. 당신의 경력은 당신이 아닙니다. 당신의 훌륭한 몸이 곧 당신은 아닙니다. 당신은 어머니나 아버지, 혹은 현자나 영원한 간호사가 아닙니다. 당신은 당신의 중심적 본질인 자신(self)입니다. 그 주위에 선을 그어 보세요. 이 줄 밖에 있는 다른 것들은 당신이 아닙니다. 이들은 사라질 수 있지만, 당신은 여전히 존재할 수 있습니다."라고 말해 주고 싶다.

불행히도 이러한 자기증명 노력은 모든 자기증명 노력과 마찬가지로 변화 촉진에 별 효과가 없다. 치료자들은 이러한 노력의 힘을 증가시키는 방법을 구하고 있다. 이러한 방법은 암 환자 그룹과 또한 수업에서 사용하는 것으로 구조화된 '비동일시' 연습이다.* 절차는 단순하고 30~45분 정도 걸린다. 나는 아주 조용한 장소를 택하여서 참석자들에게 '나는 누구인가?' 에 대하여 여덟 가지씩 카드 위에 쓰도록 했다. 그리고 각자의 답에 대하여 숙고하도록 하였고, 중요도와 중심성에 따라 나열하도록 하였다. 자신의 핵심에 가까운 답은 아래에, 주변적인 것은 위에 배열토록 하였다. 그러고 나서 제일 위에 놓여 있는 카드에 대하여 공부하도록 요구했고, 그러한 특성을 포기한다면 어떻게 될까에 대하여 명상하도록 하였다. 그러고 나서 2~3분 후에(시간을 알리는 조용한 종소리는 사람들의 집중을 덜 산만케 한다) 다음 카드로 가도록 요청했다. 이런 식으로 모두 여덟 가지 특성에 대해 자신을 다 벗어 버릴 때까지 계속했다. 순서를 반대로 하여 참석자들이 통합할 수 있도록 도와주는 것도 좋다.

이 단순한 연습은 역동적인 감정을 일으켰다. 나는 이 방법을 사용하여 300명의 성인이 참석한 워크숍을 인도하였다. 그리고 그 후 세월이 흐르면서 그때 참석한 사람들이 그 워크숍이 얼마나 자신에게 중요한 경험이 되었는지에 대하여 고맙게도 알려 주었다. 비동일시는 아사지올리(Roberto Assagioli)의 종합심리요법(psychosynthesis)에서 중요한 부분이다. 그는 사람들에게 구체적인 방법으로 몸, 감정, 욕망 그리고 마지막으로 지적인 것을 벗어 버림을 상상토록 함으로써 '순수한 자기의식의 중앙' 에 도달할 수 있도록 도우려고 노력한다.[7)]

병마의 장기 투쟁 속에서도 자신의 상황에 대하여 잘 대처하는 사람들은 자주

* 부겐탈(James Bugental)이 제안한 것임.

그리고 자발적으로 이 비동일화의 과정을 잘 통과한다. 나는 신체적 에너지와 활동에 대하여 항상 밀접하게 동일화를 시켰던 여성 환자를 뚜렷이 기억하고 있다. 암은 더 이상 도보여행을 하거나, 스키 혹은 자전거를 탈 수 없게 할 정도로 서서히 진행되었고, 그녀는 이러한 상실로 오랫동안 슬퍼했다. 그녀의 신체적 활동 범위는 냉혹하게 감소되었다. 그러나 그녀는 자신의 상실을 초월할 수 있었다. 몇 개월간의 치료 후 그녀는 개인적 무가치와 하찮음에 대한 감이 없이 "나는 이것을 할 수 없어."라고 하면서 자신의 제한성을 받아들였다. 그리고 그녀는 자신의 에너지를 자신의 제한성 내에 있는 다른 형태의 표현으로 변형시켰다. 그녀는 자신을 위하여 현실적인 마지막 계획을 세웠다. 개인적이고 전문적으로 끝나지 않은 일들을 완성하고, 다른 환자, 친구, 의사 그리고 아이들에게 말하지 않은 감정을 표현하였다. 오랜 후에 그녀는 다른 주된 발전을 할 수 있었다. 자신의 에너지와 영향력조차도 자신과 비동일시하였고, 자신이 이러한 것들로부터 떨어져 존재하였다는 것과 정말로 모든 다른 것들부터 떨어져 존재하였다는 것을 깨달았다.

비동일시는 변화에서 고대로부터 전수된 분명한 기제다. 물질과 사회적 계산에 대한 초월감은 금욕적 전통으로 오래전부터 구성되어 있던 것이다. 그러나 이러한 것이 병원에서 사용되기란 쉽지 않다. 관점에 대한 변화를 증진시키는 것은 죽음의 자각이고 사람들로 하여금 핵심과 부속물이 어떤 것이 구별할 수 있도록 한다. 하나를 투자하도록 하고, 다른 하나를 버리게 한다.

심리치료에서 죽음의 자각

만일 심리치료자들이 개인적 죽음의 자각이 사람들의 변화 과정에 촉매적인 역할을 한다는 것을 받아들인다면, 죽음의 자각을 촉진시키는 것은 우리의 임무가 된다. 그러나 어떻게 할 수 있을까? 내가 인용하는 수많은 사례는 예외적인 상황에 있는 사람들이다. 치명적 암이 없거나 위급한 상황이 아니거나, 위태한 사건을 만나지 않은 환자들을 매일 대하는 심리치료자들이 어떻게 해야 할까?

나의 몇몇 암 환자들이 같은 질문을 제기했다. 그들은 자신의 성장과 죽음을 직면했을 때 무엇을 배웠는가에 대하여 말할 때 "우리가 이러한 진실들을 배우기 위하여 몸이 암투성이가 될 때까지 기다려야 했던 것이 얼마나 비극인가!"라고 말하면서 한탄했다.

치료자들에게는 (환자에게) 죽음과의 만남을 자극시킬 수 있는 방법을 사용할 수 있는 구조화된 연습들이 많이 있다. 이 중 흥미로운 것을 간단하게 설명할 것이다. 그러나 이러한 점에서 내가 가장 말하고 싶은 것은 치료자 경험을 제공하는 것이 필요 없다는 것이다. 대신 치료자들은 단순히 환자들로 하여금 어느 곳이나 이러한 경험이 있다는 것을 인정할 수 있도록 도와주면 된다. 일반적으로 사람들은 자신의 주변에 존재론적 상황에 있다는 것을 생각하게 하는 것들을 부인하거나 선택적으로 주의를 기울이지 않는다. 치료자의 임무는 이러한 관점을 되돌리는 것이고, 이렇게 생각나게 하는 것을 추구하는 것이다. 그것은 반대가 되는 것이 아니기 때문이 아니라, 통합과 성숙의 추구에서 힘 있는 동맹이 되기 때문이다.

다음의 예를 생각해 보자. 46세의 어머니가 가장 어린 자녀를 대학에 보내느라 공항에 배웅하러 나왔다. 그녀는 지난 26년 동안 이 자녀를 키워 왔고, 이 날을 고대했다. 이제는 그녀가 해야 할 일도, 다른 사람을 위해서 끊임없이 사는 것도, 저녁식사와 옷을 정리하는 일도 하지 않아도 되고, 어질러진 방 청소와 설거지는 그녀에게 쓸데없는 노력일 뿐이라는 생각을 들게 한다.

그러나 그녀가 이러한 것들에 작별을 고하면서 예기치 않게 소리 내어 흐느끼기 시작했고, 공항에서 집으로 오는 길에 그녀의 몸은 크게 전율하였다. 그녀는 '이것은 당연한 것' 이라고 생각했다. 매우 사랑하는 사람에게 작별인사를 하는 슬픔에 지나지 않는다고 생각했다. 그러나 이 현상은 그것 이상이었다. 전율은 지속되었고, 실제적 불안으로 빠르게 바뀌었다. 이것은 어떻게 될 것인가? 그녀는 이 현상을 치료자에게 상의했다. 그 치료자는 그녀를 위로했다. 이것은 누구에게나 평범하게 발생하는 '빈둥지 증후군' (empty nest)이라고 했다. 오랜 세월 그녀는 어머니와 가정주부로 일을 하는 것에 자존감의 기초를 두고 있었다. 그런데 막내가 떠난 후 자신의 자존감을 확인하는 방법이 없다는 것을 알았다. 당연히 그녀는 불안해졌다. 일상적인 그녀의 일과 삶의 방식이 변경되었고, 삶의 역할과 자존감의 주된 근원이 없어져 버린 것이다. 점차적으로, 그녀를 도와주는 정신치료자의 도움, 열성적인 여성그룹, 몇몇 성인교육과목, 한두 명의 사랑하는 사람 그리고 파트타임 일을 통해 그녀의 전율은 약간의 떨림으로 움츠러들었고 마침내 사라졌다. 그녀는 적응할 수 있었고 마음이 평안한 상태로 돌아왔다.

정신과 레지던트에게 치료를 받았던 이 환자는 몇 년 전에 정신치료 결과 조사 연구의 대상이었다. 그녀의 치료 결과는 아주 좋았다. 측정방법으로 사용되었던 현상조사 목록, 대상문제 평가, 자존감에서 상당히 치료된 것으로 나타났다. 그 정신치료자가 자신의 역할을 잘 수행한 것이 분명하다. 그러나 나는 이 치료과정을 몇 가지 치료적 기회를 상실한 예, 즉 '잘못된 만남'의 치료과정으로도 보고 있다.

나는 이 사례를 근래에 본 거의 같은 조건에 있었던 다른 환자와 비교한다. 나는 이 환자를 치료할 때 환자의 감각을 마비시키기보다는 환자로 하여금 전율을 느끼도록 하였다. 이 환자는 키르케고르가 말한 '창의적 불안'(creative anxiety)을 경험했고, 그녀의 불안은 우리를 중요한 영역으로 이끌었다. 그녀가 자존감 문제를 가지고 있는 것은 사실이었고, '빈둥지 증후군'으로 고생을 했고, 또한 아이에 대한 애매한 감정 때문에 큰 혼란을 겪었다. 그녀는 아이를 사랑했지만, 또한 그녀가 가지지 못한 것을 아이가 가지고 있음을 부러워하면서 한편 분개했다(물론 그녀는 이러한 '무시할 수 있는' 감정으로 죄의식을 느꼈다).

우리는 그녀의 전율을 추적했고, 이것은 우리로 하여금 중요한 영역으로 이끌었고 근본적인 질문을 유추하게 했다. 그녀가 시간을 채울 수 있는 방법대로 할 수 있다는 것은 충분했지만, 빈둥지 증후군에서 느끼는 두려움의 의미는 어떤 방법으로 대처할 것인가? 그녀는 항상 자유를 갈망해 왔고 이제 성취했는데, 그것으로 두려움을 느끼고 있었다. 왜 그런가?

한 꿈이 이 전율의 의미에 대하여 조명할 수 있도록 도와주었다. 대학을 진학하기 위해서 집을 떠난 그녀의 아들은 고등학교에서 곡예사이자 마술사였다. 그녀의 꿈은 마술을 하는 아들의 35mm의 슬라이드 사진을 손에 쥐고 있는 단순한 것이었다. 그러나 그 슬라이드는 특별한 움직임이 있는 슬라이드였다. 이 슬라이드는 아들이 마술과 구르는 것을 동시에 하는 다중 움직임을 보여 주었다. 꿈에 대한 그녀의 연관은 시간을 주위로 움직이는 것이었다. 그 슬라이드 사진은 시간과 움직임을 사로잡고 테를 만드는 것이다. 이러한 것은 모든 것을 살아 있게 하나, 모든 것을 그 자리에 서게 만든다. 그녀는 "이것은 인생을 얼게 합니다. 그러나 내가 시간을 멈추게 할 수 있는 방법은 없습니다. 아들 존(John)이 성장하는 것을 원치 않습니다. 나는 아이와 함께 한 세월을 정말로 보물처럼 여기고 있습니다. 내가 시간을 좋아하든 그렇지 않든 시간은 움직입니다. 시간은 존을 향하여 움직이고 또한 나를 향하여 움직입니다. 이것을 바르게 이해한다는 것은 두려운 것입니다."라고 말했다.

이 꿈은 분명한 자신의 제한성을 명확한 초점에 맞추도록 하였고, 잘못된 방향으로 시간을 채우는 것보다는 예전보다 더 시간과 삶에 대하여 경외하고 감사할 수 있게 하였다. 그녀는 하이데거가 말한 것과 같은 권위적 존재의 영역으로 이동했다. 그녀는 일의 방향(way)에 대하여 놀라지 않았고 일 자체에 놀라워했다. 내 판단으로는 이 두 번째 환자가 첫 번째 환자보다 치료적 효과가 있었다. 이러한 것은 표준적인 측정결과로 결론을 맺는 것이 불가능하다. 사실 두 번째 환자는 아마도 첫 번째 환자가 한 경험보다 더 지속적인 경험을 했을 것이다. 그러나 불안이 존재의 부분이고 어떤 개인도 이 불안으로부터 자유로워져 의지를 성장시키거나 창조할 수는 없다. 그럼에도 불구하고 이러한 가치판단은 치료자의 역할에 대하여 많은 질문을 이끌어낸다. 치료자가 너무 많이 추측하는 것이 아닌가? 환자 자신이 실존적 자각의 안내로 사용되지는 않는가? 혹은 효과면에서 대부분의 환자들이 "기분이 좋지 않습니다. 좋도록 나를 도와주세요."라고 말하지 않는다. 만일 이 경우라면 왜 뜻대로 가장 효과적이고 빠른 수단을 사용하지 않는가? 예를 들면, 약물을 사용하여 평온을 유지하는 것이나 행동수정의 수단 말이다. 자각에 기초한 모든 형태의 치료를 포함하는 이러한 질문은 무시할 수 없기에, 이러한 질문들은 다음에 또다시 제기될 것이다.

환자를 치료하는 데 만일 치료자가 민감하게 강조한다면, 환자는 자신의 문제에 대한 실존적인 차원의 자각을 증가시킬 것이다. 가장 명백한 상황은 한계성과 시간을 되돌릴 수 없다는 것이다. 만일 치료자가 계속 주장한다면 가까운 사람의 죽음은 항상 죽음의 자각을 증가시킬 것이다. 죽음에는 미세한 상실, 상반되는 감정의 교차와 죄의식, 생의 계획의 좌절 등의 모든 것들은 치료에서 철저하게 다루어져야 한다. 그러나 내가 앞서 강조한 것처럼, 다른 사람의 죽음은 자기 자신의 죽음에 더 직면하도록 한다. 그리고 그 슬픔의 부분을 공통적으로 느낀다. 어떤 심리치료사들은 유족들이 자기 자신의 한계성을 다루어야 하는 추가된 일을 수용하는 것으로 압도되어 있다고 느낀다. 그러나 나는 이러한 추측은 흔히 실수라고 생각한다. 어떤 개인은 개인적 비극의 결과로 괄목할 만하게 성장할 수 있기 때문이다.

다른 사람의 죽음과 실존적 자각 많은 사람들에게 가까운 사람의 죽음은 자신도 자신의 죽음을 맞이할 수 있다는 가장 절박한 인식을 제공한다. 랜스버그(Paul Landsburg)는 사랑하는 사람의 죽음에 대하여 다음과 같이 말했다.

> 우리는 죽어 가는 사람과 함께 '우리'(us)라는 것을 제정하였다. 그리고 사람은 '우리'라는 이 새롭고 전적으로 개인적인 힘을 통하여 우리 자신이 죽을 것이라는 살아 있는 자각으로 이끌려진다…. 이러한 사람과 함께 있는 나의 공동체는 부서진 것 같다. 그러나 어떤 면에서 이 공동체는 나 자신의 존재라는 가슴 안에서 죽음을 느끼는 내 존재였다.[8)]

던(John Donne)은 유명한 그의 설교에서 이와 유사한 점을 말한다. "그리고 부음이 다음에 누구에게 울릴지 알지 못한다. 그것은 당신을 위한 것이다."[9)]

부모를 잃어버리는 것은 인간을 취약성으로 이끈다. 만일 부모가 우리를 구할 수 없다면, 누가 우리를 구할 것인가? 부모가 죽는다면 우리와 무덤 사이에는 아무것도 서 있는 것이 없다. 반대로 우리는 우리의 자녀와 죽음에서 장애가 될 수 있다. 아버지의 죽음을 당한 동료의 경험이 시사하는 것이 있다. 그는 오랫동안 아버지의 죽음을 기다리고 있었고, 침착하게 아버지의 사망 소식을 받아들였다. 그러나 장례식을 향해 가는 비행기에 탑승하자 그는 공포를 느꼈다. 그는 매우 경험 많은 여행자였음에도 불구하고, 비행기가 안전하게 이륙하고 착륙할 수 있다는 것에 대한 믿음을 갑자기 잃어버렸다. 마치 위험성에 대한 그의 방패가 사라진 것 같았다.

배우자의 사망은 흔히 근본적 고립의 문제를 불러일으킨다. 중요한 사람의 죽음(때때로 지배적인 사람들)을 겪고 난 후 세상을 이겨내기 위해서 더욱 노력하지만 반드시 품어야 할 근원적 외로움에 대한 개인의 자각은 증가한다. 누구도 다른 사람과 함께 혹은 다른 사람을 위하여 자신의 죽음으로 대신할 수는 없다.

사별한 환자의 연상과 꿈에 긴밀하게 주의한 치료자는 그 사람이 자신의 죽음과 연관된 근래의 꿈에서 중요한 증거를 발견할 것이다. 어떤 환자는 부인이 수술이 불가한 암이라는 것을 안 날 밤에 악몽을 꾸었다고 보고했다.

> 나는 나의 오래 된 집에 살고 있었다(이 집은 3대에 걸쳐 살아온 집이었다). 집에서 괴물 프랑켄슈타인이 나를 쫓아오고 있었다. 나는 공포에 질렸다. 집은 허물어져 갔고 썩어 가고 있었다. 타일은 떨어졌고, 지붕에서는 물이 새었다. 물이 나의 어머니 위로 새었다(그의 어머니는 6개월 전 사망했다). 나는 그와 싸웠다. 나는 무기를 선택할 수 있었다. 무기는 큰 낫처럼 손잡이가 있는 곡선형의 날카로운 칼이었다. 나는 그를 베었고 지붕에서 떨어뜨렸다. 그는 바닥에 길게 늘어졌다. 그러나 그는 일어났고 다시 나를 쫓아왔다.

이 환자의 꿈에 관한 첫 번째 연상은 '나는 수만 마일 떨어져 있다는 것을 알고 있다' 는 것이었다. 꿈의 상징은 매우 분명한 것 같았다. 부인의 임박한 죽음이 바로 자신의 죽음이라는 것을 부패하고 있는 집으로 보인다는 것이었다. 그는 인성(人性)화 된 죽음과 그의 어린 시절처럼 자신이 멈추게 할 수 없는 괴물을 통해서 냉혹하게 추적을 당했다.

다른 환자인 팀(Tim)은 부인이 치명적 암과 심각한 호흡장애로 병원에 입원하여 거의 죽음에 가까워진 후 그날 밤 꿈을 꾸었다.

> 꿈에 나는 한 여행에서 방금 돌아왔고 어떤 안쪽 방으로 들어갔다. 어떤 사람이 나를 그 안에 들어가도록 했다. 방은 오래된 가구, 합판, 먼지와 철망으로 뒤덮여 있었다. 빠져나갈 비상구가 없었다. 이것은 사르트르의 연극을 생각나게 했다. 숨이 막혔다. 숨을 쉴 수가 없는데, 어떤 것이 나를 누르고 있었다. 나는 합판 상자나 조잡하게 짜인 나무틀 상자를 집어 들었다. 그것으로 벽과 마루를 쳤고 모퉁이가 찌그러졌다. 이 찌그러진 모퉁이가 정말로 내 맘에 두드러졌다. 그것은 빛나는 것이었다. 나는 이것을 맨 꼭대기에 있는 두목에게 가지고 올라가기로 결정했다. 나는 꼭대기로 가서 불만을 말할 것이다. 나는 부통령에게 갈 것이다. 그리고 나는 마호가니 철도 레일과 대리석 바닥으로 장식된 매우 우아한 계단을 올라갔다. 나는 너무 화가 났었다. 사람들이 나에게 옷을 대충 입혔다. 그러고 나서 나는 누구에게 불평을 해야 하는 혼란이 왔다.

꿈과 연관된 팀의 연상은 아내의 임박한 죽음이 그 자신과의 직면으로 된 것이다. 꿈속에서 두드러지게 보는 형상이었던 합판의 '빛나는' 찌그러진 부분은 그가 거의 죽을 뻔 하였던 자동차 사고에서 자동차의 찌그러진 차체를 생각나게 했다. 또한 합판으로 된 상자는 아내를 위해 주문해 두었던(유대인의 장례의식에 따라) 평범한 관을 떠오르게 하였다. 그 꿈속에서 아내의 상황에 있었던 것은 바로 자신이었다. 그는 역시 숨을 쉴 수 없었다. 또 그는 자신의 위를 누르는 어떤 것 때문에 옆으로 밀려나고, 곤경에 빠지고, 뭉개졌다. 꿈의 가장 큰 여파는 분노와 당황이었다. 그는 자신에게 일어난 일에 분노를 느꼈지만, 누구에게 이 불만을 토로할 수 있었는가? 그는 자신의 문제에 대하여 상담해 줄 수 있는 적합한 사람이 꼭대기에 있는 사람인지 알지 못하고 심하게 혼란스러워진 상태로 깨어났다.

치료에서 이 꿈은 중요한 전망을 열어 주었다. 치료는 공포 상태에 있었던 환자로 하여금 자신의 감정과 의미 있는 방법으로 각 꿈에 대하여 구별할 수 있도록 하였다. 그는 죽음의 불안으로 당황했고, 이것을 신체이고 충동적인 성으로 대체해 나가려고 시도했었다. 그는 아내가 있는 침대에서 하루에 몇 차례 자위행위를 하였던 것이다(제4장에서 이 사람에 대하여 간략하게 기술했다). 우리가 그 사람의 죽음에 대한 불안에 대하여 명백하게 작업해 가면서, 그는 아내 가까이 머물면서 그녀의 손을 잡으며 위로함으로써 그녀의 죽음 후에 발생할 수 있는 죄의식의 상당한 부분을 피할 수 있었다.

그의 아내가 죽은 후에, 치료는 아내의 상실과 죽음이 자신의 실존적인 것을 더 명백하게 볼 수 있도록 도와주는 실존적인 상황에 초점을 맞추었다. 예를 들어, 그는 항상 성취에 대하여 관심이 많았는데, 아내의 죽음 후에 다음과 같이 물어보았다. '내가 누구를 위해서 일을 하는 것인가?' '누가 이 일을 볼 것인가?' 점차적으로 팀은 아내의 지속적인 양육이 무엇이었으며, 자신이 왜 성에 사로잡혀 있었는지에 대한 불명료한 이유를 알게 되었다. 그의 고립과 자신의 한계성이었다. 그는 아내가 죽은 이후 성생활이 매우 문란해졌으나, 점차적 성에 대한 집착에서 깨어났고, 자신을 위하여 하고 싶은 것이 무엇인가를 깨닫기 시작했다. 치료에서 아주 유효한 시기가 시작되었고, 연속되는 몇 개월 동안 팀은 실질적으로 변화하였다.

아들이나 딸의 죽음은 흔히 우리 모두에게 가장 뼈아픈 것이고 동시에 이 죽음으로 우리의 아이와 자신을 돌아보고 슬퍼한다. 이러한 때는 삶이 우리의 모든 곳에서 상처를 입히는 것 같다. 부모는 이 불공평함에 처음에는 욕을 하다가, 현실에서 우주적 무관심 같은 불공평을 이해하기 시작한다. 또한 그들은 자신의 힘의 제한성을 생각한다. 자신들이 행동에 대한 위대한 동기를 가졌을 때의 삶에서는 시간이 없었고, 어떻게 할 수 없었다. 그들은 무방비의 어린 자녀를 보호할 수 없었다. 밤이 낮을 따라가듯이 우리 자신도 차례가 되면 보호받지 못할 것이라는 쓴 교훈을 얻는다.

정신병적 슬픔의 자료들은 이러한 역동성을 강조하지 않고 대신 자녀의 죽음에 대한 부모의 죄의식(이 생각은 무의식적 적의와 연관되어 있다)에 대하여 초점을 맞춘다. 가드너(Richard Gardner)[10]는 자녀가 치명적인 질병으로 고통을 당한 많은 부모의 사례를 조직적으로 인터뷰하고 테스트함으로써 경험적으로 부모의 사별을 연구하였다. 많은 부모들이 상당한 죄의식으로 고통받고 있음을 확인했음에도 불구하고 그의 자료는 죄의식이 '무의식적 적의성' 에서 나왔다기보다는 부모 자신의 존재론적 불안을 달래려고 '통제할 수 없는 것을 통제' 하고자 하는 시도로 보통 때보다 네 배나 많다는 것을 지적하고 있다. 어쨌든 만일 사람이 반드시 해야 할 어떤 것을 하지 않았다는 것에 대한 죄의식을 가진다면, 이것은 거기에는 그렇게 했어야 했던 어떤 것이 있었다는 것이다. 어려운 삶의 실존적 사실보다는 일에 대하여 훨씬 더 위로하는 상태다.

자녀와의 사별은 부모에게 또 다른 불길한 함축성을 가지고 있다. 이것은 부모의 주된 불사성 계획의 실패를 의미한다. 부모를 기억하는 자녀는 없을 것이고, 그들의 씨는 미래에 뿌리를 내리지 못할 것이다.

이정표 환자의 영구적 세계관에 도전을 줄 수 있는 것은 무엇이든 치료자가 그 환자의 방어들을 열 수 있는 지주로 사용할 수 있고, 삶의 실존적인 내부를 볼 수 있게 한다. 하이데거는 사용하는 기계가 고장이 났을 때 그 기능에 대하여 알게 된다고 강조했다.[11] 죽음불안에 대항한 방어가 제거될 때 우리가 어떤 것으로 방어했는지 알게 되는 것이다. 그러므로 치료자는 환자의 삶에서 특별히 돌이킬 수 없는 것이 발생한 주된 사건이 일어났을 때 숨어 있는 실존적인 불안에 대한 방어를 발견할 수 있을 것이다. 별거나 이혼이 이러한 사건에 대한 예들이다. 이러한 경험은 너무 고통스럽기 때문에 전적으로 고통 경감에 대한 것에만 초점을 맞추는 실수를 범하고 더 깊은 치료를 위해 나타나는 풍부한 기회를 상실한다.

어떤 환자는 관계성 단절보다는 관계성에 대한 책임이 한계적 상황으로써의 행위가 된다. 책임은 최종 함축성을 가지고 움직이고, 많은 개인들이 영구한 관계성을 정착시키지 못하는데, 왜냐하면 그 관계는 더 이상 가능성이 없고, 더 이상이 계속되는 향상의 영광스런 꿈이 없는 '이것이 그것이다' (this is it)이기 때문이다. 제7장에서 역행할 수 없는 결정의 실존적인 불안을 어떻게 명확하게 불러일으키는지에 대하여 토의할 것이다. 왜냐하면 역행할 수 없는 결정은 다른 가능성들을 배제하고, 개인으로 하여금 '더한 가능성의 불가능성' (impossibility of further possibility)을 직면하게 하기 때문이다.

성인기로 들어가는 통과(passage)는 특히 어렵다. 10대 후반이나 20대 초반의 개인들은 흔히 예민하게 죽음을 대하고 불안해한다. 사실 '삶의 위협' (terror of life)이라고 불리는 청소년기에서의 임상적 현상은 다음과 같이 묘사된다. 이 시기는 우울증과 신체의 나이 듦, 시간의 빠른 통과 그리고 죽음의 불가피성으로 구성되어 있다.[12)]

레지던트 의사를 치료한 치료자는 때때로 의과실습을 최종적으로 마치고, 생애 처음으로 학생의 신분을 벗어 버리고, 성숙한 사람으로 현실을 대면해야 할 이들이 상당한 실존적 불안에 있는 것을 본다. 정신과 레지던트들이 수련기간을 거의 마쳐 갈 시기에 중한 내적 혼란의 시기를 통과한다는 것은 오랫동안 관찰되어 왔다. 이 혼란은 재정, 사무실 선택, 개인적 치료를 위하여 소개를 할 네트워크를 구성하는 즉각적 관심이기보다는 훨씬 더 밑에 뿌리를 두고 있는 것이다.

자크(Elliott Jaques)는 그의 훌륭한 논문 「죽음과 중년의 위기(Death and the Mid-life Crisis)」에서 중년에 있는 개인은 특별히 죽음의 생각 때문에 괴롭다고 했다.[13)] 중년의 시기는 흔히 무의식적으로 성장이 정지되었고 늙어 가고 있다는 생각에 사로잡힐 수 있는 시간이다. 인생의 첫 번째 반을 '독립적 성인기의 성취' (achievement of independent adulthood)로 보냈기 때문에 사람은 죽음이 뒤에 있다는 것을 민감하게 아는 생의 중요한 때에 이른다(융은 40세를 '생의 오후'로 표현했다).[14)] 자신의 분석에서 죽음의 자각이 증가했던 한 36세의 환자는 다음과 같이 말했다. "지금까지 삶이라는 것이 단지 희미한 수평선을 가지고 끝없이 올라가는 경사면인 것 같았다. 그러나 갑자기 내가 언덕의 정점에 올라온 듯했고, 앞에 놓여 있는 것은 길의 끝으로 내려가는 경사길로 보였다. 그곳까지 충분히 멀어 보인 것은 사실이지만, 그 끝에는 눈으로 관찰할 수 있는 죽음이 있었다." 쟈크는 죽음 부인의 층(layers)을 통하여 작업하는 어려움을 말하였고, 어떻게 친구의 죽음에 애통할 수 없는지를 분석함으로써 죽음에 대한 자각을 할 수 있게 도왔던 한 환자의 예를 보여 주었다.

자신의 경력에 대한 위협이나 은퇴(특히 개인적으로 인생이 항상 위로 진행하는 나선형과 같은 것이라고 생각하는 사람들)는 죽음의 자각을 증가시키는 데 특별하게 작용하는 촉매다. 중년에 급격하게 직업을 이동한 개인에 대한 조사에서는 이들의 대부분이 '결장하거나' 자신의 실존적 상황과 직면하는 현장 안에서 자신의 삶을 단순화시키기 위한 것이라고 시사하고 있다.[15]

생일이나 기념일 같은 단순한 이정표는 치료자에게 유용한 수단이 될 수 있다. 시간의 통과에 따른 이러한 신호(생일 혹 기념일)로 이끌어 낸 고통들은 깊게 지속된다(일반적으로 축하 형태 속에서 반동형성에 따라 취급되기 때문이다). 때때로 나이 들어 가는 것을 생각나게 하는 현세 사람들의 증가는 실존적인 자각에 대한 기회를 제공한다. 심지어 거울을 통하여 자신을 보는 것조차도 이러한 이슈를 열어 줄 수 있다. 한 환자는 스스로에게 말한 것을 나에게 말하였다. "나는 단지 작고 쭈글쭈글한 노인이야. 난 내적으로는 이사벨(Isabelle)처럼 작지만, 외적으로는 늙은 숙녀야. 나는 육십세로 가고 있는 16세야. 나는 다른 사람들이 나이 먹는 것은 정말로 옳다고 생각하지만, 내게 이런 일이 발생할 것이라는 것은 생각하지 못했어." 나이 든 사람의 특징적인 외관, 즉 정력의 상실, 피부에 나타난 노쇠한 핏줄, 뻣뻣한 연골, 주름, 대머리 등과 나이 든 사람이 보고 걷고 조용히 침묵을 즐기는 것을 아는 것조차 죽음의 자각에 자극으로 이용될 수 있다. 같은 방법으로 자신의 오랜 사진을 보는 것과 늙은 부모의 모습이 지금의 자신과 얼마나 비슷한지 비교해 보는 것과 오랜만에 친구를 보고 얼마나 늙었는지 살피는 것도 같은 방법이라고 말할 수 있다. 주의 깊은 치료자들은 일상생활에서 발생하는 이러한 것을 사용할 수 있다. 혹은 이러한 치료자는 이러한 상황들을 기술적으로 고안할 수 있을 것이다. 제1장에서 묘사한 것과 같이 프로이트는 엘리자베스(Fraulein Elisabeth)에게 자신의 누이의 무덤에서 묵상해 보라고 주저함이 없이 제안하였다.

꿈과 백일몽(fantasy)에 대한 유의 깊은 관찰은 일정불변하게 죽음의 자각에 대한 정보를 증진시킬 것이다. 모든 불안의 꿈은 죽음의 꿈이다. 알지 못하는 침략자가 자신의 집으로 침입하는 유형의 백일몽을 분석하면 항상 죽음의 불안으로 나타난다. 해결되지 않은 TV 프로, 영화, 책들은 비슷하게 본질적 문제로 이끌 것이다.

몇몇 질병은 분명한 기폭제가 있어서 치료자들이 이러한 기회를 주의치 않은 채 그냥 보내서는 안 된다. 노이에스(Noyes)는 갑작스런 질병이나 사고로 거의 죽음을 경험한 200명의 환자를 연구하였는데, 실제 25%의 해당하는 사람들이 죽음의 전능성과 가까이 있는 강력한 느낌을 느꼈다고 했다. 대상자 중의 한 사람은 이렇게 말했다. "나는 죽음이 내게 결코 일어나지 않을 것이고, 혹시 일어난다면 80세일 것이라고 생각했다. 그러나 지금은 죽음이 아무 때나 아무 장소에서나 일어날 수 있으며 어떻게 인생을 살고 있는가에 관계없이 발생한다는 것을 깨달았다. 사람은 죽음과 직면하기 전까지는 죽음에 대한 매우 제한된 관념을 가지고 있다." 다른 사람은 죽음에 대한 자각을 다음과 같이 말했다. "나는 죽음을 내 삶의 유형 안에서 보았고, 그것을 의식적으로 확신했다. 나는 사는 것이 두렵지 않았다. 왜냐하면 죽음이라는 것이 내 존재 과정에서 한 부분이었기 때문이다. 노이에스의 연구대상자 일부가 죽음에 대한 두려움의 증가와 취약성(vulnerability)을 말하고 있지만, 대부분은 죽음에 대한 자신들의 증진된 자각은 고귀성과 삶의 우선순위에 대한 건설적인 재평가를 가져다준 긍정적인 경험이었다고 말하고 있다.[16)]

죽음의 자각을 증가시키기 위한 인위적 도움 죽음의 현존을 자연적으로 발생케 하여 생각나게 하는 것은 수없이 많음에도 불구하고 이것들은 치료자가 흔히 발견하듯 환자가 항상 주의하는 죽음의 부인과 싸움을 하는 데 충분한 힘이 없다. 결과적으로 많은 치료자들은 환자를 죽음의 사실과 만나기 위해서 살아 있는 기술을 연구하고 있다. 중세기에 수도사의 독방 안에 해골이 공통적인 비품이었던 것은 명백하게 인생의 덧없음을 생각나게 하려는 목적이었다. 17세기 영국의 시인이며 성직자였던 던(John Donne)은 설교할 때 장례식 수의를 입고 했다. 그는 "영원을 바라보라."라고 회중들에게 설교했다. 몽테뉴(Montaigne)는 그보다 앞서 '철학을 한다는 것은 어떻게 죽은 것을 배우는 것' 이라는 훌륭한 수필에서 인간의 유한성을 의도적으로 떠오르게 하는 것에 대하여 많이 이야기하였다.

우리는 공동묘지를 도시에서 가장 번잡한 곳인 교회의 옆에 만든다. 그 이유는 보통 사람들, 여자와 아이들이 죽은 사람에게 공포를 가지지 않도록 하기 위해서다. 이것은 뼈, 무덤 그리고 장례의 절차에 대한 연속되는 광경을 통해 인간의 처지를 생각나게 하기 위함이다…. 대여해 온 살육자들은 축제의 매력을 더하였다/ 무장한 격투사의 광경과 음식이 함께 뒤섞이고/ 검투사들은 많은 피를 음식 테이블 위에 쏟아내면서 쓰러진다. 이집트 사람들은 자신들의 축제 후에 한 사람을 손님들 앞에 불러와서 죽음의 큰 형상을 보여 주었다. "당신이 죽을 때는 이처럼 되므로 마시고 즐거워들 하시오."

그래서 나는 연속적으로 죽는 관습에 대한 것을 보여 주었는데 이것은 단순히 나의 상상에서 나온 것이 아니라, 나의 입에서 나온 것이다. 그리고 인간의 죽음만큼 열심을 가지고 내가 탐구한 것은 없다. 말이나, 보이는 것이나, 그들이 지니고 있던 것 중 죽음만큼 영향이 있는 것은 없다. 또한 역사에서 내가 이렇게 유의해서 집중한 것은 없다. 이것은 나의 예증되는 설명이 풍부한 것을 보여 준다. 나는 이러한 주제를 특별히 좋아한다. 내가 만일 책을 발간하는 사람이라면 다양한 죽음에 대하여 평가를 하는 기록자(register)가 되었을 것이다. 인간에게 어떻게 죽을지를 가르치는 사람은 어떻게 살아가는가를 가르치는 자다.[17)]

LSD를 심리치료의 보조로 사용하는 정신치료자들은 이것을 사용하는 중요한 이유가 환자로 하여금 죽음에 직면케 하기 때문이라고 한다.[18)] 다른 치료자들은 충격요법(전기, 메트라졸(중추신경 흥분제), 그리고 인슐린)은 죽음-재탄생의 경험을 통한 효과를 가진다고 제안했다.[19)]

감수성 훈련(encounter-group) 지도자들은 각 구성원들에게 자신의 묘비명이나 사망광고를 쓰라고 함으로써 '실존적인 충격'의 형태를 이용하고 있다. 정신적 괴로움에 시달리고 있는 사업 실무가들을 위한 '목적지'를 이용한 치료방법은 다음과 같은 구조화된 실행으로 시작된다.

백지 위에 직선을 그어라. 그 줄의 끝에 당신의 출생을 나타내고, 다른 한쪽은 당신의 죽음을 나타낸다. 이 직선 위에 선을 그어 당신이 지금 어디쯤 있는가를 표시하

라. 그리고 이것에 대하여 5분간 명상하라.

이 간략한 연습은 거의 예외 없이 강하고 심오한 반응을 불러일으킨다. '불러내는 것' (calling out)은 유한성 자각을 증진시키기 위하여 큰 집단에서 사용되는 실습이다.* 구성원들은 3개조로 나누어 이야기를 하여야 한다. 각 개인의 이름을 쓴 종이를 그릇 안에 넣고 무작위로 선택한 뒤 큰 소리로 이름을 부른다. 자신의 이름이 불린 사람은 이야기하는 것을 멈추고 다른 사람들을 향하여 등을 돌린다. 많은 참석자들은 이러한 연습의 결과로 존재의 미약성(fragility)과 임의성(arbitrariness) 자각이 증가되었다고 했다.

어떤 치료자들과 감수성 훈련 지도자들은 죽음의 자각을 증가시키기 위하여 안내된 상상기술을 사용한다. 지도자들이 개인에게 자신의 죽음에 대하여 상상하도록 한다. '어느 장소에서 죽음이 발생할까?' '언제일까?' '어떻게?' '상세한 상상을 말해 보라' '당신의 장례식을 상상해라' 등의 상상을 하게 하는 것이다. 한 철학교수가 죽음의 자각을 증진시키기 위해서 교실에서 학생들에게 사용한 실행을 말하였다. 예를 들어, 학생들은 자신의 사망 소식을 써야 한다('실제적'인 사망 소식과 '이상적'(ideal)인 사망 소식). 그리고 여섯 살짜리 고아의 비극적인 죽음에 대한 감정적 반응을 기록하고, 자신의 죽음을 위하여 유언장을 쓰도록 하는 것이다.[20]

미국 메인(Maine) 주의 베델(Bethel)에 있는 국립훈련실험소(National Training Laboratory)에서 하계 프로그램으로 아론슨(Elliot Aronson)과 드레퓌스(Ann Dreyfus)가 진행한 '삶의 주기' 집단경험은 삶의 각 단계의 주된 이슈에 집중하도록 참석자들을 도와주었다. 참석자들이 노년과 죽음에 집중하고 있을 때 이들은 노인처럼 시간을 보냈다. 노인처럼 걷고, 노인처럼 머리에 분말을 뿌리고, 노인에 대하여 잘 알고 있는 것처럼 연극하는 시도를 했다. 이들은 지역의 공동묘지를 찾았다. 이들은 사라진다는 것, 죽는다는 것, 친구가 자신의 죽음을 발견한다는 것, 땅속에 묻힌다는 것을 상상하면서 숲을 홀로 걸었다.[21]

* 부겐탈(James Bugental)이 제안하였다.

몇몇 죽음 자각 연수회는 참석자에게 자신들의 죽음과 만날 수 있는 기회를 제공하는 구조화된 연습을 하고 있다고 보고되었다.[22] 예를 들어, 웰란(W. M. Whelan)은 단 1회, 8시간, 8명의 집단원으로 구성된 연수회를 다음과 같이 기술하였다. ① 집단원은 죽음불안의 질문들을 작성하고 불안케 하는 요소에 대하여 토의한다. ② 집단원은 깊은 신체적 편안함 가운데서 아주 세밀하게 오감을 동원해서 자신의 죽음에 대하여 상상한다. ③ 집단원은 자신의 가치목록을 작성하고 핵폭탄으로부터 생명을 살릴 수 있는 피신처에 소수의 사람만 들어갈 수 있다고 상상하게 한다. 각 집단원은 자신의 가치구조에 기초하여 토의하면서 왜 자기가 그 피신처 안에 들어가야 하는지를 토의한다(저자들에 따르면, 이러한 토의는 쿠버-로스(Küber-Ross)의 협상단계를 재현하도록 고안된 것이다!). ④ 신체적으로 편안한 상태에서 집단원은 다시 자신이 의사소통을 할 수 없는 최종적인 질병에 대하여, 그리고 마지막으로 자신의 장례식에 대하여 말하도록 한다.[23]

죽어 가는 사람과의 상호작용 이러한 실행들은 흥미를 자아내나, 이러한 것은 허위다. 참가자들은 일정시간 동안 이러한 실행을 하지만, 부정은 빠르게 정착되어 자신은 여전히 존재하고 있고, 단순히 이러한 경험을 관찰하는 것으로 여긴다. 이것은 두려움을 달래려는 부인의 편재성과 지속성 때문에 명료하다. 몇 년 전 나는 치명적인 질병을 앓고 있는 개인들을 치료하기 시작했는데, 이들은 계속 절박한 경험을 해 왔고, 자신에게 어떤 일이 발생하는지 부인할 수 없는 사람이었다. 나의 희망은 이 환자들에게 필요한 사람이 되는 것만이 아니라, 신체적으로 건강한 사람에게서 배운 치료방법을 적용하는 것이었다(여기에 대하여 문장으로 묘사하기가 어려운데 왜냐하면 이러한 접근 방법의 본질은, 생의 아주 초기부터 죽음이 삶의 한 부분이기 때문이다. 따라서 나는 '매일 심리치료' (everyday psychotherapy)를 사용할 것이다. 혹은 아마도 더 좋은 '절박하게 죽어 가지 않는 사람의 심리치료' (psychotherapy of those not imminently dying)라는 말을 사용할 것이다).

말기 환자들과 하는 집단치료회기는 흔히 많은 지혜의 나눔과 효과를 가지고 오는 역동적인 것이다. 많은 환자들은 인생에 대하여 많이 배운다는 것을 느낀다. 그러나 남을 돕는 사람이 되려는 노력에서는 좌절한다. 한 환자는 "나는 가르칠 것이 많이 있다고 느끼지만, 학생들이 듣지 않을 것입니다."라고 했다. 나는 매일 심리치료 환자를 죽음의 힘과 지혜에 노출시킬 수 있는 방법을 찾았고 두 가지의 다른 접근법과 함께 제한된 경험을 묘사할 것이다. 그것은 매일 심리치료 환자들이 말기환자의 집단 모임을 관할하도록 초대하는 것과 말기 암을 앓는 개인들을 매일 심리치료 집단에 소개하는 것이다.

매일 심리치료 환자의 말기 암 환자 관찰 암 환자 집단 모임을 관찰한 환자인 카렌(Karen)은 내가 제4장에서 토의한 환자다. 카렌(Karen)의 주된 역동적 갈등은 정신적이고 성적 마조히즘의 형태를 띠었던 지배적 타자, 즉 궁극적 구원자(ultimate rescuer)를 집요하게 찾는 것이었다. 카렌은 어떤 '우월한' 사람으로부터 보호와 주목을 얻기 위해 필요하다면 자신을 제한하거나 자신에게 고통을 가하였다. 그녀가 관찰한 모임은 특별히 효과적이었다. 에바(Eva)라는 환자는 암이 다시 재발했음을 집단에 알렸다. 그녀는 자신이 오랫동안 미루었던 것을 그날 아침에 했다고 하였다. 그녀는 자신의 아주 작은 물품들을 나누는 내용의 편지를 썼다. 그 편지를 안전한 보관함에 넣으면서 자신이 전에는 결코 이렇게 마지막이 되리라는 것을 생각하지 못했음을 분명하게 깨달았다. 제4장에서 설명했듯이, 그녀는 자녀들이 그 편지를 읽을 때 자신이 다시 말해 주거나 그들을 볼 수 없다는 것을 알았다. 그녀는 자신의 죽음을 지금까지 기다리기보다는 20대에 죽음에 대비해 자신의 일을 다 했었더라면 하고 원했다. 그녀의 교사 중 한 사람이 사망했을 때(에바는 학교 교장이었다)에 비해 학생들에게 죽음의 사실을 숨기기보다는 추모예배를 하였고, 공개적으로 식물, 동물, 애완견 그리고 사람의 죽음에 대해 학생들과 토의하였던 것이 얼마나 옳았는가를 깨달았다. 다른 집단구성원들 역시 자신의 죽음에 대하여 정말로 깨달은 순간들을 나누었고, 어떤 사람은 이러한 깨달음의 결과로 자신이 성장한 것에 대하여 토의했다.

구성원 중 한 명이 자신의 이웃 중에 아주 건강했던 사람이 밤중에 갑자기 죽은 일에 대하여 말하자 흥미로운 토론이 전개되었다. 그녀는 "그것은 완전한 죽음이었다."라고 말했다. 다른 구성원은 동의하지 않았고, 잠시 동안 그러한 형태의 죽음은 불행한 죽음이라는 이유를 말했다. 그 죽은 이웃 여성은 자신의 일을 정리할 시간, 해야 할 일을 완성해야 하는 것, 자신의 죽음에 대하여 자녀들과 남편이 할 수 있는 것, 집단의 어떤 사람이 배운 것처럼 생의 마지막을 소중하게 여길 시간이 없었다는 것이다. 이야기를 꺼낸 첫 번째 사람은 "바로 그것이, 내가 아직까지 죽고 싶어 하는 방법입니다. 나는 뜻밖의 일을 좋아해요!" 라고 빈정거렸다.

카렌은 자신이 관찰했던 모임에 대하여 강하게 반응했다. 제4장에서 기술한 것과 같이 그녀는 자신에 대하여 많고도 깊은 통찰을 하였다. 예를 들어, 그녀는 죽음의 두려움 때문에 많은 시간을 허비했다는 것을 깨달았다. 그녀는 죽음을 두려워했기 때문에 궁극적 구원자를 찾는 것으로 삶을 만들어 나갔다. 그래서 아동기 때는 거짓으로 아프다고 꾸며댔고, 성인기에는 치료자를 가까이 두기 위해서 계속 아팠다. 집단을 살피는 동안 그녀는 집단 안에 있기 위하여, 그리고 나의 옆에 앉기 위하여, 아마 나의 손을 잡기 위하여(이 집단은 손을 잡고 묵상하는 것으로 끝을 맺었다) 자신이 암을 가지려는 것을 두려움 속에 깨달았다. 내가 분명하게 지적했을 때, 즉 영원한 관계는 없다는 것, 나와 그녀도 죽는다는 것을 알렸을 때, 그녀는 자기가 만일 나의 손 안에서 죽을 수만 있다면 그녀는 결코 혼자가 아님을 느낄 것이라고 말했다. 이 집단에 대한 관찰을 통한 환기(evocation)와 계속되는 모임은 카렌으로 하여금 치료의 새로운 국면으로 옮기도록 도움을 주었다. 특히 그녀가 전에는 결코 말을 꺼내려 하지 않았던 치료의 종결을 고려할 수 있도록 하였다.

집단을 관찰한 다른 환자는 매일 치료를 받는 저명한 과학자의 부인으로, 50세에 이혼소송을 낸 수잔(Susan)이었다. 결혼생활에서는 그녀는 남편을 섬기고 남편의 업적으로 혜택받은 중재적 존재로 살았다. 오늘날 이러한 삶의 유형은 성공한 남편의 부인들에게 공통적인 것이고, 이러한 유형은 불가피한 비극적 결과를 낳았다. 첫째로 그녀는 자신의 삶을 살지 않았다. 우세한 다른 이익과 신용을 증가시키려는 그녀의 노력은 스스로를 숙이게 하였고, 자신의 바람, 자신의 권리 그리고 즐거움을 상실시켰다. 둘째로 그녀의 노력, 흥미, 바람 그리고 자발적인 희생 때문에 그녀는 격려하지 않는 배우자가 되었고 이혼에 대한 위험성을 더 가지게 되었다.

집단의 과정 안에서 수잔은 깊은 우울을 경험하였고, 점차 항상 자기 자신을 제한했던 것에 반동적인 것이 아니라, 자신의 사전행동(pro-active) 감정을 느끼기 시작하였다. 그녀는 자신의 분노를 깊고, 크고, 힘 있게 느꼈다. 자신의 슬픔을 느꼈다. 남편에 대한 상실 때문이 아니라, 과거의 모든 세월 동안 자신을 상실한 것과 만족했던 모든 제약에 분노를 느꼈다(예를 들어, 남편이 집에서 일할 때 최고의 환경을 만들어 주기 위해서 TV를 보지 않았고, 전화통화를 하지 않았고, 정원을 관리하지 않았다. 남편의 연구는 정원을 유의 깊게 살피는 것이었고, 이럴 때 정원에 있는 그녀의 모습은 남편의 연구에 방해가 되었다). 그녀는 그렇게 허비해 버린 삶에 대한 후회를 극복하기 위하여 모험을 감수했고, 치료는 남아 있는 삶에 재활력을 줄 수 있도록 하였다. 치료 2개월 후에 그녀는 자신의 경험에 따라 마음이 움직인 암 집단의 통절한 만남을 경험했고, 즉시 생산적인 일에 뛰어들었는데, 그것은 마지막으로 이혼이 장송곡이 아니라 구원일 수 있다고 이해하도록 하였다. 치료 후 그녀는 다른 도시로 이주했고, 몇 개월 후에 다음과 같은 편지를 썼다.

> 무엇보다 먼저 암을 가진 여성들은 죽음의 불가피성을 다시 생각하게 할 필요가 없다고 생각했다. 죽음의 자각은 사물과 사건을 자신이 적절한 정도에서 볼 수 있도록 도우며 시간에 대한 우리의 형편없는 일상적인 감각을 교정한다. 내 앞에 있는 인생은 매우 짧은 것이다. 삶은 귀중한 것이니, 이것을 허비하지 마라! 일상생활의 대부분을 당신이 가치로 여기는 방법으로 만들어라! 당신의 가치를 재평가하라! 당신의 우선순위를 따져 보아라! 질질 끌지 말아라! 당장 하라!
>
> 나는 한 가지를 위하여 시간을 허비했다. 과거에 나는 때때로 유일한 관망자였거나 혹은 옆에서 삶의 드라마를 관찰하는 공부를 하는 사람이라고 생생하게 느꼈다. 그러나 항상 언젠가 내 자신이 무대에 설 날을 바라고 믿고 있었다. 충분히 격렬한 삶의 시기도 있었으나 삶은 대부분 앞에 있는 '진짜' 삶을 위한 예행연습이 아니었다. 그러나 '진짜' 삶을 시작하기 전에 만일 죽음이 온다면 어떻게 할까? 사람은 거의 그렇게 살지 못하고 늦었다는 것을 깨달을 때 그것은 비극일 것이다.

죽음을 앞둔 환자를 매일 심리치료 집단에 소개 소설가 파울즈(John Fowles)는 "죽음이라는 것은 어떤 형태의 강사(lecturer)와 같다. 당신이 앞줄에 앉기 전에는 강사가 무엇을 말하는지 잘 들을 수 없다."[24]라고 썼다. 나는 언제가 집단구성원(모두 매일 치료받는 정신병 환자들이었다) 7명에게 치료할 수 없는 암을 가지고 있는 찰스(Charles)를 소개시키면서 맨 앞줄에 앉히려고 시도한 적이 있었다.

이 실험에 대한 많은 자료가 있다. 나는 만난 후에 매번 상세한 요약을 기록했는데, 어떤 이야기가 집단에서 흘러갔는지와 그 과정을 포함한 것으로 나는 이것을 집단구성원들에게 보냈다(이것은 몇 해 동안 내가 집단원들에게 사용한 기술이다).[25] 이러한 요약 외에도 나는 개인적으로 집단에 대해 기록한 것들을 가지고 있다. 더욱이 10명의 정신과 레지던트가 한 방향으로 매 모임을 관찰하고 각 회기 후 모임에 대한 토의를 하였기에, 그 집단은 비중 있게 연구되었다. 이러한 모든 관찰과 기록 중에서 찰스가 집단에 들어온 후 처음 12개월 안에 가장 현저하게 떠오른 것을 선택하고 토의할 것이다.

그 집단은 외래환자(outpatients) 정신치료집단으로 일주일에 한 번씩 1시간 30분 모임을 가졌다. 집단은 열린 집단이었다. 구성원들이 향상되면 졸업을 하고, 새로운 구성원들이 들어왔다. 찰스가 들어왔을 때 2명의 구성원은 2년 동안, 다른 4명은 3~18개월 있었던 사람들이었다. 나이는 27~50세였다. 구성원들의 정신병리적 형태는 일반적인 신경증 혹은 성격증(characterologic)이고, 두 명은 경계선(borderline) 성향을 가지고 있었다.

찰스는 나에게 상담을 의뢰하기 3개월 전에 자신이 약이나 수술로 치료할 수 없는 암에 걸렸다고 믿고 있던 38세의 이혼한 치과의사였다. 처음 만남에서 그는 암을 대처해 나가는 데 어떤 도움도 필요없다고 강조하였다. 그는 암의 진행, 치료 그리고 암의 예후(prognosis)에 대하여 알기 위하여 의학도서관에서 며칠을 보내었다. 그는 자신이 아는 대로 병의 과정을 그린 도표에 집착했고, 자신이 앞으로 1~3년간의 시간이 있고, 그 이후 1년간 급격하게 쇠퇴할 것이라고 결론지었다. 첫 인터뷰 동안 받은 두 가지 강한 인상이 있었다. 첫째, 그는 감정을 표현하는 데 너무 부족했다. 그는 감정적으로 분리되어 있는 것 같았다. 보기 드문 질병에 걸린 불행한 어떤 낯선 사람에 관하여 이야기하는 것처럼 말했다. 둘째, 나는 그가 감정에서 고립되어 있는 것에 깜짝 놀랐음에도 불구하고 그의 분리(detachment)가 그 상태에서 그를 비정상적으로 돌보고 있다는 사실에 충격을 받았다. 그는 죽음의 두려움을 다루는 데 도움이 필요하지 않다고 강조했지만, 남아 있는 인생에서 더 많은 것을 얻어내는 데 도움을 원했다. 그의 암은 삶에서의 즐거움에 매달리게 하였고, 그는 자신의 일 외에 몇 개의 중요한 만족을 받아들였다는 것을 깨달았다. 특별히 그는 다른 사람과의 관계성의 질을 향상하는 것을 원했다. 그는 다른 사람들에게 거리감을 느꼈고, 즐기기 위해서 많은 다른 사람들에게서 받았던 개인적 친근감을 그리워했다. 3년간 함께 살았던 한 여인과의 관계성은 심하게 뒤틀렸고, 단지 미숙한 시기에 있었던 그들의 사랑을 급하게 표현하고 받아들이길 원했다.

나는 일반 심리치료집단에 암 환자를 소개해 주려고 사람을 구하고 있었는데, 찰스는 여기에 완벽한 후보자처럼 보였다. 그는 치료집단이 가장 잘 제공할 수 있는 분야에서 도움을 원했다. 나는 그가 집단에서 매우 큰 도움이 될 수 있다는 것을 의심했었다. 찰스에게는 도움을 구하는 습관이 없다는 것이 명백했다. 그의 요청은 삐걱거렸고 이상한 것이었으나 동시에 긴급했고 진솔했고 거부할 수 없는 것이었다.

치료집단의 구성 안에서 7명의 구성원이 서로 연결된 치료는 매우 복잡한 것이다. 그리고 12개월이 넘도록 놀랍도록 뒤섞인 개인과 개인 간, 그리고 개인 안에 발생하는 문제가 연속해서 발생하였고, 우리는 이것에 기초해 작업을 하고, 때로는 그것을 통하여 일을 했다. 물론 나는 이 모든 사건들을 기술할 수 없다. 대신 찰스와 그와 다른 구성원들과의 충격에 주목할 것이다.

우선 나는 죽음을 직면한 개인의 존재가 치료집단에게 상처를 입히지 않았다는 것을 말하고 싶다. 집단의 분위기는 우울해지지 않았으며, 전체의 감정적 분위기가 어두워지거나 관점이 제한되거나 치명적으로 되지 않았다. 찰스는 집단 안에서 그의 참여로 많은 혜택을 받았고, 여러 면에서 그의 상황은 다른 구성원들 각자에게 설명의 차원을 깊게 하였다. 이 집단은 한 덩어리가 되지 않았지만, 인생의 문제를 폭넓게 토의했다. 사실 전체가 부정을 할 때도 여러 차례 있었고, 몇 주 동안 찰스의 암 문제가 구성원들에게 거의 잊혀진 것 같았다.

자기를 드러내는 것은 개인치료나 집단치료의 정신치료에서 핵심이다. 동시에 구성원들의 집단이 고백을 강요하는 곳으로 경험하지 않는 것이 중요하다. 결과적으로, 찰스가 집단에 들어오기 전 그와 함께한 모임에서 나는 그에게 집단을 통해서 혜택을 얻으려면 자신의 신체적 상황과 심리적 관심에 대하여 전적으로 솔직할 필요가 있음을 주의 깊게 알려 주었다. 그러나 이것은 그 자신이 처신할 수 있는 한도에서 해야 했다. 찰스는 집단에 참여하면서 10주 동안 자신의 암을 집단에 알리지 않았다. 회상하면서 자신이 암을 가지고 있다는 사실을 10주간 말하지 않은 것은 현명했다. 집단은 찰스를 '암환자' 로 느끼지 못했고, 과거에 암을 가졌던 환자라고 생각했다.

상호작용을 하는 집단치료에서 기본적인 이치 중의 하나는 집단은 구성원 각자를 위하여 사회적 미시세계(social microcosm)로 발달되어야 한다는 것이다. 각 구성원은 조만간 집단구성원들에게 자신이 집단의 밖에서 사람들과 관계한 것과 같은 방법으로 관계를 시작한다. 그러므로 각 개인은 자신의 성격적, 대인관계적 벽감(niche)을 조각하는 것이다. 이것이 찰스에게 빠르게 발생했다. 그의 첫 번째 모임에서 구성원들은 그가 자신들의 이야기에 대하여 흥미 없어하거나, 비판적이거나, 정죄적인 듯한 태도에 주목하기 시작했다. 그들은 점차 그가 고립되었던 사람이고, 사람들과 가깝게 지내는 것에 어려움을 겪고 있으며, 자신의 감정을 경험하거나 표현할 수 없고, 자기비판적인 사람이라는 것을 알았다.

특히 그는 집단의 여성구성원들에게 참을성이 없었고, 짐짓 겸손하게 굴었다. 그는 한 여성을 '쇠파리'(gadfly), '유치한' 혹은 다른 경우는 자신에게 중요하지 않은 '하찮은 사람'으로 여겼다. 그는 논리적 사고 훈련이 부족했던 다른 여성에게 참을성이 없었고, 그녀의 직관적인 의견을 그 조직 안에서 '방해' 혹은 '백색소음'으로 처리해 버렸다. 집단에서 3명의 남자가 결석했을 때는, 찰스는 거의 침묵을 지켰다. 여성들만 참석한 모임에 참여하는 것은 가치 없다고 여겼다. 여성구성원들에 대한 그러한 인식, 이해 그리고 태도의 결정은 그와 살았던 여성과의 갈등의 근본적 문제를 이해하여 그를 돕는 데 중요한 것이었다.

이러한 문제가 찰스의 인간관계 갈등에서 명백했음에도 불구하고, 그는 이러한 문제를 근거로 집단 안에 많은 당혹감을 남겨 작업하기를 원했던 것이다. 찰스의 몇 번의 참석 후 구성원들은 찰스가 정말 누구인지 알지 못했다. 그는 숨어 있고, 비실제적이며, 그들에게서 거리감이 있는 것처럼 보였다(집단치료에서 다른 격언은 어떤 사람이 중요한 비밀을 지키려고 할 때, 그 사람은 전반적으로 방해받고 있는 척한다. 비밀을 가지고 있는 개인은 중심적 비밀을 억누르고 있을 뿐 아니라, 상상적으로 그 비밀로 이끌 수 있는 어떤 영역을 여행하는 것에 대하여 주의하게 된다). 결국 열 번째 모임에서 집단구성원들과 치료자들은 찰스에게 자신에 대하여 더 많이 말을 하라고 격려했고, 그는 자신의 암을 전 그룹(pre-group)에서 발표했던 것과 같은 방법으로 이야기했다. 분리되고, 무미건조하고 주목할 만한 과학적인 세부 묘사였다.

집단구성원들은 찰스가 지극히 개인적인 취향으로 자신을 노출한 것에 대하여 응답하였다. 몇몇은 그의 용기에 대하여, 그리고 구성원들에게 보여 준 모델의 형태에 대하여 이야기했다. 한 사람은 찰스가 남아 있는 생애 동안 가능한 한 많은 것을 얻기를 원한다고 말한 그의 방법에 특별히 감명을 받았다. 이 환자는 데이브(Dave)인데 그는 얼마나 자신이 삶을 질질 끌었는지, 그리고 현재의 삶을 얼마나 소홀하게 보내고 있는지를 알게 되었다.

구성원 중의 두 명은 혹독했고 적합하지 않은 반응을 보였다. 한 명은 레나(Lena)였는데(제4장에서 간략하게 기술했다), 어린 나이에 어머니와 아버지를 잃고, 그 이후 죽음의 공포를 가지고 있었다. 그녀는 궁극적 구원자의 보호를 구했고, 수동적이고 의존적이었으며, 아이처럼 굴었다. 레나는 찰스의 설명에 놀랐고 별난 방법으로 찰스가 자기 어머니를 죽게 한 형태의 암을 가졌다고 추측하며 화를 내면서 반응하였다. 그리고 매우 부적당한 방법으로 어머니에게 발생한 암이 신체에 어떤 변화를 가져왔는지에 대해 무시무시하고도 상세히 묘사하였다. 다른 환자인 실비아(Sylvia)는 40세로 무거운 죽음불안을 가지고 있는 여성이었는데 자신의 질병에 직면하는 찰스의 소극성에 즉각 격노하였다. 그녀는 찰스가 도움을 얻을 수 있는 다른 가능한 자원을 조사하지 않는 것 때문에 호되게 꾸짖었다. 그 자원이란 신앙으로 치유하는 사람들, 필리핀의 심령치료자 레이어트릴(Laetrile), 특수비타민(megavitamin) 등등이다. 구성원 중의 한 명이 찰스를 구조키 위해 왔을 때, 뜨거운 논쟁이 일어났다. 실비아는 찰스의 암으로 놀랐기 때문에 이것이 그녀가 집단에서 중도에 그만둘 수 있는 이유를 제공할 수 있다는 희망으로 싸우기를 시도하였다. 그 해 내내 찰스에 대한 그녀의 반응은 격앙되었다. 그녀의 계속된 찰스와의 접촉은 큰 불안을 불러왔고, 이것은 단순한 보상작용상실(decompensation)을 가져왔으며, 결국 정신에 유익한 결과를 가져왔다. 실비아의 상담과정이 죽음불안을 통한 작업과 관련해서 생생하게 중요한 원칙을 보여 주는 것처럼, 나는 이 장의 후반부에서 그녀의 치료를 자세히 기술할 것이다.

다음 4주간이 지나면서 중요한 사건들이 집단에서 발생했다. 소아과 간호원인 구성원이 몇 달 전에 죽은 자신의 환자인 열 살 된 아이와의 치밀한 관계를 처음으로 말하였다. 그 소년이 산 10년의 짧은 시간이 자신이 살아온 시간보다 더 보람 있는 시간들이었다는 사실을 고통스럽게 깨닫고 있었다. 아이의 죽음은 찰스의 말기 병과 함께 제휴하여 그녀가 스스로 맡은 제약성을 깨도록 시도하였고, 그녀 자신의 삶의 깊이를 증진시킬 수 있게 촉진하였다.

또 다른 환자는 나와 몇 달 동안 전이문제에 갇혀 있었던 돈(Don)이다. 그는 나의 안내와 상담을 강하게 열망하면서도, 자신이 나를 파괴적인 방법으로 도전한다고 느꼈다. 예를 들어, 그는 집단구성원들을 집단의 밖에서 사회적 활동으로 만나기 위해 많은 행사를 조직했다. 우리는 이러한 활동이 집단의 진행을 와해시킬 것이라는 의견을 제시했지만, 돈은 나에게 대항하여 집단 안에서 동맹을 발달시키는 것이 자신에게 중요하다고 느꼈다. 찰스가 자신에게 암이 있다는 사실을 집단에 밝힌 후 돈은 나를 아주 다르게 느끼기 시작했고, 우리 사이의 긴장과 적대감은 눈에 띄게 줄어들었다. 돈은 찰스가 집단에 들어온 몇 주간 동안 내가 얼마나 변했는지 말했다. 그는 이것을 말로 쉽게 할 수 없다고 진술했으나, 갑자기 "어쨌든 지금 난 당신이 죽지 않을 존재가 아니라는 것을 알았어."라고 불쑥 말하였다. 그는 상세하게 자신의 궁극적 구원자에 관련된 환상들을 말할 수 있었다. 내가 결코 잘못이 없는 사람이라는 것, 내가 확신을 가지고 그의 미래 설계를 할 수 있다는 신념이었다. 그는 내가 그에게 줄 수 있는 어떤 것에 대해 내가 명백하게 원하지 않는다는 것에 분노를 표현할 수 있었다. 찰스의 출현은 돈과 내가 또한 죽음에 직면해야 한다는 것, 이러한 면에서 에머슨(Emerson)이 "우리 모두는 백 년 안에 하나가 되기에 우리 모두 침착하자."라고 말한 것처럼, 우리 모두는 연결되어 있고 평등하다는 것을 돈에게 생각나게 했다. 갑자기 그와 나와의 싸움이 어리석고 하찮은 것 같았고, 그와 나는 금방 대적자가 아닌 동맹자가 되었다.

찰스에 대한 레나의 관계는 비정상적으로 복잡했다. 그녀는 처음 찰스에게 잔뜩 화가 난 자신을 발견하였다. 그녀의 어머니와 아버지가 그랬던 것처럼 찰스가 자신을 떠날 것이라는 예측 때문이었다. 그녀는 처음으로 어머니의 사망(이때 레나는 다섯 살이었다) 사건을 떠올리기 시작했고, 마음속에서 그 경험을 반복하여 느꼈다. 그녀의 어머니는 죽기 전에 매우 야위었다. 찰스가 자신의 사정을 집단에 알린 후 몇 개월 동안 레나는 식욕이 떨어졌고, 놀랄 만큼 몸무게가 줄었다. 레나의 역동성은 훨씬 더 분명해졌다. 그녀는 친한 사람들의 죽음에 너무 당황했기 때문에 정지된 상태의 관계성을 선택했다. 그녀의 공식은 '우정이 없으면, 상실도 없다'는 것이었다. 그녀에게는 네 명의 나이 든 조부모가 있었고, 날마다 그들의 죽음 소식을 기다리면서 살았다. 그녀의 두려움은 너무 커서 조부모와 가깝게 지내는 것과 그들을 아는 것에 대한 즐거움은 사라지고 말았다. 그녀는 언젠가 집단에서 "난 조부모들이 빨리 서둘러서 죽고, 다 끝나 버렸으면 좋겠다."라고 말했다. 그녀의 태도는 점점 무너졌고 고약한 방법으로 찰스에게 다가갔다. 예를 들어, 그녀는 집단을 시작할 때 그가 코트를 벗는 것을 도와주면서 조심스럽게 그를 만지기 시작했다. 회기 내내 찰스는 레나에게 집단에서 가장 중요한 사람으로 남아 있었다. 그리고 그와 가깝게 지내는 것에서 얻는 깊은 쾌감은 종국적 분리의 고통에 가치 있다는 사실을 받아들임으로써 서서히 자신의 삶에서 다른 중요한 관계성을 정착시킬 수 있었다. 결국 그녀는 집단에서 찰스와 함께한 경험에서 상당한 이득을 얻었다. 집단에서 그들이 함께했던 시간 동안 그녀는 빠졌던 몸무게를 회복했고, 자살하려는 열망은 사라졌으며, 우울증이 없어졌고, 3년간의 실직 후에 책임감이 느껴지고 만족스러운 직업을 얻었다.

'앞줄에 앉아 있는' 것에서 혜택을 얻은 다른 유형의 여성구성원도 있었다. 그녀는 이혼하였고, 두 명의 어린 자녀가 있었다. 그녀는 점점 구성원에게 참을성이 없어졌고 분노로 채워져 갔다. 구성원 중의 한 명이 상처를 입거나 아프면 아주 가끔 긍정적이고 부드러운 감정으로 그들에게 접근할 수 있었다. 찰스와 그녀의 관계는 분명하게 그녀에게 가정과 시간의 경과와 생의 한계성을 가져다주었다. 점차적으로 그녀는 질병이나 사고 혹은 죽음의 도전이 없이 자녀들을 사랑하는 감정의 우물 속으로 빠뜨릴 수 있었다.

집단 내에서 깊은 감정을 경험하였음에도 불구하고 동화되어 일이 차근차근 진행되는 것보다 효과적인 것은 없었다. 의심할 것 없이 많은 부분에서 이것은 찰스의 역할이었다. 그는 깊은 효과를 경험하는 것을 좀처럼 보이거나 나타내지 않았다. 이것은 어느 정도 집단이 일하는 데 매우 기능적이어서 적정의 효과를 내었다. 감정은 서서히 나타났고 다스릴 수 있을 정도였다. 그러나 직접적 감시를 받으면 종국적으로 찰스의 감정을 짓누르는 형태가 나타나는 시간이 보였다. 집단에게 자신의 사정을 알린 후의 2개월 동안 참여한 집단모임은 특별히 예시적이었다. 찰스는 압박을 받는 듯했고 치료자에게 물어보고 싶은 몇 가지 특별한 질문이 있다고 하면서 통상적인 방법으로 시작하지 않았다. 그 질문은 일반적이었고, 그가 기대한 간결하고 설득력 있는 답은 비현실적이었다. 그는 타인에게 느끼는 거리감을 극복하기 위한 특별한 기술을 요구했고, 여자친구와의 갈등을 어떻게 해결할 수 있는지에 대한 특별한 조언을 구했다. 찰스는 이러한 질문을 효과적인 엔지니어가 하는 방식으로 하였고, 분명히 같은 방식의 답을 기대했다.

집단은 찰스의 질문에 대답을 하려고 시도했다. 그러나 그는 집단의 지도자로부터 듣기를 주장했고, 참을성 없이 다른 구성원들을 배제했다. 그러나 집단구성원들은 침묵을 지키지 않았고 상처받은 감정과 배제되는 것에 대한 불쾌함을 나누었다. 한 사람이 점잖케, 광적인 찰스의 질문은 시간을 소모하는 것이라는 자신의 생각이 맞는지, 집단에서 과정의 효과성을 증진시키는 데 필요한지를 물었다. 점차적으로 집단구성원들은 지난 며칠 동안 마음속에 품고 있던 생각을 찰스가 말할 수 있도록 도왔다. 찰스는 눈에 눈물이 가득해져서 지난 며칠 사이에 두 가지 사건으로 두려웠고 흔들렸다는 것을 말하였다. 그는 암에 걸려 죽은 어린아이에 대한 TV 영화를 보았고, 치과의사로서 구강암에 대한 길고 '소름끼치는' 회의에 참석했던 것이다.

이러한 정보를 가지고 집단구성원들은 다시 찰스가 집단에서 보여 준 비정상적인 행위에 초점을 돌렸다. 찰스가 자신의 질문에 대하여 명쾌한 답을 주장한 것은 자신이 그렇게 돌봄을 받고 싶다는 바람을 표현한 것이었다. 그는 이것을 간접적으로 표현하였는데 그 이유는 감정을 공개적으로 '토로' 하는 것을 두려워했기 때문이다. 만일 숨막히는 정서가 그에게 나타나 심정을 토로했다면 그는 굴욕감을 느꼈을 것이다.

찰스의 첫 번째 물음은 그 모임에서 대답이 되었는데, '내용' (치료자의 특별한 제안을 통한)을 통해서가 아니라 '과정' (다른 사람과의 관계성의 분석을 통한)의 분석을 통해서다. 전 부인과 여자친구를 포함한 찰스의 다른 사람과의 친근감의 문제는, 즉 다른 사람을 통해서 자신의 심정을 토로하는 것에 대한 두려움과, 권위 있는 사람으로부터의 조직적인 해결을 얻으려는 희망 안에서 동료들을 퇴거하는 것과 심판주의(judgmentalism)는 그의 정서를 방해하는 것과 연관되어 있다는 것을 배웠다. 몇 주 후에 찰스에게 이러한 교훈을 확증하고 강화시키는 일화가 발생했다. 그는 모임을 분명히 호전적인 방법으로 출발했다. 그는 자신이 치러야 하는 별거수당(alimony)의 양으로 당황했고, 그는 여자들과 이혼변호사들이 힘없는 남자들을 어떻게 유린하는지에 관한 그날의 신문 기사에 주목했다. 그는 이를 집단의 여성들에게 확대했고, 그들의 일반적인 기여를 하찮게 여겼다. 다시 한 번

집단이 찰스에게 무슨 일이 발생했는지 물었을 때 그는 지난 이틀 동안 있었던 매우 감정적인 사건을 말하였다. 하나뿐인 자녀는 대학을 가기 위해 집을 떠나 있는데, 최근 자녀와의 만남은 찰스에게 매우 실망스러운 것이었다. 그는 아들에게 자신이 얼마나 사랑하는지 말하고 싶었다. 그러나 이들은 마지막 식사를 침묵 가운데 그냥 보내 버렸고, 찰스는 귀중한 시간을 놓친 것에 대해 절망을 느꼈다. 아들이 가 버린 이후에 찰스는 '다음은 무엇인가?' '모든 것이 마지막 같다'는 생각으로 가득 찼고 새롭고 마지막인 인생의 단계에 들어가고 있음을 느꼈다. 그는 죽음이나 고통을 두려워하지 않는다고 했다. 그가 정말로 두려워하는 것은 무능과 무력이었다.

집단의 모든 구성원들은 찰스가 가지고 있는 무능과 무력에 대한 두려움을 나누었다. 그러나 자신의 취약성을 드러내는 것이나 도움을 요청하는 것을 싫어하는 것에서 그의 무력에 대한 공포는 특별한 두려움이었다. 그는 자신의 고통에 대하여 공개하고 도움을 구하기 위해서 집단에 오기보다는 호전적으로 사람들과 멀어지는 태도로 집단에 왔다. 그는 언젠가 암 때문에 신체적으로 다른 사람에게 의지할 것이고, 그는 그날이 다가오고 있다는 공포 속에 살았다. 점차적으로 집단구성원들은 많은 경우에서 찰스에게 그의 취약성과 다른 사람의 도움 요청을 드러낼 수 기회를 주어 그가 가진 공포를 전열할 수 있도록 도와주었다.

집단원 중의 한 명인 론(Ron)은 2년 넘게 이 집단에 있었는데, 그는 이 집단을 졸업하기에 충분하였고 언젠가 계획적으로 그만두려고 했다. 더욱이 그는 집단원 중의 한 여성인 아이린과 낭만적인 관계를 맺고 있었다. 그래서 그가 집단에 출현하는 한 그녀는 자신이 집단에 대한 어려움이 있다는 것을 발견했다. 집단이 하위집단 혹은 두 사람씩 짝을 지어 원집단의 주된 역할에 대한 헌신보다 하위집단에 더 충성할 때마다 치료 작업은 심각하게 손상되었다. 이것은 론과 아이린 때문이었다. 한 모임에서 나는 론이 집단을 그만하겠다는 것을 지지했을 뿐 아니라, 바른 방법으로 하기를 재촉해서 그만두려는 그의 결정을 서두르게 했다. 론이 떠난 후 모임에 소동이 벌어졌다. 소집단의 또 다른 규칙은 집단에 자극을 발생시킨 사람이 개인적으로 큰 책임을 진다. 이 현상에 대해서는 단지 하나의 설명만 가능하다. 그러므로 같은 자극에 대한 다양한 응답에 대한 조사는 흔히 치료에서 큰 이익을 제공한다.

실비아와 레나의 대답은 특별히 놀라운 것이었다. 이 두 사람은 비정상적으로 두려움을 느꼈다. 그들은 내가 론을 집단에서 쫓아냈다고 믿었다. 다른 구성원들은 이렇게 믿지 않았다. 더욱이 이들은 나의 결정이 임의적이고 공정치 않다고 보았다. 이들은 화를 냈다. 그러나 집단에서 쫓겨나지 않기 위해 분노를 표현하는 것을 두려워했다.

이러한 기분에 대한 것은 실비아와 레나의 주된 방어구조의 조사로 이끌었다. 어떤 궁극적 구원자가 구조한다는 믿음이 주된 방어구조다. 이 두 사람은 내가 이들을 버린다는 것에 대하여 두려워하였기 때문에 나를 달래고 회유하기 위해서 고통을 감수했다. 이 둘은 무의식적 차원에서 나에게 가까이 있기 위해 회복되는 것을 저항했고, 의식적 차원에서 자신들이 긍정적으로 해석될 수 있는 어떤 것이든 집단에 말하지 않았다. 이 집단에 찰스의 출현은 실비아와 레나의 포기, 그리고 이 포기 밑에 있는 죽음에 대한 두려움 앞에 더 가깝게 데려다 주었다. 실비아와 레나는 점진적으로 이 상황에 대하여 과도하게 행동하고 있다는 것을 깨달았다. 이것은 론이 떠난 것이 그와 집단을 위해서 적합한 결정이었고, 집단에서 누구도 집단 밖으로 버려질 것이라는 두려움을 느끼지 않았다. 결국 이 사건에 대해 두 사람은 자신들의 일반적 행동, 의존성, 포기의 두려움 그리고 스스로 무능케 하는 경향들이 자신들의 일반적 행동을 숙고하게 하는 것임을 이해하였다.

론이 떠나는 것에 대한 찰스의 반응은 자신을 그만두게 하려고 준비하는 집단의 구성원들에 대한 반응처럼 역시 매우 강했다. 찰스는 이렇게 하는 것은 자신의 가슴에 실제로 신체적 고통을 불러오고 있다고 말했다. 이것은 어떤 것이 자신에게 버려져 나가는 것 같았고, 집단의 가능한 해체에 큰 위협을 느꼈다. 찰스는 몇 달 전에 자신은 감정적으로 메마르고, 누구도 자신에게 의미가 없다고 말했는데, 한 모임에서 집단구성원들이 자신에게 얼만큼 의미가 되는지 밝히고, 눈물을 흘리면서, 자신의 생명을 구해 준 것에 대해 감사한다고 말했다.

집단의 한 젊은이는 찰스가 치명적 질병을 가진 것이 부럽다고 말했다. 만일 그도 치명적 질병을 가졌다면 자신의 인생에 어떤 것을 만들기 위해 뛰어들었을 것이라고 했다. 집단은 이 젊은이에게 치명적인 질병이 있다는 것을 빠르게 알려 주었고, 찰스와 다른 집단원의 단순한 차이는 찰스가 앞줄에 앉는 차이라고 했다. 찰스는 자주 집단에 있는 사람들에게 이 의미를 가지고 오려고 시도했다. 잊기 어려운 일도 있었는데, 집단원 중 나이가 든 한 사람이 인생을 '허비' 했다고 한탄했다. 그는 많은 기회를 놓쳤고, 최선을 다하지 못한 잠재적 우정, 너무 많이 두드리지 않은 경력의 가능성 등이 안타깝다고 했다. 그는 자기연민으로 가득 찼고 과거에 대한 무거운 한탄의 발걸음으로 현재의 경험을 피했다. 특별히 찰스는 이 사람에게 과거에 자신의 인생을 허비하지 않았지만 지금은 인생을 '허비' 하는 순간에 있다고 설득력 있게 지적했는데 이는 매우 효과적이었다.

때때로 집단은 갑자기 찰스가 암을 가졌고 멀지 않은 미래에 죽을 것임을 떠올렸다. 정기적으로 구성원들은 찰스의 죽음과 자신들과의 죽음과 직면하였다. 늘 죽음을 부인하던 한 여성구성원은 찰스가 삶을 향한 굶주림, 용기 그리고 죽음을 다루는 형태는 자신에게 힘을 주었고, 자신의 삶과 죽음의 한 모델이 되었다고 했다.

이 책을 집필할 때 찰스는 집단에서 활동적인 구성원으로 계속 있었다. 그는 진단보다 더 오래 살고 있으며 몸도 좋은 상태를 유지하고 있다. 더욱이 그는 치료에서 본래의 목적들을 성취했다. 그는 더 인간답게 느꼈고 더 이상 고립되지 않았다. 그는 다른 사람들과 더 열려 있고 친밀한 관계를 가졌다. 그는 부부치료에 여자친구와 함께 등록하였다. 그리고 그녀에 대한 그의 관계성은 상당히 향상되었다. 집단에서 그의 존재는 거의 모든 집단구성원들을 깊게 어루만졌다. 찰스와 그들의 경험은 각자 상대적으로 존재의 좁은 영역에 사로잡혀 있는 것에서 모든 존재의 넓이와 열렬함으로 뛰어드는 희망으로 이동케 했다.

불안의 주된 근원으로써의 죽음

죽음의 개념은 심리치료자에게 두 가지의 주된 수단 형태를 제공한다. 첫째는 내가 이미 논의한 것으로, 죽음은 우리가 적합하게 직면하면 사람의 인생관과 인생에 진정하게 신뢰할 수 있는 몰입을 증진시키고 변형할 수 있다는 중요성이다. 둘째는 내가 이제부터 주목할 것으로, 죽음의 두려움이라는 불안의 주된 근원을 만든다는 전제에 기초하고 있다. 죽음불안은 인생의 초기에 나타나고, 인격구조 형성에 중요하며, 일생을 통하여 불안을 야기시키는데, 이 불안은 걱정과 심리적 방어를 세우는 결과를 나타낸다.

우선 치료에 어떤 일반적 원칙이 있다. 죽음의 불안은 편재적이고 인간의 가장 깊은 수준에 존재하여 무겁게 억압되고 널리 미치는 지류(ramification)를 가지고 있다는 것과 전적으로 좀처럼 경험되지 않는다는 것을 명심해야 한다. 말하자면, 죽음불안은 대부분의 환자의 임상적 그림에서 쉽게 나타나지 않는다. 또한 이것은 흔히 치료에서, 특별히 단순한 치료에서 대부분의 환자에게 명백한 주제가 되지 않는다. 그러나 어떤 환자는 치료의 시작에서 명백한 죽음불안으로 가득 차 있다. 또한 환자가 죽음불안의 서두름을 가지고 있어서 치료는 이 문제를 피할 수 없는 삶의 상황이 있다. 더욱이 깊은 차원의 관심을 탐험하는 강도 있는 긴 기간의 치료는 항상 명백한 죽음불안이 발견되어 치료과정 안에서 반드시 고려되어야 한다.

죽음불안이 실존과 긴밀하게 연결되어 있기에, 다른 구조 안에서 '불안' 과는 다른 함축성을 가진다. 실존적 치료자들은 불안이 제거되는 수준을 완화시키려고 희망하지만, 불안을 제거하려는 희망은 갖지 않는다. 불안 없이 삶을 살 수 없고 죽음을 직면할 수 없다. 불안은 안내자이자 적이고 확실한 존재로 가는 길을 제시할 수 있다. 치료자의 과업은 편안한 상태로 불안을 줄이는 것이고, 그리고 나서 이 존재하는 불안을 환자의 자각과 활동성을 증진시키기 위해서 사용해야 한다.

마음속에 잊지 말아야 할 다른 중요한 점은 죽음불안이 치료적 대화에 분명하게 들어가지 않을 수 있음에도 불구하고, 불안의 이론이 죽음 자각에 기초하고 있다는 것은 치료자에게 설명할 수 있는 조직으로 참조할 수 있는 구조를 제공하기에 이것은 치료자의 효과를 크게 증진할 수 있을 것이다.

죽음불안의 억압

제2장에서 나는 운이 없는 환경에서 자동차 정면충돌로 목숨을 거의 잃을 뻔한 사고를 설명했다. 이 사건에 대한 나의 반응은 신경증적 반응 안에서 죽음불안의 작업에 명백한 모델로 사용되고 있다. 하루나 이틀 내에 나는 이 사건으로 더 이상 분명한 죽음불안을 경험하지 않았으나 대신 점심시간에 토의를 둘러싸고 있

는 특별한 공포에 주목하였다. 나에게 발생한 것은 내가 죽음불안을 억압과 전이로 '다루는' 것이다. 나는 불안을 특별한 상황에 가두었다. 죽음을 두려워하거나 아무것도 아닌 것이 된다는 두려움보다는 무엇인가에 대하여 걱정하게 되었다. 불안은 항상 특별한 대상이나 상황에 부착됨으로써 개선된다. 불안은 두려움이 되려고 시도한다. 두려움은 어떤 것에 대한 두려움이다. 두려움은 시간과 공간 안에 장소를 가지고 있다. 그리고 이 두려움이 어디에 위치할 수 있기에 이것은 참을 수도 있고 심지어 '관리된다' (사람이 대상을 피할 수도 있거나 혹은 자신의 두려움을 정복하기 위해 조직적 계획을 발전시킬 수도 있다). 두려움은 개인의 표면을 쓸어 가지만 개인의 기초를 위협하지 않는다.

나는 사건들에 대한 이 설명이 공통적이라고 믿는다. 죽음불안은 깊게 억압되고 일상생활의 부분이 되지 않는다. 질보르그(Gregory Zilboorg)는 죽음불안에 대하여 이렇게 말하였다. "만일 이 불안이 계속 의식적이었다면, 우리는 정상적으로 기능할 수 없었을 것이다. 이것은 소량의 위로와 함께 적당하게 억압되어서 우리를 살아가도록 한다."[26)]

의심할 것 없이 죽음불안의 억압과 그 결과로 일어나는 비가시성은 많은 치료자들이 치료과정에서 죽음의 역할에 주의하지 않기 때문이다. 그러나 확실히 이것은 다른 이론적 체계에도 적용된다. 치료자는 항상 주된 불안에 대한 방어와 그 추적과 함께 일을 한다. 예를 들어, 분석적으로 교육된 치료자들이 치료할 때 얼마나 자주 명백한 거세불안을 만나는가? 죽음의 두려움이 많은 다른 차원에서 경험될 수 있다는 혼돈스러운 자료도 있다. 예를 들어, 사람은 죽음을 냉정하고 지적으로 생각할 수 있다. 그러나 이 성인의 관념은 절대로 무의식 안에 거하는 죽음의 두려움과 같은 것이 아니다. 이 무의식 안에 거하는 두려움이 명백한 개념적 형성이 발달되기 전에 초기 삶에서 형성되는 것이고, 두렵고 숨이 막히는 것으로 언어와 이미지의 밖에 존재하는 것이다. 죽음불안의 본래적인 무의식적 핵은 어린아이의 죽음에 대한 무시무시한 잘못된 개념의 강조로 더 무섭게 되었다.

억압과 변형의 결과로써 실존적 치료는 실존적 관계가 없는 듯한 불안을 다루고 있다. 이 장의 후반에서 나는 죽음불안을 가진 많은 환자를 논할 것이고, 또한 명백한 죽음불안의 층에 길고 강도 높은 치료를 통하여 항상 이르러야 한다는 것을 말할 것이다. 그러나 죽음불안이 명백하지 않은 치료에서조차도 죽음불안에 기초한 패러다임은 치료자의 효과성을 증진시킬 것이다.

치료자는 자신의 효과성을 향상시킬 수 있는 참고의 구조를 제공받는다 자연이 빈 것을 혐오하는 것처럼, 우리 인간은 불확실성을 혐오한다. 치료자의 일 중 하나는 환자의 확실성과 뛰어난 숙달(mastery)을 증진시키는 것이다. 사람이 일상생활의 사건들을 연관성 있고 예측할 수 있는 유형으로 설명하고 순서를 정할 수 있는 것은 작은 일이 아니다. 어떤 것에 이름을 명명하는 것, 인과의 연속 속에 그것을 두는 것은 우리의 조정하에 있는 것으로 경험을 시작하는 것이다. 그러면 더 이상 우리의 내적 경험이나 행동은 놀라거나, 이상하거나, 통제의 밖에 있지 않는다. 대신 우리는 어떤 것을 명명할 수 있거나 확인할 수 있기 때문에 행동한다(혹은 특별한 내적 체험을 가진다). 이 '때문에' 사람에게 숙달을 제공한다(혹은 현상적으로 숙달하는 것과 동등한 숙달의 감각). 나는 이해를 통해 나오는 세력감(the sense of potency)은 우리의 근본적인 실존적 상황에서도 발생한다고 믿는다. 우리가 각자에게 근본적으로 힘이 없고, 우주적 무관심 속에 홀로 있다는 사실을 이해할 때조차도 모순되게 우리 각자는 덜 무익하고, 덜 무력하고, 덜 외롭다고 느낀다.

앞 장에서 나는 죽음불안에 기초한 정신병리학으로 설명할 수 있는 구조를 말하였다. 이러한 설명적 구조의 중요성은 환자에게 그리고 치료자에게 중요하다. 모든 치료자는 자신이 직면하고 있는 임상적 자료를 조직화하기 위하여 설명하는 구조를 사용한다. 설명하기 위한 어떤 이상적 구조다. 만일 치료자가 설명하는 구조가 너무 복잡하고 추상적이고 무의식적 구조에 뿌리를 내리고 있다면, 환자에게 명백하게 전달될 수 없을 때조차도 여러 면에서 치료자의 효과성을 향상시킨다.

첫째, 신념체계는 환자에게 설명이 유용한 것과 같은 이유로 치료자에게 안전감을 제공한다. 신념체계는 치료자가 환자의 임상적 자료에 당황하는 것이 아니라 통제할 수 있도록 하여 치료자에게 자기 확신과 숙달감을 증진시키고 치료자에 대한 환자의 신뢰와 확신을 발전시키는 결과를 가져온다. 이는 치료를 위한 본질적인 조건이다. 더욱이 치료자의 신념체계는 흔히 환자에 대한 관심을 증가시킨다. 이 홍미는 치료자와 환자 사이에 필요한 관계성 발달을 방대하게 촉진시킨다. 예를 들어, 나는 발생적 원인 설명을 찾는 것은(이것은 환자의 과거의 관점에서 환자가 현재 왜 이런가?) 치료적 과정에서 잘못된 것이라고 믿는다. 그럼에도 불구하고 과거에 대한 설명은 흔히 치료에서 중요한 기능을 한다. 이것은 치료자와 환자로 하여금 결합되고, 목적이 있는 계획과 서로 물(gnaw) 수 있는 지적 뼈대를 제공하고, 이러한 것들은 치료적 관계성인 변화의 참된 대행이 싹이 터서 자라는 동안 환자와 치료자가 서로를 함께하고 결속력을 지킬 수 있도록 한다.

치료자의 신념구조는 환자에게 자신의 일관성을 제공한다. 이것은 치료자에게 무엇을 탐험해야 하고 무엇을 강요하면 안 되는지 알게 하여서 치료자가 환자를 혼란케 만들지 않는다. 치료자는 환자가 가진 문제의 무의식적 뿌리에 대한 전적이고 명료한 설명을 하지 못했더라도, 치료자는 여전히 섬세함과 좋은 시기를 가지고 깊게 언급하지 않는 차원에서 설명할 수 있고, 환자의 무의식을 '클릭' 하여 후에 완전하게 느낄 수 있게 할 수 있을 것이다. 사실 존재의 가장 깊은 곳에 기초를 두고 뿌리를 내린 신념 체계는 환자에게 이야기할 수 없는 금지영역이 없어 어떤 주제라도 이야기할 수 있고, 더욱이 환자의 가장 깊은 관심은 특유한 것이 아니라 모든 인간이 공유하는 것이라 환자가 되돌아볼 수 있게 하는 특별한 장점을 가지고 있다.

정신병리학의 설명적 구조에서 발생하는 치료자의 확실감은 본질상 곡선성향을 가진 치료에 있어 혜택이다(which is curvilinear in nature). 치료자의 확실성에는 최적의 양이 있다. 너무 적거나 너무 많은 것은 비생산적이다. 너무 적은 확실은 이미 언급한 것과 같이 필요한 신뢰의 형성을 후퇴시킨다. 한편 너무 많은 확실성은 완고해지게 한다. 치료자는 자신의 구조에 맞지 않는 정보를 거부하거나 왜곡한다. 더욱이 치료자는 실존적 치료에서 중심개념 중의 하나인 환자가 직시하도록 돕는 직면과 도움을 회피한다. 이 불확실성은 존재하며, 우리 모두는 이것과 함께 공존한다는 것을 배워야 한다.

해석적인 선택 : 실례 연구

나는 제4장에서 죽음불안을 포함한 공통적 임상현상을 중요시하는 일반적인 실존적 역동성을 설명하였다. 지금은 충동적인 성행위 사례에서 특별한 해석적 선택을 설명할 것이다.

브루스(Bruce)는 중년 남성이고 청소년기 이후부터 그가 표현한 것처럼 끊임없이 '배회' 하고 있었다. 그는 수백 명의 여성과 성관계를 가졌으나 아무에게도 깊은 관심을 받지 못했다. 그는 여성을 전인적 인간으로 관계하기보다는 성교 대상으로 간주했다. 그들을 다소 교체할 수 있었다. 중요한 것은 여성과 성교하는 것이었다. 그러나 오르가슴에 이르렀을 때, 그는 여성이 그대로 남아 있기를 원하지 않았다. 이것은 그에게 일상적이었고, 여성이 떠나면 다른 여성을 찾으러 밖으로 나갔다. 어떤 때는 불과 몇 분 후에 이러한 일을 했다. 그의 행동은 분명 충동적이었기에 그에게 이 행동은 확실했다. 그는 자신이 원하지 않았을 때 한 여성을 추구키 위해 '필요로 하는 곳' 혹은 '소유하는 것' 을 자주 의식하고 있었다.

지금 브루스는 독단적인 주도권을 가지고 있지 않은 많은 관점에서 이해할 수 있다. 오이디푸스적 함축은 분명하였다. 그는 자신의 어머니를 닮은 여자를 원했지만 두려워했다. 그는 아내에게는 항상 무기력했다. 그의 어머니가 머무는 도시에 가까이 다가갈수록, 그의 성적 욕망은 더 강해졌다. 더욱이 그는 근친상간과 거세에 관한 꿈에 시달렸다. 그의 충동적인 이성애는 그의 무의식적 동성애의 출현을 다루는 것을 필요로 함에 따라 힘을 얻는 것이었다. 브루스의 자존감은 심하게 상처를 받았고, 여성을 성공적으로 유인하는 것은 자신의 가치를 보강키 위한 시도로 이해되었다. 다른 관점은 브루스가 친밀감을 두려워하면서도 필요로 하였다는 것이다. 친밀과 친밀감의 서투른 모방을 하는 브루스의 성행위는 필요성과 두려움을 가진다.

8년이 넘는 기간의 분석과 자신 있는 치료자들과 몇 가지 치료를 받는 과정 동안 이러한 모든 설명과 그 외의 많은 다른 것들은 충분하게 탐험되었지만 브루스의 충동적인 성적 드라이브에 대하여서는 효과가 없었다.

나는 브루스와 상담하는 동안 그의 풍부한 실존적 주제에 충격을 받았다. 브루스의 충동성은 그의 실존적 상황을 직면하는 것에 대한 방패로 이해되었다. 예를 들어, 그는 혼자 있는 것을 확실히 두려워했다. 가족과 멀리 떨어져 있을 때마다 혼자 밤을 보내는 것을 피하기 위하여 큰 고통을 택했다.

불안은 유용한 안내가 될 수 있고, 치료자와 환자는 반드시 공개적으로 불안을 만나야 할 때가 있다. 브루스가 자신의 불안을 참을 수 있는 능력을 증가시켰을 때, 나는 그에게 혼자 밤을 지내면서 자신의 생각과 감정을 기록해 보라고 제안했다. 그날 저녁 밝혀진 것은 그날 밤이 치료에서 아주 중요했다는 것이다. 생생한 공포는 그날 밤의 경험에 가장 적합한 용어다. 그날 밤 그는 소년기 이후에 처음으로 초자연적 존재의 두려움과 마주쳤다. 아주 미세한 순간에 전기가 끊어지고 어둠의 공포가 발생했다. 그는 침대 위에 한 죽은 여성이 누워 있는 것을 보았다고 생각했다(영화 〈엑소시스트〉에 나오는 늙은 여성과 닮았다). 그는 창문에서 죽은 사람의 머리를 보았다고 생각했다. 그는 '어떤 것, 아마 넝마를 온 몸에 걸친 해골의 손'이 자신을 만질지 모른다는 두려움을 가지고 있었다. 그는 개가 나타나는 바람에 안도의 숨을 쉬었고 처음으로 개와 사람과의 강한 연대감을 깨달았다. 그는 "필요한 것은 인간 동료가 아니라 당신 가까이에 살아 있는 어떤 것이다."라고 말했다.

그날 저녁의 공포는 치료과정을 통하여 서서히 통찰로 변형되었다. 저녁 시간을 혼자 보내는 것은 성의 기능을 충분히 분명케 하였다. 성에 대한 보호가 없이 브루스는 거대한 죽음불안과 만났다. 그 이미지는 죽은 여성, 해골의 손, 죽은 자의 머리 등 분명한 것들이었다. 어떻게 성행위가 브루스를 죽음으로부터 보호할 수 있었는가? 우리는 여러 방법을 동원하여 분석하였다. 성적 충동은 모든 현상과 마찬가지로 어떤 것에 따라 결정되는 것이다. 하나를 보면 성은 죽음 도전의 형태다. 브루스에게는 성에 대한 놀라운 것이 있다. 의심할 것 없이 성은 묻혀 있는 근친상간적 열망과 보복적 거세의 두려움과 깊게 연관되어 있다. 내가 '거세'라고 하는 것은 문자적 의미가 아니라 전멸을 의미한다. 그래서 성적 행위는 공포스런 상황을 스스로 찾는 것이었다. 브루스는 자기의 성기를 삶의 소용돌이 안으로 넣음으로써 살고 있었던 것이다. 이러한 면에서 보면, 브루스의 성적 충동은 그의 다른 열정과 꼭 들어맞는다. 낙하산 타는 것, 암벽 타는 것 그리고 오토바이 타는 것이 그것이다.

역시 성은 브루스로 하여금 그의 개인적 특별성의 신념을 강요함으로 죽음을 패배시켰다. 브루스는 어떤 의미에서 그의 우주의 중심에 있음으로 살아 있었다. 여성들이 그의 주위에 맴돌았고, 세상의 모든 여성이 그를 좋아했다. 여성들은 오직 브루스만을 위해 존재했다. 브루스는 그들이 독립적 삶을 가졌다고 생각하지 않았다. 그는 여성들이 자기를 위해 생기가 정지된 상태로 남아 있다고 상상했다. 카프카(Kafka)의 소설 『심판』(The Trial)에 나오는 요셉 K(Joseph K)의

때리기를 바라는 변태성욕자(flagellators)처럼, 여성들은 그가 문을 열 때를 위해 거기 존재했고 그가 그들을 부르지 않으면 부동으로 얼어 있었다. 물론 성행위는 죽음을 진짜로 직면하는 데 필요한 조건들을 예방하는 기능을 하였다. 브루스는 개인의 죽음을 자각하게 동반하는 분리를 결코 직면하지 않았다. 여성들은 마치 그가 공포에 질린 그날 저녁의 개처럼 '살아 있고 가까이 있는' 중요한 것이었다. 브루스는 결코 혼자가 아니었다. 그는 항상 성교(여성들과 융합하려는 괴상한 노력) 가운데 있었고, 여성을 구하거나 여성에게서 급하게 떠났다. 그래서 그가 여성을 찾는 것은 성을 구하는 것이 아니다. 혹은 유아적 힘으로 얻는 것을 찾는 것이 아니다. 프로이트가 "성이 올 것이다."[27]라고 말한 것처럼 '성에서 오는 내용' 이 아니라 성은 브루스로 하여금 그의 죽음의 두려움을 부인하고 달랠 수 있는 것을 찾는 것이었다.

치료의 후반에 브루스는 직속 상관의 부인인 한 아름다운 여성과 관계를 맺을 기회가 생겼다. 그는 이 기회에 대해 심사숙고했고 이런 행위가 파괴적 결과를 가져올 것이라며 반대한 친구와 의논을 하였다. 또한 브루스는 그가 불안 가운데 지불해야 될지도 모르는 부음과 죄의식이 엄청 늘어날 것이라는 것을 알고 있었다. 드디어 생애 처음으로 그 성적 정복을 버리기로 결정했다. 다음 치료 만남에서 나는 브루스가 그의 가장 좋은 관심 안에서 행동을 했다고 그와 동의했다.

그 결정에 대한 그의 반응은 놀라운 것이었다. 그는 자신에게서 삶의 즐거움을 빼앗아간 나를 비난하였다. 그는 '일이 끝났고, 마친 것' 을 느꼈다. 다음 날 그가 성적 밀회를 해야 할 시간에 그는 책을 읽고 일광욕을 했다. 그는 '내가 늙어 가는 것, 태양 아래 앉아 있는 것, 늙은 개똥같이 희게 되는 것이 얄롬(Yalom)이 원하는 것' 이라고 생각했다. 그는 생기가 없었고 우울하게 느꼈다. 그날 저녁 내가 알고 있는 꿈 상징의 어떤 꿈보다 더 조명해 주는 꿈을 꾸었다.

> 나는 아름다운 화살대와 화살을 가지고 있었고, 나는 이것이 마술적인 힘을 가지고 있는 위대한 예술작품이라고 선포하고 있었다. 당신(Yalom)과 X(한 친구)는 나의 의견과 달랐고 그 화살은 아주 평범한 화살대와 화살이라고 지적했다. 나는 "아니다. 이것은 마술이다. 이것의 특성들을 보라!"라고 말했다. 그리고 당신은 나에게 이 화살대가 얼마나 단순하게 제작되었는지, 그 모양을 만들기 위해서 구부린 대가 얼마

나 단순한지 보여 주기 시작했다.

브루스의 꿈이 아름답게 보여 준 것은 섹스가 패배하는 죽음이라는 것을 다르게 보여 준 것이다. 죽음은 평범과 보통과 연결되었다. 마술의 역할은 자연의 법칙을 초월하고, 평범함을 초월하고, 개인이 생물학적 죽음을 운명 지은 정체성의 부정을 허락하는 것이다. 그의 성기는 자연적 법을 능가하여 그를 높이 치켜세우는 마술 지팡이, 즉 찬양받는 화살대와 화살이었다. 매번 정사는 마술적으로 소형 인생(mini-life)을 만들었다. 그의 정사는 막다른 골목에서 끝이 나는 미로였음에도 불구하고, 이 모든 것을 합하여 지속적으로 늘어나는 생명의 환영을 그에게 제공했다.

그가 시간을 홀로 보내는 것과 성적인 초청을 받아들이지 않는 이 두 가지의 입장에 따라 발생하는 자료를 통하여 우리가 작업을 해 나가면서, 그의 성적 병리와 삶의 다른 많은 관점을 조명할 수 있는 관점들이 생겨났다. 예를 들어, 그는 항상 다른 사람과 매우 제한된 성적인 방법으로만 관계를 하였다. 그의 성적인 충동이 수그러들었을 때 그는 처음으로 '무엇을 위한 사람인가?' 라는 브루스의 존재론적 소외와 직면하는 가치 있는 탐구가 시작되었다. 나는 제9장에서 브루스의 치료단계를 논의할 것이다. 정말로 브루스의 치료과정은 모든 궁극적 관심의 상호의존성을 실례를 보여 주고 있다. 성적 초빙을 무시하고, 그 결정을 수용하기를 계속적으로 내키지 않아 하는 것은 또 다른 중요한 실존적 관심인 자유, 그리고 특별히 제6장의 주제인 책임성 문제의 빙산의 일각이다. 마지막으로 브루스가 성적 충동을 결국 포기한 것은 무의미라는 또 다른 궁극적 관심을 직면하게 했다. 그의 주된 존재 이유를 제거함으로 브루스는 제9장의 주제인 삶의 목적의 문제와 직면하기 시작했다.

장기치료에서 죽음불안

단기치료는 흔히 죽음불안의 명백한 증거를 전적으로 우회하지만, 집중적인 장기치료는 죽음의 두려움과 자각을 통한 작업이 필요하다. 그렇지 않으면 미완성이 될 것이다. 환자는 치료자가 자신을 죽음으로부터 구해 줄 것이라는 유아적 신념을 통하여 죽음보호를 계속 시도한다면, 치료자를 떠나지 않을 것이다. "내가 당신과 함께 있는 한, 나는 죽지 않을 거야."라는 말은 치료의 마지막 단계에서 흔히 발생하지만 언급되지는 않는 후렴(the unspoken refrain)이다.

스턴(May Stern)은 중요한 논문에서 끝없는 분석으로 곤경에 빠진 여섯 명의 환자를 설명했다.[28] 이들 각자에게 죽음불안을 통한 치료는 성적인 결론의 분석이 되었다. 대표적인 환자는 38세의 남성으로 불면증, 악몽, 침울증 그리고 성관계에 대한 과도한 상상을 가지고 있는 강박적 충동성을 나타내었다. 많은 분석작업이 오이디푸스와 전 오이디푸스(preoedipal) 단계에 대해 행해졌다. 거세불안, 근친상간적 여성 동일성, 전성기기 퇴행, 구강혼합(oral in coporation) 등 그의 현상에 대한 의미가 치료적 효과 없이 행하여졌다. 단지 분석가가 더 깊은 차원, 즉 죽음의 두려움에서 그가 보인 현상의 의미에 대해 주의할 때는 임상적 그림이 변하였다.

> 마지막으로 분석가로부터 마술적 형식을 얻기를 원한다는 것을 언급한 자료는 그가 분석을 죽음의 두려움에 대한 보호로 생각하고 있다는 것을 뽑아냈고, 어떤 누구도 불가피한 죽음으로부터 보호할 수 없었다. 이 해석은 놀랍고 드라마틱한 반전 효과를 가져왔다. 이것은 그의 침울증적 불만, 그의 잠재기 초기에 공허의 두려움과 분석 안에 영원히 머물려고 하는 그의 필사적인 투쟁 속에 나타나 영구한 죽음의 불안에 대한 분석으로 이끌었다.

자기파괴적 증상인 도박, 음주, 연속적인 싸움 그리고 피학대음란증적인 성적 경향을 가진 다른 환자 또한 긴 분석에도 성과가 거의 없었다.

> 분석에서 어떤 기술적 방법도 그의 환상적 행동을 포기시킬 수 없었다. 그의 외고집적 행위는 분석가를 화나게 하였고, 이것은 그가 얻어맞는 것을 의미했다. 분석가의 해석은 꾸짖음을 받고 두드려 맞기를 원하는 그의 바람을 만족시키는 데 사용되었다. 침묵은 분노한 아버지의 준엄한 반응처럼 해석되었다. 그의 분석은 곤경에 처한 듯 했다…. 마지막으로 그 치료자는 그 분석가(아버지)와의 혼합을 통하여 죽음에 대항하여 보호하는 것을 이기기를 원하였던 것이라고 해석했다. 이 해석은 뒤엉켜 억눌려 있던 자료를 가져왔다. "죽음은 항상 나의 주위에 있었고 지금도 있다." 나는 어

린이였을 때 죽음에 대한 많은 생각을 한 것을 기억했다. "나는 복종을 통하여 죽음에 대한 두려움을 해결하였습니다…. 구강적으로 강간을 당하는 것은 죽음에 대항한 보호입니다." 그는 이러한 지적이 오래전에 이루어지지 않은 것에 대하여 분개했다.

이 사례의 경우 첫 번째와 같이 전이를 통한 작업은 죽음불안의 지하층을 통한 것이었다. 전이에 대한 역사적 관점은(어떤 사전의 정신집중에서 현재로 영향이 이동한 것) 치료의 실재적 과정 안에서 단지 제한된 가치일 뿐이다. 중요한 것은 환자의 왜곡에 즉각적인 즉결을 요하는 기능이다. 스턴의 환자는 현재 죽음의 자각과 두려움에 대하여 자신이 치료자를 방패로 사용하고 있다는 것을 알았다. 점차 그는 자신의 죽음을 직면하였고, 전이만이 아니라 죽음을 격퇴하기 위하여(예를 들어, 술을 마시는 것은 죽음에 대항한 방어로써 어머니와 함께 상징적 황홀 혼합을 대표하였다) 유아적인 마술적 방법으로 나왔던 그의 증상도 이해하게 되었다.

이러한 환자들은 각각 계속해서 괄목할 만한 개선을 하였으나 스턴은 이러한 환자들의 치료 상황이 드라마틱하게 변화한 것은 몇 년에 걸친 죽음 두려움의 지루한 해석이 작업 후라는 것과, 분석의 종료가 가능하다는 것이 표면상으로 나타난 이후라는 것에 주목했다. 모든 신경증적 개인에게는 광대한 치료를 통해 다룰 수 있는 죽음불안의 하층 토대가 있다. 이 광대한 작업은 치료자가 환자의 현상과 전이를 죽음에 대처하려는 시도로 해석하여 촉진시킬 수 있다.

죽음은 자기탐험의 광대한 모험을 할 때 무시할 수 없는 것이다. 왜냐하면 성숙한 성인의 주된 작업은 소멸과 쇠퇴의 현실 시기에 오기 때문이다. 단테(Dante)가 30대 후반에 쓴 『신곡(*The Divine Comedy*)』은 많은 은유적 차원에서 이해될 수 있을 것이다. 이 책은 그의 개인적 죽음에 대한 저자의 관심을 반영하고 있다. 글의 처음에서 단테는 중년에 자주 발생한, 자신의 죽음에 대한 직면의 두려움을 묘사했다.

인생 기간의 중간에 나는 어둑한 숲에서 길을 잃어버렸다. 아! 그 숲은 두텁고 야만적이고 거칠어 나의 두려움을 반복케 하는 그 생각을 설명하는 것이 얼마나 어려운지.[29]

삶에서 중요한 감정적 고민을 가진 사람들과, 신경증적 방어가 자기억제로 나타난 사람들은 나이 듦에 따라 다가올 절박한 죽음을 인식할 수밖에 없는 중년기에서 예외적으로 큰 어려움을 만날 수도 있다. 중년기의 환자를 치료하는 치료자는 많은 정신병리가 죽음의 불안에서 나오는 것임을 명심해야 한다. 중년 위기에 대한 논문에서 쟈크는 이것을 분명하게 말했다.

> 중년에 이른 사람이 결혼과 직업에서 자신을 성공적으로 정착시키지 못했거나, 광적인 활동 혹은 연속적인 감정적 황폐함을 부인함으로써 자신을 정착시킨 사람은 중년의 요구를 만나는 것과 자신의 성숙에서의 즐거움을 만나는 것을 잘못한 것이다. 이러한 경우 중년의 위기와 다가오는 개인적 죽음의 장에 인생을 살아야 하는 개념은 심리적 장애와 우울적 쇠약의 기간처럼 경험하기가 쉬울 것이다. 혹은 쇠약은 나이 듦과 죽음에 대한 우울과 학대를 격퇴하는 광적인 방어를 강화하는 수단으로 회피할 수 있다. 그러나 괴로운 불안의 축적은 나이 듦과 죽음의 불가피성 인정을 요구하게 될 때 결국 직면하게 된다.

중년에 이르는 남녀들이 젊음을 유지하려는 충동적인 시도, 건강과 외모에 대한 우울증적 관심, 자신의 젊음과 정력을 증명하기 위해 나타내는 성적 문란, 인생의 진정한 즐거움의 부족과 무의미와 종교적 관심을 자꾸 내비치는 것은 유사한 형태다. 이것들은 시간에 대한 경주를 시도하는 것이다.[30)]

주된 현상으로써 죽음불안 : 사례

흔히 치료자들은 죽음불안이 중심에 있어서 확실한 영향을 주어 더 추론적 도약이 필요치 않은 환자들을 만난다. 이러한 환자들은 예전의 경험을 통해 죽음의 문제를 피해 갈 수 없다는 것을 깨닫고 있고, 상담할 때 치료자들이 내담자를 안내하는 개념적 도구를 가지고 있지 않다고 언짢게 알고 있기 때문에 스스로 자주 노력한다.

이러한 환자가 바로 앞에서 언급한 집단치료 구성원 중 하나였던 실비아다. 실비아가 참여하고 있던 집단에 말기 암 환자였던 찰스가 소개되었다. 실비아는 이혼한 36세의 부유한 건축사로, 이미 10년간 넘게 자주 심리치료를 받아 왔다. 그녀는 알코올 중독자였고, 정기적으로 우울하고, 불안하고, 살이 쪘으며, 외로웠고, 두통과 두드러기 등의 통증을 호소했고 청각문제와 천식을 포함한 정신생리적(psychophysiological) 고충을 가지고 있었다. 그녀는 아버지와 살기로 선택한 13세의 딸, 그리고 두 명의 더 나이 든 자녀들과 심각한 갈등에 놓여 있었는데, 이유는 그녀의 알코올 중독과 예측할 수 없는 행동 때문이었다. 그녀가 전에 받은 치료(개인, 집단 그리고 가족치료 형식)는 별로 효과적이지 않았다. 알코올 중독자들을 위한 특별한 집단치료는 술 마시는 것을 1년 반 동안 절제할 수 있도록 도와주었다. 그럼에도 불구하고 대부분의 치료에서 그녀는 스트레스의 고원에 놓여 있었다. 치료는 단순히 '수술을 연기하는 것' 이었다.

찰스가 집단치료에(실비아는 이 집단에 몇 개월간 있었다) 들어온 것은 그녀의 치료를 획기적으로 바꾼 계기가 되었다. 이것은 그녀를 강압적으로 죽음의 생각에 직면하도록 하였다. 그리고 그녀의 임상에서 간과되었던 중요한 주제들이 나타났다.

찰스가 자신이 치료할 수 없는 암을 가졌다고 집단에 알렸을 때 실비아의 첫 번째 반응은 비이성적이었다. 앞서 나는 찰스가 암에 대하여 소극적으로 대응하는 것과 도움을 상투적인 의학 외에 다른 것을 찾아보지 않는 것에 대하여 그녀가 몹시 화를 내었던 일을 설명했다. 찰스가 자신의 암을 집단에 알리고 난 2주 후, 실비아는 돌연히 공포적 반응을 보였다. 그녀는 집에 새 가죽 소파를 구입했는데 그 냄새로 이상하게 고통을 받았다. 그리고 집안에 예술가인 손님을 초대했는데, 그 예술가의 유화에서 풍기는 냄새가 독성이라고 생각했다. 그날 저녁 얼굴에 약간의 발진에 생겼고, 심한 공포로 밤중에 깨어났다. 그녀는 소파와 유화의 냄새 알레르기 반응으로 호흡장애를 일으켜 자신이 죽을 것이라고 생각했다. 그녀는 점점 더 놀랐고 마침내 한밤중에 구급차를 불렀다. 그녀는 다시 술을 마시기 시작했고, 찰스가 집단에 들어간 지 3주 후에 음주운전으로 체포되었다. 그녀는 자신이 운전한 것은 자살의 일종이었다고 진술했다. 그녀는 자살이 죽음을 정복하는 한 형태였다고 느꼈다. 왜냐하면 자살은 '어떤 무시무시한 것에 삼켜지는 것' 을 기다리기보다는 자신의 운명에 대한 적극적인 조정을 제공하기 때문이다. 그녀의 불안 수위는 몇 주간 높은 상태였고, 그녀는 집단치료가 불편하여서 집단상담을 떠나고 싶다는 질문을 던졌다. 동시에 그녀는 "집단서 자신이 지위가 높아졌다"라는 생각을 하였고, 그래서 내가 그녀를 집단에서 제거하려고 한다 생각하였다. 그녀의 계속되는 두통 때문에 언젠가 내가 검사를 받아 보라고 내과의사를 추천했을 때, 그녀는 민감하게 우울해했고 나의 추천을 내가 그녀를 더 이상 돌보지 않고 누군가에게 보내는 것이라고 해석했다. 집단에 새로운 사람이 소개될 때 그 사람은 자신을 대체하기 위해서 온 것이라고 생각했다.

처음 불안이 잦아들면서, 실비아는 찰스를 더 이상 피하지 않고 접촉하기 시작했는데 처음에는 시험적으로 하다가 점차 훨씬 긍정적인 태도로 대했다. 찰스는 집단원에 대해 우울해했고, 이에 걱정을 했던 모임이 있었다. 이 모임에서 실비아는 찰스가 그의 암과 나이가 듦에 대한 관심이 있는지에 크게 의아해하는 용기를 보였다. 점차적으로 실비아는 그의 중심적 관심에 대하여 더 많이 생각하고 이야기하기 시작했다. 나이 들어가는 것, 암을 가진다는 것에 대한 두려움, 외로움에 대한 그녀의 공포 등이었다. 그녀는 어머니의 죽음에 사로잡혀 있었고, 지난 15년간 그녀가 해 왔던 것보다 더 격렬하고 상세하게 그 죽음에 둘러싼 사건에 대하여 생각하기 시작했다. 이러한 주제들은 항상 출현하였던 것이었다. 그러나 이러한 주제들은 치료에서 결코 공식적으로 사용되지 않았다.

실비아의 사례는 어떻게 치료자의 참조 구조가 환자가 제공한 자료의 내용을 조정할 수 있는지에 대해 좋은 증명을 제공할 수 있다. 예를 들어, 실비아는 15년간 심한 불면증이 있었고, 많은 의사들은 치료를 위해 다양하게 접근하였고, 많은 양의 진정제를 처방했다. 찰스가 집단에 들어온 몇 주 후에 그녀는 추적할 수 없는 불면증을 다시 설명했다. 그러나 이번에는 치료자가 다른 방법으로 접근했기 때문에, 그녀는 몇 년 동안 매일 2~4시 사이에 땀에 젖은 채로 깨어나 스스로에게 "나는 죽고 싶지 않아, 난 죽고 싶지 않아."라고 말한다는 정보를 알려 주었다. 과거 10년간의 치료에서(2년간의 나와의 치료를 포함해서) 이러한 상태를 어느 누구에게도 말하지 않았던 것이다.

내가 죽음불안을 중심적으로 구성하는 원칙으로 호소했을 때 많은 다른 공통점이 없는 현상과 사건들이 연관된 유형으로 구분되었다. 흔히 먹는 것과 마시는 술로 잔치가 시작되는 실비아의 공포적인 습격은 거의 자신의 몸에 대한 모욕적 형태, 신체적 질병이나 몸이 나빠지는 형태로 변화 없이 예측할 수 있었다. 실비아의 죽음불안은 그녀가 혼자 있을 때 가장 심했다. 그녀의 13세의 딸에게 "크지 말고 나를 떠나지 말아. 나는 홀로 있는 것을 견딜 수 없다. 나는 너처럼 젊어져야 하고 내 곁에 네가 머물러 주어야 한다. 네가 성장하지 않으면, 난 늙지 않을 거야."라고 하였다. 이 메시지는 심한 비행 행동을 보이는 그녀의 딸에게 심각한 영향을 주었다.

실비아의 불안에 대한 주된 방어기제는 궁극적 구원자의 존재에 대한 그녀의 믿음이다. 이 믿음은 그녀에게 퍼져 있는 구순기(부분적으로 그녀의 알코올 중독과 비만에서 명료하다)에 뿌리를 내리고 있고 치료와 치료자를 향한 그녀의 관계성에서 특별히 명백하다. 그녀는 치료자들에게 부단히 아첨하고 공경하였다. 그녀는 이들에게 거부당하거나 포기당하는 가능성만을 두려워했다. 이것 때문에 그녀는 필요성을 강조했고, 그녀가 얻은 긍정적인 회복은 숨겼으며, 흔히 자신의 혼란과 필요한 도움을 강조했다. 치료에서 그녀의 임무는 치료자에게 자신을 전략적으로 유약하게 보여서 치료자로 하여금 그녀를 돌보고, 구조자가 되도록 강요하는 듯했다.

실비아가 이런 이슈를 직면하면 할수록, 그녀의 불안은 더 커졌다. 그녀는 금방 불편해져서 집단모임에 일주일에 한 번보다 더 자주 와야 할 필요가 있었다. 나는 그녀를 개인적으로 연속된 상담에서 보았고, 여기서 우리는 그녀의 죽음관심에 대하여 집중 분석하였다.

어머니의 죽음은 실비아의 생에서 가장 고통스러운 사건이었고, 그녀는 공포 없이 이것을 생각하지 않을 수 없었다. 그녀의 어머니는 자궁경부암이 있었는데, 실비아는 23세 때 가족을 떠나 어머니 곁으로 와서, 어머니 생의 마지막 달을 간호했다. 이때 어머니는 무의식 상태나 의식이 있어도 환각이나 과대망상적 상태로 매우 비이성적인 상황이었다. 대소변을 가리지 못하는 어머니에게는 그녀의 간호가 필요했다. 어머니는 배설과 악취 가운데 목에서 꼴깍꼴깍 하는 소리를 내며 피와 점액질을 함께 쏟아내면서 죽었다. 실비아는 당시에 어머니의 머리가 몸에서 떨어져 나가고, 부어올랐고, 흩어져 버린 것 같다고(찰스가 집단에 들어온 후에 그녀가 경험한 두통과 유사하다) 기억하였다.

실비아는 죽음에 대하여 아동기의 많은 두려운 꿈을 가지고 있다. 그녀의 할아버지는 그녀가 일곱 살 때 죽었고, 할머니는 6개월 후에 죽었다. 그녀는 할머니가 관에 있는 광경을 기억하였고 사람들이 할머니의 목구멍을 잘랐다고 확신한 것을 기억하였다(회고하면서 그녀는 할머니가 갑상선 수술을 한 것으로 생각했다). 그녀가 열두 살 때 같은 반 친구가 익사하여 장례식에 갔었고, 이것은 그녀에게 매우 두려운 것이었다.

실비아 자신은 어릴 때 병약한 아이였고, 어머니는(어머니가 친구와 친척들에게 말한 것을 회상하였다) 실비아가 어렸을 때 너무 약해서 죽을 뻔한 일이 얼마나 많았는지 얘기하곤 했다. 태어나 첫 5년 동안 몇 번이나 폐렴을 앓아야 했고, 여섯 살 때는 팔이 부러졌으며, 장기 골수염을 앓았다. 그래서 당시 수술을 해야 했고 숨막히는 마취를 매우 두려워했던 것을 기억한다. 그 이후로 그녀는 마취에 대하여 심각한 불안을 갖고 있었다. 아이를 출산할 때마다 마취는 죽음불안을 불러일으켰고 약간의 정신병적 사건들도 있었다.

그녀의 최초의 기억은 아주 어렸을 때 '죽은 것' 이었다. 그래서 숙모가 다리를 주물러 준 것은 그녀의 생명을 다시 되찾으려는 것이었다. 그녀는 혼수상태에 있었고, 숙모는 울고 있었다고 생각한다. 그녀는 숙모가 자신의 몸을 만질 때마다 격한 고통을 느꼈고 주무르는 것을 멈추라고 하고 싶었지만 말할 수 없었다. 두 번째 기억은 죽은 것과 그녀의 몸에서 떠나는 것과 그것을 다시 재결합하려고 필사적으로 노력하였으나 헛된 것이었다는 회상이다.

그녀를 '너무 많이 너무 일찍' 죽음에 노출시킨 이러한 어릴 적의 예민한 경험에 더해, 실비아의 삶에서 중요한 몇 가지 중요한 사실들은 그녀를 죽음의 공포에 대하여 전통적인 방어를 형성하는 데 방해하였다. 그녀는 어머니와 아버지에 대한 신뢰감이 없었다. 아버지는 그녀가 어렸을 때 집을 떠났고, 어머니는 의존할 만하지 못했고 책임감이 없는 사람이었다고 기억했다. 어머니는 병이나 신체적 부상에 대한 공포가 있어서, 어떤 사람이 아프면 가족 중 누군가에게 간호를 요청한다. 또 그녀의 어머니는 실비아에게 감정적으로나 신체적으로 가까이 할 수 없었다. 실비아가 사춘기 전이었을 때조차도, 어머니는 어떤 남자와 함께 집을 떠난 듯했고 모든 집안일을 실비아가 하도록 하였다. 어머니는 실비아에게 자신의 죽음을 무자비한 공포와 함께 직면케 했고, 죽음에 대한 공포를 더 민감하게 하는 모델을 제공했던 것이다(많은 환자들이 자신의 부모가 죽음을 직면하는 형태는 자신들이 죽음에 대한 태도를 형성하는 데 매우 중요하다고 보고한다. 이 관찰에서 죽어 가는 환자의 치료를 위한 어떤 분명한 함축이 있다. 삶의 끝까지 의미를 유지하는 한 방법은 다른 사람을 위해 자신이 마련한 그 모델을 생각하는 것이다).

실비아의 죽음불안은 분명히 과도한 것이었다. 그녀는 죽음에 대하여 너무 많이, 너무 빨리 가졌을 뿐 아니라—초기 삶을 위협하는 경험과 어머니를 통해 그녀가 경험한, 죽음이 가깝다는 생각—죽음에 대항하여 전통적인 부정에 기초한 방어를 발달시킬 수 없었다. 그녀는 부모로부터 보호나 구조를 기대할 수 없었다. 사실상 그녀의 아버지는 죽었고, 어머니는 삶으로 그녀 자신을 너무 압도한 상태였다. 실비아는 죽음을 멀리 추방할 수도 없었고, 자신의 불가침성 속에서 신임을 발달시킬 수 없었다. 죽음은 임박한 현재였고, 한 차례 이상 함정에 빠뜨렸으며, 그녀는 자신을 매우 상처입기 쉽고 깨어지기 쉬운 사람으로 보았다.

실비아는 종교적 교리에서 위안을 찾으려는 것과 하나님이 있다는 것을 증명키 위해 할머니에게 변론한 것이 생각이 났다. 하나님이 있다면 실비아가 죽었을 때 돌보아 줄 수 있거나, 죽어 가는 것에서 예방할 수 있기 때문이었다. 그녀는 모든 종교적 지옥과 유황불을 가르치는 침례교에서 성장하였다. 그녀가 아이였을 때 아팠던 몇몇 경우엔 하나님과 홍정을 했다. "나의 생명을 보호해 주세요. 그러면 나는 수녀가 되고 당신에게 삶을 헌신하겠습니다."라고 기도했던 것이다. 수십 년이 지난 지금, 아직도 실비아는 그 계약에 대한 위반을 곰곰이 생각한다.

죽음의 회상에 대하여 집중된 우리의 개인상담은 효과적이었고, 실비아는 죽음에 대한 두려움의 범위와 그녀의 삶에서 이 두려움이 하는 역할을 더 알게 되었다. 그녀가 집단상담을 진행할 때 자신이 나이 들어 가는 것에 대한 두려움과 '얼어붙는 것과 위장하는 것'의 작전으로 구성된 과도한 부적응 방어를 깨달았다. 다른 말로 하면, 죽음이 그녀를 간과할 수도 있다는 마술적 희망 가운데 그녀는 삶과 성장을 중지시킨 것이다. 그녀는 외모를 무시했고, 저녁과 주말에도 초목과 다름없이 생활하였다. 그녀는 비만해졌는데, 만일 그녀가 어머니처럼 마르고 야위게 되는 것을 피할 수 있다면 죽음을 피할 수 있다는 마술적 신앙이 있었기 때문이다(로젠버그(Hattie Rosenberg)는 그녀의 환자 중 한 명이 가진 동일한 역동성을 설명한다).[31] 삶을 중지한 그녀는 집단의 한 남자가 그녀의 생일날 꽃을 사 왔을 때 평안을 느꼈다. 그녀는 자신이 사는 것과 살지 않는 것의 애매한 울타리 때문에 수년간 사랑하는 사람을 얼마나 그리워했는지를 깨닫고는 크게 놀랐다.

또한 실비아는 자신을 죽어 가는 사람처럼 취급하였고, 다른 사람도 자신을 그렇게 취급하기를 바랐다는 사실을 알았다. 언젠가 집단에서 그녀의 우울증적 반추로 공격을 받았을 때, 그녀는 "당신들은 내가 죽어 가고 있을 때 나를 이렇게 대할 수 있어?"라고 불쑥 말했다. 그녀는 이 말의 돌연성을 알았지만, 또한 이것은 그녀가 몇 해 동안 낮게 중얼거리는 말이었다.

집단에서 실비아가 하는 많은 일들은 나와 찰스에 대한 그녀의 관계성에 중심을 두고 일어났다. 찰스에 대한 그녀의 관계성은 훨씬 더 현실적으로 되었다. 그녀는 그의 병을 부정하는 것을 멈추었고, 고칠 수 있는 사람의 도움을 구하라고 강요하는 것을 중단했고, 집단에서 죽음에 가장 가까운 사람이 누구인가 경쟁하는 것을 멈추었다. 그녀가 내 모습을 삶보다 더 큰 인물로 여기고 있는 동안 또한 나의 실수에 대하여 참을성이 없다는 것을 깨달았다. 따라서 나는 내가 전지(omniscience)하다는 추측을 그녀가 하지 않도록 주의했고, 가능하면 투명하고 열려 있는 자세로 있었다. 실비아의 향상은 주목할 만했고 견고했다. 그녀는 죽음에 따라 마비가 되기보다는 죽음을 직면하게 되었다. 그녀는 과거에 죽음불안을 탈출하기 위해서 치료자나 친구들에게 합쳐지려고 시도한 것을 깨달았다. TV도 이러한 목적을 위해 사용되었는데, 그녀는 죽음을 매우 두려워하였을 때 TV를 오래 시청하곤 했던 것이다. 왜냐하면 '목소리를 듣는 것은 간단히 내가 아직 살아 있다는 것을 깨닫게 한다' 는 이유에서였다. 그녀는 혼자 있는 두려움을 멈추었고, 아이나 남자와 함께하는 의존적 관계성 없이도 만족하는 인생을 살 수 있겠다는 가능성을 느끼기 시작했다(옛말에 '자신의 빛을 가지고 다니는 사람은 어둠을 두려워하지 않는다' 고 했다).

그녀는 자신에 대하여 생각하기 시작했고, 몸무게가 줄어들었으며, 집단 외의 사람들과 사회생활을 다져 나가기 시작했다. 집단은 2년간 그녀의 전적인 세계를 구성했고, 어느 날 그녀가 저녁식사 데이트 때문에 30분 일찍 떠나야 한다고 했을 때, 우리는 그녀가 집단을 떠나야 할 시간이 다가오고 있다는 것을 깨달았다. 그러나 가장 놀라운 사건은 그녀가 집단원들에게 자신이 어머니 죽음에 대하여 몇 주간 매일 묵상하고 있다고 발표한 것이다. 이것은 과거의 경우처럼 강박적 반추가 아니라, 죽음에 대하여 전적으로 친근감을 통하여 정복하려는 사려 깊은 계획으로 어머니 죽음의 무시무시한 면에 대하여 의식적인 묵상을 하는 것이었다. 특히 이 결정은 치료자가 제안한 것이 아니라 그녀의 생각에 따른 계획이었기 때문에 중요한 것이었다. 몇 해 동안 그녀는 어머니와 같은 나이에 죽을 수 있다는 생각에 사로잡혀 있었다. 집단은 그녀가 더 이상 그러한 생각을 하지 않는다는 것을 관찰했고, 그녀는 "나는 오랫동안 그것에 대하여 생각하지 않았다. 그것은 더 이상 내 경험의 부분이 아니다. 나는 지금 살아 있다."라고 대답했다.

그녀는 집단상담을 종료키 위해 확고한 결정을 하였고, 예상대로 그녀가 가진 많은 증상의 재발로 고생했다. 그녀는 악몽, 한밤중에 느끼는 죽음공포 그리고 자신의 구조를 위해 어떤 초월적 존재에 탄원하는 덧없는 바람을 경험하였다. 그러나 이 현상의 악화는 단순했고, 부분적이었던 것 같다. 왜냐하면 치료자는 이러한 것은 종결의 공포에 직면하며 발생할 수 있는 것으로 예측했기 때문이다. 마지막 모임에 그녀가 이 꿈을 말했다.

> 나는 큰 동굴 안에 있었는데 나에게 놀라운 전시물을 보여 주겠다고 약속한 안내자가 있다고 생각했다. 그러나 동굴 안에는 그림도, 어떤 종류의 예술작품도 없었다. 그때 안내자는 나를 네모난 방으로 데리고 갔는데, 그 방은 여기 있는 집단상담실과 같은 크기였고, 그곳에는 그림도, 어떤 전시물도 없었다. 마지막으로 내가 볼 수 있는 단 한 가지는 생기 없는 회색 하늘과 상수리나무가 내려다보이는 두 개의 창문이었다. 그런데 나가는 길에 그 안내자는 변하였고, 그는 붉은 색 머리와 믿을 수 없는 자력을 가지고 있어서 나는 그가 절대적으로 전기(電氣)를 가지고 있다고 생각했다. 우리 둘 사이에 매우 강한 어떤 것이 진행되고 있었다. 잠시 후에 나는 그를 다시 보았는데 그는 자력을 다 잃어버린 것 같았고, 다시 푸른 바지를 입은 평범한 사람이 되었다.

이 꿈은 마술을 그만두는 것에 대한 멋지고 통쾌한 묘사다. 이것은 실비아가 궁극적 구원자의 존재에 대한 환영적 믿음을 가지고 있음을 나타내고 있다. 꿈에서 나는 그녀에게 놀라운 전시물을 보여 줄 수 없었다. 단지 나는 좋은 그림 대신 세상의 생기 없는 현실을 바라보는 창문을 보여 주었다. 꿈의 마지막에 실비아는 마술로 나에게 망토를 입히려고 시도했다. 갑자기 나는 초인간적 힘을 가진 사람이 되었다. 그러나 자기기만적 일은 머물 힘을 상실했고, 나는 원래 나로 금방 되돌아왔다. 더도 덜도 아닌 안내자로 돌아온 것이다.

예전의 치료에서 실비아는 항상 간헐적인 종료를 했었다. 그녀는 안녕이라고 말하는 이별을 두려워했고, 치료자의 능력이 제한되어 있다는 깨달음은 마지막 만남을 회피하게 하여 갑자기 약속을 파기하였다. 지금 그녀는 직접적으로 이별의 과정(그리고 죽음을 밑에서 생각나게 하는 것들)을 그녀가 죽음불안을 직면한 같은 방법으로 직면하였다. 죽음에 대해서 당황하기보다는 그녀가 전에 알고 있는 보다 더 풍요로운 생을 경험키 위해 자신을 불안 속으로, 그리고 불안을 통하여 움직였다.

심리치료의 문제들

환자와 치료자의 부인

죽음의 편재와 이것을 탐험하는 데 사용할 수 있는 풍부한 기회들이 많이 있음에도 불구하고, 대부분의 치료자는 환자의 죽음 자각을 증진시키는 것과 죽음불안을 통하여 일을 하는 작업이 예상 외로 어렵다는 사실을 발견할 것이다. 부인(denial)은 상담을 하는 모든 과정을 혼동케 한다. 죽음의 두려움은 자각의 모든 차원에 있는 것이다. 대부분의 의식적, 추상적 차원부터 가장 깊은 무의식의 영역까지다. 피상적 차원에서 치료자의 해석에 대한 환자의 수용성은 흔히 더 깊은 층에서 부인으로 활동한다. 환자는 치료자의 제안에 대하여 수용적일 것이고, 환자는 자신의 제한성에 대한 기분을 시험할 것이다. 그러나 모임은 점차 비생산적이 되고, 자료들은 건조해지고, 설명은 지적인 토의로 이동한다. 이러한 때 치료자들은 자신이 메마른 우물에 구멍을 내고 있다는 실수적인 결론으로 뛰어넘지 않는 것이 중요하다. 상담에서의 막힘, 연상의 부족, 효과의 산만은 저항의 모든 표현이기에 그에 맞게 취급되어야 한다. 역동치료에서 프로이트의 첫 번째 발견 중의 하나는 치료자들이 자신의 치료 작업에 대항하는 환자 안의 심리적 힘에 대하여 반복적으로 다가오는 것이었다("나의 정신치료 작업을 통하여 나는 환자 안에서 의식되는 병의 근원 개념을 반대하는 환자 안의 정신적 힘에 대항하여야 했다.").[32]

치료자는 인내하여야 한다. 치료자는 다른 중요성이 나타나더라도 증거를 모으는 것, 꿈과 작업하는 것, 지속적으로 관찰하는 것, 같은 목적을 구성하는 것을 계속해야 한다. 죽음의 실존에 대한 관찰은 너무 진부하고, 너무 명확해서 치료자는 이 죽음 증거를 계속해서 주장하는 것이 얼빠진 것처럼 느낀다. 그러나 단순성과 지속성은 부인을 극복하기 위하여 필요하다. 우울하고, 자기학대적이고, 자살충동을 가진 한 환자는 상담이 종료된 후 치료기간 동안 내가 그녀에게 한 가장 중요한 견해를 이야기했다. 그녀는 자주 죽음에 대한 열망을 말했고, 살아가면서 하고 싶은 여러 가지를 말했다. 나는 그녀에게 이러한 사건들에 대한 오직 하나의 가능한 연속이 있다는 당황스러운 나의 단순한 관찰을 한 차례 이상 하였다. 첫 번째는 경험이고 마지막은 죽음이라고 했다.

물론 이 환자는 부인(denial)의 유일한 출처는 아니다. 치료자의 부인은 침묵적으로 환자의 것과 종종 은밀히 결탁한다. 치료자는 환자와 같이 죽음을 직면하고, 죽음의 직면에서 고민한다. 매일 상담치료에서 죽음에 대하여 깨어 있으면서도 일하기 위해 치료자들은 많은 준비를 하여야 한다. 공동 치료자와 나는 전이성 암(metastatic cancer)을 가진 환자 집단을 인도하는 동안 이 필요성을 민감하게 알았다. 처음 몇 달 동안 집단은 이 문제에 대한 토의를 피상적으로 반복했다. 의사, 약, 치료, 고통, 피로, 신체적 제한 등등에 대한 많은 이야기들이었다. 우리는 이러한 피상성을 원래 방어적이 되기 위한 것이라고 여겼다. 환자의 두려움과 절망의 깊이에 대한 신호가 그것이다. 따라서 우리는 그 방어를 존중했고 그 집단을 매우 조심스러운 태도로 인도했다.

얼마가 지나고 나서야 우리 치료자들이 피상적 집단을 유지키 위해 적극적 역할을 했다는 것을 배웠다. 우리가 우리의 불안을 참을 수 있고 환자가 이끄는 방향을 따랐을 때, 집단을 명료하고 건설적으로 다루기 위하여 너무 놀라게 하는 주제는 없었다. 집단에서의 토의는 흔히 치료자에게 대단히 고통스러웠다. 집단은 정신과를 공부하는 학생에게 한쪽 방향의 창문을 통해서 관찰되었고, 몇몇 경우 학생들이 글을 쓰기 위해 관찰하는 방을 떠날 때도 있었다. 죽어 가는 환자와의 일하는 경험이 많은 상담자들이 개인적 치료의 다른 방법으로 추진하게 한다. 흔히 스스로에게 매우 유익한데, 많은 상담자들이 그들의 첫 번째 전통적 치료 경험에서 죽음에 대한 관심을 다루지 않았기 때문이다.

만일 상담자가 환자를 죽음에 직면시키고 죽음과 협동하도록 하여 삶을 바라볼 수 있도록 도왔다면, 상담자는 이러한 이슈를 통하여 개인적으로 작업을 한 것이 틀림없다. 흥미롭게도 이와 유사한 것이 원시문화에서 치료자의 시작 의식(rites)에서 발견되는데, 이 원시문화에서 고통, 죽음, 부활을 수반하는 어떤 황홀적 경험을 통과하는 것을 주술사가 요구하는 전통이 있다는 것이다. 때때로 그 시작은 정말 구역질 나는 것이고, 삶과 죽음 사이를 오랫동안 떠다니는 개인들은 샤머니즘을 위해 선택된다. 일반적으로 이 경험은 신비적인 광경이다. 평범한 예를 하나 보면, 퉁구스(시베리아 부족) 샤먼은 조상 샤먼이 자신을 포위하고, 화살로 그를 뚫고, 그의 살을 잘라 내고, 그의 뼈를 끄집어내고, 그의 피를 마시고, 그를 다시 모으는 샤먼 조상과의 직면으로 구성된 의식의 시작을 설명한다.[33] 몇몇 문화에서는 초보 샤먼이 무덤 위에서 잠을 자거나 공동묘지에서 며칠 밤을 머물러야 하는 것을 요구한다.[34]

왜 말벌의 둥지에 문제를 일으키는가?

많은 치료자들은 환자와 죽음에 대한 토의를 회피하는데, 이는 부인 때문이 아니라 죽음에 대한 생각이 환자의 상태를 악화시킬 수 있다는 믿음에 기초한 사려 깊은 결정 때문이다. 왜 말벌의 둥지에 문제를 일으키는가? 왜 환자에게 불안만 불러일으키고, 아무것도 할 수 없는 문제에 빠져들게 하는가? 모든 사람은 죽음을 반드시 직면한다. 신경증 환자들은 모든 인간을 기다리는 죽음이라는 쓴 들이킴을 생각나게 하지 않더라도 직면하는 것이다.

이러한 치료자들이 느끼는 한 가지는 신경증적 문제를 발굴하고 조사하는 것이다. 적어도 거기에는 어떤 도움이 있을 것이다. 그러나 정말로 변경할 수 없는 삶의 사실인 쓴 실체를 탐험하는 것은 어리석을 뿐 아니라 반치료적인 것 같다. 예를 들어, 화해할 수 없는 오이디푸스 갈등에 있는 환자는 공상의 고문으로 무력해진다. 오래전에 발생한 내외적 사건의 무리가 무시간적 무의식 안에 지속되고 환자를 괴롭힌다. 환자는 곡해된 방식으로 현재의 상황에 응한다. 그것이 과거에 발생했음에도 불구하고 현재에 반응한다. 치료자가 반드시 해야 할 일은 명확하다. 현재를 조명케 하는 것, 과거의 악마들을 노출시키고 쫓아내는 것, 본질적으로는 좋은 것이었으나 비이성적으로 독을 경험한 사건들의 독을 제거하도록 돕는 것이다.

그러나 죽음은 어떤가? 죽음은 과거로부터의 유령이 아니다. 그리고 이것은 본질적으로 자애로운 것도 아니다. 이 죽음과 함께 무엇을 할 수 있을 것인가?

치료에서 증가되는 죽음불안 첫째로 인간의 한계성에 대한 사상은 불안의 터전을 가진다. 이 터전에 들어가는 것은 불안을 높이는 것이다. 여기에 내가 설명한 치료적 접근은 역동적으로 밝혀내는 것이다. 이것은 보조적이거나 억압적이지 않다. 실존적 치료는 환자의 불편을 더한다. 어느 정도의 시간 동안 높아진 불안과 우울의 경험 없이 개인의 불안의 근거 속으로 들어가는 것은 불가능한 일이다.

실비아의 예가 분명한 사례다. 찰스가 집단에 자신의 암에 대하여 말했을 때, 그녀는 불안이 격렬하게 돌출하는 것을 경험했고, 이 불안에 대항하는 많은 원시적 방어의 출현을 경험했다. 앞서 나는 스턴이 보고한 두 명의 환자에 대해 말했다. 이들은 장기간 개인분석에 있었고, 죽음의 공포로 발생하는 죽음 두려움을 통한 명료하고 철저한 작업을 한 후에야 상담을 성공적으로 끝낸 사람들이었다.[35] 이 두 사람이 각각 죽음불안의 영역에 들어왔을 때, 각자는 드라마적인 우울 발생을 경험했다. 한 환자는 자신의 상담자가 죽음에 대항하여 자신을 보호할 것이라는 환상에 대하여 작업했을 때, 그는 자신을 구원해 줄 자가 없다는 것을 깨달았고 깊은 우울감에 빠져들었다. "그의 일과 취미 안에 있는 그의 활동성은 전적으로 무력하였고, 안개 속에 있었으며, 그의 정체성이 와해되는 기분으로 변해버렸다. 이것은 그의 아내와 상담분석가에 대한 구순기적 혼합(oral incorporation)을 원하는 애매한 공생적 바람과 이 양자에 대한 상당한 분노의 퇴행을 야기하였다." 역시 다른 환자도 자신의 신경적 방어는 죽음에 대항하여 자신을 보호하지 않을 것을 깨달았고, 그의 분석은 비슷한 과정을 가졌다. "그는 우울해졌고, 앞이 보이지 않는 안개 속에 계속 있는 것으로 느꼈고, 죽음에 대항한 마지막 방어를 시도한 많은 유아적 유형의 발생을 경험했다. 스턴은 다른 네 가지 사례들도 각각 죽음의 미래 외상을 그들이 경험하면서 또한 일시적으로 우울을 경험했다고 보고했다.

부겐탈(Bugental)은 이 주제에 대한 그의 훌륭한 토의에서 이 치료의 단계를 '실존적 위기'로 언급했다. 실존적 불안의 기존을 제압하는 데 쓰인 방어들이 깨지고, 인간의 삶에서 근본적 상황을 바르게 깨달을 수 있도록 하는 피할 수 없는 위기라는 것이다.[36]

삶의 만족과 죽음불안 : 치료적 발판

치료자는 개념상의 관점에서 죽음을 둘러싸고 있는 불안은 신경증적이고 정상적이라는 것을 마음속에 명심하고 있다. 모든 인간은 죽음불안을 경험한다. 그러나 어떤 죽음불안의 과도한 경험은 다른 영역으로 흘러들어가 우울, 혹은 성장을 제한하는 불안에 대항하는 방어의 연속, 그리고 흔히 이차적 불안으로 작용하는 결과를 낳는다. 왜 어떤 개인은 모두가 죽음을 직면하는 조건으로 상처를 입는가 하는 것은 내가 이미 이야기한 물음이다. 비정상적 삶의 연속된 경험으로 한 개인은 죽음의 불안을 통해서 마음에 큰 상처를 입게 되고, 실존적 불안에 대항하여 '정상적' 방어를 세우는 데 실패한다. 치료자들은 죽음불안을 늘 같은 법칙으로 만날 수 없는 것이다.

치료자가 사용할 수 있는 한 접근은 환자가 죽음불안의 법칙을 변경하는 현재의 역동성에 초점을 맞추는 것이다. 의사들에게 한 가지 특별히 유용한 방정식은 죽음불안은 반대로 삶의 만족에 비례하는 것이다.

힌턴(John Hinton)은 흥미롭게 연관된 조사발견을 보고했다.[37] 그는 말기 암 환자 50명을 연구했고, 말기 암 동안에 보인 이들의 감정과 반응과 태도를('삶의 만족감 혹은 삶의 실현'을 포함) 서로 연결시켰다. 삶의 만족감은 환자와 환자의 배우자 인터뷰를 통해 평가되었다. 말기 암 동안에 이들의 감정과 반응은 인터뷰와 간호원과 배우자가 완성한 평가치로 측정되었다. 매우 중요한 그 결과 자료에 따르면, "삶이 만족스럽게 나타났을 때 죽는 것은 훨씬 덜 문제가 되었다…. 과거의 삶에 대해 만족이 적을수록 질병과 그 결과에 대해 더 많은 문제적 관점을 보였다."라고 나타났다. 삶의 만족도가 적을수록 우울, 불안, 분노 그리고 그 질병에 대한 전반적 관심과 의료적 돌봄에 대한 의존도가 더 커졌다.

이러한 결과는 피상적 차원에서 직관에 반대되는 것 같다. 왜냐하면 불만족하는 사람, 환멸을 느끼는 사람은 죽음의 유예를 반길 것이라고 결론지을 수 있기 때문이다. 그러나 그 반대가 맞다. 성취감, 삶을 잘 살았다는 기분은 죽음에 대한 두려움에 대항하여 움직인다. 니체는 과장법 가운데 다음과 같이 말했다. "완전해진 것, 모든 익은 것은 죽기를 원한다. 익지 않은 모든 것은 살기를 원한다. 고통당하는 모든 것은 살기를 원하는데 사는 것은 익는 것이고 즐겁고 기대할 수 있

다. 기대는 더 멀리, 더 높이, 더 밝은 것을 향한 열망이다." [38]

확실히 이 통찰은 치료자에게 근거를 제공한다! 만일 치료자가 환자에게 증가된 삶의 만족을 경험할 수 있도록 도와줄 수 있다면, 그는 과도한 불안을 가라앉힐 수 있다. 물론 이러한 공식은 순환성이 있다. 왜냐하면 과도한 죽음불안으로 개인은 제약된 삶을 살기 때문이다. 성장이나 만족보다는 고통으로부터 더 많은 안전, 생존, 구제에 투자가 된다. 실즈(Searles)는 같은 딜레마를 주장했다. "전인적 인간이 아닌 이상 환자는 죽음을 직면할 수 없다. 그러나 죽음을 직면함으로써만 진실한 전인적 인간이 될 수 있다. 문제는(실즈는 이것은 정신분열증 환자에 특별히 중요한 것이라고 믿는다) 사람 자신이 전인적 인간이라는 지식이 없는 한, 사람은 삶의 제한성에 대한 불안이 너무 커서 직면할 수 없다…. 사람은 전적인 삶의 경험을 하지 않는 이상 불가피한 죽음의 전망을 직면하는 것을 견딜 수 없다. 정신분열환자는 아직 전적으로 살지 못했다." [39]

그러나 아직 거기에는 기반이 있다. 치료자는 과거에 위압당하면 안 된다. 과거 40년의 어두운 삶을 보상하기 위하여 전인적으로 통합된 40년 기간의 경험을 필요로 하지는 않는다. 톨스토이 소설의 주인공인 이반 일리치는 자신이 직면한 죽음을 통하여 실존적 위기를 맞고, 단지 며칠 살아 있는 기간 동안 자신을 변형하고 회고적으로 의미를 가지고 자신의 전적인 삶으로 넘쳐 흐르게 할 수 있었다.

만족이 적으면 적을수록 죽음불안은 더 커진다. 이 원칙은 나의 환자였던 53세의 필립(Philip)이 분명히 보여 주었다. 매우 성공적인 사업행정가였으며 일중독자였다. 그는 일주일에 60~70시간을 일했고, 매일 저녁 일할 것을 서류가방에 넘치도록 넣어 집으로 가져왔고, 최근 2년 동안은 멀리 떨어진 곳에서 일을 하였고, 주말에만 집으로 돌아왔다. 그는 삶의 만족이 적었다. 그의 일은 안전을 주었지만 기쁨을 주지는 못했다. 그는 자신이 원하여 일을 하는 것이 아니라 불안을 달래기 위해서 일을 해야 했던 것이다. 그는 아내와 아이들을 거의 알지 못했다. 몇 해 전 그의 아내는 단순한 혼외정사를 가지게 되었는데, 그는 이것을 용서하지 않았다. 그 혼외정사 때문이 아니라, 그 정사와 수반되는 고통이 자신의 일에 집중하지 못하게 하였기 때문이다. 아내와 아이들은 이러한 분리로부터 고통을 받았다. 그는 결코 사랑, 삶의 만족 그리고 의미의 잠재적 저수지에 자신을 결코 적시지 않았다.

그런데 필립의 모든 방어를 벗겨 버리는 큰 사건이 발생했다. 항공산업의 심각한 차질로 그의 회사가 망하여 다른 회사에 통합된 것이다. 필립은 자신이 실직되었다는 것을 뒤늦게 알았고, 나이와 고위 직책 경력에 따라 고용될 가능성이 적었다. 그는 심각한 불안을 보였고 그래서 심리치료를 생각했다. 처음 그의 불안은 전적으로 자신의 일에 집중된 것이었다. 그는 자신의 직업에 대하여 끝없이 생각에 잠겼다. 새벽 4시에 규칙적으로 깨어서 자신의 일에 대하여 몇 시간 동안 생각을 하였다. '어떻게 이 소식을 직원들에게 단절시킬까, 부서를 단계적으로 어떻게 실행시킬까, 조절할 수 있는 방법으로 어떻게 화를 표현할 수 있을까' 등의 생각이었다.

필립은 새로운 자리를 찾지 못했고, 회사에서 일하는 마지막 날이 다가오자 그는 미친 듯 날뛰었다. 점차적으로 치료하면서 부두에 조개처럼 붙어 있는 그의 일에 대한 관심에서 그의 불안을 떼어놓았다. 밤마다 그는 '검은 구덩이' 의 가장자리를 맴도는 꿈 때문에 고통을 받았다. 정기적으로 되풀이되는 다른 꿈은 해변의 가파른 모래언덕의 좁은 꼭대기를 걸어가는 꿈이었다. 그는 반복해서 꿈에서 깨어나면서 "나는 죽지 않도록 할 거야."(항해사였던 필립의 아버지는 그가 태어나기 전에 익사했다.)라고 중얼거렸다.

필립은 재정에 대한 압박은 없었다. 그는 해직에 따른 충분한 보상을 받았고, 근래 유산으로 물려받은 상당한 유가증권이 있었다. 그러나 시간이 문제였다! 어떻게 시간을 사용할 것인지가 문제였다. 필립에게는 다른 어떤 것도 문제되지 않았고, 그는 절망 속으로 가라앉았다. 어느 저녁에 중요한 사건이 생겼다. 그는 잠을 이룰 수가 없어서 새벽 3시경에 책을 읽고 차를 한 잔 마시기 위해 아래층으로 내려갔다. 창가에서 이상한 소리가 나서 다가갔는데 스타킹으로 얼굴을 가린 사람과 마주친 것이다. 그의 놀람과 비상벨이 멈춰진 후, 경찰이 집을 떠나고 조사가 중지되자, 필립의 진짜 공포는 시작되었다. 불현듯 놀라는 생각이 그에게 떠올랐는데 이것이 그를 심한 공포에 떨게 하였다. "아내와 아이들에게 어떤 일이 생길수도 있다."라면서 치료를 하는 동안 그는 이 사건에 대한 생각을 말하였고, 나는 그를 위로하기보다는 아내와 아이들과 그에게도 일어날 수 있는 일이라고 상기시켜 주었다.

필립은 불안정하고 멍한 상태를 느끼는 기간이 있었다. 그의 습관적 부정구조의 모든 것은 더 이상 작용하지 않았다. 그의 일, 그의 특별성, 영광을 향해 올라가는 것, 불사성에 대한 생각 등은 더 이상 없었다. 그가 가면을 쓴 강도를 직면했을 때처럼, 지금 그는 처음에는 변동이 있게, 그러고 나서는 꾸준하게 삶의 근원적 사실에 직면하였다. 근거가 없는 것, 냉혹한 시간의 통관 그리고 죽음의 불가피성에 대한 직면은 필립에게 절박감을 가지게 하였고, 그는 어떤 만족과 삶의 의미를 갖기 위해 열심히 치료과정에 임하였다. 특별히 치료에서 우리는 친근감에 초점을 맞추었다. 그가 결코 즐기지 못한 중요한 삶의 만족의 근원이기 때문이다.

필립은 자신이 가진 특별성에 너무 많이 투자를 하였기 때문에 그의 무력감을 직면하는 것을 두려워했다(그리고 다른 사람과 이야기한다는 것도). 나는 그에게 질문하는 모든 사람에게 진실을 말하라고 재촉했다. 직업을 잃었다는 것과 구직의 어려움, 그리고 자신의 감정을 감시하고 있다는 사실을 말하도록 재촉한 것이다. 그는 처음에는 이러한 주문을 피했으나 점차적으로 자신의 상처를 나누는 것은 친근감의 문을 여는 것이라는 점을 배웠다. 한 번은 관련된 분야의 회장으로 있는 나의 친구에게 그의 이력서를 보내 보라고 제안했다. 필립은 형식적으로 고맙다고 했다. 그러나 차를 타고 가면서 35년 만에 처음으로 '아이처럼 울었다.' 우리는 이 우는 것의 의미는 무엇이고, 어떻게 느꼈으며, 내 앞에서는 왜 울지 않았는지에 대하여 많이 이야기했다. 자신의 상처를 받아들이는 것을 배우면서 처음에는 나와, 그리고 가족들과의 친근감이 더 깊어졌다. 그는 자신이 예전에 알지 못했던 다른 사람과의 친근감을 성취했다. 시간에 대한 그의 생각은 드라마적으로 변하였다. 더 이상 시간을 비밀로 하거나 죽여야 할 적으로 보지 않았다. 지금 그는 날마다 자유롭게 시간의 맛을 보기 시작하고 즐기기 시작했다. 또한 다른 사람들과 친해졌고, 수십 년 만에 처음으로 그림과 글을 통해 그의 창의성을 표현하였다. 8개월간의 실직 후 필립은 다른 도시에서 새롭고 해 볼 만한 직업을 얻었다. 마지막 모임에서 그는 "나는 지난 2개월간 지옥을 통과했습니다. 그러나 아는 것과 같이 매우 끔찍했습니다. 내가 실직 후 직업을 즉시 가질 수 없었던 것이 기쁩니다. 내가 이 과정을 통과하도록 해 줘서 고맙습니다."라고 했다. 필립이 배운 것은 현실의 은폐에 헌신하는 인생, 죽음부인을 하는 인생은 경험을 제한하고, 궁극적으로 인생을 함몰시킨다는 것이다.

죽음둔감

죽음의 불안에 대하여서 치료적 기반을 제공하는 다른 하나의 개념은 '둔감' 이다. '죽음에 대한 둔감' 은 의미를 떨어뜨리는 통속적 말인데, 인간의 가장 깊은 관심과 기계론적 기술을 병렬했기 때문이다. 그러나 죽음불안을 다루는 치료자의 기술에 대한 토의에서 이 말을 피하는 것은 어렵다. 되풀이 되는 접촉과 함께 사람은 어떤 것에 익숙해질 수 있는 것 같다. 심지어 죽는 것까지 그렇다. 치료자는 자신이 사용하는 다른 형태를 두려움을 정복하는 시술과 유사한 방법을 사용하여 환자가 죽음불안을 대처해 나가도록 도울 것이다. 그는 약한 방법으로 되풀이해서 환자를 죽음에 노출시킨다. 그는 환자로 하여금 두려운 대상을 취급하고 모든 면에서 그것을 조사하도록 돕는다.

몽테뉴는 이 원칙에 대하여 이렇게 썼다.

> 우리 스스로를 죽음과 친하게 하고, 어느 정도 이것을 밖으로 나오게 하는 어떤 방법이 있는 것 같다. 우리는 이러한 경험을 전적으로 완전치 않지만, 적어도 소용없지는 않게 가질 수 있다. 그리고 이러한 경험은 우리를 더 강화시키고 확신케 한다. 만일 우리가 이 죽음에 다다를 수 없다면, 이것에 접근할 수 있고, 정찰할 수 있다. 그리고 만일 우리가 그 죽음의 성채까지 통과할 수 없다면, 적어도 그것을 볼 수 있을 것이고 그것에 접근하는 것과 친근해질 것이다.[40)]

나는 암 환자와 집단과 몇 년간의 상담을 통해서 많은 둔감을 보아 왔다. 어떤 환자는 세미한 친근감을 통해서 자신의 죽음이 감소해질 때까지 반복해서 접근했다. 다른 환자와 치료자가 한 모형은 그것이 결심이 되든, 쉽지 않은 금욕적 수용이든, 혹은 마음의 평정이든, 많은 환자들에게 죽음의 독성을 제거하는 데 도움을 준다.

불안을 감소시키는 데 행동적 접근의 기본적 원칙은 불안 발달을 늦추도록 설계된 구조와 심리적 상태에서 두려운 자극에(유의 깊게 조정된 양만큼) 노출되는 것이다. 집단접근은 이 전략을 사용하였다. 집단은 자주 어떤 불안을 감소시키는 명상적 혹은 근육이완 연습과 함께 시작하였고 끝날 때도 그렇다. 각 환자는 같은 질병을 가진 환자들에게 둘러싸여 있다. 그들은 서로 신뢰하고 전적으로 이해한다. 노출은 집단 내에서 각 구성원은 자기 자신의 속도로 진행할 수 있고, 구성원이 원했던 것을 직면하기 위해 어떤 압력도 가하지 않는다는 집단 내의 규범에 따라 진행되었다.

불안을 다루는 데 다른 유용한 원칙은 해체와 분석이다. 우리의 신체기관이 느끼는 재앙적인 두려움은 일반적으로 이성적 분석을 할 수 있는 많은 두려움의 구성체를 포함한다. 이것을 위해 환자에게 자신의 죽음과 모든 다양한 구성적 두려움을 구별해 낼 수 있도록 용기를 주는 것이 필요할 수 있다(매일 접하는 심리치료 환자와 죽어 가는 사람). 많은 개인들은 죽음의 직면에서 자신의 무력감 때문에 당황한다. 그리고 정말로 죽어 가는 환자의 집단은 이 두려움의 근원을 좌절케 하려고 많은 시간을 헌신한다. 자신의 변경할 수 없는 존재론적 상황에 직면하는데 나오는 진정한 무력감에서 무력의 부수적 기분을 구별하는 것은 가장 중요한 전략이다. 나는 죽어 가는 환자가 통제하기 쉬운 삶의 부분들을 통제하는 것을 선택함으로써 잠재성과 통제력을 회복하는 것을 보아 왔다. 예를 들어, 환자는 자신의 의사와 상호작용하는 자신의 형태를 변경시킬 수 있을 것이다. 환자는 자신의 질병에 대한 모든 정보를 알아야 한다고 주장하거나 중요한 치료에서 자신의 결정이 포함되어야 한다고 할 수 있을 것이다. 환자는 현재의 의사가 마음에 들지 않는다면 다른 의사로 바꿀 수도 있다. 다른 환자들은 사회활동을 한다. 또 다른 환자들은 선택성을 발달시킨다. 환자들은 자신이 원하지 않는 것을 선택할 수 있다는 유쾌함을 발견한다. 심리적 스트레스를 조절하는 것, 새로운 방법을 발달시키는 것을 믿는 환자는 자신의 암 발달과정에 영향을 미칠 것이고, 심리치료에 적극적으로 참여할 것이다. 그리고 모든 것이 자신의 통제 밖에 있다고 여길 때조차도 자신의 운명을 향한 자신의 태도를 조절할 수 있는 힘을 가지고 있다. 사람은 부인할 수 없는 것을 재해석한다.

두려움을 구성하고 있는 다른 요소도 있다. 죽어 가는 것의 고통, 영생, 알려지지 않은 자에 대한 두려움, 가족에 대한 관심, 몸에 대한 두려움, 외로움, 퇴행의 등의 요소들이다. 성취 중심적인 서양에서 죽음은 묘하게 실패와 동일시된다. 분리되어서 이성적으로 실험된 이러한 성분을 가지고 있는 두려움의 각각은 전적인 형태보다 놀라운 것은 아니다. 이 각각은 죽는 것에 대하여 분명히 일치하지 않는다. 그러나 분리되는 것도 아니고, 일치하는 것도 아니며, 이러한 두려움은 지각변동 반응을 끄집어내는 것이 중요하다. 그러나 많은 환자들이 자신의 죽음의 두려움을 분석해 달라고 부탁할 때, 그들이 이러한 것들에 대하여 반응하지 않고, 어떤 원시적이고 지울 수 없는 것에 대해 말한다는 것은 중요하다. 성인의 무의식에는 어린아이의 비이성적 두려움이 거하고 있다. 죽음은 악, 잔인, 절단하는 힘으로 경험한다. 제3장에서 언급한 죽음에 대해 두려워하는 아동의 환상을 다시 생각해 보라. 이들은 죽음을 성숙한 어른보다 훨씬 무서운 관점을 가지고 있다. 이러한 환상은 오이디푸스 혹은 거세공포와 같이 격세유전적 꼬리표로 실체를 인식하는 성인의 능력과 여기에 적합하게 반응하는 것을 방해한다. 다른 실체의 곡해처럼 이러한 두려움과 함께 일을 한다. 치료자는 과거의 이러한 유령을 증명하고, 계몽하고, 흩어 버리려고 시도한다.

죽음둔감 : 경험적 증거

자료에 나타난 몇 가지 보고(모든 심리학의 박사 논문)는 죽음둔감에 이러한 접근을 많이 사용하고, 죽음불안에서 질적 변화를 측정한 죽음자각에 대한 워크숍을 설명한다. 8시간에 이르는 긴 워크숍에서 죽음의 토의, 죽음에 대한 영화 보기, 참가자들의 치명적 발병, 죽음 그리고 장례를 상상한다(신체적으로 안락 상태에서). 여기에서 8가지 실험적 주제는 '죽음에 대한 사람들의 생각을 재구조화' 했고, 자신의 죽음에 직면해서 적은 부인(denial)을 사용하였으며, 그리고 8주 후에 낮은 죽음불안수치를 보였다. 이 집단 후 인터뷰에서 그 워크숍은 죽음에 대한 어떤 주제에 중요한 삶의 변화에 영향을 미쳤다는 것을 주장했다. 예를 들어, 한 알코올 중독자는 그 워크숍이 자신에게 아주 큰 영향을 미쳤다고 보고했다. 그는 알코올 중독자로서 품위를 떨어뜨리는 죽음을 원치 않겠다고 결심했고 철저하게 금주하였다.[41]

다른 유사한 죽음둔감 프로그램인 SYATD(shaping your attitudes toward death, 즉 죽음에 향한 삶의 태도 형성하기)는 죽음의 두려움을 감소시켰다(두 가지 확연한 죽음불안수치로 측정된 것).[42] '죽음과 자기발견 워크숍' 실험은 결과가 증가된 죽음불안으로 되었다. 그러나 또한 삶의 목적이 증가되었다.[43] 다른 프로그램은 워크숍을 한 후 즉시 불안에 대한 감소를 보였고, 4주 후에는 워크숍 이전의 상태가 되었다는 것을 보여 준다.[44] 마지막으로 간호원들을 위한 6주간의 죽음 교육은 죽음 불안에 즉시 영향을 미치지 않았지만 4주 후에 중대한 감소로 나타났다.[45]

죽음은 인간의 실존적 상황에서의 유일한 구성체이고, 죽음에 대한 고려를 하는 것은 실존적 치료에 단지 한 면만을 조명해 준다. 전적으로 균형된 치료적 접근에 이르기 위해 우리는 다른 궁극적 관점이 가진 각각의 치료적이고 함축적 의미를 조사해야 한다. 죽음은 불안을 이해하는 데 도와주고 역동적 구조를 제공하여 이것에 기초한 해석을 제공하고, 넓은 범위에서 이동하는 것을 올바른 견해를 가지고 조사할 수 있도록 능력이 있는 경계선 경험으로써 일을 한다. 내가 지금부터 다룰 다른 궁극적 관심은 각각 이해할 수 있는 심리치료 조직의 다른 단편을 기여한다. 자유는 책임성을 전제, 변화에 대한 헌신, 결정 그리고 행동을 이해하는 데 도움을 준다. 소외는 관계성의 역할을 조명한다. 반면 무의미는 우리의 관심을 약속의 원칙으로 돌리게 한다.

제2부

자 유

제6장 책임감

제7장 의지

심리치료에서 죽음에 관한 부분에 대한 토의를 할 때 임상의들은 생소하면서도 이상하게 친근한 것을 발견할 것이라고 제안했다. '생소'(strange)하다는 것은 실존적인 치료의 접근이 전통적인 범주를 자르고, 임상적 관찰을 다르게 모으기 때문이다. 그러나 '친근한 것'은 내면에서 경험 있는 임상의가 죽음 개념의 편재성과 중요성을 이해하기 때문이다. '생소하지만 친근한' 것은 이 장에서도 적용을 할 것이다. '자유'라는 용어는 심리치료사들의 사전에서는 찾아볼 수 없지만, 자유의 개념은 모든 전통적이고 혁신적인 치료의 이론과 실습에서 필수불가결의 역할을 한다. 그 예로, 전에 몇 년이 넘게 치료를 하면서 나의 주목을 끈 다음과 같은 사건들을 생각해 보자.

- 자신의 행동이 무의식에 따라서 통제를 받고 있다고 주장하는 한 여자 환자에게 치료자가 "누구의 무의식입니까?"라고 말한다.
- 한 집단의 지도자는 자기 집단에 있는 한 환자가 "나는 할 수 없어."라고 말할 때마다 '할 수 없다' 종('can't' bell)을 울린다. 환자는 그 말을 취소하도록 요청받고 "나는 안 할 거야."라는 말을 다시 해야 한다.
- 자기 파괴적 관계성에 사로잡힌 한 환자는, "나는 무엇을 해야 할지 결정할 수 없다. 나는 관계성을 끊을 수 없다. 그러나 내가 그 사람이 다른 여자와 침대에 같이 있는 것을 목격하길 기도한다. 그러면 나는 그 사람을 떠날 수 있을 것이다."라고 말한다.
- 전통적인 프로이트주의 분석가로 확실하게 행동의 결정론적 관점을 믿고 있는 나의 첫 번째 슈퍼바이저는 20년 전 우리의 첫 번째 만남에서 "심리치료의 목적은 자유를 선택할 수 있는 점까지 환자를 이끄는 것"이라고 말했다. 그러나 나는 50회 넘게 그에게 감독지도를 받으면서 '선택'에 대한 다른 말을 한 것이 떠오르지 않는다. 선택은 그가 치료의 목적으로 말한 것이다.
- 많은 치료자들은 반복해서 환자에게 말하는 법을 바꾸고 환자에게 발생한 것을 '인정하라'(own)고 요구한다. '그가 나를 괴롭힌 것'이 아니라, '내가 그로 하여금 괴롭히게 하였다.' '건너뛰고 싶은 마음'이 아니라, '내가 상처를 받을 때와 울고 싶을 때, 나는 혼란한 것으로 나를 방어한다.'
- 한 치료자는 40세 된 환자에게 돌아가신 어머니와 대화를 하라고 요청하였고,

다음 문장을 몇 번 반복하라고 말했다. " 내가 열 살 때 나를 다르게 다루지 않으면 나는 변하지 않을 겁니다."

- 전설적인 치료자인 윌(Otto Will)은 매우 엄격한 강박관념적인 환자의 지루한 생각을 정기적으로 방해하기 위해서 다음과 같은 말을 했다. "당신 이름을 바꾸고, 캘리포니아로 이주하는 것이 어떤지 말해 보세요."
- 성적으로 충동적인 한 남자가 오후 5시에 항공편으로 다음날 아침에 업무차 한 도시에 도착했다. 공항에 앉아 있는 동안 그는 저녁에 성관계를 할 수 있는 친한 여성들과 약속을 하기 위해서 전화를 하였다. 운이 없다! 모든 여성들이 이미 약속이 있었다(물론 그는 이 여성들에게 며칠 먼저 혹은 몇 주 전에 전화를 쉽게 할 수 있을 것이다). 그의 반응은 안심이었다. "하나님 감사합니다. 이제는 내가 진정 누구의 힘도 빌리지 않고 그토록 고대하던 책도 읽을 수 있고, 잠도 잘 잘 수 있겠습니다."

이러한 사건들은 환자의 생각 없는 말이나 치료자의 속임수가 있는 책략들로 나타날 수도 있다. 그러나 앞으로 말하겠지만, 이 모든 것은 자유의 개념적 실(thread)로 합쳐지는 한 조각이다. 더욱이 이러한 경우들은 비본질적 양식에 입혀져 있음에도 불구하고, 이 경우들은 비본질적 관심을 나타내는 것이 아니다. 바르게 생각하면 각 경우들은 실존의 구멍 속으로 뻗어 내린 함축성을 볼 수 있을 것이다. 각 사건들은 자유의 주제에 대한 관점을 제공하고, 자유와 연관된 어떤 치료적 관점에서 토의를 위한 도약판으로 될 것이다.

철학자에게 '자유'는 넓은 개인적, 사회적, 도덕적 그리고 정치적 함축성을 가지고 있고, 결과적으로 넓은 영역을 포괄하고 있다. 더욱이 이 자유라는 이슈는 격렬한 논쟁거리가 되고 있다. 자유와 인과율(casuality)에 대한 철학자들의 토의는 2000년간 쉼 없이 지속되었다. 수세기 동안 절대적 자유의 개념은 항상 쓰디쓴 반대를 불러일으켰다. 왜냐하면 이 개념은 만연되어 있는 세계관과 충돌하였기 때문이다. 첫째로는 신성한 섭리에 대한 믿음 때문이었고 후에는 과학적 인과율 법칙이었다. 그 후에도 철학자 헤겔의 의미 있는 진행으로써의 역사관과의 문제, 혹은 마르크스(Karl Marx)나 프로이트주의 결정주의적 이론 때문이기도 했다. 그러나 이 부분에 대해서 이 책에서 나는 치료와 매일 중요하게 연관되어 있는 자유의 관점에 대하여서만 조사할 것이다. 특히 제6장에서는 개인의 삶을 창조키 위한 개인적 자유에 대하여, 제7장에서는 개인이 바라는 것, 선택하는 것, 심리치료의 목적을 위해서 더 중요한 행동하는 것, 그리고 변화를 위한 개인의 자유에 대하여 조사할 것이다.

제6장

책임감

책임감은 많은 의미를 가진다. 우리는 신용할 수 있고, 믿을 만한 사람에게 '책임감 있다' 라는 명칭을 붙인다. 또한 '책임감' 은 법적, 경제적 혹은 도덕적인 책임을 포함한다. 정신건강 분야에서 '책임성' 에 이른 것은 이성적 행위에서 환자의 능력을 말하는 것이며 또한 환자에 대한 치료자의 도덕적 헌신을 말한다. 이러한 함축성은 모두 이 토의에 관련되어 있으나, 나는 특별한 의미에서 '책임감' 을 사용하기로 한다. 같은 맥락에서 철학자 사르트르(Sartre)가 "책임감을 가진다는 것은 일이나 사물에 대하여 명백한 장본인(author)이 되는 것이다."라고 한 것과 같다.[1] '책임감' 은 원작자(authorship)를 의미한다. 책임을 깨닫는다는 것은 자신(self), 운명, 삶의 곤경, 느낌 그리고 만일 이러한 경우가 된다면 자신의 고통을 창조하는 것을 자각한다는 것을 말한다. 자신의 불안에 대해 타인에게 책임을 전가하고 책임을 수용하지 않으며, 다른 것에 책임을 전가하는 환자들에게는 진정한 치료가 이루어질 수 없다.

실존적인 관심으로써의 책임감

그러나 무엇이 실존적인 책임감인가? 죽음이 실존적 이슈라는 것은 명백하다. 죽어야 할 운명과 유한성은 실존에게 분명하게 주어진 것이다. 그러나 다음 장에서 밝힐 것과 같이 우리가 책임감이나 의지에 대하여 언급할 때 실존적인 관계 대상은 즉각적으로 분명하지 않다.

가장 깊은 차원에서 책임감은 실존을 설명한다. 이러한 생각은 단순하지만 너무 강렬한 몇 년 전 경험으로 아직까지도 생생하게 남아 있다. 나는 산호로 둘러싸여 있는 열대 지방의 섬에서 따뜻하고 햇살이 있고 깨끗한 물 안에서, 예전에 했던 것처럼 잠수망원경을 끼고 즐거움과 안락의 깊은 맛을 경험하였다. 집에 있는 듯한 느낌이었다. 따뜻한 물, 물 아래에 있는 산호의 아름다움, 은빛으로 반짝이는 황어, 네온처럼 밝은 산호초, 엔젤피시, 통통한 말미잘의 손가락, 물을 통하여 미끄러져 나가고 조형되는 심미적 쾌락 등, 모든 것이 조화를 이루는 가운데 물속에서 최상의 행복을 창조하였다. 그때 어떤 이유에서인지 나는 관점이 갑작스럽고 급진적으로 변화하였다는 것을 깨닫지 못하고 있었다. 나는 갑자기 물속의 모든 것들이 나의 안락한 경험을 나누고 있지 않다는 것을 깨달았다. 엔젤피시는 자신이 아름다운지 알지 못했고, 반짝거리는 황어와 산호도 그것을 알지 못했다. 검은 가시 성게나 밑바닥의 파편(나는 보려고 하지 않았다)은 자신들의 추함을 알지 못했다. 집에 있는 것과 같은 느낌, 안락함, 웃음 짓는 시간, 아름다움, 생각하는 것 등은 정말로 실존하는 것이 아니다. 내가 이 모든 경험을 만들어 낸 것이다. 나는 같은 방법으로 빈 플라스틱 통을 가지고 기름이 흘러 있는 물을 미끄러지듯이 통과하며 이것이 아름다운 것인지 역겨운 것인지는 내가 선택할 수 있는 것이다. 철학자 후설(Husserl, E.)의 용어에서 나의 '의미'가 논파되었고, 나는 나를 구성하고 있는 기능을 깨달았다. 이것은 마치 실체의 커튼의 찢어진 틈새를 통하여 더 근원적이고 깊이 정착되지 않은 실체를 들여다보는 것과 같았다.

위대한 현대문학 작품 중의 하나인 소설 『구토(*Nausea*)』에서 사르트르는 계몽의 순간은 책임성의 발견이라고 묘사하였다.

> 밤나무의 뿌리는 나의 의자 아래 땅속에 뿌리내리고 있었다. 나는 더 이상 그것이 뿌리인지 기억할 수 없었다. 그 뿌리라는 단어와 그것의 중요성, 사용 방법은 자취를 감추었고, 사람들은 출처 근원이 미약한 그 뿌리의 표면에서 찾고 있다. 나는 상체를 앞으로 구부리고 머리는 내린 채 그 검고 옹이가 많은 덩어리, 전적으로 짐승같이 나를 놀라게 한 그 정면에 앉아 있었다. 그때 나는 환영을 보았다.
>
> 이 환영은 숨을 멈추게 했다. 이 마지막 몇 날까지 나는 '실존'의 의미를 이해하지 못했다. 나는 봄의 아름다운 의상을 입고 해변을 따라 걷는 사람들 같았다. 나는 그들처럼 "해변은 푸르고, 거기 하얀 점은 갈매기다."라고 말했다. 그러나 나는 그 해변이 존재하는지, 그 갈매기가 실제 있는 갈매기인지 느끼지 못했다.
>
> …그러고 나서 갑자기 낮처럼 뚜렷한 게 보였다. 갑자기 실존이 그 자체를 드러냈다. 그것은 추상적 범주의 해를 끼치지 않는 모습을 상실했다. 그것은 사물의 근원이었다. 뿌리는 실존 속으로 반죽되었다. 혹은 오히려 그 뿌리, 공원 문들, 의자, 드문드문 나 있는 풀, 모든 것이 사라졌다. 사물의 다양성, 그 사물의 개성화는 단지 겉치장이다. 이 겉치레가 녹아 버려 부드러운 모든 것이 무질서 가운데 있는 기괴한 덩어리를 남겼다. 놀라웁게 벌거벗기고, 추잡스럽게 벗겨진 것이었다…. 다른 한편으로 이 뿌리는 내가 설명할 수 없는 그러한 방법으로 존재하였다. 옹이가 많고, 둔감하고, 이름이 없는 것이 나를 흥미롭게 했고 나의 눈에 가득 찼으며 그 자체의 실존에 대하여 끊임없이 상기시켰다. 나는 헛되이 이렇게 되풀이했다. "이것이 뿌리다." 이것은 더 이상 움직이지 않았다.[2]

사르트르의 주창자들은 날것의 '기괴한 덩어리' '사물의 근원'을 직면한다.그것이 이것을 공급할 때까지 재료는 형체도 의미도 없다. 자신의 진실한 '상황'에 대한 지식이 세상에 대한 책임성을 발견하는 것처럼 자신에게 충돌한다. 세상은 인간이 제정한 방법을 통해서만 중요성을 가질 수 있다. 이것을 사르트르의 용어로 '단독으로'(for-itself)라고 한다. 단독에서 독립되거나 세상의 밖에서는 의미가 없다.

서양이나 동양의 철학자들은 실체의 본질에 대한 인간의 책임성의 문제에 공통으로 생각하고 있다. 철학에서 칸트(Kant) 혁명의 핵심은 인간의 의식인 인간정신구조의 본능이 실체의 외부적 형상을 제공한다는 것이다. 칸트에 따르면, "공간 자체는 어떤 객관적인 것이 아니라 어떤 주관에 따른 실질적이고 이상적인 것이다. 즉, 공간은 모든 외부적 감각의 조정을 위하여 마음의 본성으로부터 끊임없는 법칙에 따라 발생하는 경험적 도식이다." [3]

이러한 세계관이 개인의 심리학에 어떠한 함축성을 가지고 있을까? 개인적 존재에 대한 책임성의 의미에 대하여 탐구한 사람이 바로 하이데거(Heidegger)와 사르트르다. 하이데거는 특별한 이유로 개인을 현존(dasein)(나, 사람, 자아, 인간이 아니다)이라고 표현하였다. 그는 항상 인간 실존의 이중적 성격을 강조하였다. 사람은 '거기'(there)에 있다. 그러나 또한 사람은 거기에 있는 것을 만들어 낸다. 자아(ego)는 하나 안에 둘이 있는 것이다(two-in-one). 이것은 경험적 자아(empirical ego, 객관적 자아, '거기' 있는 어떤 것, 세상 속에 있는 한 대상), 그리고 자신과 세상을 만들어 내는 초월적 자아(transcendental ego)로서 자신과 세상에 책임성을 가지는 것이다. 이러한 방법에서 책임성은 자유와 뒤엉켜 있다. 사람은 어떠한 방법으로든 세상을 구성하는 것으로부터 자유하지 않는 한 책임성의 개념은 의미가 없다. 우주는 결정론에 따르지 않는 것이다. 모든 것은 다양하게 창조되었다. 사르트르의 자유에 대한 관점은 광범위한 것이다. 인간은 자유로울 뿐 아니라 자유로워지록 운명이 지어졌다. 더욱이 자유는 세계에 대해 책임지는 것을 넘어서 뻗어 있는 것이다(이것은 중요성을 가지고 세상에 고취하는 책임을 가지는 것). 사람은 또한 전적으로 자신의 삶에 대하여 책임이 있다. 자신의 행동만이 아니라 행동에 실패한 것에 대하여서도 책임이 있다.

내가 쓴 것과 같이 세계의 다른 한편은 큰 기아(mass starvation)가 있다. 사르트르는 내가 이 기아에 대한 책임성을 가지고 있다고 진술한다. 물론 나는 항의한다. 나는 그곳에서 무엇이 일어나는지 전혀 알지 못하고, 그러한 비극적 상태를 변화시킬 수도 없다는 것을 느낀다. 그러나 사르트르는 내가 이 상황에서 내 자신을 변하지 않도록 지키고, 그러한 비극적 상황에 자신을 참여시키는 대신에 이러한 말을 쓰기로 짧은 시간에 결정한 것이라고 지적할 것이다.[4] 어쨌든 나는 기금을 모금키 위해서나 출판을 통해서 그 상황을 대중화시킬 수 있으나, 나는 이것을 무시하는 것을 선택했다. 나는 내가 하는 것과 무시를 선택한 것에 대한 책임감을 가진다. 이 점에 대한 사르트르의 관점은 도덕적이지 않다. 그는 내가 어떤 다른 것을 반드시 해야 한다고 하지 않는다. 그러나 내가 하는 것은 나의 책임감이라고 그는 말한다. 이러한 의미 귀속(significance attribution)과 행동에 대한 책임감은 우리가 앞으로 보겠지만 심리치료에 상당한 함축성을 가지고 있다.

자신과 자신의 세계를 구성하는 것(책임감을 가지는 것)은 놀라운 통찰력이다. 이것의 의미를 고려해 보라. 세상의 어떤 것도 자신이 창조한 것을 제외하곤 중요성을 가지지 않는다. 이것을 제외하면 법칙도, 윤리적 조직도, 가치도 없다. 무엇이든 외부적 관계가 없다. 우주 안에 총괄적인 설계가 없다. 사르트르의 관점에서 홀로인 개인은 창조자인 것이다(이것은 그가 '인간이란 자신의 투사가 신이 되는 존재'라고 한 것을 의미한다).[5)]

이러한 방법에서 실존을 경험하는 것은 어지러운 것이다. 그 어떤 것도 여겨진 것처럼 된 것은 없다. 인간의 밑의 가장 중요한 기초는 열려 있는 것 같다. 정말 근거가 없는 것(groundlessness)은 책임성 자각의 주관적 경험을 위해서 흔히 사용되는 용어다. 많은 실존주의 철학자들은 '원 불안'(ur-anxiety)으로 근거 없는 불안을 설명했다. 이것은 죽음과 연관된 불안보다 더 깊게 자르는 가장 근원적인 불안이다. 사실 많은 사람들이 죽음불안을 근거 없는 불안의 상징처럼 여기고 있다. 흔히 철학자들은 '나의 죽음'과 죽음, 혹은 다른 사람의 죽음을 구별한다. '나의 죽음'에서 정말로 무서운 것은 이 죽음이 개인의 세계를 용해해 버리기 때문이다. '나의 죽음'으로 세상의 관망자와 증여자의 의미 역시 죽고, 진짜 무(nothingness)와 직면한다.[6)]

'무'와 자기창조의 관심은 또 다른 깊고 정착되지 않은 함축성을 가지고 있다. 제8장에서 토의하겠지만, 외로움, 존재적 외로움은 일반적인 외로움을 훨씬 넘어서 확장된다. 이것은 사람으로부터 분리되는 외로움만이 아니라 일반적 경험이 그런 것같이 세상으로부터도 그렇다. "'단독으로'(이것은 개인적 의식)의 책임성은 당황되는데, 왜냐하면 세상에서 발생하는 '단독으로'에게 감사하기 때문이다."[7)]

우리는 불안에 직면했을 때 하는 것과 같이 근거가 없는 불안에 반응한다. 우리는 안도를 구한다. 우리를 방어할 수 있는 길은 많다. 첫째는 죽음불안과는 달리, 근거 없는 불안은 일상생활의 경험에서는 명백하지 않다. 이것은 성인이 쉽게 직관할 수 없고 어린아이는 전혀 경험하지 못할 것이다. 사르트르의 소설 『구토』에 나오는 로캉탱(Roquentin) 같은 사람은 삶에서 몇몇 사건에 대한 자신의 활동을 뚜렷이 기억하지는 않지만, 일반적으로 자각에서 멀리 거한다. 만일 사람이 자신의 근원적 근거가 없는 것을 깨닫게 하는 것을 깊게 고려한다면 그러한 상황을 피할 것이다(예를 들어, 결정하는 것, 분리, 자율적 행동). 그러므로 사람은 구조, 권위, 위대한 계획, 마술, 자기보다 큰 어떤 것을 구한다. 프롬(Erich Fromm)이 『자유로부터 도피』에서 말한 것처럼 폭군도 지도자가 없는 것보다는 낫다.[8] 그래서 아동은 자유로 당황하고 제한적 범위를 요구한다. 공포스러워하는 정신병 환자는 구조와 제한에 대해 요구한다.

그러나 모든 것 중에서 가장 힘이 있는 방어는 우리가 경험하는 것과 같이 단순한 실체다. 즉, 물건의 외관이다. 우리 자신을 주된 구성자로 보는 것은 일반적인 경험처럼 실체의 면전으로 날아가는 것이다. 우리의 감각 자료는 세계가 '저기' 있고 우리는 그곳에 들어가고 떠난다고 한다. 그러나 하이데거와 사르트르가 제안한 것같이, 현상(appearance)은 부정(denial)의 의식으로 들어간다. 인간은 이러한 방법으로 세계를 구성하고 그것은 우리의 구성에서 독립된 것으로 현상된다. 경험적 세계로써 세계를 구성하는 것은 우리에게서 독립된 어떤 것으로 구성하는 것을 의미한다.

우리의 자유로부터 도망하도록 허락하는 이러한 장치로 취해지는 것은 '비권위적' (하이데거)으로 하는 것이며 혹은 '나쁜 신앙' (사르트르)에 있는 것이다. 사르트르는 사람들을 나쁜 신앙으로부터 자유롭게 하는 것과 책임성을 가지도록 하는 것을 계획으로 고려했다. 이것은 또한 심리치료자들의 계획이기도 하다. 이 장의 많은 부분은, 책임성 회피의 임상적 결과와 책임감 가정의 과정을 원활하게 하기 위하여 상담자에게 사용할 수 있는 기술에 대하여 알아보도록 하겠다.

책임감 회피 : 임상적 현상

가장 격식을 차리지 않는 심리치료 분야의 역사적 회고에서도 그 방법에서 급진적 변화에 따라서 치료자가 환자에게 치료를 제공했다는 것이 드러난다. 기존 치료기법에 경쟁적으로 등장한 새로운 반역적인 방법이 확산되는 것은 친근한 치료기법에 도전하는 것이고 결과적으로 이 분야에 일반적인 확신을 저해하는 것이다. 그러나 이러한 새로운 치료에 대한 유의 깊은 관찰과 전통적 치료에서 새로운 발달은 공통적으로 하나의 특성을 가지고 있다는 것을 보여 준다. 바로 개인적 책임감의 가정에 대한 강조다.

그렇기 때문에 현대의 치료기법에서 책임감을 많이 강조하는 것은 우연이 아니다. 치료기법은 반드시 다루어야 하는 병리를 숙고하고, 이것으로 만들어진다. 프로이트 심리학의 요람과 무덤이었던 비엔나는 마지막 빅토리안 문화의 모든 특징을 가지고 있었다. 본능적(특별히 성적) 억압, 무겁게 구조화되고 분명하게 정의된 행동과 태도의 법칙들, 남성과 여성에 대한 분리된 영역, 의지적 힘과 도덕적 힘에 대한 강조, 인간을 포함한 자연 질서의 모든 관점을 설명할 수 있다고 약속한 과학적 긍정주의의 도취적인 낙관주의 등의 특징이었다. 프로이트는 자연적 성향에 대한 이러한 엄격한 억압은 정신에 유해함을 매우 정확하게 깨달았다. 표면으로 솔직하게 드러나지 못하는 리비도적 에너지는 구속적인 방어와 간접적인 표현의 수단을 낳는다. 이러한 방어들과 리비도적 표현의 빗나간 형태는 함께 고전적 정신 신경증의 임상적 심상을 포함하였다.

그러나 현대 미국문화, 특히 새로운 치료방식이 태동되고 있는 캘리포니아를 프로이트가 조사한다면 프로이트는 무엇을 강조할 것인가? 자연적인 본능적 노력은 상당히 자유스럽게 표현된다. 청소년 초기에 시작하는 성적 관대함은 많은 조사가 밝혔듯이 하나의 현실이다. 청장년의 세대는 충독적으로 허용적인 정체(regimen)에 따라서 양육되고 과보호되었다. 구조, 의식(ritual), 모든 형태의 경계선들은 가차 없이 해체당하고 있다. 종교에서도 가톨릭 수녀가 교황을 비신성화하고, 성직자들은 독신으로 남는 것을 거부하며, 동성애자들은 성직자 안수의 권리 문제로 성공회를 분열시키고, 여성 랍비*가 많은 회당에서 예배를 인도하고 있다. 학생은 교수의 이름을 부른다. 금지된 더러운 용어들, 전문적 직함, 생활태도의 방식, 옷 입는 방식이 어디에 있는가? 예술비평가인 내 친구는 처음 캘리포니아 남쪽을 방문했을 때 발생한 사건을 말하면서 캘리포니아의 문화를 설명한

* (역자 주) 유대교의 종교 지도자.

다. 그는 차를 몰고 가서 차 안에서 주문하여 햄버거와 케첩이 들어 있는 조그만 봉지를 받았다. 그런데 이 케첩 봉지에는 '이곳을 자르세요' 라는 문구나 점선이 없었다. 캘리포니아에서 양산되는 봉지에는 점선이 없고, 단지 '아무 곳이나 찢으라'[9]는 단순한 표기가 있을 뿐이다.

정신병리의 심상도 바뀌고 있다. 고전적인 정신병리현상들은 매우 드물게 나타난다. 10년 전만 해도 정신병리의 임상적 심상을 가지고 있는 사람은 훈련받은 젊은 사람들과 선배 참모에게는 매우 중요하였다. 오늘날 환자는 억압된 충동보다는 자유와 더 대처해야 한다. 더 이상 자신이 무엇을 '해야' 한다는 내부의 것으로 밀리지 않거나, 자신이 무엇을 '반드시 해야' 한다는 것을 끄는 것에 따르지 않고, 선택의 문제에 대처해야 한다. 즉, 어떤 것과 함께 자신이 하는 것을 원하는가의 문제다. 빈도수가 증가하면서 환자들은 막연해지고, 질병으로 규정된 불만을 가지고 치료하는 것을 구하고 있다. 나의 처음 상담은 종종 환자의 문제에 대한 분명한 이해 없이 끝난다. 나는 환자가 문제를 문제로 정의할 수 없다는 사실을 생각한다. 환자는 자신의 인생에서 '무엇인가 잃어버린,' 감정에서 떨어져 나가는 것, 공허, 움직일 수 없는 것, 어디로 떨어져 나간 것과 같은 것에 불만을 나타낸다. 이러한 환자에 대한 치료방법은 유사한 혼란성이 있다. '치료' 한다는 단어는 치료의 단어에서 추방되었다. 대신 치료는 '성장' 혹은 '과정' 으로 이야기한다. 치료의 목적이 불명확하기 때문에 치료의 종결점도 뚜렷하지 않고, 치료의 과정은 해가 갈수록 목적을 잃어 간다.

우리의 삶에서 구조를 제공하는 사회적(그리고 심리적) 기관들의 쇠퇴는 우리로 하여금 자유를 직면하도록 한다. 만일 여기에 어떤 법칙과 중요한 설계가 없다면, 우리가 해결할 것이 없다면, 우리는 선택한 것을 행할 수 있는 자유가 있다. 우리의 근본적 성격은 변하지 않았다. 혹자는 자유가 숨겨진 다양성을 발가벗기고, 외부적으로 부여된 구조를 비제도화함으로써 오늘날 우리는 예전보다 삶의 실존적 사실을 경험하는 데 더 가까워졌다고 한다. 그러나 우리는 준비되지 않았다. 우리가 수용하기에는 너무나 많으며, 불안은 거기에서 놓이기 위해 소리를 지르고 있고, 개인과 사회의 차원에서 우리는 자유로부터 자신을 방어하기 위해서 광적인 탐색을 하고 있다.

그러면 책임감 자각으로부터 개인을 방어하는 특별한 정신적 방어를 보도록 하

자. 어떤 치료자이든지 환자가 몇 가지 책임감-회피 방어를 하는 것을 하루에도 몇 차례씩 본다. 나는 좀 더 평범한 것들을 살펴볼 것이다. 충동성, 다른 사람에게 책임감의 전치, 책임감의 부인(무죄한 희생, 통제 상실), 자율적 행위의 회피, 결정하는 데 문제가 있는 병리(dicisional pathology) 등이다.

충동성

책임감 자각에 대하여 더 많고 공통인 역동적 방어 중 하나는 정신적 세계의 창조로써, 이 창조 안에서 사람은 자유를 경험하지 않고, 대항할 수 없는 자아 이방인('내가 아닌') 힘의 지배 아래 존재하는 것이다.

여기에 대한 임상적 예는 버나드(Bernard)의 사례를 들 수 있다. 그는 25세의 판매원으로 주된 문제는 죄의식과 '충동'이었다. 그는 성적인 행위와 일에서 충동적으로 행동했고 여가에서도 충동적이었다. 그는 성행위를 하기 위해서 연락했다가 잘 되지 않아 안도의 숨을 쉬었던 그 사람이다(제2부의 서론에서 예로 나왔다). "이제 나는 그토록 오랫동안 고대하던 책을 읽을 수 있고 밤에 편히 휴식할 수 있다."고 한 말 중 놀라운 말, '그토록 오랫동안 고대하던'은 버나드 문제의 핵심이었다. 분명한 질문은 '왜 버나드는 이것이 정말 고대하는 것이었다면서, 그것을 직접하지 않았는가?'다.

버나드는 이 질문에 대해 몇 가지 방법으로 대답한다. "나는 마지막 여자가 나를 거부할 때 나에게 온 안도감을 느낄 때까지 내가 진정으로 원하는 것을 알지 못했다." 사실상 다른 때는 이런 것에 선택이 있는지 알지 못했다. "여자와 잠자리를 하는 것이 전부였다."라고 대답했다. 단순한 성적 흥분이 연관된 부적절한 효과로 힘겨워짐에도 불구하고 충동이 너무 강요적이어서 잠자리를 같이 할 수 있는 여성과 침대에 가지 않는다는 것은 생각할 수 없었던 것이다. 자기불만의 감정, 예상되는 불안, 일하는 것의 효율성을 저하시키고, 자신의 은밀한 성적 행위가 아내에게 발견될 수 있다는 불안과 죄의식, 그리고 여자를 하나의 도구로 사용한 행위에 대한 자기경멸을 느낀 것이다.

그래서 버나드는 책임감을 회피하였고, 선택을 제거하는 충동성을 선택하였다. 그의 주관적 경험은 광폭하고 통제할 수 없는 야생마에 자신의 귀중한 인생을 붙

들어 맨 것과 비슷하다. 이러한 것으로부터 탈출키 위해 치료하기를 원했지만, 어떤 차원에서 그는 자신의 충동성을 만든 책임감에 대해서는 알지 못했다. 간단히 말해서 자신의 인생을 곤경에 빠뜨린 모든 면을 만들었다는 것이다.

책임감의 제거

많은 개인들은 책임감을 다른 것에 넘김으로써 개인적 책임감을 회피한다. 이러한 방법은 심리치료 상황에서 매우 공통적이다. 버나드의 치료작업에서 가장 주된 일 중 하나는 그가 자신의 책임감의 무게를 나에게 이동하려고 했던 노력이었다. 그는 한 회기에 있었던 자신의 문제를 다른 회기에서 생각하지 않았다. 대신 그 문제를 단순히 모아 두었다가 내 무릎에 '쏟아 부었다'(그가 만일 이 문제를 사전에 '진행시켰으면' 모임에서 자발성은 없어졌을 것이라는 재빠른 대답으로 이 관찰을 반대했다). 그는 거의 꿈을 꺼내지 않았다. 왜냐하면 한밤중에 잠시 잠에서 깨어나 있는 동안 꿈을 적는 것을 하지 않았고, 아침이 되어서는 꿈을 다 잊어버렸기 때문이다. 어쩌다 간혹 꿈의 내용을 적더라도 그는 결코 적은 내용을 모임 이전에 읽어 보지 않았다. 결과적으로 흔하게 자신이 쓴 내용을 해독할 수 없었다.

여름휴가 때 내가 멀리 있을 동안 그는 내가 돌아올 시간을 '표시' 하였고, 내가 돌아오기 전날 꿈을 꾸었는데, 미식 축구를 하는 그가 내 어깨 위에 자리를 차지하고 앉아 득점 패스를 하는 자신을 바라보는 내용이었다. 처음 만남 동안에 그의 행위는 그 꿈을 상징적으로 되풀이하였다. 그는 여름에 겪은 불안, 죄의식, 성적 행위 그리고 자기애원(self-deprecation)에 대한 상세한 설명을 넘쳐나게 했다. 그는 자주 아이디어에서 최선을 택하는 연습을 했지만 내가 단순한 연습을 제안하면 당황했다(자신에 대하여 20분간 사고하고 자신의 관찰을 쓴다). 약간의 결실을 거둔 시도 후에 그는 연습할 '시간을 발견할 수 없었다.' 그는 상담에서 자신의 문제를 다 내려놓는다는 이야기를 한 후, 그는 꿈을 꾸었다.

> X라는 사람(버나드를 닮은 사람으로 분명히 이중적이다)이 약속 때문에 전화를 하였다. 그는 자신이 나의 어머니를 알고 있고, 지금 나를 보고 싶다고 했다. 그때 나는 그를 보고 싶지 않다는 것을 느꼈다. 그리고 나는 그가 공적인 관계성을 가지고 있기

때문에 그에게서 무엇을 얻을 수 있을지 생각했다. 그러나 만나는 시간을 정하지 못했다. 우리의 시간 계획은 맞지 않았다. 나는 그에게 "아마 당신의 계획에 관하여 이야기하기 위해서 모임을 해야 할 것 같다."라고 말했다. 나는 웃으면서 깨어났다.

버나드는 나를 만나기 위해 50마일의 긴 거리를 운전해 오는 것이 힘들다고 느낀 적이 없었다. 그러나 그 꿈이 분명하게 예시하듯이, 그는 자신과 모임을 위해 시간을 발견할 수 없었고 하지도 않았다. 버나드에게 분명하게, 그리고 치료자가 부재시 치료를 하지 않으려는 모든 환자에게 분명하게, 이것은 시간의 문제나 편리함의 문제가 아니다. 위험에 처한 자신의 삶과 자신의 변화 과정을 위해 개인의 책임성에 직면하는 것이다. 그리고 항상 책임성의 자각 뒤에 은닉하고 있는 것은 근거 없음에 대한 두려움이다.

책임에 대한 수용은 치료변화의 전제조건이다. 사람이 개인의 상황과 정신적 문제가 어떤 사람이나 어떤 외부적 힘에 따라서 발생된다고 믿고 있는 이상, 개인적 변화에 노력하는 것에 어떤 의미가 있겠는가? 사람들은 책임성의 자각을 회피하는 방법을 찾기 위해서 지칠 줄 모르는 천재성을 보인다. 예를 들어, 어떤 환자는 자신의 결혼생활에서 오랫동안 지속되어 온 심각한 성적 문제에 대하여 불만을 털어놓았다. 나는 그가 자신의 상황에 대한 자신의 책임성을 직면함으로써 자유라는 놀라운 직면을 할 것이고 자기가 만든 감옥 안에 갇혀 있다는 것을 발견할 것이라고 믿는다. 만일 성이라는 것이 그에게 정말 중요한 것이었다면 사실 그는 아내를 떠나거나 다른 여인을 찾거나 아내를 떠나 보낼 수 있는 자유로운 사람이었다(이별의 단순한 생각은 그를 불안의 격발 속으로 들어가도록 하기에 충분한 것이었다). 그는 자신의 성생활의 어떤 면을 바꿀 수 있는 자유로운 사람이었다. 그리고 이러한 사실 역시 중요한 것이었는데, 왜냐하면 이것은 자신의 성적 감정과 자신의 효과적인 인생의 다른 많은 면에서 아주 오랜 기간 싸워야 하는 책임감을 가져야 함을 의미했기 때문이다. 결과적으로 그는 책임 대면을 완강하게 피했고 성적인 문제를 자신의 밖에 있는 몇몇 요소에 원인이 있는 것으로 돌렸다. 이것은 아내가 성적 관심이 적고 변하지 않으려 한다는 것, 침대 용수철이 삐걱거리는 소리(너무 소음이 나서 자녀들이 성생활의 소리를 엿들을 수도 있다는 것을 포함한 많은 다른 당혹한 이유 때문에 침대를 교체하지 않았다), 자신의 늙어 감(그는 45세였다)과 타고

난 성적 에너지의 부족, 어머니와의 풀리지 않는 문제(이것은 유전자적 설명에서 흔히 맞는 것처럼 변화를 위한 정제보다는 책임감 회피에 대한 변명이다) 등의 요소들이었다.

책임감을 다른 사람에게 전가하는 다른 형태들은 임상에서 공통적으로 나타난다. 편집증적 환자들은 책임감을 다른 개인이나 세력에 확연하게 전가한다. 이들은 자신이 가진 감정과 욕망은 자신에게 책임이 없으며, 자신에게 나타난 증상들을 시종일관 외부적 영향의 결과로 설명한다. 이러한 사람들에 대한 주된 치료적 작업은 불가능하지만 이들로 하여금 자신이 투사한 느낌이 자신에게 있음을 수용하도록 도와주는 것이다.

정신생리학적 질병을 가진 환자의 정신치료에서 책임감의 회피는 또한 주된 장애물이다. 이러한 환자들에게 책임감의 가정은 두 차례 이동된다. 이들은 심리적 고통보다는 신체적 고통을 경험한다. 그리고 이들의 신체적 고통에서 심리적 기반을 인식했을 때조차도 이들은 여전히 자신의 심리적 상황을 '나쁜 신경' 혹은 혐오스러운 일 혹은 환경적 조건으로 탓하는 외부적 방어기제를 사용한다.

책임감 부인 : 무죄한 희생

책임감 회피의 특별한 형태는 자신이 행동하도록 만들어 놓은 사건에 무죄한 희생자로 경험함으로 책임감을 부인하는 사람들에게서 볼 수 있다(일반적으로 신경질적 성격을 가진 사람). 예를 들어, 클라리사(Clarissa)는 40세의 개업 의사인데 사람들과 친밀감을 발전시키는 데서 오랫동안 겪어 온 어려움 때문에 집단치료에 들어왔다. 그녀는 혹독하게 체벌하는 아버지처럼 성격적으로 자신을 거부하고 벌주는 남성들과 관계를 하는 데 심각한 문제가 있었다. 처음 상담을 할 때 그녀는 나에게 몇 달 전에 긴 정신분석을 끝냈다고 말했고, 이제 집단상담을 하면 자신의 문제가 더 나아질 것이라고 느낀다고 했다. 집단에서 몇 개월을 보낸 후 그녀는 집단상담 시작 후 짧게 정신분석에 다시 들어갔다고 알려 주었다. 그러나 집단에 이 사실을 알리는 것이 중요치 않다고 생각했다. 그러나 그녀의 개인 분석가는 강하게 집단치료를 반대하였고, 집단치료에서의 그녀의 멤버십을 '무의식적 행동' 으로 해석했다.

집단치료에서 구성원들의 개인상담자들이 작업을 반대하거나 훼손하면 환자는 분명 집단치료과정을 할 수 없을 것이다. 나는 클라리사의 제안에 따라 그녀의 개인 분석가와 대화하려고 시도하였으나, 상담 내용은 전적으로 비밀이라는 정신분석적 자세를 취하고, 어떤 면에서 거만하다고 생각할 정도로 이 문제에 대하여 나와 대화하는 것조차 거부했다. 나는 클라리사의 분석가 때문에 초조해졌고, 클라리사에게 배반당한 느낌이었으며, 이 사건으로 멍해졌다. 집단상담 내내 클라리사는 솔직하였고, 자신에게 발생하는 혼란스러운 사건에는 약간 당황하였다. 집단구성원들은 그녀가 '멍청하게 행동' 하는 것을 보았다. 그리고 이러한 사건에서 집단원들은 그녀의 역할을 볼 수 있도록 노력하면서 점점 강요적이고 거의 형벌적으로 조언했다. 클라리사는 다시 한 번 희생당하는 것을 느꼈는데, 특히 남자들에게서 더욱 느꼈다. 그리고 '자신이 통제할 수 있는 환경을 넘어 있다는 것' 때문에 집단을 떠나게 되었다.

이 사건은 클라리사의 중심적 문제를 보는 모형이었다. 무죄한 희생의 역할을 함으로써 그녀가 완성한 책임감의 회피를 한 것이다. 그녀가 아직 그것을 볼 수 있도록 준비되지는 않았지만, 이 사건은 그녀로 하여금 친근한 관계성을 정착하는 데서의 어려움의 핵심을 가지고 있다. 그녀의 삶에서 두 명의 중요한 사람인 개인분석가와 집단치료자는 조작된 것 같은 느낌을 받았고, 혼잣말이지만 나는 괴롭힘을 받았다. 다른 집단구성원들도 유사하게 이용당했다는 느낌을 받았다. 그녀는 좋은 마음으로 집단구성원들과 관계성을 가지지 않았다. 대신 그들은 그녀가 자기의 치료자들과 활동하고 있는 동안 볼모로 잡혀 있는 단순한 인질 같다고 느꼈다.

클라리사가 친근한 관계성을 발전시키는 데 가졌던 어려움 때문에 집단치료에 들어온 것을 생각해 보자. 이러한 어려움에 대한 그녀의 책임은 그룹 내에서 명백했다. 그녀는 결코 사람들과 함께하지 않았다. 집단구성원 옆에 있으면서 그녀는 나와 있었다. 나와 있는 동안 그녀는 자신의 분석가와 함께 있었다. 그리고 의심할 것 없이 그 분석가와 함께 있을 때는 자신의 아버지와 함께 있었다. 클라리사가 무죄라는 희생의 역동성은 특별히 분명했는데, 그녀 자신이 경험 있는 심리치료사였기 때문에 그룹치료를 이끌었고, 개인과 집단치료사 사이의 의사소통의 중요성을 잘 알고 있었기 때문이었다.

책임감의 부인 : 통제상실

책임감을 버리는 또 다른 형태는 일시적으로 '제정신을 잃는 것' 이다. 어떤 환자는 일시적으로 비이성적인 상태로 들어가는데, 이때 이들은 무책임하게 행동할 수 있을 것이다. 그것은 자기 자신에게조차 자신의 행위에 대하여 책임이 없기 때문이다. 이 문제는 제2부의 시작에서 말한 사례 중 하나에 해당되는데, 치료자는 환자에게(자신의 행위가 신중하지 못했다고 한탄하는) "그것은 누구의 무의식입니까?" 라고 물어보며 이야기를 한다. 이러한 환자에 대한 주의 깊은 조사는 '통제의 상실' 행위는 절대로 장애가 아니라는 것이 치료자에게 나타날 것이기에 주목하는 것이 중요하다. 이것은 의도적이고 환자에게 두 번째 이익(대가)과 책임감에 대한 자기기만적 회피성을 제공한다.

성적 경향이 가학성적이고 무심한 연인에게서 처참하게 취급받은 한 환자는 '통제를 상실' 하고 '미치광이가 됨' 으로써 급박하게 관계성에서 통제의 균형을 바꾸었다. 그녀는 몇 주간 그 남자의 주위를 따라다녔고, 반복해서 그 남자의 아파트를 침입하여 파괴하고, 그 남자가 레스토랑에서 친구들과 함께 식사를 할 때 비명을 지르고 접시를 던지는 행동을 했다. 비정상적이고, 예측할 수 없는 그녀의 행위는 그 남자를 전적으로 좌절시켰다. 그는 공포에 질려서 경찰에게 협조를 구했고, 결국 긴급 정신치료를 요청하였다. 이 지경에서 그녀의 목적은 성취되었고, 그녀는 통제를 다시 회복했으며, 그 이후 완전히 이성적인 태도로 행동했다. 많은 개인은 상대방의 잠재적 비이성성에 따른 학대를 당한다.

통제를 상실하는 것은 다른 공통적 대가를 제공한다. 바로 양육이다. 어떤 환자는 너무 세심하게 간호 받는 것, 식사하는 것, 치료자로부터 가장 친근한 방법을 통해서 돌봄을 받는 것을 열정적으로 구하기 때문에 이 목적을 달성하고 나서 그들은 병원에 입원을 해야 하는 깊은 퇴행의 지점까지조차도 통제를 상실한다.

자율적 행위의 회피

치료사들은 환자들 중 자신이 무엇을 해야 더 좋아질지를 매우 잘 알고 있지만 불가하게 이러한 절차를 거부하는 환자 때문에 흔히 당황한다. 폴(Paul)이라는 우울증 환자는 직업을 바꾸는 과정에서 인터뷰를 하기 위해 뉴욕으로 갔다. 그는 지독한 외로움을 느꼈다. 3일 동안 인터뷰는 6시간뿐이었고, 나머지 시간은 홀로 화를 내면서 기다렸다. 과거에 뉴욕에서 몇 년간 살았기 때문에 뉴욕에 많은 친구들이 있었는데, 이들은 의심할 것 없이 그에게 용기를 주었을 것이다. 그는 이틀 밤을 쓸쓸하게 전화를 쳐다보면서 친구들의 전화를 기다렸다. 그러나 친구들은 그가 뉴욕에 있는지 알 수 없었기 때문에 전화는 걸려 오지 않았다. 그런데도 그는 친구들에게 전화를 걸지 않았다.

왜 전화를 하지 않았는가? 우리는 처음에 이것을 '에너지가 없다' '너무 창피해서 친구들에게 전화를 할 수 없다' '친구들은 내가 필요할 때만 전화를 한다고 느낄 것이다' 등의 설명으로 분석한다. 단지 우리는 점차적으로 이러한 행위는 그의 복지와 안녕은 자신의 손에 달려 있고, 그가 도움을 창조하려고 움직이지 않는 한 도움은 오지 않을 것이라는 인식을 하지 않으려는 의지에서 비롯된 것으로 이해하였다. 이 점에서 나는 사람이 자신의 아버지가 되려는 것은 놀라운 것이라는 평가를 했다. 이 말은 폴에게 비중 있게 반향되었고, 연속된 치료 동안 그는 자주 이것을 참조하였다. 그에게 역설은(제4장에서 샘의 경우 아내가 떠났지만 걸려 오는 전화를 놓치지 않기 위해서 밖으로 나가려 하지 않았고 친구도 만나지 않았다) 자신의 사회적 외로움을 변경키 위해 더 깊은 실존적 외로움을 만나야 하는 것이었다. 이러한 실례에서 우리는 관련된 두 가지의 합류를 본다. 책임감의 가정은 궁극적 구원의 실존에 대한 개인의 신념 포기의 결과다. 이러한 신념 가까이에 자신의 세계관을 건설한 사람들에게는 극도로 어려운 작업이다. 이러한 두 가지의 구조는 의존성의 근본적 역동성을 구성하고, 치료자에게 연관성과 설득력 있는 설명 구조로 병리적이고 의존적인 성격을 이해할 수 있도록 제공한다.

소원과 결정의 장애

다음 장에서는 책임성 수락과 의지의 관계성에 대하여 심도 있게 토의할 것이며, 사람이 소원과 결정에 대하여 전적으로 알았을 때 책임감에 직면한다는 것에 대하여 간단히 주목하려고 한다. 이 장에서 중심된 주제는 사람이 자신을 창조한다는 것이다. 다음 장의 중심된 주제는 소원과 결정은 창조를 형성하는 벽돌이 된다는 것이다. 사르트르가 자주 말했듯이, 개인의 인생은 자신의 선택에 따라서 구성되는 것이다. 개인의 의지가 어떤 사람의 존재로 만든다. 만일 사람이 자기구성(그리고 이러한 지식에서 물려받는 근거 없는 것에 따라서)으로 놀란다면, 사람은 예를 들어 소원 혹은 느낌에 대한 무감각함으로, 선택을 포기함으로, 혹은 개인의 선택을 타인이나 기관이나 외부적 사건에 전가함으로써 의지를 피할 수 있을 것이다. 제7장에서 의지부인(willing-denial)을 통하여 책임감을 회피하는 이러한 기제들에 대하여 생각할 것이다.

책임감 수용과 심리치료

내담자에게 책임감 수용을 돕기 위해서 상담자가 해야 하는 첫 번째 단계는 기술이 아니라 연속적인 기술이 안착할 수 있도록 하는 태도의 적응이다. 치료자는 연속적으로 환자가 자신의 걱정거리를 만들어 내고 있다는 참조의 구조 내에서 반드시 움직여야 한다. 환자가 외롭고, 소외되고, 오랫동안 상처를 입어 왔거나 불면증에 시달리는 것은 우연이나 운이 없거나 나쁜 유전자가 있어서가 아니다. 치료자는 자신의 어떤 역할이 특정한 환자의 곤란에 작용할 수 있을까를 결정해야 하고, 이 통찰로 환자와 대화할 수 있는 방법을 찾아야 한다. 사람은 스스로 정신적 문제를 만들었다는 것을 깨닫기까지는 변화할 수 있는 동기가 없다. 만일 사람이 자신의 문제가 다른 사람, 나쁜 운, 불만족스러운 직업 때문에 생긴 것이라고 믿는다면, 즉 간략히 말해서 자신 밖에 있는 다른 것 때문에 에너지를 개인적 변화에 쏟아 부어야 하는가에 대한 신념 구조를 직면하면 분명한 전략은 치료적인 것이 아니라 행동적인 것이다. 자신의 환경을 바꾸는 것이다.

책임을 수용하는 준비는 환자마다 다양하다. 어떤 환자는 예외적으로 힘이 들고 치료적 작업을 많이 한다. 이들이 자신의 책임감을 수락할 때 치료적 변화는 거의 자동적으로 노력 없이 발생한다. 일반적으로 책임감 자각은 일정하게 규격화된 상태에서 진행되지 않고, 개인들은 어떤 문제에 대하여서는 책임감을 수용하지만 다른 것에서는 부인한다.

동일시와 분류

치료자의 첫 번째 작업은 문제에 대하여 사례를 확인하고, 환자가 가진 책임감 회피의 방법에 주목하는 것이고, 이것들을 환자가 알게 하는 것이다. 치료자는 상담 유형의 선호에 따라 환자가 책임감에 대하여 주목할 수 있도록 다양한 방법을 사용하고 있다. 제2부의 시작에서 토의했던 몇몇 예를 살펴보자. 자신의 행위에 대하여 변명하는 환자("이 행동을 심사숙고하지 않고, 무의식적으로 했습니다.")를 만난 치료자는 '이것은 누구의 무의식인가?' 라는 질문을 가지고 있다. 환자에게 자신에게 발생한 것을 '인정하라' 고 요청한 치료자("그 사람이 나를 괴롭게 한다."가 아니라 "내가 그 사람으로 하여금 괴롭게 했다.")가 개인을 '할 수 없다' 에서 '안 할 것이다' 라고 요청한 것, '할 수 없다' 종('can' t' bell)은 책임감의 깨달음을 증진시키도록 고안된 계획이다. '할 수 없다' 고 믿는 개인 상황에 자신의 적극적 기여를 깨닫지 못한 채 남는다. 한 환자는 나에게 "내가 열 살 때 어머니가 나를 취급하는 것과 다르게 대할 때까지 나는 변하지 않을 것이다."라고 했는데, 이 말은 사실 변화의 거부를(변화하는 데 무능력하기보다는) 생각나게 한다. 더욱이 그녀는 자기 상황의 불합리와 자신의 비극, 그리고 원한의 재단 위에 삶의 소모적인 희생과 직면하는 것이다.

가치(Vera Gatch)와 테멀린(Maurice Temerlin)은 심리치료 과정을 녹음한 테이프 기록을 연구하여 책임감의 자각을 증진하도록 고안된 직면적(때때로 느끼지 못할 정도) 예방 모음을 보고했다.

아내가 매우 수동적으로 자신과 부부관계를 하지 않으려고 한다고 불만을 말하는 사람에게 치료자는 다음의 말로 이 사람의 암시적 선택을 명료화시켰다. "당신은 그러한 방법으로 아내를 좋아했다. 당신은 그녀와 오랫동안 그런 결혼생활을 하고 있다." 한 주부는 이렇게 불만을 토로했다. "아이를 통제할 수 없어요. 아이가 하는 것이라곤 하루 종일 앉아서 TV를 보는 것입니다." 치료자는 그 주부에게 다음과 같이 암시적인 선택을 설명했다. "아이가 너무 어려서 TV를 끌 힘이 없어요." 한 충동적인 강박적인 남성이 부르짖었다. "나를 멈추게 해 주세요. 내가 나를 죽일까 봐 두렵습니다." 치료자가 말했다. "내가 당신을 멈추게 해야 한다고요? 당신이 정말 자살하기를 원한다면, 정말로 죽기를 원한다면, 당신 외에는 누구도 당신을 저지할 수 없습니다." 나이 든 여성과의 사랑을 포기하지 못하는 고통 때문에 삶은 자신에게 아무 의미도 없다고 느끼는 수동적이고 말에 의존적인 한 남자와의 상담과정에서, 한 치료자는 다음과 같이 노래하였다. "길을 잃어버린 불쌍한 어린양."[10)]

일반적인 원칙은 명백하다. 환자가 자신의 상황에 대하여 한탄할 때마다, 치료자는 환자가 어떻게 이 상황을 만들었는지 묻는다. 만일 치료자가 환자의 마음속에 첫 번째 불만을 두고 있고, 치료의 적당한 과정에서 이러한 불만을 치료의 마지막에 나타난 태도와 행동과 어떻게 병행되고 있는지를 비교하는 것은 자주 도움이 된다. 예를 들어, 소외와 외로움 때문에 치료하기를 원하는 환자를 생각해 보자. 치료 기간 동안 그는 자신의 우월성을 이야기하고 다른 사람에 대해서는 경멸과 조롱을 말했다. 이러한 태도의 변화를 거부하는 그의 의지는 중요한 것이다. 이러한 태도들은 자아 동조적이고 완강하게 유지하고 있다. 치료자는 환자가 다른 사람에 대하여 경멸할 때마다 "당신은 외롭군요."라고 말함으로써, 환자가 자신의 불편한 곤경에 대한 자신의 책임감을 이해할 수 있도록 도왔다.

자신의 엄격성에 대하여 분개하는 한 환자는 어떻게 그러한 상황이 되도록 자신을 만들어 왔는지 평가할 수 있도록 도움을 받아야 한다. 예를 들어, 결혼생활을 유지하기로 선택함으로써, 두 가지 직업을 가짐으로써, 개 세 마리를 양육함으로써, 정돈된 정원을 유지함으로써 등의 상황이다. 일반적으로 개인의 삶은 구조화되고 개인은 이것을 자신이 짠 망이며, 여러 방법을 통해서 다시 짜여질 수 있다는 생각보다는 그 안에 반드시 거해야 하는 구체적인 구조로 생각하기 시작한다. 이것이 바로 윌(Otto Will)이 엄격하고 강박적인 자신의 환자에게 "당신의 이름을 바꾸고 캘리포니아로 이주하는 것이 어떻습니까?"라고 말한 이유라고 확신한다. 그는 환자로 하여금 자유에 강압적으로 직면하게 하였다. 정말로 자신의 삶의 구조를 환자가 전적으로 다른 방법으로 구성할 수 있는 변화할 수 있는 자유를 가지고 있다는 사실이다.

물론 여기에는 준비된 대답이 있다. '세상에는 변화될 수 없는 것이 많이 있다.' 사람은 인생을 살아야 하고, 자신의 아이들에게 아버지나 어머니가 되어야 하고, 도덕적 책임을 다하여야 한다. 사람은 자신의 제한성을 수용하여야 한다. 다리가 마비된 사람은 걸을 수 있는 자유가 없다, 가난한 사람은 퇴직할 자유가 없다, 나이 든 과부는 결혼을 다시 할 가능성이 희박하다, 그리고 이 외에도 많은 것들이 있다. 이러한 반대, 즉 인간의 자유 개념에 대한 근본적 반대는 치료의 어떤 단계에서 발생할 수 있고 중요하기 때문에 나는 이것을 분리해서 생각할 것이다.

이러한 분류의 기술과 책임성을 강조하는 기술을 위한 여지가 있음에도 불구하고 이것들은 치료적 효과성에 대한 제한이 있다. '할 수 없다' 종(bell)이나 '당신의 인생에 대한 책임을 가져라' 혹은 '당신의 감정을 소유하라' 와 같은 슬로건은 병의 진행을 억제하지만, 대부분의 환자는 권유 이상의 것을 필요로 하고, 치료자는 깊은 충격의 방법을 사용해야 한다. 치료자가 사용할 수 있는 가장 강력한 방법은 치료에서 (지금 현재) 환자의 현재 행동과 환자가 일상생활에서 직면하는 같은 상황인 치료상황에서 소우주적으로 재생산하는 자신의 행동을 보여 주는 것에 대한 분석을 포함한다. 내가 후에 토의할 것이지만 정말로 심리치료는 환자의 책임성 자각을 계몽시키기 위한 것을 목적으로 특별히 구조되어야 한다.

책임감과 지금 현재

환자의 삶의 상황을 위하여 책임감을 강조하려고 노력하면서 환자의 말을 분석하려고 시도하는 치료자는 종종 위험한 상태에 빠진다. 환자는 조용히 "모든 것이 좋습니다. 그 사람은 자신의 편안한 사무실에 앉을 수 있습니다. 그리고 나에게 이곳에 앉으라고 합니다. 그러나 그는 나의 남편이 가학성적 인간이라는 것을 정말 알지 못합니다."(혹은 '내가 견딜 수 없는 상관을 모시고 있다' 혹은 '정말로 나의 충격이 얼마나 당황되는 것인지' 혹은 '비즈니스 세계에서 이것은 정말로 무엇과 같은지' 혹은 제한이 없는 정복할 수 없는 다른 장애들)라고 말한다. 이러한 저항에는 제한이 없다. 왜냐하면 모든 경험 있는 치료자들이 알고 있듯이, 환자는 자기 삶의 곤경을 객관적으로 바라보는 관찰자가 아니기 때문이다. 환자는 외부적 방어기제를 사용할 수도 있고, 다른 방법으로 자신이 추측하는 세계에 자료를 맞게 곡해시킨다. 그러므로 치료자가 이차적인 자료만으로 작업하여 책임감 수락을 작동시키는 것은 매우 드물다.

만일 치료자가 바로 여기의 치료 안에서 문제를 나타내는 첫 번째 자료와 함께 작업을 한다면 균형의 비(leverage)는 많이 증가할 것이다. 치료자가 참가한 경험을 통해 치료상황에서 문제가 밝혀진 경험에 초점을 맞추면, 치료자는 환자로 하여금 초기 행동에 대하여 후에 자신의 책임성을 시험할 수 있도록 도울 수 있다. 이것이 나중에 방어기제를 통해 껍질을 쓰고 불투명해지기 전에 말이다. 만일 치료자가 환자가 치료에 가지고 온 문제와 분명한 유사성을 가진 사건이나 행동의 양상을 선택한다면 치료적 영향은 상당히 증가될 것이다.

도리스(Doris)라는 환자는 임상적 예를 제공한다. 그녀는 남자들과의 관계성이 중심이 된 심각한 불안 때문에 치료를 원하였다. 그녀가 설명한 것과 같이 주된 문제는 그녀가 폭력적인 남성과의 관계를 뿌리 뽑지 못하고 그 관계성에 남아 있다는 것이다. 그녀의 첫 번째 남편, 현재 남편 그리고 그동안의 고용주들이 그녀를 폭행하였고, 그녀의 아버지 역시 그녀를 폭행했다. 자신의 어려움을 설명하는 그녀의 설명은 설득력이 있었고, 나는 그녀가 독재적인 나쁜 인간의 무더기 속으로 다시 번복해서 버려진 것처럼 그녀의 상황에 공감을 하였다. 그녀는 심한 불안 증세를 보일 때 몇 개월간 집단치료에 있었다. 그녀는 다음 집단모임까지 기다릴 수 없어서 그녀는 다음 날 아침 위급하게 개인적으로 약속하려고 전화를 했다. 나는 아주 어렵게 계획을 수정하고 그날 오후 3시에 그녀를 만나기로 약속했다. 그런데 그녀는 약속 시간 20분 전에 전화를 해서 약속을 취소한다는 메시지를 남겼다. 며칠 후에 집단모임에서 나는 그녀에게 그날 무슨 일이 있었는지 물어보았다. 그녀는 그날 오후에 기분이 약간 좋았고, 집단상담에서 나의 규칙이 전체 집단치료 기간 동안 한 번의 개인적인 시간을 갖는 것이기 때문에 그녀가 이러한 시간을 더 필요로 할 때를 위해 시간을 저금해 놓기로 결심했다고 답했다.

나는 그러한 규칙을 만들지 않았다! 나는 응급한 환자와 상담하는 것을 결코 거절하지 않았다. 어떤 집단구성원도 이러한 규칙을 말하지 않았고 들은 사람도 없었다. 그러나 도리스는 내가 이것을 그녀에게 말했다고 이해하고 있다. 그녀는 매우 선택적인 방식으로 우리 관계성에서 다른 사건을 회상하는 것을 선택하였다. 예를 들어, 그녀는 내가 몇 개월 전에 참을성 없게 평가한 한 가지 사실을 놀랍도록 명료하게 기억하였고, 자주 이것을 집단 내에서 반복하였다. 그러나 그녀는 그 후 연속되는 몇 달 동안 내가 말한 긍정적인 우호적 말들은 잊어버렸다.

지금 현재의 소우주 안에서 나와 도리스의 상호작용은 그녀와 남자들과의 관계성을 나타내는 것이고, 그녀의 삶의 상황에서 그녀의 역할(책임성)을 조명하는 것이다. 그녀는 다른 남자에 대한 그녀의 인식을 곡해했던 방법으로 나에 대한 인식을 곡해했다. 그녀는 우리 모두를 권위주의자이고 돌보지 않는 사람이라고 보았다. 그러나 이러한 사건에서 더 배울 것이 있었다. 나는 그녀를 위하여 약속을 취소했는데, 그녀가 마지막 순간에 약속을 취소한 것 때문에 나는 불쾌하였다. 집단 모임 동안 단 한 번만 개인적으로 나와 만날 수 있다는 그녀의 주장에 대하여 일곱 명의 다른 집단원들은 들은 적이 없다고 짜증을 냈다. 나는 내 자신과 집단구성원들을 진정시키고 치료 목적을 유지하였다. 그리고 도리스가 치료가 아닌 일상생활에서 어떻게 어려움과 연관되는가를 쉽게 상상할 수 있었다.

본질에서 도리스는 남성들이 자신에게 어떻게 행동할 것이라는 확실한 기대와 신념을 가지고 있었다. 이러한 기대는 그녀의 인식을 곡해했고, 이런 곡해는 그녀가 무서워하는 행위를 하도록 유도하는 결과를 가져왔다. 이러한 '자기충족 예언'(self-fulfilling prophecy) 작전은 일반적인 것이다. 개인은 첫째로 어떠한 일이 발생하기를 기대하고, 예언이 적중하기 위한 방법으로 행동하고, 마지막으로 자신 행동의 자각을 무의식으로 추방한다.

이러한 사건은 도리스의 치료에서 결정적인 역할을 했는데, 왜냐하면 그녀의 근본적 문제에 대하여 장기적 함축성을 가지고 있었기 때문이다. 만일 그녀가 나와의 관계에 대한 자신의 책임성을 받아들이는 것을 이해할 수 있었다면, 그녀의 삶에서 다른 남자와의 관계 방식에서 자신의 책임을 자각케 하기 위하여 최소한의 일반화된 과정으로 간결했을 것이다. 나는 치료자가 이러한 사건을 인내심을 가지고 매달려야 한다고 믿는다. 나는 이것을 명백하게 분류했고, 이것의 중요성을 다음과 같이 강조했다. "도리스, 나는 당신과 나 사이에 발생한 일이 매우 중요하다고 믿고 있습니다. 왜냐하면 이 사건은 당신의 삶에서 당신과 남자 사이의 문제에 대한 중요한 단서를 제공하고 있다고 믿기 때문입니다." 만일 환자가 이러한 해석을 수용할 준비가 되지 않았다면, 후에 추가적으로 도움이 되는 증거가 발견되었을 때나 치료자와 환자의 관계가 더 견고해졌을 때 다시 시도해야 한다.

자신의 감정에 대하여 알고 있는 것은 환자가 자신의 삶의 곤경에 대하여 어떻게 기여하였는가를 밝혀내는 데 치료자가 가장 중요한 도구를 구성한다. 예를 들어, 우울한 48세의 여성이 자녀들이 자신을 대하는 방식에 대하여 큰 불만을 느꼈다. 아이들은 어머니의 의견을 염두에 두지 않았고, 방만한 방식으로 다루었으며,

중요한 문제는 아버지에게 의견을 말하였다. 나는 감정을 그녀에 대하여 맞추었고, 그녀의 목소리가 자신을 어린아이처럼 대하게 하고 그녀의 목소리가 애처롭고 징징대는 소리라서 진지하게 생각하지 않도록 만든다는 것을 알았다. 나의 감정을 함께 나누는 것은 그녀에게 정말로 유용한 것이었다. 이것은 많은 분야에서 그녀의 아이 같은 행동을 자각하는 데 도움을 주었다. 지금 현재(그녀의 애처로운 소리)의 분석은 그녀가 아이 같은 취급을 받는 것의 수수께끼를 푸는 데 도움을 주는 매우 중요한 요소다. 어쨌든 아이들은 단순히 그녀의 지시를 따랐다. 그들은 그녀가 어떻게 해 달라고 요청하는 대로 단순히 그녀를 대했다(이것은 애처롭게 징징거리는 목소리, 그녀의 약점에 기초한 변형 그리고 어찌할 수 없는 우울을 통하여 비언어적으로 요청한 것이었다).

이 환자의 책임성 회피는 치료자와의 관계성에서 되풀이될 뿐만 아니라, 치료를 향한 환자의 근본적 자세 안에서 다시 발생한다. 환자는 흔히 치료자의 묵시적 공모와 함께 영구적으로 아무것도 발생치 않기를 기대하거나, 혹은 어떤 것이 발생하더라도 치료에서 오는 것을 기대하면서, 치료에서 안락하고 수동적이고 영구적인 것을 결정할 수도 있다.

자신이 드러내지 않는 한 어떤 유익한 것도 드러나지 않을 것이라고 확신하는 환자로부터 무거운 부담감을 느끼는 치료자는 환자로 하여금 책임감의 짐을 환자의 어깨로부터 치료자의 어깨로 이동하는 것을 허락한다. 치료자는 이러한 과정으로 여러 가지 방법 안에서 다룰 수 있다. 대부분의 치료자들은 이 과정에서 숙고키 위해 선택한다. 치료자는 환자가 자신의 짐을 치료자의 무릎에 다 쏟아 부었다고 해석할 수 있다. 혹은 치료자는 치료하면서 자신에게 적극적으로 협조하지 않는 환자를 만날 수 있다. 또 치료자는 치료의 전적인 짐을 이동하는 부담감에 기초해서 해설할 수 있다. 혹은 치료자는 부진한 환자가 행동할 수 있게 활동력을 불어넣은 효과가 있는 것으로 환자에게 "당신은 여기 왜 왔습니까?" 라고 단순한 질문을 하는 것이 가장 좋다.

환자 편에서 거부하는 몇 가지 전형적인 저항이 이러한 중재에 나타나는데, 이 환자들은 '나는 무엇을 해야 할지 모르겠다' '무엇을 해야 하는지 알았다면, 나는 여기 있을 필요가 없다' '내가 무엇을 해야 하는지 말해 달라' 등을 중점적으로 말한다. 환자는 무력함을 가장한다. 환자가 자신이 무엇을 해야 할지 모르겠다고 주장하지만, 사실 그 환자는 치료자로부터 많은 명료하고 불명료한 안내를 받았다. 그러나 환자는 자신의 감정을 노출하지 않는다. 환자는 꿈을 기억하지 못한다(너무 피곤해서 꿈 내용을 적을 수 없다거나 침대 옆에 펜과 종이를 두는 것을 잊어버렸다고 한다). 이 환자는 지적인 문제에 대한 토의하는 것을 선호하거나 치료가 어떻게 작동되는지 끝없이 치료자와 토의하려 한다. 모든 경험 있는 치료자들이 아는 것처럼 문제는 환자가 무엇을 해야 하는지 모른다는 것이 아니다. 이러한 각각의 책략은 같은 문제를 반영한다. 환자는 치료 외의 일상생활에서 불편한 삶의 곤경에 대해 책임성을 수용하는 것을 거부하는 것처럼, 치료에서 변화키 위한 책임성을 수용하는 것을 거부하는 것이다.

집단치료에 있었던 루스(Ruth)라는 환자가 이 점을 살펴보게 한다. 그녀는 인생의 모든 면에서 책임성을 피한다. 그녀는 절대적으로 외로웠고, 가까운 친구가 없었으며, 남성과의 모든 관계에서 실패했는데 이유는 그녀의 의존적인 필요성이 남자친구에게 너무 컸기 때문이다. 3년이 넘는 기간의 개인치료는 비효과적으로 드러났다. 그녀의 개인치료사는 루스가 치료에서 납덩이 같다고 했다. 그녀는 집단에서 차례로 말할 때 남자한테 가지는 딜레마, 환상, 전이 자료를 말하지 않았다. 3년이 넘는 동안 꿈을 단 한 번도 언급하지 않았다. 절망감을 느낀 그녀의 개인치료사는 한 집단상담에 그녀를 소개했다. 그러나 이 집단에서 루스는 단순히 자신의 무력함과 수동적인 자세를 되풀이하였다. 6개월이 지나도록 집단에서 아무것도 하지 않았고 진척이 없었다.

한 결정적인 집단모임에서 그녀는 집단원으로부터 어떤 도움도 받지 못했다는 사실을 슬퍼했고 이 집단이 바른 집단인지 혹은 바른 치료인지 의문이 든다고 말했다.

상담자 : 루스, 당신은 집단 밖에서 당신이 어떤 것을 할 수 있도록 하기 위해서 여기에 있는 것입니다. 당신은 어떤 일이 일어나기를 기다리고 있습니다. 만일 당신이 집단을 이용하지 않으면 어떻게 집단이 당신에게 유용하겠습니까?

루 스 : 나는 무엇을 해야 할지 모르겠습니다. 나는 매주 여기에 참석하지만 아무것도 발생하지 않습니다. 치료로 얻는 것이 하나도 없습니다.

상담자 : 물론이지요. 당신은 집단으로부터 아무것도 얻은 것이 없습니다. 당신이

이러한 일이 생기도록 만들지 않는 이상 어떻게 그런 일이 발생할 수 있습니까?

루 스 : 나는 지금 '무효화'된 것 같은 기분입니다. 무엇을 말해야 할지 생각할 수 없습니다.

상담자 : 당신이 무엇을 말해야 할지 혹은 무엇을 해야 할지 알 수 없다는 것이 당신에게 매우 중요한 것 같습니다.

루 스 : (울면서) 당신이 나에게 무엇을 원하는지 말해 주세요. 내 삶의 전부가 이렇게 되는 것을 원치 않습니다. 나는 주말에 캠프를 갔는데 모든 다른 사람들은 즐거워했고 들떠 있었습니다. 그러나 나는 캠프에 참가한 시간 동안 내내 완전히 비참했습니다.

상담자 : 당신은 자신이 집단에서 어떻게 더 좋게 참여할 수 있을까에 대한 생각이 있음에도 불구하고 내가 당신에게 무엇을 하라고 말해 주길 원합니다.

루 스 : 만약 내가 알고 있었다면, 나는 그렇게 했을 것입니다.

상담자 : 그 반대입니다! 당신 자신을 위해 당신이 할 수 있는 것을 행한다는 것이 당신에게 매우 놀라운 일인 것 같습니다.

루 스 : (흐느끼면서) 나는 다시 같은 가치 없는 곳에 있습니다. 내 마음은 뒤섞여져 있습니다. 당신은 나에게 짜증을 내고 있고, 나는 악화된 기분이고 이 집단에서 좋아지지 않습니다. 나는 무엇을 해야 할지 모르겠습니다.

이때 집단구성원들이 합세했다. 구성원 중 한 명이 자신도 루스와 같은 상황에 있다고 반응했다. 다른 두 사람은 루스의 계속되는 무기력에 대해 괴로움을 표현했다. 다른 한 사람은 어떻게 구성원들이 더 효과적으로 참석할지에 대하여 집단 내에서 끊임없는 토의가 있었다고 정확하게 표현했다(사실 전 모임에서 오랜 시간이 문제를 가지고 토론했다). 다른 사람은 루스에게 수없이 많은 선택권을 갖고 있다고 말했다. 그녀는 그녀의 눈물, 슬픔과 자신이 얼마나 상처를 입었는지에 관하여 혹은 상담자가 얼마나 엄격하고 싫은 인간인지에 대하여 말할 수 있었다. 혹은 그녀가 집단원 중 누구에 대하여 자신의 기분을 말할 수 있었다. 루스도 이것을 알고 있었고, 집단원들도 이러한 선택권을 알고 있었다. '왜 그녀는 무기력함과 익명적 치매(dementia)의 자세를 유지할 필요가 있었을까?' 하며 집단원들은 의

아해했다.

활기를 얻은 루스는 집단상담 모임의 마지막 3주 동안 나머지 집단원들에게 자신의 감정을 이야기하기로 결심했지만 항상 취소했다. 오늘 그녀는 왜 집단상담이 끝난 후 커피를 마시며 모이는 간담회에 한 번도 가지 않는 이유에 대하여 말하고 싶어 했다. 그녀는 커피 간담회에 참석하기를 원했었지만 참석하지 않았다. 왜나하면 예상 밖으로 도움을 필요로 하는 사람으로 보고 있는 신시아(Cynthia)가 늦은 저녁에 자신에게 전화를 걸어 도움을 요청하였는데, 그녀는 신시아와 더 이상 가까워지고 싶지 않았기 때문이었다. 신시아와 격한 상호작용을 한 후, 루스는 집단의 다른 두 명에 대한 그녀의 기분을 공개적으로 나타냈고, 마지막 모임에는 앞서 6개월 동안 한 것보다 더 많은 일들을 했다. 이 예에서 중요한 가치는 루스의 한탄이다. '내가 무엇을 해야 하는지 말해 달라' 는 책임성 회피에 대한 진술이다. 충분한 수단이 그녀에게 적용되었을 때, 치료에서 무엇을 해야 하는지 그녀는 알았다. 그러나 그녀는 무엇을 해야 하는지 알고 싶지 않았다. 그녀는 외부로부터의 도움과 변화를 원했다. 그녀 자신을 돕는다는 것은, 자신의 어머니가 된다는 것은 깜짝 놀라는 일이었다. 이것은 그녀로 하여금 자신이 자유하고, 책임적이고, 근본적으로 외롭다는 사실에 매우 근접하게 이르도록 해 주었다.

집단상담에서 책임감 수용

치료가 사회적 소우주(microsocm)라는 개념, 즉 이 안에서 환자는 이야기할 뿐 아니라 지금 현재에서 자신의 정신병리를 나타낸다는 개념은 모든 치료에 관계된다(개인, 부부, 가족 혹은 집단). 특히 이것은 집단치료상황과 연관된다. 첫째로 집단상담에서 8~10명의 구성원들은 환자의 갈등 부분이 점화될 수 있도록 기회를 제공한다. 개인적 상담에서는 환자는 흔히 상담자와의 관계성 안에서 권위로 둘러싸여 있는 자신의 갈등적 문제나 부모와 연관된 문제나 부모 대리인과 연관된 문제를 만난다. 그러나 집단상담에서 환자는 많은 다른 인간관계의 문제를 야기한 다른 사람들을 만나게 되어(친척 경쟁자, 이성애, 동성애, 동료와의 경쟁, 친근감, 자기노출, 관대성, 주고받는 것 등등) 우리는 이 집단상담이 각각의 구성원을 위한 소규모의 사회적 우주로 여기고 있다.

작은 인간상호 간 집단상담 치료의 지금 현재는 특별히 책임감 자각에 대한 치료적 작업에 긍정적 조건을 제공한다. 집단상담에서 가장 매력 있는 면의 하나는 구성원들이 동시에 출발한다는 것이다. 구성원 각자는 같은 출발선상에서 출발을 한다. 상담자가 잘 진행하면 각 구성원은 다른 구성원들에게 다 보이는 것이고, 자기 자신에게도 명백한 것이며, 점차적으로 집단 안에서 특정한 삶의 공간을 만들고 조성하는 것이다. 그래서 구성원 각자는 집단 안에서 자신이 구성한 상호인간적 위치(인생에서도 마찬가지다)에서 자신에게 발생할 사건의 연속에 대하여 책임이 있는 것이다. 집단은 많은 눈을 가지고 있다. 구성원들은 외부적 사람이나 사건에 따라서 구성원이 어떻게 희생되었는가에 대한 다른 묘사를 받아들일 필요가 없다. 만일 집단이 지금 현재 차원에서 기능한다면(주된 초점은 구성원 간의 관계성을 경험하는 것과 분석하는 것에 두고 있다), 집단구성원들은 각자 어떻게 자신의 희생을 만들었는지 관찰할 것이고, 결국 이러한 관찰을 구성원 각자에게 돌려 줄 것이다.

우리 상담자들은 이러한 방법으로 집단 진행을 흔히 생각하지 않으나 나는 특히 치료의 처음 단계의 집단의 주된 활동은 집단구성원들이 개인적 책임감을 아는 것에 초점이 맞추어져야 한다고 믿는다. 왜 우리는 집단구성원들에게 집단 내에서 직접적이고 솔직하게 행동하도록 격려하는가(자기 자신이 되도록)? 왜 우리는 그들이 반응하도록 격려하는가? 왜 우리는 다른 집단원들에 대한 자신의 느낌과 감정을 나누도록 격려하는가? 나는 흔히 이렇게 하는 것에 대한 필요한 자각이 없이 집단 치료자는 다음과 같은 절차를 통하여 각 환자를 보호한다고 본다.

1. **환자는 다른 사람들을 통해 자신의 행동이 어떻게 비치는가를 배운다.** 환자는 반응을 통하여, 나중에는 자기성찰을 통하여, 다른 사람의 눈을 통하여 자신을 볼 수 있는 것을 배운다.
2. **환자는 자신의 행동이 다른 사람들의 느낌에 어떻게 영향을 주는지 배운다.**
3. **환자는 자신의 행동은 다른 구성원들이 자신에 대하여 어떻게 생각하는지를 이끈다는 것을 배운다.** 구성원들은 자신의 행동을 보고 자신을 가치 있게 생각하고, 싫어하고, 불유쾌하게 여긴다는 것을 발견하고, 자신을 존경하고, 자신을 피하고, 자신을 유린하고, 자신을 두려워하고 있다는 것 등등을 배운다.

4. **환자는 자신의 행동이 자신의 의견에 영향을 준다는 것을 배운다.** 처음의 세 단계에서 수집된 정보를 쌓아 올리면서 환자는 자기평가를 형성한다. 환자는 자신의 자기가치와 사랑 능력에 대하여 판단하고, 자신의 행동이 어떻게 이러한 판단으로 이끌었는지를 배운다.

각 단계는 환자 자신의 행동과 함께 시작되고 그 행동의 반향을 보이려는 시도를 한다. 이 연속의 마지막은 집단구성원 각자가 다른 구성원들이 자신을 어떻게 보고 있고, 어떻게 취급하고, 어떻게 여기고 있는 것에 대하여 책임을 가지고 있다는 것을 이해하는 것이다. 더욱이 사람은 자신을 어떻게 생각하고 있는가의 방법에 대하여 책임을 가지고 있다. 개인의 집단 경험이 개인 삶의 소우주라는 것은 분명하고 확실한 사실이다. 그리고 나의 경험에 따르면, 개인적 책임성을 집단 내의 상황에서 자신의 삶의 상황에 적용하며 일반화시키는 것에는 어려움이 없다. 이러한 점에 도달하면 환자는 변화의 현관에 들어선 것이다. 그리고 그때 상담자는 내가 다음 장에서 토의할 것처럼, 의지의 과정을 윤활케 하는 모험에 대하여 출항하는 것이다.

상호작용적 집단치료는 구성원들이 불만족스러운 삶의 상황에 대한 개인적 원인을 자각하도록 만드는 것만 아니라, 집단의 행동에서 각 구성원의 역할을 강조함으로써 책임감 수락을 향상시키는 것이다. 중요한 원칙은, 만일 구성원들의 집단의 기능에 대하여 책임감을 떠맡는다면 그때 구성원들은 인생의 모든 면에서 책임감을 수락할 능력을(그리고 의무) 가지고 있음을 자각하게 된다는 것이다.

효과적인 집단 치료는 구성원 자신들이 도움의 주된 대행자가 되는 것이다. 환자들이 성공적인 집단치료 경험을 되돌아봄에 따라 자신들의 향상을 직접적으로 상담자에게 돌리는 경우는 거의 없다. 상담자의 특별한 분석이나, 구성원들과의 전반적 관계에 대한 것은 없는 것이다. 대신 환자들은 일반적으로 다른 구성원들의 관계성의 어떤 면을 말한다. 도움, 갈등과 해결, 수용 혹은 자주 다른 구성원들에게 도움이 되었던 것을 열거한다. 지도자 중심으로 된 집단은 이러한 생각을 불러일으키는 데 실패한다. 그리고 이러한 지도자 중심의 집단 안에서는 모든 희망과 도움이 지도자로부터 나오는 것으로 여긴다(게슈탈트 집단치료와 교류분석 집단으로써 이러한 지도자 중심 접근은 집단형식 안에서 본래의 치료적 잠재력의 온전한 장점을 가지는 데 실패한다고 생각한다).

그러므로 집단의 지도자는 자신의 일이 집단 내에 사회적 조직을 창조하는 것임을 아는 것은 매우 중요하다. 이 조직 안에서 집단과 구성원들은 변화의 대리자다. 지도자는 정확하게 집단 안의 책임성의 위치에 대하여 민감해야 한다. 만일 지도자가 집단치료 모임을 당황하게 만들면, 구성원 각자는 힘이 빠지고 피곤한 채로 끝이 나 긍정적인 치료적 문화를 구성하는 데 무언가 심각한 잘못을 불러온다. 지도자가 모든 것이 자신에게 달려 있다는 감각을 가지고 있고, 지도자가 집단 안에서 어떤 일이 발생할 때까지 일을 하지 않는다면, 집단원들은 그 주에 무엇이 상영되는지 보러 오는 영화 관람객이 되는 것으로 그들은 성공적으로 책임성의 짐을 치료자의 어깨에 이동한 것이다.

집단 상담자는 구성원들로 하여금 책임성을 맡을 수 있도록 어떻게 만들 수 있을까? 우선 지도자는 과거의 경험에 기초해서 무엇이 좋은 집단 모임으로 만드는지, 혹은 일하지 않은 모임으로 만드는지 마음속으로 비교적 분명한 정의를 가지고 있는, 집단 내에서 일반적으로 유일한 사람이라는 것을 반드시 명심하여야 한다. 지도자는 구성원들로 하여금 이러한 정의를 습득할 수 있도록 반드시 도와야 하고, 여기에 따라서 행동할 수 있도록 격려해야 한다. 이 과정에서 필요한 기술을 사용할 수 있다. 지도자는 과정 검사를 이용할 수 있다. 때때로 집단 안으로 들어가서 30분 넘게 이 집단이 자신들에게 어떻게 작용하고 있는지 평가해 보도록 요청한다. 만일 집단이 고통스럽고 무겁게 진행되고 있다면, 지도자는 전에 있었던 역동적인 모임과 비교해 보라고 요청할 수 있다. 그러면 집단원들은 점차적으로 진행되지 않은 모임에서 진행되어 가는 모임을 구별화하기 시작한다. 만일 모든 사람이 그 모임은 결과가 있고 하지 않을 수 없었다는 의견에 일치한다면, 지도자는 구성원들에게 그 모임을 표준으로 삼고 비교할 수 있는 모임으로 자신들의 마음을 고정하라고 격려한다.

집단에 대한 구성원들의 평가에 대한 지도자의 물음에, 한 구성원이 자신은 처음 15분간만 참여하였으나 조(Joe)나 메리(Mary)가 이야기를 시작한 이후에 자신도 다음 30분간 참여하였다고 한다면, 지도자는 다양한 방법으로 왜 특별한 구성원이 개인적으로 이득이 없는 태도로 진행하도록 했는가를 물어볼 수 있다. 그 사람이 어떻게 집단의 흐름을 바꾸었는가? 지도자는 집단 여론조사를 하여, 집단이

득이 되는 것이 없다는 의견의 일치를 발견하면, '여러분 모두는 이 사실을 알고 있는 것 같다. 그러면 왜 이 집단을 멈추지 않았고, 다른 방향으로 가도록 하지 않았는가? 이 집단의 구성원 모두가 할 수 있는 것이 왜 나에게 주어졌는가?' 라고 질문을 제기할 수 있다. 물론 상담자의 유형적 선호도에 따라 다양한 기술이 있다. 상담의 중요한 전략은 환자로 하여금 자신의 치료를 위한 책임성 과정을 통하여 자신의 삶에 대한 책임을 가지도록 격려하는 것이다.

큰 집단 치료 더 큰 집단치료에서도 같은 원칙이 작용한다. 개인적 책임성에 대한 환자의 수용을 촉진하는 것은 치료적 공동체를 창조하는 데 중요한 힘이 된다. 정신병원에 감금되는 것은 자율성을 뺏기는 경험이 된다. 환자는 힘을 다 빼앗기고, 결정, 자유, 개인권리, 존엄성을 빼앗긴다. 존스(Maxwell Jones)는 치료적 공동체를 고안하여 정신병원에서의 경험이 환자의 자율성을 감소시키기보다는 증가하게 하였다. 병원의 보호가 재구성되어 환자들은 자신의 치료와 자신의 환경에 대한 폭넓은 책임성을 가진 것이다. 환자들에게는 휴가, 보호 개인 결정 그리고 해고와 약 섭취조차도 보호 법규에 기초하여 결정할 수 있는 권리를 주었다.

책임성 수용과 유사한 말은 '삶의 관리' 다. 많은 치료적 접근은 삶의 관리 기술의 교수를 강조하고 있다. 입원환자 병동은 일반적으로 삶의 관리나 각 환자의 '계약' (자신의 삶에 대한 관리를 양도받는 것에 동의)이 점검되는 '계약' 집단을 운영하고 있고, 다양한 계약적 문제들이 토의되고 있다. 이러한 집단은 조직적으로 각 구성원이 개인적 재정, 신체적 건강, 사회 동료성과 같은 특별한 문제에 대하여 책임을 질 수 있는 것에 초점을 맞출 수 있다.

책임감 수용과 치료자의 유형

적극성과 수동성 책임성 수락의 촉진은 흔히 치료자에게 딜레마를 가져다준다. 너무 적극적인 치료자는 환자를 떠맡고, 수동적인 치료자는 환자에게 무력감을 느끼게 한다. 이 문제는 특히 정신분석기술에서 분석가의 행동의 좁은 범위와 상대적 수동성이 연장된 의존성을 증진시킬지도 모를 때 명백히 드러난다. 이 문제에 관심이 있는 분석가 메이저(Milton Mazer)는 과도하게 수동적인 상담자는 환자의 책임성 수용을 단념시키게 할 수 있다고 하였다.

> …환자의 무력감에 직면하는 분석가의 수동성은 환자로 하여금 자신의 행동에 대하여 책임이 없고, 그러므로 단순히 자신의 충동을 따를 수 있다는 믿음을 선택한 것을 승인하는 것이다. 환자는 경고와 앞으로 전개될 결과에 대한 설명을 듣지 못하기 때문에 어떤 정당성 없이 자신은 스스로 도울 수 없고, 특별히 이러한 결론이 자신의 충동 목적을 완성토록 허용한다고 결론지을 수 있다.

메이저는 다른 쪽도 경고한다. 안내의 방식에서나 제한된 상황에서 과도하게 적극적인 것을 경고하였는데, 이것 또한 책임성 수용을 방해할 수 있기 때문이다. 그는 "분석가들이 심사숙고된 행위를 시도하는 것을 금하는 것은 제안되지 않았다. 왜냐하면 이렇게 금한다면 또한 환자가 책임을 지지 않아도 된다는 것과 환자는 분석가의 권위를 통해서만 치료될 수 있다는 것을 암시하기 때문이다."라고 하였다.

중간 단계의 방향을 어떻게 잡을 수 있을까? 어떤 촉진적인 자세를 치료자가 추정할 수 있을까? 메이저는 치료자는 환자로 하여금 이 선택의 과정을 인식하도록 돕는 것을 시도해야 한다고 제안한다.

> …분석가의 일은 환자로 하여금 특별한 행동에 들어갈 것인지 아닌지를 결정하는 과정에 있음을 지적하는 것이다. 이렇게 지적함으로써 환자는 분명하게 자신의 미래에 대하여 자신의 책임성의 윤곽을 그릴 수 있기 때문이다. 이러한 수단에 따라서 환자에게는 신경증 필요성과 책임적 자유 사이에서 선택을 해야 하는 기회가 주어진다. 만일 환자가 책임적 자유를 선택할 수 있다면, 그 환자는 그의 신경증적 구조에 첫 번째 틈을 만드는 것이다.[11)]

다른 말로, 치료자는 환자가 (좋아하든 싫어하든) 선택과 직면하고 이 자유로부터 도피할 수 없다는 자각을 증진시키는 데 중심을 두고 있다는 것이다.

다른 치료자는 좀 더 적극적인 방법으로 책임성 수락을 격려하는 방법을 생각하고 있다. 예를 들어, 교류분석가들은 치료적 '계약'에 비중을 두고 강조한다. 이들은 처음의 모임을 환자에 대한 진단에 중심을 두지 않고(이 진단은 단순히 치료자와 치료를 부탁하는 사람처럼 치료자와 환자의 관계성 정의할 것을 강조한다), 계약의 발전 방향에 중심을 둔다. 이 계약은 '권고' 혹은 '의무' 처럼 내재화된 (부모의 자아상태 안에서) 다른 사람의 원함에서 나왔다기보다는 그 개인에게서 나온 것이어야 한다. 더욱이 그 계약은 행동방향으로 된 것이라야 한다. '내 자신을 더 이해하기 위하여'가 아니라 '나는 30파운드를 감량하기를 원한다' 혹은 '나는 적어도 한 주에 한 번 부부관계를 할 때 발기를 할 수 있었으면 한다' 등의 구체적인 행동이다. 구체적으로 도달할 수 있고 환자 스스로 정의한 목표를 수립함으로써, 그리고 환자로 하여금 끊임없이 치료에서의 일과 이러한 목적 사이의 관계성에 집중하도록 요청함으로써, 교류분석가들은 개인의 변화를 위하여 환자의 책임감이 증진되기를 희망한다.

치료자의 역할에 대한 적극적 제안은 적당하게 쓰이면 자각을 증진시키도록 사용될 수 있다. 이것은 치료자가 환자를 떠맡아 결정하고, 간략하게 말하면 환자에게 어떻게 살아야 한다고 말하는 것을 의미하는 것이 아니다. 그러나 환자가 제한된 관점으로 이러한 것을 생각할 수가 없을 때, 치료자는 환자에게 분명한 행위적 선택을 제안하여야 한다. 그러므로 왜 아닌가(Why not?)의 질문은 왜?(Why)라는 질문보다 훨씬 더 유용하다. 환자가 제안을 따르는 것은 중요하지 않다. 절차에서 가장 중요한 메시지는 환자가 결코 분명한 선택을 고려하고 있지 않다는 것에 주의하고 있다는 사실일 것이다. 치료는 선택의 가능성, 선택이 없는 것의 신비, 그리고 자유와 직면하는 것으로 발생하는 감정을 고려할 것이다. 다음에 나오는 임상적 사건이 예시적이다.

조지(George)는 30세의 성공한 치과의사로 그의 주된 문제는 책임성 회피에 있었다. 그는 결혼을 한 번 했는데 실패하였다. 그 이유는 아내를 향한 의존적 태도와 특히 그가 다른 여성과 관계를 맺는 '자신을 발견' 했기 때문이었다. 그 이후로 그는 재혼하려고 결정하기까지 상당한 고통을 경험하였다. 그는 사귀는 여러 여성들을 상대로 결정을 해야 하였는데, 이 여성들은 모두 그에게 관심이 있었다. 그는 자신의 결정을 친구들, 치료자, 여성들에게 설득시키는 데 상당한 시간이 걸렸다.

책임성을 수용하는 데 그의 어려움을 말해 주는 하나의 일화는 그가 약 1년 전에 부모를 방문한 일이다. 그의 아버지는 항상 가족에게 악한 사람으로 보여졌고 조지와 아버지의 관계성은 상당한 갈등이 있었으며, 두 사람 모두 불만족스러워했다. 자동차를 두고 시작된 이들의 다툼은 10년이 넘었다. 조지가 집으로 돌아올 때마다 그는 가족의 차 중 한 대를 사용하기를 원했고, 자동차 정비사였던 아버지는 자동차가 기계적으로 문제가 있다거나 그 자동차를 자기가 써야겠다는 식으로 계속 거부했다. 조지는 어머니가 가족생활에서 자동차 영역을 제외하고 모든 부분을 조정하는 막강한 여성이라고 묘사했다.

조지는 매우 초조한 마음으로 부모의 방문을 기대했다. 그는 어떤 일이 발생할 것이라고 예상했다. 조지는 그 차를 사용하길 원했다. 그의 아버지는 브레이크나 바퀴의 상태가 나쁘다며 거부했고, 그를 모욕했으며, 조지는 훌륭한 사람이 될 수 없다면서 자동차를 빌리라고 했다. "이게 도대체 무슨 가족입니까?" 조지가 물었다. "나는 1년에 한 번씩 부모를 만나러 가는데 부모는 공항에조차 나오지 않아요." 그는 이렇게 덧붙였다.

"왜 빌리지 않았나요?" 나는 물어보았다. "자동차를 빌린다는 생각이 너무 이상했나요? 왜 빌리겠다고 생각하지 않았습니까? 당신은 아버지의 수입보다 4배나 더 벌고, 결혼하지 않은 상태이고, 특별한 지출이 없습니다. 하루에 약간의 돈이 부수적으로 더 든다는 것이 큰일입니까?" 조지는 내 질문에 놀란 것 같았다. 전에는 생각해 보지 않은 것들임이 분명했다. 그는 이에 대하여 생각했고 다음 날 가족에게 전화를 걸어서 언제 집에 도착할 것이라고 말했다. 조지는 어머니에게 차를 빌릴 것이라고 제안했고, 어머니는 차는 다 고쳐졌다고 아들에게 확인시켰다. 그의 아버지는 공항에 데리러 갈 것이라고 했고, 부모는 그를 보기를 더 원했을 뿐, 교통수단에 대한 질문은 하지 않았다.

결국 공항에서 피할 수 없는 상황이 일어났다. 그의 아버지가 "왜 차를 빌리지 않았니? 차 대여하는 곳에 있는 차를 봐라. 8일간 95달러에 차를 빌릴 수 있다." 라고 말하면서 그를 맞은 것이다. 두 사람은 크게 다투었고, 조지는 차 대여점에 가서 차를 빌렸으며, 아버지가 차값을 지불하겠다는 제의를 의도적으로 뿌리쳤다. 그와 아버지는 각각 따로 차를 타고 집으로 왔고, 아버지는 도착하자마자 침실로 들어갔다가 다음 날 아침 일찍 일터로 떠났다. 조지는 단 하루만 머물러야 했기 때문에, 그는 아버지를 다시 보지 못했다.

우리는 우연히 발생한 이 일을 치료 기간에 오랫동안 이야기했다. 조지는 이것을 자기 가족이 지닌 전형적인 상호작용의 원형으로 생각했고, 그의 현재 상태를 위한 변명으로 여겼다. "그는 이것이 나를 방해하고 있는 만큼, 이러한 가정에서 성장했다는 것이 어떠했는가를 생각해 보세요."라고 했다. 조지는 이러한 것이 특히 그의 남성성에 대하여 의심하는 것을 설명하는 것이라 생각하였다. 그의 아버지가 정한 모델을 생각하고, 또한 아버지에게 그가 이야기한다는 것이 어떻게 불가능했는지를 생각해 보라.

나는 조지에게 전적으로 다른 관점을 제공하였다. '아버지에게 이야기하려고 얼마나 많은 노력을 하였는가? 그의 아버지의 위치를 고려해 보라' 는 것이었다. 조지의 어머니는 남편이 가정의 집사(butler)임에도 불구하고, 의논하지 않고 아버지가 할 일을 제공하였다. 그의 아버지는 조정받는 느낌에 화가 났고, 자신의 힘을 나타낼 유일한 곳에서 힘을 발휘하고자 시도한 것이 바로 차를 이용하는 것이었다. 그러나 조지는 아버지에게 이야기하려고 어떤 노력을 하였는가? 아버지와 어머니에게 전화로 왜 이야기하지 않았는가? 무엇이 아버지에게 전화를 걸고 다음과 같이 말하지 못하게 했는가? "아버지, 내가 다음 날 차가 필요하기 때문에 공항에서 차를 빌릴 거예요. 10시까지 있지는 못할 거예요. 그러나 기다려 주시면 서로 이야기할 기회가 있을 거예요."라고 제안한 나의 말에 조지는 당황하는 것 같았다. "그것은 불가능합니다!"라고 소리를 쳤다. "왜 그렇죠?" "전화상으로 아버지에게 난 말할 수 없어요. 당신은 우리 가족을 모릅니다."

그러나 조지는 아버지에 대하여 막연한 죄의식을 계속 느꼈다. 잿빛머리가 되어 버린, 나치 집단수용소에서 생존한 엄격한 아버지, 네 명의 자녀를 대학과 대학원에 보내기 위해 30년 동안 매일 아침 6시에 기상하여 일터로 간 아버지에 대한 죄책감이었다. 나는 "아버지에게 편지를 써서 당신이 어떻게 느끼는지를 말하세요."라고 제안했다. 조지는 다시 나의 제안에 깜짝 놀라는 듯했고, 또한 고민을 했다. "그것은 불가능합니다." "왜 그렇죠?" 나는 물었다. " 우리는 편지를 쓰지 않습니다. 지금까지 살면서 아버지에게 편지를 쓴 적이 없습니다." 나는 그에게 "당신은 아버지로부터 멀어져 있고, 그와 대화할 수 없다는 것을 불평합니다. 당신이 정말로 대화를 원한다면, 그렇게 하세요. 그에게 편지를 쓰세요. 이것을 방해할 사람은 아무도 없습니다. 당신은 이 책임을 회피할 수 없습니다."라고 말해 주었다.

이렇게 단순하게 주고받은 말이 조지를 아주 불안하게 만들었고, 그날 저녁 그는 떨림과 눈물이 가득 차서 아버지에게 편지를 작성하기 시작했다. 그 편지는

'사랑하는 아버지'로 시작하였다. '사랑하는 어머니 그리고 아버지' '사랑하는 가족에게'가 아니었다. 마치 운명과 같이 자유와 책임성의 정신이 같은 날 저녁 아버지에게도 접근했다. 그리고 조지가 편지를 끝마치기 전에, 아버지가 전화를 걸어 사과를 했다. 그의 아버지가 처음으로 전화를 한 것이다. 조지는 자신이 쓰고 있던 편지에 대하여 말했고, 감정이 복받쳐서 어린아이처럼 흐느껴 울었다. 조지와 아버지 사이에 일들은 옛날처럼 다시 되지 않았고, 조지가 아버지에게 전화하는 것이나 편지를 쓰는 것이 '불가능'하다는 즉각적 거부는 치료에 풍부한 전망을 열어 주었다.

펄스(Fritz Perls), 게스탈트 치료 그리고 책임성 수락 책임성 접근에서 적극적 치료자 유형을 찬성하는 사람들 중 펄스보다 더 활동적이거나 창의력이 풍부한 사람은 없다. 그의 접근방식은 책임성 회피는 인지되어야 하고 단념되어야 한다는 기본 개념에 기초하고 있다.

> 당신이 한 증상과 싸우는 한, 그 증상은 더 악화될 것이다. 만일 당신 자신을 위해 하는 것, 어떻게 당신이 자신의 증상을 만들어 내고 있고, 어떻게 당신의 병을 만들어 내고 있고, 어떻게 당신이 자신의 존재를 만들어 내고 있는지에 대한 책임성을 가지고 있다면, 당신 자신과 만날 수 있는 바로 그 순간 성장과 통합은 시작되는 것이다.[12)]

펄스는 환자가 사용하는 첫 번째 사람의 대명사의 사용과 적극성에서 수동성 목소리로 바뀌는 것을 예민하게 살펴보았다.

> 환자가 처음 자신을 '그것'(it)으로 비개인화(depersonalize)하고 나서 그 환자는 변덕스러운 세상의 경향에 수동적인 수용자가 된다. '내가 그것을 했다'는 '그것이 발생하였다'로 된다. 나는 사람들에게 자기 자신을 인정하고 있는지 물어보면서 사람들이 반복해서 가로막아야 한다는 것을 발견했다. 우리는 어떤 곳에서 발생한 것과 어떤 사람에게 일어난 일을 가지고 작업할 수 없다. 그래서 나는 '바쁜 날입니다'에서 '내가 바쁘게 보내고 있다' 그리고 '아주 긴 대화가 될 것이다'에서 '나는 이야기를 많이 했다'로 그들 자신의 길을 발견해야 한다고 요청한다. 그리고….[13)]

한번은 펄스가 책임성 회피의 형태를 증명하였을 때, 환자로 하여금 무력(helplessness)을 내키지 않는 것(unwillingness)으로 환언하기를 재촉하였다. 그 환자는 모든 몸짓, 모든 감정, 모든 생각에 대하여 책임성을 가져야 한다. 펄스는 때때로 '나는 책임성을 가지고 있다' 라는 구조화된 연습을 이용하였다.

> 환자 각자가 말한 것을 가지고, 우리는 환자들에게 다음과 같은 말을 사용하기를 요청한다. "…그리고 나는 그것에 대한 책임이 있습니다." 예를 들어, "내 다리를 움직이는 것을 나는 알고 있고, 나는 이것에 대하여 책임이 있습니다." "나의 목소리는 매우 조용하다…. 그리고 나는 이것에 대한 책임이 있다." "내가 무엇을 이야기해야 할지 모르겠다…. 그리고 나는 이 모름에 대한 책임성을 가지고 있다."[14)]

펄스는 환자들에게 자신이 가진 내적 갈등의 힘에 대한 책임감을 가져야 한다고 요청한다. 번민스러운 딜레마에 빠져 있는 환자가 이야기를 하는 동안 위에서 고통을 느꼈다면, 펄스는 환자에게 그 고통과 대화하도록 요청한다. "그 고통을 다른 의자에 놓고 이야기하라. 당신의 역할과 고통의 역할을 내려놓아라. 그것이 당신에게 무엇이라고 이야기하는가?" 그래서 그는 환자에게 아무것도 '발생' 하지 않았다는 것을 깨닫게 하기 위해 갈등의 양쪽에 대한 것과 사람은 모든 몸짓, 모든 움직임, 모든 생각에 대하여 근원자라는 책임성을 가질 것을 부탁한다.

> 치료자 : 당신은 눈이 무엇을 하고 있는지 알고 있습니까?
>
> 환　자 : 글쎄요, 지금은 내 눈이 멀리 보고 있다는 것을 깨닫습니다.
>
> 치료자 : 그것에 대한 책임을 질 수 있습니까?
>
> 환　자 : 당신에게서 떨어져서 보려고 하고 있습니다.
>
> 치료자 : 지금 당신은 당신의 눈이 될 수 있습니까? 그것들에 대한 대화를 적어 보세요.
>
> 환　자 : 나는 메리(Mary)의 눈입니다. 꾸준히 응시하는 것이 어렵다는 것을 발견했습니다. 내가 계속 뛰고 시선을 던지고 있습니다.[15)]

우리는 증상의 각각을 선택했다고 펄스는 느낀다. '끝나지 않은' 혹은 기대치 않은 감정은 자기파괴적이고, 불만족스러운 표현은 수면 위로 자신들의 길을 발견한다(이것은 '게슈탈트' 치료의 근원이다. 펄스는 환자들로 하여금 그들의 게슈탈트를 완성하도록 돕는 것을 시도하였다. 즉, 그들의 끝나지 않는 일, 그들의 막혀 있는 자각, 그들이 피하는 책임성 등이다).

아래의 치료적 만남의 묘사는 펄스가 책임성에 접근하는 것을 잘 보여 준다.

> 2주 전 나는 놀라운 경험을 했다. 이것은 치료가 아니라 열려지는 것이었다. 이 사람은 말을 더듬었고, 나는 그 사람에게 말 더듬는 것을 더 하라고 요청했다. 그가 말을 더듬을 때, 목에서 무엇을 느끼는지 물었다. 그는 "내 자신이 목을 질식시키는 것같이 느낀다."라고 말했다. 그래서 나는 그에게 나의 팔을 주면서 말했다. "이제는 나를 질식시키세요." 그는 "내가 당신을 죽일 수도 있어요!"라고 말했다. 그는 정말로 자신의 분노와 만나고 있었고, 어려움 없이 크게 말했다. 그래서 나는 그에게 화를 내는 사람이 되거나 말을 더듬는 사람이 되는 것을 실존적으로 그가 선택하고 있다는 것을 보여 주었다. 그리고 말을 더듬는 사람이 어떻게 당신을 고문하는지 알고 있고, 당신을 계속 조바심나게 하는지 알고 있다. 밖으로 나오지 않는, 자유롭게 흐르지 않는 분노가 가학성, 힘, 충동 그리고 다른 형태의 고문으로 변해 버린 것이다.[16)]

증상들에 대한 이 접근, 즉 환자로 하여금 무언가 나오도록 하거나 증상에 대하여 논쟁하도록 요청하는 것은 책임성 자각을 촉진시키는 데 흔히 좋은 형태다. 위의 말을 더듬는 환자의 예에서 신중하게 그 증상을 나타냄에 따라 그 사람은 증상이 자신의 것이고, 자신이 만들었다는 것을 알았다. 이 현상을 책임성 수락이라는 것을 통해서 개념화시키지 않았음에도 불구하고, 몇몇 다른 치료자들은 동시에 같은 기술에 이르렀다. 예를 들어, 프랭클(Victor Frankl)은 '역설적인 의도'[17)]의 기술을 묘사했는데, 이것은 환자 자신의 불안 공격, 충동적 놀음, 심장마비의 두려움 혹은 과식 증상을 나타내도록 요청받는 것이다. 잭슨(Don Jackson), 할리(Jay Haley), 에릭슨(Milton Erickson) 그리고 와츠래비크(Paul Watzlawick)는 모두 '증상 처방' (Symptom prescription)이라고 명명한 같은 접근방식에 대하여 글을 썼다.[18)]

펄스는 꿈과 함께 작업하는 특별한 방법을 개발하였다. 이 방법은 환자가 자신의 정신적 과정에 대해 책임성을 수락하는 것을 촉진시키기 위해 천재적으로 고안된 방법이다. 역사의 대부분을 통하여 인간은 꿈꾸는 것을 개인 책임성 영역 밖의 현상으로 여겨왔다. 이러한 관점은 일상적 격언에 반영되어 있다. 만일 어떤 사람이 행동이나 생각을 포기하기를 원한다면, '나는 그것에 대하여 꿈도 꾸지 않을 것' 이라고 한다. 프로이트주의의 역동심리학이 출현하기 전에, 꿈은 일반적으로 기회 발생이나 기회가 없는 것으로부터의 신성한 방문으로 여겼다. 예를 들어, 외피세포가 잠을 자고, 낮 생활에 필요했던 유독한 물질대사가 다 청소됨에 따라 세포의 집단은 엄격한 임의의 방식 가운데 '깨어난다.' 이 이론에 따르면, 꿈은 세포가 깨어남에 따라 세포의 출산물로 형성된 것이다. 그러므로 대부분 꿈의 부조리한 것은 세포가 이 안에서 깨어나는 우발적 연속기능에서 오기 때문이다. 지적인 꿈은 매우 같은 방법으로 우연스럽게 형성되는 것으로 원숭이 무리가 타자기를 두드려서 우연히 이해할 수 있는 문장을 구성했다는 것이다.

프로이트는 꿈은 우연이나 외부의 방문으로써의 산물이 아니라, 서로 상호작용하는 구성품의 갈등에서 오는 것이라고 설득력 있는 주장을 했다. 본능(id)의 충동, 남아 있는 잠재의식의 나타남, 꿈의 감시기관(자아의 무의식적 기술자), 의식적 자아('두 번째 개정')다. 프로이트가 인간, 혹은 적어도 이러한 부분들의 상호적 작용은 꿈에 대한 단독 저자였다는 것을 발견했음에도 불구하고, 펄스는 프로이트가 정신의 세계를 구분한 것은 구성품의 사이에서 개인의 책임성은 상실되는 결과를 낳았다고 믿고 있다(내가 매우 바르다고 믿는다).

꿈을 '실존적인 메시지를 전하는 사람'[19]이라고 명명한 펄스는 꿈을 꾼 개인의 근원에 대하여 개인의 평가를 최대화하는 것을 목적으로 하였다. 첫째로 펄스는 꿈의 시제를 바꿈으로써 현재 삶에 꿈을 가져오는 시도를 하였다. 그는 환자로 하여금 꿈을 현재 시제에서 반복해 보라고 요청했고, 그 환자가 감독과 지지자 그리고 배우가 하는 연극으로 맞춤으로써 그 꿈을 재현하도록 하였다. 환자는 꿈의 드라마 안에서 모든 대상의 부분을 연극하도록 요청받는다. 예를 들어, 나는 차를 몰고 가다 차에서 소리가 나고 함께 죽는 꿈을 꾼 한 환자와 상담하는 것을 관찰하였다. 펄스의 지시대로 그 환자는 다중역할을 하였다. 운전자, 자동차, 빈 연료통, 느린 점화플러그 등의 역할이었다. 펄스는 이러한 전략에 따라 그 환자가 자신의 흩어진 성격 조각을 조합하기를 시작할 수 있기를 바랐다(이것은 그 사람의 게슈탈트를 완성하는 것이다).

펄스에게 책임감 수락은 흔히 다른 사람에게 투사되는 불유쾌한 감정을 포함하여 자신의 모든 감정에 대한 책임성을 가지는 것을 의미했다.

> 우리는 위급할 때 책임을 지지 않으려고 한다. 그래서 우리는 다른 사람에게 비난

을 투사한다. 우리는 차별받는 것에 대한 책임을 지는 것을 원치 않는다. 그래서 이 책임을 밖에 투사하고, 우리는 거부되었다는 두려움 속에 살아간다. 그리고 가장 중요한 책임성 중 하나는 우리의 투사에 대한 책임감을 가지는 것이고 우리가 투사한 것으로 되는 것이다.[20]

예전에 자신이 책임지는 것을 포기한 것을 교정함으로써 사람은 풍요로운 것을 체험한다. 사람은 자신 안에 그리고 자신의 세계 안의 집에 있는 것이다.

물론 당신의 인생에 대하여 책임감을 가지는 것과, 경험과 능력에서 풍요로운 것은 같은 것이다. 그리고 내가 하기를 원하는 것은, …당신이 가진 모든 감정, 당신이 만드는 모든 움직임, 당신이 가지고 있는 모든 생각, 그리고 어떤 사람에게 책임감을 전가하는 것에 대하여 책임을 짐으로써 당신에게 얼마나 유익한지를 이해하도록 하는 것이다.[21]

'어떤 사람에게 책임감' 을 전가하는 것은 심리치료사에게 아주 중요하다. 펄스는 예리하게 환자가 다른 사람, 특히 치료사를 자신의 돌봄 속에 넣으려는 시도를 알고 있었다.

치료사는 세 가지 긴급한 일이 있다. 환자가 자신의 것을 제공하기보다는 빨려 들어가는 것을 회피하기 위해서 어떻게 다른 사람의 도움을 얻으려 하는지 알아내는 것과, 환자를 돌보는 것과, 환자의 조작적 행위에 대하여 무엇을 해야 하는지를 아는 것이다.[22]

안 '빨려 들어가는 것' 은 쉽지 않고, 치료자는 환자의 다양한 설득의 방법을 저항하고 인식하는 데 익숙해야 한다.

"나는 이 상황에 대처할 수 없지만 당신(치료자)은 할 수 있습니다. 나에게 갈 길을 보여 주어야 하기 때문에 나는 당신이 '필요합니다.' 그래서 나의 인생을 다시 나갈 수 있습니다." 이 말은 때때로 삶에 대한 문제이기보다는, 오히려 환자가 다른 사람의 관리를 맡기 좋아하는 사람에게 제출된 안건의 계승을 포함하는 존재양식이다. 그에게 치료자는 단순히 가장 마지막 시험이다. '책임이 여기서 해결' 되길 바라는 것이다.[23]

펄스는 조정되는 것을 막기 위해 극단적 자세를 취했다. 그는 워크숍을 이러한 방법으로 시작하였다.

> 만일 당신이 미치고 싶고, 자살하고 싶고, 개선하고 싶고, 어디에 빠지고 싶고, 삶을 변화시킬 경험을 원한다면, 그것은 당신한테 달렸다. 나는 나의 일을 할 것이고 당신은 당신을 일을 한다. 이것에 대하여 책임지기를 싫어하는 사람은 이 세미나에 참석하지 말기 바란다. 당신 자유로 여기에 왔다. 나는 당신이 얼마나 성숙한 사람인지 모른다. 그러나 성숙한 사람의 본질은 자신의 사상, 감정 등에 대하여 책임을 질 수 있는 사람이다.[24)]

여기에서 펄스의 위치는 예상 밖으로 심각하고, 특히 심각하게 불안한 환자에게 그러하며, 그들의 변화를 요구하고 있다. 많은 환자들은 책임성을 수용하기 위하여 몇 달에 걸친 작업이 필요하고, 치료에서 미리 전적인 책임성 수용을 요구를 하는 것은 비현실적이다. 그러나 치료자들이 때때로 치료의 시작에서 환자들에게 책임성 수용을 어느 정도 요구할 수 있는 상황이 발생하기도 한다. 많은 치료자들은 자살 시도가 매우 높은 환자들에게는 특정기간 동안 자살시도를 하지 않게 하는 약정을 해야 한다고 주장한다. 적합하게 사용된다면 이러한 접근은 자살의 위험을 획기적으로 줄일 수 있다.[25)]

펄스의 말이 그가 매우 책임감의 문제에 대하여 예민하고, 치료자는 환자의 책임감의 짐을 지지 말아야 한다는 사실을 인식하고 있음은 의심할 여지가 없음에도 불구하고, 치료에 대한 그의 접근의 역설(혹은 이 문제에 대하여 그가 전적으로 인식하는 것)을 결코 풀 수 없었다. '책임성을 수용하라고' 환자들은 상담을 받았다. 그러나 그 환자 경험의 나머지는 무엇인가? 상당히 힘이 있고, 카리스마적이고, 비언어적으로 선언하는 늙은 사람과의 만남이라고 할 수 있다. "그리고 나는 어떻게, 언제 그리고 왜 그것을 해야 하는지 명료하게 당신에게 말할 것이다." 펄스의 활동적이고 개인적인 유형, 그의 힘과 전지성의 기운은 그의 말과 모순된다. 두 개의 갈등적인 메시지 중 하나는 명료하고 다른 하나는 불명료한 것을 받아들이는 것은 전통적인 이중 묶음에 놓이는 것이다. 이러한 함정을 피하려고 시도하는 다른 치료적 접근을 살펴보자.

카이저와 책임성 수용 환자들에게 책임성 수용을 동시에 '넘김' 이 없이 어떻게 증가시킬 수 있을까에 대한 딜레마에 봉착한 많은 치료자 중에서 카이저(Helmuth Kaiser)의 신중한 일관성의 기여는 돋보인다. 카이저와 펄스, 이 두 사람은 책임의 축을 중심으로 하여 치료에 접근했음에도 불구하고, 그들의 접근 유형과 구조는 정반대로 대치되었다. 1961년에 작고한 카이저는 창의력이 매우 뛰어난 치료사였으나 남긴 글이 적었기 때문에 별로 유명해지지 않았다. 그의 글을 모아 1965년에 『효과적인 심리치료(*Effective Psychotherapy*)』라는 책이 발간되었다.[26) 카이저는 환자들의 공통적인 갈등인 '모든 신경증 환자들에게 공통인 마음의 조건'[27)을 가지고 있다고 믿었는데, 이것은 "성숙한 성인은 완전하고, 근원적이고, 영원하고, 정복할 수 없는 소외를 가지고 있다."[28)라는 사실에서 발생한 것이다.

카이저는 의과대학에 다니며 공부하다가 아마추어 영화에서의 한 배역을 수락하고, 영화에 흥미를 잃은 월터(Walter)라는 학생에 대하여 이야기한다. 그는 분명히 재주가 있고, 심사숙고 후 의학공부를 포기하고 영화배우가 되기 위하여 모든 것을 희생했다. 그러나 어떻게 그가 재주를 가지게 되었는가? 그가 유명한 배우가 될 수 있는가? 월터는 자신의 결정에 대하여 번민했고, 전문가들의 의견을 구했다. 카이저는 고통 속에 있는 그를 관찰하였고, 마침내 월터가 불가능한 것을 기대하고 있다는 것을 알았다. 그는 전문가들에게 의견을 구한 것이 아니었다. 그는 그 이상의 것을 구했다. 월터는 자신의 결정에 대한 책임을 질 수 있는 사람을 원했던 것이다.

> 다음 시간에 G(이 사람은 Kaise다)는 어떻게 월터가 천천히 한 걸음씩 자신의 결정에 대하여 어떤 사람의 판단이나 충고는 기여할 수 없다는 것을 발견하였다는 것을 관찰할 수 있었다. 월터의 분투에 대하여 동정심을 느끼면서, 그는 항상 친구들과 자신이 방향에 대하여 고려할 수 있는 수많은 찬반 문제에 대하여 토의하려고 했다. 그러나 친구들이 모든 가능한 결말을 말하고, 기회를 평가하고, 결정 방향에 무게를 실어 주고, 정보를 가려내었을 때, 궁극적 결론은 놓치고, 그들은 정기적으로 깊고 고통스러운 침묵 속에 남게 되었다. 그때 G는 월터가 말하지 않은 질문을 감지했다. "지금, 당신은 어떻게 생각하세요?"[29)

월터가 직면하고 움츠린 것은 근원적인 인간의 역설이다. 우리는 자율성을 갈망하지만 자율성의 불가피한 연속인 소외로부터는 움츠린다. 카이저는 이 역설이 '인류의 타고난 아킬레스건' 이며, 소외를 부인하는 장치인 '마술적 속임수' 에 대하여 덮어 버리지 않으면 이것으로부터 상당한 고통을 받을 것이라고 말했다. 이 '마술적 속임수' 는 카이저가 '공통적 현상' 이라고 말한 것이다. 방어기제로서 자신의 자아 경계선을 부드럽게 하고, 다른 사람과 합침으로써 소외를 부인하는 것이다. 이 책의 앞에서 궁극적 구원자를 향한 인간의 열망을 설명하는 가운데 죽음불안에 대항한 방어로써의 혼합 혹은 합침을 토의했다. 카이저는 소외를 생각나게 했고, 그리고(그가 소외에 대하여 명료하게 설명하지 않았음에도 불구하고) 소외의 밑에 있는 근거 없음은 다른 사람과 합치려는 사람의 노력을 선동하는 강력한 선동자라고 했다.

어떠한 일들이 우리로 하여금 소외와 직면하게 하는가? 카이저에 따르면, 사람들이 자신의 삶에 대한 책임이 전적으로 자기에게 있다는 것을 깨닫게 하는 대부분의 사건들이 소외와 직면하게 한다. 특히 삶이 변화해야 하는 직면이나 책임감 있는 사람으로부터 오는 불신이 생겼을 때다. 카이저의 친구인 월터가 그렇게 하였듯이 우리를 위하여 책임감을 수락할 수 있는 다른 사람을 찾으려고 분투하고 있다.

카이저는 실행적인 힘을 치료자에게 이관하여 책임성의 소외를 피하려는 환자의 노력에 아주 민감했다. 치료자는 환자의 이러한 노력들을 어떻게 좌절시킬 수 있을까? 카이저는 이 질문을 곰곰이 생각했고 몇 가지 접근을 가정하였으나 마지막을 이 문제가 너무 중요해서 치료의 잘된 구조 안에 변형되는 것으로 다루어져야 한다고 결정했다. 책임성 전가를 좌절시키기 위해서 치료는 전적으로 비구조화되어야 하고, 치료자는 전적으로 비지시적이어야 하며, 환자는 전적으로 치료의 내용만이 아니라 치료의 과정에 대하여 책임을 가져야 한다. 카이저는 "치료자에게 법칙은 없어야 한다."라고 선언했다. 치료자와 환자의 상호작용에 대한 그의 묘사는 예시적이다.

환　자 : 치료가 어떤 것으로 구성될지 물어봐도 될까요? 절차가 어떻게 되지요?

치료자 : 절차? 내가 당신을 완전히 이해하는지 확신할 수는 없지만, 만일 내가 그렇게 한다면 절차가 없다고 말할 것 같습니다!

환 자 : (점잖게 웃으면서) 아, 물론 내가 말한 것은 당신은 내가 무엇을 하기를 원하는가 하는 것입니다.

치료자 : 그것이 당신이 '절차'라 말한 것에 대해 내가 생각했던 것입니다.

환 자 : 그것을 의미하지 않습니다(20초간의 침묵). 나는, …물론 치료 절차에는 내가 해야 하는 어떤 것이 있으리라 생각합니다. 그렇지 않습니까?

치료자 : 여기 치료에서 당신이 해야 할 어떤 일이 있다고 스스로 확신하는 것 같습니다.

환 자 : 글쎄요, 그렇지 않습니까?

치료자 : 내가 아는 한 그렇지 않습니다.

환 자 : 글쎄요…. 나는…, 나는…, 나는 이해 못하겠습니다.

치료자 : (웃음을 지으면서) 나는 당신이 내가 말한 것을 이해한다고 생각합니다. 그러나 당신이 그것을 전혀 믿을 수 없군요.

환 자 : 당신 말이 맞습니다. 나는 당신이 그것을 글자 그대로 의미한다고 믿지 않습니다.

치료자 : (10초간의 침묵 후) 나는 글자 그대로 의미한 것입니다.

환 자 : (노력하면서 함께 60초간의 불편한 침묵 후) 만약 내가 나의 불안습격에 대한 어떤 것을 말해도 괜찮을까요?

치료자 : 내가 말한 것이 바로 그것이었다는 것을 믿을 수 없는 것처럼 보입니다.

환 자 : 미안합니다…. 그것을 의미하지 않습니다…. 그러나 정말로 전혀 이해할 수 없습니다. 미안합니다. 무엇이라고 말씀하였지요?

치료자 : 내가 말한 것을 의미했다는 것을 당신이 못 믿는 것 같다고 말했습니다.

환 자 : (마치 초조한 것처럼 그의 머리를 약간 흔들었다) 아닙니다. 나는 나에게 그것이 괜찮은지…(그는 위를 보았고 치료자와 눈이 마주쳤을 때 그는 웃기 시작했다).[30)]

카이저는 "환자의 책임감을 증가시키는 환자 자신의 말은 그 환자를 반드시 치료하려는 경향이 있다."라고 하였다. 그리고 이 대화가 지적하듯이 카이저는 치료에서 환자에게 어떻게 작용되는지 환자에게 말해 주는 책임성을 수용하는 것조차 거부했다.

이러한 극단적 기술에는 분명한 제한성이 있다. 나는 펄스가 환자에게 너무 많은 구조와 에너지를 제공하려는 것에 실수했다고 믿고, 카이저는 명백히 반대되는 입장에서 실수했다고 믿는다. 어떤 치료자도 환자가 당황하여 구조의 결핍 혹은 확신의 결핍이 있는 환자가 너무 빨리 치료를 그만두면 환자를 도울 수 없다. 왜냐하면 치료자는 궁극적으로 환자가 책임성을 수용하도록 돕기를 원하기 때문에 치료의 시작에서조차, 그리고 각 단계에서 환자들은 치료자들이 반드시 요구해야 하는 것을 따르지 않는다. 치료적인 상황은 대개 융통성을 요구한다. 환자를 치료과정에 두기 위해 치료자는 처음 회기에서 적극적이고 우호적이어야 한다. 나중에 환자와 치료자의 동맹이 넓게 결합되었을 때는, 치료자가 책임성의 수용을 증진시키는 치료적 조건을 강조해도 될 것이다.

카이저는 다른 곳에서 치료적 관계성과 직접 대화의 중요성을 강조했다.[31] 그리고 의심할 것 없이 실제 치료적 상황에서는 필요한 조정을 하였다. 그는 흥미를 끄는 소설인 『비상(*Emergency*)』[32]을 썼는데, 사실상 이것은 치료적 융통성을 훌륭하게 보여 주고 있다. 이 책의 주인공인 정신과 의사 터윈(Terwin) 박사는 한 정신과 의사의 부인인 포르피리(Porfiri)로부터 상담의뢰를 받는데 그녀의 남편은 심하게 혼란스러우나 도움받기를 거부한다고 진술한다. 터윈 박사는 환자인 체하고 포르피리 박사에게 상담을 의뢰한다. 점차적으로 거의 인식하지 못한 채 '환자'의 규정 하에 포르피리 박사를 치료하기 위하여 진행한다. 분명하게 포르피리 박사는 책임성을 수용할 수 없었고, 치료에 필요한 책임성조차도 그랬다. 그리고 그 치료자는 그에게 이것을 요구하지 않았다. 다만 그 대신 모든 좋은 치료자가 해야 하는 것을 했다. 그는 치료를 그 환자에 맞게 변형하였다.

책임감 자각 미국 유형- 혹은 당신의 인생을 어떻게 책임지는가, 당신 자신의 조건을 실행하라, 자기를 돌보고, 그리고 그것을 성취하라

책임감 자각은 미국에서 한 시대를 맞이하고 있다. 한때는 자주 불투명했다. 전문적 철학의 설명과 파리 센(Seine) 강 전위파(avant-garde)의 격언이었던 책임감 자각은 오늘날의 새로운 세계에 주된 소비자 항목이 되고 있다. 국가적인 베스트셀러들은 책임성 수용을 중심적 주제로 다루고 있다. 예를 들면, 『행복한 이기주의자(*Your Erroneous Zone*)』는 다음과 같은 제목으로 구성되어 있다. '당신 자신에 대하여 책임을 져라' '선택-당신의 궁극적 자유' '관례의 장벽을 부숴 버려라' '당신의 독립을 선언하라'[33] 등의 제목들이다. 이 책의 중심적 내용은 분명하게 쓰였다. "당신이 선택하였거나 실패한 것에 대한 선택의 관점에서 당신의 삶을 시험하기를 시작하라. 이것은 당신의 무엇이며 당신에 대하여 당신이 어떻게 느끼는지에 대한 모든 책임감을 말해 준다."[34] 예를 들어, 유사한 책들, 『당신 자신의 줄을 당겨라(*Pulling Your Own Strings*)』,[35] 그리고 『자기 창조(*Self-Creation*)』[36] 역시 베스트셀러 목록에서 최상위로 빠르게 오르고 있다.

대중 소비주의는 생산품이 매력적이고 잘 포장되어 있으며 무엇보다 쉽고 빠르게 소비되는 것을 요청하고 있다. 불행하게도 이러한 요청은 일반적으로 사람이 정말로 자신을 시험하고 자신의 삶과 세상에 대한 관점을 변경하는 데 필요한 노력과 사고와는 양립할 수 없다. 그러므로 '차원을 내리는 것' 이 발생한다. 우리는 권고를 받아들이고, 『행복한 이기주의자』와 같은 베스트셀러는 우리에게 어떻게 '지연을 끝낼 수 있는지' 를 말해 준다.

> 앉아서 당신이 지연하고 있던 것을 시작하라. 편지나 책을 써라. 단순히 시작하는 것은 전체적 계획에 대한 불안을 제거하는 데 도움을 될 것이다…. 당신 자신을 정해진 시간에 집중하라(수요일 아침 10시에서 저녁 10시 15분까지 말하라). 이것은 당신이 그동안 지연하고 있는 업무에 전적으로 헌신할 수 있도록 할 것이다…. 흡연을 끊어

라. 지금! 다이어트를 지금 시작하라. 폭음을 포기하라…. 이것이 두 번째다. 이 책을 아래에 내려놓고 운동 계획을 시작하는 것으로 팔굽히기를 하라. 이것이 당신이 문제에 행동을 가지고 어떻게 달라붙는가 하는 것이다. 이것을 하라! 당신이 침대로 가는 순간까지 피곤하지 않도록 결심하라. 어떤 일을 하는 것을 미루기 위해서 혹은 그것으로부터 탈출하기 위해서 병이나 피곤을 당신 자신이 허락하지 않도록 하라.[37]

혹은 '의존성을 제거하라'

당신의 삶에서 지배적인 사람들을 당신이 어떻게 다룰까에 대하여 이 목적에 5분간 당신 자신을 투자하라. "아닙니다. 나는 그것을 원치 않습니다."라는 한마디를 해보라. 그리고 다른 사람에 대한 당신의 반응에 대한 반응을 시험하라…. 명령하는 것을 멈춰라![38]

'책임감' 은 대중의 눈을 사로잡고, 책임감을 주제로 하는 전문적 워크숍은 나라 전체에 급격히 성장한다. 예를 들어, '당신 자신의 삶에 책임을 가져라' (부제는 '건강돌봄의 심리학, 개인적 책임의 역할')라는 대규모 워크숍은 1977~1978년에 몇 장소에서 개최되었다. 주 강사였던 메이(Rollo May)는 개인적 영적 자유함에 대한 실존적인 투쟁에 대하여, 엘리스(Albert Ellis)는 성과 친근감 영역에서 변화와 성장을 위해 개인의 책임에 대한 이성적 감성적 접근에 대하여, 그리고 라자루스(Arnold Lazarus)는 그의 책 『내가 원하면 나는 할 수 있다(*I Can If I Want To*)』[39]에서 기술한 자기 치료의 접근인 복합 양식의 치료에 대하여 토론했다. 이 워크숍에서 다른 주제들은 부하를 마구 부리는 환자의 행동 유형, 스트레스와 생체자기제어(biofeedback), 부끄러움 극복, 자기를 통제하기 위한 동양(명상적) 접근 그리고 '변화하지 않는' 행동 유형을 변화시키는 것을 돕기 위해 행동적 스트레스 관리를 포함하였다. 특별한 관심은 같은 프로그램에 아주 많은 임상적 접근이 함께하였다는 것이다. 과거에는 공통된 주제에 대해 이렇게 다양한 접근을 인식하지 않았다. 현재는 이 모든 접근들이 '책임감' 의 규정 아래 함께 그룹이 되었다.

EST*

책임감 수용에 대한 대중적 상품화는 EST보다 더 분명한 것은 없다. EST는 1970년대 가장 대중화되고 상업적으로 성공한 워크숍이다. 이러한 성공과 책임감의 개념에 대한 관심으로 EST는 특별히 친근한 시험을 보증하였다.

훌륭하게 포장되어 많이 사용되고, 상당히 유익한 개인 변화에서 집단 접근은 에르하르트(Werner Erhard)가 창안, EST는 짧은 시간에 한 사람이 기초한 것에서 거대한 조직으로 발전하였다. 1978년까지 EST에는 170,000명의 대학원 학생들이 있었고, 1978년에는 900만 달러가 넘는 이익을 남겼고, 300명의 유급직원과 7,000명의 자원봉사자들이 있었다. 그리고 이 조직에 조언을 주는 이사진은 사업 행정가, 변호사, 대학총장, 캘리포니아 의과대학의 전 총장, 저명한 정신과 의사, 정부 관료 그리고 유명 연예인들이 포함되어 있었다.

EST의 조직은 2주 동안 훈련가와의 교육, 상호작용, 개인을 모욕하고 충격을 주는 구조화된 훈련을 통하여 안내받은 개인들이 많이 모인 큰 그룹으로 구성되어 있다. EST에서의 이러한 절차는 미국의 신흥종교, 마음 역동, 만남 그룹, 의미요법, 선 묵상에서 개인 성장의 기술들을 빌려온 집합임에도 불구하고[40], 이것의 주된 공격은 책임성 수용이다. EST의 참가자들과 지도자들의 진술이 이러한 책임성 수용을 분명하게 한다.

> 지도자가 "우리 각자는 다르다. 왜냐하면 우리 각자는 다른 선택을 하기 때문이다. 우리 삶에서 우리를 곤경에 빠뜨리는 것은 선택하는 무능력이다. 당신이 선택을 할 때 당신의 인생은 앞으로 전진한다. 항상 그 선택은 간단히 예 혹은 아니요로 요약된다. '나는 모릅니다'는 역시 선택이다. 즉, 책임감을 회피하려는 선택이다."[41] 라고 설명하였다.

한 참석자는 이 워크숍에 대한 기억을 다음과 같이 말했다.

* (역자 주). EST는 Erhard 세미나 훈련(Electroshock therapy), 자기발견과 자기실현을 위한 체계적 훈련

훈련자가 소리치기를 "당신이 책임감을 가지고 있을 때는 당신이 기차 선로 위에 누워 있어 기차가 그 위로 지나가게 하지 않는다는 것을 안다. 철로 위에 그대로 두는 당신은 머저리다."라고 하였다.

책임감의 주제는 이 워크숍의 모든 것에 스며 있었다. 사실 이 훈련으로부터 내가 얻은 것을 몇 단어로 요약한다면, 우리 각자는 우리 자신의 경험의 원인이며 우리 경험에서 발생하는 모든 것에 대하여 책임감이 있다고 말할 것이다.[42)]

책임감 수용의 주제는 EST에서 분명한 부분이다. 이러한 상호작용 속에서 EST 훈련자는 사람들은 자신에 대한 책임이 있다는 것을 효과적으로 주장한다.

"여러분 각자는 자신의 경험의 유일한 원천이고, 그래서 여러분이 경험하는 모든 것에 전적으로 책임이 있다. 당신이 이것을 알았을 때, 당신 삶을 나쁘게 하는 90%를 포기할 것이다. 그렇지, 행크(Hank)?"

행크가 퉁명하게 말하기를, "봐라. 내가 하는 모든 것에 대하여 내가 책임을 가지고 있다. 그러나 내가 노상강도를 당했을 때 이것에 대하여 내가 책임감을 가진다는 것은 말이 안 된다."

"행크, 당신 경험의 근원이 누구입니까?"

"이 경우에는 노상강도일 것입니다."

"그 노상강도가 당신의 마음을 가져간다는 말인가요?"

"내 마음과 지갑입니다."

"그날 아침 침대에서 일어난 것에 대하여서는 당신이 책임이 있습니까?"

"예."

"그 길거리에 있는 것도 그렇습니까?"

"예."

"손에 총을 가지고 있는 사람을 보는 것도 그렇습니까?"

"그 사람을 보는 거요?"

"예, 노상강도를 보는 것 말입니다."

"노상강도를 보는 것에 대한 책임감 말입니까?"

"예."

"글쎄, 확실히 그를 보았을지도 모릅니다."

"만일 그때 당신이 눈이 없고, 코가 없고, 귀가 없고, 피부에 감각이 없었다면, 그 강도를 경험하지 못했을 겁니다. 그렇지 않습니까?"

"예, 이해합니다."

"그 시간에, 그 장소에, 당신이 빼앗길 돈을 가지고 있었다는 것에 당신은 책임이 있습니다."

"예, 이해합니다."

"그 강도에게 저항하지 않음으로 목숨에 대한 위험을 감수하지 않기를 선택하였고, 지갑을 포기하기를 선택하였습니까?"

"어떤 사람이 총을 가지고 나에게 돈을 내놓으라 하면, 선택의 여지가 없습니다."

"그 시간과 그 장소에 있기를 선택하였습니까?"

"예, 그러나 그 강도가 나타나는 것을 선택하지 않았습니다."

"당신은 그 사람을 보았죠, 그렇지 않습니까?"

"확실히 그렇습니다."

"그 강도를 보는 것에 대한 책임성이 당신에게 있습니다. 그렇죠?"

"예, 그렇습니다."

"그러면 생각해 보세요. 당신이 경험하는 모든 것은 당신이 그것을 경험하지 않는 이상 경험하지 못합니다."

"모든 살아 있는 창조물의 경험은 그 경험에 유일한 근원인 살아 있는 창조물이 유일하게 창조하는 것입니다. 정신 차리세요. 행크!"[43]

대부분의 EST 졸업생들은 그들의 소득에 대하여 토의할 때 무엇보다 먼저 책임성의 수용을 강조한다. 한 EST 졸업생은 다음과 같이 말했다.

(사람들은) 자신들의 요통, 편두통, 천식, 궤양 그리고 다른 질병을 발생케 했다는 것을 깨달았다…. 질병은 그냥 발생하지 않는다. 사람들이 자신의 신체적 질병에 자신의 책임이 있다는 것을 인정하고 사람들이 자리에서 일어나는 것을 보는 것은 괄목할 만하다. 이들이 자신의 인생의 경험을 솔직하게 직면하였을 때, 그들의 질병은 사라졌다.[44]

더 나아가 다음의 사례에서 한 훈련자는 어떤 부인이 암에 걸린 것은 그 남편에게 책임이 있다고 한다.

"어떻게 내 아내가 암에 걸린 것에 내 책임이 있습니까?"

"당신은 다른 사람들과의 동의에 따라서 암이라는 질병이 발생하도록 부인의 명백한 행동경험을 만드는 데 책임이 있습니다."

"그러나 내가 암을 발생케 하지 않았습니다."

"프레드(Fred), 생각해 보세요. 내가 말하는 것이 당신이 받아들이기가 어렵다는 것을 압니다. 40년간 밖에서 발생하는 것과 수동적이고 무죄한 구경꾼인 당신은 차, 버스, 주식시장 붕괴, 신경증적 친구 그리고 암에 치이도록 계속 두었기 때문에 나는 당신이 할 수 있는 한 열려진 사람이라는 것을 지금 알았음에도 불구하고, 당신은 자신의 신념구조를 창조하는 데 40년을 위해 열심히 일했습니다. 나는 알았습니다. 이 방에 있는 모든 사람은 같은 신념구조를 가지고 살고 있다는 것을 알았습니다. 나는 무죄합니다. 밖에 있는 현실이 잘못된 것입니다.

"그러나 이러한 신념구조는 작용하지 않습니다! 이것이 인생이 움직이지 않는 한 이유입니다. 중요한 현실은 당신의 경험이고, 당신은 당신 경험의 유일한 창조자입니다.[45]

"당신은 당신 경험의 유일한 창조자입니다." 이 말은 자유와 책임성에 대한 사르트르의 진술과 놀랍게도 유사하다. EST의 핵심, 즉 '그것을 얻은 것'의 '그것'은 책임성 수용이다. 그래서 EST는 어떤 중요한 것을 하는 것으로 비춰질 수 있다. 그러나 불명료한 개념과 이 개념들을 홍미를 끄는 언어로 다시 고쳐서 하는 것은 친근한 캘리포니아 사람인 '대중주의적' 사르트르다. 만일 철학적 사상에 대한 이 교묘한 적용이 작용한다면, 전문적인 치료자들은 EST 방법론으로부터 배우기 위해 관계를 가져야 할 것이다.

그러나 이 방법이 작용되는가? 불행하게도 이 질문에 대한 결정적인 답은 없다. EST에 대한 결과를 감독하거나 조사하지 않고 있다. 그리고 EST 졸업생들이 효과성이 많다고 말하고 있지만, 이 효과성은 효과측정에 근거한 것이 아니다. 결과에 대한 유사한 열정적인 목소리가 T-그룹, 집단 감수성 훈련, 누드 만남(nude encounter), 마라톤, 에살렌(Esalen) 신체자각, 사이코드라마, 물리요가법(rolfing), 교류분석, 게슈탈트, 생명의 근원(Lifespring), 마약중독갱생단체(synanon)에 이르기까지 모든 새로운 개인 성장 기술에 대한 것이 우리 주변에 많이 있다. 그러나 이렇게 많은 접근에(EST도 같은 절차를 밟을 것이다) 대한 역사의 교훈은 한동안 반짝한 후 점차 빛을 잃어 가고, 다음 기술로 바뀐다는 것이다. 이러한 다양한 기술 접근에 대해 참석자들의 대부분은 전단계 기술에의 참여사실과 어떤 다른 접근에 대한 충성이 있었다. 이러한 역사의 뒤에는 무엇이 있는가? 이것은 이 접근방법이 정말로 본질적이고 영구한 효과를 가지고 있는 것에 대한 의심을 낳게 하지 않는가?

후속 연구들은 많은 EST 졸업생들이 자신들의 경험을 매우 긍정적이고 건설적이었다고 평가하고 있는 것을 보여 준다. 그러나 우리는 평가 조사의 구조가 적합하지 않다는 것에 주의해야 한다. 많은 경험적 연구가 실재로 경험의 편집인 것을 단순히 따르는 것보다 실수를 하기 쉬운 평가분석은 없다는 것을 제시하고 있다. 조사 방법의 한 면만을 단지 시험하는 것은 선택에 문제가 있다. EST에 가는 것을 누가 선택하였는가? EST에 출석하려고 선택하고, 많은 비용을 들여 그곳에 가고, 주말 동안 녹초가 된 참석자들이 프로그램의 내용에 상관없이 변화되는 것(혹은 그 자신들이 변하겠다고 말하는 것)이 가능한가?

여기에 대한 답은 가장 확실하게 가능하다. 만병통치약 반응, 문제가 예상되는 세트 그리고 자원봉사자들의 심리적 태도에 대한 조사는 개인의 결과가 워크숍 전에 있었던 요소에 따라서 많이 영향을 받는다는 것이다. 물론 이러한 경향은 개인적 성장과정을 매우 힘들게 한다. 개인적 성장과정(집단감수성훈련 같은 것)을 위하여 자원봉사자를 모으는 공통된 안과 비슷한 숫자의 비자원봉사자와 함께 그들의 결과를 대조하는 것은 매우 결점이 많다. 사실 자신을 경험에 위임하고, 개인적 성장을 바라고, 매우 높은 기대를 하는(부분적으로 효과적인 전 집단(pre-group)에 참석했던 사람들(hype)의 선전으로 만들어진다) 사람들로 구성된 성장집단이나 워크숍은 참가자들 중 다수가 항상 성공적으로 간주한다. 여기서 혜택을 부정하는 것은 중요한 인식적인 불협화음을 초래할 수 있을 것이다. 집단을 참석한 후 그룹인 'high'의 열정적인 추천은 편재하고 있다. 단지 부적응한 지도자만이 이러한 환경 아래서는 실패를 한다.

신뢰할 만한 증거가 없다면, 무엇에 기대할 수 있는가? 나는 EST에 대하여 입수 가능한 내적 증거를 조사할 수만 있다면, 심각하고 놀라운 불일치를 발견할 수 있다고 제안한다. 책임성 수용의 목적을 공언하면서, EST는 동시에 대단히 심하게 구조화되었다. EST의 주말 프로그램은 수없이 많이 강요하는 기본적인 법칙이 있다. 술, 약, 신경안정제 복용과 시계 착용을 금지한다. 정해진 휴식 시간을 제외하곤 화장실도 이용할 수 없다. 이름표를 항상 차고 있어야 한다. 의자는 이동할 수 없다. 시간엄수를 강조한다. 지각한 사람은 출입할 수 없거나 대중에게 창피를 당한다.[46] 회원들은 넓게 마련한 공간에서만 아침식사를 할 수 있고, 주머니에 숨긴 과자는 맡겨 놓아야 한다.

많은 EST 졸업생 자원봉사는 대가를 받지 않는 보조자들인데, 그들의 경험을 묘사한 것에서 평가하면, 자신의 자율성을 포기한 행동과 힘 있는 권위에 복종하는 것에 대하여 상당히 즐거워한다. EST 자원봉사자인 한 임상심리학자의 말을 생각해 보자.

> 나의 다음 일은 이름표를 정렬하는 것이다. 이름표는 수직으로 10개씩 놓여 있어야 하고, 만지면 안 되며, 완벽한 줄을 유지해야 했다. 지금 나는 EST의 작은 데까지 세밀한 것을 깨달았다. 각 사소한 일에 대한 소개는 정확했고, 정확함과 신중함을 가지고 훌륭한 소개 책자를 기대하였다. 나는 같은 정확성을 가지고 임무를 수행하여야 했다.
>
> 이름표에서 책상보까지…. 각 책상보는 사각 모퉁이에 핀을 꽂고 그 천을 마루가까이 늘어뜨리되 닿지는 않도록 정확한 길이로 있어야 했다…. 내가 옆에 서서 보조자들을 감독하는 사람을 보기 위하여 머리를 들었을때 그가 "천이 바닥에 닿았습니다."라고 했다….
>
> 집중을 해서 다시 책상보를 정리했다. 세팅은 완벽했고, 천은 적합한 길이를 유지하고 있었다. 이 작업을 마쳤을 때, 이것은 EST에서 사용하는 용어로 경험에서 아무것도 남는 것이 없이 끝마쳤다는 것을 의미했다.[47]

'완벽한 줄' '작은 데까지 세밀한 주의' '소개 책자로부터 사람이 기대하는 정확성', 책상보는 '정확한 길이'로 달려 있다. 일치와 구조에 대한 이러한 열정 중 어디에서 자유와 책임성을 찾을 수 있는가? 한 워크숍에서 EST의 보조자들 모두가 에르하르트(Werner Erhard) 같이(파란 코트, 칼라가 없는 하얀색 상의, 헐거운 회색 바지) 입고, 에르하르트와 같은 머리 모양을 하고 있는 것에 나는 더 불편했다. 에르하르트처럼 '그리고'라는 단어로 시작을 했고, 거의 종교적인 낮은 음색으로

EST에 관하여 말하였다. 다른 자원봉사자들의 보고서를 생각해 보라(이것은 에르하르트가 배서된 EST의 책에서 많은 노력이 없이도 끄집어 낼 수 있고, EST에서 자신들의 조직에 관하여 나에게 알려 주기 위하여 보냈다).

에르하르트가 자신의 사무실이 있는 샌프란시스코의 타운하우스를 자원봉사자로 청소하기로 한 젊은 여성은 자신이 어떻게 이 일을 수행해야 하는지에 대하여 상세하게 교육을 받았다고 나에게 말했다. "커피 테이블 위에 있던 모든 물건들을 청소해야 했고, 그것을 반 인치라도 어긋남 없이 있던 곳에 다시 두어야 했다.[48]

EST 본부에서 화장실을 청소했던 한 사람은 EST에서는 이 일을 할 때 단 한 가지의 방법만이 있다고 보고했다. 그는 EST 방법으로 완벽하게 화장실을 청소하는 데 얼마나 많은 생각과 노력이 들어가는지에 대하여 놀랐다.[49]

우리는 '영접하는 사람'의 역할을 하면서 어떻게 웃어야 하는지 교육을 받았다…. [다른 시간에는] 찡그린 얼굴로 있었다. 내가 이것을 나의 감독자에게 말했을 때, 그는 단순하게 "도우는 목적은 돕기 위해서입니다. 당신이 지금하고 있는 일을 하십시오. 유머 시간에는 유머를 하십시오."[50]

한 개업 심리상담사가 그녀의 자원봉사일을 다음과 같이 기술했다.

나의 주말의 높은 점수는 내가 화장실로 갈 수 있는 가장 짧고 효율적인 길을 지도화한 후에 왔다. 업무에 대한 상세한 책임을 지고 있는 남자가 와서 나에게 "감사합니다. 이러한 지도 설명은 우수합니다."라고 하였다. 와! 나는 몇 시간 동안 기분이 좋았다.[51]

'바른' 방법으로 일을 하라. 화장실을 청소하는 것은 EST의 방법이다. 커피 테이블에 물건을 정확하게 되돌려 놓는 것은 반 인치라도 빗나가서는 안 된다. '유머 시간' 에는 유머를 하라. 화장실로 갈 수 있는 가장 효과적인 길을 지도화한 후 "몇 시간 동안 기분이 좋았다." 이러한 말들은 자신의 자유를 상실하면서 자신의 자율성을 포기하고 짐승의 짐을 가진 것에 눈이 먼 채로 뒤집어쓴 것에 대한 기쁨에 대하여 가지는 분명한 만족을 곰곰이 생각하게 한다.

많은 EST 졸업생들의 진술은 개인적 힘이 아니라, 더 높은 존재에 자신을 포기하는 것을 생각하게 한다. 판단과 결정을 하는 것은 인정되지 않는다. 신성한 섭리에 따라 웃음을 짓는 것보다 더 중요한 것은 없다. EST의 자원봉사자는 교묘하게 진술한다.

> 일이 완성되지 않았을 때 에르하르트의 목소리는 커진다. 나는 그것으로 떨지만, 나는 그가 나를 사랑한다는 것을 안다. 정말로 미친 소리 같지 않습니까? 이것은 방법입니다. 당신은 에르하르트가 원하는 방향으로 당신은 일을 하면 됩니다.[52]

에르하르트는 어떤 인생보다 더 큰 인물이 되어 버렸고, 그의 흠은 '수정되었으며', 그의 약점은 선한 것으로 변하였고, 그의 재주는 초인간적 특성으로 변했다. 한 임상심리학자가 에르하르트를 처음 만났을 때 자신의 인상을 말했다.

> 에르하르트를 아직 만나지 못했을 때, 친구 한 명이 나에게 "그 사람은 너를 마치 어떤 것도 존재하지 않는 것처럼, 네가 전 세상인 것처럼 느끼도록 만들어 줄 것이다."라고 말했다. 8시에 불빛이 갑자기 어둑해지고, 에르하르트가 나타났다…. 그의 나이인 40세보다 훨씬 젊어 보였고, 피부와 눈은 믿을 수 없을 정도로 깨끗했다. 옷은 완벽하게 만든 밝은 갈색 상의, 목단추가 풀린 하얀 와이셔츠, 검은 바지를 입었다. 청중은 일어나서 박수를 쳤다. 에르하르트는 그들과 하나가 되었다.[53]
>
> 곧 청중은 안정되었고 그 자석같이 단단하고 테니스 선수의 몸과 예언자의 눈을 가진, 매력 있는(그러나 잘생긴 것은 아니다) 남자에게 열심히 초점을 맞추었다.[54]

'믿을 수 없을 정도의 맑은 눈' '예언자의 눈' '에르하르트는 그들과 하나가 되었다'는 이러한 선언은 개인의 판단과 자유의 끝이라는 신호의 선언으로, 다른 EST 출신의 임상심리학자가 다음과 같이 쓰도록 유발했다. "EST 조직의 중앙에서 훈련하는 집단을 마음속에 상상하면 상상할수록, 무질서 안에 있는 더 많은 선을 상상하게 된다."[55] 그러므로 EST에 대한 주된 비판은 극단적인 단순한 것이 아니라(거기에는 선이 있을 수 있다), 또 거대한 성과(사상의 모든 위대한 조직은 대중화를 요구한다)가 아니라, 이것은 근본적으로 일관성이 없다는 것이다. 독재주의는 개인적 자율성을 가르치지 않는다. 그러나 반대로 자유를 하찮게 여긴다. EST가 하는 것처럼 개인적 책임성의 성과는 권위주의 관점에서 발생할 것이라고 주장하는 것은 궤변이다. 어쨌든 어느 것이 성과이고 어느 것이 과정인가? 프롬이 우리에게 가르친 것처럼 자유로부터의 도피는 깊게 뿌리 내리고 있는 것이다. 우리는 책임성을 회피하기 위하여 어느 정도 갈 것이고, 만일 필요하다면 권위가 책임성을 수용키 위해 가장하라고 요구를 하더라도 책임성을 회피할 것이다. 권위적인 절차가 성과가 된다는 것이 가능한 것인가? 아마 권위적인 것은 시작부터 그랬을 것이다. 결코 알지 못할 것이다!

책임감과 심리치료 : 연구증거

책임성과 심리치료의 연관성은 두 가지의 제안과 연관되어 있다. 책임성 회피는 정신건강에 전도적(conductive)이지 않다. 그리고 심리치료에서 책임성 수용은 치료적 성공으로 이끈다. 이러한 제안을 도울 수 있는 어떤 경험적 증거가 있는지 결정키 위해 사용할 수 있는 조사를 검사해 보자.

먼저, 이러한 제안들은 문제를 너무 단순화한다는 것을 인식하는 것이 중요하다. 예를 들어, 방어기제의 성격을 고려하면 이 중 어떤 것은 책임회피(억울한 누명, 외재화, 통제 상실과 같은)의 결과로 부적응된 것이고, 반면에 다른 것(은총이나 신의 섭리에 대한 믿음과 같이 중요한 사회적 강화)은 잘된 것이다. 한편 다른 사람들은 책임감 불안을 계속 일어나게 하는 내적 요인을 직면함이 없이 너무 전적으로, 너무 공개적으로 직면할 수 있다. 만일 개인이 자신의 실존적 상황과 그 속에 원래부터 있는 불안을 직면하려면 어느 정도는 자아의 힘이 필요하다.

책임성 회피는 정신건강에 나쁜 것인가?

책임성 회피가 정신건강에 나쁘다는 증거를 발견하는 것은 쉬운 일이 아니다. 왜냐하면 '책임감' '자유' '의지'에 대하여 연구자들이 명료하게 연구한 것이 없기 때문이다. 컴퓨터로 처리된 조사는 무엇이든지 경험적 연구를 산출하지 않는다. '책임성'이라는 용어는 형식적인 질병분류학적 범주에서 발견되지 않고, 책임성 회피 혹은 수용의 개념도 정신치료의에 있어서 찾아볼 수 없다. 결과적으로 나는 약간 빗나가 문헌에 접근하여 문헌에 책임성과 가능한 연관성을 가진 연구가 있는가를 살펴보았다. 제4장에서 토의한 것처럼 가장 관계된 구성의 통제의 중심이었다.* 통제의 외적 중심은 책임성 수용의 부족처럼 여겨질 수 있다. 만일 책임성 회피가 건강에 '나쁘다' 면, 그때 나는 통제의 외적 중심이 비정상적인 개인적 기능과 긍정적으로 연관되어 있다고 기대하였다. 나는 외적 중심에 두는 사람이 내적 중심에 두는 사람에 비교해서 부적합성에 대한 느낌을 많이 가졌고,[56] 귀찮아하는 분위기를 더 가졌으며,[57] 더 긴장하고, 걱정하고, 적의적이고, 혼란해하고,[58] 낮은 성취감을 가지고, 정치적 활동이 적고, 더 많이 염려하고,[59] 덜 상상적이고, 더 많이 좌절하고, 더 두려워한다는[60] 것을 연구를 통해 발견하였다. 정신분열증 환자는 외부적 방향에 더 많은 점수를 내고 있다.[61] 심한 정신적 상처를 입은 환자는 약한 상처를 입은 환자보다 더 외부적인 요소에 중심을 두고 있다.[62]

우울증은 통제구조의 중심에 대하여 대부분 연구된 장애다. 왜냐하면 분명하게 명백한 희망상실과 우울증 환자의 치명성은 심지어 훈련되지 않은 관찰자도 이러한 환자는 자신의 경험적 세계에 영향을 미치는 것과 자신에게 영향을 미치는 힘을 가지고 있다고 믿지 못하게 한다. 우울증을 겪는 개인들은 통제의 외적 근원에 대한 것을 가지고 있고, 행위와 결과 사이의 인식된 정정(correction)의 망가진 결과로 깊은 무력과 희망상실을 나타낸다.[63]

우울증의 한 주축이 되는 이론은 셀리그먼(Martin Seligman)이 만든 '학습된 무기력' 모델로, 이것은 우울증의 다양한 구성(감정적, 인지적 그리고 행동적)은 생애 초기에 자신의 통제 밖에 있는 결과(보상이나 벌)로부터 배운 것의 결과라 가정하고 있다.[64] 자신의 행동과 결과 사이에 우연한 것이 없다는 것을 배운 사람은 효과적인 방법으로 행동하는 것을 그칠 뿐만 아니라 우울증 양상도 보이지 않기 시작하였다. 실존주의적 용어로 말한다면, 이 모델은 살아가면서 자신에게 발생한 일에 자신의 책임이 없다는 것을 믿는 사람은 중한 대가를 받을 것이라는 것을 가정한다. 그들이 책임성의 자각과 연관된 실존적 불안의 대가를 지불하는 것을 피

* 피상적 차원에서 통제의 중심은 개인이 자신의 행동에 대하여 책임감을 수용하든지, 개인이 자신에게 발생한 일을 믿든지, 개인적 행동과 관련을 시키지 않아서 개인의 통제 밖에 있다는 것을 회상해 보라. 책임감을 수용하는 개인은 '통제' 의 내적 중심을 생각하는 사람이고, 그것을 거부하는 사람은 통제의 '외적' 중심을 가진 사람이다.

함에도 불구하고, 셀리그먼이 요구한 것처럼, 그들은 운명론과 우울증을 나타낼 것이다.

우울증의 학습된 무기력 모델은 실험에 뿌리를 두고 있는 것이고, 피할 수 없는 스트레스에 노출된 실험용 동물은 피할 수 있는 스트레스에 노출되면 훨씬 부적응한다는 관찰에 기초한 것이다. 예를 들어, 피할 수 없는 충격을 받은 개들은 전에 피할 수 있는 충격이나 전혀 충격을 받지 않은 개들보다 피할 수 있는 충격에서 벗어나는 데 결과적으로 미약하다.[65] 인간을 연구하기 위하여 고안된 유사한 실험도 많이 시도되었다. 예를 들어, 실험대상들이 피할 수 없는 시끄러운 소리에 노출되고, 동물 이동 상자 안에 유사한 상황을 마련하고 인간이 들어갔을 때,[66] 연속적으로 진행된 실험은 피할 수 있는 잡음 탈출에 더 실패하거나 어떤 문제를 풀어 가는 데 약해진 것을 보여 주었다.[67]

이러한 결과들은, 사람이 실험실 안에서 가르침을 받는다면, 그의 행동은 환경으로부터 스스로를 구출할 수 없고, 이어 계속되는 대응행동은 손상된다는 것을 알려 주는 것이다. 더욱이 클라인(David Klein)과 셀리그먼은 우울한 개인은(피할 수 없는 잡음에 대하여 예비조치를 받지 않은 사람) 피할 수 없는 소음을 받은 비우울증 사람과 비교할 수 있는 태도를 발견했다.[68] 밀러(William Miller)와 셀리그먼은 문제를 푸는 실험에서 비교할 수 있는 것을 발견하였다.[69] 다른 실험에서는 우울한 사람들이(우울하지 않은 대상들과 같지 않다) 실험에 대한 미래의 성공에 낮은 기대를 가지고 있었고, 이러한 기대는 강요에 의해 영향을 받지 않았다.*[70]

요약하면, 책임감 수용과 회피를 개념적으로 비교할 수 있고 넓게 사용되고 있는 심리적 도구인 통제의 중심은 책임성 회피(통제의 외적 중심)가 정신병리학, 특히 우울증의 어떤 형태와 연관되어 있다는 것을 말한다. 우울증의 학습된 무력 실

* 흥미로운 개념적 역설이 우울증의 학습된 무기력 모델과 우울증 환자는 결과가 자신의 책임이라고 추측하는 강한 경향과 부정적 기대가 특징이라고 단정하는 벡(Aaron Beck)이[71] 묘사한 우울증에 대한 인지적 모델 사이에 존재한다. 그러므로 우울증 환자는 자신들의 통제 밖의 명백한 사건에 대하여 자신들을 비난한다(예를 들면, 정신이상으로 우울해진 환자는 전쟁이 시작된 것이나 자연재해에 대하여 자신을 비난할 수도 있다). 에이브램슨(Lynn Abramson)과 색케임(Harold Sackeim)은 아직 화해할 수 없는 이 역설을 훌륭한 관찰 안에서 토의를 한다.[72]

험적 패러다임은 그 이상의 협조적인 증거를 제공한다.

통제 혹은 책임감에 대한 개인의 태도의 기원을 연구한 결과는 우리에게 무엇을 말해 주는가? 내재화와 외재화의 전조는 초기 가족 환경에 놓여 있다는 것을 말해 주는 어떤 증거가 있다. 지속적이고, 따뜻하고, 주의 깊고, 책임감 있는 환경은 통제의 내적 중심을 발달시키는 전조이고, 반면 지속적이지 않고, 예측할 수 없고, 비교적 적합하지 않은 환경(이러한 것은 낮은 사회경제 계층에서 자주 발견된다)은 개인적 무력감과 통제의 중심을 외부에 두게 한다.[73] 일반적 입장에서도 역시 차이를 가진다. 첫째로 태어난 사람은 내적인 것에 중심을 더 둔다(왜냐하면 이 사람들은 집안일과 자신의 행동, 그리고 동생들에 대한 책임으로 자주 더 책임감을 가지기 때문이다).[74]

심리치료가 책임감 자각을 증진시키는가? 도움이 되는가?

몇몇 연구과제는 치료의 결과와 통제 중심의 변환 사이의 관계성을 조사하였다. 길리스(John Gillis)와 제서(Richard Jessor)는 통제의 중심을 외재성에서 내재성으로 이동하여 향상된 입원환자들을 조사하였다.[75] 두아(P. S. Dua)는 비행청소년 무리와 행동치료 프로그램의 결과로 통제 중심에서 이들의 내재성이 증가한 결과를 보고했다.[76] 노윅(Stephen Nowick)와 버네스(Jarvis Bernes)는 불우한 도심내의 청소년들이 여름캠프에서 효과적인 훈련을 이용함으로써 내재성이 증가한 것을 보여 주었다.[77] 감수성을 경험한 집단구성원에 대한 몇몇 연구는 집단경험이 구성원을 내재성으로 움직였다는 것을 발견했다.[78] 불행하게도 이러한 연구들은 의욕적으로 구성된 것이 아니라 빈약한 것이고, 전혀 통제집단을 사용하지 않았으며, 호손(Hawthrone) 효과*를 위해 조정하는 데 실패하는 '비치료' (no-treatment)도 사용하지 않았다. 더욱이 그 결과들은 서로 연관되어 있고, 환자는 통제의 중심을 이동했

* (역자 주) Hawthrone Effect는 'Hawthrone' 이라는 산업공장에서 처음 발견되었기에 명명되었다. 새로운 프로그램, 일, 방법, 조직, 조건 등에 근로자들이 처음 얼마간 이러한 새로운 혁신에 대하여 흥미를 가짐으로써 일에 대한 효율성이 증가된 현상을 말한다.

기 때문에 향상된 것인지, 향상으로 통제의 중심을 이동한 것인지 말하지 않는다.

다른 조사접근은 치료를 마친 환자의 주관적 보고를 연구한 것이다. 만일 환자에게 특별히 치료에서 유용하다고 생각한 것에 대하여 물어보면, 그들은 흔히 개인적 책임성의 가정과 발견을 말하곤 한다. 20명의 성공적 그룹 환자의 연구에서 나와 나의 동료는 치료에서 '변화 기제' 를 생각나게 하는 60가지의 Q-종류*를 집행했다.[79] 이 60조항은 12개의 '치료력 있는 요소' 범주에서 개발된 것이다(각각 5개의 조항으로 이루어져 있다). ① 정화, ② 자기이해, ③ 치료자와의 관계보다는 다른 구성원과의 관계에서의 정체성, ④ 가족 재현(re-enactment), ⑤ 희망의 주입, ⑥ 보편성, 즉 다른 사람도 나와 같은 문제를 가지고 있다는 것, ⑦ 그룹 결집력, 즉 다른 사람의 수용, ⑧ 다른 사람에게 도움이 되는 이타성, ⑨ 제안과 충고, ⑩ 사람 간에 배우는 '정보' (input), 즉 다른 사람이 어떻게 인식하는가에 대한 배움, ⑪ 사람 간에 배우는 '결과' (output), 즉 사람 간의 관계성에서 기술이 개선됨, ⑫ 실존적 요소의 범주다.

이 '실존적' 범위는 다섯 가지 조항으로 구성되어 있다.

1. 인생이 때때로 공정치 않고 바르지 않다고 인식하는 것
2. 인생의 고통과 죽음으로부터 궁극적으로 탈출할 수 없다는 것을 인식하는 것
3. 내가 얼마나 다른 사람에게 가깝게 접근했는가에 관계없는, 나는 여전히 삶에서 혼자라는 것을 인식하는 것
4. 나의 삶과 죽음에서 근본적 문제를 직면하면서 인생에 더 정직해지고, 하찮은 일에 신경을 덜 쓰는 것
5. 내가 다른 사람들로부터 얼마나 안내와 보조를 받았는가에 관계없이, 내 인생을 살아가는 방법에 대하여 궁극적 책임성을 가지고 있다는 것을 배우는 것

이 연구에서 치료자들은 실존적 경향을 가지고 있는 사람들이 아니었고, 대신 전통적이고 상호적으로 기초한 집단이었다. 그리고 '실존적 요소' 의 범주는 거

* 환자들에게 60개의 항목을 주고 (각각 분리된 카드에) 이것을 7가지 범주로 분리하도록 한다 ('가장 도움되는 것' 에서 '가장 도움되지 않는 것').

의 추가로 삽입된 것이다. 그러므로 결과가 일람표로 만들어졌을 때, 우리는 전통적 치료 프로그램의 부분이 아닌 '덤' (throw-in) 항목에 상당히 괄목할 만한 중요성을 환자들이 생각했음을 알았고 매우 놀랐다. 실존적 요소의 전 범주는 12개 범주의 중에서 여섯 번째로 되어 있다(개인적 항목의 서열을 합하여 평균 낸 것에 따라 정해짐). 5번 항목 '내가 다른 사람들로부터 얼마나 안내와 도움을 받았는가에 관계없이, 내 인생을 사는 방법에 대하여 궁극적 책임성을 가지고 있다는 것을 배우는 것' 은 특히 높게 평가되었다. 60가지의 항목에서 이것은 환자들이 다섯 번째로 중요한 것으로 평가하였다.

요크(D. York)와 아이먼(C. Eisman)은 이 실험을 마약과 알코올에 중독되어 일주일에 6일간 강도 깊은 심리치료를 받은 18명의 사람들과(집단방법에 대해 중요하게 강조), 마약중독자의 부모들 14명에게 강도 깊은 치료 가운데 되풀이하였다. 이 실험이 역시 발견한 것은 이 '책임감' 항목이 역시 선택된다는 것이었다(이것은 한 집단에서는 60항목 중 1위고 다른 집단에서는 2위였다).[80]

드라이어(J. Dreyer)는 정신병원에 들어온 환자들에게 '치료적 요소' 도구를 시행하였고, 8일 후에 다시 하였다. 그는 정신병원에 들어온 민감한 환자들의 대다수가 다른 사람들이 자신들에게 인생 문제를 다룰 수 있도록 구체적 충고나 제안을 해 줄 것을 주로 기대했다. 치료 8일째가 되자 환자의 대부분은 이 믿음을 변경했다. 자신들에게 도움이 되는 것은 외부에서 오는 믿음을 가지기보다는 자신들의 개인적 책임성을 반드시 생각해야 한다는 것을 알았다고 말했다.[81]

여성의 의식을 증진시키는 집단 효과에 대한 광대한 연구에서, 리버먼(Morton Lieberman)과 그 밖의 연구진은 '집단구성원과의 인터뷰는 반복적으로 나 혼자가 자신의 행복에 대하여 책임감이 있다' 는 하나의 주제적 관심을 나타낼 때가 있다고 했다.[82]

호로비츠(Leonard Horowitz)는 40명의 환자들과의 인터뷰를 3개의 비디오(첫 번째 테이프는 치료 전이고, 두 번째는 치료 후 8개월, 그리고 세 번째는 치료 후 12개월 후)로 녹화하여 연구하였다. 그는 환자들이 '나는 …를 할 수 없다' 혹은 '나는 …를 해야 한다' 혹은 유사한 표현('나는 할 수 없다' '나는 반드시 해야 한다' '나는 필요하다' 등등)으로 말을 시작하는 환자의 표현을 조직적으로 세어 보았는데, 그러한 표현과 무력감이 치료가 진행됨에 따라 상당히 줄어들었고, 개인적 책임성 수용

이 증가한 것을 발견하였다.[83)]

이러한 모든 자료는 성공적인 심리치료가 개인의 인생에서 개인적 책임감을 더욱더 깨닫게 해 준다는 것을 보여 주고 있다. 효과적인 치료 결과 중 하나는 사람이 관계성과 친밀성에 대하여 배울 뿐만 아니라, 말하자면, 개인이 다른 사람과의 관계에서 무엇을 획득할 수 있는가와 또한 관계성의 제한성을 발견하는 것은 치료와 인생에서 다른 사람에게서 가질 수 없는 것을 배우는 것 같다.

치료자 유형 : 조사 증거 특히 책임감을 회피하려는 환자들은 활동적이고 지시적이고 치료 회기를 구조화하는 치료자들을 선호한다(뭐라고 해도 좋은 것을 기대한다). 통제도구의 중심을 사용한 세 가지 계획이 이러한 선호도에 대한 연구증거를 보여 준다.

헬버그(G. C. Helweg)는 정신질환 환자와 대학생들에게 비시지적 인터뷰를 하는 로저스(Carl Rogers)와 극단적이고 적극 지시적 인터뷰를 하는 엘리스(Albert Ellis)의 영상을 보여 주었다. 그리고 어떤 상담자를 선호하는지 물었다. 통제의 중심을 외재성으로 가지고 있는 실험 대상인은(책임감을 회피하는 사람) 적극 지시적 치료자를 훨씬 좋아하였다.[84)]

야콥슨(R. A. Jacobsen)은 행동주의적 치료자들과 분석적 경향을 가진 치료자들에게 그들의 치료 접근을 구체화하라고 주문했다. 그리고 그녀는 환자들에게 좋아하는 치료자를 선택하라고 했다. 통제의 중심을 외재성에 두고 있는 환자들은 지시적이고 행동주의적인 치료자들을 선호하였고, 반면 통제의 중심을 내재성에 두고 있는 환자는 비지시적이고 분석적인 치료자를 선호하였다.[85)] 윌슨(K. G. Wilson)은 비슷한 방법을 사용하여 중요한 변화는 통제와 참여에 대한 치료자의 태도(환자가 인식한)라는 것을 발견하였다. 내재성 소유자들은 치료과정에서 환자 자신을 전적으로 참여하고 통제하는 것을 허락하는 치료자를 선택할 것이다.[86)]

책임성 회피를 가진 환자들의 문제(통제의 중심을 외부에 두는 외재성 환자)는 적극 지시적 치료자의 선택이 자멸적이 될 것이라는 점이다. 요구되는 통제는 필요로 하는 통제가 아니다. 더 활동적이고 강압적인 치료자일수록(외면상으로 환자를 돕는 것이 책임감을 가지게 한다 해도), 환자는 더 유아적으로 된다.

동료들과 내가 행한 한 프로젝트 연구는 이 점을 보여 주고 있다.[87)] 우리는 18개의 집단 감수성 훈련 그룹을 연구하였는데, 이것은 다양한 심리학적 사상을 가진 학파들의 지도자가 지도하고, 10주간 동안 30시간을 가졌다. 관찰자들은 지도자의 행동에 대한 모든 면을 평가했다. 활동의 수준, 의견의 내용, 행정적 역할의 정도(제한, 법칙, 규범, 목적, 시간관리, 속도 조절(pacing), 중재 조정 등), 구조화된 실행 숫자(어떤 특별한 과업이나 연습으로 치료자가 집단에게 요구하는 것인데, 예를 들면 반응 연습, 증인역할, 심리극이 있다) 등의 면이다. 모든 지도자들은 구조화된 훈련을 사용하였다. 어떤 지도자는 각 회기마다 다양한 구조화된 연습을 사용하였고 어떤 지도자는 아주 적게 사용하였다. 우리가 지도자의 행동과 그 결과의 관계성을 분석하였을 때(자존심, 대처기제, 인간관계 형태, 주변인의 평가, 생의 가치 등), 흥미로운 관계성이 나타났다.

1. 행정기능의 양과 결과 사이에 관계성이 존재했다. 다른 말로 하면, 중용의 법칙이 나타났다. 너무 많이 혹은 너무 적은 것은 형편없는 결과와 연관이 있다. 너무 많은 행정적 기능은 매우 구조화된 권위적 결과를 낳는데, 이 구조 안에서 구성원들은 자율성을 발전시키지 못한다. 너무 적은 것은 구성원들이 당황하여 허둥대는 결과를 낳는다.
2. 지도자가 구조화시킨 연습을 더 사용할수록, 집단이 끝이 날 때 즉각적으로 지도자를 능력 있는 자로 여기나, 그 그룹의 구성의 결과는 더 성공적이지 않았다(6개월 후에 평가된 것이다).

이 마지막 발견의 교훈은 분명하다. 당신의 환자가 당신이 무엇을 하고 있는지를 생각하길 바란다면, 당신은 활동적이고, 원기력 있고, 구조화시키는 지도자여야 한다. 그러나 이러한 전략은 환자의 성장에서 책임성 수용을 방해할 수도 있다는 것을 받아들일 준비를 해야 한다.

책임감의 한계

책임성 개념은 심리치료에서 결정적이다. 그리고 이것은 실용적으로 맞는 말이며, 실지로 그렇게 '작용' 한다. 이것의 수용은 개인으로 하여금 자율성과 환자의 잠재성을 성취토록 한다.

그러나 이 진리가 얼마나 더 적용될 수 있을까? 많은 치료자들은 책임성의 전문적 주체이지만 자신들의 마음과 믿음 구조에서만 비밀스럽게 생각하는 환경론적 결정주의자들이다. 나는 오랫동안 개인 혹은 집단으로 심리치료사들을 치료해 왔고, 이 과정에서 심리치료사들이 얼마나 자주 이중적 표준을 가지고 있는지 발견하였다(나도 예외는 아니다). 환자는 자신의 세계를 만들고 그것에 책임감을 가지고 있는 반면, 치료자들은 구조화된 비상식적 대상이 아닌 세계에 살고 무엇이 '진짜' 인지를 조정하려고 스스로 최선을 다한다.

치료자들과 환자들은 그들의 불일치한 믿음 구조 때문에 대가를 지불한다. 치료자들은 책임성 수용을 주장하나, 이들의 비밀 의심은 누설된다. 그들 자신이 믿지 않으면서 환자들을 설득할 수 없다. 치료자들은 무의식적으로 동정을 가지게 되고, 결과적으로 환자의 저항이라는 올무에 걸린다. 예를 들어, 다른 남성을 필사적으로 찾는 우울한 이혼 여성을 치료하는 데 치료자는 환자가 책임성을 수용하도록 돕는 노력을 주저할 수도 있다. 환자의 저항은 '환자는 매력적이고 마음을 끄는 사람인 것 같은데, 48세로 혼자인 이 여성에게 주변은 거칠고, 여러 면에서 혼자 사는 것이 환영받지 못하고 있고, 샌프란시스코에는 마음을 끄는, 착실한 독신 남성이 거의 없다. 그녀의 일은 생존하기 위해 필요한 일이기 때문에 다른 사람을 만날 기회도 별로 없다. 아마 그녀가 맞을 수도 있다. 만일 정말 진정한 남자(Mr. Right)가 온다면, 그녀 문제의 90%는 없어질 것이다. 이 환자는 '운명의 희생자' 라고 생각하는 치료자에게 책임적 감정을 생각나게 한다. 그래서 치료자는 환자의 저항과 함께 공포 속으로 들어가고 남자를 만나도록 하는 전략을 제안하는 것으로 치료를 축소한다. 싱글 클럽, 컴퓨터 데이트, 배우자 없는 사람 등등(마치 이런 것은 환자가 이러한 계획을 자기 스스로 할 수 없는 것과 같다)을 추천하는 것이다.

치료자의 진정한 교육은 그 여성 환자에게 '진정한 남자' 가 나타나 어떤 면에서 '그 후에 계속해서 행복하다는 것' 이 드러나지 않을 때 발생한다. '진정한 남자' 는 정말로 충분한 것이 아니다. 혹은 남자가 너무 의존적이거나, 너무 독립적이거나, 너무 가난하거나 부자이거나, 너무 차가운 사람이다. 아니면 그 여성 환자가 자신의 자유를 포기하는 것을 원치 않거나, 그녀가 필사적으로 남자를 잡는 바람에 남자가 놀라서 도망가거나, 그녀가 너무 걱정해서 그녀의 자발성이 발휘되지 못하여 남자는 그녀가 비어 있고 흥미가 없다는 것을 발견한다. 사실 치료자는 때를 맞춰 친근감으로 갈등을 가지는 개인이 관계성을 떼어놓기 위해 다룰 수 있는 방법은 끝없이 많다는 것을 알게 될 것이다.

분명하게 치료와 다른 관계성에서 이중적 기준은 안 될 것이다. 치료자는 책임성에 대한 자신의 믿음을 실험해야 하고, 일치하는 위치에 도달해야 한다. 환경과 개인적 자유 사이의 관계성은 예외적으로 복잡하다. 사람들은 자신의 운명을 조형하거나, 환경론적 결정주의자인 스키너(B. F. Skinner)가 주장하듯, 전적으로 환경의 부수적 사건에 따라서 결정된다("사람은 세상 위에서 행동하는 것이 아니라, 세상이 그 사람에게 행동한다.").[88]

일반적으로 환경론자와 개인의 의지를 믿는 자유주의자 사이의 논리와 현실성에 관한 토의는 환경론자에게 우수한 것 같다. 자유주의자는 '보다 부드럽고' 측정할 수 없으며 감정적 논의에 호소한다. 그래서 심리치료사들은 진퇴양난에 처한다. 효과적으로 치료하기 위해서, 치료자들이 자유의지론자이어야 한다. 그러나 많은 치료자들은 실험적 심리학이든 사회심리학이든, 혹은 생물학적이나 의학적 과학의 광범위한 학문적 배경과 함께 그들 자신이 믿음의 비약을 자유선택의 관점으로 다루기를 원하는 것을 발견하나, 비밀스럽게 결정주의자의 논의는 논파할 수 없다는 것을 믿는다.

그러나 개인적 책임성의 위치에 대한 본질적인 논쟁이 있는데, 이 중 어떤 것은 경험적 조사의 지지를 가지고 있는 이 딜레마로부터 나올 수 있는 길을 제공해 주고 있다. 첫째로 사람은, 예외 없는 환경론적 자유주의는 극단론적 위치이기에 이것은 '어려운' 경험적 조사에 대한 독단적인 지지를 더 이상 요구할 수 없다는 것을 인식해야 한다. 스키너는 우리가 환경의 지배를 받기 때문에 우리 각자는 환경을 조정함으로써 행동을 조정할 수 있다고 주장한다. 그렇다면 환경을 조정하는 사람이 누구인가? 가장 광적인 결정주의자들조차도 우리의 환경을 변형시키기 위해서 결정되었다고 주장하지 않는다. 이러한 주장은 분명하게 무한적인 후퇴로 이끈다. 우리가 환경을 조정한다면 우리는 환경에 따라서 더 이상 결정되지 않는다. 1936년 빈스바그너(Binswanger)는 프로이트의 80회 생일을 기념하여 쓴 에세이에서, 프로이트의 개인적 발달과 기여는 그의 결정론적 이론의 제한성에 대한 놀라운 예라고 지적했다.

> 우리의 삶의 힘으로 결정된다는 사실은 진실의 한 면일 뿐이다. 다른 한 면은 인간은 이러한 힘을 스스로의 운명으로 결정한다는 것이다. 단지 이러한 두 가지 면이 함께하여 정상과 광기의 전적인 문제를 받아들인다. 프로이트처럼 자신의 운명을 망치로 단련하는 사람들은- 언의 중재 속에서 프로이트가 창의한 예술은 이것에 충분한 증거다- 이러한 사실을 가장 적게 논의할 수 있을 뿐이다.[89]

반두라(Albert Bandura)는 1974년 미국심리학협회(American Psychological Association)의 의장식 연설에서, 이 관점을 '상호보완적 결정주의' 라고 언급했고 잠재적인 것과 실재적 환경 사이를 구분했다. 모든 개인들이 같은 잠재적 환경을 가지고 있음에도 불구하고, 각 개인은 실재적으로 자신의 환경을 조절한다.

> 한 연구자는 TV, 포르노그래피, 핀볼 게임, 전기기차, 영화 슬라이드 그리고 전자 오르간을 둔, 매우 눈을 끄는 다양하고도 특별한 환경 상태에서 정신분열증 어린아이와 정상적인 어린아이를 연구하였다. 놀 수 있는 것을 작동하기 위해서 아이들은 기계에 동전을 넣어야 했는데, 단 각 장치에 불이 켜졌을 경우에만 그랬다. 전등이 꺼졌을 때 동전을 넣으면 기계가 동작하지 않는 상태의 기간이 점점 길어졌다. 정상적인 아이들은 환경이 어떻게 자신들에게 보상하는 조건을 만들고 제공하는지에 대한 이점을 빠르게 이용하는 방법을 배웠다. 대조적으로 단순한 조작 기술을 익히는 데 실패한 정신분열증 아이들은 똑같은 환경에 대해 자신들을 박탈하고 불유쾌하게 만드는 보응의 환경으로 경험하였다.[90]

그러므로 행동과 환경 사이에는 상호보완적인 관계성이 있다. 개인의 행동은 개인의 환경에 영향을 준다. 반두라가 지적하기를 "우리는 고약한 행동을 하는 사람들이 어디를 가든지 예측할 수 있는 부정적 사회 환경을 낳는 경향을 가진 개인들과 익숙하다. 다른 사람들은 동등하게 이러한 환경에서 가장 좋은 것을 나타낸다."라고 했다. 반대로 각 개인이 만드는 환경은 미래의 행동에 영향을 준다. 환경과 행위는 상호의존적이다. 환경은 주어진 것이 아니라, 행위처럼 원인을 가지고 있다. 반두라는 "앞서 있는 원인의 퇴보 속에서, 비지시적 환경론자가 발견한 모든 닭 때문에, 사회학습 이론가들은 앞서 있는 달걀을 증명할 수 있다."라고 주장하였다.

경험적 연구의 거대한 집단은 상호보완적 결정주의의 입장을 보조한다. 이러한 자료는 어디에서나 볼 수 있고,[91] 인간의 대화적 상호작용, 기대적 환경, 상호적 관계성과 개인적 선호성과 뉴스 매체의 내용, 인식과 지각, 자기조직의 자율적 기능과 생체자기제어(biofeedback)와 같은 분야에서 이것은 본질적이고, 엄격한 것을 주목하는 것 외에는 예증하지 않겠다.

많은 자유의지론자들은 상호적 결정주의 이론이 제공한, 기대하지 않았던 경험적 지지에 즐거워함에도 불구하고, 많은 사람들은 이것이 충분하지 못하다고 한다. 그들은 사회심리학적이고 행동실험적인 방법에 결정적 결점이 있다는 것을 논쟁할 것이다. 그 결점이라는 것은 의존적 가변성이 '행동' 이라는 것이다. 자유와 결정주의 관계성의 토의에서 반두라는 자기 확신적 논리(행동주의자 입장에서)로 시작한다.

> 큰 도시에서 상영되는 많은 영화 중에서 어떤 영화를 볼 것인가 결정할 때 개인에게는 강제력이 별로 없어서 개인적 선호성이 현저한 결정요소가 된다. 이와 대조적으로, 만일 사람이 깊은 수영장에 빠졌다면 그들의 인식과 행위적 표현은 다양하지만 그들의 행위는 놀랍도록 유사할 것이다.[92]

자유의지론자에게 상당한 문제가 되는 구절은 수영장에 빠진 사람의 행위가 '놀랍도록 유사할 것' 이라는 것이다. 물론 문제는 '행위' 다. 선택이나 자유로 측정되는 행동의 기준은 어떻게 결정되었는가? 만일 사람의 수족, 신체적 활동이나 생리적 지수를 측정하려면 다른 피조물과 마찬가지로 인간의 신체적 범위 혹은 행동적 조건이 철저하게 삭감될 것이다. 그러나 수영장에서 목까지 물이 차도, 인간에게는 자유가 있다. 그 사람은 이 상황에 대하여 용기를 가질 것인지, 생각할 것인지, 숙명론적으로 받아들일 것인지, 지혜롭게 행동할 것인지, 공포에 떨 것인지 등 상황에 대하여 어떻게 적응할 태도를 가질 것인지 선택한다. 사용할 수 있는 심리적 조건의 범주에 대해서는 제한이 없다. 약 2,000년 전에 에픽테토스(Epictetus)가 말했다.

> 나는 반드시 죽는다. 감옥에 투옥될 것이다. 유배될 것이다. 그러나 내가 신음하면서 죽어야 하는가? 또한 애처롭게 소리 내면서 죽어야 하는가? 그러나 유배되는데 미소를 지으면서 가는 것을 방해할 사람이 있는가? 주인은 나에게 사슬을 채우려고 위협한다. 당신은 무엇이라고 말하는가? 나에게 사슬을? 그래, 당신이 나의 발에 사슬을 묶을 수 있다. 그러나 나의 의지는 그렇게 하지 못한다. 심지어 제우스도 이것을 정복하지 못한다.[93)]

여기에 사소한 핑계가 없다. 물에 빠진 사람이 가진 자유의 이미지조차도 바보같이 나타날 수 있으나 이 이미지 뒤에 있는 원칙은 매우 중요하다. 상황에 대한 사람의 태도는 인간 존재의 매우 중요한 핵심이고, 측정할 수 있는 행위에 기초한 인간본성에 대한 결론은 인간본성에 대한 곡해다. 환경, 유전자, 생의 기회를 부인할 수는 없다. 제한된 환경은 분명한 것이다. 사르트르는 '불행의 공동작인'(coefficient of adversity)에 대하여 말했다.[94)] 우리 모두는 삶에 영향을 주는 자연적 역경을 맞이한다. 예를 들어, 뜻하지 않은 사건은 직장이나 배우자를 만나는 데 방해가 될 수 있다. 신체적 결함, 부적절한 교육, 좋지 않은 건강 등이 그러하다. 그러나 우리가 이러한 환경에서 책임성(혹은 선택)이 없다는 것은 아니다. 우리는 우리의 결함으로부터 스스로 결정한 것에 대한 책임이 있다. 그것에 대한 우리의 태도는 인생의 쓴 것, 분노 혹은 우울은 '불행의 공동작인' 과 연결되어 장애라는 것이 개인을 좌절시킬 것이라 확신하며 행동한다. 예를 들어, 신체적 매력의 시장가치는 높지만, 많은 사람들은 매력 없는 신체적 특징을 초월하는 매력과 스타일을 가지고 있다(나는 이것이 40세 이후에는 자신의 얼굴에 대하여 책임을 가져야 한다고 말한 링컨(Abraham Lincoln)이라고 믿는다). 모든 것이 실패하고 불행의 공동작인이 강력할 때, 사람은 이 역경에 대하여 적응하는 태도에 책임을 가지고 있다. 쓴 후회의 삶을 살든지, 혹은 불행한 것을 초월하는 방법을 발견하든지, 그리고 이런 조건에도 불구하고 의미 있는 삶을 형성하든지 해야 한다. 나의 한 환자는 자신의 신체적 외관과 한 남자와의 성적인 관계성이 없는 인생은 가치가 없다고 믿는 것을 '선택' 하여 자신을 고문함으로 바람직한 남성을 만날 가능성이 심각하게 위태로운 지경에 빠지게 되었다. 그녀는 다른 여성 혹은 남자와의 관계에서 성적 관계가 아닌 우정에서 느끼는 친밀감의 깊은 기쁨을 포함하여 많은 조건을 닫아 버렸다. 이 환자와의 치료 내용은 이 근본적 가설에 도전하는 것으로 이루어졌다. 사람은 부부가 아니면 아무것도 아니다(이 관점은 특히 여성들에게 항상 강한 사회적 강화다). 결국 그녀는 자신의 외모에 아무 책임이 없음에도 불구하고, 스스로 완전한 책임을 지고 있었고, 이러한 믿음 구조에 자신이 붙어서 심각한 자기비하의 결과를 낳았다는 것을 깨달았었다.

외부적으로 '주어진' (공동작인) 것에 대한 인정과 수용은 자신의 외적인 환경에 대한 수동적 자세를 포함하지 않는다. 신마르크스주의와 급진적 정신의학의 찬성자들은 그 정신건강운동에 대하여 책임을 할당한다. 말하자면, 이것은 질문할 것 없이 자신의 운명(물질적으로 부여된)을 수용하도록 주장하는 개인의 해로운 환경을 무시한다. 그러나 책임성의 전적인 수용은 세상이 중요성으로만 되어 있는 것이 아니라, 개인이 자신의 외적인 환경을 언제든 변화시킬 수 있는 책임성을 가진다는 것을 수용하는 것이다. 중요한 과업은 개인의 진정한 불행의 공동작인을 밝히는 것이다. 이러한 점에서 치료의 궁극적 과업은 환자들이 변경할 수 없는 것을 재구조화할 수 있도록 환자를 돕는 것이다.

신체적 질병

개인적 책임감은 개인의 심리적 상태에 대한 책임감보다 훨씬 더 확장된다. 무시할 수 없는 의료적 증거는 신체적 질병이 개인의 심리적 상태에 따라 영향을 받는다는 것을 보여 주고 있다. 질병에서 몸과 마음과 상호의존적 분야는 너무 방대해서 적당한 한 번 진찰에 대해 급하게 따르는 것과 한 특이한 질병인 암에 대한 책임성에 대한 근래의 발달을 간단하게 토의하는 것은 불가하다.

프로이트는 1901년 『일상생활의 정신병리(*The Psychopathology of Everyday Life*)』에서 스트레스와 질병의 연관 분야의 윤곽을 나타냈다. 이 책에서 그는 우연적 부상은 우연적인 것이 아니라 정신적 갈등의 표현이라고 했다. 그는 우연적 부상이 유별나게 많은 것으로 고생하는 개인은 '사고의 경향이 있는' (accident prone)것으로 표현했다.[95] 프로이트를 따르는 분석가들의 두 세대가 정신신체 의학 분야를 발달시켰는데, 여기에 의학적 질병 중 몇 가지(예를 들어, 관절염, 위궤양, 천식, 궤양성 대장염)는 환자의 심리적 상태에 영향을 받은 것으로 발견되었다.

신체적 기능면은 자율적 신경조직의 통제를 받기 때문에 현대 생체자기제어(biofeedback) 기술, 묵상, 넓고 다양한 자동제어 기제는 개인의 통제와 책임에서 새로운 흥미로운 사실을 보고하고 있다(신경조직의 분열은 오랫동안 '비자발적인 신경조직' 으로 언급되었다).

개인적 책임성의 개념은 암과 같은 질병을 치료하는 데 적용되고 있다. 오래 계속되는 생각은 개인 통제의 범위를 넘어 있다. 암은 항상은 외부적으로 근원을 두고 있는 원형질로 보여 왔다. 암은 경고 없이 우리를 놀라게 한다. 그리고 환자는 암의 시작이나 그 과정에 거의 영향을 줄 수가 없다. 근래에 암에 대한 이러한 생각을 되돌리는 매우 대중화된 시도가 있다. 환자는 질병에서 자신의 역할을 시험하도록 요청받는다. 방사선 종약의사인 사이몬튼(O. Carl Simonton)은 암에 대해 인지적으로 기초한 치료를 제안함으로써 이 시도를 앞서 하고 있다.[96] 그의 생각은 현재 질병 이론에 기초하고 있는데, 그것은 개인은 암세포에 늘 노출되어 있다는 것이며, 사람의 몸은 어떤 요소로 저항이 낮아져 암이 걸리기 쉽게 되지 않는 한 이 세포에 저항한다고 제안한다. 스트레스가 면역체계와 호르몬 균형에 영향을 줌으로써 질병에 대한 저항을 감소시킨다는 괄목할 만한 증거가 있다. 만일 이 증거나 연구가 더 발견된다면 심리적 힘은 암의 진행과정에 영향을 주기 위해 집합될 수 있다는 것이 사이몬튼의 생각이다.

사이몬튼의 연구방법은 매일 시각적 묵상의 방법으로 구성되었는데, 여기서 환자는 첫 번째로 자신의 암이 어떻게 자신에게 나타나는가 상상하는 시각적 은유에 집중하고, 그 암을 퇴치시키는 신체의 방어에 대한 시각적 은유에 기초한 묵상을 한다. 예를 들어, 어떤 환자는 암을 햄버거로 시각화하고 신체의 방어인 백혈구는 햄버거를 삼키는 들개의 무리로 시각화한다. 사이몬튼는 환자들에게 스트레스를 다루는 자신의 양식을 시험하라고 부탁한다. 질병이 펴지는 한 환자에게 묻는 첫 번째 질문은 "당신에게 이 질병이 오도록 어떤 것을 하였습니까?" 다.

나의 지식을 다 동원해서 이러한 접근은 생존의 시간을 증진시킨다는 가치 있는 증거는 없다. 그리고 사람은 이 치료에서 너무 많이 약속하는 조직에 대하여 회의적일 것이 분명하나 이 치료의 요구를 입증하는 비교적 단순한 조사를 간과하고 있다. 그럼에도 불구하고 사이몬튼의 접근은 심각한 질병을 다룰 때 책임성의 역할에 대하여 중요한 것을 가르치고 있다. 왜냐하면 의사의 도움을 받지 않고 시각적 묵상을 사용하는 환자조차 자신의 질병에 대해 더 활동적이고 책임적인 위치를 가지고 있기 때문이다. 무기력과 사기저하는 암환자를 치료하는 데 중요한 문제이기 때문이다. 암은 어떤 다른 질병보다 무기력감을 나타내게 한다. 환자들은 자신의 조건에 대하여 어떤 개인적 통제의 노력을 할 수 없는 것으로 느낀다. 다른 질병(심장질환이나 당뇨)을 가진 환자는 자신이 치료에 참여할 수 있는 여러 방법이 있다. 이들은 식이요법을 할 수 있고, 의학적 양생법, 휴식, 정해진 신체 단련 등을 할 수 있다. 그러나 암환자는 아무것도 하지 못하고 기다릴 뿐이다. 다음 암세포가 신체의 어느 부위에 나타날 때까지 기다리는 것이다. 이러한 무력감은 흔히 치료의 과정에서 결정하는 데 환자를 참가시키지 않은 의사들을 통해서 커진다. 많은 의사들은 환자와 함께 정보를 나누는 것을 싫어하고, 그 정보를 우회시키며, 앞으로의 치료에서 필요한 결정 사항을 가족들과 상의한다.

그러나 만일 사이몬튼의 방법이 비본질적이고 생존 시간을 증진시키지 않는다면, 그것은 거짓에 기초하고, 자체에 항복되도록 운명지어진 것이 아닌가? 나는 책임성 수용의 개념은 어떤 암환자, 심지어 질병이 훨씬 더 악화된 사람에게조차도 치료적 수단을 제공한다고 믿는다.[97] 첫째로, 환자의 신체적 조건에 관계없이 (말하자면, 역경의 공동작인) 사람은 항상 자신의 짐을 취하는 태도에 책임을 가지고 있다. 암이 몸의 다른 부위로 전이되어 수술이나 의료적 치료를 할 수 없는 환자와 일을 하면서, 질병에 대한 그들의 태도의 주된 차이성에 깊은 인상을 받았다. 어떤 사람은 절망 가운데 포기하고 이미 심리적 죽음을 가지고, 이것은 어떤 조사가 제안하듯이,[98] 또한 너무 이른 때의 신체적 죽음이기도 하다. 내가 제5장에서 설명한 것같이 다른 사람들은 자신의 질병을 초월하고, 자신의 죽음을 삶의 질을 향상시키는 촉매로 사용한다. 개인의 태도에 대한 책임성은 개인의 감정에 대한 것을 의미하지는 않으나(사르트르는 이렇다고 요구할 것이다), 감정에 대하여 개인이 취하는 입장을 의미한다. 프랭클의 한 농담이 이 점을 말해 준다.

제1차 세계 대전 동안에 한 유대인 군의관이 어릴 때부터 친구였던 귀족적인 육군 대령과 함께 여우 굴 옆에 앉아 있는데, 그때 심한 총성이 시작되었다. 성가시게 육군 대령이 말했다. "너 무섭지? 이것은 아리아인(Aryan)이 셈족(Semitic)보다 우세하다는 증거다." "그래, 나는 무서워."라고 의사가 말했다. "그러나 누가 더 우세해? 만일 친애하는 대령이 나처럼 무서워했다면, 너는 더 오래전에 도망을 갔었을 거다."[99]

암환자와 치료를 하는 치료자는 후기의 무력감과 절망에 대해 집중함으로써 큰 것을 제공할 수 있을 것이다. 서포트 집단 안의 암환자와 작업을 하면서 동료들과 나는 힘과 통제감을 향상시키는 몇 가지 방법을 개발했다.[100] 예를 들어, 흔히 암환자는 무기력을 느끼고 의사를 어린아이 같은 태도로 대하고 관계를 가진다. 우리 그룹이 이 점에 예리하게 집중을 했고, 이것은 의사와의 관계성에 대한 환자들의 책임성을 수용하는 것을 돕는 데 효과적이었다. 환자들이 의사와의 관계성을 서술한 이후, 다른 구성원들은 다른 방법을 제안했다. 역할극을 하면서 환자는 의사에게 자신의 권리를 주장하는 새로운 방법을 연습하였다. 환자는 의사에게 시간을 요청하고, 자신의 병에 대한 정보를 요구하는 것을 배웠다(만일 환자들이 원한다면). 어떤 환자는 자신의 진료 기록을 보기를 요구하거나 엑스레이(X-ray)를 보기를 원했다. 그리고 어떤 환자는 괜찮다고 여길 때 궁극적 책임감을 수용하고 더 이상의 치료를 거부했다.

치료집단 안의 많은 환자들은 사회적 행동을 통해서 자신감을 개발하였다. 많은 환자들은 암환자의 권리를 말하고, 자신에게 영향을 미치는 정치적 이슈에 대하여 캠페인을 벌였다(예를 들면, 인공가슴에 대한 세금 혜택 등). 마지막으로, 이미 설명한 것같이, 집단치료자들은 참여자들이 자신의 집단기간 동안에 환자들이 책임감을 수용할 수 있도록 용기를 줌으로써 잠재성을 다시 회복하는 데 도움을 주었다. 이들은 자신의 자각을 증진함으로써 자신의 필요에 맞도록 집단을 형성해 나갔다. 정말로 집단의 모양을 만들어 나가는 것은 자신의 책임감이다. 치료자는 삶의 다른 면에서 각 개인의 책임감 수용을 증진시킬 수 있다.

책임감과 실존적 죄책감

환자의 책임감 자각을 촉진시키려고 시도하면서 치료자는 금방 치료적 장소에 초청되지 아니한 실재를 만난다. 그 실재가 책임감의 어두운 그림자인 죄책감인데, 이것은 흔히 실존적 심리치료의 과정 속으로 침입한다.

실존적으로 기초한 치료에서 '죄책감' 은 전통적 치료에서의 의미와 다른 의미를 나타낸다. 전통적 치료에서 죄책감이란 잘못 행한 것과 연관이 있으며, 불안감과 불길감으로 묘사된 매우 불편한 상태다(프로이트는 주관적으로 '죄책감과 열등감은 구별하기 어렵다' 고 평가했다).[101] 신경증적 죄책감과 '진짜' 죄책감 혹은 부버(Buber)의 용어와 같이 '죄책감' 과 '죄를 느끼는 감정' 사이에 분명한 차이점이 있다.[102]

신경증적 죄의식은 (혹은 불균형한 힘이 있는 방법 가운데 대응하는 소규모 침입) 다른 개인, 고대와 현대의 금기, 부모 혹은 부족적인 것에 대한 상상된 침입으로 발생한다. '진짜' 죄의식은 다른 사람에 대한 실질적 침입에서 나온다. 주관적 경험은 비슷하지만, 죄의식의 이러한 형식은 치료적 관리가 아주 다르다. 신경증적 죄의식은 나쁜 감정, 무의식적 침입성 그리고 처벌받기를 원하는 것을 통하여 접근되어야 한다. 반면 '진짜' 죄의식은 실제적이거나 상징적으로 적합한 보상으로 접근되어야 한다.

심리치료에서 실존적인 접근은 죄의식의 개념에 중요한 차원을 더한다. 첫째로 개인의 행위에 대한 책임성의 전적인 수용은 탈출 창구를 줄임으로써 죄의식의 범주를 넓게 한다. 개인은 더 이상 "내 말은 그것이 아닙니다." "그것은 우연입니다." "나는 어떻게 할 수가 없었습니다." "나는 불가항력적인 충동을 따랐습니다." 와 같은 빠져나갈 구멍에 자신을 편안하게 의지할 수 없다. 그래서 진정한 죄의식과 개인의 인간관계의 취급에서 이 죄의식의 역할은 자주 실존적인 치료적 대화 안으로 들어온다.

그러나 죄의식의 실존적 개념은 '책임' 의 범주를 넓히는 것보다 더 중요한 어떤 것을 더한다. 가장 간편하게는 사람이 죄의식을 느끼는 데 다른 사람 혹은 도덕적이거나 사회적 규범에 대한 침입을 통하여 느끼는 것만 아니라, 자기 자신에 대한 침입에 죄의식을 느낄 수 있다. 실존론적 철학자 중 키르케고르와 하이데거는 이 개념을 가장 잘 발달시켰다. 하이데거는 죄의식과 책임감을 언급하면서 같은 용어(schuldig)를 사용한 것이 중요하다. '죄의식' 의 전통적 사용을 언급한 후 그는 다음과 같이 말한다. "죄의식을 느끼는 것은 또한 '책임감을 가지는' 중요성을 가지고 있다. 말하자면, 원인 혹은 발생에 대한 주체다."[103]

그래서 사람은 어느 정도 책임을 가지며, 자신과 세상에 대한 책임을 가진다.

죄의식은 인간의 기본적 한 부분이다. “첫째로 죄의식을 가지는 것은 책무의 결과가 아니라, 반대로 책무가 원시적 죄의식을 가지는 것에 기초할 경우에만 가능하다.”[104] 하이데거는 이 문제를 발달시킨다. “죄의식의 생각에는 ‘아니다’ (not)라는 특징이 있다. 존재라는 것은 항상 제정하고, 존재는 끊임없이 그 가능성의 뒤로 떨어진다.”[105] 그러므로 죄의식은 가능성 혹은 잠재성과 긴밀하게 연관되어 있다. ‘양심의 소리’ 가 들릴 때(즉, 자신의 ‘확실한’ 존재를 직면하도록 하는 소리), 사람은 항상 ‘죄의식’ 을 가진다. 확실한 가능성을 실현하는 데 실패하였다는 죄의식이다.

이 특별한 중요한 개념은 다른 사람들이 더 발전시켰다(훨씬 분명하게). 신학자 틸리히(Paul Tillich)의 기여는 특별히 심리치료에 연관되어 있다. 그의 저서 『존재로의 용기(*The Courage to Be*)』에서, 그는 인간이 비존재(nonbeing)의 생각에 대한 불안과 불안의 세 가지 근원을 구별했다. 세 가지 주된 형태 때문에 비존재가 위협을 받는다. 이 중 두 가지는[객관적인 존재의 위협인 죽음, 그리고 영적인 존재의 위협인 무의미(meaninglessness)] 내가 설명하였다. 세 번째는 이 토의와 밀접한 관계가 있다. 비존재는 우리의 도덕적 자기확신(self-affirmation)을 위협함으로써 존재를 위협한다. 그리고 우리는 죄의식과 자기확신의 불안을 경험한다. 틸리히의 주장은 매우 분명하다.

> 인간의 존재는 자기에게 주어졌을 뿐만 아니라 우리에게 요구를 한다. 인간은 그것에 대하여 책임이 있다. 글자 그대로, 인간은 **자신이 무엇을 하였는지**에 대해 대답하기를 요청받고 있다. 인간에게 묻는 인간이 인간의 판단자, 즉 그 자신이다. 이 상황은 불안을 양산하는 데 상대적 용어로 죄의식의 불안이고, 절대적 용어로 자기거부 혹은 정죄의 불안이다. 인간은 자신이 무엇이 되려 하는지, 자신의 운명에서 무엇을 실현하려는지에 대하여 자신이 물음을 받는다. 도덕의 모든 행위에서, 자기확신의 인간은 자신의 운명을 달성하는 데 기여하고, 자신이 잠재적으로 가진 것을 실현하는 데 기여한다.[106]

틸리히의 관점에서, ‘인간은 무엇이 되려고 하고, 어떤 운명을 완성시키려고 하는 것에 스스로 물음을 받는다’ 는 것은 자기 스스로가 되지 않으려는 존재로부터 나타난 절망의 형태를 그린 키르케고르에서 온 것이다. 자기성찰(죄의식의 자각)은 절망을 경감시킨다. 반면 인간이 절망 가운데 있는 것을 알지 못하는 것은 아직 더 깊은 형태의 절망에 있는 것이다.[107] 이러한 같은 관점이 랍비 서스야(Susya)가 죽기 전에 말한 것에서 나타난다. "내가 하늘나라에 갔을 때 그들이 나에게 '너는 왜 모세 같지 않았는가?' 라고 물어보지 않을 것이다. 대신 그들은 '왜 서스야 같지 않았는가? 왜 네가 될 수 있는 유일한 것이 되지 않았는가?' 라고 물어 볼 것이다."[108] 랭크(Otto Rank)는 정확하게 이러한 이슈에 대하여 알고 있었고 그는 사람이 철저하거나 혹은 생동력 있는 삶을 제한하면 우리 안에 활성화되지 못한 채 사용되지 않은 삶 때문에 죄의식을 느낀다고 했다.[109]

메이(May)는 억압의 개념은 개인의 잠재성과의 관계성의 관점에서 이해되어야 한다고 제안했다. 그리고 무의식의 개념은 개인의 실현화되지 않은 억압된 잠재력을 포함시키도록 넓혀야 한다고 했다.

> 그러므로 만일 어떤 한 사람의 억압을 이해하려고 한다면 우리는 다음 질문들을 물어야 한다. 그의 잠재성에 대한 그 사람의 관계성은 무엇인가? 그가 선택한 것이 어떻게 되어 가고 있는가 혹은 그가 알고 있는 것과 **다른 차원에서 그가 알고 있다는 것**을 아는 것으로부터 차단되도록, 선택하도록 강요당한 것이 어떻게 되어 가는가? …… 그래서 무의식은 충동, 사상 그리고 문화적으로 용납받을 수 없는 욕구로 생각되어서는 안 된다. 오히려 나는 무의식을 개인이 할 수 없거나 혹은 실현하지 않을 것을 아는 것과 경험하는 잠재성으로 정의한다.[110]

메이는 죄의식(존재론적 죄의식)을 '긍정적 건설적인 감정, …현재 그것이 어떤 것이고 그리고 그것이 무엇이 반드시 되어야 하는 차이의 개념' 으로 묘사했다.[111] 그러므로 실존적 죄의식(불안도 마찬가지)은 정신건강과 함께 대등하게 필요한 것으로 양립한다. "사람이 자신의 잠재성을 부인하고 실현하는 데 실패하면 그의 상태는 죄의식이다."[112]

각 사람이 실현되기를 갈망하는 특별한 잠재성을 가지고 있다는 것은 고대의 생각이다. 아리스토텔레스(Aristotle)의 '생명력' (entelechy)은 잠재성의 전적인 실현을 언급하는 것이다. 네 번째 육체적 죄인 나태(sloth)는 많은 사상가들이 '자신이 할 수 있을 것이라고 알고 있는 것을 자신의 전 생애에 행하는 데 실패하는 죄' 로 해석한다.[113] 이것은 현대 심리학에서 극단적으로 대중적이고 모든 현대 인문적이거나 실존적인 이론가나 치료자의 저술에 나타난다.*

예를 들어, 호나이(Karen Horney)의 성숙한 업적은 견고하게 선호할 조건하에서, 인간의 잠재성이란 상수리나무에서 상수리가 자연적으로 발달하는 것같이 인간의 본능적 잠재성은 자연적으로 발달한다는 기초 위에 있다.[123] 호나이의 주요 작업인 『신경증과 인간성장(*Neurosis and Human Growth*)』은 부제가 '자기실현을 위한 투쟁' (*The Struggle toward Self-Realization*)이다. 그녀의 관점에서 정신병리는 아이가 자신의 가능성 실현을 위해 성장하는 것을 방해하는 혐오스러운 환경이 있을 때 발생한다. 그러면 아이는 자신의 잠재적 자기를 상실하고 다른 자기 형상을 발달시킨다. 하나의 '이상화된 자기' 를 만들고 에너지의 방향은 이것을 향한다. 호나이는 '죄의식' 이라는 용어를 사용하지 않지만 그녀는 자신의 운명을 실현하지 않는 개인은 대가를 받을 것이라는 것을 잘 알고 있었다. 그녀는 고립감이란 사람이 진정 자기여야 하는 것에서 흩뜨러지는 것이라고 말하는데, 이것은 개인의 진정한 감정, 바람 그리고 생각의 유린 결과로 말하고 있다. 사람은 자신의 잠재적 자기의 존재를 감지한다. 그러나 무의식적 차원에 끊임없이 그것을 자신의 '실재적' 자기(말하자면, 세상에서 실질로 살고 있는 자기)와 끊임없이 비교한다. 사람은 자기가 실재에서 무엇이고 자기 경멸의 홍수가 작용하는 자기 사이의 모순을 전 생애를 통해서 대처해야 한다.

호나이의 영향을 많이 받은 매슬로(Abraham Maslow)는 내가 알기에는 '자기실현' (self-actualization)이라는 용어를 사용한 최초의 사람이다. 그 역시 사람은 환경이 너무 좋지 않아 성장하기보다는 안전을 위해 총력을 다해야 하지 않는 이상, 사람은 자연적으로 자신을 실현화시킨다고 믿고 있다(말하자면 '성장 동기' 보다는 '부족한 동기' 에 적응해야 한다).

만일 사람의 본질적인 핵심(천부적으로 주어진)이 부인되거나 억압되면, 사람은 때때로 분명하거나 미묘한 방법으로 아파진다…. 이 본질적인 핵심은 섬세하고 미묘하며 쉽사리 습관과 문화적 압박으로 압도된다…. 부인한다 할지라도 이것은 실현화를

* 특히 부버(Buber),[114] 머피(Murphy),[115] 프롬(Fromm),[116] 뷜러(Buhler),[117] 올포트(Allport),[118] 로저스(Rogers),[119] 융(Jung),[120] 매슬로(Maslow)[121] 그리고 호나이(Horney)[122]

위한 영원한 압박을 숨은 곳에서 지속한다…. (우리의 핵심에서) 떨어져 나가는 모든 것, 인간의 본성에 대항하는 모든 법은 우리의 무의식 안에 기록을 하고, 우리 스스로를 격멸하도록 만든다.[124]

그러나 사람이 어떻게 개인의 잠재성을 부인하는가? 사람이 이 잠재성을 만났을 때 어떻게 이것을 인식할 수 있는가? 사람이 자신의 길을 잃어버렸을 때 어떻게 알 수 있는가? 하이데거, 틸리히, 매슬로 그리고 메이는 한 목소리로 대답할 것이다. "죄의식을 통한다! 불안을 통한다! 양심의 소리를 통한다!" 실존적인 죄책감은 사람을 자기 자신에게로 되돌리게 안내해 주는 긍정적이고 건설적인 힘이라는 점이 이들 사이에서 일반적인 일치다. 환자 자신이 무엇을 해야 할지를 모를 때 호나이는 자주 간단하게 "당신 자신에게 질문하는 것을 해 보았습니까?"라고 대답했다. 사람 존재의 중심에서 사람은 자신을 안다. 밀(John Stuart Mill)은 자기에게 나타나는 여러 가지 모습을 기술하면서 근본적이고 영구적인 자기를 말했는데, 그는 이것을 '지속하는 나' (enduring I)로 언급하였다.[125] 이것에 대하여 성 오거스틴(St. Augustine)보다 더 잘 말한 사람은 없다. 그는 "내 안에 나 자신보다 더한 한 사람이 내 속에 있다."라고 하였다.[126]

임상적인 짧은 사건은 안내 역할을 하여 실존적 죄책감의 역할을 보여 준다. 한 환자가 심한 우울증과 무가치감 때문에 나에게 상담을 의뢰했다. 그녀는 50세이며 32년간 상담한 정서장애와 악의적인 남자와 결혼생활을 하고 있었다. 그녀는 삶에서 많은 경우 심리치료를 생각했지만 하지 않았다. 그 이유는 자신에 대한 치료가 결혼생활을 파경으로 몰 수 있고, 그녀가 소외, 고통, 수치, 경제적 곤란 그리고 실패를 인정하는 것으로 압박하는 것을 직면할 수 없었다. 결국 그녀는 무능력해져서 도움을 구하게 되었다. 그러나 몸으로는 내 앞에 나타났지만, 치료에 적극적이지 않아 치료가 거의 진행되지 못했다. 어느 날 그녀는 자신이 나이 드는 것과 죽음에 직면하는 두려움을 말하면서 드라마적인 전환점이 있었다. 나는 그녀에게 죽음에 가까운 자신을 상상해 보고, 그녀의 삶을 돌이켜 보고 느낌을 서술해 보라고 했다. 그녀는 주저함이 없이 "후회한다."라고 말했다. 나는 "무엇을 후회합니까?"라고 물었다. 그녀는 "내가 무엇을 할 수 있었는지에 대하여 알지 못하고, 내 삶을 허비한 것에 대하여 후회합니다."라고 대답했다. '후회' (실존적 죄책감에 대한 그녀의 용어)는 치료에서 중심이었다. 그때부터 우리는 이 용어를 지속적인 상담의 중심으로 사용했다. 몇 개월간의 힘든 상담 동안 결과에 대한 의심은 없었다. 그녀는 자신을 시험했고(그녀는 이혼했다), 치료가 끝이 날 무렵 후회보다는 가능성을 스스로 체험할 수 있었다.

죄의식, 자기경멸과 자기실현의 사이의 관계성은 내가 제5장에서 언급한 중년 환자인 브루스(Bruce)의 치료에서 분명하게 나타났다. 청소년기 이후 브루스는 성(sex), 특히 여성의 가슴에 집착했다. 그의 삶을 통하여 그는 자신을 경멸하였다. '구원' 은 브루스가 치료로부터 원하는 것이었다. 불안, 자기경멸 그리고 자신의 내면을 갉아먹는 죄의식의 지속성으로부터 구원되는 것이었다. 삶의 상황에 대한 개인적 책임감의 개념은 그에게 마치 외국어와 같았다. 그는 감정이 극에 달한 것을 느꼈고, 카프카(Kafka)처럼 영구적으로 공포에 질려 '구석에 앉을 수 있는 행운과 숨 쉴 수 있는' 것을 느꼈다.[127)]

몇 달 동안의 치료에 우리는 그의 죄의식과 자기경멸을 조사하였다. 그는 왜 죄의식을 느끼는가? 그는 어떠한 우를 범했는가? 그는 진부하고 지루하고 조잡한 범죄를 고백했고, 치료 동안 이러한 것에 집착하여 자랑해 보였다. 아이 때는 아버지의 잔돈을 훔쳤고, 보험 청구를 허위 조작했고, 수입에 대한 소득 신고를 속였고, 이웃집의 조간신문을 훔쳤고, 무엇보다 여성들과 성관계를 했다. 우리는 이 각각의 문제들을 시간을 가지고 조사했고 매 시간 자기학대가 지은 죄를 초과한다는 것을 새롭게 결정하였다. 예를 들어, 그가 자신의 난잡한 성관계를 말할 때 그는 아무에게도 피해를 끼치지 않았다는 것을 깨달았다. 그는 자신의 여자친구를 잘 대해 주었고, 속이지 않았으며, 서로의 감정을 고려했다. 그는 이성적 차원에 대한 자신의 '대항' 에 대하여 작업하여 자신이 '무죄' 하고, 자신에 대하여 크게 불공정했다는 것을 깨달았다. 그러나 죄의식과 자기증오는 수그러들지 않고 지속되었다.

책임감 자각에 대한 첫 번째 희미한 불빛은 그가 자신의 주장에 대한 두려움을 이야기할 때 발생하였다. 그는 전문적 위치에 있었기 때문에 대중 토론에서 그의 회사를 밝힐 수 없었다. 동의하지 않는 것이 특별히 어려웠고 서로를 대중적으로 비판하는 것이 어려웠다. 대중 토의보다 그를 더 두렵게 하는 것은 없었다. "그 상황에서 무슨 일이 발생할 수 있었습니까?" "무엇이 궁극적인 분위기입니까?" 라고 물었다. 브루스의 대답에 대해 의심이 없었다. '노출' 이었다. 그는 그의 적대자가 자신의 생애에서 수치스러운 성적 이야기의 목록을 무관심하게 큰 소리로 읽어 버릴까 봐 두려워하였다. 그는 조이스(James Joyce)의 소설 『율리시스(*Ulysses*)』에 나오는 블룸(Leopold Bloom)이 그의 은밀한 욕망에 대한 재판을 받는 악몽과 동일시하였다. 나는 그가 어떤 것을 가장 두려워하는지 궁금했다. 과거나 현재의 성적 모험의 노출일까? 그는 이렇게 말했다. "현재입니다. 나는 과거의 것을 취급할 수 있습니다. 나는 자신에 더 큰 소리로 '내가 과거에 그렇게 한 것은 그것은 그때다. 나는 지금 변하고 있고, 나는 다른 사람이다.' 라고 말할 수 있습니다."

점차적으로 브루스는 자신의 말을 듣기 시작했다. 그는 "나의 현재 행위, 내가 지금 당장 하는 것은 나의 주장에 대한 두려움의 근원이고 나 자신에 대한 경멸의 근원이고 또한 죄의식의 근원입니다."라고 말했던 것이다. 결과적으로 브루스는 그가 즉각적으로 그리고 전적으로 자기 자신의 증오의 근원이었다는 것을 깨달았다. 만일 그가 자신에 대하여 더 좋게 느끼기를 원한다면 혹은 자신을 더 사랑하기를 원한다면, 그가 부끄러워했던 일들을 멈추어야 했다.

그러나 더 큰 깨달음이 왔다. 처음으로 브루스가 자신의 입장과 선택을 한 후, 즉 성적 유혹을 보류한 것이다. 그는 점차적으로 개선되었다. 그 후 몇 개월간 그는 많은 변화를 거쳤다(성적 무기력의 기간을 포함해서). 그러나 점진적으로 그의 충동은 없어졌고 그의 선택이 증가되었다. 그의 행동이 변화됨에 따라, 그의 자기상도 드라마적으로 변화되었고, 자기확신과 자기 사랑이 증가되었다. 치료의 끝 무렵에 브루스는 죄의식에 대한 두 가지의 뿌리를 발견하였다. 첫째는 다른 사람들과(이것은 제8장에서 더 언급할 것이다) 자신의 만남을 그가 품위를 떨어뜨린 것에서 온 것이다. 둘째는 죄의식의 근원이 자기 자신에 대한 범죄에서 온 것이다. 그는 살아오면서, 주위와 에너지를 동물적으로 섹스와 가슴, 성기, 교접, 유혹 그리고 성행위에 대한 다양하고 교묘하고 터무니없는 변형에 집중했다. 치료에서 변화되기까지, 브루스는 자기 망의 자유고삐를 주지 않았고, 다른 생각을 하지 않았으며, 책을 읽지 않았고(여성들에게 감동을 주기 위해서 하는 것은 제외하고), 음악을 거의 듣지 않았고, 다른 사람을 거의 만나지 않았다. 브루스는 자신을 "그의 다리 사이에서 덜렁거리는 한 살덩어리 관(tube)에 이끌려 뜨거운 별 아래에서 이리저리로 끊임없이 괴롭힘을 당한 동물처럼 살았다."라고 말했다. 어느 날 "우리가 곤충류 삶을 면밀하게 공부할 수단을 가지고 있다고 상상해 보세요. 암컷의 가슴 위에서 꼼짝 못하고 자신의 한살이를 이것을 만지려는 방법을 찾느라 시간을 보내는 수컷 곤충을 상상해 보세요. 이것을 어떻게 생각하십니까? 왜 이러한 방법으로 자신의 인생을 보내기를 원하는 겁니까? 확실히 여기에는 그것을 만지려는 것보다 훨씬 더한 어떤 것이 있습니다. 그러나 나는 그 곤충 같았습니다."라고 했고, 작은 고민이 브루스에게 죄의식을 느끼게 했다. 틸리히가 아는 것과 같이 그의 죄의식은 그 삶의 부정과 제한에서 오는 것이고, 자기희생(self-immolation)과 그가 될 수 있는 것을 부인하는 데서 오는 것이다.

카프카보다 실존적 죄의식을 더 생생하고 사로잡게 묘사한 사람은 없다. 실존적 죄의식을 인정하고 직면하는 데 대한 거부는 카프카의 작품에서 정기적으로 되풀이되는 주제다. 작품 『심판(*The Trial*)』은 "어떤 사람이 요셉 케이(Joseph K)가 잘못을 한 것이 없음에도 불구하고 그를 중상해서 어느 맑은 날 아침 체포되었다." 요셉 케이는 자백을 강요당하지만 "나는 전적으로 죄가 없습니다."라고 선언한다. 이 소설의 전체는 요셉 케이가 법정에서 자기 자신을 자유케 하려는 노력을 묘사하고 있다. 그는 모든 생각할 수 있는 근거로부터 도움을 구하지만 그가 일반적인 법정에 있지 않기 때문에 소용이 없다. 독자가 점차적으로 깨달아 갈수록 요셉 케이는 자기의 개인적 깊이에 들어 있는 내적인 법정에 직면한다.[128] 휴스처(Julius Heuscher)는 원시적 본능의 자료와 함께 법정의 육체적 오염에 주위를 집중한다. 예를 들어, 판사의 책상은 음란서적으로 어질러져 있고, 법정은 슬럼가의 침침한 다락방에 있다.[129]

요셉 케이가 성당에 들어갈 때 그는 자신의 죄의식 내면을 보도록 그를 도우려고 하는 한 성직자의 문안을 받는다. 그는 모든 것이 잘못 이해되었고, 합리화되었다고 답변한다. "그리고 만일 그렇게 되면, 어떻게 사람들이 죄의식이 있다고 할 수 있는가? 우리는 다른 사람과 같이 단순한 인간이다."라고 했다. 그 성직자는 "그것이 우리 죄책감 있는 인간이 이야기하는 것이다."라고 말하고 집단적 죄의식 안에서 자신의 죄의식을 용해시키려고 시도하는 대신 그의 내면을 보도록 상담을 한다. 요셉 케이가 그의 다음 단계를 설명하였을 때("나는 더 많은 도움을 얻을 것이다."), 성직자는 화를 내었다. "당신은 외부의 도움을 얻으려고 너무 많은 것을 던졌다." 최종적으로 성직자는 강단에서 날카롭게 소리를 질렀다. "당신

앞에 있는 한 걸음을 보지 못하는가?"

요셉 케이는 그때 성직자로부터 법정을 앞지를 수 있는 방법, '법정의 재판권 밖에서 완전하게 살아갈 수 있는 방법' 을 성직자로부터 획득하기를 희망한다. 사실 요셉 케이는 '실존적 죄의식을 직면하지 않을 수 있는 방법이 있는가?' 하고 묻는다. 성직자는 탈출의 희망은 '망상' 이라고 대답하고 '법의 서문에서 특별한 망상' 을 서술하고 있는 비유를 그에게 말한다. 이 비유는 문지기와 어떤 남자의 무감각해지는 이야기다. 어떤 나라에서 온 한 남자가 법정에 들어가는 허락을 구한다. 수많은 문 중 하나의 문 앞에 있는 문지기가 그를 맞이하고 지금은 들어갈 수 없다고 한다. 그가 입구를 통해서 안을 엳보자 문지기가 그에게 경고했다. "나의 허락 없이 들어가도록 노력해 보시오. 그러나 내게 힘이 있다는 것을 명심하시오. 이 현관에서 저 현관까지 모든 문에는 문지기들이 서 있고, 한 사람은 다른 사람보다 더 힘이 있고 세 번째 사람은 내가 참을 수 있는 것보다 이미 더 한 사람이오."

문으로 들어가려던 사람은 허가를 얻을 때까지 기다리는 편이 훨씬 낫겠다고 결정한다. 그는 몇 날, 몇 주 그리고 몇 년을 기다렸다. 그의 전 생애를 문 밖에서 기다렸다. 그는 나이가 들었다. 그의 눈은 침침해졌다. 그리고 누워서 죽어 가고 있을 때 그 문지기에게 이제껏 해 보지 않은 마지막 질문을 하였다. "모든 사람이 법을 얻으려고 노력을 하고 있습니다. 그런데 내 생애 전체 동안 나만을 제외하고 어느 누구가 와서 허락을 구한 사람이 없습니까?" 문지기는 몸을 굽혀 그의 귀에 대고(이 남자의 청력이 떨어지고 있기에) 말했다. "이 문은 당신을 위해 있는 것이기 때문에 당신을 제외하고는 어느 누구도 이 문으로 들어가지 못한다. 나는 이제 이 문을 닫으려고 한다."

요셉 케이는 이 비유를 이해하지 못했다. 그리고 정말로 '개처럼' 죽는 그 마지막까지 외부로부터 도움을 계속 구했다.[130]카프카는 그의 일기에 기록한 것같이 처음에는 이 비유에 대한 중요성을 생각하지 못했다.[131] 후에 부버가 지적한 대로,[132] 카프카는 이 비유의 중요성을 그의 노트에 전부 표현했다. '죄의식의 고백, 죄의식에 대한 무조건적인 고백, 별안간 열리는 문. 이것은 혼탁한 생각이 벽 뒤에 놓여 있는 세상 집의 내부에 나타난다.' 라고 적었다. 카프카 작품에서 나타난 문이 열리기를 기다리는 그 남자는 죄를 느끼고 있다. 자신의 문에 들어갈 허가를 받기 위해 기다리고, 자신의 삶을 잡지 못하고, 자신만을 위해 의도된 문을 통하여 가지 않은 삶에 대한 죄만이 아니라, 자신의 유죄를 받아들이지 않은 것, 그 죄의식을 그의 내부로 들어가는 안내자로 사용하지 않은 것, 이러한 행위는 문이 '별안간 열리는' 것을 만들 수 있었을 수 있는 '무조건적' 인 고백을 하지 않은 것에 대한 죄였다.

우리는 요셉 케이의 죄책감을 느끼는 이전 삶에 대하여 아는 것이 없기에 그의 실존적인 죄책감에 대한 것을 명확하게 세부화할 수 없다. 그러나 휴스처는 놀랄 만한 조명의 사례 보고로, 요셉 케이의 대리인을 보여 준다. 이 사람은 자신에 대한 공격이 분명한 미스터 티(Mr. T)라는 환자다.

> 미스터 티는 음식을 삼킬 수 없었기 때문에 나에게 상의를 했다. 그는 몇 주간 액체를 입에 자주 대는 것을 금지하였고, 결과적으로 40파운드가 줄었다. 아프기 전에는 기르기 까다롭지만 흥미로운 식물을 관리했다. 지적이나 정기적으로 신경질적이고, 우울증이 있고, 알코올 중독자인 부인 때문에 사회활동이나 즐거운 생활도 불가능했다. 성관계는 상호 동의하에 몇 년 전에 불가능해졌고, 집안에서의 활동은 독서, TV 보는 것, 부인이 술에 취하지 않았을 때 일반적인 이야기를 나누는 것과 먼 거리에 있는 친척을 방문하는 것이었다. 그는 대화를 매우 좋아하는 훌륭한 대화자이고, 친한 친구를 무척 원하지만 가까운 친구가 없고, 그의 부인이 제외된 사회활동을 하려고 시도하지 않았다. 이 엄격하고 제한된 세계에 갇혀 있었기에, 그는 영리하게 이런저런 그의 잠재력을 더 효과적으로 하려는 것, 이런저런 선택을 추구하도록 하는 치료자의 제안을 비켜나갔다.[133)]

미스터 티의 증세는 개선되었으나, 2년간의 치료는 그의 일반적인 삶의 스타일을 아무것도 변화시키지 못했다. 미스터 티는 요셉 케이처럼 자신에게 귀 기울이지 않았고, 치료에서 자신의 삶에 대한 심도 깊은 실험을 신중하게 회피했다. 그러나 계속된 치료를 주장했고, 치료자는 그의 주장을 그에게 더 있을 수 있는 풍요로운 인생의 잠복감(dormant sense)의 표시로 여겼다.

하루는 미스터 티가 자신이 꾼 꿈이 너무나 선명하다면서 들려주었다. 그는 카프카의 소설을 읽지 않았음에도 불구하고, 그의 꿈은 카프카의 많은 작품처럼 꿈속에서 시작을 하는 『재판』과 무시무시할 정도로 유사하다. 그 내용을 여기서 다시 말하기에는 너무 길지만, 그 꿈은 다음과 같이 시작한다.

> 나는 경찰에게 체포되어 경찰서로 보내졌다. 경찰은 나를 무엇 때문에 체포하였는지 말해 주지 않고, '경범죄'에 대한 것을 중얼거렸으며, 나에게 유죄를 시인하라고 했다. 내가 거부했을 때, 나를 중죄로 처벌하겠다고 위협했다. "아무 거나 나에 대해 당신이 원하는 것을 쓰시오!" 나는 대꾸를 하였다. 그래서 그들은 나를 중죄로 처벌하였다. 그 결과, 나는 유죄를 받았고 한 경찰에 따르면, '비폭력적 중죄'를 위한 감옥농장에 갇히게 되었다. 처음에 죄를 고백하라고 요청을 받았을 때 공포를 느꼈다. 그리고 나는 화가 났고, 혼란스러웠다. 나는 내가 무엇 때문에 이렇게 되었는지 결코 발견할 수 없었고, 경범죄는 단지 6개월 형량이지만, 중죄는 적어도 5년 형량이기 때문에 나를 체포한 경관은 죄를 고백하는 것을 거부하는 것은 멍청한 일이라고 하였다. 나는 5년에서 30년에 이르는 형량을 받는다.[134]

미스터 티와 요셉 케이 둘 다 실존론적 죄로 송환되었고, 이 두 사람은 전통적인 방법에 따라 죄를 해석함으로써 송환을 피하는 것을 선택했다. 둘 다 자신들의 무죄를 주장했다. 좌우간 이 양자는 죄를 범하지 않았다. 이들은 '무엇인가 여기에 잘못이 있을 것' 이라고 생각하고, 정의의 잘못에 대하여 권력자들을 설득하는 데 힘을 다하였다. 그러나 실존론적 죄의식은 개인이 범한 어떤 범죄적 행위의 결과가 아니다. 매우 대조적이다! 실존적 죄는(이것의 다른 명칭은 '자기비난' '후회' '양심의 가책' 등등) 태만에서 오는 것이다. 요셉 케이와 미스터 티는 자신의 삶에서 자신이 하지 않은 것에 대한 죄의식을 느낀 것이다.

요셉 케이와 미스터 티의 경험은 심리치료에 풍부한 함축을 가지고 있다. '죄의식' 은 '불안한 나쁨' 으로 경험된 좋지 않은 주관적 상태다. 그러나 주관적 죄의식에는 다른 의미들이 있다. 치료자는 진짜 죄의식, 신경증적 죄의식 그리고 실존적 죄의식을 환자들이 구분할 수 있도록 도와주어야 한다. 실존적 죄의식은 기분 좋지 않은 정서 상태보다 더한 것이고, 철저하고 제거되도록 하여야 하는 증세로 치료자는 개인적 완성을 안내하는 기능을 하는 내부의 부름으로 여겨야 한다. 요셉 케이나 미스터 티와 같이 실존적 죄의식을 가지고 있는 사람은 자기 자신의 운명을 범하는 것이다. 희생자는 자신의 잠재적 자기다. 이것으로부터의 구속은 인간의 '진정한' 소명 안으로 자신을 던져 넣는 것이며, 키르케고르가 말한 것처럼 "자기 자신이 되려는 의지다."[135]

제7장

의 지

책임감, 의지, 행동

일본의 격언에 "알고서 행하지 않는 것은 결국 아는 것이 아니다."라는 말이 있다. 그 말은 책임감에 대한 자각이 변화와 같은 의미는 아니라는 것이다. 책임감은 단지 변화하는 과정에서 첫걸음일 뿐이다. 앞 장에서 책임감을 자각하기 시작한 환자가 변화의 관문에 들어섰다고 말한 의미가 바로 이런 것이다. 이 장에서는 자각에서 행동에 이르는 과정의 나머지 여정을 다루려고 한다.

변화하기 위해서는, 우선 책임감을 가지지 않으면 안 된다. 그리고 어떤 행동을 취하도록 자기 자신을 허락해야 한다. '책임감' 이란 단어 자체는 가능성을 의미하는 말로서 '반응하다' 와 '능력' 이 더해진 것으로, 즉 반응하는 능력을 말한다. 변화는 심리치료의 업무다. 치료적 변화는 아는 것이나 그런 척하는 것이나 환상 속에서가 아니라 반드시 행동으로 표현되어야 한다.

이것은 너무나 분명하다. 심리치료 분야에서는 아직 이러한 자명한 사실을 관례적으로 불분명하게 해 왔다. 초기 정신분석가들은 자각을 심리치료의 마지막 지점으로 보려는 경향이 있었기 때문에 자각이 변화와 동등하다고 확신하였다. 만약 변화가 일어나지 않았다면, 환자가 충분한 통찰을 가지지 못한 것이라고 보았다. 한 유명한 정신의학 저널에서 널리 알려진 1950년의 한 연구논문을 보면, 알렌 휠리스(Allen Wheelis)는 심리치료는 환자가 새로운 행동의 양식을 적용했을 때만 인격변화가 일어날 수 있다는 사실을 심리치료자들에게 상기시켜 줄 필요가 있다고 생각했음을 알 수 있다. 행동이 빠져 있는 진정한 변화의 일어남은 실제적으로나 이론적으로 불가능하다.[1)]

심리치료의 관점에서, 행동화란 무엇인가? 생각은 행동인가? 생각하는 것은 결국 에너지를 소모하는 것이라고 말할 수 있다. 휠리스는 생각을 포함하는 행동화의 개념 확장은 그 의미의 행동화를 하지 못하게 만들 것이라고 말했다. 생각 그 자체나 생각 속에는 외적인 결과가 없다. 비록 생각하는 것이 행동으로 나아가게 하는 필요불가결한 서막이라 할지라도 말이다. 예를 들면, 사람은 행동화를 위한 결심을 계획하거나 연습하거나, 그것을 위하여 모든 것을 다 동원하기도 한다. 행동화는 사람을 자신의 능력 이상으로 이끈다. 행동화는 자신을 둘러싸고 있는 육체적 세계와 내면적 세계와의 상호관계와 연관이 있다. 행동은 거대하거나 눈으로 관측할 수 있을 정도의 활동을 수반할 필요는 없다. 다른 행동을 향한 작은 움직임이나 눈길 같은 것이 중대한 의미가 있는 행동일 수도 있다. 행동에는 두 가지 측면이 있다. 행동을 하는 것과 상대적인 것, 즉 행동을 하지 않는 것이다. 예를 들면, 습관적 행동을 하지 않는 것, 폭식하지 않는 것, 다른 사람을 부당하게 이용하지 않는 것, 부정직하지 않는 것 등인데, 이런 것들이 정말로 중요한 행동화가 될 수 있다.

치료자는 환자의 행동화를 이루어 내도록 노력해야 한다. 치료자는 다른 목표들인 통찰이나 자기실현이나 위안을 추구하려고 할 수도 있다. 그러나 정신분석의 궁극에서, 행동의 변화는 모든 치료자들의 암묵적인 작업이다. 문제는 치료자들이 행동화가 일어나는 메커니즘에 대해서 배울 수 있는 훈련의 장이 없다는 것이다. 대신 치료자는 접수면접, 해석, 관계를 맺는 것을 훈련 받았고, 이러한 활동들의 추구가 궁극적으로 변화를 만들어 낼 것이라는 세속적이고 인간적인 신념을 갖게 한다.

그러나 만일 이 믿음이 잘못된 것이라면? 치료자는 길을 잃을 것이고 더 많은 통찰과 더 많은 자기 검사를 요구할 것이다. 분석과 치료는 3년, 4년 그리고 5년까지 늘어나고, 두 번째 분석은 너무 일반적이어서 더 이상 독특함의 표식이 되지 못할 것이다. 치료자는 변화가 어떻게 올 것인지에 대한 시각을 잃는다. 휠리스의 적절한 관용구를 사용하자면,[2] 그저 상호 노고의 과정을 통해 환자의 정신 구조가 부서지기를 바란다.

그러나 만일 여전히 변화가 일어나지 않으면? 치료자는 인내심을 잃고 훈련받은 대로 은밀하게 의지와 행동들을 바라보는 대신에 직접적으로 의지와 행동을 응시하기 시작한다. 휠리스는 이에 대해 다음과 같이 말했다.

> …치료자는 아마도 환자가 더 '밀고 나아가고', 더 '결단'하고, '최고의 것을 만들어 내는' 더 굉장한 의지를 가졌으면 하고 바란다. 이것은 자주 환자에게 '사람들은 반드시 자기 스스로 도와야 한다' '노력 없이 값진 것을 얻을 수 없다' '시도해야 한다'는 의견으로 끝이 난다. 이런 개입은 환자의 존엄성도 없고, 해석의 효과도 없기 때문에 사례 보고에 거의 포함되지 않는다. 분석가는 그가 믿지 않는 것을 사용하였을 때같이, 그리고 그가 더욱 숙련되게 분석하였던 것이 필요하지 않았을 때, 종종 그런 결단을 내리도록 하는 마음의 끌림을 불편하게 느낀다.[3]

휠리스는 '당신은 노력해야만 돼' '사람들은 반드시 자기 스스로 도와야 한다!' 등의 타입이 개입한 것은 사례 보고에 거의 포함되지 않는다고 말했다. 실제로 그런 사례들은 보고되지 않는다. 완전히 '기록 밖' 에 있다. 그러나 그것들은 흔하다. 모든 치료자는 이런 생각들을 가지고 있고 굉장히 다양한 방법으로 환자에게 전달한다.

그러나 치료자들이 낮은 목소리로, "당신은 더 열심히 노력해야 한다." 또는 "노력해야 한다."라고 말할 때 누구에게 말하는 것인가? 대부분의 치료자들이 직면하는 문제는 그런 간청을 만들게 하는 정신의 분석(또는 행동) 모델에는 정신적 힘이 없다는 것이다. 제2장에서 언급했듯이, 프로이트의 정신모델은 헬름홀츠(Helmholtzian)의 법칙, 즉 인간이 '인력과 척력으로 환원될 수 있는 화학적 물질적인 힘' 에 따라 활성화되고 조정되는 반활력론의 결정모델이었다. 프로이트는 그 이슈에서 약해지지 않았다.[4] 프로이트는 "사람은 무의식에 따라 산다…. 정신적 자유와 선택에서 깊이 뿌리 내린 믿음은 꽤 비과학적이고 정신적 삶을 주관하는 결정론의 주장 앞에 자리를 내주어야 한다."[5] 라고 말했다. 메이(May)가 말한 대로 프로이트의 인간은 '더 이상 주도하지 않고 조정된다.'[6] 행동은 벡터이고, 내적 힘들의 상호작용의 합력이다. 그러나 그것이 사실이라면, 모든 인간의 정신과 육체적 활동은 결정된 것이고 동원이 없다면, '열심히 노력하거나' 또는 '단호함' 또는 '용기'를 보일 수 있는 것은 정확하게 누구이며 무엇인가? 이다.

임상 작업에서 '과학적' 결정론적 입장을 채택한 치료자는 곧 심각한 문제를 만난다. 연결되어 있으나 서로 충돌하는 자아, 초자아 그리고 본능을 나눈 인간 모델에서, 책임의 궁극적인 자리는 어디에 있는가? 그 이슈는 내가 제2부의 시작에서 "정신치료의 목표는 환자가 자유로운 선택을 할 수 있도록 하는 데 있다."라고 인용한 나의 수퍼바이저가 명백하게 틀을 만들었다. 그러나 '선택하는 힘'은 결정론의 모델에서 어디에 위치하고 있는가? 당연히 이 50회기 모두에서 그는 '정신치료의 목표'를 더 만들지 못했다.

프로이트는 결코 그의 결정론적 모델과 치료적 노력을 통합시키지 못했다. 그리고 67세 때 쓴 *The Ego and the Id*에서, 그는 치료자의 임무는 "환자의 자아에게 한 길이나 다른 길을 선택할 수 있는 자유를 주는 것"이라고 언급했다.[7] 자주 인용되는 이 언급은 결정론적 모델의 인간을 받아들일 수 없는 최고의 증거다. 전통적인 정신분석적 사고는 인간행동을 완전히 결정적인 것으로 보았고, 인간 정신을 충돌하는 파편들(자아, 초자아, 본능 또는 전의식, 무의식, 의식)로 나누었지만 여전히 결정되지 않은 핵심을 포함하는 것이 필요한 듯하다. '주도적인 자아'의 개념을 제안한 현대의 자아 분석가들은 그 질문을 계속 구걸하고 있다. 그것은 마치 그 부분들의 하나하나 안에 자유롭게 선택하는 아주 작은 사람이 있는 것 같다. 그러나 물론 이것은 터무니없는 것이다. 왜냐하면 메이가 언급했듯이 '전체가 자유롭지 못하면서 어떻게 부분이 자유로울 수 있겠는가?'[8]

어떤 치료자들은 사람들이 자유와 선택의 주관성을 경험함에도 불구하고(그리고 치료자는 이 상태를 증대시키려고 한다.), 다른 주관적인 상태처럼 결정된 것과 같이 그것을 언급함으로써 이 딜레마를 해결하려고 한다. 이것은 정확하게 홉스(Hobbes)와 스피노자(Spinoza) 같은 합리주의자들이 만든 논쟁이다. 홉스는 인간 자유의 감각을 의식의 환상이라고 묘사했다. "만일 나무로 만든 뚜껑을 소년들이 채찍질을 하면…. 어떤 때는 빙글빙글 돌 것이고, 어떤 때는 사람의 정강이를 때려서 그것의 움직임을 감지할 수 있다면 그 자신의 의지로부터 계속된 것이라고 생각할 것이다."[9] 이와 비슷하게 스피노자는 어떤 외부적인(알려지지 않은) 힘으로 운동하는 자의식과 지각력이 있는 돌은 "오로지 그 자신의 바람 때문에 움직임을 계속하고 있다고 생각할 것이다."라고 했다.[10] 그러나 자유가 환상적인 주관적 상태라고 믿는 정신치료자들은 자신들을 곤혹스럽게 만들었다. 왜냐하면 그들은 성공적인 정신치료는 더 강한 선택의 감각과 환자의 감정을 가져오고, 그들은 실제로 치료의 목적이 환상을 창조하는 것이라고 선언하였기 때문이다. 메이가 지적했듯이, 치료 과정의 이런 시각은 전적으로 정신치료의 가장 중요한 가치들 중 하나인 진실을 찾는 여행과 자기 지식과 양립할 수 없다.[11]

정신의 분석적 모델은 어떤 중요한 것, 어떤 주요 정신적 구조를 형성하는 것, 모든 정신치료의 과정에서 중심 역할을 하는 것을 빠뜨렸다. 이 구조를 사용하기 전에 그것의 특징들과 기능들을 살펴보기로 한다. 그것은 자각과 지식을 행동으로 변형시키는 정신적인 힘으로 욕구와 행동 사이의 다리다. 또 그것은 행동에 우선하는 정신적인 상태다(Aristotle).[12] 그것은 기억이 정신의 과거의 기관인 것처럼(Ardent) 정신의 '미래의 기관' 이다.[13] 그것은 연속되는 것들의 자발적인 시작의 힘이다(Kant).[14] 그것은 의지의 자리, '책임 있는 동자(responsible mover)' 다(Farber).[15] 그것은 평형상태를 변화의 과정으로 바꾸는 결정적 요소다…. 노력 또는 결심으로 경험되는 통찰과 행동 사이에서 일어나는 행동이다(Wheelis).[16] 그것은 책임 자각에 반대되는 책임 가정이다. 그것은 '선택을 하거나 수행하는 능력'을 가지고 있는 정신 구조의 부분이다(Arieti).[17] 그것은 힘과 욕구로 구성되어 있는 에너지로써 '노력의 방아쇠'[18] '행동의 주요 동기' 다.[19]

이 정신적 구조에 우리는 '의지' 라는 표식을 부여하고, 그것의 기능에 '자진해서 하는' 이라는 표식을 부여한다. 솔직히 나는 어떤 더 행복한 용어, 더 간단하고 덜 물의를 일으키며 2,000년의 신학적이고 철학적인 논쟁의 외피로 덮이지 않은 용어를 더 좋아한다. '의지' 는 자주 충돌하는 정의라는 복합적인 단점을 가지고 있다. 예를 들면, 쇼펜하우어(Schopenhauer)는 그의 주요 저서 *The World as Will and Representation*에서 의지를 삶의 힘, 즉 비합리적인 힘, 그 작용이 목적이나 디자인이 없는 눈먼 힘으로 간주한다.[20] 반면 니체(Nietzche)는 *Will to Power*에서

'자진해서 하는' 을 힘, 명령과 동일시한다. "의지는 명령하는 것, 의지에서 고유한 것은 명령하는 생각이다."[21)]

논쟁의 주요 근원 중 하나는 의지가 자유와 풀리지 않게 묶여 있다는 사실이다. 왜냐하면 우리가 홉스나 스피노자처럼 의지의 의미를 바꾸어서 그것이 실제적인 의지의 자리라기보다는 환상적인 주관적 상태가 되지 않고는 자유롭지 못한 의지라고 하는 것은 말이 되지 않는다. 역사를 통해 자유로운 의지는 항상 보편적인 세계관을 거슬러 왔다. 비록 자유의지와 관련된 논쟁은 끊임없이 계속되었지만, 그 개념의 적수는 수 세기 동안 바뀌었다. 그리스 철학자들에게는 '자유의지' 라는 용어가 없다. 그 개념은 영원한 순환이라는 보편적 믿음, 아리스토텔레스(Aristotle)가 제시한 '존재로 오는 것은 반드시 잠재적이나 실제적이 아닌 어떤 것의 선재를 암시한다' 는 믿음과 양립할 수 없었다.[22)] 현재 있는 것이 무엇이든지 혹은 미래에 될 것을 '있었던 것' 으로 믿었던 스토아 운명론자들은 인간이 자유롭게 자진해서 하는 힘을 거부했다. 기독교 신학은 신성한 부여에서, 전지전능한 신에 대한 믿음과 자유의지의 주장이 화해할 수 없다. 후에 자유의지는 과학적 실증주의, 뉴턴(Newton)과 라플라스(Pierre Laplace)의 설명할 수 있고 예측 가능한 우주에 대한 믿음과도 불화한다. 그 후에도 여전히 세계 정신의 필요한 발전으로써의 헤겔주의 역사적 아이디어는 그것의 본성에 따라서, 자유의지 이데올로기는 필요를 거부하고 예전에 있었거나 지금 행해진 것 또한 행해졌을 리가 없다는 입장을 가지고 있는 헤겔주의와 부딪힌다. 마지막으로 자유의지는 경제학, 행동주의, 또는 정신분석학의 원칙들에 기초를 두었든지 아니든지 간에 모든 결정주의적 체계들에 반대된다.

'의지' 라는 용어는 정신치료자들에게 문제시된다. 그것은 오래전에 치료 사전에서 추방되었고, 따라서 '의지' 가 나타나면 임상의는 알아차리는 데 어려움을 가진다. 마치 오랜 유랑에서 돌아온 것을 아는 사람과 같다. 아마도, 임상의는 그가 의지를 인식하기를 원하는지 확신하지 못할 것이다. 수년 전에 '의지' 는 '동기' 로 대체되었고, 치료자들은 동기에 기초해서 행동을 설명하는 것을 배웠다.[23)] 따라서 편집증 같은 행동은 무의식적이고 동성애적인 충동의 동기에 따른 것으로 '설명된다' (그것은 '야기된다'). 노출증은 무의식적인 거세불안으로 설명된다. 그러나 동기에 기초해서 행동을 설명하는 것은 사람의 행동에 대한 궁극적인 책임 중 하나를 면제하는 것이다. 동기는 영향을 줄 수 있으나 의지를 대체하지는 못한다. 다양한 동기에도 불구하고 개인은 여전히 어떤 양식으로 행동할지 또는 행동하지 않을지에 대한 선택권을 가지고 있다. 이런 많은 문제들에도 불구하고, '의지' 를 제외하고는 우리의 목적을 도와줄 수 있는 어떠한 단어도 없다. 내가 일찍이 언급했던 의지의 정의들('노력의 방아쇠' '책임 있는 동자' '행동의 주요동기' '의지의 자리')은 놀라울 만큼 정신치료자가 호소한 정신적인 구조가 기술적이다. 많은 이들이 '의지' 라는 단어의 풍부한 함축을 알아차렸다. 그것은 열정과 헌신을 운반한다. '내가 그것을 하겠어요.' 에 나타난 동사 '하겠어요' (will)는 의지를 함축한다. 보조동사로서 그것은 미래 시제를 가리킨다. 마지막 의지와 유언은 미래로 뛰어드는 마지막 노력이다. 아렌트(Hannah Arendt)의 적절한 구절 '미래의 기관' 은 특히 치료자에게 중요한 암시를 가지는데, 왜냐하면 미래 시제는 정신치료적 변화의 적절한 시제이기 때문이다. 기억('과거의 기관')은 물체들과 관련된 것이고 의지는 계획과 관련된 것이다. 내가 증명하기 원했던 대로, 효과적인 정신치료는 환자들의 투사관계뿐 아니라 대상관계에도 초점을 맞추어야 한다.

치료자와 의지

만일 의지가 '책임 있는 동자' (responsible mover)라면(그리고 내가 믿기로는 이것은 '의지' 의 특별하게 쓸모 있는 용어다), 그리고 만일 치료가 진전과 변화를 요구한다면, 치료자의 선호하는 상담의 구조와 관계없이 의지에 영향을 주도록 시도해야 한다.

책임에 대하여 언급한 앞 장으로 잠시 돌아가면, 환자를 돕는 것을 성공한 치료자는 개인이 자신의 불행한 인생 곤경에 대하여 주된 책임성을 가지고 있다는 것을 알게 되었을 때 무슨 일이 발생하였는가? 치료자에게 사용할 수 있는 가장 단순한 치료적 접근은 권고적인 것이다. "당신 인생에 발생한 것에 대하여 당신이 책임을 가지고 있다. 당신 자신이 아는 것처럼, 당신의 행위는 당신 안에서 움직인다. 그것은 당신 최대의 관심이 아니다. 빌어먹을 것 같은 것, 바꿔 버려라!"

각 사람이 이 접근방법으로 변할 것이라는 순수한 기대는 사람이 만일 선한 것을 진정으로 안다면(말하자면, 가장 깊은 의미에서, 개인의 가장 좋은 관심에서), 사람은 그렇게 행동할 것이라고 믿는 도덕적 철학적 신념에서 직접적으로 기원되는 것이다(아퀴나스는 "사람은 그가 의지적으로 행동하는 한, 어떤 상상된 선에 따라서 행동한다."라고 말했다). 가끔, 아주 가끔 이 권면적인 접근은 효과적이다. 단기 개인치료 혹은 단기 경험집단의 결과로 변화를 겪고 있는 개인들은 의식적 의지에 대한 이러한 청원(petition)의 결과로써 흔히 변화한다.

이제 앞으로 여기에 대하여 토의하겠지만 '의지 힘' 은 단지 '의지' 의 첫 번째 층을 구성하고, 그리고 의지의 얇은 층을 구성한다. 제임스(William James)가 말한 것과 같이 "신중하고, 느리고, 의지의 죽은 노력"의 결과로써 변화는 거의 없다.[24] 잘 구축된 정신병리학은 단순히 권고에 양보하지 않을 것이다. 더한 치료적 힘이 필요하다. 어떤 치료자들은 개인의 전적인 책임성을 강조함으로써 치료적 수위를 증가하려고 시도할 수도 있다. 치료자는 환자로 하여금 환경에 대한 책임만이 아니라 자신만의 책임이 있다는 사실을 깨닫도록 도와준다. 이 깨달음의 추론은 사람은 자신만이 자기 세계의 변화에 책임이 있다는 것을 아는 것이다. 다시 말하면, 어떤 누구도 자신의 세계를 변화시킬 수 없다는 것이다. 사람이 변하려 한다면 자신이(적극적으로) 변하여야 한다.

의지에 대한 이러한 호소는 환자에게 어떤 고통이나 자극을 유발할 수도 있으나 일반적으로 지속되는 마음의 움직임에는 부족하여서 치료자는 장기적이고 견고한 작업을 시작한다. 특별한 기술, 전략, 공식화된 심리과정 그리고 치료자의 관념적 학파와 개인적 취향에 달려 있는 목적에도 불구하고 나는 이 치료가 환자의 의지에 영향을 미치는 한 효과적이라는 의견을 제시한다. 치료자는 분명하게 해석, 통찰, 개인적 직면, 신뢰와 돌봄, 관계성의 발달, 부적응적인 인간관계 행위에 대하여 초점을 맞출 수 있다. 그러나 이러한 요소들은 의지가 영향을 주는 모험으로 볼 수도 있다(나는 신중하게 '창조하다' 혹은 '발생하다' 라는 용어보다는 '영향' 이라는 용어를 사용한다. 치료자는 의지를 창조할 수도 없고, 분발시킬 수도 없고, 불어넣을 수도 없다. 치료자가 할 수 있는 것은 의지를 자유롭게 하는 것이다. 환자를 숨 막히게 하는 의지 한계로부터 장애물을 제거하는 것이다).

그러나 나는 아직 막연하다. 나의 임상에서 때때로 환자 내부의 책임 있는 동자인 의지는 금속의 무거운 층들에 싸이고, 숨겨진 터보 엔진이라고 생각한다. 나는 생명력 있게 움직이는 부분이 엔진의 내부에 깊게 묻혀 있다는 것을 안다. 난감해하면서 그 엔진의 주위를 선회한다. 나는 이것으로부터 떨어져서 권면하고, 찔러보고, 두드려 보고, 혹은 의지 영향을 믿도록 나를 이끌었던 의식(rites)들을 수행하는 주문으로 영향을 주도록 노력했다. 이러한 의식들은 사실상 현대의 많은 자유로운 사고를 하는 치료자가 할 수 있는 것보다 더 많은 인내와 많은 맹목적 신념을 필요로 한다. 필요한 것은 의지에 대하여 더 정략적이고 합리적인 접근이다. 나는 이 장의 나머지 부분에서 터보 엔진을 분해하고, 발가벗은 형태 안에서의 조직적인 조사를 시도할 것이고, 심리치료에서 변이를 발생키 쉬운 단계들을 분리할 것이다.

심리학적, 심리치료적 학문으로부터 의지는 오랫동안 추방되어 있었기 때문에 나는 의지의 심리학의 윤곽을 첫째로 그려 볼 것이다. 그리고 랭크(Otto Rank), 파버(Leslie Farber)와 메이, 세 명의 걸출한 심리치료 이론가들이 말하는 의지에 대하여 말하는 임상적 관찰을 조사할 것이다. 그리고 이들의 통찰력을 의지를 연구하는 데 안내로 사용하고, 의지가 영향을 주는 심리치료의 임상적 전략과 기술을 토의할 것이다.

의지에 대한 임상적 이해 : Rank, Farber, May

OTTO RANK–의지치료

임상에서 의지에 대해 토의할 때는 현대 심리치료에 의지의 개념을 소개한 랭크(Otto Rank)의 기여를 포함해야 한다. 랭크는 1905년 프로이트의 첫 번째 학생 중의 하나로 결합했고, 1929년 이 두 사람에게 이념적 차이로 연결할 수 없는 간격이 발생하기 전까지 프로이트의 가까운 동료였다. 깊고 넓은 관심과 지식을 가진 평범한 분석가였던 인본주의자의 지적인 강렬함과 불 같은 랭크의 눈길은 학생들과 환자들을 꿰뚫었다. 당시 주도적인 정신분석학적 학술지의 편집인과 영향력 있는 비엔나 정신분석학회(Viennese Psychoanalytic Institute)의 지도자로 활약하면서 그는 초기 정신분석 발전에 매우 영향력 있는 인물이 되었다. 그러나 미국에서는 지금은 절판된, 심리치료에 대한 그의 주요 저서가 엉성하게 번역이 되는 바람에 랭크를 잘 이해하지 못하였다. 그가 펜실베이니아 사회사업학부(Pennsylvania School of Social Work)에 영향력 있는 지적 힘을 발휘했음에도 불구하고,[25] 베커(Ernest Becker)*의 근래 발언 때까지 어느 누구도 그를 대변하지 않았다. 베커는 랭크를 기다리며 곰곰이 생각하는 천재로 여겼다. 그리고 정말로 나는 그의 책, 특히 『의지치료와 진실과 현실(*Will Therapy and Truth and Reality*)』을 읽을 때 그의 통찰에 숨이 멈추었다.[26]

랭크의 행동과 치료에 대한 체제는 의지의 개념 주위에 세워진 것이고, 수용하기에는 단순히 임상적으로 연관된 문제의 요약보다 훨씬 더 풍부하고 복잡하다. 프로이트와의 결별은 인생의 후반에 결정을 미친다는 결정주의에 대한 불일치의 결과다. 프로이트는 행동을 반대하는 드라이브(opposing drive)와 반대세력(counterforces)의 방향량(vector)이라고 믿었으나, 내가 앞서 쓴 것과 같이 그의 이론은 자유롭게 선택하는 축소인간(homunculus)이 자아 속으로 스며든다. 랭크는 실행력 기능을 가진 축소인간을 자신 이론의 출발점으로 삼았고, 이것을 '의지'라고 하였다. 이것은 본능적 충동의 개념을 가지고 있지만, 이 충동들을 의지의 관할하에 두었다. "나는 의지를 본능적 충동들을 억제하고 통제하고 또한 창의적으로 활용하는, 긍정적이고 안내하는 체제로 이해한다." 랭크는 이론적으로 마음의 모형을 만드는 것보다 치료적 결과에 더 관심을 가졌고 경직된 정신적 결정주의는 효과적인 심리치료에 양립할 수 없다는 것을 알았다.[27] 랭크는 환자에게 미친 영향을 발견하는 데(역사적이고 무의적인) 집중하는 치료절차는 단지 환자로 하여금 회피하는 책임성과 행동을 점점 더 실행할 수 없는 결과를 만든다고 주장했다. "만일 치료자가 환자에게 부인하는 책임성에 대해 편리한 변명을 주지 않는다면, 얼마나 환자가 알고 있고 얼마나 상대적으로 적은 것이 무의식이라는 것에 놀랄 것이다."[28]. 랭크는 프로이트의 이론이 이전 체제에서는 신성(deity)에 의해 움직이는 간결한 기능인 무의식을 책임감을 해체하는 기능으로 높였다고 제안했다.

* (역자 주) 저서 『The Denial of Death』로 퓰리처상을 받은 신프로이트주의자.

> 프로이트의 이론은 정신생활에서 무의식을 가장 영향력 있는 요소로 높이는 반면, 이 단어의 원래적 의미가 보여 주는 것같이, 무의식이 순전히 부정적 개념이고 의식이 아니라 시시각각으로 발생하는 어떤 것을 가리킨다. 그러나 이 무의식의 기초는 어떤 심리적 경험에서 주어지는 것이 아니며, 책임감으로부터 개인을 자유롭게 하는 하나님의 개념을 수용할 수 있는 대체물을 발견키 위한 도덕적 필요성에서 주어진 것이다.[29]

의지의 발달　랭크는 개인의 발달에서 의지는 본능적 충동의 관계 속에서 발생한다고 믿었다. 의지의 형성은 부모가 충동교육을 다루는 태도에 따라 영향을 받는다. 처음에 아동을 둘러싼 공동체는 아동이 공동체에 잘 적응하도록 하기 위하여 아동의 충동적인 생활을 제약하는 것에 주된 관심을 가지고 있다. 아동은 부모의 이러한 제약에 반대한다. 의지의 원기(anlage) 혹은 랭크가 말한 것처럼 '부정적인 의지' 가 바로 그것이다.[30] 점차적으로 아동은 자신의 충동에 대하여 개인적인 통제를 하기 시작하고 자신의 부모에 대한 사랑에 기초하여 이러한 공격적인 충동을 억제하는 것을 결정한다. 그래서 처음에 의지의 결정은 충동과 함께 엉켜 있다. 의지는 충동을 억제하거나 충동을 통제하는 외부적 노력을 저항한다. 랭크는 아동의 감정적 생활 역시 충동과의 관계성 속에서 발전한다고 본다. 감정은 충동과는 다르다. 우리는 충동을 방출하기를 구하나, 감정은 연장하거나 쌓기를 구한다(랭크는 여기서 즐길 수 있는 감정을 언급했다. 그러나 기분 나쁜 감정에 대하여 토의하지 않았다). "말하자면, 감정적인 생활은 억제되거나 쌓인 충동적 생활에 대응한다."[31]

그러므로 랭크는 감정적인 생활은 충동적 생활의 이미지라고 한다. 반면 의지는 충동적 체제에 같은 힘을 가진 분리된 실행적인 실체다. "의지는 자아의 서비스 안에 긍정적이고 적극적으로 영향을 미친 충동이고, 감정처럼 차단된 충동이 아니다."[32] 후에 랭크는 의지를 '자아 충동' 으로 언급했다.[33] 랭크는 프로이트로부터 거리를 두려고 노력을 했지만 프로이트의 이론으로부터 자신을 제거할 수 없었다. 랭크는 정신적 구획모형 사용을 계속함으로써 자신에게 어려움을 만들었다. 자유스럽게 선택하는 기능인 의지는 '자아 충동' 으로 묘사되었는데 이 용어는 분명한 것만큼 많은 혼란을 가져왔다.

랭크는 부모와 자녀의 관계성과 정말로 전적인 동화과정을 의지의 투쟁으로 보았고, 우리가 앞으로 볼 것이지만, 또한 부모로 하여금 이러한 치료적 관계 문제에 대하여 섬세한 주의를 하라고 주장했다. 부정적 의지를 윽박질러서는 안 되고, 이 의지가 긍정적으로나 '창의적인' 의지로 변형될 것이라는 생각으로 수용되어야 한다.

랭크는 초기 인생의 다른 주된 문제들을 근본적인 의지 투쟁에 종속시켰다. "오이디푸스 콤플렉스는 —만일 최초의 것이 아니라면— 성장하는 개인과 부모가 나타나는 1000년이 된 도덕적 규약의 반대의지 사이에 있는 상당한 의지갈등(will conflict)이라는 것보다 더 중요한 의미는 없다." (모순되게) 그는 다음과 같이 계속 말한다. "아동은 아버지를 살아가도록 하기 위해서가 아니고, 어머니와 결혼하기 위해서가 아니라 일반적으로 자신이 원하는 것을 할 수 있다는 것을 일반적으로 믿지 않기 위해서, 의지에 대하여 자신을 신뢰하지 않기 위해서 자신을 이 갈등에 지배받도록 해야 한다."[34)]

랭크는 의지의 발달 3단계를 설명했다. ① 반대 의지(counter will), 즉 다른 의지에 반대, ② 긍정적 의지(positive will), 즉 사람이 해야 하는 의지, ③ 창의적 의지(creative will), 즉 자신이 원하는 것을 하려는 의지다. 아이 양육의 목적은(그리고 치료의 목적)은 처음 2단계를 창의적 의지로 변형하는 것이다. 랭크는 아이 양육의 주된 '잘못'은 충동 삶과 초기 의지('반대' 혹은 '부정적')를 짓누르는 것이라고 제안한다. 부모가 아이에게 모든 자유충동 표현이 바람직하지 않고 모든 반대의지가 나쁜 것이라고 가르친다면, 아이는 두 가지 결과로 고통을 당한다. 감정적 삶을 억압하는 것과, 성장을 방해한 죄의식을 짊어진 의지로 힘들어하는 것이다. 이런 아이는 자신의 감정을 억압하고 의지의 행동을 악과 금지로 여기는 성인으로 성장한다. 이러한 결과는 죄의식 때문에 느낄 수도 없고 의도할 수 없는 환자를 자주 보는 치료자에게 매우 중요한 것이다.

랭크의 질병분류학적 체제는 의지의 발달론적 변전(vagaries)에 기초하고 있다. 그는 세 가지 근본적인 유형을 설명한다. 창의적, 신경증적 그리고 반사회적 유형이다. 창의적 특성은 자신이 원하는 감정과 의지에 접근하는 것이다. 신경증적 특성은 죄의식과 억제된 감정적 삶에 의지가 올무를 씌운 것이다. 반사회적 특성은 억압된 의지이고 충동의 지배를 받는 것이다.

의지와 심리치료 랭크는 프로이트와 아들러(Alfred Adler) 두 사람 다 의지를 무효화시켰다고 느꼈다. 프로이트는 의지를 승화된 성적 노력으로 보았고, 아들러는 의지를 아이의 왜소함과 열등성을 조정하기 위한 보상적 경향으로 보았다. 그래서 이 두 사람은 의지를 파생적인 기능으로 생각했기에 '동떨어지게 설명하였다.' 대조적으로 랭크는 의지를 '우선적 의지'(priori will)로, 의지의 중심적 역할을 아동의 발달에서만이 아니라 치료에서도 강조했다(랭크는 이것은 의지의 배경막(backdrop)에 대하여 항상 이행되고 있는 것으로 느꼈다).

랭크는 치료자와 환자의 상호작용을 부모와 아이의 경험과 거의 같은 방법으로 보았다. 치료에서 패권을 위해 두 가지 의지가 충동하는데, 한 가지가 다른 것을 전복하거나, 양쪽이 싸우고, 서로 대항한다는 것이다.[35] 신경증 환자를 위한 치료의 목적은 무엇보다 의지를 배우는 것이고, 죄의식 없이 의지를 배우는 것이다. 의지는 상담의 첫 번째 모임에서 치료적 상황으로 시작한다고 랭크는 관찰하였다.[36] 치료의 시작은 "단지 의지의 위대한 시작을 여는 것이고, 이 안에서 명백하게 약한 의지를 가진 환자에게 처음 거둔 손쉬운 승리는 가차 없이 여러 차례 앙갚음을 당한다."[37] 환자는 치료자와 함께 의지 갈등에 들어오게 되고 양쪽이 다 저항하고 복종하길 원한다. 랭크는 프로이트가 이 의지 갈등을 무시하는 심각한 잘못을 했다고 느꼈다.[38] "패권을 위한 투쟁은 (환자와 분석가 사이) 너무 분명해서 단지 이것을 보지 않으려는 소망이 프로이트로 하여금 무시하게 하였다는 것을 설명할 수 있다." 랭크는 프로이트주의 기술이 의지를 강조하기보다는 두 가지 면에서 의지를 저해했다고 느꼈다. 근본적인 절차와 '저항'의 취급을 통하여 저해했다는 것이다.

첫째로 랭크는 정신분석에서 근본적인 절차는—환자와 치료자 양자에 의해 '의지 없음' 상태를 요구하는 절차— 의지를 약하게 한다고 느꼈다. "자유연상의 근본적인 분석 원칙은 당신의 신경증적 약함이 어쩌면 아직 손상시키지 않은 의지의 소량을 전부 제거하고, 당신 자신을 무의식의 안내에 몸을 맡기라고 특별히 말한다…"(이 견해는 수십년 후 정신분석에서 거두어들인(levied) 통찰력 있는 비판이다).[39] 예를 들어, 톰킨스(Sylvan Tomkins)는 정신분석을 '우유부단함에 있는 조직적 훈련'이라고 언급했다.[40] 그리고 휠리스는 "지식 있는 현대인들은 자신들의 등을 소파에 대고 정신분석을 함으로써 종종 그들의 어깨를 바퀴에 놓는 데 실

패한다."라고 했다.[41)]

치료과정 동안에 환자는 자신이 인식한 것이 치료자의 의지가 되는 것을 반대한다. 프로이트는 이 반대를 장애물로 여겨 '저항' 으로 분류했고, 이것을 극복하기 위한 다양한 기술(인내, 안내, 해석)을 제안했다. 랭크에게는 이 저항이 심각한 잘못이었다. 그는 환자의 저항은 환자의 유용하고 중요한 반대 의지의 표현이라고 믿었고, 이러한 것은 제거되어서 안 되며, 대신 창의적 의지가 되도록 보조하고 변형하도록 해야 한다고 믿었다. "치료자의 과업은 이러한 방법으로 역할을 하여 환자의 의지가 제거되는 것이 아니라 힘을 얻도록 해야 한다."[42)] 만일 치료자가 환자에게 '올바른' 것을 하도록 강요하면, 환자는 저항할 것이고, 치료는 실패할 것이다(확실하게 이 말 내부에는 심리치료에서 '역설' 이라는 현대 전략 세균이 놓여 있다). 그래서 랭크는 조직적으로 환자 의지의 모든 표현을 강화하였다. 만일 환자가 저항하거나 상담의 종결을 제안한다면 이러한 것을 과정으로 여긴다는 것을 신중하게 지적하였다. "신경증 환자는 죄의식 없이 의지를 행할 수 없다. 이러한 상황은 그 환자 자신에 따라서 변하는 것이 아니라, 환자의 의지를 수용하고, 옳다고 하고, 의지에 복종하고, 그것을 선하게 만드는 치료자와의 관계 속에만 변화할 수 있다."[43)]

환자와 치료자의 의지가 확실하게 충돌하는 상황은 치료의 말미다. 어떤 환자들은 재촉해서 끝내려고 하는 반면 다른 환자들은 끝내는 것을 거부하고, 필요하다면 결과적으로 치료를 완성하려는 치료자의 노력에 대항하여 자신의 증상에 집착한다. 랭크는 이러한 의지의 충돌은 많은 치료적 잠재성을 가지고 있어서 치료의 막바지에 실행되는 것이 불행이라고 느꼈다. 이 의지의 갈등을 치료 기간의 중간에 옮겨놓은 것이 더 바람직하지 않을까? 치료의 초기에 두는 것이 좋지 않을까? 랭크는 치료의 초기에 간결한 '시간 제한' 이라는 특별한 장치를 만듦으로써 이것을 시도했다. 그래서 그의 '마지막 장치' 는 치료의 마지막 단계를 치료의 시작 쪽으로 향하도록 설계하였다.

이러한 의지를 가지고 있는 치료적 전략들은 랭크의 치료접근의 한 면만을 나타낼 뿐이다. 나중에 나는 '경험하는 것' 에 대하여, 현재와 미래의 시제에 대한 중요성, 그리고 치료적 관계성의 성격에 대하여 토의할 것이다.

LESLIE FABER–의지의 두 영역

프로이트와 아들러에게서 의지와 책임성을 저해하는 것을 반격하려고 랭크가 노력하면서 의지력과 고집의 역할을 과장했을 수도 있다. 전반적으로 환자는 의식적 의지 행위의 결과로 치료에서 변하지 않는다. 사실 흔히 치료자를 당황시키는 것은(연구자를 화나게 하는 것은), 변화는 치료자나 환자가 지식 범위의 훨씬 벗어난 숨은 영역에서 발생한다는 점이다.

숨은 영역인 '비의지적' 변화가 의지의 행위인가? 이 질문은 분명하게 의지적 행동과 무의식적으로 근거한 변화 사이의 연결이 명료하고 사용할 수 있는 정의를 형성하려고 노력하는 심리학자들에게 너무 많은 어려움을 만들고 있다. 파버(Leslie Farber)의 의지 심리학에 대한 공헌은 의식적 의지에 대한 과장된 강조에 중요한 개선책을 제공한다.[44] 파버는 의지를 정의하려는 노력을 실패한 것으로 본다. 왜냐하면 의지에는 두 개의 다른 영역이 있는데, 이 두 가지는 너무 달라서 가장 활기 없는 정의만이 이 두 가지를 분명치 않게 할 뿐이다.

파버의 의지의 첫 번째 영역은 그의 가장 중요한 공헌이 되었는데, 행동하는 동안에는 의식적으로 경험되지 않고 사건 후에 추론되어야 한다. 이 영역은 무의식적이 될 것이라고 말할 수 있다. 파버는 오든(W. H. Auden)의 말을 인용한다.

> 나의 생애에서 결정적이었던 3～4개의 선택사항들을 뒤돌아보면, 내가 당시 결정할 때 내가 지금 무엇을 하고 있는지 심각하게 생각하지 않았고, 단지 나중에 내가 당시에 중요치 않다고 여긴 개울(brook)이 사실 중요했던 것(Rubicon)이라는 것을 알았다.[45]

그래서 파버는 삶에서 사람이 결정하는 중요한 선택들은(나는 그가 치료에서 말했다고 확신한다) 선택으로써 의식적으로 경험되지 않는다고 제안한다. 사실 일이 일어난 후에 사람이 실제로 선택하였다는 것을 추론할 수 있다. 이 의지의 영역은 방향을 가지고 있으나 별개의 대상이나 목적을 가지고 있지 않은, 숨어 있는 삶의 흐름으로 생각될 수 있다. 이것은 개인에게 추진력을 제공하지만 즉각적이고 직접적인 면밀한 일은 피하게 한다.

의지의 두 번째 영역은 의식적 구성요소다. 이것은 사건이 일어나는 동안에 경험된다. 사람은 큰 어려움 없이 이 사건의 현존, 모양 그리고 크기를 설명할 수 있다. 두 번째 의지의 영역은 어떤 특별한 대상 쪽으로 압박하고(첫 번째인 순수한 추진 같지 않고) 격에 맞는 실리적인 것이다. '저것을 얻기 위해 이것을 한다'는 식이다. 이 의지 영역의 목적은 처음부터 알려진 것이다(예를 들어, 몸무게 감량, 인간관계 방식의 변화, 대학 졸업).

의지의 이 두 영역은 치료에서 다르게 접근되어야 한다. 의지의 두 번째 (의식적) 영역은 의지력, 노력 그리고 결정의 권유와 간청을 통하여 접근된다. 첫 번째 영역은 이러한 강요들에 둔감하고 간접적으로 접근되어야 한다. 사람은 권유적인 두 번째 영역 기술을 첫 번째 영역 활동에 적용할 때 심각한 문제가 발생한다. 파버는 몇 가지 예를 말한다.

> 나는 지식은 할 수 있으나 지혜는 아니다. 잠자리에 가지만, 자지는 않는다. 먹을 수 있으나, 배고프지는 않다. 유순하지만 겸손은 아니다. 근실하지만 선은 아니다. 자기 노력 혹은 허세가 있지만 용기는 아니다. 욕망은 있지만 사랑은 아니다. 동정은 있지만 공감(sympathy)은 아니다. 경하는 있지만 감탄은 아니다. 종교성은 있지만 믿음은 아니다. 독서는 하지만 이해는 아니다.[46)]

여기서 파버는 내가 이 장에서 여러 차례 언급할 치료자에게 이례적으로 중요한 통찰력을 제공한다. 그러나 심리치료 분야에서 진행되고 있는 어떤 분야에서는 파버가 경고한 것을 주의하지 않고, 많은 심리치료자들이 첫 번째 의지의 일을 하기 위해서 두 번째(의식) 영역의 의지를 만들려고 노력하는 실수를 하는 것이 분명하다.

ROLLO MAY—소원과 의지

메이(Rollo May)의 풍부한 임상적 통찰은 '소원(wish)'을 의지의 심리학으로 합체한 『사랑과 의지(*Love and Will*)』라는 훌륭한 책에 충분히 담겨 있다.[47)] 메이는 우리에게 소원은 의지의 앞에 있는 것이며, 앞선 소원이 없이 의미 있는 행동이 없다는 것을 말해 준다.[48)] 의지를 통하여 우리는 스스로를 미래를 향해 내던지고, 소원은 이 과정의 시작이 된다.[49)] 이 소원은 "우리가 미래에 이러이러한 것이 되기를 원한다는 허락이다; 이것은 우리 자신 속으로 깊게 내려가는 능력이며 미래를 변화시키고자 하는 열망으로 우리 자신을 열중케 한다."[50)]

메이가 말하는 '소원'은 정신기능의 분석적 모델에서 다르게 정의되고 중요한 역할을 하는 소원과 구별하는 것은 중요하다. 프로이트는 그의 심리학 전반을 통해 반복해서 말하는 것처럼, 소원을 '드라이브의 정신적 대표'로 언급하고 있다. "단지 소원만이 정신적 장치를 운동으로 배치시킬 수 있다." "소원은 긴장을 완화시키는 욕구다."라고 반복해서 말했다.[51)]

이러한 입장에서 가장 완벽하게 밝힌 진술은 프로이트의 『꿈의 해석(*The Interpretation of Dream*)』[52)]의 제7장에서 자주 이용되는 것을 볼 수 있다. 여기서 프로이트는 인간은 항구성 원칙으로 움직이고 있다는 그의 관점을 분명히 하였다. 이 관점이란 인간은 일정한 수준에서 피질적 자극 차원을 유지하려고 시도한다는 것이다. 불균형이 발생할 때(예를 들어, 유아가 배고픔을 경험할 때), 유기체는 '소원'이 공급되고 그러한 방향으로 행동하여(예를 들어, 울음이나 신호는 어떤 방식으로 불쾌하게 한다) 평형을 회복하려고 한다. 반복적으로 배고픔이 채워질 때, 유아는 어떤 상이나 '환영' 등의 시각적 표현을 획득한다. 후에 현실 원칙의 압박 아래, 유아는 먹는 경험의 시각적 표현을 발생시킴으로써 만족을 지연하는 것을 배운다. 프로이트는 소원과 소원의 일시적 만족인 내적인 과정이 모든 사고의 원기(anlage)라고 주장했다. 소원은 의식의 다양한 차원에서 존재할 수 있다. 무의식적 소원은 이드(id) 충동의 정신적 표현이다. 의식적 소원은 일반적으로 타협형성이다. 이것은 무의식적 소원은 초자아(superego)와 자아의 무의식적 부분에 의해서 길들어지고 형성된다는 것이다. 그래서 프로이트에게 소원은 향성(tropism, 向性)에 가까운 부자유한 힘(unfree force)이다.

사르트르는 프로이트의 이론이 자기(the self)를 빠뜨린 것에 기초하여 프로이트의 억압이론을 비판했다. "거짓말쟁이 없이 어떻게 거짓이 있을 수 있는가?"라고 사르트르가 물어보았다. 혹은 속이는 자 없이 속임이 있을 수 있는가? 부정하는 자 없이 부정이 있는가? 프로이트의 소원이론은 똑같은 비판에 공개되어 있다. 어떻게 원하는 자가 없이 소원이 있을 수 있는가?

메이는 중요한 면에서 소원은 필요, 힘 혹은 방향성과는 다르다고 강조한다. 소원은 의미에 물들어 있다. 사람은 맹목적으로 원하지 않는다. 예를 들어, 남자: 여자와 단순한 성관계를 하지 않는다. 그 남자는 한 매력적인 여성을 발견했고, 다른 여자에게는 그 반대다. 소원은 선택적인 것이고 매우 개인적인 것이다. 만일 남자가 무분별하게 모든 여자와 성관계를 원한다면, 그때는 무언가 잘못된 것이다. 이러한 상태는 군인들이 고립된 북극기지에[53] 오랜 기간 주재했을 때나 정신병리의 결과로 발생한다. 사람은 자신의 자유를 포기하고 나면 더 이상 자신을 움직이는 자가 아니라 움직임을 받은 자가 된다. 이것은 명백하게 우리가 '신경증' 이라고 칭한 소원자(wisher) 없는 '소원하는' 의 상태다. 이것이 메이가 말한 의미다. "신경증으로 잘못되는 것이 본능 충동이 아닌 상징적 의미가 있다."[54]

메이가 소원을 '어떤 행위 혹은 발생하는 상태의 가능성을 가진 상상적인 놀이' 로 정의한 것은 의지과정의 첫 단계다.[55] 소원이 발생한 이후에만 사람은 '노력의 방아쇠' 를 잡아당길 수 있고, 의지행동의 나머지인 행동으로 절정에 이르는 위임과 선택을 시작한다.

> '소원' 은 '의지' 에게 따뜻함, 내용, 상상, 아이들의 놀이, 신선함 그리고 풍요로움을 준다. '의지' 는 '소원' 에게 자기방향(self-direction) 성숙을 준다. '소원' 없이 '의지' 는 활력의 근원과 생명력을 잃어버리고, 자기모순 속에 소멸하려고 한다. 당신에게 '의지' 는 있고 '소원' 이 없다면, 감정 따위가 고갈된 빅토리아 시대 사람, 신청교도(neopuritan)가 된다. 만일 '소원' 만 있고, '의지' 가 없다면, 충동적이고 자유롭지 못할 것이며, 유아가 남아 있는 유아적인 어른으로서 로봇 인간이 될 것이다.[56]

의지와 임상적 실행

의지는 특별한 환자와 치료자만 흥미를 가지는 내밀한 개념이 아니라, 모든 환자들의 치료과정에서 여러 가지 방법으로 포함되는 것이다. 어떤 환자들은 병리적 의지의 문제 때문에 치료를 찾는다. 물론, 표준 질병분류학에는 의지라는 영역이 없기 때문에, 문제는 그 이름으로 명명되지 않는다. 대신에 환자는 강박적이거나 그의 의지와 다르게 행동하려는 내면적 압박감의 지배를 당하고 있는 사람으로 여기게 된다. 아니면 환자가 우유부단해서 자신을 위해서 무언가를 바라거나 원하거나 행동할 수 없을 수도 있다. 또는 환자가 어떤 특별한 괴로운 결정에 한창 매달려 있을 수도 있다. 또는 환자가 소심하고 수줍어하고 자기 주장성이 없거나 또는 환자가 무언가를 하려고 할 때 죄책감에 사로잡히는 경우도 있다. 랭크가 제안했듯이, 아마 개인이 어렸을 때 충동 표현이 나쁘다고 배웠을 것이고, 전체 의지의 영역이 나쁘다는 판단이 일반화된 것일 것이다.

현재 참석하고 있는 임상 장면에 명백한 의지장애가 나타나지 않았다고 할지라도, 심리치료의 회기 동안 의지의 이슈는 분명 드러날 것이다. 의지는 변화하려는 바로 그 행동에 내재해 있다. 어떤 문제에서 환자는 자신이 진정으로 원하는 것과 타협해야만 하며, 어떤 과정에 참여해야 한다. 분명한 입장을 취해야 하고, 선택해야만 하며, 어떤 것에 대해서는 예, 그리고 그 외의 것들에 대해서는 아니요라고 말해야만 한다. 의지는 또한 모든 치료자와 환자의 관계 속에 나타나 있다.[57] 랭크가 치료를 '두 의지의 투쟁' 이라고 특징지음으로써 그 문제를 과장하긴 했지만, 그는 치료과정에서 이 중요한 측면을 환기시킴으로써 귀중한 공헌을 했다. 어떤 환자들과 치료자들은 주도권 이슈를 두고 서로 실제로 다투기도 한다. 이런 상황에서 랭크의 관찰은 적절하다. 환자 쪽의 저항과 고집이 항상 치료에 장애가 되거나, 반드시 분석되어야 되는 것은 아니다. 대신에 랭크가 제안했듯이, 그것은 환자가 택하는 입장이다. 그 입장을 받아들이고 강화함으로써, 치료자는 환자가 죄책감을 가지지 않고 무엇을 하려는 능력을 배양시킬 수 있다.

치료자가 의지의 이론을 받아들이는 데 중요한 장애가 되는 것 중 하나는 '의지' 가 '의지력' 과 동의어라는 잘못된 믿음이다. 그러나 파버의 '두 영역' 개념이 말해 주듯이 의지에는 의식적이면서 이를 악무는 강한 결심 그 이상이 관련되어 있다. 사실, 내가 간략하게 이야기했듯이, '의지' 의 의미와 그 근원에 대한 전체적인 관심은 우리를 가장 깊은 무의식의 관심사의 영역으로 이끈다. 그러나 무의식적인 의지도 결심이나 헌신 없이는 일어나지 않는다. 노력 없는 변화는 불가능하다. 환자는 반드시 치료를 받으러 와야 하고, 돈을 지불해야만 하고, 반드시 책임이라는 부담을 감수해야 하고, 치료에 불가피하게 동반되는 갈등과 불안을 경험해야만 한다. 요약하자면, 치료라는 자동차에는 매끄럽고 소음 없는 자동변속기가 없다. 노력이 요구되고, 의지는 '노력의 방아쇠' 가 된다.

의지의 개념은 너무 넓고 너무 다루기 힘들어서 일반적이고 진부한 설명만이 실재를 대신하고 있다. 임상적으로 유용한 방법 내에서 의지를 토론해 보면, 나는 반드시 이것의 구성 요소들을 따로 분리해서 생각해 보아야 한다고 본다. 아렌트(Hannah Arendt)의 의지에 관한 철학적인 논문이 자연스러운 틈(cleavage)을 제공해 준다.

> 의지의 기능을 이해하는 방식에는 두 가지 전혀 다른 방식이 있다. 목적이나 목표들 사이에서 선택을 하는 기능으로서, 주어진 목표들 간의 중재자로 행동하고 그 목표들에 도달하는 수단에 대해서 자유롭게 숙고하는 것이다. 그리고 다른 하나는 '자발적으로 일련의 어떤 일들을 시간에 맞춰 시작하는 기능(칸트)'이나 오거스틴(Augustine)의 "initium ut esset homo creatus est", 즉 (의지는) 인간 자체가 시작이기 때문에 시작에 대한 인간의 능력을 말한다.[58)]

의지를 이해하는 두 가지 다른 방식, 자발적으로 때를 맞춰 일련의 일들을 시작하는 것, 그리고 주어진 두 끝 사이에서 결정하고 그것에 이르는 방법을 선택하는 것은 분명하고 가치 있는 임상적인 관계 대상을 가지고 있다. 사람은 바라는 것으로 시작하고, 그 다음은 선택을 통해 행동한다.

치료자의 목표는 행동의 변화다. 책임 있는 행동은 소원과 함께 시작된다. 사람은 자신의 욕구를 깊이 느낄 때만 자신을 위하여 행동한다. 만약 그런 욕구를 가질 수 없고 소망하지도 않는다면, 그는 미래를 위하여 자신을 던질 수도 없고, 책임감 있는 의지력은 애초부터 죽어 버리고 만다. 소망이 한 번 실현되면, 의지의 과정이 시작되고 결국에는 행동으로 바뀐다. 이 변형의 과정을 무엇이라고 불러야 할까? 소망과 행동 사이의 과정은 헌신을 수반한다. 이것은 '자신이 자신에게 공식적으로 발언하여 그것을 하려고 노력하는 것' 을 수반한다.[59)] 나에게는 가장 행복한 단어가 치료자와 사회학자들에게 공통적으로 쓰이는 단어인 '결정' 또는 '선택' 인 것 같다.* 결정하는 것은 행동이 따르는 것을 의미한다. 만약 행동이 일

* 나는 '결정' 과 '선택' 이라는 단어를 교환해서 사용할 것이다. 이 용어들은 동의어이나 각각 다른 전통에서 발생하였다. '선택' 은 철학에서 선호하는 용어이고, '결정' 은 사회심리학적 용어다. 교환하여 사용하는 것은 이 장의 토의에서 이러한 훈련을 확대하려는 의도 때문이다.

어나지 않는다면, 거기에는 진정한 결정이 이뤄지지 않은 것이다. 만약 바라는 것이 행동 없이 일어났다면, 진정한 바람이 없었던 것이다(만약 행동이 소망하는 것 없이 일어났다면, 의지가 없는 것이고, 오직 충동적인 행동만 있었던 것이다).

의지의 어느 단계, 바라는 것과 결정하는 것에서든지 여러 가지 방식으로 나눠질 수 있고 각 방식은 다른 임상적인 장면을 가지고, 각 방식은 다른 치료적인 접근을 필요로 한다.

소원

"어떻게 해야 하나요? 어떻게 해야 하나요?"

"무엇이 당신이 원하는 것을 하지 못하게 하나요?"

"나는 내가 무엇을 원하는지 모르겠어요! 만약 내가 안다면 여기 있지 않을 거예요!"

치료자는 얼마나 자주 이런 상황에 놓이는가? 치료자는 그들이 무엇을 해야 하는지는 알면서도 그들이 무엇을 원하는지를 경험해 본 적이 없는 환자들과 함께 얼마나 자주 일하는지 모른다. 무엇을 원하는지 알지도 못하는 사람들과 작업하는 것은 특히나 당황스러운 경험이고, 메이가 "어떤 것이든 원해 본 적이 없나요?"[60]라고 소리친 기분을 경험치 않은 치료자는 적다. 원하는 것을 말할 수 없는(wish-blocked) 사람은 수많은 사회적 어려움을 갖는다. 다른 사람들 역시 그런 사람들에게 소리치고 싶어진다. 그들은 자신의 의견도 경향도 욕구도 없다. 그들은 다른 사람들의 소원(wish)에 의존하다가, 마침내 다른 사람들이 그들을 위해 소원과 상상력을 공급하는 데 싫증을 내고 자신을 고갈시키며 피곤해짐을 느낀다.

소원 불능이라는 말은 너무 강한 말이다. 개인은 더 자주 그의 소원들을 불신하거나 억누른다. 많은 사람들은 강하게 보이고 싶어 하여, 바라지 않는 것이 더 낫다고 결정한다. 원한다는 것은 사람을 약하게 만들거나 사람을 노출시켜 버린다. '만약 내가 결코 원하지 않는다면, 결코 약해지지 않을 거야.' 라고 생각한다. 다른 사람들은 내면적 경험에 대하여 확신을 가지지 못하고 무감각해진다. '내가 원하지 않는다면, 나는 결코 다시는 실망하거나 거절당하지 않을 거야.' 라고 생각하는 것이다. 다른 사람들은 영원히 돌보는 이들이 그들을 위해 자신의 소망들을 대신 읽어 줄 것이라는 유아기적 욕구 속에 원하는 것을 포함시킨다. 그의 표현되지 않은 바람들을 누군가가 이루어 줄 것이라는, 끝없이 위안을 주는 것들이 있다. 또 다른 사람들은 돌보는 이에게서 버려질 것을 두려워하여 모든 개인적 욕구의 표현을 억압한다. 그들은 자신의 바람의 권리를 허용하지 않고, 마치 그들의 바람이 화나게 하고 위협할 것이라고 생각한다.

느끼지 못하는 무능력

원할 수 없는 무능력 또는 개인의 원함을 경험치 못하는 무능력은 임상 문헌에서 폭넓고 분명하게 다루어진 적이 없었다. 그것은 일반적으로 느끼지 못함이라는 포괄적인 장애 속에 들어 있다. 치료자는 느낌을 가질 수 없거나 감정을 말로 표현할 수 없는 환자들을 자주 만난다. 그들은 여러 가지 정서들을 구분할 수 없고, 기쁨, 분노, 슬픔, 불안 등등을 모두 같은 방식으로 경험하는 것같이 보인다. 그들은 신체 내에 있는 감정들이 어디서 오는지 알지 못하고, 특히 내적 욕구와 정서들과 관련된 이미지들이 많이 결여되어 있다. 1967년에 사이페노스(Peter Sifenos)가 이런 임상적인 장면을 묘사하기 위해 'alexithymia'(그리스어에서 유래된 것으로, '감정들에 대해서 말이 없는'이라는 뜻) 이라는 용어를 제시했다. 그리고 감정표현불능증(alexithymia) 환자에 관한 많은 문헌이 나오기 시작했다.[61] 다른 임상 장면에서도 많은 감정표현불능증*을 가진 개인들이 나타나지만, 특히 정신신체증 환자(psychosomatic patient)들이 감정표현불능증 환자와 특히 비슷하다.

정서의 표현은 항상 심리치료의 중요한 부분으로 여겨져 왔다. 프로이트는 1895년 히스테리에 관한 연구에서, 히스테리는 개인에게서 어떤 강한 정서가 출현(예를 들면, 충격적인 사건에 기인한)한 것 때문에 야기된 것이라고 처음으로 언급했다.[62] '억압된 감정의 정상적인 정화 과정의 소멸'을 통해 배출된 대부분의 강

* (역자 주) 감정자각의 부족으로 감정에 대해 말할 능력이 없는 병이다. 전형적으로 자신의 감정을 증명, 이해 혹은 설명할 수 없는 상태다.

한 감정 반응과 달리, 이 특정한 정서는 지속되고 무의식 속에 억압된다. 한 번 그렇게 되면, '항상성 원칙' (constancy principle)*이 혼란스러워진다. 대뇌 내의 자극의 수위가 증가되면, 개인은 평형성을 회복하기 위해 긴장의 배출구를 상징적으로 제공해 주는 증상을 발현시킨다. 따라서 정신병적인 증후군은 '억압된 정서' 에 따라 야기된 것이고, 정신과적 치료는 이 억압된 정서를 해방시키고 이것이 의식 속으로 들어가도록 해 주며 카타르시스를 통해 배출되도록 하는 것을 포함한다.

이것이 프로이트의 첫 번째 치료적 메커니즘의 공식이었고, 카타르시스 자체는 치료의 수단으로 충분치 않다는 것을 그가 깨달았지만, 이 공식은 그것의 단순함 때문에 수 십년 동안 지속되었다. 확실히 그것은 수많은 헐리우드 영화들 속에 녹아 있는 인기 있는 관점이다. 현대의 관점은, 카타르시스가 치료과정에서 중요한 역할을 하지만 그것 자체가 변화를 이끌어내지 못한다는 것이다. 확실히 이런 견해를 뒷받침해 주는 고려해 볼 만한 연구가 있다.[63] 예를 들면, 나와 동료들은 심리치료 후 높은 성공적 결과를 보인 환자들을 연구했다. 효과적인 치료적 메커니즘을 서술해 내기 위해 우리는 60문항의 리스트를 만들고(제6장 참조), 환자들에게 그들의 개인적 변화들을 중요한 순서대로 평가해 달라고 요청했다. 환자들은 60문항에서 '카타르시스' 를 두 번째와 네 번째로 가장 중요한 메커니즘으로 선택했다.

최근에 새로운 치료들(예를 들면, 게슈탈트 요법, 열정감정요법(intense feeling therapy),[64] 내파요법(implosive therapy),[65] 생체 에너지요법,[66] 정동홍수요법(emotional flooding),[67] 사이코드라마, 근본절규요법(primal scream therapy)[68])이 급격히 증가하였다. 이런 것들은 자각과 감정의 표현을 중요한 자리에 놓는다는 점에서 서로 많이 비슷하다. 비록 이런 각각의 요법들이 이런 것을 강조하는 점에서 근본이론에 앞서 있지만, 중요한 것은 공통적이라고 생각한다. 그 치료들은 모두 자각과 감정이 표현이 두 가지 중요한 방식, 즉 대인관계의 촉진과 원하는 능력을 촉진시킴으로써 개인에게 유용하다는 관점을 모두 가지고 있다.

* 유기체가 최선의 긴장 상태를 유지하는 필요를 말한다.

감정과 대인관계

대인관계에서 정서표현의 역할은 자명하다. 심각한 문제들이 자기감정에 대해 말하지 못하는 개인에게 일어난다. 다른 사람들은 그 사람이 어떻게 느끼는지 결코 알지 못한다. 그는 자발성이 없고, 무뚝뚝해 보이고, 무겁고, 활기 없고, 지루하게 보인다. 다른 사람은 그 사람과의 관계에서 모든 감정을 생성해 내야 하는 것에 부담을 느끼고, 그 닫힌 사람이 정말 그/그녀에게 관심이 있는지 의문을 가진다. 마음이 닫힌 사람의 움직임은 너무 느리고 자발성이 없어서 억지로 강요당하고 있는 것같이 보이고 진실하지 못한 것처럼 보인다. 놀이도 없고, 즐거움도 없고, 어색함과 답답한 수줍음만 있다. 다른 사람들은 감정을 느끼지 못하는 사람을 찾으려 하지 않는다. 그는 자신의 감정만 잘라 낼 뿐만 아니라 다른 사람들의 감정도 잘라 버린 채, 외롭고 단절된 상태에 머물러 있다.

감정과 소원

만약 사람이 느낌을 가질 수 있도록 도움을 받는다면, 바라는 능력은 자동적으로 촉진된다. 소원은 느낌을 필요로 하기 때문이다. 만약 개인의 바람이 감정과 다른 것, 예를 들면, 합리적인 숙고나 도덕규범에 기초를 둔다면, 그렇다면 그것은 더 이상 소망이 아니라 '해야만 하는 것들' (shoulds, oughts)에 불과할 것이고 진정한 자신과 대화할 수 없게 된다.

치료집단의 한 환자는 한 달 동안의 휴가를 떠나는 치료자 때문에 화가 난 다른 환자를 이해할 수 없다는 것을 발견했다. '당신이 그것에 대해 할 수 있는 것이 없는데 왜 당신을 피곤하게 하는 거죠?' 다른 말로 하면, 그는 감정과 소망을 실용적인 목표 다음에 두었고, 사실상 '만일 아무것도 유용한 것이 나오지 못한다면, 왜 바라고 왜 느껴야 하는 거죠?' 등의 질문이 생긴 것이다. 이런 타입의 사람은 내적인 길잡이를 가지고 행동하지만, 무언가 원하고 바라지 않는다. 그의 소망들은 없는 것에서 나오지, 있는 것에서 나오지 않는다. 환경의 긴급사태와 합리성의 지시가 그의 소망과 감정의 내적 상태를 결정한다. 이런 사람은 기계적이고, 새로운 일은 아무것도 하지 않고, 활기도 없어 보인다.

또 다른 사람은 자신 외의 다른 사람들이 원하는지 찾아내어 그들의 비위를 맞추기 위해 자신이 무엇을 느끼고 무엇을 원해야 하는지를 찾아내려고 노력한다. 이런 사람은 치료집단에서 특별히 두드러져 보인다. 이런 사람들은 자발적이지 않고 행동은 예상 가능하며, 결과적으로 항상 다른 사람들을 지루하게 만든다.

소망은 생각이나 목적 없는 상상 이상의 것이다. 소망은 정서와 힘의 요소를 포함한다. 만약 정서가 막히면, 사람은 바라는 것들을 체험하지 못하고 의지의 전 과정은 저지된다. 사르트르는 행동하거나 바라지 못하는 사람을 『이성의 시대(*The age of Reason*)』에서 가장 인상적으로 묘사하였다.

> 그는 신문을 접고 제일 앞 장의 특별 특파원의 급보를 읽기 시작했다. 50명이 죽고 300명이 부상을 입었다는 통계가 나왔지만, 그것이 전부는 아니라 아마 파편더미 아래에 시체가 더 있을 것이다…. 수천 명의 프랑스인들이 그 아침 신문을 읽었다면 화가 목 안에서 끓어오르고, 주먹을 꽉 쥐고 "야비한 녀석!" 이라고 중얼거렸을 것이다. 마티유(Mathieu)는 주먹을 꽉 쥐고 "야비한 녀석!"이라고 중얼거렸다. 그리고 스스로 심한 죄책감을 느꼈다. 만일 적어도 그가 진정으로 정당하게 살아 있다면, 의식의 한계를 인식하는 사소한 감정을 그의 안에서 발견할 수만 있었다면, 그러나 그렇지 않았다. 그는 텅 비어 있었고, 거대하고 절박한 분노에 직면했다. 그는 그 분노를 보았고, 그것을 거의 만질 수 있었다. 그러나 그것은 죽은 것이었다. 만일 그것이 살아 있어서 표현을 발견하고 고통을 겪을 수 있다면, 그는 그의 몸으로 그 감정을 드러내야만 한다. 그것은 다른 사람들의 분노였다. "야비한 녀석!" 그는 주먹을 꽉 쥐고, 큰 걸음으로 걸었으나, 아무것도 오지 않았다. 분노는 자신의 외면에 남아 있었다…. 존재의 경계선 위에, 분노의 소심한 시작 위에 무엇인가 있었다. 적어도! 그러나 그것은 줄어들었고, 의기소침해졌고 파리의 장례 행렬 속에서 그는 정확히 잰 점잖은 걸음으로 걸어갔다…. 그는 손수건으로 이마를 닦고 '사람은 그의 깊은 감정들을 강요하지는 못 해.'라고 생각했다. 저쪽에 있는 것은 사람의 가장 깊은 감정을 불러일으켜야만 하는 끔찍하고 비극적인 정서였다…. "소용없는 일, 그 순간은 오지 않을 거야…."[69]

느낌은 소망의 선행요건이지만 똑같은 것은 아니다. 바라는 것 없이 느낌만 있다면 그것은 곧 의지가 없는 것이다. 현대 문학에서 '소망 없는'(wishless) 모습으로 가장 잘 알려진 인물들, 예를 들면, 카뮈(Albert Camus)의 『이방인』에서의 뫼르소(Meursault)와 앙드레 지드(André Gide)의 『배덕자(*The Immoralist*)』의 마이클(Michel)은 예리한 감각주의자들이었으나 소망과 특히 대인관계의 영역 안에서의 소망들로부터 고립되어 있다. 그들의 행동은 충동적으로 폭발적이고, 궁극적으로 다른 사람들과 그 자신들에게 심오하게 파괴적이다.

정서적 막힘과 심리치료

정서적으로 막혀 있는 (즉, 감정적으로 막혀 있는) 환자를 치료하는 것은 느리고 지루하다. 무엇보다 치료자는 인내하지 않으면 안 된다. 시간마다 치료자는 "무엇을 느끼나요?" "무엇을 원하세요?"라고 물어야 한다. 매 시간마다 치료자는 장애물의 원천과 근원, 그리고 그 뒤의 숨겨진 억눌린 감정들을 탐색해야 한다. 차단되고 훈련되지 않은 눈으로 봐도 너무 명백해서, 만일 그것이 부숴지기만 한다면, 환자의 감정을 막고 있는 것이 다이너마이트로 폭파될 수 있다면, 건강과 전체성이 터진 곳으로 폭포가 되어 떨어질 것으로 쉽게 결론지을 수 있을 것이다. 결과적으로 많은 치료자들은 정서적으로 막혀 있는 환자들과 작업할 때 돌파구를 찾아 새롭고 정교한 게슈탈트, 사이코드라마, 생체 에너지 요법, 감수성 양성 테크닉들을 사용해 왔다.

돌파구 전략(breakthrough strategy)은 효과가 있는가? 치료자는 정서적으로 막혀 있는 환자의 방어경계선을 뚫어서 억눌린 감정이 배출되도록 할 수 있는가? 동료들과 나는 장기 심리치료 중인 35명의 환자들(그중 많은 이들이 정서적으로 막혀 있었고 치료가 지지부진했다)을 대상으로 한 연구 프로젝트에서 이것을 시험해 보았고, 자극 경험의 결과로 환자들이 개인치료에서 정서가 뚜렷하게 변화되었는지를 판단해 보기를 시도했다.[70)] 우리는 이런 환자들을 주말 경험을 위해 세 가지 그룹 중 한 그룹으로 보냈다. 두 그룹들은 강력한 직면과 게슈탈트 정서, 즉 자극 테크닉(Gestalt affect-arousing techniques)을 사용했다. 세 번째 그룹은 묵상과 신체 자각 그룹으로, 실험을 위한 통제그룹이어서 주말 동안 정서적 자극이나 대인교류는 제공되지 않았다. 그 결과, 그룹에서 많은 환자들이 강력한 감정적 돌파구를 가졌으나 지속되지는 않았다. 차후의 개인치료에서도 식별할 수 있는 효과가 나타나지 않았다.

따라서 치료에서 정서를 생성해 내는 것은 중요하지만 급속하고 강력한 정서, 즉 자극 그 자체가 치료적이라는 증거는 없다. 우리는 큰 기대를 했지만, 심리치료는 '사이클로테라피' (cyclotherapy)[71] 같은 이슈들이 치료환경에서 반복적으로 훈습되고 환자의 삶의 환경 속에서 시험되고 재시험되는 길고 방대한 과정이다. 만일 정서적 돌파구(breakthrough)가 효과적인 치료 모델이 아니라면, 단조롭고 아주 지적이고, 고도로 이성적인 정반대의 치료접근도 마찬가지일 것이다. 알렉산더(Franz Alexander)가 '정서적 교정의 경험' [72]이라고 명명한 정서적 경험은 성공적인 치료를 위해 필요한 요소다. 비록 많은 초기 치료자들(Sandor Ferenczi, Otto Rank, Wilhelm Reich, Julius Moreno)이 정서적 경험의 필요를 인식했고 많은 치료적 만남을 더 실제적이고 감정이 깔리게 하는 기술들을 소개했지만, 펄스(Fritz Perls)는 그 누구보다 더 많이 개인의 정서 자각을 증진시키기 위해 디자인된 접근법을 개발한 것으로 언급되어야 한다.

펄스 : "머리를 버리고 감각으로 나오라." 펄스는 끈질기게 자각에 초점을 맞추었다. 그의 치료는 '언어적 또는 해석적인 치료라기보다는 경험적 치료' 였고, [73] 그는 신경증 환자들이 과거에서 너무 많이 산다고 느꼈기 때문에 현 시제에서만 일했다.

> 게슈탈트 요법은 '지금 현재에' 치료로, 상담 회기 동안 모든 그의 주의력을 현재 무엇을 하고 있는지에 돌리고, 상담 회기의 과정 동안, 즉 바로 지금 현재에…. 그의 억누른 생각들만큼 동작, 호흡, 감정들과 얼굴 동작들을 자각하는 것이다.[74]

펄스는 자주 지각 기관의 인상들과 운동감각의 인상들로 치료를 시작한다. 예를 들면, 환자가 두통에 대해 불평하면, 펄은 환자에게 그것이 얼굴 근육의 수축과 관련되어 있는 것을 발견할 때까지 두통에 초점을 맞추도록 요구할 것이다. 펄은 그 수축을 과장하도록 요구하고 각 단계마다 환자가 무엇을 자각했는지를 이야기하도록 요구할 것이다. 점차적으로 환자는 운동감각 기관의 감각에서 정서로 인도될 것이다. 예를 들면, 여자 환자가 그녀의 얼굴에 대해 다음과 같이 묘사할 것이다. "그것은 마치 내가 울려고 얼굴을 찡그리는 것 같았어요." 여기에서 치료자는 "울고 싶으세요?"라고 물음으로 정서를 격려할 것이다.[75]

펄스는 자각으로 시작해서 점차적으로 '바람'으로 옮겨 갔다.

> 나는 자각 기법만으로 가치 있는 치료적 결과를 가져올 수 있다고 확신한다. 치료자가 치료할 때 오직 세 가지 질문만 하도록 제한을 받으면, 치료자는 결국 가장 심각한 환자를 제외하고는 성공을 얻을 것이다. 이 세 가지 질문은 바로 '무엇을 하고 계세요?' '무엇을 느끼세요?' '무엇을 원하세요?'다.[76]

펄스는 환자들이 느끼고, 이런 느낌들을 '소유하고', 그러고 나서 바람들과 욕구들을 자각하도록 돕는 것을 시도했다. 예를 들면, 만일 환자가 치료자에게 이성적이거나 반복된 질문들을 할 때, 펄스는 환자가 서술문과 질문 뒤에 있는 바람을 말로 하도록 촉구하는 것이다.

> 환　자: 지지가 무슨 뜻인가요?
>
> 치료자: 그것을 서술문으로 바꿀 수 있겠어요?
>
> 환　자: 나는 지지가 무슨 뜻인지 알고 싶습니다.
>
> 치료자: 그건 여전히 질문이네요. 그것을 서술문으로 바꿀 수 있겠어요?
>
> 환　자: 기회가 된다면 나는 이 문제에 대한 당신 의견을 듣고 싶어요.[77]

여기에서 환자는 그의 정서와 그의 바람들에 더 훌륭하게 접촉하였다.

정서 환기의 목적은 단순한 카타르시스가 아니라 환자들이 자신의 바람을 재발견하도록 돕는 것이다. 게슈탈트 요법의 중요한 문제는 많은 치료자들이 기술의 더 깊은 목적을 잊어버리고 정서 환기 기술 자체에 너무 매달리고 있다는 것이다. 이것은 치료자들이, 굉장한 흥행사이고 거대 군중 앞에서 짧고 드라마틱한 환자와의 접촉을 연출한 펄스를 그들의 모델로 일부분 삼은 결과다. 그러나 펄스는 그의 반성적 순간에 치료자들이 과도하게 기술에 초점을 맞추는 것에 당황스러움을 표했다.

> 프로이트적인 거짓말을 폭로하는 데 긴 시간이 걸렸고, 지금 우리는 새롭고 더 위험한 국면에 접어들고 있다. 우리는 새로운 국면에 접어들고 있다. 바로 즉각적인 치

료, 즉각적인 즐거움, 즉각적인 감각 자각 등이다. 우리는 돌파구만 찾을 수 있다면 치료될 것이라고 생각하는 돌팔이 의사들과 사기꾼들의 시대에 접어들고 있다. 나는 지금 벌어지고 있는 일들이 심히 걱정된다.

…기술은 속임수다. 속임수는 극단적인 경우에만 사용되어야 한다. 속임수들을 찾으러 다니는 사람들은 많다. 이런 기술들과 도구들은 감각 자각 또는 즐거움 등에 관한 어떤 세미나에서 꽤 유용하다. 그러나 슬픈 사실은 이런 격려가 자주 위험한 대리 활동, 성장을 방해하는 엉터리 요법이 된다는 것이다.[78)]

다른 치료적인 접근들 펄스만 정서적 막힘 문제와 싸운 것은 아니다. 사이코드라마, 감수성 집단들, 최면요법, 생체 에너지 요법들은 모두 정서 환기와 개인의 바람을 자각하는 것을 증대시키기 위해 개발되었다. 사실 그것들의 족보를 더 이상 추적하기 힘든 접근의 거대한 확산이 있어 왔다. 모든 기술들은 어쨌든, 사람은 어느 정도 깊은 단계까지 자신의 바람과 감정을 알 수 있고, 치료자는 적합하게 초점을 맞춤으로써 환자의 내적 상태의 의식적 경험을 증대시킬 수 있다는 가정을 하고 있다.

자세적이고 동작적인, 또는 미묘한 비언어적인 단서는 아마도 저변에 깔려 있으나 분열된 감정과 바람에 대한 중요한 정보를 제공해 줄 것이다. 치료자들은 꽉 쥔 주먹, 한쪽 주먹으로 다른 쪽 손바닥을 치는 행동, 닫힌 (꼰 팔과 다리) 자세 등에 아주 주의해야 한다. 각각의 이런 자세들은 저변에 깔린 감정 또는 바람의 현현이다(그런 경우에 펄스는 그런 행동에 주의를 기울이고 환자에게 그것을 과장하도록 하였다. 예를 들면, '더 세게, 더 빨리' 주먹으로 손바닥을 치게 하여 억압된 감정이 나타나도록 촉진했다). 실제로 환자들은 너무 정서적으로 고립되어서 신체적 또는 생리적 데이터가 그들이 내적 세계와 접촉하는 유일한 통로였다. 예를 들면, '내 눈에 눈물이 나니 나는 슬픈 것이 틀림없어.' '얼굴이 붉어지니 나는 당황스러움에 틀림없어.' 등이었다.

그들이 거의 하지 않기 때문에 "무엇을 원하나요?"라는 질문은 자주 환자들을 놀라게 만든다. 폴스터(E. Pohlster)와 폴스터(M. Pohlster)가 이런 것을 묘사한다.

대학교수는 질리도록 읽고, 쓰고, 가르치도록 요구하는 것들로 채워진 하루하루를 과중한 짐을 진 것같이 느꼈다. 그는 폭발하기 직전까지 갔다. 그가 과중한 삶에 대해 길게 늘어놓은 끝에, 나는 그에게 "무엇을 원하세요?"라고 물었다. 침묵…. 그리고 한 손을 꽉 쥐는 동작-그러나 매우 느슨하게 공간을 남겨놓고- 또 다른 손…. 그러고 나서, "내 인생에 어떤 변화를 원합니다."라고 그는 말했다. 이런 인식들은 간단하나 많은 사람들이 쉽사리 깨닫지 못한다. 이런 소원들이 적어도 인식될 때까지, 주목받은 행동은 있음직하지 않은 것이다.[79)]

만일 환자들이 심각하게 정신분열병적이고 그들의 바람들로부터 깊이 고립되어 있다면, 즉각적인 지금 현재의 상호작용에 초점을 둔 질문이 생산적일 것이다. 예를 들면, 집단상담에서 큰 병에 걸린 젊은 청년이 나의 질문에 대답하면서 자신은 감정과 소원이 없고, 어떻게 느껴야 하는지를 알 때만 느낄 수 있다는 것을 슬퍼했다. 다른 집단원들이 그 이슈를 가지고 계속해서 여러 가지 주제들(외로움, 강한 신경안정제들, 병실에서의 문제들 등)에 대해서 어떻게 느끼는지 질문하자, 그 환자는 더 혼란스러움을 느끼고 낙심하였다. 우리는 "당신의 감정에 대해 질문받는 것은 어떻게 느껴지나요?" 라고 질문하였는데 그에게 더 도움이 되었다. 여기에서 그는 몇 가지 진실한 감정과 바람을 경험할 수 있었다. 비록 그는 자신에 대한 타인의 주목들에 놀랐지만, 기쁨을 느꼈고 집단이 계속해서 그를 압박하기를 원했다. 그는 또한 말을 너무 많이 해서 돼지 같다고 느꼈고 다른 사람들이 그 때문에 자신들의 시간을 빼앗기는 것에 화를 내지 않을까 두려워하였다. 이런 즉각적인 정서부터 시작해서, 환자는 자신의 감정을 가지고 그것들을 식별하는 능력에 점차 자신감을 얻었다.

또 다른 여성 환자는 수년 동안 그녀의 감정의 중요성을 불신하고 평가절하하였다. 그녀는 특정한 감정을 느낄 때마다 똑같은 중요성을 가지는 정반대의 감정을 생성해 낼 수 있었기 때문에, 감정은 엉터리이고 부자연스러운 것이라고 여겼다. 수많은 시간이 이런 방어를 깨뜨리기 위한 장벽 파괴에 허비되었다. 그녀가 즉각적인 '지금 현재' 에서 명백한 유의성의 감정들을 확인할 때만 진보가 있었다. 그녀는 병실 직원이 관찰하는 병원의 치료 집단에 참여하였고, 그러고 나서 모임에 대한 개방된 관찰자의 재언급을 살펴볼 기회를 가졌다. 그녀의 재언급에 대한 반응을 묻자, 그녀는 거의 토론되지 않은 것에 대해 짜증을 냈다. 우리는 그녀의 짜증에 대해 조사했고(이것이 확실히 느껴지는 질문 없이 나타났기 때문에), 그것은 무시되는 데서 오는 그녀의 고통, 그리고 나서 공포를 느끼는 것, 치료자가 그의 마음속에서 그녀를 'C' (만성적) 파일에 올려놓을까 봐 두려워하는 것으로 바뀌었다. 그리고 그녀는 치료자가 무엇을 했으면, 또는 말했으면 하고 바라는 것을 다 표현하도록 설득되었다. 이런 식으로 그녀는 치료자가 자신을 안아 주고 보호해 주었으면 하는 욕구, 그런 엉터리가 아닌 소원을 경험하도록 인도되었다.

프로이트는 오래 전에 환상이 원함이고, 즉각적이거나 지도된 환상의 조사가 원하는 것을 드러내고 옹호하는 데 자주 생산적인 기술로 사용된다고 지적했다. 예를 들면, 여자친구를 계속 만날 것인지 헤어져야 할 것인지를 결정하지 못하는 환자가 있었다. "무엇을 원하세요?" "당신은 그녀를 걱정합니까?" 라는 질문에 대한 그의 응답은 변함없이 당황스럽고 실망스러운 "모르겠어요." 였다. 치료자는 그에게 여자친구로부터 관계를 끝내자고 하는 전화가 왔다고 상상하도록 요구했다. 그 환자는 이것을 명백하게 눈으로 그렸고, 안도의 한숨을 내쉬면서 전화를 받은 후에 해방되었다는 느낌을 가졌다. 이런 상상으로 그 관계에 대한 자신의 진정한 바람을 깨달았고, 자신의 바람을 인식하는 것을 방해했던 요소들을 제거하기 시작한 짧은 발걸음을 내딛었다.

충동

소원 장애가 반드시 억제나 마비로만 인도되는 것은 아니다. 어떤 개인들은 바람을 분별하지 않음으로써 바라는 것을 피하나, 즉흥적이고 충동적으로 모든 바람들에 행동한다. 모든 충동이나 변덕에 즉각적으로 행동하는 사람은 바람을 억누르고 억압하는 사람과 같다. 따라서 그 사람은 동시에 경험된다면 모순이 될 다양한 바람을 선택하는 것을 피하는 것이다. 메이가 지적했듯이, 페르귄트(Peer Gynt)는 그의 소원을 분별할 수 없어 모두 다 이루려고 하였고, 그렇게 함으로써 한 가지를 특히 더 깊이 원하는 진정한 자신을 잃어버린 사람의 극단적인 예다.[80] 소원은 항상 방향과 시간을 포함한다. 바라는 것은 미래로 돌진하는 것이고, 개인은 미래의 밀접한 관계와 바람에 따라 행동한 결과에 대해 반드시 고려해야 한다. 다른 사람을 포함하는 바람인 만큼 이러한 고려는 더욱더 필요하다. 충동적인 페르귄트식으로 대인에 관한 모든 바람들을 실현하는 것은 진정한 만남보다는 폭력과 강간을 가져온다. 요구되는 것은 바람을 내적으로 분별하는 것과 각각 우선순위를 부여하는 것이다. 만일 두 바람이 똑같이 명확하다면, 하나는 반드시 포기하여야 한다. 예를 들어, 의미 있는 사랑의 관계가 소원이라면, 정복, 힘, 유혹, 진압 등의 충돌하는 내적 바람들은 부인되어야 한다. 작가의 주요한 소원이 대화하는 것이라면, 그는 반드시 다른 것, 방해하는 바람들(영리해 보이기 원하는 것 같은)을 포기해야 한다. 충동적이고 분별없이 모든 소원을 나타내 보이는 것은 의지가 병들었을 때 보이는 증상이다. 그것은 자신을 미래로 객관화하지 못하고 꺼려 하는 것이다.

행동적인 충동의 기초가 되는 기본적인 장애를 묘사하는 또 다른 방식은 반대감정병존의 두 가지 방식(연속되는 반대감정병존과 동시적인 반대감정병존)을 고려하는 것이다.[81] '연속되는 반대감정병존' 에서 개인은 처음 소원과 또 다른 소원을 경험한다. 하나가 우세하면 이것이 영향을 미쳐서, 개인은 또 다른 것은 완전히 인식할 수 없게 된다. '동시적인 반대감정병존' 에서는 두 가지 바람들을 전체이고 직접적으로 직면한다. 부겐탈(James Bugental)이 연속되는 반대감정병존의 괴로운 상태에 있는 환자를 묘사했다.

> 42세의 마벨(Mabel)은 그녀가 깊이 사랑했고 의미 있고 만족스러운 관계를 나눈 남자와 17년 동안 결혼생활을 하고 있다. 그런데 여기에서 중요하지 않은 일련의 상황을 통해 그녀는 아내를 사별한 또 다른 남자를 사랑하고 있음을 발견했다. 그녀는 남편인 그렉(Greg)에 대한 사랑을 잃은 것도 아니었고 그녀가 또 다른 남자인 할(Hal)과 단지 단순한 '방종'을 원했던 것도 아니었다.
>
> 그래서, 마벨은 그렉과 함께 집에 있을 때 자신의 삶이 얼마나 풍요로운지 알 수 있었고 그녀와 그의 미래가 걸린 모든 고통, 죄책감, 분열과 함께 그것을 뒤집어엎을 수 있었는지 의아해했다. 그러고 나서 그녀가 할과 함께 있을 때나 그냥 그렉과 떨어져 있을 때, 할에 대한 그녀의 감정과 그녀가 가졌을지도 모르는 다른 삶에 대한 열망이 얼마나 중요한지 알았을 때, 그녀는 고통에 휩싸여 그에게 갈 것이다.[82]

치료자의 임무는 충동적인 환자를 도와서 어떤 일에 파생되어 생겨나는 양가감정을 동시적인 양가감정으로 바꾸는 것이다. 연속적으로 충돌하는 소원을 경험하는 것은 자신을 불안으로부터 보호하는 방법이다. 완전하게 즉각적으로 충돌하는 바람들을 경험할 때, 하나를 선택하고 다른 것을 포기하는 책임에 직면할 것임에 틀림없기 때문이다. 동시적인 양가감정은 극단적으로 불편한 상태를 가져온다. 그리고, 부겐탈이 언급했듯이, 치료자가 환자의 고통이나 자율성이 약해지지 않게 하는 것이 중요하다. 치료자는 충고하고, 구제하고, (하이데거가 말했듯이) '다른 사람의 앞에서 뛰어넘으려고' 하는 강한 충동을 느낀다.[83] 그러나 사람이 모든 중요한 바람을 완전한 강도로 깊이 있게 직면할 수 있다면, 그 사람은 결국 창의적이고 혁신적인 해결책, 다른 사람이 예견하지 못한 해결책을 만들어 낼 것이다.

앞의 사례에서 마벨은 그녀의 갈등을 진정으로 창의적인 통찰을 가지는 데 사용했다. 그녀는 자신의 존재를 정의하는 데 교묘하게 남편을 이용했으며, 할에게도 같은 방법으로 가까이 했는지 깨달았다. 그녀는 할과 그렉 모두에게서 떨어져 나오면서 자신의 정체감을 깨달았다. 이것은 그녀가 함께하기로 한 남편에 대한 사랑을 버린 것이 아니라 다른 방식으로 그를 사랑한다는 것을 의미했다. 그것은 자신과 그를 융합된 실재(entity)로 사랑하다는 것을 의미하는 것이 아니라, 그를 사랑한다는 것을 의미했다. 그것은 강력한 외로움 없이 자신을 잃어버림 없이, 삶을 직면할 수 있다는 것을 의미했다.

강박충동

자각의 책임에 대항하는 방어인 강박충동(compulsivity) 또한 소원 장애로 구성되어 있다. 즉, 충동보다 더 조직화되고 덜 변덕스러운 것이다. 강박충동의 개인은 바람으로 경험되지 않는 내적 요구들과 일치하게 행동한다. 어떤 '자아-이질적인' 것은 그런 개인을 지도한다. 그는 자주 바람에 반해서 행동하도록 부추겨지고, 행동하지 않으면, 큰 불편을 느낀다. 비록 그가 어떤 방식으로 행동하지 않도록 바란다고 해도, 충동의 지시에 따르지 않는 것이 비정상적으로 어렵다는 것을 발견한다. 카뮈(Camus)는 『가을(*The Fall*)』의 주인공을 통해 이것을 정확하게 짚어 냈고, 그는 "원하지 않는 것을 취하지 않는 것은 세상에서 제일 어려운 일이다."라고 말했다.[84] 강박충동의 개인은 일반적으로 소원 불능을 깨닫지 못한다. 공허함이나 무게중심이 없음을 느끼지 않는 것이다. 반대로, 그런 개인은 활동적이고, 자주 힘이 있고, 언제나 목적의 감각을 가지고 있다. 그러나 비록 욕구나 목적이 있지만 자신의 것이 아니라고 의심하는 때가 종종 있다. 개인이 너무 바쁘고 휘둘려서 원하는 것을 할 시간도 권리도 없다. 오로지 방어가 무너졌을 때(예를 들면, '외부적으로 강요된' 목표(돈, 위신, 힘 등)가 직업 상실 또는 가정의 붕괴 등으로 불필요해졌을 때, 또는 그것들에 도달했을 때) 개인은 진정한 자신의 질식을 깨닫는다.

결심-선택

개인이 소원을 완전히 경험하면, 결심이나 선택에 직면한다. 결심은 소원과 행동의 다리다. 결정한다는 것은 일련의 행동*에 관계하는 것을 의미한다. 만일 행동이 일어나지 않는다면, 진정한 결심은 없었고 다만 실패한 타입의 결심만 있었다고 본다. 베케트(Samuel Beckett)의 『고도를 기다리며(*Waiting for Godot*)』는 미발달된 결심의 기념물이다. 인물들은 생각하고, 계획하고, 꾸물거리고, 결심한다. 그러나 그들은 결정하지 않는다. 연극은 이런 결론으로 끝맺는다.

블라디미르: 갈까?

에스트라곤: 가자.

[무대지시] 아무도 움직이지 않는다.[85)]

결심과 치료적인 계약

치료와 특정한 결심 결심이라는 개념은 심리치료의 다양한 길로 들어간다. 어떤 환자들은 관계나 진로와 연관된 특정한 결심의 진통에 사로잡혀 있기 때문

* 나는 '행동'을 행동적 의미가 아니라 치료적 의미로 사용하였다. 가장 가벼운 움직임이나 어떤 이전의 습관적 행동의 제거는 중대한 치료적 행동을 만들어 낼 것이다.

에 치료를 찾는다. 결과적으로, 치료는 이 결심을 중심으로 할 것이다. 만일 치료가 간단하고, 초점이 맞추어져 있고, 과업 중심적이라면, 치료자는 환자가 결심을 하도록 할 수 있을 것이다. 치료자는 나중에 결정의 장단점을 고려할 것이고 환자가 각 결정의 의식적이고 잠재의식인 관계를 구분하도록 도울 것이다. 만일 이와 반대로, 치료가 더 집중적이고 목표들이 더 광범위하다면, 치료자는 중심되는 주요 부분과 같이 특정한 결정을 사용하고 치료가 진행되면서 다양한 주제들이 드러날 것이다. 치료자는 환자가 결정하는 불안의 무의식적인 의미를 이해하도록 하고, 과거에 있었던 결정과 관련된 위기를 재조명해 본다. 비록 치료적 목표가 명확하게 환자가 특정한 결정을 내리도록 돕는 것은 아니지만, 그럼에도 혼란스러운 영역들을 해결해서 환자가 적응된 방식으로 결정을 내릴 수 있도록 희망한다.

치료와 무의식적인 결심 환자들이 어떤 특별한 결심의 위기 때문에 치료하러 오는 것은 아니라 할지라도 많은 치료자들은 결심에 초점을 맞춘다. 이런 치료자들은 환자의 개인적인 책임을 증대시키려는 노력으로, 모든 행동(개인적인 변화를 포함해서)에서 결심을 우선으로 한다. 이런 식으로 결심에 초점을 맞추는 치료자들은 결심들의 대부분이 행동과 연관되지 않는 상황에 접하게 된다. 따라서 치료자는 환자가 실패하고, 지연하고, 다른 사람들로부터 물러나고, 가까움을 피하고, 수동적이 되고 좌절하고, 걱정하게 만드는 결심에 초점을 맞춘다. 명백하게 이런 결정들은 결코 의식적으로 내려지지 않는다. 치료자는 개인이 그들의 행동에 책임이 있기 때문에 각각 '선택된' 것을 가지고 있다고 가정한다. 이것은 어떤 선택인가? 그 선택은 파버가 의지의 '첫 영역' 이라고 부른 것이다. 거의 모든 주요 결심은 신중하고 의식적인 노력으로 정해지지 않는다. 결심들이 어떻게 내려지는지 깊이 생각한 제임스(William James)는 다섯 가지 타입의 결심을 묘사했는데 그 중 첫 번째와 두 번째만 '의지적인' 노력과 관련되어 있다.

1. **온당한 결심.** 우리는 주어진 방침에 찬성 또는 반대론을 고려하고 한 대안을 정한다. '책들의 합리적인 균형', 우리는 완전하게 자유로운 감각으로 이 결심을 한다.
2. **의지적인 결심.** '내적 노력감'을 포함하는 의지적이고 노력하는 결정, '느리고,

의지가 죽은 노력'이 필요한 의지적인 결심으로 이것은 드문 결심이다; 대부분의 인간적인 결심은 노력 없이 만들어진다.

3. **표류하는 결심.** 이 형태에서는 어떤 행동의 과정을 위한 주요한 이유가 없어 보인다. 어느 쪽이나 좋아 보이기도 하고, 결심에 싫증나거나 좌절된다. 우리는 아무것도 없는 것으로부터 우연히 결정된 것처럼 보이는 방향으로 우리 자신을 표류하게 만들 듯이 결심한다.
4. **충동적인 결심.** 우리는 결심할 수 없다고 느끼고, 결심은 세 번째 것같이 우연히 일어나는 것처럼 보인다. 그러나 이것은 한계 내에서 나오고 아무것도 없는 것으로부터 나오지 않는다. 우리는 자동적으로 그리고 자주 충동적으로 행동하는 자신을 발견한다.
5. **관점의 변화에 기초한 결심.** 이 결심은 자주 갑자기, 그리고 어떤 외적 경험 또는 중요한 관점의 변화나 '마음의 변화'를 가져오는 내적 변화 (예를 들면, 슬픔 또는 두려움)의 결과다[제5장에서 묘사한 많은 암 환자들에게서 나타나는 결심이다].[86]

제임스가 제안했듯이, '결심'은 노력, 합리성, 의식, 충동성 그리고 책임감에서 정도가 다른 주관적인 경험들을 가지고 있는 다양한 활동을 말한다.

치료, 결심 그리고 성격 구조 어떤 교류분석학의 치료자들은 결심을 더 급진적이고 무의식적인 감각으로 사용한다. 그들은 개인들이 일찍이 그들의 삶을 비관적으로 형상화한 '낡은' 결심들을 하도록 제안한다. T.A.(교류 분석) 치료자들이 주장하는 전형적인 정신이상적인 발전의 공식화는 "개인이 그 부모로부터 영향(예를 들면, 강화물)에 따라 주입된 명령을 받고, 그 명령과 관련된 결심을 하고, 그리고 나서 그 명령을 지지하는 대본(script)을 발전시킨다."[87]라는 것이다. 따라서, 베른(Eric Berne)에 따르면, 개인은 '인생 대본', 즉 개성 변인과 반복적인 대인 상호작용을 포함하는 사람의 인생과정을 위한 무의식적인 설계도를 결정한다. 베른의 인생 대본은 아들러의 '가상안내'(Guiding fiction) 또는 호나이의 이상화된 이미지 시스템과 많이 다른 것은 아니다. 비록 이것이 더 대인적인 것에 기초했지만, 이것은 막연하게 프로이트의 성격구조 개념과 동등한 것이다.

T.A.의 접근에 따르면, 아이는 자신의 성격 구조를 결정하는 결심을 하므로 그

것에 책임이 있다. 그러나 '결심' 이 의식적인 의지에만 기초할 때 문제가 생긴다. T.A.가 제공한 '결심' 의 정의는 용어에 혼란을 반영한다. "결심은 젊은이가 모든 적합한 자아의 자원들을 사용하여 그의 예상을 수정하고, 가정형편의 현실들을 그것들과 같은 태도를 취하려고 노력하는 바로 그 시점이다."[88] 결정에는 특별한 순간이 있음에도 불구하고, 원래의 상태와 변화된 상태 사이에는 분명히 어떤 의식적 결정이 있음에도 불구하고 "결심은 적기의 시점이다."로 시작하는 정의를 주목하라.

아이가 견고하고 순간적이며 오래된 결심을 한다는 개념을 진지하게 받아들이는 치료자는 치료적 변화에 견고하고 단순한 접근을 하려는 위험을 안고 있다. 실제로, 그런 일이 있었다: 예를 들면, T.A. 본문은, 치료자의 임무는 환자가 '최초의 결심' '첫 행동 경험'[89](초기 프로이트 이론의 최초의 외상과 같은)으로 돌아가서 그것을 되살리고, '재결심' 을 하도록 하는 데 있다고 제안했다. 이 공식의 문제는 환자가 전혀 다른 타입의 옛 결심을 무효화하기 위해 새로운 합리적인 결심을 하도록 요구될 것이라는 것이다. 이것이 파버(Farber)가 첫 번째 영역(무의식)의 의지의 작업을 하기 위하여 두 번째 영역(의식)의 의지를 강요치 않도록 노력하는 것이 중요하다고 말했을 때 경고한 것이다.

이 급진적인 결심에 대한 견해에서 잃어버린 것은 발달과정의 세밀한 구별이다. 개인의 성격구조는 추적되고 지워질 수 있는 한 순간적인 결심의 결과가 아니라, 수없는 선택과 대안의 포기로 구성되어 있다. 물론 아이는 성인의 성격학적인 선택들에 대한 자각이 없지만, 그럼에도 불구하고 아이는 항상 확언하거나 거절하고, 순종하거나 반항하고, 긍정적으로 인식하거나, 에릭슨(Erik Erikson)이 가르쳤듯이 어떤 역할 모델들에 대해 부정적으로 인식하는 약간의 능력을 가지고 있다.[90] 앞에서 토론했듯이, 환자는 자신이 무엇인지, 무엇이 될지에 대한 책임을 받아들이는 처치 과정이 필요하다. 그리고 나서 개인은 변화를 위해 필요한 힘(그리고 희망)을 경험한다. 그러나 정신치료적인 변화는 순간적이고 의지적인 결심으로만 구성되지는 않는다. 대신 그것은 각각 다음 길을 여는 다양한 결심들의 점진적인 과정이다.

결심은 왜 어려운가?

"갈까? 가자. 아무도 움직이지 않는다." 결심과 행동에 전념하는 결심 사이에는 무슨 일이 일어났나? 왜 수많은 환자들은 결심하기가 엄청나게 어려운가? 실제로, 최근의 환자들을 생각해 보면, 거의 모두가 어떤 결심과 씨름하고 있다. 어떤 환자들은 특정한 인생의 결심에 대해 염려하고 있다. 중요한 관계에 대해서 어떻게 할까, 결혼생활을 계속해야 할지 아니면 헤어져야 할지, 학교로 돌아가야 할지, 아이를 가지기를 시도해야 할지 등이다. 다른 환자들은 자신이 무엇을 해야 하는지 안다고 말한다. 술 또는 담배를 끊고, 몸무게를 줄이고, 사람들을 만나도록 시도하거나, 친밀한 관계를 형성하도록 시도하거나, 해야 하지만 그러나 결심할 수는 없다는 것이다. 그것을 하도록 그들을 참여시키는 것이다. 또 다른 사람들은 무엇이 잘못된 것인지를 안다고 말한다. 예를 들면, 너무 교만하고, 너무 일중독적이고, 너무 보살피지를 않는다는 점이다. 그러나 변화하기 위해서 어떻게 결심해야 하는지를 모른다. 결과적으로 치료에 자신들을 참여시키지 않는다.

이런 만들어지지 않은 결심들에 대한 아주 고통스러운 점들이 있다. 내가 환자들을 재검토해 보고 그들에게 결심의 의미들을 분석해 보면, 나는 응답의 다양성으로 충격을 받는다. 결심들은 여러 가지 이유로 어렵다. 어떤 것은 명백하고, 어떤 것은 무의식적이고, 어떤 것은 우리가 보듯이 존재의 가장 깊은 뿌리에 가 닿는다.

대안은 없다 가드너(John Gardner)의 소설 *Grendel*의 주인공은 인생의 신비를 배우기 위해 늙은 성직자를 찾아가는 순례여행을 떠났다. 성직자는 "궁극적 악은 시간이 지속해서 없어지고 있다는 것이고, 실재적 존재는 소멸을 수반한다."라고 말했다. 성직자가 그의 삶에 관한 묵상을 짧지만 끔찍한 두 명제, 강력한 네 단어로 요약했다. "모든 것은 사라진다. 대안은 없다"(Things fade, alternatives exclude).[91] 나는 성직자의 메시지가 매우 영감 있다고 생각한다. '모든 것은 사라진다'는 이 책의 첫 부분의 주제이고, '대안은 없다'는 결심이 어려운 기본적인 이유 중 하나다.

모든 예(Yes)에는 아니요(No)도 있게 마련이다. 하나를 선택한다는 것은 다른 것을 포기했다는 것을 의미한다. 한 치료자가 결정하기 어려워하는 환자에게 "결심은 매우 값비싸고, 그것들이 다른 모든 것들을 비용으로 지불하게 한다."라고 했다.[92] 포기는 항상 결심을 동반한다. 조건들을 포기해야 하는데, 조건들은 다시는 돌아오지 않을 것들이다. 결심은 가능성의 제한을 알리기 때문에 고통스럽다. 그리고 가능성이 더 제한될수록, 죽음에 더 가까워진다.[93] 실제로, 하이데거는 죽음을 '더 한 가능성의 불가능성' (the impossibility of farther possibility)이라고 정의했다. 제한의 현실은 존재적인 불안에 적응하기 위한 우리의 주요한 방식 중 하나에 대한 위협이다: 특별한 망상—비록 다른 사람들은 제한되지만, 그 사람만 면제되고 특별하고 자연법을 뛰어넘는다는 것이다.

물론 사람은 결정의 자각을 피함으로써 포기의 깨달음을 피할지도 모른다. 휠리스(Wheelis)는 결심은 여행길에서 만나는 십자로이고 포기는 가지 않은 길이라는 비유에서, 그 이슈를 아름답게 언급한다.

> 어떤 사람들은 자신이 주요 고속도로를 운전하면서 모든 교차점은 샛길과 함께 있었다는 맹목적인 믿음으로 문제 없이 운전할 수 있다. 그러나 자각과 상상으로 진행하는 것은 다시는 만나지 않을 십자로의 기억에 의해 영향을 받았다는 것이다. 어떤 사람들은 두 가지 길을 다 선택할 수 없기 때문에 어떤 길도 택하지 않고, 충분히 오래 앉아 있으면 하나로 모여져 두 가지가 다 가능할 것이라는 환상을 소중히 품고 십자로에 앉아 있다. 성숙과 용기의 큰 부분은 그런 포기를 만드는 능력이고, 지혜의 큰 부분은 가능한 한 적게 포기할 수 있게 하는 길을 발견하는 능력이다.[94]

'그들이 두 가지를 다 선택할 수 없기 때문에 어떤 길도 선택하지 않고 십자로에' 앉아 있는 것은 가능성을 포기하지 못하는 사람의 매우 적절한 형상이다. 고대 철학적인 비유는 같은 딜레마를 묘사한다. 똑같이 매력적인 두 가지 음식들을 선택하지 못하는 배고픈 개를 예로 드는 아리스토텔레스의 비유나, 혹은 똑같이 달콤한 향기를 내뿜는 두 건초더미 사이에서 배고파 하는 불쌍한 당나귀의 유명한 문제인 부리단(Buridan)의 비유가 있다.[95] 각각의 예에서 만일 선택을 포기하는 것을 거절했다면 창조물은 죽었을 것이다. 각각의 구원은 욕구를 신뢰하고 도달할 수 있는 범위에 있는 것을 붙잡는 것에 놓여 있다.

비유는 그들이 예나 아니요라고 말할 수 없기 때문에, 의지의 마비로 고통받고 있는 환자들에게 임상적인 중요성을 가지고 있다. 무의식의 차원에서 환자들은 포기의 존재적인 암시를 받아들이기를 거절한다.

경계선 경험으로서의 결심 존재적인 상황을 완전히 인식한다는 것은 자기 창조를 인식하고 있다는 것을 의미한다. 사람이 자신을 형성하고, 확실한 외적 지시 대상들이 없고, 임의의 의미를 세계에 부여하는 사실을 아는 것은 사람의 근본적인 기초가 없음을 알게 되는 것이다.

결심은, 만일 그 사람이 그것을 허락한다면, 사람을 그런 자각에 던져 넣는다. 결심, 특별히 뒤집을 수 없는 결정은, '나의 죽음' 의 자각이 경계선 상황인 것 같이 경계선 상황이다. 촉매제로서의 두 가지 행동은 사람을 매일 일상의 태도에서 '존재론적인' 태도로, 즉 사람이 존재에 주의하는 존재의 양식으로 변경하는 것이다. 우리가 하이데거로부터 배운 것처럼 그런 촉매제와 변경은 궁극적으로 진정한 존재를 위한 선행조건이고, 그들은 또한 불안을 불러일으킨다. 만일 사람이 준비되지 않았다면, 그 사람은 죽음을 억누르듯 결심을 억누르는 양식을 형성할 것이다.

주요한 결심은 기초 없음의 불안에 노출시킬 뿐 아니라 죽음불안에 대항한 방어를 위협한다. 가능성의 제한에 직면함으로써, 결심은 개인적 특별성의 신화에 도전한다. 그리고 결심은 개인적 책임과 존재적 고립을 받아들이도록 강요하는 한에 있어서는 궁극적인 구조자의 존재에 대한 믿음을 위협한다.

궁극적인 결심은 또한 우리 각자를 존재적인 고립에 직면하게 한다. 결심은 외로운 행동이고, 우리 자신의 행동이다. 누구도 우리를 위해 결정해 줄 사람은 없다. 그러므로 내가 짧게 토론할 것이지만 많은 사람들이 결심에 의해 크게 스트레스를 받으며 다른 사람들을 그들을 위해 결정을 내리도록 강요하고 설득함으로써 결심을 피하려고 한다.

결심과 죄책감 어떤 개인은 결심이 어렵다. 왜냐하면 랭크가 강조한 것처럼 죄책감이 의지의 과정을 마비시킬 수 있기 때문이다. 의지는 죄책감의 막 안에서 태어난다. 그것은 랭크가 말했듯이 먼저 의지의 반대로 나타난다. 아동의 충동은 성인 세계에 반대되고, 아동의 의지는 처음 그 반대에 반대해서 나타난다. 만일 아동의 부모가 모든 충동적인 표현에 윽박지른다면, 그러면 그 아동의 의지는 심하게 죄책감으로 괴로워하고 모든 결심들을 죄악시하고 금지된 것으로 경험한다. 그런 개인은 결정할 권리가 없다고 느끼기 때문에 결심할 수 없다.

부모와 공생적인 관계에 있는 피학대 음란적인 사람들은 특별히 죄책감과 결심에 문제가 있다. 미네커(Esther Menaker)는 이런 환자들의 부모는 사실상 "너는 감히 너 자신이 아니고, 너는 너 자신이 될 능력이 없고, 네가 존재하기 위해 내가 필요하다."라고 말하는 부모라고 제안한다.[96] 그런 개인들은 발달하는 동안 선택의 자유로운 표현은 부모의 명령을 어기는 것으로 나타나기 때문에 금지된다. 성인기의 주요한 결심들은 분리불안과 지배적인 타인을 거스르는 죄책감으로부터 불쾌감을 이끌어 낸다.

존재적인 죄책감은 개인이 진정한 또는 상상의 다른 사람을 거스림을 후회하는 데서 오는 전통적인 죄책감을 넘어선다. 제6장에서 나는 존재적인 죄책감은 사람이 자신을 거스르는 데서 연유한다고 정의했다. 그것은 살아 보지 못한 삶과 그 안의 개발되지 않은 가능성에 대한 인식과 후회로부터 나온다. 또한 존재적인 죄책감은 아마도 강력한 결심을 막는 요소로, 그것에서 변화하기 위한 주요한 결심은 개인이 소모와 어떻게 하나뿐인 인생을 희생했는지를 반성하게 한다. 책임감은 날이 선 검이다. 만일 사람이 삶의 상황의 책임을 받아들이고 변화를 위한 결심을 한다면, 홀로 그의 삶의 과거의 파괴에 책임이 있고 오래전에 변화될 수 있었다는 것을 암시한다.

내가 제4장에서 짤막하게 언급했던 48세의 보니(Bonnie)는 이런 이슈들을 설명한다. 여러 해 동안 보니는 사지의 작은 혈관들이 폐쇄되는 버거(Buerger)병으로 고통받아 왔다. 잘 정립된 의학적 증거에 따르면, 니코틴은 버거병에 극도로 유해하다. 담배를 피는 환자는 질병의 과정을 과속시켜서 빨리 한쪽이나 두 쪽의 수족을 절단해야 한다. 보니는 항상 담배를 피었고 멈출 수가 없었다. 멈추려고 하지도 않았다. 여러 가지 최면술과 행동주의적인 접근 방법들은 모두 실패했고, 그녀는 담배를 끊으려는 결심을 할 수 없고, 하지 않으려는 것 같았다. 그녀는 담배 피는 습관 때문에 삶이 여러 가지로 망가졌다고 느꼈다. 그녀는 10년 전에 상당히 잔인하고 권위적인 남자와 결혼했다. 그는 바깥 활동에 열심이었기 때문에 바깥 활동을 함께 할 수 있는 배우자와 사는 것이 훨씬 낫겠다고 결정했다. 보니는 자신의 '불결한 습관' (그가 명명한 대로)을 통해서 무능해졌고 그녀의 의지박약은 그 문제를 만들어 냈다. 결국 그는 보니에게 최후통첩을 보냈다. '담배와 결혼 중

하나를 선택하라' 는 것이었는데, 그녀가 계속 담배를 피자 그는 그녀를 떠났다.

보니와 내가 담배를 끊도록 결정하는 것이 어려운 이유를 생각해 보았을 때, 중요한 주제들 중 하나는, 그녀가 지금 담배를 끊는다면, 그것은 그녀가 전에 담배를 끊을 수 있었다는 것을 의미한다는 그녀의 깨달음이었다. 그 통찰은 실제로 멀리까지 도달했음을 암시했다. 보니는 자신을 희생자로 여겼다. 버거병의 희생자, 그녀의 습관의 희생자, 잔인하고 둔감한 남편의 희생자라는 것이었다. 그러나 만일 실제로 그녀의 운명이 언제나 그녀의 통제 아래에 놓여 있었다면, 그녀는 질병, 실패한 결혼 그리고 성인기 삶의 파멸에 대한 전적인 책임을 자신이 져야 하는 사실에 직면해야 할 것이다. 변화하기로 결정하는 것은 존재적인 죄책감, 즉 그녀가 자신에 대항해서 참여했던 실책에 대한 죄책감을 받아들이는 것을 수반한다. 치료에서 보니는 자신을 위해 무엇을 결정한다는 것의 암시를 이해하도록 도움을 받아야 했다. 그것은 그녀의 결심에 다른 사람, 즉 남편, 부모 또는 치료자가 기준이 되지 않는 것이었다. 그녀는 자신의 성장을 좌절시킨 죄책감(그리고 그에 따른 우울증)을 받아들여야 했다. 그녀는 미래를 위한 자신의 책임을 가짐으로써 과거 행동에 대한 처절한 책임을 받아들여야 했다. 다른 사람과 자신을 해방한 데서 오는 죄책감을 해결하기 위한 최상의 길은 속죄를 통해서다. 사람은 뒤로 돌아갈 수 없을 것이다. 사람은 미래를 바꿈으로써 과거를 속죄할 수 있다.

결심을 피하는 방법들 : 임상적 현현

많은 사람들에게 결심은 아주 어렵고 고통스럽기 때문에, 결심을 피하는 방법을 개발해야 한다는 것을 예상할 수 있다. 결심을 피하는 가장 명백한 방법은 지연이고, 모든 치료자는 결심의 문 앞에서 고통스럽게 천천히 걷는 환자를 본다. 그러나 결심의 본질적인 고통을 처리할 수 있는 많은 더 미묘한 방법들이 있다. 사람이 결심하고 있다는 것을 자신으로부터 숨기는 동안 사람이 결정하는 방법들이다. 결국 그것은 결심의 고통스러운 과정이고 내용이 아니다. 그리고 자신이 그렇게 한다는 것을 모른 채 결심한다면 그것은 더 좋은 것이다. 결심을 수반하는 포기, 불안, 죄책감을 강조함으로써 나는 왜 결심이 어려운지에 대한 답을 했다. 결심의 자각과 고통을 약화시키기 위해, 사람은 반드시 이런 위협들에 대한 방어를 세워야 한다. 사람은 대안을 왜곡시킴으로써 포기를 피할 수 있고, 또는 어떤 사람이나 어떤 것이 결심하도록 정리함으로써 존재적인 불안과 죄책감을 피할 수 있다.

포기의 회피

타협중지 만일 사람이 다른 것을 선택하는 동시에 한 가능성을 포기해야 하기 때문에 결심이 어렵다면, 그리고 상황을 정리해서 덜 포기할 수 있다면, 결심하는 것이 더 행복해질 것이다. 예를 들면, 나의 환자 앨리스(Alice)는 남편과 이혼하려는 결심을 할 수 없어서 치료하러 왔다. 그는 그녀를 떠나기로 결심하고 1년 전에 떠났으나, 때때로 성관계 때문에 돌아왔다. 앨리스는 계속 그 때문에 슬퍼했고, 그가 돌아오리라는 환상으로 가득했다. 그녀는 그를 만날 계획을 세우고, 그를 기쁘게 하기 위해 자신을 비참하게 만들어서 결혼에 또 다른 시련을 가져왔다. 그녀의 이성은 스스로에게 결혼이 결코 다시 정상적이 되지 못할 것이고 혼자가 되는 것이 훨씬 나을 것이라고 말했다. 그러나 그녀는 계속해서 그에게 모든 권력을 주고 자신도 그 문제에 대해서 결정할 수 있다는 것을 고려하는 것을 거절했다. 그녀의 결정은 그녀도 보았듯이, 남편과의 편안하고 의존적인 관계와 두려운 고립 사이에 있었다.

약간의 지지적인 상담 회기들을 통해 앨리스는 결국 다른 남자와 관계를 맺으면서 딜레마를 해결했다. 그를 지지자로 사용해서 그녀는 남편을 완전히 떠나보낼 수 있었다(그리고 사실 마지막 단계로 그가 양육비를 지불하지 않으려 한다면서 그를 법정에 세웠다). 앨리스는 그것으로부터 더 깊은 암시를 찾아냄으로써 결정을 내릴 수 있었다. 그녀는 결심의 공식을 바꿈으로써 포기의 자각을 피했다. 그녀는 더 이상 남편(유효하지 않고 많이 증오할 이유가 있는 사람)과 외로운 상태 사이에서 선택하지 않아도 되고, 대신에 이 남편과 사랑스러운 남자친구 사이에서 선택할 수 있었다. 이것은 전혀 어려운 결심이 아니다.

한편 간단한 지지적인 치료가 도움이 되었다. 왜냐하면 그것이 앨리스를 결심할 수 없는 격심한 고통으로부터 고민하는 데서 해방시켰기 때문이다. 다른 한편으로는 결심의 더 깊은 암시를 피함으로써 성장의 기회를 놓쳤다. 예를 들어, 만일 그녀가 이러한 함축성 안으로 뛰어 들어가려 했다면 자율적 경향 안에서 삶을 직면하지 못하는 그녀의 무능력인 외로움의 두려움과 계속해서 지배적인 남성에게 자신을 내어맡기는 경향을 다룰 수 있었을 것이다. 밝혀진 것처럼, 앨리스는 그 경험으로부터 거의 배운 것이 없었고, 몇 달 뒤에 똑같은 상황에 처했다. 남자친구와의 관계가 나빠졌으나 그녀는 그것을 끝내지 못했고, 다시 결심 위기의 격심한 고통 가운데서 치료를 찾았다.

선택하지 않은 대안의 평가절하 우리가 두려워하는 것은 자유다. 그리고 상식, 임상적 경험 그리고 심리학적 조사가 모두 대안들이 결정하는 데 거의 동등할 때 자유의 감각(그리고 불편함)이 증대된다. 편안한 결정 내리기 전략은 선택된 대안을 매력적으로 여겨야 되고, 선택되지 않은 대안을 매력적이지 않은 것으로 간주해야 한다. 무의식적인 차원에서 사람은 공정하게 동등한 두 선택들 사이에서 과장함으로써 결심은 노력 없이 진행하고, 자유와의 고통스러운 직면은 전적으로 피한다.

예를 들면, 정신분열병으로 정서가 질식된 환자는 몇 해 동안 변화를 위해 노력하지 않기로 '결심했다.' 토론에서 적절하지 않은 여러 가지 이유로, 변화는 무서운 기대였고, 결과적으로 그는 치료를 거부하고 조용한 고립된 삶을 살았다. 객관적으로 볼 때, 그의 선택은 널리 퍼져 있는 내부와 개인 간의 고립과 더 자발적이고 뜻이 있는 감정적인 삶 사이에 놓여 있다. 변화하지 않기 위한 선택을 계속하기 위해서 환자는 가능한 선택들을 왜곡했고 선택되지 않은 대안을 평가절하하고 선택된 것을 평가절상했다. 그는 분노와 눈물에 무너지려고 할 때에 감정 억제를 '존엄' 또는 '예의바름' 으로, 자발적 행위를 '동물적인 통제의 상실' 이라고 보았다. 나의 또 다른 환자는 매우 불만족스러운 결혼생활을 유지하기로 작정하였는데 그 대안(그녀는 그것을 왜곡시키고 평가절하하였다)은 '거대한 애처로운 히피족, 버림받은 사람들, 그리고 일에 잘 적응하지 못하는 사람들의 군대' 인 독신자들 무리에 가입하는 것이었다.

사회심리학조사는 선택하지 않은 대안의 평가절하가 일반적인 심리적 현상이란 것을 확인했다.[97] 사람은 선택한 대안이 선택하지 않은 것보다 나은 이점이 없다는 결정을 내린 후에, 사람은 결정 후의 후회를 경험한다. 대안이 매력적인 정도까지, 개인은 '내가 뭘 한 거지?' 라는 불편한 느낌을 가진다. 곧 이것은 문학 작품에서 자주 '인식적인 불협화음' (Cognitive dissonance)이라고 불리는 것이다. 그것은 개인의 선택이 그의 가치와 조화되지 않는 '부조화의' 것으로 나타난다. 인식적인 불협화음 이론은 부조화의 긴장이 매우 불쾌한 것이고, 개인이 (비록 의식적인 차원은 아니지만) 그 긴장을 줄이려는 어떤 활동들에 참여한다는 입장을 가지고 있다.[98] 실험실 조사는 포기의 고통을 줄이기 위해 사용되는 여러 가지 방법을 알려 준다. 분명한 임상적 관련성을 가진 일반적인 방법은 정보 왜곡이다. 사람은 선택된 대안을 향상시키거나 선택되지 않은 대안을 격하시키는 정보에 열려 있다. 그리고 반대로 사람은 선택되지 않은 대안의 매력을 증대시키고 선택된 것의 매력을 감소시키는 정보에 닫혀져 있다.[99]

누군가에게 결심을 위임하는 것 내가 논했듯이, 만일 깊게 고려한다면 결정도 고통스러운 것이다. 왜냐하면 그것이 우리 각자를 자유뿐 아니라 근본적인 고립, 즉 우리 각자가 인생에서 개인적 환경에 책임이 있다는 사실을 직면하게 하기 때문이다. 사람은 자신의 결정을 위하여 다른 것을 찾거나 설득할 수 있다면, 자신의 결정을 가질 수 있고 소외의 고통은 피할 수 있다. 프롬(Erich Fromm)은 인간이 자유에 대하여 매우 애매한 태도를 가지고 있다고 반복해서 강조한다. 인간은 자유를 위해 격렬하게 싸우지만, 자유와 결심의 부담을 제거하겠다고 약속하는 전체주의자들에게 넘겨 줄 기회를 찾는다. 모든 결정을 또렷또렷하고 자신 있게 내리는 카리스마 있는 지도자는 국민들을 고용하는 데 어려움이 없다.

치료에서 환자는 치료자가 그를 위해 결정을 내려 주도록 감언으로 설득하려고 매우 노력한다. 그리고 치료자의 주요한 임무 중 하나는 환자를 돌보고 양도받도록 조정되는 것에 저항하는 것이다. 치료자를 교묘하게 조정하기 위해 환자는 아마도 무력함을 과장하거나 장점의 증거를 감출 것이다. 결심의 위기에 있는 많은 환자들은 치료자의 모든 음절, 동작 또는 자세의 전환을 마치 계시의 표현인 것처럼 자세히 살핀다. 그들은 상담이 끝난 후에 적절한 결정 관점에 관한 실마리를 찾아서 치료자의 말들을 샅샅이 뒤진다. 궤변의 정도에 관계없이, 환자들은 비밀스럽게 구조와 안내를 제공할 치료자를 열망한다. 모든 치료과정에서 어느 정도 나타나는 분노와 좌절은 치료자가 그를 결정의 부담을 경감하지 않을 것이라는 인식이 분명해질 때 생긴다.

사람에게는 자신을 위해서 결정을 내려 주는 타인을 발견하는 수많은 전략들이 있다. 내가 아는 두 사람은 최근에 각자 상대방이 결정을 내렸다고 믿는 상황에서 이혼을 했다. 부인은 남편에게 이혼을 요구하지 않았으나 다른 남자와 사랑에 빠졌다고 알렸다. 예상할 수 있듯이, 남편은 자동적으로 이혼해야 한다는 그의 특정한 기준대로 결론을 내렸고, 그들은 그렇게 했다. 남편과 아내는 상대방이 결정을 내렸다고 결론을 내림으로써 결정의 고통(그리고 결정 후의 후회)을 회피했다. 아내는 단지 다른 남자에 대한 감정을 말했고 이혼을 요구하지 않았다. 남편은 아내가 선언 때문에 사실상 결정을 내렸다고 느꼈다.

외부의 인사나 환경이 결정할 때까지 지연함으로써 결정을 피하는 경우가 있다. 그런 개인은 그가 결정을 내리고 있다는 것을 이해하지 못할 것이다. 예를 들면, 교육과정을 빼먹는 것 등이다. 사실 지연은 결정을 지도자의 손에 놓음으로써 실패하게 하는 결정을 모호하게 한다. 마찬가지로 고용인이 부적절하게 일을 수행함으로써 남몰래 떠나려고 결심했을 때 고용주가 고용인을 해고하려고 결정하는 것이다. 사람은 관계를 끝내려고 결정할 수 없을 때 차갑고, 냉담하고, 뒤로 물러나는 행동을 함으로써 다른 사람이 결정을 내리도록 강요한다.

짧은 사건에 대한 소개에서 한 여자가 남편이 다른 여자와 침대에 있는 것을 잡아서 그를 떠날 수 있었으면 하는 소원을 표현했었다. 분명히 그녀는 남편을 떠나기를 바랐으나 소원을 행동으로 옮기지 못했다. 결정의 고통(또는 결정 후의 후회의 예상)은 너무 크다. 그러므로 그녀는 그가 확실한 관계의 법을 깨뜨림으로써 그녀를 위해 결정을 내려 주기를 희망했다. 그녀는 어쨌거나 순전한 기다림과 희망을 제한하지 않았다. 그녀는 자신이 결정을 내리고 있다는 것을 여전히 숨기면서 결정을 서두르는 다른 많은 방법을 발견했다. 예를 들면, 그녀는 그에게서 자신을 멀리했고, 그가 섹스를 다른 곳에서 찾을 것이라는 점을 남몰래 암시하면서 섹스를 억눌렀다.

다른 환자인 조지(George)는 비슷한 문제를 내놓았다. 그는 명백한 결심을 위한 책임을 질 수 없었다. 그는 한 여자와의 관계 때문에 싸우고 있었다. 그는 성적으로는 그녀를 좋아했지만 다른 많은 점에서는 싫어했다. 그는 그 관계에 대해서 결정을 내리는 것을 거절했다. '아니' 라고 하고 관계를 끝내거나 '그래' 라고 하고 그 관계를 계속하지도 않았다. 결과적으로 그는 결정을 '내리지' 않고 결정을 '발견' 하도록 강요되었다. 무의식적으로 그는 그녀가 결정을 내리도록 강요했다. 그는 가능하면 아파트 밖에 머물러서 그녀가 그와 통화하기 어렵게 하거나, '고의적으로' 차를 청소하지 않아 다른 여자의 물건들(담뱃재, 머리핀 등)을 분명히 보이게 했다. 만일 이런 시간 동안 어떤 사람이 그 관계를 끝내려고 결정한 사람은 그라고 말했다면, 조지는 완강히 그것을 부인했을 것이다.

그의 여자친구는 그 관계를 끝내려고 결심하지 않았다. 대신에 그녀는 그가 그녀와 함께 살도록 압력을 넣었다. 거기에서 조지는 그를 위해 결정을 내려 줄 사람을 찾았다. 그는 모든 친구들에게 조언을 구했고 그 문제에 관해 치료자가 안내해 주기를 졸라댔다. 치료자가 결국 그가 그의 행동을 관찰할 만큼 오래 앉아 있음으로 그를 돕는 데 성공했고, 조지는 흥미롭게도 "만일 누군가가 결정을 내려 준다면, 그러면 나는 결정을 내리지 않아도 될 텐데."라고 말했다(사회심리학적인 조사의 실질적인 주된 의견은 민주적 과정에 따라 결정에 참여하는 개인은 다른 사람이 자기에게 강요하는 결정에 대해 비교적 냉담하거나 저항하는 자세와 대조적으로 결정을 하는 데 책임을 가지고 있다고 지적한다). 조지는 그 관계를 끝내는 것이 가장 원하는 것임을 알았다. 비록 오랫동안 그가 그녀를 상처 입히고 싶지 않다고 합리화하는 데 집착했지만 관계를 끝내는 것이 여자친구를 위해서도 더 나은 것이었다. 마치 길고, 고통스럽고, 은밀한 거절은 고통이 없는 듯했다. 그러나 그는 결심을 내리지 못했고, 그를 위해 결정을 내려 줄 다른 사람을 발견하지 못했기 때문에 바람 속에서 천천히 얽혀만 갔다.

많은 환자들은 치료자가 그들을 위해 결정을 내리도록 설득하기 위해서 '행동으로 옮긴다.' 다른 환자, 그 자신이 심리치료자인 테드(Ted)는 강한 의존성 열망으로 몇 달 동안 몸부림쳤다. 테드의 치료자는 한 회기에서 누군가의 아버지나 어머니가 되는 것의 어려움을 회고했다(한 형식으로나 다른 형식으로 말해진 이 개념은 모든 자유의 존재적인 치료적 조사에서 나타나야 한다). 다음 회기에서 테드는 비정상적으로 괴로워했고, 주중에 그는 '통제를 상실' 하여 그의 환자들 중 한 사람과 성적 관계를 가졌고, 누군가가 그에게 '호각을 불어 주는 것' 이 필요하다고 말했다. 이런 상황은 강력하게 치료자가 테드를 위해서 결정을 내리는 것을 강요하도록 디자인된 것같이 보였다. 결국 어떻게 책임 있는 치료자가 수동적으로 앉아서 환자가 다른 환자를 상처 입히고, 그 과정에서 그 자신의 전문 경력에 흠집을 내도록 할 수 있겠는가?

치료자는 어쨌든 '행동으로 옮긴 것' 의 모든 면을 시험해 보기로 택했고, 곧 테드가 완전히 통제를 잃어버린 것이 아니라 그가 약간의 책임을 떠맡은 것을 의미하는 여러 가지 결정들을 내렸음이 명백해졌다. 정신병 환자나 경계선 환자와 얽히는 것보다 그는 3년간의 치료를 마치려고 하는 성숙하고 잘 통합된 환자를 '선택' 했다. 더구나 그는 전문 윤리 강령을 어지럽혔지만, 사실상 더 이상의 짧은 성관계를 중지하고 바로 그의 개인적인 치료의 안정성을 위해 그 상황을 내놓았다. 결국 태드의 관심은 치료자가 태드의 결정을 만든 것으로 조정되는 것을 거부함과 태드에게 결정을 내리는 것이 무섭지만 충분히 테드가 할 수 있다는 것을 치료자가 보여 주는 끈기에서 해결되었다.

무엇에게 결심을 위임하다 결정을 내리는 고대의 경향은 운명의 의견을 듣는 것이었다. 운명의 대답이 양의 내장, 찻잎, 역경(易經), 기상의 변화, 거대한 징조에서 발견되는 것이든지 징조의 방대한 정렬이든지 문제되지 않았다. 중요한 것은 결정을 외부의 매개자에게로 넘겨서, 개인은 결정의 고유한 존재적인 고통으로부터 보호되었다는 것이다.

기회에 대한 전적 의지의 현대적인 해석(version)은 라인하르트(Luke Rhinehart)의 소설 『주사위 남자(*The Dice Man*)』에서 발견된다. 거기서 주인공은 근본적인 결심을 한다. 모든 결정들을 기회에 내려놓고 주사위를 던진다.[100] 그는 조건들을 적은 리스트를 만들고 주사위가 결정하도록 해서 모든 중요한 인생의 결정을 내린다. 사실 몇몇 결정들은 리스트에 있는 조건들을 고려해서 만들어져야 했으나, 각각의 조건은 매우 많은 차이가 있기 때문에 중요한 것이 아니고 상대적으로 상관없는 것이다. 주사위 남자의 행동의 원리는 그의 개성이 영구적으로 다른 특징들인 '다수의 법칙' 에 따라서 억눌렸다는 것이다. 결정을 주사위에 남겨 둠으로써 그는 각 파트가 존재할 기회를 주었다. 비록 주사위 남자는 존재적인 영웅, 즉 완전한 자유와(이것은 무작위) 우연성을 채택하는 개인으로 제시되지만 그는 아마도 그 반대인 자유와 책임을 포기한 것으로도 보여질 수 있다. 실제로 주사위 남자가 어떤 특정한 터무니없는 행동을 하도록 되었을 때, 그는 "주사위가 그렇게 하라고 했어."라고 한 가지 대답만 한다.

'법칙들' 은 또 다른 간편한 결정을 하는 매개자이고, 개인들은 그들을 결정의 고통에서 해방시켜 줄 종합적인 법칙의 세트를 찾아왔다. 513유대법을 따르는 정통파 유대인들은 그들의 행동이 많이 규정되어 있고, 주요한 인생의 어려움에 직면했을 때 각각의 행사들을 동반하는 매일의 의식으로부터 올바른 행동까지 나열되어 있어서 많은 결정들을 아낄 수 있다. 전통사회의 법칙들은 자주 시도를 방해하고 야망과 선택을 제한하기도 하지만, 누구랑 결혼해야 하나? 이혼을 해야 하나? 어떤 직업을 선택해야 하나? 나의 여가 시간을 어떻게 보내지? 누가 나와 친구가 될까? 등등의 결정으로부터 놓이는 축복을 제공해 준다.

부겐탈은 대학교 학생처장인 환자의 치료를 설명하면서, '법칙' 이 어떻게 결정을 피하도록 하는지를 잘 묘사한다.

학생처장 스토덜트(Stoddert)는 이해한다는 듯이 웃었으나 소녀의 슬픔을 알아채고 "이제 네가 왜 그렇게 했는지 확실히 알겠구나. 그렇지만 나는 이 문제에 대해서 아무런 선택권이 없단다. 만일 너를 위해 지금 예외를 허용하면 법칙을 깨뜨릴 만한 이유가 있는 사람을 위해 예외를 만들어야 한다. 곧 법칙들은 의미가 없어지겠지. 그렇지 않니? 그래서 정말 미안하지만, 상황은 명확하기에 법에 따라 너는 다음 한 달 동안 학교에 오지 못한단다."라고 말했다.

소녀는 눈물을 통해 감사하듯이 학장을 쳐다봤다. "처장님이 이해한다는 것을 알게 됐습니다. 그렇지만 그 상황에서 이건 공정하지 못합니다. 그건 제가 직업을 잃는다는 걸 의미하고, 아버지가 저를 계속 학교에 놔둘지도 모르겠습니다." 처장은 동정적이었으나 그녀가 선택이 없다는 것을 명백히 했다.

학생이 가버렸을 때, 처장은 몇 분 동안 그녀의 의자에 앉아서 모순되는 감정들을 털어 냈다. 한편으로 그녀는 결국 정상적인 수준에까지 굳건히 설 수 있도록 자신의 감정과 판단을 훈련했다는 어떤 만족을 느꼈다. 몇 년 동안이나 그녀는 동정으로 흥분되서 규칙에 대한 이해와 일관된 적용을 거의 연결할 수 없음을 느꼈다….

가엾게도, 처장의 일은 이번 일을 해결했던 것처럼 상황을 조정하는 데 정말 힘이 든다는 것을 반영한다. 여기에서 아이러니한 것은 왜인지 그녀는 만족하지 않았다는 것이다. 그녀가 어떻게든 자신을 되찾아 그녀의 일을 잘 끝냈다 하더라도 막연하게 쉽지 않음을 느꼈다. 나중에 내 사무실 소파에서 그녀는 자신에 대해서 숙고했다.

"그 인터뷰에서의 무엇이 그렇게 마음에 들지 않는지는 모르겠어요. 하지만 그것에 대해 생각할 때마다 마음이 편치 않아요. 계속 그것에 대해 생각하고 있는데 내가 못 보고 지나친 것이 있는 것 같아요. 하지만 그게 뭔지 알 수가 없어요…."[101]

부겐탈이 지적했듯이 처장은 그 법칙을 지배하는 대신 지배당했다. 처장은 "법칙은 그 자체로 의미를 가진다."라고 결론 내렸고 그 법칙과 일관성은 인간의 이해와 요구에 대한 고찰을 뛰어넘는다. 처장은 인간에게 선택권이 주어지면 위험이 따를 수 있다고 느꼈다. 그 위험에 대한 그녀의 이론은 '만약 한 사람에게 지금 예외를 적용한다면, 정당한 이유가 있는 모든 사람에게 예외를 적용해야만 하고, 결국에는 법칙이 깨질 것' 이라는 것이다.

하지만 왜 이렇게 되어야만 하는가? 왜 일관성이 다른 모든 것들의 위에 있어야만 하는가? 아니다. 처장의 몇가지 다른 법칙에 따르면, (그 법칙들이 임상학적으로 명확하지 않다 하더라도) 몇 개의 중요한 다른 이유가 있다. 처장은 결정을 피함으로써 '결정자' 의 역할을 피한 것이 틀림없다. 그녀는 절대적인 세계 밖의 존재가 있고 이미 정해진 선과 악이 있다는 편한 환상을 계속 껴안고 있었다. 그리고 그런 믿음 안에 처장은 '실제' 상황에서 인간의 타고난 존재의 고독을 회피했다. 그 말은, 자신만의 세계를 만들었고, 구조와 의미를 그 세계에 불어넣었다는 것을 뜻한다.

결심 : 그 임상적 전략과 기술

결심은 성공적인 모든 치료과정에 주요 역할을 한다. 치료자가 결심에 확실히 초점을 맞추지 않고, 심지어 그것에 대해 인정하지 않을지도 모르며, 또는 변화는 권고나 판단에 따른 치료상 관계에 의한 것이라 할지라도, 변화라는 장치에 기어를 넣는 것은 결심이다. 노력 없이 변하는 가능성은 없다. 그리고 결심은 노력의 방아쇠다.

이제 결심을 하기 위한 몇 가지 임상학적(치료학적) 방법을 말하겠다. 무의식적인 방법과 의식적인 방법이 있다. 몇몇 환자들은 적극적인 결심을 하는 문제 때문에 치료자를 찾는다. 몇몇은 치료과정 중에 주기적인 결정의 위기를 맞는다. 몇

몇 다른 사람은 결정할 수 없는, 오랜 기간에 걸친 문제에 당면한다. 비록 치료자가 결심을 하는 데 생기는 문제에 관해서 환자의 정신역학을 명확히 밝히지 않더라도, 제2부에서 언급했듯이 치료자의 목표는 여전히 '환자가 자유로운 선택을 할 수 있는 데까지 오는 것' 이다.

결심을 위한 치료적 시도: 의식적 차원 치료 그룹의 환자인 베아트리체(Beatrice)는 자신의 긴박한 결정 때문에 급하게 나에게 전화를 했다. 3개월 전에 그녀는 이탈리아 인 남자친구에게 함께 살 것을 제안했다. 그때는 동거가 짧은 기간일 것이라고 생각했다. 왜냐하면 남자친구가 한 달 내에 그의 나라로 돌아가기로 되어 있었기 때문이었다. 하지만 그의 출국일이 미뤄졌고, 그들의 관계는 급속히 나빠져 갔다. 그 남자는 과음하고 그녀에게 욕설을 했으며, 그녀에게 많은 액수의 돈과 차, 아파트를 빌렸다. 베아트리체는 걱정에 휩싸였고, 아무것도 할 수 없음에 크게 절망했다. 마침내 일주일 동안 숙고한 끝에 그에게 떠나 달라고 말했다. 하지만 그는 나가기를 거부했고, 돈과 지낼 곳이 없음을 핑계 삼았다. 게다가 그녀는 그 아파트에 임대 계약이 되어 있지 않았기 때문에 그는 그녀만큼이나 그 아파트에 대한 권리를 갖고 있었다. 그녀는 경찰을 부를 생각도 했지만, 그녀의 임대 계약이 제대로 되어 있지 않았기 때문에 경찰이 효율적으로 일하지 못할 것이라 생각했다. 그리고 그 남자는 성질이 나빴기 때문에 그 일로 그녀에게 복수를 할까 봐 두려워했다.

그녀가 어떻게 해야 했을까? 그는 4~5주 내에 떠날 것이었다. 그때까지 참고 싶었지만, 그녀가 더 이상 견딜 수 없다고 느낄 정도로 상황이 악화되었다. 만약 그에게 떠나라고 했다면, 그는 그녀에게 육체적으로 피해를 주고, 가구나 차를 부술지도 몰랐다. 게다가 그들이 헤어진 후 그가 그녀에게 더 이상 피해를 주지 못하게 하는 것이 절대적으로 중요했다. 그녀는 어떻게 해야 했을까?

베아트리체는 결과적으로 상황을 개선할 방법이 없음에 좌절했다. 그 긴급한 상담 중에 내가 그녀의 상태를 나아지게 할 방법으로 그녀를 웃게 만들려고 노력했을 정도로 그녀는 거의 미쳐 있었다. 나는 직접적으로 그 결정의 공황에 맞서게 하려 했고, 질문을 계속 던짐으로써 그 일에 대해 생각하지 못하게 했다. "당신의 대응책은 무엇이지요?" 베아트리체는 대안은 하나도 없다고 생각했다. 하지만 계속해서 물었을 때 그녀는 몇 가지 대응책을 내놓았다. 그녀는 전에 그에게 말했을 때보다 훨씬 더 마음을 열고, 솔직하고 확실하게 그를 대할 수 있었다. 이 일이 그녀에게 얼마나 무서운 경험이었는지 그리고 어떻게 그와 한 집에서 지내지 않겠다고 결정하게 되었는지 그에게 솔직하게 털어놓을 수 있었다. 그녀는 그가 그 집을 떠나도록 주장할 수 있었고, 법적 조언을 구할 수도 있었으며, 경찰의 보호를 받을 수도 있었다. 그녀는 그에 맞서기 위해 몇몇 친구들의 도움을 얻을 수 있었고 그 아파트에서 나올 수도 있었다(그녀는 아파트를 임대하지도 않았고 임대를 해야 한다는 특별한 애착도 없었다). 만약 그가 그녀의 가구를 부술 것 같은 위험을 느낀다면, 이삿짐 센터에 전화해서 가구들을 창고로 옮길 수도 있었다(비싸지 않은가? 물론 그렇다. 하지만 그녀가 그 남자에게 빌려 주는 엄청난 액수의 돈보다는 낫다). 그녀는 동생과 함께 지낼 수도 있었고 그외 다른 방법도 있었다. 이 선택사항의 과정 끝에, 베아트리체는 더 이상 불안함을 느끼지 않았고, 그녀의 무기력도 나아졌으며, 일련의 행동을 계획할 수도 있었다.

이 과정을 따르는 일은 이 토론과 전혀 관계가 없는 분야로 끌어들이기도 하지만, 그럼에도 불구하고 지엽으로 흐르는 것을 충분하게 보장하는 결심과정에 둘러싸인 임상적 문제를 조명해 준다. 베아트리체는 그 과정 후에 훨씬 나아졌다. 그녀는 자신이 선택할 수 있는 방법을 모두 훑어 보았고, 그 고통과 맞서기로 결심했다. 스스로를 격려하고 더 이상은 상황을 견딜 수 없으니 나가달라고 조심스레 그에게 말했다. 그녀가 전에도 그에게 나가 달라고 한 적이 있다고 나에게 말했지만, 이번에 그가 즉시 받아들인 것을 보면 결과적으로 전에는 그 메시지가 잘 전달되지 않았음이 틀림없다. 그는 자신의 물건을 챙겨서 지낼 만한 다른 곳을 구하고, 그 다음 날 바로 떠나는 것에 동의했다.

그날 저녁 그녀는 그와 마지막 저녁식사를 같이 하기로 했고, 대화 중에 그는 진실로 서로 좋아했던 두 이성적인 사람이 좋은 친구로 함께 살아갈 방법을 찾지 못한 것에 애석해했다. 베아트리체가 무엇이라고 반응했을까? "나도 그래." 였다. 그래서 그는 짐을 그 아파트에 다시 풀었고, 결국 그녀의 집에 머무르게 되었다.

4일 후의 치료그룹에서 베아트리체는 회의의 시작에서 그 일에 대해서 간단한 발표를 했다. 그녀는 간단한 말다툼, 긴박했던 나와의 상담과정, 그리고 남자친구에게 떠나 달라고 해결책을 낸 것, 화해 그리고 며칠 동안 계속된 드라마틱한 관계 발전에 대해서 이야기했다. 그녀는 과도한 고민이나 학대로 고통받았던 것, 그의 과음, 재정적 착취, 협박 등에 관해서는 언급하지 않았다. 나는 그녀의 발언에 얼떨떨했다. 그리고 베아트리체의 발표가 끝난 후 나도 집단원들에게 지난 주에 있었던 일을 이야기했다. "엄청난 고통을 겪고 있던 한 젊은 여자가 나에게 전화를 했습니다." 그렇게 이야기를 시작해서 (일시적 기분으로) 나의 방식대로 지난 주 그녀와 했던 치료과정에 대해 자세히 이야기했다. 정말이지 내가 한 이야기가 베아트리체가 말한 같은 사건이라고 보기에는 너무 많이 달랐다.

왜 베아트리체는 사람들에게 이야기를 전달할 때 정보를 왜곡했을가? 그녀도 무의식중에 깨달았겠지만, 만약 집단원에게 그들 관계에 대해 정확히 설명했더라면, 사람들은 그 관계를 끊어야 한다고 결론지었을 것이다. 그리고 사실 그녀의 친구들 전부가 그렇게 반응했었다. 더 냉정한 반응 중에는 "그 개자식을 쫓아버려." "너 미쳤니." "그 멍청이를 쫓아 버려." "왜 그 따위 자식과 관계됐니?" 등이 있었다. 깊은 단계에서 베아트리체는 비이성적인 결정을 내린 것에 만족했다. 하나 분명한 것은 그것이 최우선책이 아니었다는 것이다. 하지만 그녀는 결정을 내렸고, 일시적 불일치의 불안을 피하기를 바랐다. 자신의 개인적 안정을 위해서 베아트리체는 집단원들이 그녀의 결정이 잘못되었다고 결론 내리는 것을 피하려고 했던 것이 분명하다.

그녀와의 긴박한 치료과정 중에서 나는 그녀가 가치 있는 선택사항을 고려해보도록 도움으로써 베아트리체의 공황상태를 경감시켰다. 그 기술은 일반적으로 결정의 공황상태에 부딪혔을 때 효과가 있다. 하지만 치료자는 그 선택사항 중에서 방법을 이끌어 내고 선택하는 것은 환자이지 치료자가 아니라는 것을 항상 염두에 두어야 한다. 환자를 돕는 과정에서 의사소통을 효과적으로 하기 위한 치료자의 첫 번째 원칙 중 하나는 한 사람이 다른 이의 감정을 교육과정에서 '소유' 한다는 것이다. 그것은 다른 사람의 결심을 소유하는 것과 거의 똑같이 중요하다. 다른 사람의 결정은 결심이라 할 수 없다. 사람은 자신을 남에게 위임할 수 없다. 그리고 만약 그렇게 한다 하더라도 결정 과정의 변화에는 영향을 끼칠 수 없다. 그 결정은 다음 결정으로 이어지지 않을 것이다. 치료자는 결정을 내려달라는 환자의 간청을 물리쳐야만 한다. 초보 치료자는 환자를 위해서 결정하는 일에 종종 개입한다. 그런 치료자들은 나중에 실망할 뿐만 아니라 이상하게도 환자가 그 결정에 따라 위임하는 것을 실패할 때는 배신감과 분노를 느끼기도 한다. 만약 치료자가 환자의 결정 기능을 대신해 버리면, 전체 치료의 요점이 책임과 결정의 중요한 부분에서 복종과 권한에 대한 반항으로 바뀔 수도 있다.

결정하는 것은 사람에게 결심이나 실패 중 하나로 끝나는 것이 아님을 기억하는 것이 중요하다. 개개인은 계속해서 다시 결정해야만 한다. 결심을 하는 것의 실패는 영원히 '실패하는 것' 이 아니고, 다음 결정을 포함하고 있는 것도 아니다. 또한 실패로부터 배울 수도 있다. 환자가 결정을 내릴 준비가 되지 않았거나 할 수 없을 때가 있다: 대안 역시 동등하다: 그리고 환자의 불안과 후회에 대한 예감은 너무 높고, 결정의 '의미' 에 대한 환자의 자각(이것은 나중에 다시 토의할 것이다.)은 너무 제한되어 있다. 치료자는 아마도 그러한 때 결정하도록 하지 않고 후의 결심을 지지함으로써 환자를 훨씬 안심시킬 수 있을 것이다.

많은 환자들의 결정 능력은 '만약 이렇게 되면' 이라는 생각 때문에 흐려진다. 내가 만약 이 직업을 그만두고서 다른 직업을 찾지 못하면 어떻게 될까? 내가 아이들을 혼자 있게 내버려 둔다면 아이들이 상처받지 않을까? 다른 의사에게 검진을 받는다면 내 담당 의사가 알아내지 않을까? 그 가능성의 합리적이고 체계적인 분석은 가끔씩은 유용하다. 예를 들면, 치료자는 환자에게 각각의 '만약 이렇게 되면' 의 전체 시나리오를 차례로 고려해 보라고 할 수도 있다. 가능성 있는 결과를 상상하기 위해서, 그리고 그들에게 나타나는 감정을 겪고 분석하기 위해서 말이다.

이런 의식적인 시도는 얼마쯤은 유용하지만 그 방법에는 심각한 한계가 있다. 왜냐하면 하나의 결정에 보이지 않는 많은 딜레마가 존재하고 그 결정의 딜레마가 이성적인 치료접근을 힘들게 하기 때문이다. 2,000년 전 아리스토텔레스가 말하길, 크레플럭(kreplach)*을 싫어하는 것에 관한 유대인의 농담처럼 전체는 부분을 합한 것보다 크고, 인간의 지혜는 항상 이런 견해를 반영해 왔다고 했다. 한 소년의 엄마가 그 소년이 크레플럭을 매우 싫어하는 것을 고치려고 노력했다. 부엌

* (역자 주) 크레플럭(kreplach)은 간 고기를 안에 넣고 빚은 만두로 닭 수프와 함께 먹는다. 유대인 명절 대속죄일(Yom Kippur) 전날에 먹는 전통음식이다.

에서 크레플럭을 준비한다. 그녀는 끈기 있게 그 음식의 재료들을 보여 주고 말해 준다. "보렴, 너는 밀가루, 계란, 고기를 좋아하잖아." 아이는 쉽게 동의했다. "이런 것들이 크레플럭을 만들고, 이 안에 그 재료들이 있단다." 하지만 그 단어만으로도 아이는 즉시 구역질을 했다.

결심을 위한 치료적 접근 : 무의식적 차원 치료자가 결정을 내릴 때 무의식적인 면에 어떻게 접근할 수 있을까? 파버가 '의지의 첫 번째 단계' 라고 말한 것, 그 해답은 '간접적으로' 다. 많은 치료자들이 바랄지도 모르지만, 그들은 의지나 수용(위임)을 만들어 내지는 못하고, 그 결심을 바꾸도록 흔들거나 결연함으로 감명을 줄 수 없다. 모든 이가 타고난 의지를 지니고 있다. 화이트(Robert White)[102]와 호나이[103]가 논쟁했듯이, 사람의 타고난 습성의 한 부분은 효율성과 환경에 적응하며, 그가 될 수 있는 것이 되는 것을 뜻한다. 의지는 어린이의 성장과정 중에 장애물로 막힌다. 후에 이런 장애물은 내면화되고 각 개인은 방해적 요소가 더 이상 그들을 막고 있지 않음에도 불구하고 행동할 수 없게 된다. 치료자의 일은 그들을 막고 있는 장애물을 없애는 것을 돕는 것이다. 그것이 한번 가능해지면, 개인은 자연스레 발전될 것이다. 호나이가 말했듯이, 상수리나무가 오크나무로 성장되는 것처럼 말이다.[104] 그러므로 치료자의 일은 의지를 창조하는 것이 아닌 의지를 해방시키는 것이다.

이번 일에 관한 몇 가지 접근 방법에 대해 말하겠다. 첫째, 환자가 결정의 필요성과 편재성에 대해 알도록 도와야만 한다. 치료자는 환자가 결심에 대해 '윤곽을 잡도록' 하거나 특정한 결심에 대한 통찰력을 얻도록 돕고, 그 결심에 대한 깊은 함축적 의미를 밝히도록 도와준다. 마침내 통찰이라는 수단을 통해서 숨겨진 의지를 깨어나도록 시도한다.

결심의 필연성과 편재성 사람은 결정을 하지 않을 수 없다. 개개인 중 많은 수가 그러하듯이 결정은 피할 수가 없다. 만약 사람이 자기 자신을 조직하는 것이 사실이라면, 그것은 '결심은 한 사람이 창조하는 것의 매우 작은 부분' 이라는 것과 연관된다. 한 사람의 결심을 받아들이는 것은 가정(추측)과 책임감에 대한 치료과정의 첫걸음이다. 치료과정의 나중 단계는 그 견해의 날카로움과 깊음으로 구성된다. 환자는 책임감을 추측하는 데 도움받을 뿐만 아니라 하나하나씩 자신의 회피전략을 발견한다.

만약 한 사람이 한 결정의 편재성을 완전히 받아들인다면, 그는 확실한 방법으로 자신의 실존적인 상황에 진정하게 직면하는 것이다. 미루는 것도 하나의 결정이다. 실패, 음주, 유혹에 빠짐, 착취나 사기 치는 것을 통해 미루는 것이다. 어떤 이는 심지어 그냥 '살아 있기' 로 결심했다. 니체는 사람이 자살에 대하여 전적으로 생각해 본 후만이 자신의 인생을 진지하게 살 수 있다고 했다. 내가 맡았던 많은 암 환자들은 신장절제수술을 했었고, 매일 코티즌 투약치료를 받아야 했다(유방암 치료 프로그램의 부분). 그들 중 많은 수는 치아를 닦는 것처럼 자동적으로 매일 투약하는 것을 받아들였지만, 다른 이들은 살기 위한 매일 매일의 결심에 대해 매우 잘 알고 있었다. 나의 인상은 이러한 결심에 대한 자각은 삶을 부요하게 하고, 가능한 한 알차게 삶의 과업을 받아들이도록 고무한다는 것이다.

몇몇 치료자는 치료에 대하여 해야 할 결심을 상기시켜 줌으로써 환자에게 결정의 편재성을 강화시킨다. 그래서 우리가 봐 왔듯이 카이저(Kaiser)는 무엇이든지 간에 '무조건' (no condition)이라는 치료 형식을 권장한다. 그리고 그린왈드(Greenwald)는 계속해서 환자가 치료 형식을 결정하게 한다. 그것은 그들이 꿈을 이루길 원하는가 또는 몇 회에 걸쳐서 상담을 가질 것인가 등에 대한 결정이다.[105]

치료자는 환자가 결심에 대해서 완벽히 알도록 도와야 한다. 그것은 결정에 대한 결심이다. 몇몇 사람은 결정하지 않기로 결심함으로써 결정의 중요성을 부인하려 한다. 사실 그와 같은 결심은 적극적으로 결심하지 않는 또 하나의 결심이다. 사람은 모두 결정을 피할 수 없다. 하지만 소극적인 결정을 하긴 할 것이다. 예를 들면, 자신을 위해서 다른 이에게 결정을 하도록 함으로써 말이다. 나는 한 사람이 결심을 하는 방법은 최고로 중요한 것이라 생각한다. 결심을 하기 위한 적극적인 시도는 그 자신의 힘과 자원을 능동적으로 받아들이는 것과 일치한다.

내가 앞에 언급한 많은 환자들은 이 원칙을 예시해 준다. 예를 들어, 남자친구가 그녀의 아파트를 떠나지 않았던 베아트리체는 어떤 결심이 그녀에게 가장 좋은 선택인지에 대해 작은 의문을 가졌다. 그녀에게 그가 마침내 이탈리아로 돌아간 후 한 달 동안 어떤 느낌이었는지 생각해 보라고 했을 때 그녀는 온몸으로 '더 없이 행복하다' 고 표현했다. 다른 여자와 잠자리를 함께함으로써 남편을 잡으려

한 한 환자 역시 그녀가 원했던 것에 대해서 작은 의문을 가졌다. 하지만 각각의 여자들은 그들의 삶에서 남자를 몰아낼 능동적인 결정을 할 기회를 놓쳤다. 그리고 다른 이에게 그 결정을 하도록 함으로써 소극적인 결정을 했다. 하지만 그 결정에 대한 값을 치뤘다. 두 환자 모두 자부심이 크게 줄었고, 결정을 피함으로써 자기 비하를 하였다. 자신을 사랑하려면, 자신을 존중할 수 있도록 해야 한다.

내 환자인 빌(Bill)은 진(Jean)이라는 여자와의 관계를 끝내는 것 때문에 1년 동안이나 괴로워했다. 나는 그가 내린 결정이 매우 중요함을 계속해서 말했지만 그는 계속해서 결심할 것을 부인했다. 그는 자신이 그 관계에 대해 결정할 수 없다고 했는데, 힘든 그의 일을 진이 많이 돕고 있기 때문이라 했다. 나는 빌이 저녁에 일을 도우러 그녀를 사무실로 오도록 했음을 상기시켰다. 진은 그가 힘든 상황에 있을 때 정말 헌신적으로 도왔다고 했다. 나는 그에게 위기 상황에 들어가는 것에 대해 몇 가지 선택을 했을 뿐만 아니라(예를 들어, 필요도 없이 일의 기한을 넘겨 상사와 난처하게 대면해야 할 때) 아무 때나 진에게 그의 위기상황에 대해 그녀에게 말하고 그녀의 도움을 청한 것을 선택했었다고 넌지시 말했다.

마침내 빌은 그 관계를 끝내기로 결심했지만, 그것은 자신의 진정한 마음을 숨긴 결심이었다. 그 결심은 진에게 관계를 끝내도록 하는 소극적인 결정이었다. 그는 점차적으로 관계소원이라는 확실치 않은 계획을 선택했다. 그는 진에게 애정을 별로 보이지 않아 그녀가 다른 남자를 찾아 떠나도록 만든 것이다. 그는 이전의 많은 경우에서도 이 과정을 거쳤고, 매번 거부당하고, 자신이 가치가 없다는 느낌을 받았다. 빌의 가장 큰 문제는 자기 비하에 빠져 있다는 것이다. 그를 치료하는 데서 중요했던 기능은 그가 좋지 않은 방법으로 내린 결정이 자신을 비하하도록 했다는 것을 이해시키는 것이었다.

결정의 틀을 정함 의지의 두 영역 (의식적 영역과 무의식적 영역) 사이의 다른 점을 설명하면서 파버는 '잠자리에 들지만 자지는 않는 것' 으로 말할 수 있다고 했다.[106] 치료자는 결심의 틀을 바꾸고, 결정에 대해 다른 통찰을 환자에게 제공함에 의해서 가끔 의지의 좀 더 깊은 단계에 영향을 줄 수도 있다. 여기에 대한 개인적 사례가 있다.

나는 몇 년 전 한 번 심각한 불면증에 시달린 적이 있다. 불면증은 내가 강의를 위해 여행할 때마다 긴장으로 이어졌고 굉장히 악화되어 갔다. 나는 특별히 클리블랜드(Cleveland)에서 할 강의에 대해서 불안해했다. 왜냐하면 전에 그 도시에 갔을 때 상당히 불편했고 잠 못 이루는 밤을 보냈던 '잠들기 힘든 도시' 였기 때문이다. 물론 이러한 불안감은 최악의 순환을 낳았다. 잠을 자지 못할까 봐 걱정했던 것이 불면증을 낳은 것이다.

나는 항상 스스로 여러 가지 치료적 시도에 대해서 친숙해지기 위해서 개인적 고민 이야기의 장점을 취해 왔고, 이번 경우 행동 치료자에게 상담을 받았다. 나는 4~5번에 걸쳐 그를 만났고 우리는 체계적으로 감각을 줄이는 방법과 근육을 편안하게 하는 방법을 썼는데, 그중 어느 것도 특별히 도움이 되지 않았다. 하지만 그 과정 후 내가 사무실을 떠날 때 치료자는 굉장히 도움이 된 제안을 했다. 그는 클리블랜드에 갈 때 가방에 권총을 넣어 가져가는 것을 잊지 말라고 했다. 내가 왜냐고 묻자 그는 "만약 당신이 잠들 수 없다면 언제든 당신 자신을 쏴 버릴 수 있게요."라고 말했다. 그 말이 내 머리를 때렸다. 수년이 지난 지금에도 나는 그것이 효과적인 치료적 전략이었다고 생각한다.

어떻게 그 방법이 통했을까? 정확히 설명하기는 어렵지만 그 방법은 상황을 재구성했고 뜻 있고 존재적인 통찰력이 있게 만들었다. 이것은 분명히 죽음과 당당히 마주친 몇몇 환자들을 관찰한 경험에서 비롯된 것이다. 제2장에서 죽음에 직면한 말기암 환자는 죽음이 '일상에서의 하찮은 일을 평범하게 하거나' 하고 싶지 않던 일을 하지 않는 것을 가능케 한다고 말하였다. 죽음을 선고받은 그 환자는 일상생활을 둘러싼 틀을 깨 버리고 자신의 시각과 생활 방식과 같은 매일의 결심과 연관된 사소함을 경험할 수 있다.

만약 큰 장식천의 작은 부분이 시야에서 거의 가려진다면, 그 작은 부분의 세부사항이 생기고, 새로운 생생함이 채워진다. 그 장식천의 나머지가 다시 나타날 때 그 생생함이 희미해진다. 비슷하게 '시각의 변화' 기술은 틀을 해체하고 장벽을 벗기는 과정이다. 하지만 어떻게 치료자가 틀을 해체하고 그 장식천 존재에 대해 밝힐 수 있을까? 몇몇 치료자들은 확실한 이유를 제시한다. 예를 들어, 나는 실존주의 심리치료자인 프랭클(Viktor Frankl)이 괴로운 결정들로 둘러싸인 환자를 치료하려고 시도하는 것을 관찰해 왔다. 프랭클은 장기간에 걸쳐 환자에게 문제 핵심에 대한 명상을 하라고 하고선, 간단히 그 핵심 주위에 선을 긋고 이 결심들이 선 밖의 걱정과 삶의 사소한 부분을 포함하고 있다는 사실을 알게 했다.

하지만 그와 같이 이유를 드러내는 것은 일반적으로 통찰력의 주요 문제를 일반화하는 데는 효과적이지 않다. 자주 요구되던 것은 그들의 존재적 상황을 개별적으로 이해해 가는 한계상황과의 즉각적인 대면이다. 따라서 제5장에서 내가 기술했던, 한 사람이 자신의 도덕과 직면하는 것을 돕기 위한 많은 기술은 자주 결정과정에 영향을 미친다.

결심의 의미 모든 결심은 눈에 보이는 의식적인 구성요소와 단단하게 숨겨진 무의식적인 구성요소를 갖고 있다. 결심은 그 자체의 원동력을 가졌고, 몇몇은 앎을 넘어선 몇 개 요소 중 하나를 선택한 것이다. 환자가 특정하게 고민하는 결심의 고통을 끊는 것을 돕기 위해 치료자는 숨겨져 있는 많은 무의식 중의 의미에 대해 물어봐야만 한다. 66세의 미망인 엠마(Emma)를 힘들게 했던 한 결정은 그 실례다.

엠마는 집에서 150마일 떨어져 있는 호화로운 여름 별장을 팔 것인지에 대해서 고민하고 있다고 했다. 그 별장은 잦은 방문과 지속적인 정원 관리, 보존 문제, 경찰의 보호 그리고 관리인 임금 등의 유지비로 상당한 비용이 들어갔다. 그래서 건강이 좋지 않고 약하고 나이 든 미망인에게는 불필요한 집 같아 보였다. 물론 재정적 문제도 고려되었다. 그 집은 지금 시장에서 최고 가격인가? 아니면 부동산 가치가 계속 올라갈 것인가? 별장을 판 돈을 다른 곳에 투자하여 더 이익을 볼 수 있는가? 엠마는 끊임없이 이 문제들에 관해 숙고했다. 하지만 중요하고 복잡하게 숙고하더라도 그녀의 깊은 고민을 풀기에는 부족한 것 같았다. 따라서 나는 그녀의 결심의 더 깊은 의미에 대해 조사했다.

그녀의 남편은 1년 전에 죽었고 그녀는 이때까지도 슬퍼하고 있었다. 그들은 그 집에서 많은 좋은 추억을 남겼고, 방은 여전히 그의 기억으로 가득했다. 그녀는 그 집을 조금만 바꾸었을 뿐 구석구석에는 남편의 개인적 취향이 남아 있었다. 서랍과 벽장은 그의 옷들로 가득했다. 그녀는 남편의 기억에 집착하는 것만큼 별장에 집착했다. 그래서 그 별장을 판다는 결심이 엠마에겐 더 깊은 결정을 요구했던 것이다. 재정적 손실과 남편은 다시 돌아오지 않을 것이라는 사실에서 나온 결심이었다.

그 집은 그녀가 '호텔' 이라고 부를 만큼 많은 친구들이 자주 방문했다. 그녀가 3시간의 장거리 운전을 싫어하고, 오락 비용이 만만치 않은 것이 불만이라도, 그녀는 너무 외로웠기에 누군가 함께 한다는 것이 즐거워했다. 엠마는 친구들을 초대하할 마음의 준비가 거의 되지 않았고, 남편의 죽음 이후 특별히 초대하고 싶어하지 않았으며, 불필요하다고 느꼈다. '누가 나를 만나기 위해서 나를 방문하겠어?' 그녀는 이렇게 생각했다. 그 집은 단지 그녀의 홍행물이었다. 그래서 그 집을 판다는 결심은 친구들의 우정을 시험하고 외로움과 소외감을 무릅쓴다는 의미였다.

그녀의 아버지가 디자인하여 지었고, 몇 대째 그녀 가족의 소유였다. 엠마의 삶에서 비극은 아이가 없다는 데 있었다. 그녀는 그 땅이 시간이 흘러 아이들, 아이들의 아이들에게 물려질 것을 늘 상상해 왔다. 하지만 그녀가 가족의 마지막이었고, 핏줄은 그녀로 끝이었다. 그래서 그 집을 팔겠다는 결심은 그녀의 크고 상징적인 영원한 계획 중 하나가 실패했다는 점을 시인한다는 말이었다.

그리고 엠마의 결정은 일반적인 것이 아니었다. 그녀가 결정의 의미를 조사했을 때, 속으로는 주저하고 있었다는 것이 명확해졌다. 남편의 부재를 확실시하든, 소외감과 외로움의 가능성과 맞서든, 자신의 유한성을 받아들이든 간에 이미 결심하고 있었다(혹 결심할 것이었다). 만약 내가 그녀를 편리함, 좋지 않은 건강, 재정적 요소에 기초해 결정하는 것을 도왔다면, 나는 엠마의 혼란의 전체 요점과 근본적인 방향으로 도울 기회를 놓쳤을 것이다. 나는 그 집을 팔겠다는 결심을 더 심각한 문제해결책의 출발점으로 사용했고, 엠마가 남편, 자신, 태어나지 않은 아이들에 대해서 슬퍼하는 것을 위로했다. 한 번 내린 결심의 깊은 의미가 파헤쳐지면, 그 결심 자체는 일반적으로 쉽게 제자리를 찾는다. 그리고 많은 상담 후 별 노력 없이도 엠마가 집을 팔도록 했다.

오늘날 많은 치료자들은 결심에 대한 '결과' 를 생각할 때 결심의 의미가 무엇이냐고 묻는다. 결정에 관한 심리학 치료에 대한 전체 과정의 바탕을 다진 그린왈드는 '결과' 에 투자하는 것의 중요성을 강조한다. 모든 결심에는 '결과' 가 따른다.[107] 어떤 것은 의식, 어떤 것은 무의식적인 것이다. 만약 환자가 한 결심을 끝까지 밀고 나가지 못한다면, 치료자는 그 환자가 자체의 '결과' 를 가진 다른 결심을 한 것이라 추측해야 한다. 만약 환자가 결심을 바꾸길 원하지만 그러지 못한다면,

치료자는 그 결심을 부인하는 데 초점을 두어야 하는 것이 아니라, 그 환자가 하기로 한 그 결심에 초점을 맞추어야 한다. 그 결심을 지켜 나가는 것은 하나의 결정이며 변함없이 확실한 '결과' 를 뜻한다. 예를 들면, 그 환자는 보조금이나 친구에 대한 상담이나 치료자의 계속적인 관심을 얻을수 있다.

결심은 그 결심을 확실히 하고, 자각하고, 반대 결심에 대한 '결과' 를 버리지 않는 한 지켜지지 않을 것이다. 그래서 마취성의 습관을 버리길 바라는 환자에게 그린왈드는 "왜?" 라고 물었다. 그리고는 그들과 함께 안도감, 행복함, 책임감으로부터의 사면과 같은 마약 복용에 대한 모든 '결과' 에 대해 알아보았다.[108] 사람은 반대 '결과' 의 한계를 안다면 거의 다 원래의 결심을 확실히 할 것이다. 내가 안내했던 한 치료그룹의 두 환자는 성관계를 갖기를 원했지만 나의 '규칙' 때문에 갖지 않기로 했다. 나는 내게 규칙이 하나도 없다고 말하고 그 환자들에게 그들 결정에 대한 '결과' 가 무엇인지 물었다. 그들은 집단이 그들에게 상당히 좋은 관계를 의미했고, 성적 관계는 집단을 파괴한 것이라는 토의를 충분히 했을 때 그 결심은 그들의 결정이 되었으며, 그것은 치료자가 대신 결정을 내렸을 것보다 훨씬 더 굳게 자리 잡았다.

'결과' 는 새로운 말이나 오래된 개념이다. '의미' 나 '결과' 나 '이차적 만족' 조사를 얘기하든 간에, 우리는 결국 한 사람이 하는 모든 결정이 그에게 이득을 가져다준다는 사실을 말하고 있다. 만약 그 결심이 자기 파괴적인 것 같다면, 우리는 항상 환자의 경험적 세계와 어떤 고도로 개인화되거나 상징적 형태인 자기보호적인 것 안에서 이해되는 것을 발견할 것이다. 그런데 환자의 무의식 속에 있는 깊은 뿌리들 때문에 치료자가 완전한 의미를 이해하기 어려운 결심들도 많을 것이다.

통찰과 결심

변화를 위한 통찰과 결심 사이의 명확한 관계는 항상 이해하기 어려운 과제다. 정신분석학 교재는 일반적으로 내면통찰과 변화를 균등하게 함에도 불구하고, 교재는 환자가 변화하지 않는 이유가 그들이 충분한 통찰을 획득하지 않기 때문이라는 제안의 사실을 보장하는 논리의 순회방식을 채택한다. 그 일은 심지어 통찰의 명확한 정의 부족으로 더 큰 문제를 만든다. 가장 넓은 임상적 관점에서 보면, 통찰은 '내면으로의 관찰' 이라는 자기 발견을 뜻한다. 그러나 치료자들은 넓게는 변화를 유발하는 자기 발견 유형의 개념에 따라 통찰을 다르게 본다. 한 명이 다른 개개인과 같이 행동하는 방법이 통찰인가? 아니면 현재의 동기 속의 통찰이 사람의 행동 속에 있는 건가? 아니면 어린 시절 요소로의 통찰, 즉 자주 유전적 문제라고 잘못 불리는 행동인가? 프로이트는 항상 변화적 통찰은 행동의 초기 출처 속의 통찰이라 했고, 성공적 치료는 삶의 기억 중 가장 어릴 때의 기억의 층 발굴에 따라 결정된다고 생각했다. 다른 치료자들은 효과적인 통찰은 현재의 활동적 역동성의 발견이라고 믿고 있다. 여름 별장을 팔 결심을 해야 했던 엠마의 예를 보면, 그녀는 유전적 문제나 '어떻게 그런 방법을 택하는지' 에 대한 고려 없이 현재 활동적인 역동성의 발견에 따라 발전했다.

그러면 통찰은 언제나 필요할까? 대부분 확실히 아니다. 모든 상담가들은 통찰이 없지만 실질적인 변화를 겪은 환자와 상담을 한다. 전에 나는 어떤 올바른 견해로 획기적 변화의 결과로 바뀐 사람들과 토론을 하였다. ─ "나는 나의 복을 헤아리는 것을 배웠다." 혹은 "나의 삶을 지연시키기보다는 살기로 결정했다."는 단지 창백한 얼굴만 가지고 흔히 설명할 수 있는 변화이고, 통찰적 입장에서는 거의 적합하지 않는 설명이었다. 개개인은 다양한 방법으로 치료과정을 밟는다. 어떤 이는 통찰로부터, 또는 변화의 다른 어떤 방법보다도 어떤 사람은 심지어 변화의 결과로 내면통찰을 얻기도 한다. 메이가 말하기를 "나는 어떤 것을 마음속에 그릴 수 있기 전에는 그것에 대해 이해하지 못한다."라고 했다.[109] 사람은 자주 자신의 변화를 향해 어떠한 시도를 하고 있다는 것을 상상하지 못한다. 한 번 결정을 하고, 한 번 자신에게 한 발짝 디디면서 그의 세계를 다르게 만들고, 그것이 자신으로부터 숨겨져 있었다는 사실을 납득할 수 있게 된다.

고려할 만한 가장 큰 변화를 낳는 내면통찰의 타입에 대한 토론과 논쟁이 있다 하더라도, 문학은 상대적으로 통찰이 변화에 어떻게 영향을 미치는지에 대해선 다루지 않는다. 많은 전통적인 해석, 예를 들면, 무의식적인 것과 의식적인 의사결정, 반대 의견의 약점을 찾는 것, 과거를 쭉 훑는 것, 분리된 자료에 대한 통합, 바로 된 감정적 경험이 문제를 완화시킨다. 하지만 여전히 의문점을 갖고 있고, 내면통찰에 대한 영향의 명확한 작용을 제공하지 못하고 있다.

의지의 정신적 구조와 특히 결정의 형식, 즉 소망에서 행동으로 뻗어가는 과정은 의사에게 내면통찰이 심경 변화에 영향을 미치는지를 설명하는 예를 제시해 준다. 치료자가 일을 성공적으로 마치는 데 사용할 수 있는 가장 중요한 기술 중의 하나다.

다음 장에서는 ① 치료자와 환자의 관계의 발전을 촉진시키는 것, ② 치료자가 환자의 억눌린 의지를 해방시키는 것을 돕는 몇 가지의 방법을 다룸으로써 통찰이 변화에 미치는 영향에 대해서 말할 것이다. 그 방법들은 환자가 오직 자신만이 자신이 창조한 세계를 바꿀 수 있고, 변화에 위험이 따르지 않으며, 그들이 진정 원하는 것을 얻기 위해서는 변화해야만 하고, 개개인은 변화를 가능케 할 만한 힘이 있다는 것을 깨달을 수 있도록 짜여져 있다.

환자와 치료자의 관계 발전

받아들일 만하고 믿을 만한 환자와 치료자의 관계는 변화의 과정에서 아주 중요한 역할을 한다. 치료자의 염려와 무조건적인 관심의 결과로 환자의 자기애정과 자기 존중은 점차적으로 커져 간다. 자기 존중은 자신이 바라고 행동할 권리가 있다는 것을 믿게 한다. 환자의 의지는 첫째로 치료자에게 받아들여지고 치료를 효율적으로 할 수 있는 장소에서 발현된다. 치료상황에서 환자의 의지에 있는 파괴주의에 대한 믿음의 부당성이 증명될 때, 그들은 점차적으로 다른 분야에서도 효율적으로 의지를 생성할 수 있다.

어떻게 통찰이 치료적 관계를 개선시킬 수 있을까? 이것은 간접적으로 가능하다. 통찰은 수반현상(epiphenomenon)이며, 목적에 이르는 수단의 수단이다. 통찰은 관계성의 수정매개물이다. 이해를 위한 조사는 환자와 치료자의 관계 형성의 정황을 파악하게 한다. 그것은 환자와 치료자를 함께 이어 주는 이음새다. 그것은 그들을 상호 간에 만족하게 한다(환자는 그의 내면세계를 그처럼 꼼꼼히 살피는 것에 만족해 한다. 치료자는 지적인 도전에 매력을 느낀다). 그리고 그 시간 동안 변화의 진짜 행위자인 치료학적 관계는 소리 없이 발전된다.

효과를 나타내는 통찰들

치료자와 내담자의 관계의 발달에서 그것의 기능에 더하여, 통찰은 자발성에서 더 직접적으로 촉매제의 기능을 하는 것 같다. 치료자는 내담자에게 결단을 내릴 수 있도록 자신에 대한 이해를 얻도록 돕는다. 다음의 '통찰들'은 의지가 상실된 환자에게 치료자가 만들 수 있는 가장 일반적인 효과 발생 진술들 중 네 가지다.

"오직 나만이 내가 만들어 낸 세계를 변화시킬 수 있다." 앞 장에서 나는 내담자들이 삶의 곤경에 대한 자신의 책임성을 자각하도록 도울 수 있는 많은 기술들을 설명했다. 일단 내담자가 자신의 책임성의 온전한 의미를 진실로 파악한다면, 그때 치료자는 내담자가 책임성이 연속적임을 이해하도록 도와야 한다. 연속적인 책임성이란 사람은 삶에서의 자신의 상황을 한 번에 완전히 창조하기보다는 끊임없이 자신을 창조한다는 의미다. 그러므로 과거 창조에 대한 책임성은 미래 변화에 대한 책임성까지 함축한다. 다음으로 치료자는 내담자가 사람이 홀로 그 자신이 되는 것같이, 그 자신이 되기 위한 변화에서 홀로 책임을 져야 한다는 것을 깨닫도록 한 걸음 나서도록 도와야 한다. 변화하려는 의지가 있는 내담자는 오직 내가 나의 세계를 창조해 왔고, 그래서 나만이 그것을 변화시킬 수 있다는 통찰을 얻을 수 있어야 한다. 변화는 우리가 적극적으로 변화하지 않는다면 일어나지 않는 적극적인 한 과정이다. 그 누구도 우리를 변화시킬 수 없고 우리를 위해 변화하지 않는다.

이 통찰은 단순하기도 하고 심오하기도 하다. 통찰은 쉽게 진술되고 그 구조는 근본적으로 훈계적이긴 하지만 통찰의 암시는 매우 깊게 움직인다.

"변화에서 위험은 없다." 많은 내담자들은 만약 그들이 변한다면 불행이 미칠 것이라는 무의식적이고 강력한 신념 때문에 변화하는 데 중요한 결정을 하지 못하곤 한다. 공상적인 불행의 속성은 사람에 따라 다양하다. 혹자는 다른 사람과 약혼한다면 푹 빠지게 될 것 같아 두려워한다. 또 다른 사람은 더욱 자발적이 되거나 자신을 개방하거나 자기 주장을 한다면 혹독한 징벌을 받거나 독립적인 행동으로 유기와 고립을 당하고, 멸시되거나 거절받을까 봐 두려워한다. 이런 공상적인 불행들은 결단을 내리는 데 장애물이 되기에 치료자는 이러한 방해물들을 제거하기 위한 방법들을 찾아야 한다. 공상적인 불행을 명명하는 것과 확인하는 과정은 그 자체가 내담자의 두려움을 어느 정도 현실에서 제거하게 할 수 있는지를 이해하게 한다. 다른 방법은 내담자를 두렵게 하는 어떤 행위들을 치료과정에서 다양한 방법을 통해 어느 정도 실행하도록 내담자를 격려하는 것이다. 공상적인 불행은 일어나지 않고 그 두려움은 점차적으로 사라진다. 예를 들어, 어떤 환자는 자신에게 있는 살인적 분노로 인해 타인으로부터 자신이 보복을 받지 않기 위해, 그것이 그 살인적 분노가 풀어지지 않기 위해 끊임없는 관찰을 필요로 하고, 살인적 분노를 억누르는 저장소를 가지고 있는 깊게 자란 두려움에서 나오는 거친 행위를 피할 수 있다. 치료자는 그런 내담자가 조심스럽게 처방된 치료과정에서 공격성, 즉 방해될 때의 분노, 치료자가 잘못 진단 시 생기는 짜증, 돈을 부과하는 치료자에 대한 분노 등을 표현할 수 있도록 도와야 한다. 점진적으로 자신을 외계인 내지 살인자로 잘못 생각하는 것을 피하는 방법을 배운다.

"내가 정말 원하는 것을 얻기 위하여 나는 변화해야 한다." 무엇이 개인으로 하여금 최고의 관심사를 결정하는 것을 방해하는가? 하나의 분명한 답은 자신이 온전한 필요나 목표들을 방해하는, 처음의 것들과 양립할 수 없게 하는 무의식적인 다른 필요들에 만족하는 것이다. 다시 말하면, 내담자는 동시에 만족시킬 수 없는 욕구들 때문에 갈등을 가지고 있다. 예를 들면, 내담자는 의식적으로 성숙한 이성과의 관계를 만들고 싶으나, 무의식적으로는 보호받고 싶고, 끝없이 보살핌을 받고 싶고, 성인의 자유를 구속하는 것으로부터 보호받고 싶어 할 수 있다. 모든 남자의 경우에 다른 용어를 사용하면 모성적 동일성에 의해 거세불안을 누그러뜨리기 위해서다. 분명 내담자는 욕구의 양면을 동시에 만족시킬 수 없다: 남자환자가 낮은 음으로 "나를 돌봐주고, 보호해 주고 양육해 주고, 내가 당신의 한 부분이 되게 해 달라."고 말한다면 그는 여성과 이성적 관계성을 정착할 수 없다. 치료자는 의지를 작동키 위해 통찰을 이 장애물 공격에 사용하고, 환자로 하여금 갈등을 일으키는 필요성과 목적들을 가지고 있다는 것을 자각할 수 있도록 도와주고, 결정하지 않는 결심을 포함하여 각 결정은 어떤 필요들을 만족시키는 어떤 이익이 있다는 것을 자각할 수 있도록 도와준다. 그 환자가 자신의 갈등하는 필요의 특성을 충분히 자각할 때, 치료자는 내담자가 모든 필요를 다 만족시킬 수 없기에 그

중에서 선택해야 하고 내담자의 성실과 자율성을 희생하지 않고는 이룰 수 없는 것을 단념해야 한다는 것을 깨닫도록 돕는다. 일단 내담자 자신이 '진정'(성인으로서) 원하는 것을 깨닫고, 자신의 행동이 성장을 저해하고 성장필요를 대항하는 것을 완성시키기 위해 구성되어 있다는 것을 깨달으면 그들은 점차적으로 "네가 정말 얻고 싶어하는 것을 가지기 위해 나는 변해야 한다."라고 결론내린다.

"나는 변화할 수 있는 힘을 가지고 있다." 많은 개인들은 최고의 관심사에서도 결단을 하지 않거나 하고 있지 않다는 것을 알고 있다. 내적인 경험은 혼란이 만들어 낸 무기력의 하나다. 그들은 자신이 행위의 주체라기보다는 희생자로서 경험한다. 이 주관적인 상태가 우세한 한 환자의 영역에서 의지적이고 건설적인 행동을 할 가능성은 거의 없다.

치료자는 내담자의 혼동과 무기력을 논리를 가지고 설득해야 한다. 그리고 "당신은 어떤 이유 때문에 어떠한 패턴으로 행동합니다."라고 말한다. 이유에는 일반적으로 내담자의 자각의 바깥 영역에 놓여 있는 욕구적인 요소들을 포함한다. 어떻게 이 전략이 내담자가 변화할 수 있도록 도울 수 있을까?

설명은 무지로부터 발생하는 무력증의 강력한 적이다. 설명, 확인, 명명은 전문적 지식 발전 또는 감각, 효과적인 행동들을 차례로 낳은 자연스런 결과의 부분들이다. 인간은 불확실성을 언제나 혐오해 왔고 기본적으로 종교적 또는 과학적인 설명으로 우주를 배열하려고 노력해 왔다. 현상의 설명은 그 현상을 통제하는 첫 번째 단계다. 그 예로, 토착민이 언제 폭발할지 모르는 화산 근처에서 공포에 떨며 살고 있다면 그 상황을 통제하는 첫 번째 단계는 설명이다. 예를 들어, 그들은 화산 폭발을 불쾌한 화산 신의 행동으로 설명한다. 그 외적인 환경이 전적으로 일치하지 않아도 그들의 현상학적인 세계는 설명에 따라 변화된다. 게다가 행동의 과정은—이것은 매우 중요한데—그들 통제의 감각을 논의하는 데 유용하다. 신이 불쾌해서 화산이 폭발한다면 거기에는 궁극적으로 신을 지배하고 달래는 방법들이 있는 것이다.

흔하지 않은 남태평양 질병(주혈 흡충증)에 대한 미국인의 반응에 관한 연구에서, 프랭크(Jerome Frank)는 불확실성에서 발생하는 부차적인 염려는 자주 일반적인 질병보다는 더 큰 피해를 만들어 낸다고 설명한다.[110] 정신질환 환자가 비슷하다. 정신질환증상의 심각함, 의미 그리고 출처의 불확실성에서 줄기가 있는 불안과 두려움은 전적 불쾌감을 섞을 수 있기에 효율적인 관찰을 아주 더 어렵게 만들 수 있다. 치료자는 내담자에게 내담자의 불쾌감을 예측할 수 있는 명쾌한 도식으로 설명함으로써 효과적으로 조정한다. 치료자는 설명을 통하여 내담자가 이전의 낯선 현상을 정돈하고, 내담자의 통제 안에서 현상을 경험하는 것을 도울 수 있다. 그러므로 통찰은 내담자로 하여금 '자신 안에, 나는 변화할 수 있는 힘을 가지고 있다' 는 것을 느끼게 한다.

이 결론의 함축성은 기본적으로 중요한 통찰의 정밀한 내용이기보다는 근본적으로 과정이다(즉, 통찰의 기능이다.). 해석의 역할은 내담자에게 전문적인 감각을 제공하는 것이다. 따라서 해석의 가치는 이 기준에 따라서 측정되어야 한다. 그것은 어느 정도 효력을 제공하고, 통찰은 근거가 확실하고 정확하거나 혹은 진실하다. 그러한 진리의 정의는 완전히 상대적이고 실용적이다. 이것은 어떤 설명적인 조직도 주도권 혹은 독점적인 권리를 가지고 있기 않기에 어떤 조직도 바르거나, 근본적이거나, 혹은 더 '심오하다' 그래서 더 낫다는 것이 아니라는 것을 입증하는 것이다.

나와 동료가 배운 집단 감수성 훈련 그룹 연구에서 긍정적 결과는 통찰과 상당히 밀접한 관계가 있었다.[111] 통찰을 통해 그들의 경험을 어느 정도의 내재적 패턴으로 조직할 수 있었던 대상들은 긍정적 결과를 보였다. 게다가 성공적인 집단 리더들은 그들 구성원을 위해 인식적인 구조 틀 형태를 만들었다. 그런데 성공적인 지도자들이 만들어 구성원들이 가지게 된 이상적 학파의 특수한 내용의 통찰 형태는 긍정적인 결과와 별로 관련이 없는 것 같다. 중요한 점은 그들이 무엇을 배웠는가가 아니고 그들이 배웠다는 점이다.

치료자들은 같은 이슈를 명료화하기 위하여 많은 해석 중 하나를 가지고 내담자를 이해시킬 것이다. 각각은 다른 준거 틀, 예를 들어 프로이트학파, 융학파, 호나이학파, 설리반학파, 아들러학파 그리고 교류분석으로부터 만들어진 것 등이다. 또 각 학파는 설득력을 주는 해석을 하는 점에서 타당하다. 격렬한 주장을 하지만 아무것도 진실에 유일한 답을 해 주지 못한다. 결국 학파들은 모두 공상적인 '만약 한다면' 의 구문에 기초하고 있다. 그들은 모두 "만약 그러한 일이 진실이라면 당신은 행동하거나 느끼게 된다." 라고 말한다.

초자아, 본능, 자아 원형들, 이상화되고 실제적인 자아들, 자긍심 체계, 자아 체계, 분열된 체계, 남성적인 항의, 부모, 아이 그리고 성인 자아의 상태 등 모든 것들은 실제로 존재하지 않는다. 개념들은 모두 허구로, 모든 심리적 구조들은 의미론상의 편의를 위해서 만들어졌고, 그런 것들은 단지 그들의 해설적 힘으로 그 존재가 정당화된다. 마음의 개념은 다양한 해설적 체계들, 중심적인 조직의 원리를 제공한다. 그들 모두는 같은 체제에 따라서 움직인다. 그들은 인간의 전문적 지식의 원리를 제공하고 잠재력을 각성시킬 때 어느 정도 효과적이다.

이것은 심리 치료자들이 그들의 간결하고 공들인 해석에 대한 방볍들을 버린다는 의미인가? 결코 그렇지 않다. 단지 그들은 해석의 기능과 목적을 깨닫게 한다는 것이다. 어느 해석은 다른 것에 비해 더 심오하기 때문이 아니라, 설득력과 신뢰감, 전문적 지식을 주고, 게다가 마음을 움직이게 하기 때문에 유효하다. 효과적인 해석이 되기 위하여는 수혜자들에게 알맞아야 한다. 일반적으로 해석들은 그들에게 의미를 주거나, 실험 관찰을 통해 지지되거나, 내담자의 준거와 일치하거나, 타당하다고 느끼게 하거나, 내담자의 삶의 유사한 상황에 적용될 수 있을 때 효과적이 된다. 포괄적인 해석들은 일반적으로 내담자에게 하나의 특징 또는 행동의 반대된 것으로 커다란 행동 방식을 위한 기발한 설명을 제공한다. 치료자의 참신한 설명은 근본적인 방식에서 내담자에 관한 모든 자료들을 하나로 연결할 수 있게 하는 색다른 준거 틀에 기인한다. 정말 자주 이 자료들은 내담자가 자각하지 못하는, 또는 주의를 기울이지 않은 자료들이다.

내가 이 상대적인 논문을 학생들에게 발표했을 때, 학생들은 "점성학적인 설명 또한 심리치료에 타당하다는 의미입니까?" 라는 질문으로 응답하였다. 나 자신의 지적인 제한에도 불구하고 나는 확고하게 대답해야 한다. 점성학적 또는 샤머니즘적 또는 신비적인 설명이 한 사람의 전문적 지식의 수준을 고양시킬 수 있고 인간 내적인 변화를 이끌 수 있다면, 그것은 타당하다(그것은 어떤 사람의 준거 틀과 일치한다는 단서임을 기억해야 한다). 정신질환에 관한 비교 문화 연구에는 나의 생각을 지지하는 많은 증거들이 있다. 대부분의 원시적인 문화에서 신비적이거나 종교적인 해설은 타당하고 유력한 것으로 받아들여지고 있다.

가장 정밀한 해석이라도 내담자가 받아들이지 않는다면 효과를 발휘하지 못한다. 치료자는 내담자와 더불어 다소 증거 자료를 재검토하고 분명하게 설명하는 수고를 감수해야 한다. (그렇게 하지 못하는 치료자는 해설을 이해하지 못한다; 어떤 주장처럼 이것은 그렇지 않다. 왜냐하면 치료자는 직접적으로 내담자의 무의식에 말하는 것이 아니기 때문이다.) 내담자는 치료자가 만든 초기의 해석을 받아들이지 못하고 어느 날 그것이 이해될 때까지 많은 경우 똑같은 해석을 듣게 될지 모른다. 왜 어느 날 그것이 이해될까? 치료자가 인식하는 데 중요한 일은, 변화하려는 결단이 놀랍게도 짧은 기간 내에 이루어진다 해도 변화를 위한 기초 작업은 오랜 시간이 걸린다는 것이다. 많은 치료자들은 개인 성장 워크숍에 참여하거나 단기간의 치료과정의 결과로 극적이고 갑작스런 삶의 전환을 이룬 개인들의 대한 보고서를 보고 당황스러움을 느끼고 감동을 받는다. 그런 보고서들을 평가하기란 극히 어렵다. 니스벳(Richard Nisbett)과 윌슨(Tim Wilson)은 결단을 내린 개인들의 결단 과정에 대한 설명이 자주 부정확했다고 설명하고 있다.[112] 극적인 변화를 경험한 사람들과의 인터뷰에서 나는 그런 삶의 전환들이 결코 극적인 것이 아니었음을 알았다. 변화를 위한 기초 작업은 이전 주, 월, 해에 시작되어 있었다. 치료자 또는 다른 개인의 성장 경험을 찾는 시점에 이르기까지 많은 개인들은 이미 상당히 깊은 수준의 작업을 해 왔고 극적인 변화의 직전에 있었다. 이런 경우 치료와 치료법을 찾으려는 결단은 변화의 원인이 아닌 표현인 것이다.

변하려는 결단은 일반적으로 상당한 시간이 필요하며 치료자는 인내를 감수해야 한다. 해석들은 적절한 시간에 내려져야 한다. 경험이 풍부한 치료자는 이른 시간에 주어진 해석이 치료적 영향을 별로 가져다주지 못한다는 것을 안다. 극히 불만족스러운 결혼생활을 수년 동안 해 왔던 치료 집단 내의 한 내담자를 통해 임상의 실례가 주어졌다. 결혼생활을 개선하기 위한 모든 시도들은 실패하고, 그것들이 그녀를 황폐케 하고 있었음을 깨달았지만, 그녀는 삶을 혼자 직면한다는 공포 때문에 상담에 매달려 있었다. 그녀는 남편을 진정한 한 사람으로서가 아닌 외로움으로부터 그녀를 보호해 준 한 인물로 인식하고 있었다. 관계는 분명 불만족스러웠지만, 그녀는 변화를 위한 계획에 자신을 쏟을 수 있는 무엇을 잃는 것에 대해 두려워하고 있었다. 변화를 위한 투자 또는 진정한 관련성이 없다면 결혼이 호전될 가능성은 거의 없었다. 단지 그녀가 이혼과 진정한 자율성을 직면할 수 있다면 그녀는 왜곡되지 않은 사람과 만나는 기회를 가질 수 있다. 결과적으로 나는 "단지 당신만 결혼을 포기하려 한다면 당신이 그것을 구할 수 있다." 라고 의견을 과감히 말했다. 그 해석은 그녀에게 상당히 의미가 있었다. 마치 벼락같이 그녀를 내리쳤고, 따라서 상당한 변화를 가져오게 했다고 그녀는 말했다.

이 상황의 매혹적인 측면은 내가 몇 년간 집단상담을 한 후 다음 회기 전에 그 집단원들에게 요약된 편지를 보냈는데 그녀가 그 집단에 있었다.(이 과정의 설명은 집단치료에 관한 나의 책을 참조하라).[113] 거기에는 치료 그룹의 기록된 보고, 즉 내담자들이 각 회기 모임 뒤에 읽었던 기록이 있다. 이 특별한 내담자는 보고서의 주도면밀한 독자였고 파일 작업을 해 놓았기 때문에 그녀는 자신이 참석한 그룹의 진행 일지를 가지고 있었다. 그녀에게 효과적인 해석을 한 이후 얼마 있다가 나는 내가 해 온 약간의 메모와 수십 년 넘게 해 온 집단의 기록지를 검토했다. 그런데 놀랍게도 나는 1년 전에 그녀에게 정밀한 해석을 했었다는 것을 발견했다. 글 작업은 전형적이었지만 해석에는 밑줄이 그어져 있었고 상당히 강조적이었던 것이지만 그녀는 들을 준비가 되어 있지 않았기 때문에 이전에 받아들이지 못했던 것이다.

심리치료에서 과거 대 미래

'의지' 라는 단어가 두 가지의 의미를 가진다는 것은 중요한 점이다: 그것은 해결과 결단을 암시하고, 의지 또한 미래시제를 암시한다—"나는 그것을 지금 순간에 하는 것이 아니라, 미래에 할 것이다." 모든 치료자가 알고 있는 것처럼 심리치료는 내담자가 자신의 미래를 변화하도록 허용하는 한도까지 효과적이다. 그러나 심리치료 조사보고서에서 우세적이었던 것은 미래가 아닌 과거 시제였다. 대부분 과거의 우월은 설명과 원인 사이의 혼란의 결과다. 특별하게 프로이트학파의 심리치료자들은 어떤 일을 설명하기 위하여, 말하자면 통찰을 제공하기 위하여 사람에게서 원인들을 찾아내고자 한다. 또는 최소한 현재의 사건을 과거의 상황에 연결시키고자 한다. 이런 준거 틀 안에서 개인 행동의 원인을 개인 생애의 이전 상황에서 발견하려 한다.

그러나 앞에서 내가 제안했던 것같이, 과거에 의존하지 않는 원인의 체계나 설명의 양식은 많다. 예를 들면, 미래는(미래에 대한 우리 현재의 생각) 과거에 못지않게 강력한 행동의 결정 요인이고, 미래 결정주의 개념은 충분히 옹호할 수 있다. '아직 아니다' 는 것은 상당하고 광범위한 방법으로 우리 행동에 영향을 준다. 의식과 무의식 수준의 사람에게는 목적, 이상화된 자아, 사람을 움직이는 목표들, 궁극적인 죽음과 운명의 의식이 감지된다. 이런 모든 구조들은 미래와 연결되어 있다. 그러나 그들은 강력하게 내적인 경험과 행동에도 영향을 미친다.

다른 설명 방식은 현재 개인에게 영향을 미치는 힘을 강조하는 갈릴레오학파의 인과관계 개념에도 응용된다. 우리가 공간으로 돌진할 때 행동 경로는 유인하는 목표의 특징, 처음의 추진 방향에 의해서만 영향을 받을 뿐 아니라 현재 행동경로 위에 작용하는 현장의 힘의 영향을 받는다. 그러므로 치료자는 그 개인을 둘러싼 현재의 무의식적, 의식적 동기들의 유기적 고리를 검토함으로써 내담자의 행동을 설명할 수 있을 것이다. 예를 들어, 다른 사람을 공격하는 강한 성향을 가진 사람을 생각해 보자. 이 행동에 대한 탐구는 내담자의 공격성은 거절을 예상하여 표현되지 않는 강한 의존성의 층을 숨기려는 반동 형성이라는 것을 드러낼 수 있다. 이 설명은 '내담자가 어떻게 그 방법을 선택하게 되었을까?' 라는 질문을 포함시키지 않는다.

아직도 심리치료에서 치료자의 자연적 성향은 과거에 초점을 맞추는 것이다. 대부분의 장시간의 집중 치료는 과거를 회상하는 데 많은 에너지를 쓰고 있다. 긴 성장 배경의 내용이 드러나고, 부모와 형제들 간의 초기 관계에 관한 정보가 추적되고, 유아기의 꿈들의 꼬리와 초기의 기억들이 힘들게 검토된다. 프로이트는 이런 방법의 기초를 놓았다.

그는 심리고고학 분야에 헌신한 사람으로, 그의 생애 종말에 과거의 탐구는 필수적인 것으로, 성공적인 치료와 맞먹는 것으로 믿어졌다. 사실 그의 지난 연구들의 한 부분에서 그는 분석의 작업과 전문적인 고고학자의 작업 간의 비교로 확대되었다. 그는 치료자의 일을 과거의 재조합이라고 묘사했다.

> 우리 모두 분석되고 있는 사람은 억압되고 그에 의해 경험되어 온 것들을 회상하도록 유도된다는 것을 알고 있다. 분석자는 고려 중에 있는 어떤 자료도 경험한 것도 아니고 의식 내에서 어떤 점을 억제한 것도 아니다; 그의 일은 어느 것을 기억해야 하는 것도 아니다; 그러면 분석자의 일은 무엇인가? 그의 일은 뒤에 남겨진 흔적들로부터 잊혀진

> 것을 어떻게 하든 이해하는 것이거나 혹은 더 정확하게 하면 구성시키는 것이다……. 구성화시키는 분석가의 일은, 만일 더 좋다면 재구성(reconstruction)하는 일은 대부분 파괴되어 파묻혀 있는 어떤 주거지역을 발굴하는 고고학자의 발굴을 닮았다. 이 두 가지 일들은 실은 좀 더 좋은 조건하에 일하는 분석가의 작업과 분석가의 명령하에 그를 도와주는 자료가 더 많이 있다는 것을 제외하고 동일한 것이다.[114)]

프로이트는 치료자는 고고학자와 같이 내담자가 제공한 유용한 조각들을 자주 재조합해야 하고 내담자에게 이 조합을 제공해야 한다고 주장해 왔다. 사실 프로이트는 치료자의 활동을 가리킬 때 해석보다는 조합이라는 단어가 더 적당하다고 주장해 왔다. 프로이트에 따르면, 내담자로 하여금 과거를 회상하는 것을 효과적으로 돕지 못하는 심리분석자들은 그럼에도 불구하고 분석자들이 과거의 조합을 들여다보는 것처럼 내담자에게 과거의 구성을 제공해야만 한다고 제안했다. 프로이트는 이 조합은 과거의 일을 실제적 회상만큼이나 같은 치료적 이익을 가져다줄 수 있다고 믿었다.

> 꽤 자주 우리는 억제된 것을 회상하도록 내담자를 이끌지 못한다. 대신 그 분석이 정확히 수행된다면, **우리는 그에게 치료적 결과와 같은 재수집된 기억의 조합이라는 진실한 확신을 줄 수 있다.**[115)]

이 후반의 중요한 진술은 내가 초기에 만든 요점, 즉 중요한 점은 내용이 아니라 설명과 해석의 과정이라는 것과 일치한다.

해설적 시스템이란, 프로이트의 과거 재구성의 강조점, 모든 행동과 정신적 경험은 본성에서 환경적이든 본능적이든 선행 사건의 결과라는 그의 결정론과 본질적으로 관계된다. 그러한 해설적 시스템의 문제는 그 자체가 치료적 절망의 씨앗을 포함한다는 점이다. 만약 우리가 과거에 따라 결정된다면 변화의 능력은 어디서 오는가? 그것은 특별히 사람에 관한 강경한 결정론이 그를 치료적 허무주의로 이끌게 한 특별히 '종료할 수 있는 분석과 없는 분석'(*Analysis Terminable and Interminable*)이란 프로이트의 후반의 연구에서 분명하게 드러난다.

랭크는 그것을 이렇게 정리했다. 개인의 책임성 영역 밖에서 현상(예를 들어, 과거 혹은 현재의 환경적 사건들, 본능적 충동)에 기초하여 행동과 정신 경험을 설명하는 어떤 시스템도 치료자에게 믿을 수 없게 한다. 이 인과관계 원리는 책임성과 죄의식을 벗어나게 하고, 자신의 밖에 있는 힘을 의지하여 한 개인의 행동, 생각, 느낌을 가져다주기에 의지 원리의 부정을 의미한다.[116)]

물론, 그것은 과거의 사건과 행동에 대한 죄의식으로부터 자신을 자유롭게 하는 데 자주 유용하다. 결정론을 지지하는 치료자는 내담자가 환경적 사건의 희생자, 즉 내담자가 다르게 행동할 수 없었던 환경에 따라 주어진다는 방법 안에서 내담자의 과거를 검토한다. 그래서 과거의 탐색은 죄의식을 해결하는 데 도움이 되지만, 치료자들에게 (해결을 제공하는) 준거 틀로 과거와 다른 것(책임성을 불러일으키는)으로 미래를 어떻게 다룰 것인가 하는 문제를 남겨 준다.

개치(Gatch)와 테멀린(Temerlin)은 이러한 역설을 어떻게 다루었는가를 평가하기 위해 10명의 프로이트학파와 10명의 실존주의 분석자, 20명의 치료자들의 기록들을 연구했다.[117)] 기대한 대로 그들은 실존주의 치료자들에게서 내담자의 선택, 자유, 책임감을 강조하는 상당한 의견들을 발견하였다. 그러나 20명의 치료자 중 어느 누구도 내담자가 통제 밖 현실의 환경 희생자였다고는 말하지 않았다. 변화를 모색하는 내담자를 위해서는 모든 치료자들이 내담자에게 유용한 대안들을 강조했고 추천하려 했다. 그런데도 내담자가 유아기 또는 아동기를 언급할 때 모든 치료자들은 아이인 내담자의 통제 밖에 환경이 있었다는 환원주의적 시각을 나타내는 것 같았다.

치료자들은 분명히 이 불일치하는 태도를 가지고 사는 것을 배운다. 그들은 결정론을 상호 결정론의 하나로 개선함으로 불일치를 축소하려 하는 듯했다. 그들은 과거의 불행 지수는 매우 컸다고 생각한다. 즉, 그에게 작동하는 어른의 힘과 경험이 청년 시절에 주어졌다면 내담자는 다르게 행할 수 있었다는 것이다.

대부분의 실존주의 치료자들은 다른 학파의 치료자들이 하는 것보다 과거에 대해 강조를 덜한다. 미래 시제와 한 단계 진전시키는 결단과 연결되는 목표들에 더 관심을 둔다. 실존주의 치료자들이 죄의식을 다룰 때는 이미 일어난 좋지 않은 선택 때문이 아닌 새로운 선택에 대한 거절 때문이다. 현재 죄의식을 일으키는 행위 앞에서 과거에 대한 죄의식을 해결한다는 것은 극히 어렵다. 사람은 현재와 미래를 위해서 자신을 먼저 용서하는 것을 배워야 한다. 과거와 같은 방식으로 현재의 자신을 대하는 한 사람은 과거의 자신을 용서할 수 없다. 그러나 과거를 다루면서도 개인이 불필요한 책임성을 떠맡지 않는 것은 중요하다. 하나의 중요한 개념은 책임성에서의 명백한 의무다. 많은 사람들은 타인의 행동과 감정에 지나친 책임성과 죄의식을 떠맡고 있다. 내담자가 타인에게 무례하게 행했다면 거기에는 내담자로부터 상처받거나 비웃음을 당하고 학대당하게 한 타인의 책임성의 영역이 있다. 그러므로 치료자는 내담자가 책임성의 경계를 긋도록 도와야 한다.

거기에는 과거를 기초로 하는 원인 설명 시스템의 치료적 유효성에 관한 심각한 질문이 있을 뿐 아니라 심각한 방법론적인 문제가 있다. 즉, 심리적 진실과 역사적 진실과는 일치하지는 않는다. 랭크가 말한 것처럼, 프로이트의 자연과학의 이상은 그를 내담자의 회상으로부터 역사적 과거를 재조립할 수 있도록 했다. 그러나 "과거의 재구성은 사실에 의존하는 것이 아니라, 개인들이 그들에 대한 태도와 반응에 기초하고 있는 것이다……. 과거의 문제는 기억의 문제이고 의식의 문제다."[118] 다른 말로 하면, 현재에 따른 재조합이다. 장황한 회상에서조차 사람은 자신의 과거 경험의 짧은 부분을 단지 회상할 수 있고, 선택적으로 회고하고 자신에 대한 현재의 시각으로 일치시키기 위하여 과거를 통합하는 것이다(이 이유 때문에 고프먼(Goffman)은 과거의 재조립을 위하여 '변호' (apologia)란 단어를 제안했다).[119] 사람이 치료를 통하여 현재 자신에 대한 이미지를 변화시킬 때 사람은 자신의 과거를 재조립하고 재통합할 수도 있다. 예를 들면, 부모와의 아주 오래되어 잊혀진 긍정적 경험들을 회상할 수도 있다. 어떤 사람은 부모를 자기내적 경험에만 경험하기(부모가 나를 위해 사는 행동에 의해 존재하는 사람들)보다는 인간답게 구성할 수도 있다. 어떤 사람은 부모를 모든 인간이 직면하는 인간 조건의 압도하는 실제와 함께 싸우는 좋은 의도를 가진 번거로운 존재로 이해를 시작할 수도 있다. 이 과정은 트웨인(Mark Twain)의 표현에 잘 요약되어 있다. "내가 열일곱 살이었을 때 나의 아버지는 멍청한 바보였다. 내가 스물한 살이었을 때는 그 노인이 많은 것을 배웠다는 것에 대해 놀랐다."

해석에서의 해석학적 접근은 배경과 이해 사이의 관계를 고려한다. 이해를 인식하기 위해 어떤 배경을 요구하지만 이 새로운 이해는 배경에 대한 인식을 변경시킨다고 가정한다. 따라서 해석은 조직적 과정으로 이 안에서 배경과 이해가 연속적으로 서로를 재구성하는 과정이다. 같은 원리는 과거와 현재 사이의 관계에 적용된다. 고대 성전의 파멸과는 다르게 한 사람의 과거는 고정되지도 제한되지도 않는다. 그것은 현재에 영향을 주는 늘 변화하는 상징적 내재성 안에서 현재를 통해 조직된다.

해설의 시스템 안에서 과거가 제한된 가치라면, 심리치료의 과정에서 과거는 어떤 역할을 할까? 초기 치료 관계의 발달에서 발생론상 통찰의 탐구 역할을 언급했다. 치료적 관계, 변화의 진정한 주체가 펼쳐질 때, 프로이트가 고고학적 탐사에 비유했던 지적인 모험은 내담자와 치료자에게 관련해서 분명히 의미 있고 공유된 활동을 가져다준다. 그러나 과거는 다른 중요한 방법에서 관계를 촉진시킨다. 특별한 대인관계의 상황 초기 발전의 명확한 이해는 관계의 가능성을 향상시킨다. 예를 들어, 이민 간 부모와 빈민굴에서 지낸 어린 시절의 빈곤에서 벗어나기 위한 어떤 여성의 절망적인 노력을 치료자가 알 때 오만과 공손을 가진 그 여자가 갑자기 이해력이 있고 매력 있는 것처럼 보인다. 다른 사람의 되어져 가는 과정을 아는 것은 흔히 다른 사람을 아는 필수적 부속물이다. 이 점에서 중요한 것은 강조점이다. 과거는 현재의 관계를 발전시키고 촉진시키기 위하여 탐색된다. 이것은 현재의 관계는 과거의 이해를 높이기 위한 수단으로써 도움이 된다는 프로이트의 공식과 정확히 반대가 된다. 라이크로프트(Charles Rycroft)는 이것을 예외적으로 분명하게 진술한다.

> 분석자가 자서전적 자료의 접근을 얻기 위하여 내담자와 관계를 만든다고 말하기보다는 현재 환자와의 대화에서 충돌하는 무엇인가를 이해하기 위하여 역사적 탐구 속으로 탐험한다고 하는 것이(같은 방법으로 번역가가 불명확한 본문을 명료하게 하기 위하여 역사 안으로 들어간다) 의미를 훨씬 잘 전달해 준다.[120]

제3부

소 외

제8장

실존적 소외

인간 운명에 관한 가장 근원적인 질문은 하이데거가 탈은폐[1]*로 언급했던 것으로, 이에 대한 해답을 찾아가다 보면, 유한한 존재로서의 인간은 죽을 수밖에 없으며, 자유로운 삶을 살아가지만 반복되는 불안한 삶 속에서 온전한 자유를 누릴 수 없음을 깨닫는다. 인간이 얼마나 철저하게 고독한 존재인지를 아는 것은 그리 어렵지 않다.

자유와 죽음은 전통적인 정신분석 영역 밖의 개념이기 때문에, 나는 앞 장에서 이 개념들을 정신분석적인 측면에서 상세하게 다룰 필요가 있다고 했다. 소외라는 개념은 상황에 따라 달라질 수 있으나, 우리에게 너무나 친숙한 것으로 인식되어 왔고, 심리치료를 필요로 하는 내담자들을 통해 자주 경험하고 있다. 소외는 일반적이고 익숙한 개념이지만, 실제로는 상당히 다른 방식으로 사용되고 있다.

* (역자 주) 탈은폐(unconcealment)는 숨길 수 없음을 지칭하는데, 인간 운명의 자기 존재적 실존이 드러나지 않을 수 없음을 뜻한다.

나는 치료자로서의 첫 번째 임무가 내담자들이 느끼는 소외를 실존적인 맥락에서 정의하는 일이라고 판단했고, 이것을 세 가지 다른 형태, 즉 대인관계적 소외, 개인내적 소외, 실존적 소외로 분류하였다.

- 대인관계적(Interpersonal) 소외는 자신과 교류하는 타인으로부터 느끼는 소외로서, 일반적으로 외로움이라고 할 수 있다. 이런 소외는 여러 가지 요인들에 따라서 일어나는데, 예를 들면, 지리적으로 떨어져 있는 먼 거리, 적절한 사교력의 부족, 친밀한 관계에서의 극심한 갈등, 성격 유형(예를 들면, 정신분열증적 성격, 자기애적 성격, 강요하는 성격, 비판적인 성격)에 따라 나타날 수 있다. 이들은 사회적 관계 안에서 만족을 느끼지 못한다. 특히, 문화적인 변화는 대인관계의 소외를 가져오는 중요한 요인이 되고 있다. 미국사회만 보더라도 가족 구성원 간의 친밀감과 지지를 제공하던 대가족(extended family) 제도, 주변의 안정된 이웃들, 교회, 지역상인, 가정주치의가 사라지면서 대인관계에서 소원(疏遠)이 증가하고 있음을 알 수 있다.
- 개인내적(Intrapersonal) 소외는 인간을 부분들로 분리하는 과정이다. 프로이트는 방어기제라는 용어로 소외를 설명했는데, 특히 강박신경증에 두드러진 방어기제를 설명하기 위해 사용했다. 강박신경증은 불쾌한 경험에서 유발된 감정이 적절히 치유되지 못하고, 경험의 연상결합(associative connection)이 제대로 이루어지지 못했기 때문에 정상적인 사고과정에서 불쾌한 경험이 분리되는 경우를 말한다.[2] 설리번(Harry Stack Sullivan)은 인간이 자신의 경험을 의식적으로 자각하지 못하도록 만들거나 정신 일부가 자아(self)에 접근하지 못하게 만드는 심리적 현상들에 관심이 많았다. 그는 이런 심리과정을 전통적인 정신분석 용어인 억압(repression) 대신 해리(dissociation)로 설명했으며('억압'이라는 용어를 포기했다), 이를 자신의 정신병리학 체계에서 중심적인 위치에 올려놓았다.[3] 현대 정신치료에서 '소외'는 단순히 방어기제를 지칭할 뿐 아니라 더 나아가 자아분열 형태가 내포하고 있는 인과관계를 설명하는 데도 사용된다. 개인내적 소외는 인간이 자기느낌이나 욕구를 억압하는 가운데, '의무' 혹은 '해야 하는 것'을 자신의 소망으로 인식함으로써, 자기 판단을 불신하거나 자기 잠재력을 사장시킬 때마다 나타난다.

실제로 개인내적 소외는 널리 사용되고 있는 용어로서 현대의 정신의학적 패러다임이다. 호나이(Horney), 프롬(Fromm), 매슬로(Maslow), 로저스(Rogers), 메이(May), 설리반 등 많은 현대 심리치료 이론가들은 정신병리가 생애 초기에 발생하여 개인의 자연적인 성장을 방해하고 무산시킴으로써 나타난 결과라고 가정하고 있다. 로저스는 웨스트(Ellen West)에 대한 빈스와그너(Ludwig Binswanger)의 유명한 상담사례에 대해 언급하면서 자신의 내담자가 겪고 있는 개인내적 소외를 다음과 같이 묘사하였다. "어린 시절의 그녀는 다른 사람의 의견에 대해 완전히 독립적이었지만, 성인이 된 후의 그녀는 다른 사람의 생각이나 의견에 대해 너무나 의존적이다. 그녀는 자신이 무엇을 느끼고 있으며, 어떠한 의견을 가지고 있는지 이제 더 이상 판단할 수조차 없다. 그녀의 사례는 가장 외로운 인간의 상태를 보여 주고 있으며, 자율적인 유기체의 기능을 하지 못하는 완전한 분리 상태, 즉 작동불능 상태를 뜻한다."[4)]

현대 심리치료사들은 내담자들의 어린 시절을 통해 분리되고 찢겨진 내면세계를 재통합하도록 돕는 데 상담목표의 초점을 두고 있다. 제6장에서 서술한 실험연구에서, 호전적인 결과를 보인 피험자들이 심리치료에 도움이 되었던 정도에 따라 60개 요소들을 순서대로 체크하도록 했다.[5)] 그 결과, 자신이 좋아진 요인으로 선택한 항목은 '이전에 알지 못했고 받아들이지 못한 자신의 일부를 발견하고 수용하는 것' 이었다. 대부분의 정신치료사들의 목표는 내담자가 자신을 완전하게 다시 만들도록 돕는 데 있다(여기서 증상-지향적 치료(symptom-oriented)*는 제외해야 한다). 예를 들면, 펄스(Perls)는 전체성(wholeness)이라는 상담목표에 초점을 맞추고 있다는 점을 강조하기 위해 자신의 접근방식을 게슈탈트(Gestalt) 치료라고 부르기 시작했다. 나는 그의 이런 주장을 전체(whole), 치유(heal), 건강

* (역자 주) 증상-지향적 치료(symptom-oriented therapy)는 문제해결중심 치료라고 부를 수 있는데, 고통을 유발하는 내담자의 정신적 문제를 원인부터 분석하여 그 근원을 치료하기보다는 현재 드러난 증상을 고치는 데 초점을 두는 단기 상담(brief therapy), 역설적 상담(paradoxical therapy), 역경 치료(ordeal therapy) 등을 예로 들 수 있다. 원인을 치료하는 방법은 과거에 초점을 두는 '원인 지향적 치료' 라 하며, 이에 반해 겉으로 드러난 문제나 증상을 치료함으로써 미래에 초점을 맞추는 기법은 '증상-지향적 치료' 라고 할 수 있다.

(healthy), 강건(hale)의 공통된 어원적인 측면에서 생각해 볼 필요가 있다고 본다.

나는 이 장의 나머지 부분에서 세 번째 형태의 소외, 즉 실존적 소외에 초점을 맞춰 설명하려고 한다. 이것은 대인관계에서의 소외나 개인내적 소외가 심리치료에서 중대한 논점이 아니라는 의미가 아니라, 이 책의 적절한 분량을 유지하기 위해 독자에게 이 문제와 관련된 분야를 추천하는 것으로서 만족할 수밖에 없기 때문이다.[6] 하지만 대인관계적 소외나 인간내적 소외는 실존적 소외와 밀접하게 관련되어 있기 때문에 이것들에 대해 언급하는 경우가 많을 것이다(특히 대인관계적 소외와 실존적 소외는 공통적인 부분이 많다). 소외의 유형들은 유사점을 지니고 있는데, 즉 서로 같은 것으로 여겨지거나 다른 유형으로 보여지기도 한다. 그래서 심리치료사들은 종종 소외의 개념을 제대로 인식하지 못하거나, 혹은 내담자가 경험하는 소외를 다른 유형으로 진단하여 잘못 다루기도 한다. 게다가 소외들 간의 경계는 반투과성을 지니고 있어서 이따금 실존적 소외는 우호적인 대인관계를 통해 쉽게 다루어지기도 한다. 이러한 모든 문제들에 관해 논의될 것이지만, 우선적으로 실존적 소외에 대해 정의를 내리는 것이 시급하다.

실존적 소외란 무엇인가

인간은 때때로 타인이나 자신의 일부로부터 소외된다. 분열(split)의 밑바닥에는 존재가 지닌 보다 근원적인 소외가 있는데, 이런 소외는 만족스러운 타인과의 교제, 자신에 대한 성숙한 자기인식(self-knowledge)이나 통합(integration)의 상태에 있을 때도 여전히 존재한다. 실존적 소외는 자신과 타인과의 연결될 수 없는 큰 간격으로 설명하거나, 인간과 세상 사이의 분리(separation)라는 근원적인 소외로 이해할 수도 있다. '세상과의 분리'는 적절한 표현처럼 보이지만 여전히 분명치 않다. 나는 한 여성 내담자를 통해 소외의 구체적인 정의를 발견할 수 있었다. 그녀는 중요한 사람과의 관계가 위태로워지면 항상 간헐적인 발작을 경험하였다. 그녀는 자신의 경험에 대해 이렇게 묘사했다. "영화 〈서부이야기(West Side Story)〉를 생각해 보세요. 영화 속에서 두 연인이 만났을 때, 불가사의하게도 갑자기 세상에 모든 것들이 사라지고 정말로 세상에 둘만 있는 것 같죠. 이것이 요즈음 제게 일어났던 일이에요. 거기에 저 말고는 아무도 없죠."

또 다른 내담자는 어린 시절로 거슬러 올라가는 악몽을 되풀이하면서 심각한 불면증을 겪고 있었다. 실제로 그는 수면공포증 때문에 잠자리에 드는 것을 두려워하고 있었다. 악몽은 꿈꾸는 사람에게 아무런 손상도 입히지 않는 듯 보이지만, 실제로 당사자로 하여금 서서히 약해지게 하고, 공허감을 깨닫게 한다.

"나는 내 침실에서 잠들지 못하고 있었죠. 나는 갑자기 모든 것이 변하고 있다는 것을 깨달았습니다…. 창틀은 늘어져서 물결치듯 흔들려 보이고 책꽂이는 으스러져 흐물흐물해 보였습니다…. 문고리가 사라지고 문에 구멍이 났는데 그 구멍이 점점 커졌습니다. 모든 것이 형태를 잃고 녹아 없어지기 시작했어요. 더 이상 아무것도 남아 있지 않을 때, 나는 비명을 지르기 시작했습니다."

울프(Thomas Wolfe)는 언제나 매우 극심한 실존적 고독을 느끼고 있었다. 그의 자서전 *Look Homeward*를 보면, 유아 시절의 주인공 엔젤(Angel)은 혼자 어린이용 침대에 누워 고독에 잠겨 있다.

헤어날 수 없는 외로움과 슬픔이 그를 휘감고 지나간다. 그는 자신의 삶이 마치 숲 속 가로수 길(통로)처럼 장엄하게 길게 내다보이면서 자신이 항상 슬픈 사람이었음을 깨달았다. 작고 둥근 머릿속에 갇혀 고동치고, 가장 비밀스러운 심장에 감금된 그의 삶은 항상 고독한 여정일 수밖에 없었다. 상실된 존재였다. 인간은 타인에게 영원한 이방인이고, 아무도 누군가를 진심으로 알려고 하는 사람은 없으며, 어머니의 컴컴한 자궁에 갇혀 그녀의 얼굴조차 모른 채 세상으로 나와 이방인으로 그녀의 팔에 안긴다. 그리고는 벗어날 수 없는 존재의 감옥에 갇혀 그곳을 절대 탈출할 수 없다. 누가 우리를 껴안든, 입을 맞추든, 마음으로 우리를 따뜻하게 하더라도 결코, 결코, 결코, 결코, 결코.[7)]

실존적 소외는 입구가 여러 개인 적막한 골짜기다. 죽음이나 자유를 직면할 때, 인간은 필연적으로 이 골짜기에 이른다.

죽음과 실존적 소외

인간은 누구도 타인과 함께 혹은 타인을 위해 죽을 수 없다는 사실을 충분히 실감하기 위해서는 자기 죽음에 대해 이해할 필요가 있다. 하이데거는 "비록 한 인간이 다른 이를 위해 죽을 수 있을지라도, 당사자가 겪는 죽음의 고통을 아주 조금이라도 덜어 줄 수는 없다. 그 누구도 타인의 죽음을 막을 수 없다."라고 말했다.[8] 우리가 친구들에게 둘러싸여 죽거나, 다른 사람이 나와 같은 시간에 죽는다(고대 이집트에서는 하인을 죽이거나 하인이 스스로 자살함으로써 왕과 함께 묻는 관습까지 있었다)고 해도, 당사자가 느끼는 죽음의 정도는 인간에게 가장 고독한 경험인 것이다.

중세 시대의 유명한 희극 〈에브리맨(Everyman)〉은 인간이 죽음과 직면했을 때의 소외를 설득력 있고 간결한 기법으로 묘사하고 있다. 에브리맨(모든 사람)은 죽음의 방문을 받고, 자신이 신에게로 마지막 여행을 떠나야 한다는 것을 알게 된다.[9] 에브리맨은 자비를 간청하지만 소용없다. 죽음은 그에게 '살아 있는 모든 이가 피할 수 없는' 그날을 준비해야만 함을 알려 준다. 절망한 에브리맨은 다급하게 두루 도움을 청한다. 두려움에 떨고 있고, 무엇보다도 고립된 그는 주위 사람에게 자신의 여행에 동행해 주기를 간청한다. 극중 인물로 킨드레드(Kindred)라는 친척이 나오는데, 그는 함께 가기를 거절하며 이렇게 말한다.

> 마음을 즐겁게 가지시오.
> 자신에게 애정을 갖고 슬퍼하지 마시오.
> 하지만 성 안나(Saint Anne)의 말을 빌려 한 가지 알려 줄 말은,
> 당신은 혼자서 가야만 한다는 것이오.

에브리맨의 사촌은 기분이 언짢다며 이렇게 외친다.

> 난 안 될 거 같아! 발가락에 경련이 있어서 말이야…. 나를 믿지 말게.
> 하나님이 날 서두르게 하셔서, 나는 당신의 가장 위급한 순간에 당신을 속일 거야.

그는 극 중에서 친구, 재물, 지식 등을 비유한 각각의 인물들로부터 같은 식으로 버림을 받는다. 심지어 자기 마음조차 그를 저버린다.

아름다움, 힘, 판단력.
죽음의 회오리가 몰아치면
그것들은 전속력으로 당신을 떠날 거야.

에브리맨은 어떤 한 인물과 선행부터 죽음까지도 기꺼이 함께 하겠다는 약속을 받고, 마침내 실존적 소외에 대한 엄청난 공포로부터 벗어난다. 확실히 종교적 배경에서의 선행이 최후의 소외(죽음)를 직면할 때 버팀목이 되어 준다는 점은 이 희극이 보여 주는 기독교적 교훈이다. 오늘날 종교적 신념을 받아들일 수 없거나 받아들이지 않은 비종교적인 에브리맨은 혼자만의 외로운 여행을 떠나야만 한다.

자유와 실존적 소외

부모가 되는 외로움 인간은 자신의 삶을 책임져야 하는 고독한 존재다. 책임은 원작자(authorship)를 암시한다. 자신이 원작자라는 인식은 사람을 창조하고 지켜 주는 존재가 있다는 신념을 부인하고 뒤흔들어 놓는 것을 의미한다. 극심한 외로움은 본래부터 자기창조의 행위에 내재되어 있으며, 인간은 우주의 엄청난 무관심을 인식한다. 어쩌면 동물도 자기를 돌보아 주는 존재와 자신의 은신처를 직감적으로 이해하고 있을지도 모르나, 인간은 왜곡된 자기인식이라는 저주 아래, 실존적 상황에 그대로 노출되어 있어야 한다.

프롬은 소외가 걱정의 주된 원인이라고 생각했다. 그는 특히 인간의 근본적인 분리됨에 내재되어 있는 무력감을 강조하였다.

단독성(aloneness), 분리됨(separateness), 자연과 사회적인 권력 앞에서 무력감(helplessness)을 인식하면, 이런 것들은 독립적이고 분리된 존재 자체를 견딜 수 없는 감옥으로 느끼게 만든다. 분리되는 경험은 걱정을 불러일으키는데, 이것은 실제로 모든 걱정의 근원이 된다. 단독적인 존재가 되는 경험은 자기 잠재력을 활용할 수 없는 능력 상실 상태에서 갇히게 된다는 것을 의미한다. 이 때문에 분리되는 경험은 인간이 무기력해지고 사물이나 사람을 포함하고 있는 세상을 이해할 수 없게 됨을 의미한다. 이는 세상이 언제든지 반항할 능력도 없는 나를 침범할 수 있다는 의미가 된다.[10)]

이런 혼자라는 느낌이나 무력감의 융합된 정서*는 충분히 이해할 수 있는 감정 반응으로써, 자신을 발견하는 과정에서 우리도 모르는 사이에 선택할 틈도 없이 스며든다. 하이데거는 이 상태를 '내던져짐' (thrownness)**이라고 설명한다. 이것은 비록 인간이 스스로를 창조했다고 하더라도 실존의 백지 위에 홀로 던져진 존재이기 때문에 인간의 계획, 즉 스스로를 위해 무언가를 만들려는 시도는 궁극적으로 제한적일 수밖에 없다는 것이다.

이화 이화(defamiliarization: 異化)는 대상의 원래 성격을 다르게 제시함으로써 성질이나 양식이 달라지는 작용을 일컫는다. 인간은 이런 방법으로 자신뿐 아니라 세상까지도 만들어 내지만, 이런 방식으로 만들었다는 사실 자체를 숨긴다. 실존적 소외는 세계의 기초인 '완성되지 않는 점토 같은 재료' 를 지니고 있다. 그러나 우리는 단지 습관적인 세계, 판에 박힌 일, 그래서 '우리만의 세계' 를 경험하며 살아가는데, 이는 개인적이고 집단적인 의미가 깃들어 있는 제조된 인공물들이 층층이 감추어져 있기 때문이다. 우리는 익숙한 대상들이나 관습들로 이루어진 견고한 세계 안의 '자기영역' 에 둘러싸여 있고, 주변의 세계는 모든 대상이나 존재끼리 오랜 세월을 거치면서 서로 연결되고 결합된 상태에 있어서 구분조차 어렵다. 우리는 아늑한 느낌과 익숙한 소속감에 속고 있다. 엄청난 공허함으로 가득 찬 최초의 세계와 소외는 덮이고 가라앉아서, 때때로 악몽이나 신비한 환상을 통해 잠시 나타날 뿐이다. 그러나 우리에겐 진실의 막이 펄럭이며 잠시 열릴 때, 무대 뒤로 힐끗 보이는 조작된 모습을 볼 수 있는 기회가 있다. 나는 모든 자기성찰적인 사람들은 이 순간을 경험하고, 사물의 의미가 바뀌고 표상들이 허물

* (역자 주) 'affect' 는 자신이 표현하고 타인이 관찰하는 감정 경험을 말한다. 일반적으로 정서 혹은 정동(情動)으로 불린다. 인간이 마음에 상처를 받으면, 표면적으로는 표상(representation)이라는 현상이 나타나고, 그 내면에는 정동(affect)이라는 내면적인 양상(슬픔, 분노 등)이 담긴다. 이런 시각은 매우 정신분석적인 입장이라 할 수 있다.

** (역자 주) 'thrownness' 는 그동안 국내에 '피투성' 이라는 용어로 번역되기도 했다. 이 용어는 인간이 태어나면서부터 이미 이 세계 안에서 어떤 주어진 조건을 가진다는 것을 의미하며, 모든 인간이 죽을 수밖에 없는 운명적 인간 실존의 조건으로 이 세상에 던져졌다는 말이다. 그래서 보다 정확한 용어로는 '내던져짐' 으로 번역할 수 있다.

어지면서 '안식처에 있다'(at-homeness)는 개인의 믿음이 사라지는 이화(defamiliarization)가 일어난다고 생각한다. 카뮈(Albert Camus)는 초기 작품에서 자신이 어느 외국의 호텔방에 있었을 때 이러한 현상이 일어난 순간에 대해 다음과 같이 묘사했다.

> 나는 주변의 표지판조차 보이지 않는 어떤 도시에 무방비 상태로 있다…. 나는 몇 마디 대화조차 나눌 친구도 없는, 다시 말해서 기분전환도 할 수 없는 상태다. 나는 낯선 도시의 소리들이 꽉 차 있는 이 방에서 좀 더 은은한 불빛이 비치는 집이나 추억이 될 다른 곳으로 나를 이끌어 줄 사람이 아무도 없음을 깨달았다. 소리쳐 부를까? 울부짖을까? 그러면 낯선 얼굴들이 나타나겠지…. 그리고 이제 편안한 표정과 이야기들이 끝나는 그곳에서 심장박동은 느려지고, 천천히 일어나 마침내 불안 가득한 창백한 얼굴을 드러내겠지. 인간은 자기 자신과 직면하면서 행복해진다고 나는 확신한다…. [11]

이런 깊은 실존적 고통의 순간, 인간과 세계와의 관계는 밑바닥부터 흔들린다. 매우 활동적이고 성공한 기업체 임원이었던 나의 내담자 중 한 사람은 이와 유사한 경험에 대해 털어놓았다. 그 경험은 겨우 몇 분이었지만 너무도 강력해서 40년이 지난 지금도 잊혀지지 않는다고 했다. 그가 열두 살 때의 일이다. 바깥에서 하늘을 보다가 잠이 들었는데 갑자기 어머니 같은 대지에서 분리되어 별 사이를 표류하는 기분이 들었다. 나는 어디에 있을까? 나는 어디에서 왔을까? 신은 어디에서 왔을까? 무의미하지 않은 것은 어디에서 왔을까? 그는 고독감, 무력감, 근거도 없는 무엇인가에 압도당하는 것을 느꼈다. 그가 그 짧은 순간에 일생의 중대한 결심을 했다는 말을 믿기 어려웠지만, 그는 그 자리에서 자신이 유명해지고 위대해져서 다시는 이런 기분을 갖지 않겠다고 결심했다고 말했다.

물론 무엇인가를 잃어버린 듯한 공허함과 권리를 박탈당한 듯한 경험은 '바깥'에 있지 않다. 그 경험은 우리 안에 있으며 이를 찾기 위해 외부 자극이 필요한 것은 아니다. 단지 필요한 것은 진지한 내적 탐구다. 프로스트(Robert Frost)는 이것을 다음과 같이 아름답게 표현했다.

> 인류가 살지 않는 별들 사이의

텅 빈 공간들이 나를 겁먹게 할 수 없다.
나의 안식처와 내 자신 안의 가장 가까운
황폐한 공간만이 나를 겁먹게 할 수 있다.[12)]

인간이 자신만의 '황량한 공간' 에 떨어지면 세상이 갑자기 낯설게 느껴진다. 라인하르트(Kurt Reinhardt)는 이런 시기들을 다음과 같이 말하고 있다.

전혀 설명할 수 없는 신비한 그 무언가가 그와 그의 세계의 익숙한 대상들 사이에, 그와 그의 동료들 사이에, 그와 그가 지니고 있는 '가치들' 사이에 끼어든다. 그가 자신만의 것이라고 불렀던 모든 것들은 빛을 잃고 침몰하고, 그가 매달릴 것은 하나도 남지 않았다. '사물이나 생물이 아닌' 그 무언가가 위협하고, 그는 빈 공간에 홀로 남아 어찌할 바를 모르는 자신을 발견한다. 그러나 캄캄하고 끔찍한 괴로운 밤이 지나가면 인간은 안도의 한숨을 쉬며 결국엔 "아무것도 아니었어."라고 스스로에게 말한다. 결국 그는 '공허감'을 경험한 것이다. [13)]

하이데거는 인간이 세상에서 편안함을 느끼지 못하는 이런 상태를 언급하기 위해 '힘듦' (uncanny : 안식처에 있지 않음)이라는 용어를 사용한다. 하이데거는 사람(현 존재 : dasein)이 겉모습의 익숙한 세상에 몰입되어 있으면서, 실존적 상황에 대한 접촉을 잃어버릴 때, 인간은 '습관' 에 빠져, '파괴' 된 양태를 보인다고 생각한다. 불안은 안식처에 있지 않음을 깨닫는 과정에서 소외와 공허를 자각하면서 원래의 자리로 되돌아 오도록 도와준다.

사람(dasein : 현 존재)이 약해질 때면, 그가 '세상'에 흡수(absorption)되지 않도록 불안이 현 존재를 상기시킨다. 일상의 친숙함은 사라지고… '존재'(Being-in)는 본향에 있지 않다는 실존적 양태 속으로 들어오는데 '힘듦' 외에는 달리 이를 표현할 말이 없다.[14)]

하이데거는 또 다른 글에서 인간이 '세계에 흡수' 되고 대상들이 그 의미를 상실할 때, 인간은 세계가 지닌 고독, 냉혹함 그리고 공허감에 직면하면서 불안을 경험한다고 언급했다.* 그러므로 우리는 이 같은 힘든 상태에서 벗어나기 위해 세계를 수단으로 삼고, 환영(Maya), 즉 겉보기의 세상이 제공하는 유희에 열중하는 것이다. 이러한 근원적인 공포는 우리가 무(nothing)에 직면할 때 일어난다. 공허에 직면한 상태에서는 어떤 사물이나 존재도 우리를 도울 수 없다. 그 순간에 우리는 실존적 소외를 충분히 경험한다. 키르케고르와 하이데거는 '공허' 가 포함된 용어를 즐겨 사용했다. "인간이 두려워하는 게 뭐지?" "아무것도 아닌 것(nothing)을 두려워하지!"

이탈리아의 영화 제작가인 안토니오니(Antonioni)는 이화(defamiliarization)를 그려내는 데 대가였다. 그의 영화들(예를 들어, 〈The Eclipse〉) 다수에서 주인공들은 차가운 신비로움의 본질을 아주 선명하게 그리고 있다. 여주인공 주변의 모든 사람이 바쁘게 자신의 이익을 위해 행동하는 동안, 의미를 잃은 영화 속 주인공은 연기를 넘어 정처 없이 떠도는 모습을 잘 보여 준다.[16)]

이화는 세계 속 대상들뿐 아니라 그 이상과도 관련되어 있다. 사회구조와 그 영속성(stability)을 마련하기 위해 만들어진 다른 실체들, 즉 역할, 가치, 지침, 규칙, 윤리도 마찬가지로 그 의미가 사라질 수 있다. 제5장에서 나는 간략하게 '탈동일시' 연습에 대해 기술했는데, 여기에서는 개인이 카드에 있는 '나는 누구일까?'라는 질문에 응답하도록 되어 있다. 그런 다음 이러한 역할들, 예를 들어 남자, 아버지, 아들, 치과의사, 걷는 사람, 책 읽는 사람, 남편, 가톨릭 신자 중에서 하나씩을 포기해 나가는 경험에 대해 명상한다. 연습이 제대로 잘 이루어지면, 참여자들은 자신이 해야 할 모든 임무를 벗고, 존재란 삶의 장신구와는 별개라는 사실을 깨닫는다. 그리고 니체가 말한 대로 '증발하여 없어지는 현실의 마지막 구름층'

* 하이데거는 세상에서 대상이 '도구' 로 생각되는가 혹은 순수하게 본질적으로 납득되는가에 따라서 '사용직' (ready-to-hand) 혹은 '현재 사용할 수 있는' (present-to-hand)으로 언급하였다. 위협은 사용 직전이나 현재 사용할 수 있는 것에서 오지 않고, 오히려 이 두 가지 모두 더 이상 어떤 것을 '말하지' 않는 것에서 오는 것이다. 내가 존재하는 이 세상이 중요치 않은 것으로 가라앉는다. 불안은 세상의 '무' (nothing)의 직면에서 근심스러운 것이다. 그러나 이것은 세상의 불안 가운데 현재 사용할 수 있는 어떤 것의 부재로 생겨나는 것을 경험하는 것을 의미하지 않는다. 현재 사용할 수 있는 것이 무엇이든 어떤 관련을 가지고 있지 않다는 방법으로 참 만남이 되어야 한다는 것이고 그 자체가 공허한 무자비(empty mercilessness)를 보여 줄 수 있는 것이다. 그러나 이것이 그 자체를 이해할 수 있도록 할 것이라는 관심 있는 기다림은 이것에 따라서 발견할 것은 아무것도 없다는 것을 함축하고 있다. 이것은 세상의 '무' 를 붙들고 있다.[15)]

이 지나간 후에라도 한 개인은 존속한다는 것을 이해한다.[17] 마지막 연습 과정에서 피험자들이 보고한 환상들 중 일부는 육체에서 분리된 영혼이 뭔가 허전한 느낌에 빠지는 백일몽과 같은 경험들이었는데, 이것은 역할벗기(role divestment)가 사람으로 하여금 실존적 소외를 느끼도록 자극한다는 점을 분명하게 보여 준다.

혼자 있다거나 일상의 지침들이 갑자기 사라지는 경험들은 힘든(uncanny: 이 세계 속에 안식하고 있지 않다는) 의식을 되살려 낼 힘을 갖게 한다. 길을 잃은 여행자, 갑자기 자신이 슬로프에서 벗어났음을 발견한 사람, 짙은 안개 속에서 길을 찾을 수 없는 운전자 등과 같은 상황이 되면, 인간은 급습해 오는 공포, 신체적 위협과는 별개로 느끼는 두려움, 존재의 중심에 있는 공허, 즉 자신의 황량한 부분*에서 불어오는 바람처럼 고독한 불안을 경험한다.

위험하고 힘들다는 의식(uncanny)은 우리 자신과 상관없이 독자적인 영향력을 발휘하던 가치, 윤리, 도덕이 뿌리채 뽑히는 사회 대변혁을 예고한다. 유태인 대학살, 군중폭력, 존스타운(Jonestown)에서와 같은 집단 자살, 전쟁의 무질서 등의 사회악은 우리 안에 공포를 불러일으킨다. 그러나 이 같은 사회적 현상들이 우리를 놀라게 하는 이유는, 우리가 항상 그래야만 한다고 생각해 오던 것이 아무것도 아니며, 보이는 것과 모두 다를 수 있고, 불확실함이 사회를 지배할 수도 있음을 인지하기 때문이다. 또한 이것은 우리로 하여금 고정되어 있고 소중하고 훌륭하다고 여겼던 모든 것들이 갑자기 사라질 수 있으며, 변함 없는 지표는 존재하지 않고 세상 그 어느 곳에도 안식처가 없음(not-at-home)을 알게 해 준다.

성장과 실존적 소외

'존재하다' 라는 단어는 분화(differentiation)('ex-ist' = 'to stand out')의 뜻을 내포하고 있다. 랭크(Rank)의 주장처럼, 성장 과정은 분리 과정이며 독립된 존재가

* (역자 주) 인간의 황량한 부분이란 지적 · 정신적인 자극을 받지 않고 버려져 있는 불모지와 같은 인간의 일부 정신세계를 지칭한다. 여기서는 인간 실존의 운명적 조건을 전혀 인식하지 못하고 살아가는 사람을 암시하기도 한다.

되는 과정이다. 성장이란 단어는 분리됨(separateness)의 의미를 함축하고 있는데, 이는 자율(자기관리), 자립, 개별화, 자기다운 사람이 되는 것, 즉 독립의 의미를 지니고 있다. 인간의 삶은 난자와 정자의 융합에서 시작되어 모체에 완전히 의존하는 태아기를 지나고 나면, 점차 가까운 애착 대상(성인)에게 육체적, 정서적으로 의지하는 시기를 보낸다. 이후 인간은 어머니, 아버지에게서 벗어나면서부터 또 다른 자기를 형성하고 타인과 자신의 경계를 확립하는 과정을 통해 자립하고 독립하면서 동시에 분리된다. 분리되지 않음은 성장하지 않음을 의미하며, 분리와 성장의 대가는 소외다.

이 딜레마로부터 오는 긴장은 카이저(Kaiser)의 용어를 빌리자면, 인간의 '보편적인 갈등' 으로 이해할 수 있다. "독립적인 한 사람이 되는 과정은 완전하고 근본적이며, 끝이 없고 극복할 수 없는 소외를 전제로 한다."[18] 프롬은 자유로부터의 도피에서 다음과 같은 점을 지적하였다.

> 어린아이는 소속되어 있던 세계에서 벗어나면서 자신은 혼자이며 다른 모든 사람들로부터 분리된 존재임을 인식한다. 세계로부터의 분리는 우리 실존적 개인에게 압도적일 정도로 강력하고, 때로는 위협적이고 위험스러워 보이기도 하지만, 실제로 이러한 분리과정은 무능감과 불안을 유발시킨다. 인간이 세계를 구성하고 있는 일부분으로 존재하는 동안에는 자기 행동에 대한 책임과 가능성을 인식하지 못할 뿐 아니라 이를 두려워할 필요도 없다. 그러나 인간이 독립적인 존재가 될 때, 홀로 세상의 위험하고 강력한 모든 상황들을 마주할 수 있게 된다.[19]

사람이 융합된 대인관계에서 벗어나는 일은 모든 공포와 무능감을 견디면서 실존적 소외와 맞선다는 의미이기도 하다. 일반적으로 애착과 분리(attachment-separation)라고 설명되는 융합과 소외(fusion-isolation) 사이의 딜레마는 실존적 성장에서 중요한 과제다. 이는 랭크가 출생 시 외상경험(birth trauma) 중요성을 강조할 때 의미했던 말이다. 랭크에게 출생은 둘러싸인 모든 것들로부터의 탈출을 상징한다. 어린아이가 두려워하는 것은 삶 바로 그 자체다.[20]

이제, 실존적 소외와 대인관계적 소외는 서로 복잡하게 연관되어 있음이 분명해진다. 인간이 융합된 대인관계에서 벗어나면 실존적 소외상황으로 들어가는데 융합-실존 상태가 너무 불만족스럽거나 너무 일찍 이루어진다거나, 또는 대인관계에서 너무 주저하면, 인간은 독립된 존재가 되는 과정에서 거쳐야 할 소외를 마주할 준비를 제대로 하지 못한다. 실존적 소외에 대한 두려움은 많은 대인관계들을 촉진하는 추진력이며, 전이현상을 불러일으키는 중요한 역동이 되는데, 이는 우리가 앞으로 살펴볼 것이다.

관계의 문제는 융합-소외의 문제다. 인간은 소외에서 벗어나기 위해 타인의 일부분이 되려는 욕구에 순응하기보다는 타인과의 관계를 형성하는 방법을 반드시 배워야 한다. 또한 인간은 타인을 도구로 여기거나, 소외에 대한 방어수단으로 격하시키지 않으면서 관계를 형성하는 방법도 배워야 한다. 부겐탈(Bugental)은 인간관계에 관한 자신의 논문에서 'apart' (떨어져서, 분리되어)라는 용어를 사용하고 있다. 인간이 맺는 대인관계의 기본적인 과업은 '누구의 부분이 됨' (a-part-of)과 '누구로부터 분리됨' (a-part-from)을 동시에 이루는 것이다.[21] 대인관계적 소외와 실존적 소외는 인간관계를 잘 형성하기 위해 사람 사이에 놓인 완충지대(way stations)가 된다. 인간은 소외와 직면하기 위해 자신을 먼저 타인으로부터 분리시킬 수 있어야 한다. 즉, 단독성(aloneness)을 경험하기 위해 혼자가 되어야만 한다는 것이다. 앞으로 계속 논의될 것이지만, 궁극적으로 한 사람이 다른 사람과 깊고 의미 있는 관계를 형성하도록 하는 것은 단독성과의 대면에 있다고 해도 과언이 아니다.

소외와 관계

실존적 소외의 경험은 매우 불쾌하고 주관적인 마음상태를 야기하고, 감정 장애에서 나타나는 불쾌 기분처럼 인간은 오랫동안 견디지 못한다. 이때 무의식적인 방어수단들이 '작동' 해서 이러한 것을 재빨리 덮어 버리는데, 이는 의식적 경험의 범위 밖에서 일어나는 일이다. 소외는 인간 내부에 존재하면서 누군가가 늘 알아 주기를 기다리고 있기 때문에, 방어는 지체 없이 작동한다. 부버(Martin Buber)는 이를 "라디오의 신호음은 항상 크게 울리지만 우리는 대부분의 시간 동안 수신기를 꺼 놓는다."라고 표현했다.[22]

그렇다면 인간은 어떻게 근원적인 소외의 공포로부터 자신을 보호할까? 어떤 사람은 운명적 소외를 용감하게 받아들이고, 하이데거의 말을 빌자면, '결사적으로' 그것을 견딜지 모른다. 그렇지 않으면, 혼자 있기보다는 타인과 관계, 즉 자신과 비슷한 어떤 존재나 신과의 관계를 만들어 가려고 애를 쓴다. 때문에 실존적 소외의 공포에 대한 주된 버팀벽은 본질상 관계적이다. 그래서 실존적 소외의 임상증상에 관한 내 논문은 필연적으로 대인관계에 초점을 맞출 수밖에 없다. 그러나 내가 강조하려는 부분은 전통적인 대인관계 심리학의 논문과는 다르다. 나는 대인관계에서의 안정감, 애착, 자기인정, 욕구 충족, 권력과 같은 요인들에 초점을 맞추기보다는 관계를 통해 어떻게 근본적이고 보편적인 소외를 완화시킬 수 있는지 살펴볼 계획이다.

어떤 관계도 소외를 제거할 수는 없다. 우리들 각자는 실존적으로 혼자다. 그러나 혼자라는 단독성은 소외의 고통을 사랑으로 승화함으로써 공유할 수 있다. 부버는, '중요한 관계'는 외로움이라는 높은 울타리를 깨뜨리고, 그 변하지 않는 법칙을 정복하며, 우주 만물에 대한 끝없는 두려움의 나락을 가로질러 한 개인에서 한 개인으로 다리를 놓는 일이라고 말했다.[23)]

나는 우리가 실존적 소외 상태에 있음을 인정하고 단호하게 맞설 수 있다면, 타인에게 애정을 가지고 다가갈 수 있다고 믿는다. 반면 고독의 구렁텅이 앞에서 공포에 압도당하면, 우리는 타인을 향해 손을 내밀지 못할 뿐 아니라 고독한 실존의 바다에 빠지지 않기 위해 타인과 불안정한 관계를 형성하게 된다. 이런 경우, 진실한 인간관계를 맺지 못하고 무언가 뒤틀리고 왜곡된 관계를 형성할 가능성이 높다. 결국 타인에 대한 깊은 이해 없이 잘못된 관계를 형성한다. 다른 사람 역시 나처럼 혼자이고 겁에 질려 있으며 사람과의 연합으로부터 오는 편안함을 갈망하고 있다는 점을 쉽게 이해하지 못한다. 또한 우리는 타인들을 대할 때 수단이나 필요한 도구를 다루듯 행동한다. 더 이상 '또 하나의 인격체'(other)가 아닌 '사물'(it)이 되어 버린 타인은 우리의 삶을 위한 하나의 기능(function)적 역할을 감당하기 위해 존재할 뿐이다. 물론 기본적인 기능은 **소외 부정**(isolation denial)이지만 이 기능을 깨닫는 일은 잠재되어 있는 공포를 대면하는 것과 같다. 이러한 두려움을 피하기 위한 효과적인 은폐를 수행할 수 있는 초(超)기능(metafunctions)이 출현하였고, 우리는 이러한 소외를 부정하기 위해 필요한 요소들(예를 들어, 힘, 융합, 보호, 탁월함, 존경)을 제공해 주는 관계를 형성해 낸다.

이런 정신적 방어 체제는 새로운 것이 아니다. 행동에 대한 모든 해석 방식에는 보호와 은폐의 역동으로 층층이 덮여 있는 핵심 갈등(core conflict)이 있다. 이러한 요소들이 만들어 낸 기능이나 초기능들로 점철된 실패한 관계를 통해 치료자들이 말하는 '대인관계의 정신장애' 현상이 생겨난다. 나는 여러 형태의 병리적 관계에 관한 생생한 임상적 자료들을 기술하고, 각각의 실존적 결과들을 검토하려고 한다. 그러나 진정한 관계라고 말할 수 없는 것이 무엇인지를 제대로 이해하기 위해서는 우선 온전한 관계를 이해하여야 한다.

바라지 않는 사랑

가장 좋은 인간관계는 나와 관계를 맺는 상대방에게 아무것도 바라지 않는 형태다. 하지만 어떠한 것도 바라지 않고 타인을 사랑하는 것이 어떻게 가능한가? 어떻게 아무런 이익이나 보수, 심취, 갈망, 칭찬 혹은 자기 이익에 도움이 되는지의 여부와 상관없이 타인을 사랑할 수 있을까? 수많은 위대한 사상가들이 이러한 의문에 관심을 가져왔는데, 나는 지금부터 그들의 글을 살펴봄으로써 이에 대한 해답을 찾을 것이다.

마르틴 부버 부버는 "태초부터 관계가 존재했다."라고 말하였다.[24] 철학자이자 신학자로서의 뚫어질 듯한 응시력과, 하얀 수염의 가부장적인 외모가 그의 철학적 주장에 더욱 힘을 실어 준다. 부버는 종교 철학과 현대 정신의학 이론에도 지대한 영향을 미쳤는데, 그의 입장은 특이하게도 한편으로는 유대교의 신비적 사고와 하시디즘*을 취하였고 다른 한편으로는 현대 대인관계이론의 양쪽 입장을 모두 견지하고 있다. '태초부터 관계가 존재했다'는 주장은 이런 성전(聖傳)에 근거를 두고 있다. 또한 그는 모든 인간이 신과의 관계 안에 성약(聖約)의 요소를

* (역자 주) 부버의 사상은 하시디즘(Hasidism)을 떠나서는 이해되기 어려울 정도로 그의 사상적 뿌리가 되는 이념이다. 부버가 하시디즘을 통해 설파하려던 내용은 인간이 일상생활을 통해 하나님의 뜻을 실현할 수 있다는 점과 이것이 삶의 목적이 되어야 한다는 것이다. 그는 이것이 바로 삶의 방식이며, 인간이 당면한 모든 순간이 곧 구원의 순간이라고 주장했다.

지니고 있다고 믿는 신비적 전통의 입장을 지지하였다. 즉, 모든 사람이 신성한 기운을 담고 있는데, 이런 기운이 서로 조화를 이루어 신성한 존재의 임재를 드러낸다는 것이다. 그러므로 각 개인이 우주적이고 영적인 연합을 이룬다는 점에서 모든 인간은 하나로 결합된다.

부버는 관계에 대한 인간의 열망이 선천적으로 주어진 특성이며, '모든 사람은 어머니의 자궁에서 우주를 알고 우주와 관계를 맺으며 태어나지만, 태어나서는 이 모든 사실을 잊어버린다.' 고 보았다. 어린아이는 접촉의 '욕구' 를 지니고 있는데 처음에는 또 다른 존재와 촉각적인 접촉을, 그 다음에는 '가장 좋은' 교제를 하려는 '충동' 을 가지고 접촉하려고 한다. 어린아이는 '나' 에 대해 전혀 모르며 관계 외에는 존재에 대한 어떤 다른 상태에 대해서도 잘 알지 못한다.[25)]

부버는 또한 인간은 분리된 존재로 살아갈 수 없으며, '관계(between)의 피조물' [26)]이라고 설명하였다. 관계에는 두 가지 기본적인 유형이 있는데, 하나는 '나-너' (I-Thou)의 관계이고, 다른 하나는 '나-그것' (I-It)의 관계다. 그는 '나-그것' 의 관계가 인간과 도구와의 관계를 나타내는데, 이는 '기능적인' 관계로써 주체와 대상과의 상호적인 친밀성이 매우 결여되어 있음을 나타낸다고 설명하였다.

'나-너' 의 관계는 타인에 대한 풍부한 체험이 수반되는 매우 상호적인 관계다. 이는 공감(상상으로 타인의 입장에서 생각하고 상황을 바라보는 것)과는 다른데, '내' 가 '다른 사람' 과 관계를 맺으려고 시도하는 것 이상을 의미하기 때문이다. 그는 오직 기본적인 단어인 나-너 외에 '나' 라는 주체적인 단어는 존재하지 않는다고 말했다.[27)]

'관계는 상호의존' 적이다.[28)] 나-너 관계의 '너' 가, 나-그것 관계의 '그것' 과는 다르며, 나-너, 나-그것 관계의 본질은 완전히 다를 뿐 아니라 훨씬 더 근본적인 차이점이 있다면, 바로 그 '나' 가 두 상황에서 다르다는 것이다. 왜냐하면 그것은 이미 두드러진 실체를 가지고 있는 '내(I)' 가 아니라, 자기 시야에 들어오는 대상과의 관계를 '그것들' 로 형성할지 아니면 '당신들' 로 형성할지 결정할 수 있는 '나' 이기 때문이다. 아니다. '나' 는 '중립성' 을 띠고 있다고 보는 것이 알맞겠다. '나' 는 관계맥락 안에서 나타나고 구체화된다. 그러므로 '나' 는 '너' 와의 관계에 따라 깊이 영향을 받는다. 각기 다른 '너' 와의 관계에서, 그리고 관계를 맺는 순간마다 '나'는 새롭게 창조된다. '그것'(사물이든, 사물로 간주된 인간이든)과 관계 맺을 때, 인간은 자신의 일부분을 보류해 두었다가 여러 각도에서 조사하고, 분류하고, 분석함으로써 판단한다. 그리고 난 후, 사물들의 전체적 구조 안에서 그것의 위치를 결정하는 것이다. 그러나 한 인간이 '너'와 관계를 맺을 때, 그 당사자의 존재 전체와 관련을 맺으며, 전체 중에 어떤 부분도 제외될 수 없다.

> 기본단어인 나-너는 오직 한 사람의 전(全)존재를 살펴볼 수 있을 때만이 이야기될 수 있다. 전존재로의 집중과 융합은 나 한 사람의 존재로만은 절대 이뤄질 수 없고, 그렇다고 나 없이 이루어질 수도 없는 것이다. 온전한 내가 되기 위해서 너(상대방)가 필요한 것이다. 내가 되면서 나는 너에게 말하게 된다.[29]

예를 들어, 만약 한 사람이 다른 사람과 관계를 맺으면서 전(全)존재를 걸지 않고 무언가 숨기고 있거나, 탐욕이나 대가를 전제한 관계를 맺으려 하거나, 또는 객관적인 태도를 견지하면서 방관자의 자리에 머물러 있을 뿐 아니라 자신의 행동이 누군가에게 미칠 영향에 대해 신뢰하지 못한다면, 그 사람은 나-너의 만남을 나-그것의 만남으로 바꾸고 있다고 볼 수 있다.

다른 사람과 진실한 관계를 맺기 원한다면, 상대방의 말을 진심으로 들을 수 있어야 한다. 타인에 대한 고정관념이나 기대를 내려놓고, 다른 사람의 반응에 따라 자신을 맞추어 줄 수 있어야 한다. 부버가 언급한 '진실된' 경청과 '거짓된' 경청 사이의 차이점은 치료적인 관계의 중요성을 분명하게 시사하고 있다.

타인에게 요구하지 않는 관계를 맺기 위해서, 인간은 자신을 벗어나고 초월해야 한다. 내가 가장 좋아하는 나-너 관계에 관한 사례는 부버가 어린 시절 말(horse)과 자신의 관계에 대해 묘사한 것으로 다음과 같다.

> 내가 열한 살이 되던 해의 여름이었다. 나는 할아버지 농장에서 방학을 보내고 있었는데, 나는 자주 아무도 몰래 마구간에 살며시 들어가 나의 귀염둥이, 회색 얼룩말의 목을 부드럽게 쓰다듬곤 했다. 그것은 일시적인 즐거움이 아니라 정말 굉장하고 친밀하며 깊은 감동을 주는 사건이었다. 지금도 여전히 손에서 느껴지는 그 생생한 기억을 나는 잊을 수가 없다. 그 녀석을 만지면서 내가 경험한 것은 타인, 곧 타인의 거대한 타자성(the immense otherness)이라 할 수 있다. 그것은 황소나 양의 타

자성처럼 낯설게 느껴지는 게 아니라 오히려 나를 가까이 이끌어 만지도록 하는 그런 것이었다. 때로는 놀랄 만큼 부드럽게 빗겨 있는 듯한 느낌이 들기도 하고, 가끔 매우 거친 듯한 느낌이 드는 녀석의 강한 머리털을 쓰다듬으면서 내 손 아래에서 생명의 살아 있음을 느꼈다. 내 피부에 접한 생명력의 원리 그 자체가 내가 아닌 그 어떤 것, 분명히 나와 같지 않은 명백히 타인이었으며, 그저 또 다른 하나가 아닌 정말로 타자인 듯했다. 그 말은 나를 그에게로 다가가게 하였으며, 나를 믿었으니 본질적으로는 너와 나의 관계였고, 나와 함께 하는 너였다. 녀석은 내가 여물통에 자기를 위해 짚을 주지 않을 때도 여전히 매우 육중한 머리를 부드럽게 들고 귀를 흔들면서 조용하게 콧김을 뿜었다. 이것은 마치 공모자가 그의 동료 공모자만을 인식할 수 있다는 신호였고, 나는 만족했다. 그러다 한번은 어린아이였던 나에게 무슨 생각이 떠올랐는데, 그것은 아주 순수한 것이었다. 그 녀석을 쓰다듬는 것이 내게 어떠한 즐거움을 주는가에 대한 생각이 들면서, 나는 갑자기 내 손을 의식하였다. 놀이는 예전처럼 계속되었지만 무엇인가가 바뀌어 버린 듯했다. 그 행위는 더 이상 이전과 같은 느낌을 주지 않았다. 그리고 그 다음 날 나는 녀석에게 풍성한 여물을 주면서 그 친구의 머리를 쓰다듬었는데, 그 친구는 머리를 들지 않았다.[30)]

나-너의 기본적인 경험 방법은 '대화' 다. 소리 내어 대화하든 그렇지 않든 "각 사람은 다른 사람을 각별한 존재로 인식하고 자신과 그들 사이에 살아 있는 상호관계를 확립하기 위해 상대방을 대한다."[31)] 간단히 말하면, 대화는 자신의 전(全)존재를 다른 사람에게로 향하는 행위다. 어린 부버가 말에게서 고개를 돌려 말을 쓰다듬고 있는 자기 손을 자각하고, 이런 행위가 자기에게 얼마나 많은 즐거움을 주는지 생각할 때, 말과 어린 부버와의 대화는 사라졌고 '독백' 과 나-그것의 관계가 둘 사이를 지배했다. 부버는 이렇게 다른 존재로부터 고개를 돌리는 일을 '자기집중' 이라고 불렀다.[32)] 자기집중에서 자신에게 집중하는 사람은 '자신에게 관심' 을 집중할 뿐만 아니라, 더 중요한 것은 타인이 특정한 존재라는 것을 잊어버린다.

프랭클(Viktor Frankl)은 참만남(encounter)의 개념이 퇴색되고 있는 현대사회의 모습을 개탄하였다.[33)] 그는 기초과정의 참만남 모임에서 종종 일어나는 만남은 진정한 의미에서의 교제라기보다는 자기표현, 다시 말해서 평소 하고 싶었던 정서적 방출이라고 주장했다. 이는 심리학적 단자론(monadology: 單子論)에 근거를 둔 이론적 설명으로써, 창문 없는 작은 방에서 자신의 한계를 넘지도 못하고 타인을 향해 나아가지도 못하는 인간의 존재를 표현하는 것이다. 그 결과, 인간은 타인이 자기에게로 다가오면 번번히 도망치고, 베개나 펀치백을 치면서 스트레스를 풀고, 자존감을 내세우며, 과거 문제를 해결하는 데 상관없는 다른 것을 사용하거나 자아실현이라는 핑계를 내세운다. 부버는 인간이 타인을 향해 나아가지 못하고 '대화를 가장한 독백' 만 끊임없이 되풀이한다고 말했다.[34]

부버는 나-너 관계의 상당한 수준을 요구하고 있는데, 이를 위해 그는 자신의 상담사례를 예로 들었다. 어느 날 부버는 분명히 마음을 열지 않고 잡담을 하러 온 듯한 낯선 젊은 남자의 방문을 받았다. 그는 그 낯선 내담자가 말하고 싶은 문제(agenda)를 숨기고 있다는 사실을 나중에 알았는데, 그 내담자는 신의 뜻에 따라 운명적으로 이곳에 왔으며 중대한 결정을 내리기 직전이라고 말했다. 부버가 그의 문제를 사려 깊게 다루면서 도움을 주려 했지만, 그는 '영혼이 텅 빈 것 같다' 고 하거나 '있지도 않은 문제들을 헤아려 보지 않았다'[35]며 강하게 자책했다. 그러나 존재하지 않는 일에 항상 주의를 기울이는 것이 가능한 일인가? 분명히 아니다. 부버는 나-너 관계가 인간이 노력해야 할 이상적인 모습이지만 현실에서는 매우 드물게 존재한다고 강조했다. 인간은 주로 나-그것의 세계에 산다. 만약 인간이 오로지 '너' 의 세계에서만 산다면, '너' 라는 하얀 불꽃 안에서 자신을 모두 태워 버리는 결과를 낳게 된다.

> [그것(it)의 세계는] 사람을 안락하게 살아가게 하며 또한 그렇게 살 수 있는 세계다…. 너(Thou)와의 순간들이 묘한 오페라의 삽입곡처럼 등장한다. 그것은 너무나 매혹적이지만 결국 우리를 위험한 곤경 속으로 빠뜨리고 만다. 우리는 우리를 소모시켜 버릴 순수한 세계, 다시 말해 나-너 세계에서 살아갈 수 없다…. 그러나 진심으로 진지하게 경청해보라[다시 말해서, 나-너 세계 안으로 들어와 보라.] 그러지 않고서 인간은 살아갈 수 없다. 그러나 인간이라면 그러한 세계 안에서만 살 수도 없다.[36]

마음의 평정에 대한 이런 간청은 랍비 힐렐(Hillel)의 유명한 격언을 생각나게 한다. "내가 나를 위하지 않으면, 누가 나를 위해 주겠는가? 그러나 그렇게 내가 나

만을 위한다면, 나는 무엇이 되겠는가?" [37]

나는 계속해서 부버의 주장을 광범위하게 인용하고 있는데, 이는 바라지 않는 애정관계에 대한 그의 체계적인 정리가 가장 명확하고 흥미를 끌기 때문이다. 내가 실존적 소외라고 규정했던 인간의 근원적인 상태와 인간은 혼자만의 '나' 로서 존재하지 않고 '관계적인' (in-between)형태로 존재한다는 부버의 주장 사이에 나타난 팽팽한 긴장감을 논의하지 않고 그냥 지나칠 수는 없다. 부버의 경우, 인간이 존재하는 기본적인 방식이 관계라고 생각했기 때문에, 그의 이론에서는 실존적 소외라는 개념을 받아들일 여지가 없다. 그는 소외가 인간의 실존상황의 기본적인 모습이라는 나의 견해에 반대할 뿐 아니라, 이 글의 일부에서 그의 논문을 인용했다는 점에 대해 강하게 이의를 제기할지도 모른다.

하지만 부버의 책 *Between Man and Man*의 서론 부분에 나오는 중요한 한 가지 꿈을 주목해 보자. 그 꿈은 그의 평생에 걸쳐, 때로는 몇 년의 간격을 두고 주기적으로 되풀이되었다.[38] 부버가 '이중외침(double cry)의 꿈' 이라고 지칭한 그 꿈은 '거대한 동굴이나 진흙으로 만들어진 건물, 혹은 내가 이때까지 본 적이 없는 거대한 숲의 가장자리에' 홀로 있는 자신을 발견하는 것으로 시작된다. 그런 다음 어떤 이상한 일이 일어났는데, 예를 들면 어떤 동물이 그의 팔에 붙어 있는 살을 잡아 찢는 일, 그리고 다음과 같은 일이 일어났다.

> 나는 울부짖는다…. 매번 같은 울음소리다. 분명하지는 않지만 정확한 리듬, 높아졌다 낮아지며, 내 목이 견딜 수 없을 만큼 점점 커져서 잠이 깼고, 매우 느리고 정말 긴, 그 울음소리는 노래다. 그 노래가 끝날 때 내 심장의 고동도 멈춘다. 그러나 이번에는 어디에선가 아득히 먼 곳에서 또 다른 울음소리가 나를 향해 애도한다. 또 하나의 같은 울음소리, 같은 울음소리가 울리고 다른 목소리의 노래가 들린다.

회답해 오는 울음소리의 경험은 부버에게 중요한 사건이다.

> 울음소리가 그치면서 어떤 확신, 정말 꿈같은 확신이 생기는 일이 일어난다. 단지 그것뿐이다. 바로 지금, 이런 방법으로 그 일이 일어났다. 만약 내가 그 일을 설명해야 한다면, 나의 울음이 생긴 것은 바로 지금 대답하는 형식으로 틀림없이 일어났다고 말할 수 있다.

부버는 인간의 기본적인 존재 방법은 관계라고 생각했다. 그리고 사실적인 시각에서 그가 언급한 이 꿈은 존재가 관계의 모습(응답하는 울음소리)으로 시작한다는 것을 보여 준다. 그러나 그 꿈은 실존적 소외의 관점에서 멋지게 해석될 수 있다. 한 사람이 아무런 인간관계도 없는 채 삶을 시작하고, 외롭고 힘든 장소에 있다. 그는 공격을 받고 두려움에 떨고 있다. 그는 소리치며 응답을 기대했으나, 그의 심장은 고동을 멈춘다. 그 꿈은 나에게 근원적인 소외에 대해 말해 주었고, 우리의 존재가 응답을 고대하면서 고독하고 쓸쓸한 외침을 시작한다는 사실을 암시해 준다.

에이브러햄 매슬로 1970년에 작고한 매슬로는 현대 심리학에 지대한 영향을 미친 인물로서, 인본주의적 심리학의 최고 선구자라 할 수 있다. 인본주의 심리학은 제1장에서 논했던 실존주의 심리학과 많은 부분에서 공통되는 분야다. 내 견해로는, 매슬로의 훌륭한 사상적 가치들은 완전히 받아들여지기 전까지 앞으로도 여러 번 재발견될 것 같다.

매슬로 이론의 중요한 한 가지 명제는 인간의 기본 동기가 '결핍' 이나 '성장' 중 어느 한쪽으로 향한다는 것이었다. 그는 정신신경증이 생애 초기에 시작되는 질병으로 인간의 심리적 기본욕구, 즉 안전, 소속, 동일시, 애정, 존중, 명예의 욕구가 충족되지 못하면서 생기는 결핍병이라 생각했다.[39] 이러한 기본욕구를 충족하면, 개인은 발달지향적인 특성을 보인다. 그들은 성숙과 자아실현을 위한 자신만의 타고난 잠재력을 자각할 수 있다. 발달지향적인 개인은 결핍적 환경에 길들여진 개인에 비해 훨씬 더 자급자족할 수 있는 능력을 지니고 있어서 강화나 욕구충족을 위해 환경에 덜 의존한다. 다시 말해서 그들의 행동을 좌우하는 결정 요소는 사회적이거나 환경적인 외적인 부분이 아니라 내면적인 부분이다.

> 그들이 소유한 내면의 인간적인 원리, 그들의 잠재력과 수용력, 재능, 숨은 자원, 독창적인 욕구, 스스로에 대해 알고자 하는 욕구, 더욱더 완성되고 통합되고자 하는 욕구, 자신이 진정 어떤 존재인지 그리고 자신이 정말로 무엇을 원하는지에 대한 질문을 통해 자신의 소질, 소명이나 운명에 대해 점점 더 알아 가고자 한다.[40]

성장동기적(growth-motivated) 인간과 결핍동기적(deficiency-motivated) 인간은

서로 다른 유형의 인간관계를 맺는다. 성장지향적 인간은 덜 의존적이고 덜 강요적이며, 타인의 칭찬과 애정을 보다 적게 필요로 하고, 명예, 명성, 보상을 보다 적게 갈망한다. 그들은 대인관계를 통한 끊임없는 욕구 충족을 필요로 하지 않고, 때때로 타인의 방해를 받아도 자연스럽게 여기며, 혼자 있는 시간을 더 좋아한다. 따라서 성장지향적 개인은 타인과의 관계를 자신의 필요를 채워 주는 공급원으로 생각하지 않고, 타인을 복합적이고 유일하며 완전한 존재로 바라볼 수 있다. 반면에 결핍지향적인 개인은 유용성의 관점에서 타인들과 관계를 맺는다. 자기 욕구와 관계없는 타인의 견해는 완전히 간과하거나, 자신에게 자극을 주는 존재나 의견은 위협으로 간주한다. 매슬로는 이와 같이 애정은 다른 것으로 변형되고 '소, 말, 양, 웨이터, 택시기사, 관리인, 경찰 등 우리가 이용하는 사람들' 과 관계하는 우리의 모습과 닮았다고 설명했다.[41)]

따라서 매슬로는 동기부여의 두 가지 유형인 '결핍' 이나 '성장' 과 일치되는 사랑의 두 가지 유형들을 제시했다. 결핍적 사랑(D Love: deficiency love)은 '이기적인 사랑' 혹은 '애정-욕구' 다. 이에 반해 존재적 사랑(B Love: being love) (다른 사람의 존재에 대한 사랑)은 '요구하지 않는 사랑' 또는 '이타적 사랑' 이다. 존재적 사랑은 소유욕이 강하지 않고 요구하기보다는 타인의 존재에 대해 감탄한다. 그것은 결핍적 사랑보다 윤택하며, '한층 높은' , 보다 가치로운 주관적 경험이다. 결핍적 사랑은 충족될 수 있을지 모르지만, 이런 '만족' 의 개념을 존재적 사랑에 전혀 적용할 수 없다. 존재적 사랑에는 최소한의 갈망-대립만이 있다. 물론 타인을 향한 갈망은 있을 수 있다. 그러나 존재적 사랑을 하는 사람은 서로에게 보다 독립적이고 독자적일 뿐 아니라 덜 질투하고, 덜 위협적이며, 덜 필요로 하고, 이해관계를 형성하지 않는다. 동시에 서로의 자아실현을 돕기 위해 노력하며, 서로의 성공을 보다 자랑스럽게 여기고, 보다 이타적이고, 관대하게 서로를 육성한다. 존재적 사랑은 상대방을 깊이 이해하는 마음으로 동료를 만들고 자기수용과 훌륭한 사랑의 감동을 제공하는데, 이를 통해 지속적인 성장이 이루어지게 된다.[42)]

에리히 프롬 프롬은 소중한 저서인 『사랑의 기술(*The Art of Loving*)』[43)]에서 부버와 매슬로가 고심했던 문제에 초점을 맞추었다. 결핍 없는 사랑의 본질은 무엇일까? 이 세 명의 저명한 사상가들의 각기 다른 배경(신학-철학, 실험 · 사회심리학,

정신분석학)으로부터 유사한 결론에 도달했다는 사실이 정말 인상적이고 고무적이다.

프롬은 세 가지의 질문을 기초로 연구를 시작했는데, 첫째, 인간의 가장 근본적인 관심사가 실존적 소외라는 점, 둘째, 분리됨에 대한 자각이 '모든 불안의 근원' 이라는 점,[44] 셋째, 심리학의 주된 과업이 수세기에 걸쳐 분리를 극복하는 데 초점을 맞춰 왔다는 점이다. 프롬은 이 세 가지 질문에 대한 해답을 찾기 위해 여러 가지 연구의 변천사를 검토하였다. 그는 재료를 통해 작품을 만들어 가는 예술가의 창조적 활동, 종교적이나 성(性)적 혹은 약물 등으로 발생하는 혼란스러운 상태, 또는 집단의 관습과 신앙적인 측면에서의 유사점을 살펴보았던 기존의 모든 시도들이 실패했음을 발견하였다.

> 창조적(생산적)인 활동들에서 단일성(unity)은 대인관계에서 나타나는 것과는 다르다. 요란한 융합에서 얻어진 단일성은 일시적이며, 유사성에 따른 단일성 역시 가짜다. 그러므로 이것들이 실존적 문제에 대해 해답을 제시하는 것은 불완전하다. 완전한 답은 사랑으로 이루어진 관계 안에서의 화합(interpersonal union)과 타인과의 융합에 있다.[45]

프롬이 '완전한 해답' 이라고 설명했던 부분이 분명하게 이해되지는 않지만, 나는 그 말이 '가장 만족스런' 답이라고 생각한다. 사랑은 인간의 분리 상태, 즉 인간실존에 주어진 현실에 용감하게 맞설 수 있도록 도울 뿐이지 없앨 수는 없기 때문이다. 사랑은 분리된 상태에서 유발되는 고통에 대처하는 최상의 방법이다. 부버, 매슬로, 프롬은 결핍 없는 사랑에 대해 비슷한 결론을 내렸다. 그러나 삶에서의 사랑 도식(schema of love)에 관해서는 서로 다른 전제를 지니고 있었다. 부버는 사랑을 인간실존의 본성적 상태로 본 반면, 소외는 파괴된 상태라고 전제했다. 매슬로는 사랑을 인간의 선천적인 욕구와 잠재력 중 하나라고 보았다. 프롬은 사랑을 고통의 대처 양식으로서 '실존적 문제에 대한 해답' 이라고 보았다. 이는 나의 생각과 가장 가까운 견해이기도 하다.

그러나 그 어떤 사랑도 분리되는 고통에 대한 충분한 해결책이 될 수는 없다. 프롬은 '공생적 결합' -파괴적 사랑의 한 형태-과 '성숙한' 사랑을 구분했다. 공생적 사랑은 적극적인(가학증 : sadism) 형태와 수동적인(피학증 : masochism) 형태로 이루어져 있는데, 완전하지도 자유롭지도 않은 융합 상태다. 이는 부적응적인 사랑의 형태로써 다음 장에서 논의될 것이다. 성숙한 사랑은 "한 사람의 본래의 모습과 개인적 특성을 보존하는 상황에서 이루어지는 융합이다…. 사랑하면, 두 존재가 하나가 되지만 여전히 둘로 남아 있는 모순이 일어난다."[46]

프롬은 개인의 성장과정을 유아기부터 자라 가는 사랑의 발전 과정을 살펴보았는데, 인간은 존재함으로써, 좀 더 정확히 말하면, 한 사람의 존재로 사랑받는 경험을 하는 것을 발견했다. 아동기인 8~10세에 사랑의 새로운 요소가 나타나기 시작하는데, 이것은 인간이 자신의 행동을 통해 사랑을 만든다는 자각이다. 인간이 자기중심성(egocentricity)을 극복할 때, 자신의 욕구만큼이나 타인의 욕구도 중요하다는 점을 알게 되며, 사랑의 개념 또한 차츰 '사랑받는' (being love)에서 '사랑하는' (loving)으로 바뀐다. 프롬은 '받는 사랑' 을 약하고 무력하며 '얌전하게' 머물러 있으면서 사랑받을 때만 보답하려는 의존적인 상태라고 본다. 이에 반해 '주는 사랑' 은 효과적이고 강력하다. "유치한 사랑은 '내가 사랑받기 때문에 사랑한다' 는 원칙을 가지고 있으며, 성숙한 사랑은 '내가 사랑하므로 나는 사랑받는다' 는 원칙을 따른다. 미성숙한 사랑은 '나는 당신을 사랑한다. 왜냐하면 당신이 필요하기 때문' 이라고 말한다. 이에 반해 성숙한 사랑은 '나는 당신이 필요해. 왜냐하면 당신을 사랑하니까.' 라고 말한다."[47]

사랑은 적극적인 행위이지 수동적인 것이 아니라는 프롬의 주장은 치료자들에게 매우 중요한 의미를 시사한다. 내담자들은 쓸쓸한데 사랑받지도 못하고, 사랑받을 수도 없다고 불평한다. 그러나 생산적인 사랑은 항상 반대 영역에서 이루어지며, 내담자들은 사랑하는 데 무능력함을 보인다. 사랑은 소극적인 감정이 아니라 적극적인 행동(act)이다. 받는 것이 아니라 주는 것이다. 사랑은 '서서히 약해지는 것' 이 아니라 '오래 지속되는 것' 이다.[48] 여기서 '주는 것' 과 '써 버리는 것' 은 구별되어야만 한다. 무엇이든 탐내고 이해타산적이며, 착취의 태도를 지닌 인간은* 주는 행위를 통해 고갈되고 가난해진 느낌을 받는다. 사고파는 거래적인

* 프롬은 인격구조에 기초하여 다섯 가지 유형의 사람을 말한다. 수동형, 착취형, 축적형(hoarding), 시장형, 생산형이다. 처음 네 가지 유형은('비생산적' 유형들)은 '모든 선한 것의

생각을 지닌 사람은 주기만 하고 받는 게 없는 것 같아 사기당한 느낌이 들지 모른다. 그러나 성숙하고 '생산적인' 인간에게는 주는 행위가 활력과 부유함의 표현이다. 성숙한 사람은 주는 것으로 자신의 살아 있음을 표현하고 튼튼히 한다. "한 사람이 베풀 때, 그는 타인의 생명 중 일부분을 자신의 삶으로 가져오고, 가져온 것으로 자신 안에 생명을 비치게 한다. 순수하게 주는 행위는 되돌려 받는 유익을 얻지 않을 수 없다. 주는 행위는 타인 역시 베푸는 사람(giver)으로 변화시킬 뿐 아니라 그들과 함께 가져온 생명의 기쁨을 나눌 수 있다."[50] 이처럼 다음과 같은 부버의 주장이, "관계는 상호의존적이다. 나의 너(Thou)는 내가 그것(it)에게 했듯이 나에게 행한다. 나의 학생이 나를 가르치고, 우리의 일들이 우리를 만든다…. 헤아릴 수 없이 뒤얽혀, 우리는 만물의 상호관계의 흐름 속에서 살고 있다."라는 것과 얼마나 일치되는지 주목해 보라.[51]

성숙한 사랑은 주는 행위뿐 아니라 다른 기본적 요소들인 관심, 응답, 존중, 이해를 내포하고 있다.[52] 사랑의 행위는 타인의 성장과 삶에 적극적인 관심을 가진다는 의미다. 인간은 다른 사람의 물질적이고 정신적인 욕구에 반응해야만 한다. 인간은 다른 사람의 개성을 존중해야 하며 상대방을 있는 그대로 봄으로써, 그가 자신에게 어울리는 방식을 발견하고 성장할 수 있도록 도와야 한다. 또한 나의 목적을 위해서가 아닌 상대방의 유익을 위해 행동할 수 있어야 한다. 그러나 상대방을 깊이 알지 못하면 제대로 배려할 수 없다. 프롬은 타인을 진실로 이해하려면 자기 관심사를 초월하고 타인을 있는 그 자체로 바라볼 때 가능하다고 본다. 그가 이러한 표현을 사용한 것은 아니지만, 타인을 공감적인 자세로 듣고 경험할 수 있어야 한다. 타인의 개인적인 영역에 들어가서 친숙해지고, 타인의 삶을 살며, 타인이 숙고하는 의미와 경험들을 공감할 필요가 있다. 이제 다시, 프롬과 부버가 집중했던 한 부분을 주목해 보자. 프롬의 사랑과 부버의 '대화'와 '경청'(미리 추측하지 않는 진정한 경청)을 비교해 보라.

근원'은 자신 밖에 있다고 믿고 있고, 이 유형의 사람들은 그 선한 근원을 얻기 위하여 각각 수용하고, 가지고, 보호하고, 교환함으로써 노력한다. 생산형의 사람은 내부에서 동기유발이 되는 사람이며, 동기를 주는 성장을 하며, 실현화된 사람이다.[49]

치료자는 사랑의 '마음가짐'(세상을 사랑하는 사람들의 자세)을 지니고 있어야 하며, 사랑하는 대상에게만 초점을 맞추는 연인 같은 자세를 버려야 한다. 한 사람에 대한 의존적이고 배타적인 애정이 그 사랑의 강도와 순도를 증명해 준다고 생각하는 경우가 너무 많다. 그러나 그런 사랑은 프롬의 표현을 빌리면, '공생적 사랑' 또는 '지나친 자기중심적인 사랑'이며, 타인에 대한 진정한 관심이 부족할 뿐 아니라, 결국 마지막에는 어두운 공간에 홀로 우두커니 남겨지게 된다.[53)] 이에 반해 바라지 않는 사랑은 인간이 세상과 관계 맺는 방식이다.

한 기업체에서 매우 성공한 40대의 한 간부가 나에게 조언을 구한 적이 있다. 그는 어떤 여인과 사랑에 빠졌고 이 때문에 아내와 아이에게서 떠날지에 대해 심각하게 고민하고 있었다. 몇 회기 상담을 진행해 오던 어느 날, 초조해진 그는 상담이 전반적으로 효과가 없으며 자신에게 체계적이고 효과적인 조치를 받지 못하고 있다고 불평했다. 이러한 비난은 우리가 내담자를 향해 매우 주관적이고 개인적인 판단을 하도록 자극하였다. 상담과정에서 우리는 그가 당면한 문제에 대해 즉각적인 결정을 내리기보다는 그가 세상(가족)에 대한 애정결여에 대해 상세히 살펴보도록 이끌어 주었다. 일반적으로 효과적인 상담이 그러하듯이, 상담은 역시 예상치 못한 부분에 초점을 맞춤으로써 내담자에게 보다 도움이 되는 경우가 있다.

가장 근원적인 사랑의 형태는 형제사랑인데, 프롬은 이 사랑이 모든 인간에게 배타성이 거의 없는 결합의 경험이라고 생각하였다. 성경은 약한 자, 가난한 자, 미망인, 고아, 이방인 등이 사랑의 대상이어야 한다고 강조한다. 이러한 사랑은 바라지도 않고 목적을 채우지도 않는 '형제사랑'의 형태다.

나는 이 단락을 다음과 같은 질문으로 시작했다. 아무것도 바라지 않고 타인과 관계를 형성하는 일이 과연 가능할까? 이제 부버, 매슬로, 프롬 세 학자들이 유사하게 도달했던 결론들을 조명해 보면서, 나는 바라지 않는 성숙한 관계의 특징들을 기술하고 이러한 과정을 통해 상당수의 실패한 관계들의 특징을 대조적으로 조명해 볼 것이다.

1. 타인을 돌본다는 것은 이기심 없는 관계를 맺는다는 것을 의미한다. 이런 사람은 자의식(self-consciousness)이나 자기각성(self-awareness)에만 머물러 있

지 않다. 관계를 맺을 때 일반적으로 사람들이 중요하다고 생각하는 질문, 예를 들어 '그가 나를 어떻게 생각할까?' 또는 '나에게 뭐가 득이 되지?' 라는 의식이 없이 관계를 시작한다. 칭찬, 동경, 성적 방출(sexual release), 권력, 돈 따위의 이득을 기대하지 않는다. 오직 그 순간에 타인과 충실하게 관계한다. 실존으로든, 짐작으로든, 그 만남을 지켜보는 제3자는 없다. 다시 말해, 자신의 전(全)존재로써만 관계를 맺을 수 있다. 자신의 한 부분이 다른 곳에 있다면, 예를 들어 관계가 어떤 제3자에게 미칠 결과를 연구한다거나 하면, 그 정도만큼 관계에 실패한 것이 된다.

2. 타인을 돌본다는 것은 타인에 대해 가능한 충분히 알고 경험한다는 것을 의미한다. 이기심 없는 관계를 유지한다면, 상대방이 나에게 어떤 실리적인 목적을 가지고 있는가의 여부보다는 오히려 그 사람의 됨됨이를 자유롭게 경험한다. 우리는 타인의 내면에 형성된 정신세계를 인식하면서 그/그녀의 내면과 깊이 만나는 확장된 경험을 할 수 있다.
3. 타인을 돌본다는 것은 타인의 존재와 성장을 위해 배려한다는 것을 의미한다. 풍부한 이해와 관심을 가지고 진심에서 우러난 경청을 할 수 있을 때, 우리는 참만남을 통해 타인을 생동감 있는 존재가 되도록 충분히 도울 수 있다.
4. 돌봄은 적극적이다. 성숙한 사랑은 사랑받기보다 사랑하는 행위다. 우리는 관심을 보이고 애정을 기울일 뿐, 타인에게 '매혹되지' 는 않는다.
5. 돌봄은 인간이 세상에 존재하는 방법이다. 그것은 특별한 한 사람과의 의존적이고 배타적이며 이해하기 어려운 이상한 관계가 아니다.
6. 성숙한 돌봄은 자신의 풍부한 내면세계에서 흘러나오는 것이며, 결핍에서 나오는 것이 아니다. 다시 말해서, 필요에 따라서가 아니라 성장에서 나온다. 성숙한 사람이 사랑하는 것은 타인의 존재가 필요해서도 아니고 완전해지기 위해서도 아니며, 혹은 극도의 고독에서 탈출하기 위해서도 아니다. 성숙한 사랑을 하는 인간은 다른 시간과 방법으로 이러한 욕구들을 충족할 수 있다. 어린 시절 경험한 어머니의 위대한 사랑을 그에 비할 수 있다. 과거의 사랑은 힘의 원천이며, 현재의 사랑은 그 힘의 결과다.
7. 돌봄은 상호적인 특징을 지니고 있다. 진심으로 '타인을 향한' 돌봄은 그 결과만큼 자기 스스로를 변화시킨다. 타인의 삶을 자신의 삶으로 초대함으로

써 자신 또한 더욱 완전한 모습으로 살아 있게 된다.

8. 성숙한 돌봄에는 보상이 따른다. 돌보는 사람은 스스로 변화되고, 부유해지며, 자신의 부족한 부분이 채워지고, 실존적 고독감이 줄어든다. 타인에게 관심을 가짐으로써 자신도 관심을 받는다. 이런 보상들은 타인의 진심 어린 관심에서 흘러나온다. 프랭클의 멋진 표현을 빌리자면, 그 보상은 결과로 생기는 것일 뿐이지 애쓴다고 얻어지는 것이 아니다.

실존적 소외와 대인관계에서의 정신병리

인간이 내면적인 힘을 갖지 못한다면, 자신의 가치관과 안정된 정체감을 가지고 실존적 소외에 직면하기보다는 '나는 할 수 없다!' 고 체념하고 스스로 불안에 빠진다. 그러면 우리는 잘못된 방법들로 피난처를 찾기 위해 발버둥친다. 이 절에서는 잘못된 피난처를 찾아가는 방법과 임상적 현상에 대해 검토하려고 한다. 내면적 힘을 갖지 못한 사람들의 대부분은 관계지향적이어서 대인관계를 맺는데 열중하기는 하지만, 우리가 앞서 살펴보았듯이, 거의 모두 타인에 대한 '관심이 없다' 거나 타인을 기능으로 이용하여 관계를 제대로 맺지 못한다. 그러면서도 공포나 실존적 소외를 분명히 자각하지도 못할 뿐 아니라, 불안할 때 이를 완화할 수 있도록 정교하게 만들어진 심리적인 방어구조들도 인식하지 못한다. 인간은 적어도 자신이 혼자 살 수는 없다는 사실을 인지한다. 사람은 자신이 결코 얻을 수 없는 것을 타인에게서 찾으려 하고, 원하는 것을 성취하기 위해 필사적으로 노력하는데, 결국 이러한 시도는 항상 실패하고 관계들은 더욱 나빠진다.

그들의 또 다른 해법은 자기를 희생하는 것이다. 인간은 타인이나 커다란 목표, 또는 일에 몰두함으로써 소외의 불안을 경감시킬 수 있다. 그러나 키르케고르가 말했듯이, 이러한 경우 인간의 절망은 두 배가 된다.[54] 불행하게도 그들은 피할 수 없는 실존적 절망 속에 놓여 있고, 무엇보다도 중요한 자기각성을 하지 못해서 생긴 절망에 빠져 있음에도 불구하고, 자신이 절망에 빠진 것조차 깨닫지 못하고 있다.

타인의 시선 속에 존재함

혼자 있을 때 떠오르는 가장 나쁜 생각은 자신을 경멸적인 존재로 몰아가는 생각이다. 혼자 있으면 공황발작이 일어나는 증세 때문에 입원 중인 한 환자가 집단상담에서, "혼자 있을 때마다 세상에서 나를 생각해 주는 사람이 아무도 없는 것 같다."라고 말했다. 그의 말에 여러 다른 입원환자들은 흔쾌히 동감하는 반응을 보였다. 연인과 헤어진 후 손목을 자해해서 입원한 열아홉 살의 소녀가 짧게 한마디 했다. "혼자 있느니 오히려 죽는 게 낫겠어요!" 라고 말했다. 또 다른 환자는 "혼자일 때 나는 내 목소리를 들어요. 아마 내 목소리가 혼자되지 않는 방법 같아요!"라고 말했다. 이것은 흥미를 끄는 망상에 대한 현상학적 설명이다. 여러 차례 자해를 했던 또 다른 환자는 매우 불만족스런 이성관계에 절망해서 그런 일을 반복했다고 말했다. 그럼에도 그녀는 그 남자를 떠나지 못했다. 왜냐하면 혼자된다는 공포 때문이다. 혼자 있으면 무엇이 두려운지 그녀에게 물었을 때, 그녀는 명백한 정신병리적 관점에서 "혼자일 때 나는 존재하지 않아요." 라고 말했다.

이와 유사한 정신역동은 어린아이의 그칠 새 없는 간청, '나 좀 봐' '나를 봐'에서 엿볼 수 있다. 타인의 존재는 객관적인 실재를 형성하기 위해서 필요하다. 여기 앞에서 언급했던 내재된 갈등에 대한 어린아이의 경험을 인용해 본다. 캐롤(Lewis Carroll)은 많은 환자를 통해서 수집된 자료를 기초로 쓴 *Through the Looking Glass*에서 "나는 누군가 나에 대해서 생각하는 동안만 존재한다."라고 표현했다. 앨리스(Alice), 트위들디(Tweedledee), 트위들덤(Tweedledum)*은 자고 있는 레드 킹(Red King)을 우연히 만났다.

> "그는 꿈꾸고 있어. 그가 무슨 꿈을 꾸고 있다고 생각해?" 트위들디가 물었다. 앨리스가 "그것은 아무도 알 수 없어."라고 대답했다.
>
> "왜, 너에 대해 꿈꾸고 있잖아!" 트위들디가 의기양양하게 손뼉을 치며 소리쳤다.

* (역자 주) 앨리스는 영국의 동화작가 루이스 캐롤의 『이상한 나라의 앨리스(*Alice's Adventures in Wonderland*)』의 주인공 소녀를 말하며, 트위들덤과 트위들디는 구별할 수 없을 만큼 서로 닮은 두 사람을 말한다.

"만약 그가 너에 대해 꿈꾸는 것을 그만두면, 너는 어디에 있을 것 같은데?"

"물론 내가 지금 있는 여기에 있겠지."라고 앨리스가 말했다.

"아니야!" "넌 단지 이 꿈의 일부일 뿐이기 때문에, 넌 어디에도 없을 거야!"

트위들디가 거만하게 반박했다.

트위들덤이 덧붙여 말했다. "거기 있는 저 왕(King)이 잠을 깨고 나면, 넌 마치 양초처럼 훅! 하고 꺼져 버릴 걸."

"그렇지 않아." 앨리스가 화가 나 소리쳤다. "**내가 그의 꿈의 일부라면, 너는 뭐니?** 나는 알아야겠어."

"마찬가지야." 트위들덤이 말했다.

"마찬가지야, 마찬가지!" 트위들디가 외쳤다.

그가 너무나 크게 외쳤기 때문에 앨리스는 이같이 말하지 않을 수 없었다. "조용히 해! 그렇게 시끄럽게 하면 네가 그를 깨우겠어."

트위들덤이 말했다. "글쎄, 왕을 깨우는 것에 대해 네가 말해 봤자 소용없지, 네가 그의 꿈의 일부일 뿐일 때는 말이지. **네**가 진짜가 아닌 걸 잘 알고 있잖아."

"나는 진짜야!" 앨리스가 말했다. 그리고 울기 시작했다.

"네가 운다고 조금이라도 더 진짜가 될 순 없어." 트위들디가 말했다. "울 이유가 아무것도 없지."

앨리스는 눈물을 흘리다가 빙그레 웃으며 말했는데, 그 모습이 너무 우스꽝스러워 보였다. "내가 진짜가 아니라면 나는 울 수조차 없겠네."

트위들덤이 아주 빈정대는 어조로 훼방을 놓았다. "나는 네가 그것이 진짜 눈물이라고 생각하지 않길 바란다."[55]

집단 심리치료에서 한 환자가 말했다. "나는 예전에 몇 달 동안 치료받았던 상담자를 몇 년 후에 우연히 만났는데, 그 상담자가 나를 알아보는 데 45초가 걸리는 걸 보면서 정말 실망스러웠어요." 그러고 나서 그녀는 집단치료 지도자를 향해 "당신은 항상 나를 기억할 수 있겠어요? 그러지 못한다면 난 치료를 계속 받을 수 없어요." 라고 소리쳤다. 그러나 그녀는 괴로운 사실을 차츰 받아들일 수 있게 되었다. 원래 그녀는 고등학교 교사였는데 학생들이 자기를 잊기 전에 교사인 자신이 먼저 학생들을 쉽게 잊어버리곤 했다. 이와 마찬가지로 치료사들도 그럴 수 있다는 것을 이해하기 시작했다. 물론 치료사와 교사는 환자와 학생에게 그 어떤 다른 주변 경험보다 더욱 중요한 존재다(나중에 다시 논하겠지만, 치료사가 환자와 있을 때 완전하고 깊이 실재한다는 사실을 배제하지는 않는다). 같은 집단치료 회기의 후반에 그 환자는 왜 그런 자해의 방법을 항상 선택하는지 내 마음이 이제 조금씩 이해하는 것 같다고 했다. 이전에는 자해를 하면 다른 사람들이 자신을 매우 오랫동안 기억할 거라고 믿었다. 이것이 내가 제2장에서 기술했던 '매혹적인 행위로써의 자해' 의 좋은 사례다. 그녀는 자해를 하면서도 죽음을 염두에 두고 있지 않았다. 오히려 그녀는 죽음을 이기는 방법으로 자해를 선택했다. 만약 그녀가 다른 사람의 의식 속에 존재한다면 자신은 계속해서 살아갈 수 있다는 믿음을 누군가가 마치 규정해 준 듯하다.

신경증 환자는 사랑의 대상을 발견하면, 희미하게 인식되는 소외감과 존재의 핵심에 자리 잡고 있는 공허함에서 벗어난다. 그들은 자신이 누군가에게 존중받고 선택받으면 자기존재가 받아들여진 것이라고 느낀다. '내가(I AM)' 모든 것의 근원이 된다는 존재의 순수의식은 소외 속에 있는 사람에게 오히려 두려움을 유발한다. 따라서 인간은 자기창조를 거부하고 자신이 타인의 의식 속에 존재하는 대상이라고 믿고 싶어 하지만, 이러한 관계는 여러 가지 측면에서 대개 실패할 수밖에 없다. 왜냐하면 얼마 지나지 않아 상대방은 그 개인에게 끊임없이 존재를 확인시켜 주는 일에 지쳐 버리기 때문이다. 무엇보다도 그들은 자신이 사랑받는 게 아니라 단지 필요한 존재이기 때문이라는 것을 깨닫는다. 타인은 그들의 존재를 완전히 알지도 못하고, 충분히 받아들여지고 있다고 느끼지도 못한다. 왜냐하면 그들은 단지 자신의 존재를 확인받기 위해서 관계를 맺고 있다는 사실을 알게 되기 때문이다. 이러한 접근은 단지 임시적 방편이므로 결국 실패하고 만다. 만약 자신의 존재를 확인하지 못한다면, 인간은 끊임없이 타인에게서 확인을 받으려 한다. 인간은 자신의 근원적인 소외와 직면하지 않으려고 계속해서 마음을 다른 곳으로 돌린다. 그러나 새롭게 찾아낸 해답도 문제를 오인했기 때문에 실패한다. 실제 문제는 사랑할 수 없다는 점인데, 그들은 자신이 사랑받지 못하는 것이 문제라고 본다. 우리가 지금까지 보아 왔듯이, 사랑하는 것은 사랑받는 것보다 더 어려운 일이며, 이것은 자신의 실존적 상황에 대한 보다 더 분명한 자각과 수용을 필요로 한다.

살아 있음을 인지하기 위해 타인으로부터의 지속적인 확인을 필요로 하는 인간은 반드시 혼자 있는 상황을 피해야만 한다. 진정한 외로움은 실존적 소외의 불안과 거의 동시에 일어난다. 특히 신경증 환자의 경우, 그러한 불안과 외로움을 어떤 희생을 치르더라도 피하려고 한다. 소외된 공간에는 다른 사람을 살게 하고, 소외된 시간은 분주함으로 소멸시킨다. 즉, '죽이려 한다.' 혼자만의 감금은 언제나 가장 무서운 형벌이다. 어떤 사람들은 현재 경험하는 쓸쓸한 시간들을 일부러 기억하지 않음으로써 소외감과 투쟁한다. 그들은 현재의 경험이 과거의 행복과는 거리가 멀어도, 행복한 기억들을 되살려 내고 위안 삼으려 한다. 또한 그들은 아직 실현되지도 않은 계획에서 예상되는 성과들을 상상하고 미래의 성공한 삶에 투사함으로써 현재의 고통으로부터 도피하려 한다.

최근 명상에 대한 관심은 새로운 경험과 뛰어난 기능을 깨닫게 되면서 급격히 증가하였다. 서구인에게는 시간에 쫓기지도 않고 신속한 일처리도 미뤄 놓은 채 혼자서 명상을 즐긴다는 것 자체가 매우 드문 일이다. 서구인은 동시에 몇 가지 일들을 하도록 길들여져 왔다. 예를 들어, 담배를 피우면서 껌을 씹고, 음악을 들으면서 운전하고, TV 보면서 책을 읽는 생활에 익숙하다. 이런 사회에서는 시간을 절약해 주는 기계를 중요하게 여기는데, 이런 기계적 가치를 인간에게 그대로 적용한다. 하지만 이렇게 되면, 인간은 절약한 시간을 보낼 또 다른 방법을 찾는 것 외에 달리 무엇을 할 수 있겠는가?

인간이 타인에게 몰두하는 중요한 동기가 고독을 피하기 위함이라면, 타인을 기계 장치로 변형시키는 것이다. 이렇게 되면 전기 제품을 꽂는 구멍이나 끼우는 부품처럼, 두 개인은 서로를 다른 중요한 기능으로 취급하며, 서로에게 꼭 맞게 맞춘다. 이런 관계는 상호 실용적이어서 견고히 유지될지도 모른다. 하지만 이러한 타협은 오히려 관계의 성장을 방해하기 마련이다. 왜냐하면 동료 간에 서로를 부분적으로만 알려 주고 타인을 부분적으로만 알게 되기 때문이다. 이런 관계는 벽끼리 서로를 지탱해 주는 'A자 구조'(A-frame)와 공통점이 많다. 그러나 문제는 한쪽(또는 심리치료에서의 강화)을 제거하면 다른 쪽이 쓰러진다는 점이다.

하지만 대개 그런 상호 욕구충족은 존재하지 않는다. 일정한 시간이 지나면, 둘 중 어느 한쪽이 상대에게 마음이 끌리기보다는 이용당했다고 느끼면서 더 만족을 주는 다른 파트너를 찾기 시작한다. 고독에 대한 두려움을 지니고 있었던 35세의 여성 환자는 〈예순 셋에 혼자 식사하기(eating alone at sixty-three)〉란 TV 프로그램을 보고 자신의 처지와 비슷한 것 같아 괴로워했다. 그녀는 영구적인 유대관계, 즉 평생의 반려자를 찾기 위해 온 신경을 다 쏟았다. 그녀는 매력 있고 쾌활하였으나, 두 명의 남성과 몇 번 만나지도 않고 이내 헤어졌다. 나는 그 남성들이 그녀의 강렬하고 필사적인 사랑의 욕구에 비해 그녀가 줄 수 있는 사랑이 적다는 사실을 깨닫고 도망을 간 것이라고 생각한다. 그녀의 정신역동을 이해하는 중요한 단서는 다른 대인관계에서도 찾을 수 있었다. 그녀는 주관적인 판단을 많이 하는 편이어서 발전 가능성이 없는 친구를 너무 쉽게 모욕하고 떠나도록 했다. 지속적인 관계를 형성하는 데 어려움을 겪는 환자를 치료할 때, 치료자는 환자의 다른 대인관계, 즉 덜 강렬한 관계들이 어떻게 구성되어 있는지에 대해 심도 있게 조사해 보면 도움을 얻을 수 있다. 사랑에 관한 문제들은 특정 상황에 한정되어 있지 않으며, 만남의 구체적인 부분보다는 태도의 문제에 있다. 사랑받지 못함은 사랑하지 못하는 경우보다 더욱 자주 발생하는 문제다.

직면한 소외를 피하기 위해 타인과 관계를 맺는 사례는 찰스(Charles)의 치료 중에 일어났다. 그는 암 환자였는데 외래환자를 중심으로 개설된 심리치료집단을 소개받아 만나게 되었다(제5장을 보라). 찰스는 주변 사람들과의 관계를 개선하기를 원해서 치료를 시작했다. 그는 항상 수줍고 주변에 대해 무관심해서 타인과 소원한 관계를 맺으면서도 별로 불편해 하거나 곤란해 하지 않았다. 암이 발병하고 2년의 시한부 인생이라는 진단을 받고 나서, 그는 엄청난 소외를 경험하였고 타인들과 가까워지기 위해 노력했다. 좋은 사례를 보여 주는 사건은 치료집단의 동료인 데이브(Dave)가 직장에서의 교육 때문에 몇 달간 집단모임에 참석할 수 없다고 알렸을 때 시작됐다. 데이브 본인도 갑작스런 이동소식에 매우 당황해했고, 치료집단의 모든 다른 집단원들도 마찬가지였지만, 찰스만은 그렇지 않았다. 집단원들은 데이브와 아쉬움과 속상함, 실망스러운 마음을 나눴다. 나는 치료집단 과정에 대한 요약을 인용하려고 한다(이 요약은 매 회기의 치료집단 후에 집단원에게 발송되었던 내용이다).[56]

나의 지적에 따라, 발언권이 서서히 찰스에게로 옮겨갔을 때 그는 데이브에게 오직 문제해결 방식에 대해서만 언급했다. 그래서 집단 지도자인 나는 데이브의 이사소식을 들었을 때 찰스의 느낌이 어땠는지 궁금하다고 물었다. 이 일은 그 집단상담 중에 정말로 주목할 만한 에피소드를 만들어 냈다. 짧은 시간 동안 찰스는 데이브가 집단을 떠나야 하는 상황에 대해 어떤 감정도 느껴지지 않는다고 했다. 우리는 그의 감정을 알아내려고 시도했지만 실패했고, 찰스는 데이브가 떠나도 집단원들이 그를 붙잡지 않았으면 하고 바랄 것이라고 추측했다. 그런 생각들 역시 아무런 소용이 없었다. 나는 이전에 사람들이 집단을 떠날 때 마음에 고통을 느꼈다고 말했던 그의 행동을 언급했고, 결국 그는 딱 한 번 데이브가 떠나는 상황에 대해 아쉬움을 소극적으로 표현했다. 나는 계속 추궁하며 한 번으로는 충분하지 않다고 말했지만, 그는 빙그레 웃으며 집단원 모두의 마음을 받아들이지 않았다. 잠시 후 찰스는 지나가는 말투로 집단원들에게 건강진단결과 암이 예상보다 훨씬 많이 호전되었다고 말했다. 사실 우리는 그가 건강진단을 받은 사실도 바로 그날 알았다. 데이브가 왜 일찍 말하지 않았느냐고 묻자 찰스는 레나(Lena)가 오면 말하려고 기다리고 있었다고 변명했다(실제 레나는 몇 분 늦게 도착했었다). 나는 그에게 왜 우리에게 말할 수 없었는지 궁금하다고 말했고, 레나에게 언제 왔는지 다시 물었다. 그러자 찰스는 더욱더 놀랄 만한 이야기를 했다. **"이제 암이 좋아졌다고 느끼니까, 난 갑자기 더 이상 사람들을 만나고 싶지 않고 뒤로 움츠려집니다."**

융합*

인간의 '보편적인 투쟁'은 독립적인 존재가 되기 위해 노력해야 하며, 그러한 존재가 되는 과정에서 몸서리 쳐지는 소외를 견뎌내야 한다. 이런 갈등을 대처하는 가장 일반적인 방법은 부정(denial)이다. 인간은 융합에 대한 잘못된 생각을 공들여서 만들고, 실제에서는 이렇게 공언한다. "나는 혼자가 아니다, 나는 다른 사람들의 일부분이다." 그리고는 자신의 자아 경계를 약하게 만들면서 타인이나 집

* (역자 주) 현대 정신의학적 관점에서 보면, 융합은 정신분열병에서 나타나는 사고장애 중 한 가지 증상이다. 특히 사고장애의 다양한 요소 중에서 이질적인 요소가 뒤섞이는 사고과정의 장애로 나타난다.

단, 즉 개인을 초월하는 집단의 일부가 된다.

융합에 대한 인간의 태도는 일반적으로 '의존적' 이다. 아리에티(Arieti)가 말했듯이, 인간은 '지배적인 타인' (dominant other)을 위해 산다.[57] 그래서 지배적인 타인으로부터 분리되는 사건은 엄청난 고통으로 받아들이는 경우가 많다. 그들은 자신의 욕구를 은폐하고, 타인이 원하는 것을 찾으려 하며, 결국 타인의 소망이 자신이 바라는 것이라고 착각한다. 특히 인간은 공격을 피하려고만 하며, 성장을 위한 개별화 과정을 겪으려 하기보다는 타인과의 융합을 통한 안전을 선택한다. 이런 개인들에 대한 카이저의 묘사는 매우 명쾌하다.

그들의 행동은 "나를 액면 그대로 받아들이지 마십시오. 나는 어른의 범주에 속해 있지도 않고, 그렇게 간주될 수도 없습니다."라고 제안하는 것 같다. 그들은 쾌활한 듯 보이지만 제대로 행동하는 사람과는 다르고, 삶에 진지하게 대처하고 싶지 않은 것 같고(혹은 용감하게 맞서지 못한다), 심지어 삶의 현실적 문제를 알기 원하지 않는 사람처럼 보인다. 괴롭고 비극적인 사건들은 쉽고 태연하게 웃으면서 언급하며, 마치 그들에게 그러한 문제들은 시간을 허비할 가치조차 없어 보인다. 또한 그들은 자신의 결점을 과장해서 말하는 경향이 있다. 업적과 성공은 우습게 표현하는 반면, 실패에 대해서는 보충적인 설명까지 연이어 언급한다. 그들은 대화의 내용을 종종 아무런 이유 없이 갑자기 바꾸고 말을 뚝 자른 것처럼 보인다. 그들은 불쑥 천진난만한 질문을 하거나 어린애 같은 말을 함으로써 미성년의 범주에 놓이기를 원하고 성인으로 인정되어서는 안 될 것 같은 점들을 드러낸다.[58]

카이저는 보다 강력한 인물과의 융합에 특별히 열중하는 환자의 임상증상에 대해 다음과 같이 기술한다.

G 씨는 30대 후반의 한 남성을 8개월간 지켜보았는데, 그는 어떤 부탁이든 받으면 들어줄 준비가 되어 있는 사람처럼 보였다. 어느 때든지 G 씨가 약속 날짜나 시간을 바꾸려고 전화하면, 그 환자의 대답은 변함없이 "물론, 선생님. 좋습니다."였다. 그는 항상 시간을 잘 지켰고, G 씨가 늦더라도 개의치 않는 것처럼 보였다. 늦어지는 시간 동안 방 안을 비치고 있는 태양이 눈부셔도, 그는 결코 커튼을 치거나 블라인드를 내리려고 감히 시도조차 하지 않는 것이다. 그는 G 씨가 그에 대해 한마디

할 때까지 조용히 앉아서 고통스럽게 눈을 깜박이며 목을 돌리고만 있었다. 그때서야 그는 마치 G 씨가 블라인드를 내려 달라고 한 것처럼, "물론이죠, 선생님. 좋습니다." 라고 말하며 의자에서 얼른 일어나, 블라인드 끈을 풀었다. "이렇게요, 선생님? 이 정도면 됐습니까?"[59]

실존적 소외의 해결책으로써의 융합은 우리의 이해를 돕는 여러 임상적 행동양식에 대한 구성개념을 제공해 준다. 한 예로, 복장착용증(transvestism)에 대해 생각해 보자. 보통 복장착용증 남성은 거세불안으로 유발된다고 알려져 있다. 남자가 된다는 데 위협을 느끼면, 예를 들어 한 여자(엄마)를 놓고 다른 남자(아버지)와 경쟁할 때 위협을 느낀 그 남자는 여자처럼 옷을 입음으로써 경쟁에서 손을 떼는 것이다. 이때 스스로 자신에게 거세를 행함으로써 완화된 그의 거세불안은 생식기의 성적 해방을 준다. 하지만 제4장에서 언급한 것처럼 롭(Rob)은 '융합' 이 어떻게 복장도착의 핵심 역동(central dynamic)을 형성하는지를 보여 준다. 롭은 열세 살 때 처음 누이와 엄마의 옷들을 이용해서 이성 복장을 하기 시작했다. 그는 남성과의 관계 형성에 두려움을 느낄 뿐 아니라 여성에게 거절당하는 것이 무서워서 항상 심각한 소외 속에 있었다. 이성 복장을 하는 동안 그가 꿈꿨던 공상은 항상 남녀구별 없이 융합을 테마로 하는 변형물(variations)이었다. 그는 자신을 동료로 기꺼이 받아 주고 그들 중 한 사람으로 존중해 주는 여성의 집단에 소속되는 상상을 했다. 집단 심리치료에서 보인 그의 대인관계 양식은 융합에 대한 그의 소망을 잘 반영하는데, 예를 들어 유순하고 순종적으로 행동하면서 동료 집단원들로부터의 배려, 그중에서도 특히 그가 존경하는 상담자로부터의 배려를 기대했다. 집단 심리치료과정 중에 롭은 관계에서 일어날 수 있는 다양한 장면에서 놀랄만한 교육을 받았다. 그는 자연스럽게 자기 소외의 깊이, 즉 "처음에 나는 여기에도, 저기에도 없었습니다. 남자도 아니고 그렇다고 여자도 아닌 채, 모든 사람들로부터 소외되어 있었습니다." 라고 어느 집단회기 중에 언급했던 소외를 충분히 인식하였다. 그럼에도 불구하고 그 이후 초기 얼마 동안은 그의 불안, 즉 이성 복장을 하는 빈도는 현저하게 증가했다. 차츰 그가 사회적 기술을 발전시키고 효율적인 방법으로 대인관계를 맺어 가기 시작했는데, 초기에는 치료집단의 동료와 관계를 맺은 다음 주변 사람과 관계형성의 폭이 확장되면서 복장도착에 대한 모든 욕구가 사라졌다.

물론 실제로는 융합을 통해 실존적 소외에서 벗어난다는 생각과 궁극적인 구원자를 향한 강한 믿음을 통해 죽음의 공포에서 벗어난다는 생각은 많은 부분에서 개념적으로 중복된다. 롭의 경우뿐 아니라, 앞서 제4장에서 논의된 궁극적인 구원자가 제공해 주는 보호에 관한 여러 임상사례들 역시 융합을 묘사하고 있다. 두 가지 개념은 개별화 과정에서 벗어남으로써 불안에서 해소하는 방법을 설명하고 있으며, 인간이 자기 외부에서 위안을 찾는다는 점에서 공통적이다. 반대로 차이점은 자극(소외불안 혹은 죽음불안)과 궁극적인 목표(자아경계의 분해와 흡수합병 추구, 혹은 강력한 조정자 추구)라는 맥락에서 살펴볼 수 있는데, 이런 구분은 이론적으로 제한된다. 일반적으로 동기와 방어 전략은 한 개인 안에 공존한다.

융합은 자기각성을 소멸시킴으로써 소외를 근원적으로 제거하는 방식이다. 인간은 더없이 행복한 흡수합병을 경험하는 순간 경솔해지는데, 이는 자기감(sense of self)을 잃기 때문이다. 이때 개인은 "나는 자신이라는 개념을 잃었어." 라고 말할 수조차 없다. 왜냐하면 융합상태에서는 그렇게 구별되는 '나' 가 존재하지 않기 때문이다. 낭만적인 사랑에서 일어나는 놀라운 일은 외로운 '나' 에 대한 의문이 '우리' 속으로 사라진다. 바흐(Kent Bach)는 "사랑은 질문 없는 대답이다."라고 말하기도 했다.[60] 때로는 자의식을 잃으면 그 자체가 종종 편안함을 주기도 한다. 키르케고르는 "의식의 정도가 늘어날수록, 그만큼 절망의 격렬함도 늘어난다. 즉, 의식할수록 절망도 격렬해진다."라고 언급했다.[61]

인간은 때때로 타인이 아닌 단체, 운동, 국가, 일과 같은 '비물질적인 것' 에 융합하면서 자기 소외감에서 벗어날 수도 있다. 자기보다 더 큰 집단과의 융합에는 매우 위압적인 요소가 나타난다. 카이저가 이것을 처음 이해한 계기는 아이스쇼(ice-skating show)에서 두 연기자가 똑같은 옷을 입고 복잡하고 다양한 여러 동작들을 아름다운 조화 속에서 완벽하게 소화해 내는 모습을 봤을 때였다. 박수갈채 후 그들은 태연하고 무심하게 넥타이를 단정히 하고 동시에 자기 시계를 봤다. 박수갈채 후의 그들의 일치된 행동은 관중을 더욱 흥분시켰고 카이저 또한 관중들과 같은 심정이었다. 그러면서 그는 자아의 경계가 연화(軟化)*되는 환희에 대해 성찰해 보았다.

> 만약 움직임의 일치성(uniformity)과 동시성(synchronization)이라는 두 요소가 완벽하게 어우러져 관객의 마음을 매혹시키고 전율을 느끼게 하면, 한 개인의 활동이 스스로에게 만족을 주든 그렇지 않든 그것은 중요하지 않다. 한 명의 잘 훈련된 군인이 보폭과 속도를 맞추어 훈련에 따라 방향을 전환하고 정지 동작을 하면, 이 행동은 훈련 교관의 눈을 즐겁게 하지만 다른 외부 사람의 눈에는 우스워 보인다. 만약 전체 대대(battalion)가 보폭을 맞추어 연병장을 행진한다면 어떠한가. 긴 종대를 작은 무리로 분리하고 동시에 모두가 정확하게 방향을 바꾸고, 다시 돌아 하나의 긴 직선 형태를 만들면서도 흐트러지지 않는 선두를 유지하고, 행진하면서 주위를 돌다가 짧은 한 번의 신호에 갑자기 정지해서 모든 군인의 팔, 다리, 헬멧, 수통, 총이 그 자리에서 꼼짝하지 않은 채, 단 하나의 총검조차 대열에서 벗어나지 않고 정확히 같은 위치에 있다면 열렬한 반군주의자라 할지라도 이 장관에 사로잡히지 않을 수 없다. 우리를 사로잡는 것은 반드시 정확한 각도나 곧은 선들의 아름다움이 아니라 이미지, 더 정확히 말하면, 마치 하나의 마음으로 움직이는 많은 행위들을 통해 느껴진 인상이다.[62)]

다른 모든 사람과 입고 말하는 것과 풍습적인 면에서 비슷하다고 확신하면, 타인과 다르다는 생각이나 느낌을 가지지 않고, 이런 경험은 인간을 자기중심적 소외로부터 벗어나게 해 준다. '나'는 상실되지만, 동시에 단독성(aloneness)의 두려움도 없어진다. 물론 순응의 적들은 독립과 자기각성이다. 융합적 순응을 통해 소외를 해결하려는 시도는 다음과 같은 의문이 대두되면 그 토대가 서서히 침식하기 시작한다. 바로 내가 원하는 것이 무엇인가? 나는 무엇을 느끼고 있는가? 내 인생의 목표는 무엇인가? 나를 표현하고 충족시키기 위해 나에게는 무엇이 있는가?

자기를 표현하려는 마음과 융합해서 안정을 얻으려는 마음 사이의 오랜 투쟁

* (역자 주) 연화(softening)는 무생물에서는 단단한 물체가 부드럽고 무르게 되거나 그렇게 되도록 만드는 현상을 지칭한다. 인간의 경우, 자신이 강경하게 내세우던 주장을 버리고 타협하는 태도를 보이는 현상을 말하는데, 여기서는 자아경계가 부드러워지면서 융합되는 느낌을 일컫는다.

끝에, 일반적으로 자아(self)는 소외를 피하기 위해 타협한다. 사람의 마음을 끌어당기는 집단은 정말 강력한 존재다. 존스타운*의 비극은 집단의 힘을 대변해 주는 무수한 예 중 하나다. 집단과의 동일시는 집단의 일원들에게 소외의 두려움으로부터 벗어날 수 있는 피난처를 제공한다. 이러한 경험은 너무나 소중해서, 인간은 이를 위해 소유물, 가족, 친구, 나라, 심지어는 생명까지 모두 희생하려고 한다. 자아 상실의 또 다른 실례는 신비주의인데, 이것은 우주와 최상의 단일성 경험을 고양시킨다. 다른 개인, 집단 또는 대의(大義), 자연, 우주와의 융합은 언제나 자아의 상실을 수반한다. 그것은 악마와의 계약이며 실존적 죄책감으로 귀결된다. 그 슬픈 죄책감은 우리 안에서 사장되어 버린 생명의 일부분에 대한 애도다.

가학증 융합을 추구하는 인간은 의존적이고 순종적이어서 자기희생적인 성향을 지니고 있을 뿐 아니라 기꺼이 고통을 참으려고 한다. 왜냐하면 고통이 쓸쓸함을 떨쳐 준다고 믿기 때문이다. 다시 말해, 융합의 안식처를 얻기 위해서 타인이 원하는 것은 무엇이든 되고자 하는 인간은 특이한 상대(curious counterpart)를 갖는다. 그런 상대방은 타인을 지배하고, 굴욕감을 주거나 고통을 주며, 스스로를 타인의 절대적인 지배자로 만들려고 노력하는데 이는 의존적인 융합 추구자와 너무도 달라 보인다. 하지만 프롬은 "두 성향 모두 하나의 기본적인 욕구의 결과로써, 그 욕구는 소외를 견디지 못하며 약한 자기 자신에서 비롯된다…. 가학적 사람(sadistic person)은 피학적인(masochistic) 사람과 똑같이 그 대상을 필요로 한다."라고 지적했다.[63] 피학적인 사람과 가학적인 사람의 차이는 Fuser와 Fusee, 즉 성냥과 도화선의 관계와 비슷하다. 전자는 다른 사람에게 삼켜짐으로써, 후자는 다른 누군가를 삼킴으로써 안전을 추구한다. 이러한 경우는 서로 분리되지 못하고 그 과정에서 소외를 느끼지도 못한 채, 혹은 타인으로의 함입(incorporation)**으로

* (역자 주) 남미의 베네수엘라 국경 근처인 가이아나에 인민사원 공동체가 있던 지명이다. 이곳에서 1978년 종교집단인 인민사원 공동체의 짐 존스 목사가 선동하여 913명의 집단 자살 사건이 일어났다.

** (역자 주) 함입(incorporation)은 이미 존재하고 있는 다른 어떤 것과의 결합을 의미하는데, 외부 대상이 완전히 내적 주체의 세계 안으로 흡수되는 가장 원시적이고 분화되지 않은 초기 내

자신을 확대함으로써, 실존적 소외는 완화시키려 한다. 이런 가학성과 피학성 모두 한 개인 안에서 일어나는데, 이는 단지 같은 문제에 대한 일시적인 다른 해결책이기 때문이다.

성과 소외

프로이트는 정신조직 안에서 작용하는 '상징'의 개념을 소개했다. 그는 『꿈의 해석』 제5장에서, 성기나 성행위에 관한 성적인 테마를 설명하면서 다양한 상징들을 묘사한다.[64] 프로이트는 어느 대상에 대한 '대리적 의미'를 지닌 한 사물의 개념이 전혀 다른 의미를 가질 수도 있다고 주장했다. 담배는 남근을 상징하지만, 때로 담배는 그냥 담배일 뿐이다. 프로이트의 주장은 충분하지는 않지만, 성이 다른 어떤 것의 상징이 될 수 있다는 주장은 일리가 있다. 만약 인간의 가장 깊고 궁극적인 관심사가 본질상 실존적이고 죽음, 자유, 소외, 무의미와 관련되어 있다면, 이런 두려움을 몰아내고 성행위(sexuality)와 같은 파생된 관심사로 상징화되는 것도 가능할 것이다.

성(sex)은 죽음의 불안을 억제하는 데 유용하게 이용된다. 나는 성 문제로 고민하는 전이성 암(Metastatic cancer) 환자들과 함께 몇 번 상담했던 적이 있다. 나는 한 부부를 만났는데, 그중 한 명이 말기 암 환자였다. 그들은 성적 부조화에 대한 부분 외에 다른 이야기는 거의 하지 않았다. 열띤 토론 속에서 서로에 대한 비난과 반론들이 오고 가는 동안, 나는 그들 중 한 명이 임박한 죽음과 직면해 있다는 사실을 완전히 잊었다. 이는 이 부부의 방어 전략이 성공했음을 의미한다. 나는 제5장에서 급성 자궁경부암에 걸린 젊은 여성에 대해 기술했다. 그녀는 자신의 질병으로 청혼자를 낙심시키지 않았을 뿐 아니라 오히려 만남의 횟수나 성적 욕구가 증가했음을 발견했다. 그린스펀(Ellen Greenspan)은 유방암에 걸린 여성들이 자기 또래의 건강한 사람들과 비교해 볼 때 너무도 가혹한 병을 가지고 있으나,

면화(internalization) 과정 중 하나다. 다시 말해서, 타인의 특성을 무의식적으로 자기 마음에 받아들임으로써, 타인의 것을 자기 것으로 만들어 가는 발달과정이다.

금지된 성적 환상을 가질 확률은 더 높다는 연구결과를 제시했다.[65)]

성은 굉장한 마법 같은 매력을 지니고 있다. 성은 자유에 대한 인식과 불안을 막아 주는 강력한 보호자로서, 성의 신비에 매료되어 있을 때는 세상에 대한 어떤 의식도 없어진다. 반면에 우리는 강력한 외부의 힘에 '사로잡혀서' 매혹당하고 조종당해서 '말려들게만 된다.' 우리는 그 매력에 저항하고 지연시키거나 굴복할 수 있으나 '성(sexuality)을 선택' 하거나 '창조' 할 수는 없다. 그것은 우리의 선택권 밖에 있는 것으로 느껴지며 자신만의 힘을 가지고 있고 '삶보다 더 큰 것' 처럼 보인다. 성적인 강박관념에 사로잡혔던 사람은 심리치료를 통해 상태가 호전되고 나면 자신의 삶에 대한 적막한 느낌을 갖게 된다고 한다. 세상이 평범하게 느껴지고, '이것이 전부였던가?' 라고 질문하기 시작한다.

충동적인 성적 표출 역시 소외감을 느낄 때 나타나는 일반적인 반응이다. 문란한 성행위는 고독한 인간에게 강력한 소강 상태를 제공한다. 그러나 그것은 관계가 아니라 단지 서투른 모방이기 때문에 일시적일 수밖에 없다. 충동적인 섹스는 진정한 사랑의 모든 법칙들을 깨뜨린다. 그런 개인은 타인을 도구로 이용하며, 다른 사람의 일부분만을 이용하여 관계를 맺는다. 이러한 방식은 더욱 깊은 관계를 촉진하고 형성하면서 이루어지는 섹스라기보다는 단지 빠르고 손쉬운 섹스를 위해 인간관계를 맺는다는 의미가 된다. 성적으로 충동적인 사람은 타인의 전(全)존재와 관계 맺지 않고, 단지 자신의 욕구를 만족시켜 주는 타인의 일부분과 관계를 맺는다는 점에서 전형적인 실례가 된다. 일상적인 '여자 엉덩이' (a piece of ass), '음경' (jock), '섹스에 강한 사나이' (stud) 등의 말은 우리의 이런 태도를 잘 반영하고 있다. 성에 대한 적나라한 용어들, 예를 들어 '몸을 눕히기' (laying), '꼬시기' (making) '성교' (fucking) '섹스 상대' (screwing) '몸을 파는 것' (turning a trick) '여자를 손에 넣기' (scoring) 등은 기만(deceit), 공격(aggression), 조종(manipulation)의 뜻을 나타내며, 돌봄(caring)이나 관계성(relatedness)과는 거의 무관하다.

성적으로 충동적인 사람들은 무엇보다도 자기 파트너에 대해 잘 알지 못한다. 실제 상대방을 모르고 자신 또한 대부분 숨기면, 종종 이득이 되기도 한다. 그래서 성적 유혹과 성행위를 촉진하는 부분만 보여 주고 보고 싶어 한다. 성적 일탈의 특징 중 하나는 개인이 타인의 전체가 아닌 어떤 일부분만 관계를 형성한다는 점이다. 예를 들어, 성도착자(fetishist)로, 지금까지 보고된 모든 경우가 남성인데, 여성과의 관계보다는 그 여성의 구두, 손수건, 속옷, 의복 등과 같은 일부분과 관계를 맺는다. 인간관계의 한 전문가는 "상대방과 정신적 교감 없이 애정 행위만 한다면, 바로 성도착자다. 그것이 적절한 몸의 구멍을 사용하는 육체적 행위일지라도 말이다."라고 신랄하게 주장했다.[66)]

그렇다면 사려 깊은 상담자는 만약 내담자가 진실하지도 않고 서로에 대한 배려도 없는 성적 만남을 해 오고 있다면 이를 책망해야 하는가? 성인의 무책임한 유희로써의 섹스는 과연 사장되어야 하는가? 이런 질문은 대부분 윤리적, 도덕적인 문제다. 상담자는 자기 전문 영역 밖의 쟁점에 대해 판단을 피하는 것이 현명하다. 하지만 상담자는 내담자에게 섹스의 부분적인 목적과 기능만을 지향하는 관계형성 방식에 대해 말해 줄 가치기준을 가지고 있어야 한다. 성적 일탈을 정의할 때의 필수 요소는 행동의 고정성과 배타성이다. 즉, 일탈자는 정해진 일탈 방식으로만 타인과 성적으로 관계할 수 있다. 일정하게 유지되는 배타적인 성적 행위는 깊은 정신병리를 반증하며, 이런 행위는 자기경멸(self-contempt)과 실존적 죄의식으로 귀결될 수밖에 없다. 키르케고르는 『유혹자의 일기(*The Diary of a Seducer*)』에서 이런 상황에 대해 흥미 있는 글을 썼다. 이 단편소설에서 주인공은 어린 소녀를 유괴하고 학대하는 데 자신의 전부를 쏟는다.[67)] 그러나 자신의 목적은 성공했을지라도 그는 약탈에 대한 모진 대가를 지불해야 했다. 결국 그의 삶은 공허해졌고 그의 영혼은 피폐해졌다.

따라서 성적으로 충동적인 사람은 타인을 제대로 알지도 못하고 차지하지도 못한다. 그는 결코 타인의 성장에 관심을 갖지 않는다. 타인에 대해 가슴 벅찬 기대를 할 수도 없고, 그런 관계 속에 있는 허탈한 자신에 대한 기억조차 지울 수 없다. 그는 인간들 '사이'에 존재하지 못하고 항상 스스로를 물끄러미 지켜본다. 부버는 이런 상태를 '자기집중'이라고 불렀다. 그리고 파트너와 만족스러운 진실된 대화를 하지 못하고 반사경과 있는 그대로 비추는 독백의 세계에 머물러 있는 성적인 관계를 슬퍼했다. 특히 부버의 '호색한'에 대한 묘사는 기발하다.

> 나는 여러 해 동안 남자의 세계를 헤맸지만 가지각색의 '호색한'에 대한 연구의 결말을 아직 내리지 못하고 있다. 남자는 연인을 짓밟고 자신의 욕정만을 사랑하고 있

다. 한 사람이 마치 훈장처럼 구별되는 느낌에 진저리를 치고 있다. 한 사람은 자신의 유혹하는 겉모습을 가지고 뜻하지 않은 경험을 즐기고 있다. 또 다른 사람은 상상으로 함락된 자기 모습을 넋을 잃고 응시하고 있다. 한 사람은 자극에 집중하고 있다. 또 다른 누군가는 자신의 '힘'을 과시하고 있다. 또는 타인의 생명력으로 자신이 그러하듯이 우쭐거리고 있다. 또는 자신을 전혀 닮지 않은 경애의 대상을 자신으로 착각하며 즐겁게 살고 있다. 한 사람이 결국 자기에게 떨어진 불길 속에서 열광하고 있다. 다른 한 사람이 시도하고 있다. 이와 같은 상황이 계속되는 가운데, 다양한 독백자 모두가 반사경과 함께 가장 은밀한 대화 공간에 있다.[68]

이와 같이 인간은 열정적인 사랑에 빠져 자극이나 기념이 될 만한 것에 집중하지만, 결국 '자신에게로 떨어진 불길 속에서' 열광하고 있다. 그들이 하려고 하지 않는 것은 자신이나 타인과의 진정한 관계 형성이다. 이런 주제들은 대부분 제5, 제6장에서 논의되었던 강박적인 성충동 환자인 브루스(Bruce)의 꿈에서 예증되었다. 치료가 끝나갈 무렵, 그는 성 충동적인 관계 양식에서 벗어나면서 점차 초점이 다른 의문을 갖기 시작했다. '만약 내가 여자와 성관계를 시도하지 않는다면, 대신 무엇을 하지?' '그리고 남자와는 무엇을 해야 하지?' '그런데 사람은 무엇을 위해 살지?' 등의 질문이었다. 여기서 마지막 질문인 '사람들은 무엇을 위해 살지?'는 한 가지 혹은 다른 형태, 즉 나-그것(I-It)에서 나-너(I-Thou)의 관계양식으로 바꾸기 시작하는 모든 환자들의 치료과정에서 나타난다. 브루스 치료에서 세 가지 꿈은 이 마지막 단계를 알려 주었다.

첫 번째 꿈 : 나는 열네 살 된 아들과 침대에 누워 있었다. 나는 옷을 모두 입고 있는 상태에서 아들과 섹스를 하려고 시도했다. 그러나 나는 아들의 성기(vagina)를 찾을 수가 없었다. 나는 슬픔과 좌절에 빠져 잠에서 깨었다.

브루스의 꿈은 인간관계에서의 딜레마를 생생하게 표현한다. 이 꿈은 '당신은 정말 좋아하는 사람과 관계할 때, 생식기적인 방법 외에 다른 방법이 있습니까?'라고 묻고 있는 것만 같다.

두 번째 꿈 : 나는 어떤 여성과 테니스를 치고 있었는데, 내가 치는 모든 공이 그녀에게 가지 않고 오히려 나에게로 돌아왔다. 마치 그곳에는 우리 둘의 영역을 구분하

는 네트(net) 대신에 꼭 마치 보이지 않는 유리벽이 있는 것만 같았다.

이 비유는 명료하다. 브루스는 테니스장에서 다른 누군가와 함께 있는 듯 했지만, 실상은 혼자였다. 그 게임에서 다른 사람은 아무런 관련이 없다. 그렇기 때문에 그는 그녀에게 가 닿으려고 아무리 노력해도 소용이 없었던 것이다.

세 번째 꿈: 나는 평소 알고 지내는 폴(Paul)과 가까워지길 원하면서도, 그에게 돈이 많다고 계속 자랑하는 바람에 그는 결국 화가 났다. 그리고 나는 내 뺨을 그의 뺨 가까이 마주하려고 다가갔지만 그의 턱수염이 너무 거칠어 서로에게 상처만 주었다.

브루스는 농구, 테니스, 볼링을 함께할 동료는 있었지만 친밀한 동성 친구는 아무도 없었다. 그는 친밀한 관계에 대한 자신의 동경을 흐릿하게 알 수 있었지만, 꿈에서 묘사되었듯이 경쟁적인 방식 외엔 남자와 관계를 맺는 방법을 찾지 못하고 있었다.

실패한 관계성의 다른 형태들

우리는 실존적 소외의 고통에서 벗어나려고 다양한 방법을 시도한다. 인간은 자아경계(ego boundaries)를 약화시켜 타인과의 융합을 시도하거나, 다른 사람과 함입(incorporation)하려고 한다. 그래서 인간은 자신을 더 크고 강력하고 소중한 존재로 느끼게 만드는 일정 부분을 타인으로부터 가져온다. 지금부터 논의하려는 것은 많은 사람들이 대인관계를 형성할 때 공통적으로 타인을 염두에 두지 않는다는 부분이다. 오히려 그런 개인은 타인을 목적달성을 위한 도구처럼 이용하기 때문에 관계를 통해 서로 풍요로워질 수 없다. 대신 그러한 관계는 성장을 억제하고 실존적 죄의식을 불러내는 부적절한 인간관계의 결합 형태, 즉 관계의 실패를 가져올 뿐이다. 거짓된 관계 유형들은 너무나 다르고 매우 다양하기 때문에 이를 분류하려는 시도는 소모적일 뿐이라고 판단되었다. 나는 이 절을 통해 임상 장면에서 쉽게 관찰되는 양상들을 기술해 나갈 것이다.

상승시켜 주는 존재로서의 타인 배리(Barry)는 '기술자 증후군' (engineer

syndrome)을 앓고 있는 35세의 기술자였는데, 완고하고 차가우며 고립된 삶을 살아가고 있었다. 그는 어떤 감정도 나타내지 않았기 때문에 대개는 생리적인 단서(위장에 생긴 혹, 눈물, 꽉 쥔 주먹 등)를 본 후에야 그의 감정을 알아차릴 수 있었다. 상담에서 그의 주 목표는 자기감정과의 '접촉' 그리고 타인과 연인관계를 형성하는 일이었다. 그는 육체적으로 매력이 있어서 처음엔 쉽게 여성의 주의를 끌지만, 더 깊은 관계를 형성하지는 못했다. 그는 여성이 마음에 들지 않으면 쉽게 헤어지고, 호감이 가는 여성이 있더라도 너무 불안해서 다가가지 못했다.

여러 달의 힘든 상담을 거친 후, 마침내 배리는 이성과 데이트를 시작하였고 얼마 지나지 않아 그 매력적인 젊은 여성 자멜리아(Jamelia)와 함께 살게 되었다. 그러나 그가 연인 관계를 위해 별로 노력하지 않고 있다는 것이 이내 드러났다. 그는 상담에서 요즘 너무 일찍 잠자리에 들어서 문제라고 말했다. 그는 벌써 자멜리아에게 지루해져서 그런 것인지, 아니면 그녀가 너무 편안하기 때문에 자신의 마음이 풀어져서 그런지를 알고 싶어 했다(자기 느낌으로부터 소외된 이러한 유형은 매우 독특한 경우였다). 나는 "그것을 어떻게 알 수 있겠어요? 당신이 스스로에게 자멜리아를 사랑하는지 물어보면 무슨 일이 일어나지요?"라고 물었다. 그러자 배리는 이례적인 양심의 가책을 느끼며 자멜리아를 많이 사랑한다고 대답했다.

그렇지만 그는 그녀가 과도한 기대를 갖지 않도록 자신이 억제하는 게 최선의 방법이라고 마음먹었다. 그러면서 여성에 대한 자기 기대치에 비해 자멜리아는 너무 부족하기 때문에, 그녀와의 관계가 결코 장기적으로 발전될 수 없을 거라고 말했다. 그의 생각을 살펴보면, 관계 실패의 주 원인은 그녀의 사교력이 부족한 데 있었다. 그녀는 논리정연하지도 않고 매사에 참기만 하는 매우 내향적인 사람이었다. 그는 자신이 말주변이 없는 사람이기 때문에 좀 더 말재주가 있는 여자와 결혼하기를 원하고 있었다. 그는 자신보다 더 능력 있는 여성을 만나면 쉽게 모방해서 배울 수 있기 때문에, 그런 사람과의 만남을 통해서 자신의 부족함이 채워지기를 원했다. 또한 자신에게 고되고 엄격한 사회생활을 하지 않도록 도와줄 여자를 기대했었다. 더욱이 그는 둘의 성격이 비슷하여 지금은 함께 있지만 많은 시간을 함께 보내면서 차츰 서로 깊이 사랑하면, 자기의 모든 관심과 사랑을 그녀에게 줄 것이기 때문에 다른 여성에게는 아무것도 줄 수 있는 게 남아 있지 않을 거라고 걱정했다.

배리의 진술은 진정한 관계의 발전을 저해하는 가장 일반적인 여러 가지 문제들을 보여 준다. 가장 기본적인 문제는 배리가 맺으려는 관계의 이유가 목적을 위한 것이라는 데 있다. 배리는 매우 높은 욕구로 시작했고 이 욕구를 충족시켜 줄 누군가를 찾았다. 그의 욕구는 기대치가 높았다. 그래서 선생님, 상담자, 사회생활의 정보제공자 같은 '상대' 를 통해 그의 기대치를 상승시키고자 했다.

배리는 지루하고 보람 없는 듯 보이는 상담과정에서의 자기관계 탐색에 관하여 종종 절망적으로 말했다. 나는 그가 '탐색' 이란 단어를 언급하는 데서, 그의 문제를 이해할 열쇠를 발견했다고 느꼈다. 사람은 결국 의미 있는 관계를 찾지 않고 도움을 줄 관계를 형성한다. 배리는 본질적이기보다는 비본질적인 방식으로 자멜리아에게 다가갔다. 그는 그녀를 자신의 기대한 특정결과를 제공해 주는 장치로써의 '그것' (it), 즉 대상으로 보았으며, 정지되어 있는 비본질적인 것으로 보았다. 그래서 그는 관계를 점진적인 과정으로서보다는 오히려 시작부터 거의 완전히 형성될 때까지 '종착점' (there)에 있는 존재로 보았다.

또 다른 환자가 같은 주제에 대해 말했다. 그는 다른 사람과 가까워질수록 육체적, 감정적으로 그 사람에 대한 매력이 점점 사라진다고 말했다. 그가 육체적으로 여성과 가까워지면 그녀의 피부의 희미한 흠, 비정상적으로 두드러진 정맥, 그리고 눈 밑의 늘어진 살이 눈에 띄었다. 그는 상대 여성을 더 알아갈수록 점점 그녀의 일화와 실제 이야깃거리들이 줄어들면서 지루함을 느꼈다. 이렇게 비본질적인 접근 방식으로 관계를 형성하면, 인간은 다른 사람을 고정된 특성과 감소할 수 있는 자원을 가진 어떤 대상으로 본다. 부버는 인간이 고려하지 못하고 있는 부분을 다음과 같이 일깨워 주었다. 진실되고 본질적인 관계 안에는 상호의존이 있다. 내가 다른 사람을 관찰해 보았을 때, 바뀌지 않는 사람은 없었다. 만남 속에서 나는 바뀌고, 타인, 즉 너 또한 바뀐다. 배리는 사랑을 상품으로 취급했고, 한 사람에게 제공할수록 다른 사람에게 줄 것이 고갈된다고 보았다. 하지만 프롬이 가르쳐 주었듯이 사랑 관계를 시장 거래의 접근으로 이해한다는 것은 이치에 맞지 않다. 인간은 타인에게 몰두하면 항상 빈곤해지는 것이 아니라 오히려 부유해지기 때문이다.

게다가 배리는 자기 기대치에 맞는 여성이 다가올 것에 대해 항상 극도의 불안을 가지고 있었다. 그는 종종 상대에게 접근할 좋은 방법에 대해 몇 시간씩 고민하거나, 통화하기 위해 번호를 반쯤 누르다가 다시 불안해져서 얼굴을 붉히고 수화기를 내려놓고는 했다. 다른 상담자들이 행동주의 기법을 통해 배리의 불안을 줄여 주려고 시도했으나 번번히 실패했다. 심리치료에서 우리가 적절한 방법으로 문제에 접근했다 하더라도 진전이 없는 경우가 있는데, 배리의 경우는 다른 남성과의 경쟁과 매력적인 여성으로부터의 거절을 항상 두려워했기 때문에 변화가 없었다. 하지만 배리가 타인을 이용하는 방법과 타인과의 관계를 통해서 얻기 원하는 것들을 탐색해 봤을 때, 주목할 만한 진전이 있었다. 깊이 탐색하는 과정에서 배리는 자신이 타인과 진정한 만남도 못하면서 상대를 화나게 만든다는 것을 깨달았다. 그는 그녀를 원한 것이 아니라 그녀의 어떤 것을 원했다. 그의 불안은 죄책감 때문이었는데, 이는 예상할 수 있는 타인에 대한 접근과 타인이 자신의 목적을 알아차릴 것 같은 두려움 때문에 발생했다.

얼마나 많은 사람들이 방 안에 있을까? 인간이 성숙하고 서로 돌보는 자세를 가지면 자신의 모든 것으로 다른 사람과 관계를 맺을 수 있다. 만약 자신이나 타인이 상호 간의 관계나 영향을 지켜보기 위해서 각자의 일부를 남겨 둔다면, 그만큼 관계에 실패한 것이다. 부버는 두 사람이 관계하는 데서 완전한 자의식을 유지했을 때 진전되는 상황을 기술한다.

> 이제 두 명의 남자를 상상해 보자. 삶에서 외모가 우선인 두 남자가 앉아 서로 이야기를 나누고 있다. 그들을 피터(Peter)와 폴(Paul)이라고 부르겠다. 상이하면서도 또렷하지도 않은 형태들의 일람표를 만들어 보자. 먼저 피터가 폴에게 보여지기 원하는 자기 모습과 폴이 피터에게 보여 주고 싶은 자기 모습이 있다. 그리고 피터가 실제로 폴에게 보여지는 모습, 즉 폴이 생각하는 피터의 상이 있다. 하지만 그것은 일반적으로 피터가 폴에게 보여 주기를 원하는 모습과는 조금도 일치하지 않는다. 반대 상황도 유사하다. 게다가 피터 스스로에게 보는 자신과 또한 폴 스스로 보는 자신도 있다. 마지막으로 육체적으로 실존하는 피터와 폴이 있다. 두 명의 살아 있는 존재와 여섯 개의 그림자 같은 모습들이 둘 사이의 대화에서 많은 방법들로 섞인다. 인간 사이의 진짜 삶을 위한 방은 어디에 있는 것인가?[69]

인간은 자신의 일부만으로 다른 사람 혹은 어떤 공상 속의 인물과 관계할 때 인간관계에서 실패한다. 환자와 치료자인 나와의 관계의 본질을 점검하면서 '방 안에 몇 명의 사람이 있을까?' 라고 자문할 때마다 유익한 점을 발견했다. 예를 들어, 나는 그 환자뿐 아니라, 상담사례 회의에서 이 환자를 발표했을 때 내가 얼마나 영리하게 보일까? 혹은 내가 그 사례발표회에 참석한 사람들과 좀 더 멋지게 대화하도록 돕는 흥미로운 '임상자료' 에 대해 생각하지 않는가?라고 자문한 것이다. 같은 질문들을 나의 환자들에게 했다. 그들은 진짜 나와 관계 맺고 있는가, 아니면 어떤 과거의 그림자 같은 형상과 관계하고 있는가?

나는 환자가 자신의 중요한 관계들에 대해 이야기할 때 궁금해진다. 각각의 관계에 몇 명이 있을까? 두 명만 포함되어 있는가? 세 명? 아니면 전체 강당이 사람들로 가득 차 있을까?

카뮈는 그의 소설에서 사랑할 수 없지만 숨겨진 목적을 위해 사랑을 가장하는 인물들을 묘사하는 데 정통한 사람이었다. 그의 첫 번째 소설인 *Happy Death*(그의 생애에는 출판되지 않았다)에서 주인공은 이렇게 말한다.

> 그는 마르타(Marthe)에게 애착을 갖게 된 것이 사랑이 아니라 허영이었음을 깨달았다…. 그가 마르타를 사랑한 이유는 영화관에 들어갈 때 뭇 남성의 시선이 그녀에게 집중되었기 때문이었고, 결국 그날 저녁 그녀에게 청혼했다. 그녀를 향한 그의 사랑은 자신의 힘과 야망을 과시하기 위한, 바로 자신의 삶을 위한 것이었다.[70]

'그가 그녀에게 청혼한 그 순간' 이라는 표현은 상황을 정확하게 표현하고 있다. 그 관계는 결코 두 사람만으로 이루어진 것이 아니다. 그는 마르타와 관계를 맺은 것이 아니라 그녀를 통해 다른 사람과 관계 맺었다.

나의 환자 중에 켄(Ken)은 여성과 진심으로 관계 맺는 데 깊은 문제들을 가지고 있다는 점에서 상당히 유사하다. 그는 꿈을 굉장히 많이 꾸는데도, 자신과 그녀만은 그 꿈에 나타나지 않았다. 우리의 치료과정이 중반쯤에 왔다는 것을 예증해 주는 '늘 붙어 다니는' 꿈은 다음과 같다.

> 나는 새벽 2시 30분에 샌프란시스코에 있는 오래된 나의 침실에서 한 여자와 함께 있었다. 형과 아버지가 창문을 통해 우리를 지켜보고 있었다. 나는 그 여자와 사랑을 나누는 것에 별 관심이 없었다. 나는 형과 아버지를 한 시간 동안 기다리게 두

었고 3시 30분에 그들을 들어오게 했다.

이 꿈이 보여 주는 중요한 의미는 그 여자에 대해 확인하려는 그의 시도가 내포되어 있다는 점이다. 그는 그녀에게 정말 관심이 없음을 깨달았다. 그녀는 그날 축구경기에서 보았던 어린 치어리더와 닮았다. 그녀는 그가 대학 다닐 때 정말 접근할 용기를 내기 어려웠던 응원단 소녀들과 같은 부류였다. 또한 고등학교 때 한동안 데이트를 했던 크리스틴(Christine)과도 닮았다. 그의 친구는 몇 달 동안 그녀와 데이트를 했다. 그것은 불쾌하면서도 동시에 활기를 불어넣는 상황이었다. 마침내 그와 그의 친구는 크리스틴에게 그녀의 확고한 남자친구로 둘 중 하나를 선택하라고 강요했다. 크리스틴는 켄을 선택했고 그에게는 매우 기쁜 일이었다. 하지만 몇 주도 지나지 않아 불꽃은 희미해지면서, 켄은 크리스틴에게 흥미를 잃었고(우선 그는 그녀에게 결코 관심이 없었고, 단지 자신의 친구와의 경쟁에서 승리하게 해 주는 그녀의 기능에 관심이 있었다), 결국 그들의 관계는 그렇게 끝났다.

켄은 형과 아버지를 항상 경쟁자로 보았다. 그래서 처음에는 어머니를, 나중에는 다른 여성과의 관계에서 늘 그들과 경쟁을 지속해 왔다. 그 꿈에서 그가 여자와 함께 있을 때 아버지와 형을 부러워하라는 듯 밖에서 한 시간 동안 기다리게 한 것(우연하게도 3시 30분은 우리의 정기적인 상담이 끝나는 시간임)은 여자를 통해서 그들을 이기는 방법이었다. 켄은 남자들과도 '함께' 있을 수 없었다. 그는 상담자인 나, 형과 아버지, 모든 남자친구들과 관계에서 늘 경쟁적으로 행동했다. 예를 들어, 그는 나와 함께 있는 동안에도 내가 자신을 복종시키려 한다는 확신을 가지고, 몇 달 동안 상담자인 나에게조차 자신의 어떤 중요한 이야기, 혹시 내가 알면 자신에 대해 우위를 느낄 수 있다고 생각하는 어떤 소재에 대해서는 말하지 않았다. 그의 몇몇 남자친구들은 유능했지만 그들의 재능은 어떤 분야(음악, 예술, 운동)에서는 그에게 경쟁상대조차 되지 않는 사람들이었다.

이 꿈을 분석한 그날 밤, 켄은 일련의 짧은 꿈들을 꾸었는데, 그 꿈들이 관계 속에서의 그의 행동을 조명해 주었다. 첫 번째 꿈에서 그는 스키 별장에 갔는데, 그곳에서 그를 따뜻하게 맞아주는 몇몇 남자친구들을 만났다. 그 후에 그는 부동산 자격증을 취득하기 위한 마지막 시험을 치는 장소(켄은 부동산 중개업자였다)에서 순서를 기다리고 있는데, 친구들이 그의 옆에 앉아 있는 것을 발견했다. 오랜 시간을 기다린 후에 시험문제가 배포되었지만 곧 교사(그의 상담자)가 시험이 취소됐다고 알려 주었다. 그들은 잘못된 날, 잘못된 장소에 온 것이었다. 이 꿈은 켄의 우정과 경쟁의 융합을 강조해 주었고, 상담을 통해 그 둘의 얽힌 부분들이 풀릴 것이다.

두 번째 꿈에서 켄은 제트여객기를 타고 있었다(꿈꾸는 많은 사람들이 종종 그러하듯이, 그는 상담을 어떤 운송 수단을 이용하는 여행으로 상징화했다). 그는 여객기 통로에서 이리저리 거닐다가, 사람들로 가득 차 있는 몇몇 칸막이 객실을 발견하고 깜짝 놀랐다. 그는 그들을 처음 봤지만 어찌된 일인지 그 사람들이 그곳에 줄곧 있었다는 걸 알았다. 명백히 이 꿈은 상담에서 또 다른 결정적인 일을 나타낸다. 그것은 세상에 있는 다른 사람들의 존재에 대한 발견이다.

그날 밤 그의 마지막 꿈은 단 하나의 단편, 즉 큰부리새(toucan)의 이미지만 있었다. 켄은 이 새에 대해 아무런 연상도 되지 않는다고 했지만, 나는 큰부리새를 통해 '둘이 해낼 수 있다(two can do)' 는 표상, 즉 켄의 이성관계(짝지움)에 대한 연상들을 쉽게 떠올릴 수 있었다.

인간관계에서 '제멋대로' 의 방식은 일상생활이나 대부분의 상담에서 쉽게 볼 수 있는 매우 일반적인 현상이다. 예를 들어, 자신의 옛 남자친구가 오는 줄 뻔히 알면서 그 모임에 고의적으로 새 남자친구를 데리고 간 여성은 분명히 그녀의 새 친구와 '함께' 가 아니다. 또 다른 환자 칼(Karl)은 이전의 여자친구가 화나고 힘들다고 전화했을 때 새로운 여자친구와 함께 있었다. 그는 예전의 여자친구를 우롱이라도 하듯, 수화기를 귀에서 멀리 떼어 새 여자 친구 쪽으로 돌려서 그녀도 들을 수 있게 했다. 한 개인이 맺는 각각의 관계들은 타인에 대한 그의 생각을 반영한다. 나는 한 사람이 어떤 사람들에게는 제멋대로 행동하면서 다른 소수의 사람과는 전혀 다른 방식으로 진심 어린 애정을 가지는 인간관계는 불가능하다고 믿는다. 칼의 새 여자친구는 그가 예전 여자친구에 대해 논하는 것이 정말 불안했다. 그녀는 그 전화 사건이 그와의 미래관계에 불길한 조짐이라고 생각했다(그리고 정확히 그러했다).

또 다른 사람을 위해 타인과 함께 있으려 하는 사례는 특히 집단 심리치료에서 분명하게 나타난다. 집단 심리치료는 대인관계에서 제멋대로 행동하는 모습을 조명하고 문제를 적절히 다루는 데 매우 적합한 방식이다. 나는 집단 심리치료 과정 중 한 회기를 통해 이와 관련된 생생한 실례가 되는 상황이 몇 주에 걸쳐 전개되는 것을 지켜보았다. 40세의 기혼 남성인 론(Ron)과 다른 집단원 모두는 집단 외 사교활동이 종종 치료 자체를 방해한다는 점을 알면서도 집단 밖 모임을 조직적으로 만들었다. 론은 어떤 집단원들을 요트놀이에 초대하고, 또 다른 집단원들은 스키에, 또 다른 사람들은 저녁식사에 초대하면서 집단 외 사교활동을 진행해 나갔다. 그러던 중 론은 집단원들 중 한 사람인 아이린(Irene)과 열정적인 사랑에 빠졌다.

집단 밖 모임은 일반적으로 숨겨진 요소로 둘러싸여 있을 때 집단 심리치료에 부정적인 영향을 미친다. 론은 자신이 만든 집단 밖 모임, 특히 아이린과의 만남에 대해 밝히기를 거부했기 때문에 집단 심리치료는 사실상 중단되었다. 그는 '잘못된' 것이 없다고 생각했고 그의 행동의 의미에 대해 검토하는 일조차 거부했다.

어느 집단회기에서 그가 나의 여성 보조지도자를 주말 스키에 초대한 일이 거론되었다. 그 행동에 대해 설명해 달라는 집단이 강하고 집요하게 요구하자 그는 당황하고 동요하는 듯했고, 결국 집단회기에서 나가 버렸다. 론은 집에 가는 길에 갑자기 자신이 어린 시절에 가장 좋아했던 이야기가 로빈 후드(Robin Hood)였다는 사실을 기억해 냈다. 그는 충동적으로 가까운 공립 도서관의 어린이 열람실을 찾아가서 그 이야기를 다시 읽었다. 바로 그때 그의 행동에 대한 의미가 이해되었다. 그가 로빈 후드 전설에서 동경했던 것은 압제자들로부터 사람들, 특히 여성들을 구하는 것이었다. 그때의 자극이 그의 삶에 강력한 역할을 해 왔고, 성장과정 내내 오이디푸스 콤플렉스 투쟁이 시작되었다. 처음에 그는 다른 사람 밑에서 일해서 성공하자, 경쟁 회사를 세워 자신의 예전 주인에게 고용되어 있는 사람을 꾀어내었고, 자신을 위해 일하게 했다. 결혼 역시 아내를 정말 사랑해서가 아니라 그녀를 포악한 아버지로부터 구해 내기 위한 행동이었다.

유사한 그런 행동양식은 집단에서도 나타났다. 그는 지도자인 나에게서 다른 집단원들을 구해 내고 나의 영향력에서 보조지도자들을 벗어나도록 하기 위해 노력했다. 다른 집단원들은 점차 론이 지도자인 나와 투쟁하는 데 자신들은 단지 담보물이었다는 것에 대해 깊은 실망을 표현하기 시작했다. 론의 지배적이면서도 거짓된 관계 방식이 완전히 드러나게 되자, 그는 '사람은 다른 무엇을 위해 살지?' 라는 질문에 직면하게 되었다. 그는 아이린을 제외한 다른 모든 집단원들을 만나 자신과의 관계를 설득하는 데 몇 달을 소비했다. 그는 그녀에게 끈질기게 매달렸다. 그리고 그는 집단치료에서 오로지 자신만을 위해 행동했다는 사실이 명백하게 드러났음에도 불구하고 지도자로부터 그녀를 보호했다고 비춰지길 원했다. 이것은 무의식적 저항이었다. 그는 마침내 집단치료에서 탈퇴했고, 몇 달 후 아이린도 빠져 나갔다. 갑자기 압제자가 없는 상태가 되자, 론의 사랑은 급격하게 시들어 버렸고 그는 아이린과의 관계를 끝냈다.

깊은 돌봄의 관계는 다른 사람과의 관계인데, 이는 과거나 현재에서 외부 사람과는 상관이 없다. 다른 사람과의 진정한 관계를 형성하기 위해서 전이(transference), 병렬적 왜곡(parataxic distortions), 숨겨진 동기나 목표들은 모두 사라져야 한다.

제9장

실존적 소외와 심리치료

실존적 소외는 치료자에게 몇 가지 중요한 개념을 제시한다. 이러한 개념은 복잡하고 이해하기 힘든 여러 가지 현상을 설명해 주는 참조체계(frame of reference)를 마련해 준다. 다시 말해서, 상담자가 내담자에게 명료하고 해석적인 코멘트를 전달할 수 있도록 도와주며, 중요한 치료적인 전략을 세우는 데 필요한 이론적 근거를 제시해 준다. 그것은 바로 소외에 대한 직면이다. 마지막으로 실존적 소외의 고찰은 매우 중요하고 복잡한 상담자와 내담자의 관계를 설명해 주는 데 상당한 실마리를 제공한다.

대인관계를 이해하기 위한 지침

소외를 두려워하는 사람은 일반적으로 대인관계를 통해서 공포를 완화하려고 한다. 그래서 자기의 존재를 확인하기 위해 타인이라는 존재를 필요로 한다. 그리고 자신보다 뛰어난 다른 사람에게 삼켜지기를 갈망한다. 또는 자신이 타인을 삼킴으로써 고독한 무력감을 완화시키려 노력한다.

그들은 또한 타인을 이용해서 자신의 위치를 상승시키려 한다. 진정한 관계를 맺는 것처럼 보이도록 어설프게 모방하여 여러 사람과 성적인 관계를 맺는다. 간단히 말해, 소외불안으로 가득 찬 사람은 필사적으로 타인과의 관계를 지속하기 위해 손을 내민다. 그 사람은 스스로 원해서가 아니라 내면적인 강요에 따라서 손을 뻗는 것이다. 그러한 결과로 생기는 관계는 성장(growth)이 아닌 생존(survival)에 근거를 두고 있다. 비극적인 아이러니는 진정한 관계를 통해 얻을 수 있는 위로와 기쁨을 정말로 필요로 하는 바로 이러한 사람들이 누리지 못한다는 사실이다.

상담자의 첫 번째 과업 중 한 가지는 내담자로 하여금 다른 사람과 함께 어떠한 것을 제대로 보고 바르게 깨달을 수 있도록 도와주는 일이다. 내담자가 바라지 않는 관계의 특징은 상담자에게 내담자의 어두운 정신병리적 대인관계에 대한 대안이나 새로운 지평을 제공해 준다. 예를 들어, 내담자는 자신에게 무엇인가를 제공해 줄 수 있는 사람과만 배타적인 관계를 형성하는가? 그가 그 외의 다른 사람과 관계를 맺기 위해 타인을 이용하는가? 다시 말해 얼마나 많은 사람이 그의 방(삶)에 있는가? 그는 타인의 성장에 관심이 있는가? 등의 특징이다.

집단 심리치료는 다음의 임상사례와 같이 그들 자신의 왜곡된 관계양식들을 점검해 볼 수 있는 다양한 경험의 장(arena)을 제공해 준다는 점에서 도움이 된다.

이브(Eve)는 집단 심리치료에 6개월 정도 참여했다. 그녀는 다른 환자들과 마찬가지로 그 집단 내에서 이전과 비슷한 방식으로 대인관계를 형성했다. 그녀는 주변만 맴도는 소극적인 사람이었고 쉽게 잊혀지는 사람이었다. 아무도 그녀를 진지하게 대하지 않았고, 그녀는 언제나 집단원의 관심 밖에 있었다. 겉보기에 자신에 대해 진지하지 않은 것처럼 보였고 집단 내에서 웃음을 주는 사람으로 보이는 것만으로도 만족하는 듯했다. 크리스마스 연휴 동안, 일부 집단원들이 외출을 나가는 바람에 모임에 참여한 사람이 매우 적었다. 집단회기가 시작되자마자, 이브는 집단원이 별로 참석하지 않은 것에 대한 불쾌감을 표현하기 시작했다. 의도하지 않았지만, 그녀는 '강렬한 집단회기' (intense session)를 유도하는 거친 말들을 쏟아냈다. 그녀는 소수의 집단원들만 남은 것에 대한 느낌을 자신만의 독특하고 담담한 어투로 계속해서 이어갔다. 마침내 다른 여성 집단원이 이브의 말을 더 이상 참고 들을 수가 없다고 반응했다. 집단에서는 어느 한 사람도 그녀가 자신들에게 말하고 있다고 느끼지 못했다. 이브는 언제나 마치 방 안에 아무도 없는 듯, 집단상담 과정 중에 혼잣말처럼 중얼거리는 투로 말했다. 그때 다른 집단원들이 이브에 대해 말하기를, 그녀는 집단의 어느 누구에게도 관심이 없고 자신들도 그녀에 대해 아는 게 없다고 하면서, 자신들의 눈에서 사라져 있는 느낌이 든다고 반응을 보였다. 그런 이유로 모든 집단원들은 그녀에게 관심조차 없었다.

나는 이브에게 다른 집단원에게 관심을 가져 볼 수 있겠냐고 물었다. 그녀는 집단원들을 천천히 쭉 둘러보고 나서 담담한 말투로 각 사람에 대한 자신의 느낌을 말했다. 나는 그녀에게 "각 집단원에 대한 당신의 느낌을 1에서 10의 위험부담 저울에 올린다면 어떻게 등급을 매길 수 있겠어요?"라고 물었다. 그녀는 "매우 낮아요. 대략 2에서 3정도."라고 거침없이 말했다. 나는 "당신이 한두 계단 올라간다면 무슨 일이 생길까요?"라고 물었다. 그녀는 자신이 알코올 중독자였다는 사실을 집단원에게 얘기할 것이라고 대답했다. 이것은 그녀가 아무에게도 말하지 않았던 뜻밖의 사실이었다. 나는 그녀가 더욱 마음을 열 수 있도록 여러 달 집단치료에 참석해 왔으면서도 그러한 사실을 집단원들에게 말할 수 없었던 심정에 대해 나눌 수 있으면 좋겠다고 했다. 이브는 자신이 집단 내에서 얼마나 외로웠는지, 방 안의 모든 사람들로부터 얼마나 단절되었는지에 대해 털어놨다. 하지만 그녀는 이러한 고백보다 자신의 알코올 중독에 대해 더 부끄러워했다. 그녀는 알코올 중독자였다는 사실 때문에 다른 사람들과 '함께' 할 수 없었고 자신을 드러내기도 힘들었다고 말했다.

나는 이브의 고백을 다른 방식으로 접근했다(여기부터 진정한 치료 작업이 시작됐다). 그녀는 술에 빠진 것 때문에 자신을 숨긴 것이 아니라 자신을 숨겼기 때문에 술에 빠진 것이다! 그녀는 스스로 세상에 너무 무관심했기 때문에 술에 빠진 것이다. 그런 다음 이브는 집으로 돌아가는 일, 상실감(lostness)이나 고독(loneliness)에 대한 자기 느낌을 이야기하였고, 그중 하나를 구체적으로 설명하였다. 그녀는 자신을 어린아이라고 상상하고 큰 어른의 보살핌을 받는 공상에 빠지거나, 혹은 상실감이나 고독의 고통을 술로 달랜다고 했다. 그녀는 차츰 자신의 어떤 특정한 목적, 즉 보호와 보살핌을 받기 위해 다른 사람과 관계를 맺었고, 이러한 목적 안에서 단지 부분적으로만 그들과 관계해 왔다는 점을 이해하기 시작했다. 그녀는 다른 사람의 일부만 보았고, 자신 역시 보호자(타인)를 쫓아 버리지 않는 정도 내에서 자신의 일부분만을 보여 주기로 선택한 것이다.

그녀는 타인들이 자신의 행동을 어떻게 생각했는지 분명히 안 후에 자신의 행동이 다른 사람들에게 어떻게 느껴졌는지를 배울 수 있었다(이런 점은 집단 심리치료의 고유한 방법이 지닌 진짜 효능들 중 하나다. 개인 상담자가 내담자에게 충분한 정보를 제공할 수 있더라도, 여러 사람들로부터의 반응은 더 많은 정보와 강력한 힘을 지니고 있다). 그녀는 자신의 딱한 처지가 얻고 싶은 관심을 이끌어 내지 못한다는 사실을 깨달았다. 반대로 타인과 관계를 맺기 위해 마지못해 자신의 모든 부분을 가지고 다가갔을 때, 오히려 그녀는 거절당하지 않았다. 이브는 너무나 원했기 때문에 오히려 그 원하는 것을 얻는 데 실패했다.

이브의 사례가 보여 주듯이, 현재의 대인관계를 이해하는 과정에서 중요한 치료가능성을 발견할 수 있다. 이것은 상담자-내담자 관계가 분석하기에 가장 용이하고 치료에 매우 큰 효과를 지니고 있다는 점을 보여 주는데, 이 부분은 앞으로 좀 더 논의될 것이다. 하지만 내담자가 맺고 있는 다른 대인관계도 항상 조사해 보아야 한다. 상담 중인 내담자들 사이의 관계(집단 심리치료, 입원환자 갱생시설, 주간 진료병원 등)는 치료 이후에도 장기간 좋은 관계로 지속되어 우정으로 진전되는 경우가 거의 없다. 그럼에도 불구하고 이런 관계들은 환자의 관계양상에서 나타나는 병리적 모습을 보여 준다. 앞서 설명했던 것처럼, 상담자는 이러한 자료를 내담자의 부적절하고 독특한 관계형태를 이해하는 안내서로 직접 이용하거나, 혹은 내담자의 대인관계 행동성향과 그것이 타인에게 미치는 영향, 그리고 자신의 소외에 대한 책임성을 인식하도록 돕는 지침서로 사용할 수 있다. 집단치료 과정에서 형성하는 관계는 '현실 세계' 에서 내담자의 미래에 맺게 될 관계를 위한 '최종연습' 이 된다. 즉, 내담자가 새로운 관계방식을 시험할 수 있는, 위험 부담이 적은 실습인 셈이다.

이제까지 집단상담 과정 안에서 형성되는 관계가 내담자에게 미치는 효과에 대해 기술했다. 하지만 그 효과는 병리적 현상을 보여 주고 최종연습을 제공해 주는 차원을 뛰어넘는다. 이러한 관계들, 또한 그 관계를 맺는 사람들에게 상담과정 내에서의 관계는 여러 가지 의미를 함축하고 있고, 치유를 경험하는 진짜 사람들과의 진짜 관계가 된다. 정신과 병동 입원 초기에 일부 환자는 다른 사람과 접촉을 거의 하지 않는다. 그들은 누군가 말을 걸 때만 이야기할 뿐, 가능하면 늘 자신의 방에 머무르려고 한다. 그들은 뜨개질, 독서 등을 하면서 자기 마음과 '주변상황을 구분하는' 생각에 몰두한다.

환자 자신의 이런 위축(withdrawal)된 행동의 이유는 우울증, 거절에 대한 두려움 또는 한 가지 공통적인 이유는—다른 사람과 '공통점이 없어서' 라고 말하지만—필연적으로 사라질 것을 위해 에너지를 낭비할 필요가 없다는 생각 때문이다. 어떤 환자는 다른 환자와의 관계를 지속시킬 수 없는 이유는 우리가 서로 다른 '세계' 를 살고 있기 때문이라고 말했다(그들은 공유하고 있는 '세계', 지구 궤도, 생활주기를 잊었다). 그렇다면 그들은 왜 관계를 맺는가? 다른 환자는 상실경험을 견딜 수 없기 때문에 오랫동안 우정을 지속시킬 수 있는 관계만을 가꾸고 싶다고 말했다. 이런 주장은 각각 타당한 요소들을 지니고 있다. 현대인의 특징 중 하나는 비영속성(impermanence)인데, 이것은 안정된 제도와 사회조직의 결핍으로 나타난다. 일시적으로 '함께 휴가를 떠나는' 관계라고 한들, 무슨 유익이 되겠는가?

다음의 한 임상사례는 이러한 문제를 살펴볼 수 있는 통찰력을 제공해 준다. 자해 행위로 입원한 경계성 성격장애자인 안나(Anna)는 독특한 소외 속에서 괴로워하던 젊은 여성이었다. 그녀가 끊임없이 고민하는 한 가지 근원적 질문은 '사람은 무엇을 위해 사는가?' 다. 그녀는 집단치료 중에 타인과 접촉하기 싫어했다. 왜냐하면 그녀는 거짓으로 가득 찬 환경에 둘러싸여 있는 피상적인 관계에 빠지고 싶지 않았기 때문이다. 그녀가 다른 사람에게 다가가거나 어떤 생각을 표현할 때마다 이내 그녀의 마음속에선 자신이 점점 사기꾼이 되어 가고 자신의 말은 모두 거짓된 감정에서 비롯된다는 느낌이 들었다. 안나는 고독했고 모든 것이 두려워졌다. 그녀는 항상 차고 어두운 길을 걸으며 타인의 집에서 새어 나오는 따뜻한 빛과 아늑한 만남을 지켜보면서 부러워하는 외부인이었다. 집단회기 동안, 나는 항상 그녀에게 다른 사람과 접촉할 것을 권했다. "분석하지도 말고 자꾸 자책하지도 마세요." "단지 다른 집단원들에게 스스로 다가가려고 노력해 보세요. 그들이 경험하는 세계에 들어가 보세요. 가능한 자신을 개방해 보세요. 그리고 왜냐고 묻지도 마시고요." 열띤 집단회기가 진행되는 동안 안나는 몇몇 집단원에게 접촉을 시도했고, 그들 중 한 명과 함께 공감하며 슬퍼하는 깊은 관계경험을 했다. 그 회기가 끝날 무렵 안나는 그녀가 지난 시간에 걸쳐 경험한 것이 어떠하였는지 말해 달라는 질문을 받았다(상담에서 지금-현재(here and now)의 느낌을 효율적으로 표현하면 항상 두 가지 과정, 즉 순수한 경험과 그 경험의 결과로 일어나는 변화를 점검할 수 있다). 안나는 타인의 경험에 몰두하는 동안에는 외부인과 같은 쓸쓸한 느낌보다는 단지 살아 있었던 것 같다고 말했다. 그녀는 밖에서 차가운 창유리를 통해 물끄러미 쳐다보는 것 대신에 삶의 내부에 온전히 들어와 있었다.

안나는 그 집단에서 경험을 통해 자신의 질문이었던 '사람은 무엇을 위해 사는가?'에 대한 답을 발견할 수 있었다. 그녀는 짧은 시간 동안 인간의 내적 세계를 풍부하게 해 주는 관계의 가치를 절감할 수 있었다. 비록 그녀가 무의식적으로는 그것을 거짓된 경험으로 분류하고 지우려 했더라도, 그녀는 관계가 깊은 소외의 바다 위에 어떻게 다리를 놓아 주는지에 대해 경험할 수 있었다. 짧은 만남이라 해도 다른 사람과의 참만남(encounter)은 인간을 진정으로 변화시킨다. 인간은 진정한 참만남을 통해 관계를 내면화하고 그 중요성을 마음에 늘 상기시켜 주는 참된 보상과 가능성을 동시에 깨닫는다.

짧은 참만남이 주는 지속적인 영향을 보여 주는 훌륭한 사례는 1913년 러셀(Bertrand Russell)과 콘래드(Joseph Conrad)의 만남에서 엿볼 수 있다.

> 우리는 첫 만남부터 서로에게 친근함을 느꼈고, 이야기를 나눌 수 있었다. 우리는 겹겹으로 가려진 피상적인 모습에서 벗어나 점차 두 사람의 중심에 있는 불꽃에 도달하는 것 같았다. 이는 내가 알고 있는 어떤 것과 비교할 수조차 없는 색다른 경험이었다. 우리는 서로의 눈을 들여다보았다. 그런 핵심적인 내면 안에서 우리 스스로를 발견했을 때, 반은 소름 끼치고 반은 도취되는 것 같았다. 그 감정은 열렬한 사랑처럼 강렬했고, 엄청난 경험이었다. 나는 너무나 어리둥절해서 일상적인 일들을 어떻게 처리해야 할지 알 수 없었다.[1]

러셀은 콘래드와 불과 몇 시간만을 함께 보냈지만, 그와 같은 일이 절대 다시 일어나지 않았다고 말했다. 감동적인 그 순간의 경험은 불화나 역경 등 고통스러운 일을 겪은 후 인간관계에 대한 그의 태도를 형성하는 데 도움을 주었다. 그때의 경험은 그에게 늘 그렇게 남겨져 있었다.[2]

물론 반대 방향으로 잘못 발전될 가능성도 있다. 다시 말해, 짧은 순간에 자기 자신에게만 몰두함으로써 깊은 관계를 경험하지 못할 수도 있는데, 상담자는 이런 가능성을 염두에 두고 그들의 초점을 상대방 마음에 맞추도록 도와주어야 한다. 그러나 어떤 인간관계도 영속성을 보장해 줄 수 없다는 점을 명심해야 한다. 어떤 관계는 미래의 현실성이 없을 수도 있다는 이유로 현재 관계의 실재조차 무시하는 경우가 있다. 실제로 선택한 몇몇 사람하고만 관계를 형성하는 사람은 분명히 다른 사람에게 마음을 주기 가장 어려운 사람이다. 앞에서 설명했듯이 그들은 소외에 대한 불안이 너무 크기 때문에 관계의 가능성을 일부러 없애려 한다. 반면에 다른 사람을 향해 항상 진심으로 다가가려는 사람은 타인이 자기 내부에 존재하기 때문에 실존적 불안이 완화되는 경험을 할 수 있으며, 필요에 따라서 타인을 붙잡으려고 하지 않고 사랑을 나눔으로써 그들에게 다가갈 수 있다.

내담자를 소외에 직면시키기

또 다른 중요한 상담단계는 내담자로 하여금 실존적 소외에 직접적으로 초점을 맞추고 그것을 살펴봄으로써 자신의 상실경험과 고독의 느낌에 몰입하도록 돕는 과정이다. 내담자가 치료 중에 발견해야만 하는 근본적인 사실 중 하나는 인간과 인간 사이의 참만남이 실존적 소외를 완화시킬 수는 있어도 이를 제거하지는 못한다는 사실이다. 상담을 통해 변화된 내담자는 친밀한 관계를 갖는 보상뿐만 아니라 그것의 한계도 알게 된다. 또한 그들은 다른 사람에게서 얻을 수 없는 것이 무엇인지를 알게 된다. 나는 몇 해 전 동료들과 함께 제6장에서 다루었던 연구과제에서 나타난 몇 가지의 성공적인 상담결과들을 검토하여 내담자의 상담경험 중 어떤 면이 가장 유용했는지 분석했다. 우선순위를 기준으로 분류(Q-sort)한 60개의 항목 중 하나는 친밀한 관계의 한계에 대한 태도('내가 다른 사람과 아무리 가까워져도, 여전히 삶에 혼자서 대면해야 하는 점을 인식')이었는데, 이것은 많은 내담자들이 중요하게 여겼고 전체 60개 항목 중 23번째로 측정되었다.[3)]

물론 소외에 대한 '해답'은 없다. 그것은 실존의 일부이기 때문에 이를 직면하고 받아들이는 방법을 발견해야만 한다. 타인과의 친교는 소외의 두려움을 줄이기 위한 주요한 수단이다. 우리 모두는 어두운 인생의 바다에서 홀로 떠돌아다니는 돛단배들이며, 우리는 다른 배들의 움직임을 통해 빛을 본다. 가서 닿을 수는 없지만 다른 이들이 존재한다는 사실과 우리와 유사한 그들의 실존 상황은 커다란 위안을 준다. 동시에 우리는 절대적인 고독과 무력감을 깨닫는다. 하지만 만약 인간이 의문으로 가득 찬 자기 개체성의 문을 열고 나올 수 있다면, 비슷한 고독과 두려움에 직면해 있는 타인을 볼 수 있을 것이다. 소외에 대한 우리의 경험은 타인을 향해 연민의 정을 느낄 수 있도록 도와줌으로써 자신도 더 이상 소외에 대해 두려워하지 않게 된다. 보이지 않는 유대감이 같은 소외에 직면한 인간들을 하나로 만드는 것이다. 예를 들어, 같은 학교나 직장에 함께 다니는 것처럼, 같은 시간과 공간을 함께 나누는 경험 또는 하나의 사건을 함께 겪는 일원으로서의 여러 가지 경험을 생각해 볼 수 있다.

하지만 연민과 공감은 어느 정도의 평정이 필요하다. 왜냐하면 이런 마음은 겁먹은 상태에서 나타날 수 없기 때문이다. 인간은 자신의 실존 상황에 좀 더 효과적으로 대처하기 위한 수단을 사용하기 위해 소외와 직면해야 하며 또 이를 견뎌내야 한다. 신은 많은 사람들의 소외를 경감시켜 준다. 그러나 화이트헤드(Alfred North Whitehead)는 "소외는 진정한 정신적 확신 상태이며, 종교는 개인 자신만이 알 수 있는 적막감과 함께 하는 무엇이다…. 만약 당신이 전혀 쓸쓸하지 않다면 결코 종교적일 수 없다."라고 주장했다.[4] 상담자의 임무 중 하나는 내담자가 소외와 직면하도록 돕는 일이다. 소외를 느끼면 처음에는 불안감을 느끼지만 궁극적으로는 개인의 성장을 촉진시킨다. 프롬(Fromm)은 『사랑의 기술(*The Art of Loving*)』에서 "혼자가 되기 위한 준비는 사랑하는 능력을 위한 전제조건이다."라고 밝히고 있다. 그리고 그는 초월 명상이 등장하기 이전인 1960년대의 미국 사회에 이미 쓸쓸함에 의식을 집중하는 방법에 대해 소개했다.[5]

무스타카스(Clark Moustakas)는 고독에 관한 수필에서 비슷한 주장을 했다.

> 고독한 개인이 고독한 자신을 발견하면 타인과의 관계를 형성하기 시작하거나 근본적으로 인간은 서로 관계하고 있다는 것을 자각한다. 고독은 개인을 분리하거나, 자아파괴 혹은 자아구분을 하기보다는 오히려 개인의 전체성(wholeness), 지각(perceptiveness), 감수성(sensitivity), 인간성(humanity)을 발전시키는 기능을 한다.[6]

많은 학자는 고독을 초월하기 전에 반드시 그 고독을 경험해야 한다고 동일하게 말하고 있다. 예를 들어, 카뮈(Camus)는 "인간이 혼자서 자기 고통에 대처하는 법과 피하고 싶은 마음에 대한 극복 방법을 실제로 터득했다면, 이것이 책을 보거나 강연을 통한 막연한 방법이 아니라면, 이제 그들은 더 이상 배울 것이 없다."라고 주장했다.[7] 이와 유사하게 홉슨(Robert Hobson)은 "인간이 된다는 것은 혼자가 되는 것을 의미한다. 사람이 되어 간다는 것은 우리가 고독 속에 머무르는 새로운 방법들을 탐색해 나간다는 것을 의미한다."라고 말했다.[8]

나는 '고독 속에 머무르는 새로운 방법들을 탐색한다'는 문구를 좋아한다. 이 말은 무엇이 상담자의 업무가 되어야 하는가를 설명한다. 하지만 이 말은 임상적 증상의 기원을 알려 주기도 한다. 예를 들어, 조현병 환자는 '머무르기' 보다 고독에서 몸부림친다. 이런 심리적인 부분은 마치 '부자는 더욱 부유해지고 가난한 자는 더욱 가난해지는 것'과 유사하게 보인다. 소외에 직면하고 이를 탐색할 수 있는 사람은 성숙한 사랑으로 타인과 관계하는 방법을 배울 수 있지만, 이미 다른 사람과 관계를 통해 소외에 대한 문제를 해결하려는 사람은 단지 소외를 견딜 수 있을 뿐이다. 예를 들어, 볼렌도르프(Robert Bollendorf)는 개인적응력 검사(불안을 측정하는 IGPE 검사)를 통해 측정된 자아실현 정도가 높은 사람일수록 16시간 동안 적막한 감금 상황에서 경험하는 소외와 불안의 정도가 낮다는 사실을 밝혀 냈다.[9]

윌(Otto Will)은 정신이상을 가진 많은 청소년과 젊은 성인을 치료한 경험자로, 서로 사랑하고 존중하는 가정에서 자란 개인이 가족에게서 자연스럽게 벗어나거나 청소년기의 분리와 고독을 쉽게 대처할 수 있다는 사실을 발견했다. 반면 상대적으로 매우 고통스럽고 혼란스러운 가정에서 자란 사람은 어떠한가? 우리는 그들이 자주 가정에서 뛰쳐나갈 가능성이 높을 것이라고 쉽게 예상할 수 있다. 하지만 그와 반대로, 자식은 가정이 불안할수록 쉽게 떠나지 못한다. 오히려 그들이 독립하기에는 빈약하지만 소외불안에 대한 도피처로 가정에 매달리는 것이다.[10]

치료자는 적절한 투약과 다양한 지지체계를 통해 환자가 소외에 직면할 수 있도록 도와주어야 한다. 일단, 불안의 다른 요소를 제대로 다루었거나 긍정적이고 튼튼한 치료관계를 형성했으면 치료는 매우 진전된 상태라고 볼 수 있다. 이때 일부 치료사들은 나머지 치료과정 동안 스스로(self-enforced) 소외상황에 들어가서 지내 보라고 충고하거나 그런 처방을 내리기도 한다. 이런 방법을 통해 두 가지 유익을 기대할 수 있는데, 첫째로는 중요한 단서를 발견할 수 있다. 제5장에서 언급되었던 환자 브루스(Bruce)를 떠올려 보자. 그는 몇 시간 동안 소외에 잠겨 있으면서, 자신의 고독과 죽음에 대한 공포를 직면하였다. 그는 그동안 일중독과 충동적인 성적 표출을 통해 회피하려고만 했다. 두 번째로는 브루스의 사례처럼, 자기 내면에 잠재되어 있던 자원과 용기를 발견한다는 것이다. 셔비(Linda Sherby)는 관계를 맺기 원하지만 오히려 관계형성을 어렵게 만드는 난폭한 행동과 인간관계의 불만, 의존적인 자세를 지닌 어떤 환자에 대해 설명한 적이 있다.[11] 치료사는 이러한 문제의 심각성을 해결하기 위해 환자에게 모든 산만한 것들(사람, TV, 책 등)로부터 단절된 모텔에서 자신의 생각과 느낌을 일기에 적기만 하면서 혼자 24시간을 지내 보라고 제안했다. 이 과정을 통해 얻은 주목할 만한 성과는 그녀가 두려움 없이 소외를 견딜 수 있다는 걸 깨달았다는 데 있었다. 그녀의 메모는 이런 점들을 보여 주고 있다. "나는 여전히 미치지 않고 온전히 견디고 있다는 것이 놀랍다. 아마도 나는 금방이라도 호흡곤란에 빠지게 될 거야! 하지만 벌써 9시간이나 지났고 아직까지는 나의 상태가 부서질 정도로 나쁘다고 생각하지 않는다." 정해진 24시간이 끝나갈 무렵에 그녀는 치료사에게 메모를 남겼다. "내가 미치지 않을 것이 확실해졌다. 아마 당신은 처음부터 이것을 알고 있었을 것이다. 이 경험을 통해 슬픔은 나의 일부가 되었고 그것으로부터 헤어나는 것이 이토록 쉬운지는 정말 몰랐다!"

몇 해 전 나는 동료와 함께 소외로 촉진되는 개인적 성장이 외부적으로 드러나는 정도를 알아보기 위해 몇 가지 실험을 실시했다.[12] 우리는 장기간의 개인상담(주말에 실시된 참만남 집단)에서 경험한 정서자극(affect arousal)으로 받은 영향력을 측정하기 위해 세 집단의 내담자들로 하여금 시골의 조용한 여관에서 실시된 주말 집단상담에 참여하도록 권유했다. 우리는 이 중 두 집단을 정서자극 게슈탈트(affect arousing gestalt) 집단으로 구분하여 실험집단으로 두었고, 나머지 하나의 집단을 선불교(禪佛敎) 명상 집단으로 구분해서 통제집단으로 배치하였다. 우리는 게슈탈트 집단경험에 따른 피험자들의 영향력을 측정하려 했기 때문에 무감정자극(non-affect arousal) 방식의 선불교 명상 집단은 피험자들에게 별다른 영향을 미치지 않을 것이라 가정했다. 그러나 결과는 전혀 다르게 나타났다. 우리는 결과에 막대한 영향을 미친 '불특정' 변수를 예상하지 못했는데, 불특정 변수 중 중요한 한 가지가 바로 소외경험에 관한 것이었다. 두 실험집단과 한 통제집단의 많은 사람들이 이 경험을 통해서 얻은 가장 중요한 변화는 친숙한 환경이 사라지고 실제적인 소외를 경험한 것부터 나타났다고 말했다. 실제로 몇몇 여성 피험자들은 가정으로부터 떨어져 남편과 아이들 없이 침대에서 홀로 밤을 지낸 것은 처음(어떤 여성은 20년 만에 처음)이었다고 말했다. 게다가 몇몇 사람에게는 소외에 대한 직면이 충격적일 정도로 너무나 강렬해서, 정확히 측정하려고 했던 정서자극 변수의 의미를 축소시켜 버리고 말았다.

명상 체험은 소외를 인식할 수 있는 또 다른 방법을 제공한다. 명상 전문가들이 명상의 유익을 정확히 이러한 방식으로 개념화하고 있지는 않지만, 나는 명상이 성장을 유발하는 중요한 요소 중 불안감소 상태(즉, 불안을 줄여 주는 근육이완, 자세, 호흡, 마음정화)를 지속하는 데 도움을 주며, 인간이 소외와 관련해서 일어나는 불안에 대처하고 이를 초월할 수 있도록 이끌어 준다고 생각한다.

인간은 자신이 가장 두려워하는 소외에 마주하는 방법을 배워야 한다. 그들은 소외 속으로 뛰어들어 갈 필요가 있다. 이때 중요한 점은 스스로를 보호하기 위해 습관적인 방어방식인 부정(denial)을 버리고, 무방비 상태에서 그냥 뛰어들어야 한다는 점이다. 인간은 무엇인가를 성취하거나 얻으려 하기보다는 무작정 따라갈 수 있어야 하고, 이전의 경험들을 분류하거나 분석하기보다는 차분히 마음을 비우고 그 세계를 지배하거나 정복하기보다는 소외의 세계에 반응하고 함께 어울려 지낼 수 있어야 한다.

인간이 깨달음으로 가는 과정에서 반드시 갖추어야 할 자세 중 하나는 명상이다. 명상의 분명한 목표 중 하나는 두 가지의 중요성을 인식하는 것인데, 하나는 눈에 보이는 현실 세계가 사실상 베일로 가려져 있다는 점이며, 다른 하나는 자신의 소외를 깊이 직면할 수 있을 때 그 베일이 벗겨져 나간다는 것이다. 하지만 현실에 대한 착각본성(illusionary nature)에 대한 인식이나, 인간 본질적 기능의 지각(제6장에서 논의했던)은 변함없이 인간을 실존적 소외와 마주하게 만들며, 근본적으로 인간을 다른 사람이나 세상으로부터 소외된 존재라는 인식 속으로 밀어 넣는다.

소외와 내담자-상담자의 참만남

치유하는 관계

나는 치료사가 되기 위한 교육 과정의 초기에서 배운 상담의 두 가지 격언을 기억한다. 첫 번째는 '심리치료의 목표는 환자에게 자유롭게 선택할 수 있는 여지를 주는 것' 이라는 점인데, 이는 앞서 자유를 주제로 한 단락에서 기술했다. 두 번째 '치유는 관계' 라는 것인데, 이 부분은 치료사가 반드시 배워야 하는 가장 중요한 교훈이다. 상담에서 이보다 더 이상 확실한 진실은 없다. 모든 치료자들은 참만남 그 자체가 어떤 이론보다도 내담자를 치유하는 중요한 방법이라는 사실을 실제 상담 경험에서 끊임없이 깨닫는다.

만약 심리치료 연구에서 발견된 단 하나의 법칙을 꼽는다면, 내담자와 상담자 간의 긍정적인 관계가 치료결과에 긍정적으로 관여한다는 점이다. 유능한 치료사는 내담자에게 진실한 태도로 반응함으로써, 내담자가 편안하고 수용적으로 느낄 수 있는 관계를 확립하는 데 최선을 다한다. 치료자는 소유욕이 없는 따뜻함과 높은 단계의 정확한 공감을 보여 주며, 내담자와 '함께 하면서' 내담자의 '의미를 이해' 할 수 있다. 수백 편의 연구들을 요약한 몇몇 개관 논문들은 이 결론에 동의한다.[13]

나는 제1장에서 심리치료를 요리수업에서 겪었던 경험에 비유했다. 아르메니아 요리사의 가지요리와 심리치료는 '투입하는 행위' (throw-ins)와 '비공식인 일' (off the record)에 따라 중대한 차이를 가져온다. 이러한 '투입하는 행위' 가 가장 빈번하게 일어나는 것은 상담자-내담자 관계 안에서다.[14] 실제 심리치료과정에서 치료사는 인간적이고 친밀한 방식으로 환자에게 다가간다. 가끔 이렇게 다가가는 행위가 치료에 결정적인 사건이 되기도 하지만 이는 직무상 통상적인 원칙에는 어긋난다. 이것은 일반적으로 정신의학 보고서에 기록되어 있지 않으며(보통 비난에 대한 두려움과 부끄러움 때문), 학생에게 가르치지도 않는다(공식이론 밖에 있고 때로는 '정도를 벗어날 수 있기' 때문).

내담자-치료사 간의 참만남의 중요성에 대한 탁월한 사례는 『상담에서의 결정적인 사건들(*Critical Incidents in Psychotherapy*)』(1959) 이라는 책에서 찾아볼 수 있다. 이 책은 치료자들이 상담의 분기점을 만든 몇 가지 주요 사건에 대해 기술했다. 이러한 결정적인 사건들의 상당수는 치료사가 통상적인 역할에서 벗어나 내담자에게 진심 어린 마음을 가지고 다가갈 때 생겨났다. 몇몇 사례를 보면 다음과 같다.

1. 환자 톰(Tom)은 그때 내 눈을 바라보며 "당신이 나를 포기한다면, 나에게는 희망이 없어요." 라고 너무나 분명하고 차분하게 말하고 있었다. 그 순간 나는 슬픔, 미움, 연민, 불완전으로 얽힌 복합적이고 강력한 감정들로 압도당했다. 탐의 고백은 나에게 '중대한 사건'이 되었다. 그 순간부터 지금까지 나는 지구상의 어느 누구보다도 그와 가까운 사이가 되었다.[15]
2. 토요일 오후의 일이었다. 어떤 치료사는 너무 피곤하고 배도 고팠지만, 응급상황에 있는 병든 환자들을 위해 여러 시간 동안 일을 계속했다.[16]
3. 한 치료자는 치료기간 중 암으로 의심되는 증상을 가진 환자와 만났다. 그녀가 의료검사결과(뒤에 부정적으로 밝혀진)를 기다리는 동안, 그녀는 흐느껴 울기 시작했다. 그녀가 일시적인 정신이상 상태에서 일어나는 공포를 견디고 있을 때, 치료자는 자신의 팔을 벌려 마치 어린아이를 다루듯 그녀를 안고 있었다.[17]
4. 치료자에게 너무도 강력하고 분명한 성적 자극을 통해 전이를 불러일으켜서 상담 자체를 불가능하게 한 젊은 여성 내담자가 있었다. 그녀의 치료를 담당하던 남자 상담자는 자신의 개인사에 대한 그녀의 생각을 명료하게 밝혀 냄으로써 그에 대한 상상의 왜곡된 지각으로부터 현실을 구분하도록 했다.[18]
5. 몇 회기의 상담과정 동안 어떤 내담자가 상담자를 인격적으로 공격하고 상담능력에 대해 문제를 삼아 한동안 곤욕을 치르게 했다. 결국 치료사는 폭발하고 만다. "나는 주먹으로 책상을 두드리고 소리 지를 겁니다. 제기랄! 이봐요, 당신! 말도 안 되는 헛소리 집어치우고 자신을 이해하는 일이나 하는 게 어때요. 나를 공격하는 것은 그만 멈춰요. 내가 무슨 결점을 갖고 있든, 또 많은 결점을 가지고 있더라도 당신의 문제와는 상관없습니다. 나도 인간입니다. 후, 오늘은 억세게 기분이 더러운 날이군…."[19]
6. 한 환자가 절벽 위에 자리 잡은 어느 인적 없는 외딴 집에 버려져 있었다. 그곳

은 낡아빠진 나무다리를 건너야만 도달할 수 있었다. 그녀는 그러한 극도의 힘든 상황에서 자신의 치료자에게 전화를 걸었다. 치료자는 위험한 다리를 건너 그 집까지 찾아와 그녀를 위로하고 집까지 데려다 주었다.[20)]

다른 중요한 사례들도 유사하다. 각 사례의 주안점은 인간적인 참만남을 목적으로 하기 때문에 우리가 익히 알고 있는 관례대로 환자를 인위적으로 '조종' 하는 것과는 다르다. 이 책은 이러한 철학을 뒷받침하는 실례를 많이 다루고 있어 매우 흥미롭다.

제2장에서 나는 1895년의 「히스테리 연구」에서 프로이트(Freud)와 브로이어(Breuer)가 죽음과 관련된 중요한 요소를 어떻게 놓치고 있었는지에 대해 기술했다.[21)] 또한 치료과정에 대한 평가에서 프로이트는 내담자–상담자 사이의 참만남의 중요성을 간과하고 있었다. 그는 치료 상의 변화를 모두 최면술이나 '정화과정' (abreaction)*과 '억눌린 감정' 의 해소를 가져오는 해석 작업의 덕분이라고 하였다. 하지만 프로이트가 기술한 치료과정에 대한 사례기록들을 면밀히 살펴보면 놀라운 점을 발견할 수 있다. 여러 부분에서 그가 몇몇 내담자들에게 정기적으로 안마를 해 주었다는 것을 알 수 있었는데, 어떤 한 구절은 내담자의 월경 기간이라 안마를 해 줄 수 없어서 안타까워하는 상황을 기록하고 있다. 다른 사례의 경우, 그는 내담자의 재정적인 부분이나 부부간의 기대를 명료하게 정리하고, 가족에게 분명하게 밝힘으로써 내담자 삶의 내부를 '과감하게 흔들었다' (부버의 말을 인용).[22)] 또 다른 경우에서는 프로이트가 너무나 권위적이고 엄격했다. 그가 내담자에게 24시간 안에 신념(증상에 대한 심리학적 요인과 상관없는 것을 원인으로 생각하는 경우)을 바꾸든지 아니면 병원을 떠나라고 강경하게 말한 것은 잘 알려진 사례다.[23)]

* (역자 주) 정화과정은 내담자가 상담 중에 자신의 과거의 아픈 기억이나 갈등을 떠올리면서 당시의 분노나 슬픔 등 고통스러웠던 감정을 표현하는 과정을 말한다. 이런 상처받은 과거 경험은 무의식 속에 억압된 채 스트레스나 긴장을 누적시켜서 문제를 유발한다. 상담은 정화과정에서 억울한 기억이나 감정을 터뜨려 표현함으로써 공포감, 혐오감, 분노 및 적개심 등을 발산하면서 심리적 문제에 대한 정서변화를 가져온다.

몇 해 전 나는 한 내담자와 계약을 맺었는데, 그 계약은 개인상담 후 함께 인상적인 내용에 대해 간략하게 적고, 그것을 봉인해 나의 비서에게 남겨두었다가 몇 달에 한 번씩 서로의 노트를 읽어 보는 조건으로 성사되었다(나중에 우리는 이 노트를 모아서 *Every Day Gets a Little Closer: A Twice-Told Therapy*[24] 라는 제목으로 출판했다). 이러한 경험에서 가장 인상 깊었던 점은 상담내용에 대한 나의 인식과 내담자의 인식의 불일치였다. 나는 내담자가 나와 상담을 했는데도 불구하고 너무도 다른 생각을 가지고 참여했고 평가했다는 걸 알았다. 처음에 나는 너무나 실망했다. '나의 가치 있고 격조 높은 해석들은 뭐지? 아, 슬프다' 하는 느낌이었다. 그녀는 내 말을 한 번도 경청하지 않았다. 오히려 그녀가 소중하게 여겼던 것은 사소하고 친밀한 인격적인 교제, 예를 들어 따뜻한 시선, 그녀의 생각에 대한 칭찬, 그녀에 대한 나의 분명한 관심, 그녀가 본 영화에 대한 생각을 묻고 얘기를 나누는 그런 것들이었다.

우리는 이런 결과를 어떻게 생각해야 하는가? 치료자-내담자의 상담관계가 내담자의 변화 과정에 결정적인 영향을 미친다는 전제가 입증되기에는 아직도 분명치 않은 부분이 많다. 게다가 대부분의 치료자들은 내담자와의 관계요인에 대한 중요성을 과소평가하면서 자신의 이론적인 제안과 도움에 대해서는 과대평가하고 있다.

치료상의 관계가 어떻게 치료하는가? 앞에서 나는 내담자의 '상담과정에서의' 관계들(그들의 삶에서의 현재 관계나 치료집단 또는 다른 환자와의 관계)이 두 가지의 치료효과를 가지고 있다고 주장했다. ① 관계는 '중재 역할(mediating)을 한다.' 이것은 내담자로 하여금 자신의 부적응적인 대인관계 행동 유형을 알게 해주고, 새로운 관계형성 방식을 위한 '최종 연습'의 장을 열어주기 때문에 미래에 맺을 다른 관계의 질을 향상시킨다. ② 상담과정에서의 관계는 '현실' 관계들처럼 자신 안에 자기평가적인 요소를 갖고 있으며, 그 결과로 개인 내면의 변화를 가져온다.

이와 같은 패러다임은 상담자-내담자의 관계에도 적용된다. 이것은 다른 관계를 조명하고 내담자에게 진정한 관계가 생기는 유익을 주면서 치유를 가져온다. 다음의 사례를 차례로 검토해 보자.

내담자-상담자의 관계 : 다른 관계에 대한 조명과 촉진 상담자는 상담관계(내담자-상담자)를 통해 내담자로 하여금 상담자와 닮은 어떤 상징적인 인물 등을 포함한 내담자의 과거 또는 현재의 관계들을 조명하게 하여 성장을 도모한다.

과거를 조명하는 데 관계를 이용하는 방식은 전통적인 내담자-치료자 관계를 통한 전이개념의 접근방법이다. 이러한 상담관계에서 내담자는 중요한 인물, 특히 부모에게서 느꼈던 감정이나 경험했던 태도를 현재 치료자라는 인물로 전이시킨다. 내담자는 치료자가 마치 마네킹인 것처럼 다른 것으로부터 벗겨 낸 감정을 가지고 치료자에게 옷을 입히기 시작한다. 치료자와의 관계는 오래전에 일어난 연극의 변천 과정을 반영하는 그림자 연극이다. 정신분석적 상담의 목표인 유아기 시절의 사건에 대한 재현과 조명작업은 상담관계를 중심으로 한 접근을 통해서 쉽게 달성된다.

그러나 관계를 연구대상으로 삼는 방식은 두 가지 근본적인 결점을 지니고 있다. 첫째는 제7장에서 논했듯이, 과거를 털어놓고 이해하는 것이 치료에 직접적인 변화를 가져온다는 근거가 전혀 없다는 것이다. 둘째는 내담자의 과거를 '전이'를 통해 치료자-내담자 관계로 되살려 살펴보는 것은 현재의 진정한 인간, 진정한 변화, 본질적 관계를 부정하게 할 가능성이 높다는 것이다. 여기에는 진실된 관계를 통해 치유를 가져온다는 주장을 뒷받침할 많은 증거가 있다. 그리고 치료자-내담자 관계를 치유의 상품(통찰, 유아기의 사건을 털어놓는 것 등)을 운반하는 나무 상자, 즉 수단으로 보는 관점은 그릇을 그릇의 내용물로 잘못 이해하는 것과 같다. 관계는 그 자체가 치유의 상품이다. 이 책의 앞부분에서 지적했듯이, 통찰에 관한 연구나 과거 탐색작업은 내담자와 치료자의 흥미를 유발하며, 겉보기에는 유익한 시도처럼 보인다. 하지만 변화의 진정한 동인(agent)은 상담관계가 깊어지는 것과 연관되어 있다. 내담자-치료자 관계의 또 다른 효과는 내담자가 현재와 미래 관계들을 이해하도록 돕는다는 점이다. 내담자는 거의 항상 치료자와의 관계를 왜곡해서 볼 가능성이 많다. 노련한 치료자는 전문가적 관점과 타인이 자신을 어떻게 보는지에 대한 풍부한 경험을 바탕으로 내담자가 진실과 왜곡을 분간하도록 도울 수 있다. 치료자는 다른 내담자에게 또 다른 모습으로 나타날 것이다. 하지만 대부분의 내담자들은 치료자를 권위의 표상, 즉 선생, 직장상사, 부모, 재판관, 감독자 등으로 구체화한다. 내담자가 그런 개인들과 더 깊은 관계를 맺도록 도움으로써 치료자는 진정한 도움을 줄 수 있다.

치료자와 내담자 사이의 '진실된' 관계 내담자가 상담자와 진실된 관계(전이 관계와 다른)를 형성하면 엄청난 잠재적인 유익을 얻을 수 있다. 상담관계가 '마치 ~처럼' 의 현상적인 요소들을 분석함으로써 다른 관계를 촉진시키는 것이 아니라, 치료자와 내담자의 깊고 진실한 진실된 관계를 형성하면서 치유를 가져오게 한다.

앞서 논의했듯이, 카이저(Kaiser)는 인간이 소외('보편적인 갈등') 때문에 괴로움을 겪으면 타인과 '융합' 함으로써 이를 극복할 수 있다고 주장했다. 융합의 길을 포장하기 위해 카이저가 말했던 '보편적인 증상' 이 나타난다. '보편적인 증상' 은 '이중성' 또는 '가짜' 또는 '전이' 인데, 이것은 치료자에 대한 왜곡된 인식과 치료자를 향한 왜곡된 행동으로 이루어져 있다. 따라서 내담자는 진실된 자신의 모습으로 관계하지 않고 소외를 벗어나 융합을 성취하기 위한 목적을 가지고 치료자에게 다가간다.

그렇다면 이러한 보편적 갈등과 증상의 해결방법은 무엇인가? 카이저의 해답은 '의사소통' 이었다.[25] 그는 단언하기를, "보편적인 갈등이 인간의 제한된 망상 유형을 보이는 신경증으로 발전되지 않도록 차단하는 방법은 자유로운 의사소통 능력에 있다."라고 했다. 카이저는 치료자가 단순히 내담자와 함께 있음으로써 치료할 수 있다고 믿었다. 성공적인 치료는 '내담자가 믿을 수 있는 인격을 지닌 사람과 함께 충분한 시간을 보내는 것' 에 달려 있다.

어떤 인격 특징을 말하는가? 카이저는 다음의 네 가지를 인용했다. ① 인간에 대한 관심이 있고, ② 내담자가 자유롭게 의사를 표현하도록 돕는 치료에 적합한 이론적 토대가 있으며, ③ 내담자의 의사소통 능력을 터득하는 데 방해가 되는 신경증이 없어야 하고, ④ '수용적인' 마음가짐이 있어야 한다. 이것은 내담자의 행동에서의 이중적인 모습이나 숨기고 있는 요소에 민감하게 반응할 수 있는 것을 의미한다.

카이저는 치료자에게 유일하고 중요한 원칙인 '의사소통' 을 제안하고 있다. 이외의 모든 다른 원칙들은 치료자가 갖추면 좋을 요건이 아니라, 상담자가 반드시 되어야만 하는 모습인 것이다. 카이저가 이 부분을 과장해서 언급했더라도, 그는 우리가 치료적 변화과정에서 가장 필수적인 요소에 초점을 맞추는 것을 도와준다. 내담자를 위한 대부분의 상담은 소외에서 관계로의 순환과정이라고 할 수 있다. 일단 내담자가 치료자와 깊은 관계를 맺을 수 있다면 (그들이 '기술' 로 만든 화질 좋은 레이저 사진이 아니라 진정한 한 사람으로서 상대방과 관계를 맺을 수 있으면), 그들은 이미 변화를 경험한 것이다. 내담자는 자신 안에 존재하고 있는 사랑에 대한 가능성을 발견하고, 수년간 혹은 수십 년간 분리된 영역 안에 잠재되어 있던 감정들을 경험하기 시작한다. 나-너 관계에 대한 부버의 설명을 상기해 보자. '내' 가 진심으로 다른 사람과 관계할 때 '그것' 은 진정한 '너' 로 바뀌었고, 이전의 '나' 는 현재의 '나' 와 다르다. 그것은 자신의 새로운 모습들을 경험할 뿐 아니라 상대방과 자신을 스스로 충분히 열어 보일 수 있게 한다. 비록 내담자와 상담자의 관계가 '일시적' 이라 하더라도 교제의 경험은 영원하며 결코 사라질 수 없다. 한 사람의 내부세계에서 교제에 대한 가능성을 일깨워 주는 지침(reference point)으로 영원히 존재하는 것이다. 교제의 결과로써 일어나는 자신에 대한 발견 또한 영원히 지속될 것이다.

치료자와의 친밀한 참만남 경험이 한 개인에게 다른 사람과의 다양한 관계를 넘어 더욱 커다란 의미를 가지게 한다는 것은 두말할 필요가 없다. 일반적으로 치료자는 내담자에게 가장 특별하고 중요한 사람이다. 무엇보다도 치료자는 내담자를 진심으로 이해하고 있는 유일한 사람일 수 있다는 점에서 중요하다. 한 개인에게 자신의 가장 어두운 비밀, 여러 가지 나쁜 생각들, 자만심, 슬픔, 욕정에 대해 털어놓았는데, 그것이 그 사람(상담자)에게 완전히 받아들여지고 있다는 것은 엄청난 긍정적 경험인 것이다.

앞에서 '상담은 소외에서 관계로의 순환 과정' 이라고 했다. 그것은 순환한다. 왜냐하면 한 환자가 실존적 소외에 대한 두려움 속에 빠져 있다가, 치료자와 깊고 의미 있는 관계를 통해 참만남을 경험하고, 관계를 통해 얻은 자신감과 용기로 다시 실존적 소외와 직면할 수 있기 때문이다. 치료자는 내담자가 깊은 관계의 안정감을 벗어나 소외에 직면하고 자기 삶에 대한 고독과 책임감을 이해할 수 있도록 돕는다. 내담자는 슬프게도 자신의 삶을 곤경에 빠뜨린 장본인이 바로 자신이라는 것과, 이를 변화시킬 수 있는 사람도 바로 내담자 자신이라는 것을 깨닫는다.

치료자는 전혀 다른 방법을 통해 내담자가 처한 소외의 이면(back)을 발견한다.

앞에서 강조한 것처럼 내담자는 상담 중에 매우 중요한 사실 한 가지를 발견하는데, 이것은 관계가 지닌 한계에 관한 것이다. 인간은 다른 사람과의 관계로부터 소중한 것을 얻을 수 있다는 점도 알게 되지만, 동시에 결국 가장 중요한 것을 얻을 수 없다는 것도 배우는 것이다.

내담자와 치료자가 인격적인 차원에서 만나면, 내담자는 필연적으로 상처를 입는다. 결국 최후의 구원자는 완전한 불빛 가운데 보이는 유일한 한 사람이다.

그때가 바로 소외의 순간인데, 피셔(Kenneth Fisher)가 "나그네가 생각하기를, 우리 모두가 나그네라는 사실은 어쩌면 아무도 모를 거야." 라고 말한 것처럼 이는 소외의 순간들을 조명할 수 있게 해 준다. 어쨌든 내담자는 잘못된 장소에서 헤매는 것에서 일단 해방되었다.[26] 결국 내담자, 치료자, 다른 사람들과의 만족스런 참만남을 통해 우리 모두는 같은 처지에 놓인 인간이며, 우리가 처한 소외상황 또한 없앨 수 없다는 사실을 깨닫는다.

이상적인 상담자-내담자 관계 만약 치료자에게 가장 중요한 일이 내담자와 깊고 완전한 관계를 형성하는 것이라면, 치료자는 모든 내담자들과 나-너의 관계를 형성하고 있을까? 치료자가 내담자에 대해 매슬로(Maslow)나 프롬이 말한 그런 '사랑' 을 가지고 있을까? 치료자의 오랜 친구 사이와 내담자와의 상담관계는 어떤 차이가 있을까?

치료자가 이런 질문에 대해 태연하게 대답하기는 힘들다(이런 질문에 대한 대답을 하지 못하고 머뭇거리다가 문뜩 이런 단어들이 머릿속에 떠올랐다). 치료자의 세계에는 피할 수 없이 들어야 하는 이야기들이 있다. 예를 들어, 치료자가 아무리 '우정' '사랑' '나-너' 와 같은 개념들로 품위를 유지하기 위해 애를 써도, '50분 동안의 상담' '시간당 65달러의 상담료' '상담사례 발표' '제3자 지불' 등과 같은 내용에서 완전히 벗어날 수는 없는 것이다. 이렇게 상담관계와 어울리지 않는 특성들이 치료자의 세계에 내재되어 있고, 내담자에게도 부정하거나 무시될 수 없는 '입장' 이 있다.

연인 간의 사랑이나 친구 간의 우정 같이 나-너 관계에는 상호관계라는 본질적인 측면이 있는데, 이는 치료자-내담자 관계와는 상당히 다르다. 내담자가 도움을 요청하기 위해 치료자를 찾아오는 것이지, 치료자가 내담자를 먼저 방문하는 일은 없다. 그렇기 때문에 치료자는 내담자를 가능한 온전한 인간으로 경험하려 하는 열의, 개인적인 성향, 상담하는 능력을 갖추고 있어야 한다. 이론적으로 보면, 내담자에게는 타인을 완전히 경험하는 능력에 장애가 있고, 게다가 고통의 경감이라는 목적을 가지고 있기 때문에 관계형성과는 전적으로 동기가 다르다. 치료자는 부버가 언급했던 '분리된 실재'를 지니고 있어야 한다. 그러므로 치료자는 동시에 두 장소인 자신의 입장과 내담자의 입장에서 존재할 수 있다. "치료자는 자신이 있는 곳과 내담자가 있는 곳을 동시에 오갈 수 있지만, 내담자는 치료자가 있는 곳에 갈 수 없다."[27)]

치료자는 내담자의 '너', 실재하는 '너' 뿐만 아니라 잠재되어 있고 감춰져 있는 '너'에도 관심을 갖는다. 치료자는 안내자로서 항상 내담자와 깊은 관계를 형성하려고 노력하며, 내담자의 열린 모습과 닫힌 모습을 직감적으로 알아차리고 이를 상담에 적용시킨다. 상담 초기에는 내담자가 치료자에 대한 상호이해의 자세를 가지지 못한다. 내담자는 치료자에 대해 의문을 가지거나 때때로 질문을 던지기도 한다. 그러나 이러한 질문은 치료자에 대한 진심 어린 관심을 보이려 하거나 치료자의 능력을 충분히 발휘하도록 도우려는 의도가 아니라, 오히려 자신의 치료를 위한 치료자의 적격 여부를 확인하려 하거나 치료자가 자신의 욕구를 채워 줄 수 있는지 밝혀내기 위해서다. 내담자의 질문은 가끔 관계에서 주도권을 선점하려는 노력의 일환이기도 하다. 또한 내담자는 치료자가 적극적으로 자기노출을 하면, 자신을 드러내는 데 상처를 덜 받을 것 같은 느낌을 받는다.

시퀸(Carlos Sequin)은 『사랑과 심리치료(*Love and Psychotherapy*)』[28)]에서 치료자-내담자의 관계를 사랑의 특별한 형태, 즉 '치료적 사랑의 관계'(psychotherapeutic eros)로 기술했다. 이 사랑의 형태는 몇 가지 독특한 특징이 있는데, 그것은 앞에서 이미 설명했듯이 비상호적인 모습에 관한 것이다. 여기서 꼭 언급하고 싶은 것은 상호관계의 결핍이 항상 고정된 것은 아니라는 점이다. 계속 진행되는 상담을 통해 개선되어 가는 내담자는 치료자라는 사람에 대해 점점 더 알아가고 싶은 마음, 즉 바라지 않는 관심을 가지게 된다. 치료적 사랑의 관계는 로저스(Carl Rogers)가 언급한 불멸의 용어인 '무조건적인' 사랑의 관계다. 다른 종류의 사랑은 언제든지 서서히 파괴될 수 있다. 사랑하는 사람이 자신의 사랑에 대해 전혀 응답하지 않고 있다면 그들은 궁극적으로 그 사랑을 포기하고 말 것이다.

친구관계에서도 서로에게서 공통적인 요소를 더 이상 발견하지 못하면 서서히 멀어질 것이다. 부모와 자식, 선생님과 학생, 숭배자와 신의 관계 역시 소원해짐을 야기하는 수많은 상황들이 존재한다. 하지만 성숙한 치료자는 내담자의 반항, 자기도취, 우울, 적의, 거짓말 등에도 불구하고 지속적인 관심을 보일 것이다. 사실 치료자는 이러한 특징 때문에 더욱 관심을 갖는 것이라고 말할 수도 있다. 왜냐하면 이러한 특징은 한 개인이 얼마나 관심받기 원하는지를 반영하기 때문이다.

치료적 사랑의 관계에서 또 다른 양상은 그것이 내담자라는 한 인간에 대한 진정한 관심을 내포하고 있다는 점이다. 시퀸은 자신의 글에서[29] "아픈 사람에 대한 의사의 동정은 박애주의적인 사랑이 아니다. 오히려 의사는 자기 앞에 누워 있는 환자를 특별한 존재로 여기며 진정으로 사랑할 수 있어야 한다. 아픈 사람은 다른 사람이 아닌 바로 이 사람이며, 이 사람은 아픈 사람이 아닌 단지 소중한 한 사람이다."라고 표현했다. 프롬, 매슬로, 부버 세 사람 모두 강조한 것은 타인에 대한 진정한 돌봄은 타인의 성장에 대해 관심을 갖고 타인의 삶에 어떠한 생명력을 불러일으킬 수 있다는 점이다. 치료자는 내담자에 대해 이러한 자세를 가지고 있어야 한다. 치료자는 내담자가 아직 살아 보지 못한 삶을 발견하고 이를 탄생시키기 위한 산파역을 감당하기 위해 존재한다.

타인의 '삶에 생명력을 가져오는 것'은 치료자에게 중요하고 발전적인 전략을 제공해 준다. 부버는 인간이 타인의 삶의 자세에 영향을 미치는 기본 방식을 두 가지로 구분하였다.[30] 사람은 자신의 태도와 견해를 타인에게 강요하려 하거나 (타인이 자신의 태도와 견해를 타인 스스로의 것으로 받아들이도록 제안하거나), 혹은 타인으로 하여금 자기특성(disposition)을 발견하게 하고 '자기실현을 할 수 있는 힘'(actualizing forces)을 경험할 수 있도록 도우려 한다. 부버는 첫 번째 접근을 '강요'라고 표현했으며, 이는 선동가(propagandist)적인 방식에 해당한다. 두 번째 접근은 '꽃피움'인데, 이는 교육자적이며 상담가적인 방식으로서, 한 개인이 처음부터 소유하고 있던 잠재된 모든 것을 꽃피움을 의미한다. '꽃피움'이라는 말 자체만으로도 풍부하고 함축된 의미를 지니고 있으며, 상담과정을 설명하는 다른 용어들, 예를 들어 '재구성'(reconstruction), '재조건 형성'(decondition), '행동 형성'(behavioral shaping), '재양육'(reparenting)과는 뚜렷한 대조를 이룬다.

치료자는 지시에 따라서가 아닌 '만남', 즉 '실존적 의사소통'을 통해서 내담자가 꽃피우도록 도울 수 있다.[31] 치료자는 지시자(director)나 형성자(shaper)라기보다는 '가능성을 제시해 주는 사람'(possibilitator)이다.[32] 하이데거는 이와 유사한 방식으로 관심 혹은 '배려'의 두 가지 다른 형태에 대하여 언급했다.*

한 사람은 타인을 위해 '안으로 뛰어들어와' '강요'와 유사한 방식으로 관계를 맺고, 그것을 통해 타인을 실존과 마주하는 불안으로부터 구해 줄 수 있다(그렇게 함으로써 다른 사람을 가짜의 실존에 가두어 버린다). 반면에 다른 사람은 '앞으로 달려나가'(완전히 만족스런 용어는 아니다), 타인을 그의 실존상황과 직면하게 함으로써 실제의 불안으로부터 '자유롭게' 해 줄 수 있다.

요약하면 다음과 같다. 치료자는 진실된 돌봄의 방식으로 내담자와 관계하고 참만남의 순간을 위해 노력한다. 치료자는 이런 노력을 제대로 기울이기 위해서 이기심(selfless)을 버려야 한다. 이것은 자신의 개인적인 욕구가 아닌 내담자의 성장에 관심을 가져야 한다는 것을 의미한다. 치료자의 순수한 관심은 지속되어야 하며 내담자에 따라 변할 수 있는 의존적인 관심이어서는 안 된다. 치료자는 자신과 내담자 모두의 편에 설 수 있어야 하며, 내담자의 세계로 들어가 내담자가 경험하는 그대로 경험할 수 있어야 한다. 이것은 치료자가 순수하게 내담자에게 접근해야 하며, 내담자를 섣부르게 판단하거나 고정적으로 보지 않고, 내담자의 경험을 공유하는 데 초점을 맞추어야 한다는 것을 알려 준다.

로저스와 그의 동료들은 상담관계에서 여러 가지 양상을 통해 나타나는 치료자의 세 가지 특징, 즉 공감, 진실성, 무조적인 존중에 관해 공동으로 연구하고 기술하였다. 주목할 만한 연구결과들을 살펴보면, 치료자의 이러한 특징이 긍정적인 치료결과를 촉진한다는 것을 알 수 있다. 로저스가 치료자와 내담자의 관계는 진실되고 깊은 인격적인 모습을 지니고 있어야 한다고 강조했음에도 불구하고** 나

* 하이데거는 물건에 대한 돌봄인 '관심'(concern)과 존재를 구성하는 돌봄인 '배려'(solicitude)로 구별한다.[33]

** 로저스는 부버와의 주목할 만한 대화에서 이 점에 대하여 명확하였다. 이 대화에서 독창적인 이 두 사상가들은 치료자와 환자 관계성에서 선호하는 관계성에 대하여 밀접한 일치를 보였다.[34]

의 주요한 관심사인 치료자 행동의 특성 묘사에 대해 다른 전문가들은 기법이나 상담을 위해 행하는 어떠한 조치로 보고 있다는 데에서 놀라지 않을 수 없다. 시중에는 치료자가 되기 위해 공부하는 학생을 위해 공감, 진실성, 무조건적인 존중에 관해 가르치는 기술적인 안내서들이 있다. 그러나 실제 치료자에게 '기술'이 가장 중요한 것으로 여겨지면 모든 것을 잃어버리게 된다. 왜냐하면 진정한 관계의 참된 본질은 조작하는 것이 아니라, 자신의 모든 것을 순수하게 다른 사람과 나눌 수 있는 것이기 때문이다.

진단 많은 치료자들이 추측과 고정관념 때문에 진정으로 내담자와 관계하는 것을 어려워한다. 치료자 교육에서는 진단과 분류가 강조되는데, 규격화된 표본이나 보험 형식처럼 고정된 APA(미국정신의학협회) 규칙 목록에 맞춰 내담자를 객관화하는 능력을 갖추도록 교육받는다. 실제로 신뢰할 수 있는 치료사는 진단적 평가를 내려야 할 상황에 처할 때도 있다는 점을 간과할 수 없다. 예를 들어, 치료자는 환자의 심리상태에 영향을 미치는 기질적 질환(organic illness)이나 중독경험(toxic condition)을 가지고 있는지 확인할 필요가 있다. 또는 환자가 약리적 치료가 필요한 정도의 생화학적 병인(biochemical etiology)에 따른 심각한 정동장애(affective disorder), 예를 들어 내인성우울증(endogenous depression) 또는 조울정신병적 병적 소질(mani-depression diathesis)로 고통받고 있는지에 대해 확인할 필요도 있다.

내담자가 주요 기능상의 문제를 가지고 있더라도, 치료사는 내담자의 상태 그대로 판단해야 한다. 만약 환자의 상태가 그렇게 심각한 경우라면, 즉 고질적인 사회병리적 성격불안이나 고착된 피해망상적 정신분열인 경우, 심리치료만으로 효과를 볼 가능성이 있을지는 만무하다. 환자가 파괴적인 성향(자신이나 타인에게)을 보이고 있다면 그에 대한 분명한 이유를 확인해야 한다. 그러고 난 후에 치료자는 치료 속도에 중요한 지침이 되는 환자의 허약함과 답답함을 참을 수 있는 능력에 대해서 판단을 내릴 수 있다.

초기선별은 비교적 있는 그대로 판단하며, 보다 진보적이고 정확한 진단을 내린다고 해도, 치료사에게는 별 도움이 되지 않을 뿐만 아니라 관계형성 자체를 방해하기도 한다. 특정한 성적인 정신역동체제에 대해 복잡하게 뒤얽힌 정신분석적 진단을 공식화하는 것은 치료에 전혀 도움이 되지 않으며, 오히려 진정한 경청을 방해하고 장애물을 만들어 낸다. 예를 들면, 대부분의 '히스테리의 성격들' 이 어떤 특정 행동유형을 보이고 공통의 정신역동적 갈등에 따른 고통을 호소한다 하더라도 모두가 그런 것은 아니다. 표준적인 진단공식화는 지금 만난 이 유일하고(unique) 소중한 사람에 대해 치료자에게 아무것도 말해 줄 수 없다.[35] 오히려 진단분류표가 진정한 경청을 방해하거나 왜곡한다는 실질적인 근거가 있다. 너무 빈번한 진단적 범주화는 치료자의 지적인 훈련을 자극하는데, 이것은 치료자에게 처방(order)이나 숙달(mastery)의 기능만을 제공할 뿐이다. 성숙한 치료자가 되기 위해서는 불확실성을 받아들이는 방법을 배워야 하며, 시각의 전환이 필요하다. 다시 말해 치료자는 면담 '자료' 를 인지적이고 규격화된 체계에 따라 분류하기보다는 진정한 관심을 가지려고 노력을 기울여야 한다.

치료자 자기노출 내담자를 진정 알려고 하는 치료자는 보고 듣는 것 이상의 노력이 요구된다. 이것은 내담자를 완전히 경험할 수 있어야 한다는 의미인데, 그러기 위해서는 자신 역시 개방할 수 있어야 한다. 타인을 향해 마음을 열고 진실로 다가가면 타인의 존재를 그대로 경험할 수 있다.

내담자와 관계를 맺으려고 노력하려면 치료자가 한 인간으로서 자기 모습을 온전히 드러내는 방법 외에는 다른 길이 없다. 유능한 치료자는 내담자와 분리된 채 수동적으로 행동하거나 자신을 숨기지 않는다. 치료자의 자기노출은 상담과정에서 필수적인 요소다. 그렇다면 치료자는 어디까지 자신을 공개해야 하는가? 개인적인 삶의 문제에 대해서는 어떻게 해야 하는가? 내담자에 대한 모든 느낌을 털어놓아야 하는가? 내담자의 이야기가 지루해지면 솔직하게 말해야 하는가? 피곤하다고 말해도 괜찮은가? 마음이 공허할 때 그대로 말해야 하는가? 교묘한 상담 전략에 대해서 일일이 설명해 주어야 하나? 이 점에서는 치료사의 절친한 친구 사이와 어떠한 차이가 있을까?

정말로 성가신 질문들이다! 처음 몇 십 년 동안은 심리치료의 관행에 대한 문제들이 전혀 드러나지 않았다. 왜냐하면 외과의사가 질환을 가진 신체를 냉정하게 연구하듯, 치료자들은 감정적인 부분을 배제하고 객관성을 유지해야 한다는 정신분석적 접근이 일찍부터 확립되었기 때문이었다. 프로이트는 내담자가 치료자에 대해 강력한 전이감정들을 느낄 수 있지만, 치료자는 민감한 감정의 전이를 억제하고 참아야만 한다고 경고했다. 치료자는 내담자의 강력한 감정이 '그들이 낫기 위해 자기 신체를 내보이거나 개인에게 중요하고 은밀한 이야기를 털어놓는 것처럼 치료 상황에서 당연히 수반되는 결과' 라는 것을 이해해야 한다.[36)]

왜 치료자에게 이토록 냉정한 역할이 엄격하게 요구되는 것인가? 그 이유는 첫째로, 객관적이지 못한 치료자는 상황을 제대로 관리하지 못하고, 내담자에게 필요한 것보다는 내담자가 원하는 것에 휩쓸리기 때문이라고 프로이트는 경고했다.

> 환자는 자신의 목적을 이루지만 의사는 결코 자기목적을 달성하지 못한다. 앞으로 의사와 환자에게 발생할 일은 목사와 보험판매원 간에 일어난 재미난 일화와 유사하다. 무신론자인 보험판매원이 갑자기 위독해졌는데, 친척들은 목사님을 모셔 그가 죽기 전에 그리스도인으로 변화시켜 줄 것을 간청했다. 두 사람의 면담이 오랫동안 계속되자 밖에서 기다리는 친척들은 희망을 갖기 시작했다. 마침내 병실 문이 열렸다. 무신론자는 변화되지 않았지만 목사는 보험에 가입하고 되돌아갔다….[37)]

프로이트는 치료자가 내담자에게 자신을 노출하고 일상적인 교제를 나누면, 치료의 객관성을 잃을 뿐 아니라 치료자의 능력까지 잃게 될 것이라고 주장했다. 둘째로, 치료자는 내담자에게 알려지지 않는 것이 좋다는 주장은 전이가 심리치료의 핵심이라는 관점에 근거를 둔다. 프로이트 이후부터 현재까지 대부분의 현대 정신분석학자들은 여전히 전이분석이 치료자에게 가장 중요한 부분이라고 믿는다. 앞서 논의했듯이 프로이트에게 전이는 내담자가 잘 기억할 수 없는 유아기 시절의 경험에 대한 살아 있는 표상이다. 따라서 내담자가 전이를 통해 '영향을 받는' 모습을 관찰하고, 이해하고, 돕는 것에 따라 (즉, 이를 경험하고, 그것이 현재 상황에 맞지 않음을 인지하고, 그 전이감정의 초기 근원을 발견함으로써) 치료자는 내담자의 인생경험에서 가장 깊은 내면세계를 드러내 보이게 한다.

전이분석에 따라 내담자의 깊은 내면세계를 알았으면 치료자는 전이의 발달을 촉진시켜야 한다. 치료자의 진짜 모습이 덜 드러날수록 내담자는 다른 곳에 속한 감정을 치료자를 통해 보다 쉽게 느낄 수 있다. 물론 이것은 치료자의 전통적인

'빈 화면' 역할이나 분석자가 내담자의 시야에서 보이지 않도록 뒤에 앉아서 치료를 진행하는 정신분석의 특이한 좌석배치에 대한 이론적 근거가 된다. 치료자의 자기노출과 대조되는 이 규정은 치료자의 유일하고 주된 기능이 '해석' 이라고 강조하면서 치료자와 내담자 사이의 진실된 참만남을 반박하였고, 심리치료 접근의 2세대로 나아가는 길을 열었다.

초기의 정신분석이론가들의 일부는 이런 치료자 역할에 대해 이견을 가지고 있었다. 프로이트의 가장 충실한 제자인 페렌치(Sandor Ferenczi)는 치료자가 내담자와 분리된 채 이론에만 충실하면 상담효과에 부정적인 영향을 미친다고 주장했다. 페렌치는 특히 후기로 가면서 내담자에게 자신의 오류 가능성을 공공연히 인정했다. 예를 들어, 타당한 비판을 받으면 그는 담담하게 말했다. "당신은 내가 전적으로 자유롭지 못한 부분에 대해서 언급한 것 같군요. 아마 당신은 내가 잘못한 점을 알 수 있도록 도와줄 수 있을 거예요."[38)]

하지만 거의 1950년대가 되어서야 비로소 진실, 즉 '비전이' 관계에 대한 논쟁이 정신의학 논문에서 거론되기 시작했다(그린손(Ralph Greenson)과 웩슬러(Milton Wexler)가 이를 광범위하게 검토했지만 1950년 이전의 논문 중 단 두 편만 인용할 수 있었다[39)]). 1954년 전이에 관한 비공식적인 토론에서 프로이트의 딸인 안나 프로이트(Anna Freud)는 다음과 같이 말했다.

> 전이해석과 그것이 필요하다는 분명한 입장에 대해 경의를 표하면서도, 나는 여전히 언젠가는 분석가와 내담자가 동등한 성인으로서 객관적인 두 사람이며 서로 진정한 인격적 관계 안에 있다는 것을 자각하고 상담실을 나와야 한다고 생각한다. 나는 이러한 문제의 측면을 간과하면서 우리가 환자로부터 느끼는 감정적인 반응을 단순히 '진짜 전이'(true transference)의 탓으로만 돌리기 때문에 내담자의 적대적인 반응을 일으키는 것은 아닌지 의심스럽다. 이러한 자세는 정신분석 기법을 파괴시키는 생각이라 할 수 있으며, 우리는 이것에 대해 주의를 기울이고, 고민해 봐야 한다.[40)]

1969년에 그린손과 웩슬러는 이 문제에 대해 완고한 전통적 정신분석적 입장을 지적했다.

> 최근에 부모를 여의고 슬퍼하는 환자에게 휴지를 건넨 치료자의 행위가 기법상의

> 치명적인 실수가 아닌지에 대해 정신분석학계에서 복잡한 논쟁이 있었다. 그 논쟁이 없더라도, 내담자에게 단순히 친절을 베푸는 것과 유사한 행위로 볼 수 있다.[41]

그린손과 웩슬러는 보다 더 인간적인 치료자-내담자 관계의 필요성을 주장했지만, 나는 그들이 잘못된 논거를 제시했다고 생각한다. 그들은 과도한 치료자 분리가 가진 결점에 대해 이렇게 말했다.

> 우리는 다음과 같은 점을 좀 더 분명하게 인식해야 할지 모른다. 우리는 객관적이고 이론적인 자세를 유지하기 위해 감정적 노출을 감춰 왔기 때문에 오랫동안 계속되는 정서적 무감각이 편할 수도 있다. 하지만 일반적으로 없어지지도 않고, 그렇다고 알아차리지도 못한 채 계속되는 적개심에 불타는 전이와 소원한 관계에 대해 인식해야 할 필요성을 점검해 봐야 한다.[42]

따라서 이들은 상담기법적인 고찰에서 벗어나 치료자가 좀 더 인간적으로 내담자에게 다가가야 한다고 주장했다. 이는 전이가 나타나지 않는 현상을 예방하고 전이해석을 촉진할 수 있다.* 요약하면, 전이에만 초점을 맞추는 것은 치료를 지연시킨다. 왜냐하면 이는 진정한 치료자-내담자 관계형성을 방해하기 때문이다. 첫째로 이러한 자세는 상담관계를 보다 더 중요한 다른 관계를 이해하기 위한 열쇠로만 간주함으로써 관계의 진실성을 부정한다. 둘째로 이것은 치료자에게 자기은폐의 이론적 근거를 제공한다. 은폐는 내담자와 진실된 관계를 형성할 수 있는 능력 자체를 소멸시킨다. 그렇다면 이것이 내담자와의 거리를 유지함으로써 내담자를 객관화하려 하고 '단지 해석만' 하려는 입장을 고수하는 치료자는 무능

* 말하자면, 위의 인용구는 '오랫동안 계속되는 정서적 무감각이 편할 수도 있다'는 흥미로운 내용을 가지고 있다. 나는 이것이 환자에게 감정적으로 열중하지 않은 채 상담을 하는 치료자에게는 쉽고 에너지가 소비되지 않는 것을 의미한다고 여긴다. 그렇게 할 수는 있지만, 치료자는 자신이 근본적으로 죽은 듯이 됨에 따라 큰 대가를 치른다. 치료자에게 또 다른 전문적 위험은 자신의 소외를 직면하고 통합하는 것을 피하기 위하여 환자와의 참만남을 이용하는 것이다. 이러한 통합성이 없이 어떤 치료자는 만족스럽고 지속적인 사랑의 관계성에 들어갈 수 있는 자율성을 발전시킬 수 없고, 대신 그들의 개인적 삶은 격렬한 끊김(staccato)이 되고, 일시적인 50분간의 만남이 된다.

하거나 심지어 파괴적이라는 것을 의미하는가? 다행히도 실제로 그런 치료자와 그런 상담과정은 아주 드물다.

여기에서 치료자가 상담을 통해 자신을 내담자에게로 '투입하는 행동'의 중요성을 발견할 수 있다. 치료자는 자기도 모르게, 때로는 정말 까맣게 모른 채 인간적인 방식으로 비공개 원칙들을 견지하고 있다.

치료자의 자기노출에 대한 어떠한 반대 의견들이 있는가? 어떤 치료자들은 조금만 문을 열면 내담자들이 강제로 그 문을 넓게 열어젖히고 자기폭로를 요구할까 봐 두려워한다. 나의 개인적인 경험에 비추어 본다면, 이런 두려움은 근거가 없다. 나는 자주 내담자에 대한 '지금 현재'(here-and-now)의 즉각적인 감정을 표현하는 것이 중요하다고 생각한다. 나는 과거나 현재의 개인적인 삶을 세세하게 드러내는 과정이 필요하거나 유용하다고 느껴본 적이 없으며, 내담자의 요구가 단계적으로 확대되는 경우는 단 한 번도 없었다. 내담자가 바라는 것은 치료자를 자신 앞에서 노출시키는 것이 아니라, 한 인간으로서 관계하고 거리감 없는 참만남을 통해 자연스럽게 완전히 보이는 것이다.

그렇다면 얼마나 드러내야 할까? 사용할 수 있는 어떠한 지침이 있는가? 여기에서 최우선의 목표인 진정한 관계를 마음에 새기는 것이 중요하다. '치료적 사랑의 관계'에서 괄목할 만한 특징 중 하나는 다른 사람의 변화에 관심을 가지는 것이다. 메이(Rollo May)는 다른 사람의 행복에 전념하는 사랑을 나타내는 그리스어 '아가페' 또는 라틴어 '카리타스'를 제시하였다. 그러므로 중요한 것은 치료자의 자기노출이 내담자의 성장을 위한 것이어야 한다는 점이다. 치료자 입장에서의 자기표현(self-expression), 절대적인 정직(total honesty), 자발성(spontaneity)은 그 자체로 미덕일 수 있지만, 가장 중요한 아가페의 실재에 비해서는 부수적인 것이다. 또한 치료자는 자신을 관리할 수 있어야 하며, 내담자에게 파괴적일 수 있는 말을 하지 않고, 적절한 시기와 치료 속도에 관한 원칙을 중요시 여기며, 내담자가 들을 준비가 되었는지 아닌지에 항상 주목해야 한다.

치료자가 현실적인 인간으로서 내담자에게 열중하는 것에 대한 상반적 입장을 고찰해 볼 때, 자기억제 원리가 적합할 것이다. 왜냐하면 치료자의 객관성 상실과 그 결과에 따른 무절제와 무책임한 행동이 따르기 때문이다. 아마도 가장 추악한 무절제의 모습은 치료자가 '현실적 인간'으로서 내담자에게 성적으로 열중하는 행동일 것이다. 나는 과거에 치료자와 성적으로 연루된 많은 내담자들을 보았다. 그런 행위는 항상 내담자에게 파괴적이었으며, 그 치료자는 변함없이 타인의 존재와 변화를 사랑해야 하는 아가페의 원칙을 어겼다. 그런 치료자들은 내담자의 욕구가 아닌 자신의 욕구를 우선시하였고, 내담자의 성적 확인(affirmation) 욕구를 빌미로 자신의 무절제한 행동을 합리화했다. 나는 아직까지 진짜로 내담자의 성적 확인을 원해서, 다시 말해 육체적인 매력이 전혀 없거나 외과적으로 불구인 내담자와 성적인 관계에 빠진 치료자에 대해 들어 본 일이 없다.

치료자가 숨어 있으려는 또 다른 이유는 자기노출이 앞서 말했던 상담료, 50분의 상담시간, 치료자의 빡빡한 일정과 같은 상담 상황에 어울리지 않는 주제들에 대해 거론해야 한다는 두려움 때문이다. 내담자가 이렇게 물을지도 모른다. '당신은 나를 사랑하나요?' '당신이 정말로 나를 걱정한다면, 내가 돈이 없어도 나와 상담하실 건가요?' '상담이 정말로 돈으로 엮인 관계인가요?' 이런 질문들은 내담자와의 참만남이 치료자의 전체 인생에서 비교적으로 작은 부분에 지나지 않는다는 치료자의 최후 비밀과 같은 주제로 대화의 방향을 급격하게 전환시킬 수 있다. 스토파드(Tom Stoppard)의 연극 〈Rosencrautz and Guildenstern Are Dead〉에서는 한 명의 중심인물이 치료자가 다른 극의 무대로 이동할 때, 무대 옆에서 그림자가 되는 역할을 보여 주었다. 실제로 '모든 내담자가 특별하다' 는 말에 대한 부정은 상담의 진정한 진리 중 하나이며, 불완전하게 유지되는 비밀 중 하나다. 즉, 내담자에게는 한 명의 치료자가 있지만 치료자에게는 많은 내담자들이 있으며, 내담자가 치료사에게보다는, 치료자가 내담자에게 훨씬 더 중요한 존재가 된다. 나의 견해로는 내담자의 그러한 질문들에 대해 치료자가 할 수 있는 대답은 단 한 가지인 것 같다. 치료자가 내담자와 함께 있을 때는 그 치료자가 완전히 내담자의 편이라는 사실이다. 치료자는 자신의 모든 실재를 다른 사람에게 주려고 노력한다. 이것이 내가 앞서 언급했던 만남에서 순간의 즉시성이 갖는 중요성을 강조했던 이유다. 그러나 치료자는 비록 목표가 완전한 참만남이라 할지라도, 계속해서 그런 수준으로 관계를 맺을 수는 없다는 점을 이해해야 하며, 상담 시간 동안 그 순간에 완전히 몰두함으로써 스스로를 완전한 만남으로 이끌어 와야 한다는 것을 알아야 한다(부버를 상기해 보자. "인간은 순수한 현재, 즉 나-너 안에서 살 수 없다. 왜냐하면 그것이 우리를 소모시키기 때문이다.")[43]

나는 한 여성 내담자에게 귀를 기울인다. 그녀는 계속해서 장황하게 이야기한다. 그녀는 문자 그대로 육체적, 지적, 감정적인 면에서 전혀 매력이 없는 사람이다. 그녀는 나를 짜증나게 한다. 그녀는 나를 불쾌하게 만드는 여러 가지 행동을 한다. 그녀는 나에게 말하고 있지 않다. 다만 내 앞에서 말하고 있을 뿐이다. 하지만 내가 여기에 없다면 그녀는 어떻게 나에게 말할 수 있나? 나의 생각들이 헤매기 시작한다. 나의 머리가 신음한다. 몇 시지? 얼마나 더 오래 걸릴까? 나는 갑자기 스스로를 비난한다. 내 마음에 동요가 인다. 내가 시간이 얼마나 남았는지 생각할 때마다 나의 내담자를 실망시킨다는 것을 잘 알고 있다. 그 후 나는 내 생각들을 가지고 그녀와 접촉하려고 노력한다. 내가 그녀를 피하는 이유를 이해하려고 노력한다. 그녀의 세계는 이 순간 어떠한가? 그녀는 이 시간을 어떻게 경험하는 것일까? 그녀는 나를 어떻게 경험하는 것일까? 나는 그녀에게 바로 이러한 질문을 한다. 나는 그녀에게 지난 몇 분 동안 그녀로부터 떨어져 있는 것처럼 느꼈다고 말한다. 그녀도 같은 식으로 느꼈을까? 우리는 함께 그 점에 대해 이야기하고 왜 우리가 서로와의 접촉을 잃었는지 발견하려고 노력한다. 그녀는 더 이상 매력 없는 사람이 아니다. 나는 그녀라는 사람이 누구였는지, 그녀가 누구인지, 앞으로 누구일지에 대해 많은 연민을 가진다. 시계는 달리고 있다. 그 시간은 너무 빨리 끝나 버린다.

제4부

무의미

제10장

무의미

> 일에 종사하는 행복한 얼간이들의 집단을 상상해 보라. 그들은 공동으로 경작되는 곳에서 벽돌을 나르고 있었다. 그들이 벌판의 한쪽 끝에 모든 벽돌을 올려놓자마자, 그들은 이 벽돌을 맞은편으로 이동하기 시작했다. 이 작업은 쉬지 않고 계속되었고, 매일 이 일을 하느라 바빴다. 하루는 한 사람이 자기가 지금 무엇을 하고 있는지 긴 시간 동안 일하지 않고 스스로에게 질문하였다. 그는 이 벽돌을 옮기는 목적이 무엇인지 의아해하였다. 바로 이 순간부터 그는 전에 하던 작업을 하지 않았다. 나는 왜 벽돌을 나르는지 의아해하는 얼간이다.[1]

인생의 의미를 볼 수 없었기 때문에 자살한 절망하는 한 영혼이 기록한 이 마지막 말은 삶과 죽음의 문제에 대한 순전한 서언으로 적합하다.

이 질문은 많은 형태를 가지고 있다. 인생의 의미는 무엇인가? 나의 인생의 의미는 무엇인가? 우리는 왜 살아가는가? 왜 우리는 여기에 있는가? 무엇을 위해 살아가는가? 무엇으로 살아가야 하는가? 만일 우리가 죽는다면, 만일 아무것도 지속될 수 없다면 무슨 의미가 있는가?

많은 세월을 무의미의 손으로 움켜잡았던 톨스토이처럼 이러한 질문에 따른 고문을 받은 사람은 별로 없을 것이다. 그의 경험은(그의 자서전적 미완성 유고인 『고백록』에서) 우리에게 무의미 주제를 시작하게 할 것이다.

5년 전 이상한 마음이 나에게 싹트기 시작했다. 내가 어떻게 살았는지, 내가 무엇을 했는지를 마치 모르는 것처럼 나는 당황하고, 정지된 상태가 되었다…. 인생의 이러한 정지상태는 항상 나에게 같은 질문을 제기했다. "왜?" 그리고 "무엇을 위하여'…. 이러한 질문들은 마치 점들이 하나 둘씩 모여 하나의 확연한 큰 점을 만드는 것이었다. 집요하게 더 지속적으로 나에게 답을 요구했다.[2)]

이러한 의미의 위기 동안에 톨스토이가 '삶의 구류(life arrest)' 라는 용어를 쓴 것같이, 그는 자신이 행한 모든 것의 의미에 대하여 질문을 했다. 그의 재산과 아들을 교육시키는 것, 재산을 관리하는 것의 목적이 무엇인가? "무엇을 위해? 나는 사마라(Samara) 지역에 6,000데스야틴(desyatin)의 땅이 있고, 말 300필이 있다. 그래서 어쨌다는 것인가?"[3)] 정말 그는 왜 자신이 글을 써야 하는지 의아해했다. "글쎄, 만일 내가 고골리(Gogol), 푸슈킨(Pushkin), 셰익스피어(Shakespeare), 몰리에르(Moliere)보다, 세상에 있는 모든 작가보다 유명해야 한다면 그렇게 유명한 것이 어쨌다는 것인가? 여기에 대한 답을 찾을 수 없었다. 이러한 질문은 즉각적인 답을 요구했다. 답이 없이 살아가는 것이 불가능했다. 그러나 답이 없었다."[4)]

의미의 소멸과 함께 톨스토이는 자신의 삶이 쉬고 있는 기초의 붕괴를 경험했다. "나는 내가 서 있는 기반이 무너지는 것을 느꼈고, 내가 설 수 있는 곳이 없었고, 내가 그동안 목적으로 한 것이 아무것도 아니었고, 내가 살아야 할 이유가 없었다…. 진실은 삶이라는 것이 의미가 없다는 것이다. 매일의 삶, 그 삶 속에 있는 모든 행보는 나를 절벽으로 더 가까이 이끌었고, 나는 분명히 인생에는 아무것도 없고 폐허만 있다는 것을 보았다."[5)]

50세 때 톨스토이는 감정이 자살로 가깝게 바뀌었다.

내 나이 50세에 자살에 대한 생각을 가지게 한 질문은 아직 성숙하지 않은 아이부터 현명한 성자에 이르기까지 모든 사람의 영혼에 놓여 있는 모든 질문 중에 가장 단순한 것이었다. 내가 지금 하고 있는 것으로부터 무엇이 올 것인가? 그리고 내일은 무엇이 올 것인가? 나의 전 생애로부터 무엇이 올 것인가? 다른 표현으로 하면 내가 왜 살아야 하는가? 내가 왜 무엇을 원해야 하는가? 내가 왜 무엇을 해야 하는가? 다른 말로 하면, '나를 기다리고 있는 불가피한 죽음으로 파괴되지 않을 나의 인생에 어떤 의미가 있는가?'[6)]

톨스토이가 고통받았던 '삶의 구류' (arrest of life)인 삶의 위기를 경험한 다른 많은 사람들이 있다. 예를 들면, 카뮈가 가지고 있었던 단 하나의 심각한 철학적 질문은 의미 없는 삶을 계속 지속할 것인가로 가득 차 있다. 그는 다음과 같이 말했다. "나는 많은 사람들이 자신의 삶의 가치가 없기 때문에 죽는 것을 목격하였다. 이러한 것에서 나는 삶의 의미라는 질문은 모든 사람에게 가장 급한 질문이라고 결론지었다."[7)]

톨스토이의 고민과 같은 병을 가진 환자들이 치료를 구하고 있는가? 자살에 대한 정확하고 포괄적인 통계는 없으나, 생의 무의미 문제에 '초점을 맞추고' 있는 경험 있는 상담자들은 이러한 임상적 현상이 매우 공통적이라고 진술한다. 예를 들어, 분석심리학자 융은 무의미는 삶의 전반에 기거하고 '그러므로 질병과 동등하다.' 고 느꼈다.[8)] 그는 "인생에서 의미의 부재는 신경증 원인에 결정적 역할을 한다. 근본적으로 신경증은 아직 그 의미가 밝혀지지 않았지만 영혼의 고통으로 이해되어야 한다…. 나의 환자 중 삼분의 일이 임상적으로 정의할 수 있는 신경증으로부터 고통을 받는 것이 아니라 자신들의 삶의 무목적과 무감각으로 고통을 받고 있다."[9)]라고 말했다.

프랭클(Viktor Frankl)은 자신에게 상담을 받은 신경증 환자의 20%가 그 원인이 '유전적인 것이 아닌' 것이라고 말했다. 이 말은 이들이 인생의 무의미에서 온 것이라는 의미다. 프랭클의 결론은 자신의 임상경험과 통계적 연구에 기초한 것인데 불행히도 출판이 되지 않았다.[10)] 아직 상세한 신경증 현상으로 구체화되지는 않았지만 프랭클에 따르면, 무의미의 위기는 비엔나의 한 병원에 있는 그의 환자들의 50% 이상에서 이 현상이 공통적으로 발생했을 정도로 훨씬 더 일반적이었다. 더욱이 상담치료에서 자신의 일생을 존재론적 접근에 바친 프랭클은 의미의 부재는 실존적 스트레스의 최고점이라고 결론지었다. 그에게 실존적 신경증은 무의미의 위기와 같은 것이었다.

다른 심리치료사들도 이 관점을 가지고 있다. 매디(Salvatore Maddi)는 의미를 찾는 그의 놀라운 글에서 '실존적 병'은 '삶의 의미를 찾는 데 있어서 포괄적인 실패'에 그 줄기가 있다고 말했다.[11] 매디는 '실존적인 신경증'은 인지적 구성이 '무의미, 진실, 중요성, 유용성, 혹은 자신이 종사하는 일이나 무엇을 한다고 상상할 수 있는 가치에 대하여 계속해서 믿을 수 없는 무능력'으로 되어 있다고 하였다.[12] 울먼(Benjamin Wolman)은 실존적인 신경증을 같은 맥락에서 정의했다. '삶에서 의미를 발견하는 데 실패, 즉 살아야 할 아무것도, 노력해야 할 아무것도, 희망을 가져야 할 아무것도…. 삶의 방향이나 어떤 목적도 발견되지 않는 것, 사람이 자신의 일에서 땀을 흘리지만, 일을 흠모해야 할 아무것도 가지는 않는 것이다.'[13] 홉스(Nicholas Hobbs)는 이러한 것에 동의한다. '현대문화는 자주 프로이트가 기술한 것과 다른 종류의 신경증을 발생케 한다. 현대 신경증은 억압이나 전환에 따라 규정되기보다는…, 통찰의 부족으로 되기보다는 삶의 목적과 의미의 부재로 성격지어진다.'[14]

이러한 임상적 느낌이 확고한 증거를 구성하지는 않으나, 확실히 그들은 삶의 의미 문제는 중요한 것이고 상담치료자들은 매일 임상에서 이것과 직면해야 한다고 제안한다. 심리치료는 계몽 운동의 소산이다. 그 밑바닥에는 항상 위축되지 않은 자기탐험의 목적을 껴안고 있다. 치료자는 근원적인 질문을 똑바로 받아들이고 시험해야 한다. 그리고 가장 당황되고 풀 수 없는 질문인 의미의 질문이 치료에서 부인되어서는 안 된다. 치료에서 이 근원적 질문에 대하여 선택적으로 부주의하고, 그것으로부터 물러나거나, 좀 더 다루기 용이한 질문으로 변형시켜서는 안 된다. 그러나 전문적 훈련 교과과정에서 치료자들이 어디에서 인생의 의미 발달에 대하여, 무의미의 병리학에 대하여, 혹은 환자가 의미의 위기에 있을 때 도와줄 수 있는 심리치료적 전력에 대하여 배울 수 있는가?

몇몇 치료자들이 모인 작은 그룹에서 비형식 작업을 하거나 문학의 주변에서 주된 치료이론과 실행에 이러한 질문을 한다. 이 장에서는 이러한 무시된 치료자들의 이론을 중심적으로 이야기할 것이고, 철학자와 예술가들이 삶의 의미에 대해 사색한 것 중 임상적으로 관계가 있는 것을 토론할 것이다. 삶의 의미에 대한 수수께끼에 만족스러운 답은 역사를 통하여 쓰여지고 있지만 모든 위대한 사상가의 핵심을 피해 나갔다. 이 장에서 언급하는 것이 지금껏 시행되었던 많은 해결을 전적으로 만족하게 종합한 것도 아니고 해결책도 없다는 것에 대하여 놀라지 않을 것이다. 내가 여기서 시도하는 것은 삶의 의미에 대하여 치료자의 의식을 높이는 것과 다른 사람이 시행한 주된 접근을 돌아보는 것이다. 내 희망은 무의미의 혼란을 통하여 실험되고 쓸모 있는 실마리(trails)에 관한 지식으로 강화된 치료자들이 의미의 위기로 고통받는 환자에게 그 원인을 알려 주고 창의적으로 안내하는 것이다.

의미의 문제

우리가 처해 있는 딜레마는 두 가지 명제인데, 둘 다 사실이고 늘 대치된 문제인 것 같다.

1. 인간은 의미를 필요로 한다. 의미, 목적, 가치, 이상이 없이 살아가는 것은 우리가 지금껏 봐 왔던 것과 같이 상당한 고통을 불러일으킨다. 이러한 상태는 심각한 경우 사람을 죽음으로 이끈다. 프랭클이 집단수용소에서 느낀 것은 삶의 의미를 가지지 않는 사람은 살아 있는 것 같지 않다는 것이었다. 짧게 토의하겠지만, 죽음을 직면하는 사람이 만일 목적에 이끌린다면 '더 좋은' 삶을 살 수 있고, 만족과 생동감을 가지고 살 수 있다. 우리는 명백하게 삶을 열망하고 안내받음으로써 우리 삶을 자극할 수 있는 절대적이고 확고한 이상이 필요하다.
2. 그러나 제6장과 제7장에 서술된 자유의 실존적인 개념은 유일한 절대적이라는 것은 절대적인 것이 없다는 것을 단정한다. 실존적 위치는, 세계가 결정론을 따르지 않는다는 입장이다. 말하자면, 현재 있는 모든 것은 또한 없을 수도 있다는 것이다. 인간은 자신과 자신의 세계, 그리고 그러한 세계 내에서 자신의 상황을 제정한다. 그것은 '의미'가 존재하지 않는 것이고, 우주 안에 위대한 계획이 없는 것이고, 삶의 안내는 개인이 창조하는 것 외에는 없다는 것이다.

그렇다면 가장 기본적 형태에서 문제는 의미를 가지지 않은 우주에서 의미를 필요로 하는 인간이 의미를 발견할 수 있는가?

삶의 의미

정 의

'의미'와 '목적'은 다른 함축적 의미를 가지고 있다. '의미'는 뜻(sense) 혹은 연관성(coherence)을 말한다. 의미라는 단어는 어떤 것에 따라 의도한 것이 나타난다는 일반적 용어다. 의미를 찾는 것은 연관성을 찾는 것을 포함한다. '목적'은 의미, 목적, 기능을 말한다. 우리가 어떤 것의 목적을 물었을 때, 그것의 역할 또는 기능을 물어보는 것이다. 이것이 무엇을 하는 것입니까? 무엇이 목적인가요?

그러나 관습적으로 삶의 '목적'과 삶의 '의미'는 서로 교체되며 사용되고 있기에 나는 이것을 동의어로 다룰 것이다. '의의'는 밀접하게 연관된 다른 용어다. 다른 의미로 사용되는 '의의'는 '의미'와 같은 함축성을 가지고 있다. 다른 의미가 우리를 혼란스럽게 하는 것은 이것이 '중요성' 혹은 '중대성'(consequence)을 말하기 때문이다.

인생의 의미가 무엇인가? 이 질문은 우주적 의미에 대한 것, 일반적으로 인생이 혹은 적어도 인간의 삶이 어떤 전반적인 연관된 형(pattern)에 맞는가의 문제다. '인생의 의미는 무엇인가'는 다른 질문이고, 어떤 철학자가 '현실적 의미'(terrestrial meaning)[15]라고 한 것을 말하는 것이다. 현실적 의미('나의 삶의 의미')는 목적을 받아들인다. 삶의 의미를 소유하고 있는 사람은 인생의 어떤 목적이나 혹은 완성되어야 하는 기능, 어떤 최우선의 목적 혹은 자신을 전념할 수 있는 목적을 가진 인생으로 경험하는 것이다.

우주적 의미는 인간보다 우세하고 인간 밖에 존재하는 어떤 설계를 의미하며, 마술적이거나 영적인 우주의 질서를 불변하게 하는 것을 언급한다. '현실적 의미'는 우리가 앞으로 볼 것이지만 전적으로 세상적인 기초를 가지고 있는 것이다. 그것은 사람이 우주적 의미 없이 개인적 의미를 가질 수 있다는 것이다.

우주적 의미를 소유한 사람은 일반적으로 지역적 의미(terrestial meaning)에 교신하는 분별력을 경험한다. 이것은 개인의 현실적 의미는 우주적 의미의 것과 완성되거나 조화하는 것으로 구성되어 있다는 것이다. 예를 들면, 사람은 '인생'이라는 것을 각자의 인생이 연주하는 어떤 악기 부분을 맡고 있는 심포니로 생각할 수 있다(물론 어떤 사람은 우주적 의미를 믿을 수 있다. 그러나 그렇게 위대한 계획안에서 자신의 위치를 이해할 수 있는 능력이 없거나 혹은 우주적 계획안에서 자신의 위치를 강화시키기 위해 그러한 방법을 행동하고 있다는 것을 느낄 수도 있을 것이다. 그러나 이러한 개인은 개인적 죄책감 혹은 타락으로 고통받는 사람보다 무의미로부터 훨씬 적게 고통을 받는다).

우주적 의미

서구세계 안에서 유대, 즉 그리스도의 종교적 전통은 세상과 인간의 삶이 신성하게 규정된 계획의 부분이라는 원칙에 입각한 설득력 있는 의미도식(meaning-schema)을 제공하고 있다. 신성한 정의는 이러한 가정의 한 부류다. 인생을 바르게 살면 보응을 받는다. 개인 존재의 의미 있는 삶은 신성하게 정해진 것이다. 하나님의 의도와 뜻을 구별하고 실현하는 것은 각 개인의 임무다. 어떻게 그 뜻을 알 수 있을까? 근본주의자들은, 하나님의 의도는 하나님의 말씀에 포함되어 있다는 입장이고, 좋은 삶은 성서에 친밀하며 문자적 해석에 기초하고 있다고 생각한다. 다른 사람들은 하나님의 정해진 의미에 대하여 확실히 믿음을 가져야 알 수 있는 것이므로 이것이 없이는 확실히 알 수 없고, 단순히 암시나 추측을 가지고 만족할 뿐이거나 혹은 단순한 인간은 하나님의 마음을 알기를 바랄 수 없다고 생각한다. 17세기에 파스칼(Pascal)은 "가지는 나무의 의미 알기를 희망할 수 없다."라고 하였다.[16] 프랭클은 효과적인 소아마비 혈청(poliomyelitis serum)을 발견하기 위하여 실험에 사용한 원숭이 비유를 하면서 이 관점을 설명하였다.[17] 이 원숭이는 많은 고통을 받았고, 자신의 인지적 제한으로 당시 상황의 의미를 발견할 수 없었다. 그래서 프랭클도 이 원숭이는 이해를 넘은 차원에 존재하는 의미를 완전히 알기를 바랄 수 없는 사람들과 같다고 주장했다.

우주적 의미에 대한 다른 관점은 인간의 삶은 노력하는 하나님(emulating God)의 목적을 위하여 헌신된 것이라 강조한다. 하나님은 완전성을 대표하고, 그래서 인생의 목적은 완성을 위해 노력하는 것이다. 완전에 대한 다양한 형태를 생각한 사람들 중 아리스토텔레스(그리고 그가 내놓은 전적으로 이성적이고 지적인 전통)은 지적 완성을 궁극자로 여겼다. 그의 용어 중에 하나님은 '그 자체를 생각하는' 것으로 묘사한다. 그리고 사람은 이 신성을 자신의 이성적 기능의 완전을 통하여 접근한다. 12세기의 마이모니데스(Moses Maimonides)는 『당황한 사람을 위한 안내(*The Guide of the Perplexed*)』에서 완전을 향한 네 가지의 주된 공통적 양식을 서술했다.[18]

그는 첫 번째인 육체적 소유의 완전을 상상적이고 영구치 못한 것으로 결말을 내렸다. 그리고 두 번째는 동물과 다르게 구별하려는 신체의 완전을 실패로 보았다. 세 번째는 도덕적 완성으로 가치 있는 것을 발견하였지만 이것은 자신보다는 다른 사람을 섬기는 제한이 있다. 네 번째는 이성적 완성으로 '진정한 인간 완성' 으로 되는 것으로 생각했고, 이것을 통하여 '인간이 인간이 된다' 고 생각했다. 이 완전이 궁극적 목표이고 인간으로 하여금 하나님을 이해하도록 한다.

종교적 세계관에 따라서 제공된 우주적 의미는 개인 삶의 목적에 광대한 양의 해석을 하도록 한다. 어떤 것은 교리적이고, 어떤 것은 상상적이다. 예를 들어, 융은 깊게 위임된 종교적 견해를 가지고 있었고 어떤 누구도 개인의 종교적 견해를 회복하지 않는 한 치료를 받거나 의미를 발견할 수 없다고 믿었다.[19] 자신의 개인적 삶의 목적에 대한 융의 관점은 하나님 창조의 일을 완성하는 것이었다.

> 인간은 창조의 완성을 위해서 필수불가결한 것이다. 그것은 사실 인간이 세상의 두 번째 창조자이고 홀로 세상에 자신의 객관적 존재를 줄 수 있는 것이다. 이것 없이 듣지 못하고, 보지 못하고, 잠자고, 먹고, 출산하고, 죽고, 수백만 년을 통하여 고개를 끄덕인다면 끝을 알지 못하는 비존재(non-being)의 깊은 밑바닥의 밤 속에 가는 것이다.[20]

인간은 창조의 일을 완성시킨다는 융의 생각과 '그것 위에 완성의 도장을 찍는다' 는 것은 다른 사람이 내린 결론이다. 일찍이 헤겔(Hegel)은 "세계 없이 하나님은 하나님이 아니다…. 하나님은 인간이 자신을 알고 있을 때만 하나님이고 인간의 자기지식(self-knowledge)은 인간 안에 있는 자신의 의식이고 하나님에 대한 인간의 지식이다."[21]라고 하였다. 혹은 시인 릴케(Rilke)는 다음과 같이 쓰고 있다.

> 하나님, 만일 내가 죽으면 무엇을 하실 것입니까?

나는 당신의 용기인데, 만일 내가 산산이 부서지면 어떻게 되나요?

나는 당신의 음료인데, 만일 내가 엎어진다면?

나는 당신의 옷이요 당신의 고백인데

나를 잃어버리면 당신은 당신의 의미를 상실하는 것입니다.[22)]

토머스 만(Thomas Mann)의 도발적인 발언이 같은 생각을 반영한다. "비조직된 유기체로부터 생명의 발생과 함께, 궁극적으로 의도된 것은 인간이었다. 이런 인간에게 위대한 실험은 시작되었고, 이 실험의 실패는 창조 자체의 실패가 되는 것이다…. 결과가 그렇게 되든 아니든 마치 인간이 그런 것과 같이 행동하는 것은 인간에게 좋을 것이다."[23)]

'궁극적으로 의도된 것은 인간이었다' 는 토머스 만의 사상은 『인간의 현상(*The Phenomenon of Man*)』[24)]이라는 의미 있는 책을 저술한 20세기 신학자 샤르뎅(Pierre Teilhard de Chardin)이 말한 의미의 창의적 조직 핵심을 형성한다. 샤르뎅은 '통제된 혼화' (controlled complication)인 그의 법칙에서 우주적 연관성을 제안했다. 인생은 하나의 일치고, 그 전적인 삶의 세계는 '단 하나의 거대한 조직*으로 이것은 예정된 방향의 조직으로 진화의 과정으로 들어간다.' 그러므로 진화의 모든 것은 정향진화적(orthogenetic) 과정이고, 이 과정 안의 요소로써 발달하는 하나의 조직은 이 과정에 궁극적 결과를 결정한다. 그래서 역시 예정된 요소들은 우주적 진화과정의 궁극적 결과에 영향을 준다. 이 과정의 절대적 상태의 사랑과 영적 일치 안에서 인간과 함께 끝이 나도록 운명된 과정이다.

샤르뎅의 이론에서 인간 개인은 분담된 계획 안에서 역할에 따라 개인적 의미가 주어진다. "인간 성취의 높이를 비교하려는 사람들 중 소수만이 정상의 가까

* 단 하나의 조직으로서의 세계에 대한 생각은 많은 원시적 문화로 보여 왔던 세계관이고 16세기까지 유럽에 만연했다. 이 우주적 의미의 구조는 확고하고 쓸모 있는 의미를 제공하였는데, 각 인간은 출생부터 자신이 큰 단일체의 부분이라는 것을 배우고 거대한 조직의 선을 위하여 자신의 인생을 살아야 한다는 것을 알기 때문이다.[25)] 그러므로 18세기의 포프(Alexander Pope)는 그의 책 『인간에 대한 수필(*Essay on Man*)』에서 "부분적 악은 우주적 선을 위한 것이다."라고 선포할 수 있었다.[26)]

운 곳에 도달함에도 불구하고, 오르는 사람이 다수라는 것은 불가피한 것이다. 또한 그 정상은 어떤 사람에 의해서도 정복되지 않을 것이다. 개인적으로 잊혀지고 상실된 다수는 헛되게 산 것이 아니라, 그들 역시 오르려는 노력을 제공했다."[27] 그러므로 초인간적 영역 속으로 들어가는 공통적 입구가 공유되어 있다. "미래의 문들은 모든 것을 함께 결합할 수 있고 지상의 영적 혁신 안에 완성할 수 있는 방향 안에서 모든 함께하는 진전(advance)만을 허락할 것이다."[28]

세속의 개인적 의미

우주적 의미의 부재 안에서 개인적 의미 놀랍게도 인생에는 초월적으로 분명히 말할 수 있는 어떤 양식이 있으며, 각 개인은 이러한 계획에서 특별한 역할을 가지고 있다는 것으로 위로받고 있다. 사람은 목적과 역할만 부여받을 뿐 아니라 개인이 어떻게 살아가야 하는지에 대한 안내지침을 제공받았다. 대략 지금부터 300년 전까지 서구 세계에서 우주 종교적 관점이 신앙 구조에 중요한 부분이었다. 당시 이러한 관점의 출발은 급격히 성장하는 과학적 사고와 또한 고정된 대상적 실체의 존재에 대한 칸트주의(Kantian)의 철학적 질문으로부터 공격의 고난을 받기 시작했다. 인간을 넘어 있는 어떤 것의 실체, 즉 초월적인 것이나 추상적이고 절대적인 것을 의심하면 할수록 우주적 의미체제를 수용하는 데 더 어려움이 있었다.

그러나 의미체제는 어떤 대체물이 없이는 수그러들 수 없다. 우리가 왜 사는가? 라는 질문을 버릴 수 있으나 우리가 어떻게 살아야 하는가? 라는 질문을 보류하기는 쉽지 않다. 현대인들은 인생의 지침이 없이 인생의 지침을 찾아야 하는 일에 직면하였다. 어떻게 사람이 자신의 인생을 지탱하기에 충분히 견고한 의미를 만들기 위해서 나아가야 하는가?

불합리한 세상 안에서 의미 : 카뮈와 사르트르 20세기의 무의미 속으로 우리를 표현하는 데 도움을 줄 수 있는 중요한 카뮈와 사르트르의 사상을 살펴보자. 이들은 어떻게 인생의 의미의 질문을 다루었는가?

카뮈는 세상 안에서 인간의 기본적 위치를 언급하면서 '불합리' 라는 용어를 사용하였다. 이것은 의미 없는 세상에서 의미를 추구하며 살아야 하는 초월적 존재의 곤경이다. 카뮈는 인간은 도덕적 판단을 위하여 세상이 기초를 제공해 주기를 요청하는 도덕적 피조물이라고 말하였다. 그러나 세상은 제공해 주지 않는다. 세상은 전적으로 우리에게 무관심하다. 카뮈가 인간의 열망과 세상의 무관심을 '불합리한' 인간의 조건으로 언급한다.[29)]

그러면 우리는 무엇을 해야 하는가? 우리는 인도할 지침이 없다? 가치관도 없다? 나쁜 것도 좋은 것도, 선과 악도 없다? 만약 세상에 절대적인 것이 없다면, 이 세상에 어떤 것이 어떤 것보다 중요한 것이 없다면, 그러면 모든 것은 무관심한 것이다. 소설 『행복한 죽음(*A Happy Death*)』[30)]과 『이방인(*The Stranger*)』[31)]에서 카뮈는 가치 허무주의(value-nihilism)의 상태에 살고 있는 개인들을 묘사했다. 『이방인』에 등장하는 뫼르소(Meursault)는 도덕적 세상의 밖에 존재한다. 그는 "나에게 모든 게 다 같은 것이다."라고 반복해서 말한다. 그는 어머니의 장례식에 참석하고 나서 성관계를 하고, 일을 하고 해변에서 아랍인을 살해하는데, 이 모든 것은 매우 무관심한 상태에서 발생한다.

먼저 발행된 수필집 『시지프의 신화(*The Myth of Sisyphus*)』에서 카뮈는 자신의 허무주의와 윤리적 요구 사이의 긴장을 탐험했고, 점차적으로 새롭고 세속적이고 인간적으로 기초한 개인적 삶의 의미의 전망과 이 전망에서 나온 삶의 행동을 위한 안내서를 꾸며 내기 시작했다. 그의 새로운 전망은 우리가 '절망의 밤'을 애착함으로, 그리고 무의미의 상당한 소용돌이에 직면하고, 영웅적 허무주의의 태도에 도달함으로써 새로운 삶의 의미를 만들 수 있다는 것이다. 인간은 불합리의 직면에서 존엄성을 가지고 사는 것을 통해서만 전적인 성장에 다다를 수 있다고 믿고 있다. 세상의 무관심은 개인의 조건에 대항하여 자신감에 찬 배반으로 초월될 수 있다. "인간 자랑의 장관(spectacle)과 동등한 것은 아무것도 없다."[32)]

카뮈의 생각은 제2차 세계 대전을 통해 더 굳어졌는데, 이 기간 동안 그는 프랑스의 지하조직에서 일을 했고, 그는 형제의 반항으로 불합리자들에 대하여 확실한 반란을 품고 있었다. 인류의 결속(solidarity)이라는 이름의 반란이었다. 소설 『페스트(*The Plague*)』에서 카뮈는 이 전염병에 대한 많은 인간들의 반응을 서술했다(이 책에서는 문자적으로 전염병이지만, 형이상학적으로 나치의 프랑스 점령 혹은 그것을 넘어 모든 형태의 부정의와 비인간성을 말한다).[33)] 저자의 이상적인 자아상을 가장 잘 나타내는 인물은 리외(Rieux) 박사로 용기, 활력, 사랑 그리고 많은 전염병 희생자들에게 깊은 동정심을 항상 가지고 전염병에 지치지 않고 싸우는 자다.

요약하자면, 카뮈는 허무주의에서 시작했다. 이 위치는 세상에서 의미의 부재(그리고 목적과 가치의 결핍)로 절망했던 곳이다. 그리고 이유 없이 개인의 의미의 구조가 금방 움직이는데, 이 구조는 행동을 위한 몇 가지 분명한 가치와 안내지침을 포함한다. 즉, 용기, 자랑 가득한 반항, 형제적 결속, 사랑, 세속적 성스러움 등이다.

사르트르는 금세기 어떤 철학자들보다 더 무의미한 세상에 대한 관점이 강경하다. 인생의 의미에 대한 그의 의견은 쌀쌀하고 무자비하다. "모든 존재하는 것들은 이유 없이 태어났고, 우연히 약함과 죽음을 계속한다…. 우리가 태어난 것은 무의미하다. 우리가 죽은 것도 무의미하다."[34] 자유에 대한 그의 관점은(제6장에서 토의한 관점) 개인을 개인적 의미와 행동의 지침이 없는 것으로 한다. 정말 많은 철학자들이 명료하게 사르트르주의의 철학적 구조에 대하여 매우 비평적인데, 그것은 그 철학에 윤리적 구성요소가 부족하기 때문이다. 1980년 사르트르가 죽으면서 비범한 생산적인 저술활동은 끝났고, 오래전에 약속한 윤리에 대한 논문도 이루어질 수 없게 되었다.

그런데 사르트르의 소설 속에는 무엇을 위해 살고, 무엇에 따라 살아가는지 그 중요함을 발견한 개인들이 종종 묘사되어 있다. 사르트르의 작품 『파리(*The Flies*)』에서 영웅인 오레스테스(Orestes)는 특히 실례가 된다.[35] 아르고스(Argos)* 에서 성장하다가 누이 엘렉트라(Electra)를 찾으려고 집을 향해 길을 떠나고, 이들은 함께 자신의 아버지 아가멤논(Agamemnon)을 죽인 살인자를 살해함으로써 복수하는데, 그 살인자가 자신의 어머니 클리템네스트라(Clytemnestra)와 살고 있는 남편 아이기스토스(Aegistheus)다. 사르트르는 인생의 무의미에 대하여 명료하게 진술하였지만, 그의 작품은 의미를 찾는 순례여행으로 읽힐 수 있다. 오레스테스가 자기 삶의 기초로 한 가치를 찾으려한 것을 보도록 하자. 오레스테스는 첫째로

* 그리스 남부의 고대도시.

자신의 집, 뿌리 그리고 우정으로 돌아오면서 의미와 목적을 구했다.

> 내가 어떤 장소에 속하고 싶고, 동료 중에 한 남자로서 소속감을 원하는 사람이 되려는 것을 이해하려고 노력하라. 단지 생각해 보라. 노예조차 피곤해서 자신의 짐을 구부려 내려놓고 서서 멍하게 응시하고 그의 앞에서 걸어간다. 왜 이 가난한 노예조차 자신의 숲 가운에 있는 나무같이 혹은 나무에 있는 잎새같이 자신의 마을 안에 있다고 말할 수 있는가. 아르고스는 그의 주변에, 골고루 따뜻하고, 간결하고, 위로하며 있었다. 그래 엘렉트라, 나는 기꺼이 그러한 노예가 되고 싶고 담요같이 내 자신을 그 안에 두고 말아 올리는 것과 같이 나의 주변에 그 도시에 가까이 하는 기분을 즐기고 싶다.[36]

후에 그는 자신의 인생 행동에 대한 질문을 하고, 자신의 상황 내의 평화를 발견하기 위하여 신들이(the gods) 원했던 것을 항상 행하였음을 깨닫는다.

> 그래, 그것이 바른 것이다. 평화 가운데 사는 것, 즉 항상 완벽한 평화 가운데 사는 것이다. 나는 알겠다. 항상 "미안합니다." "감사합니다."라고 말하는 것은 이것을 위한 것이다. 뭐 이것은 원했던 것이 아닌가? 그 바른 것. 그들(신들)이 하라고 한 것.[37]

이 순간에 오레스테스는 그가 예전의 의미 구조에서 자신을 떼어내어 무의미의 위기 속으로 들어간다.

> 모든 것에 변화가 온다…. 지금이 되어서야 나는 다정한 현존과 같이 내 주변에 살아 있고 따뜻한 어떤 것을 느낀다. 그 어떤 것은 죽었다. 얼마나 공허한가. 얼마나 끝없는 공허인가.[38]

그 순간에 오레스테스는 도약을 하는데, 이것은 사르트르가 자신의 개인적 생활에서 했던 것이다. 믿음으로서의 도약이 아니라(믿음의 도약이기보다는 이것은 소리가 없는 논쟁에 기초했음에도 불구하고), 약속, 행동, 계획으로의 도약이다. 그는 안락, 안전 그리고 추구의 이상들에 대하여 자신이 새로이 발견한 목적인 십자군의 잔인성(ferocity)을 가지고 작별을 고한다.

나는 거기에 다른 길, 나의 길이 있다고 말했다. 당신을 볼 수 없다. 그것은 여기에서 시작하여 그 도시 아래로 이끈다. 나는 당신들 가운데 깊은 속으로 내려가야 한다. 모두가 구덩이 밑바닥에서 살고 있기 때문이다…. 기다려라. 나에게 한때 나의 것이었던 공기와 같은 모든 밝음에 대하여 작별을 고할 시간을 달라…. 이리오라 엘렉트라, 우리의 도시를 보라…. 이 도시는 높은 벽과 붉은색 지붕, 잠겨진 문으로 나를 가까이 하지 못하게 한다. 그러나 이 도시는 내가 가져야 할 도시다. 나는 도끼로 변하여 이 벽을 산산이 부숴 버릴 것이다….[39)]

오레스테스의 새로운 목표는 빠르게 변하고, 그는 그리스도와 같은(Christlike) 짐을 떠맡는다.

들어 보라, 모든 사람이 그들의 어두운 방에서 두려움에 떨고 있다. 나는 그들의 모든 범죄를 떠맡을 생각을 하고 있다. 나는 '죄의식 도둑'(guilt-stealer)의 이름으로 승리하고, 내 자신을 그들의 회한 위에 올려놓으려고 출발을 생각하고 있다.[40)]

후에 오레스테스는 제우스(Zeus)의 도전에 아이기토스를 죽이려고 결심한다. 그 순간에 그의 선언은 분명한 목적을 보여 준다. 그는 정의, 자유 그리고 존엄성을 선택하고 그의 삶에서 무엇이 '바른 것' 인지 알고 있다고 한다.

내가 제우스를 위해 무엇을 돌볼 수 있는가. 정의는 사람 사이의 일이고 나에게는 이것을 가르칠 신이 없다. 당신을 더러운 짐승과 같이 분류하고 정당하고 당신의 악영향에서 사람들을 자유롭게 하는 것은 정당하다. 그들의 인간의 존엄성을 회복시키는 것이 바른 것이다.[41)]

그리고 그의 자유, 임무 그리고 그의 길(path)을 발견해야 한다는 것은 즐거운 것이다. 오레스테스는 어머니의 살인자라는 인생의 짐을 져야 했으나, 이것이 인생의 무목적, 무의미 그리고 목적 없이 삶을 방황하는 것보다는 나았다.

이동시켜야 할 것이 더 무거울수록, 더 기쁨을 내가 가질 것이다. 이 짐이 나의 자유다. 단지 어제만 우연히 나는 지구를 걸었다. 내가 걸은 수천 개의 길은 다른 사람들의 길이기 때문에 아무 곳에도 나를 데려다 주지 못했다…. 오늘 나는 단지 하나의 길만이 있고, 하늘만이 이 길이 어디로 이끄는지 알고 있지만, 이 길은 나의 길이다.[42)]

그리고 오레스테스는 다른 길을 찾았다. 이것은 사르트르에게 중요한 의미인데, 절대적인 의미는 없는 것이고, 사람은 홀로이고 자신 자신의 의미를 창조해야만 한다는 것이다. 오레스테스가 제우스에게 말했다.

> 갑자기 그 푸른 곳으로부터 자유가 나에게 충돌했고 나의 발을 쓸어 버렸다. 나의 젊음은 바람과 함께 가 버렸고, 내 자신이 홀로인 것을 안다…. 그리고 하늘에는 아무것도 남겨진 것이 없고, 나쁜 사람이건 좋은 사람이건 어느 누구도 나에게 명령을 하지 않았다…. 나는 법을 가지지 않고 나만의 것을 가지도록 운명 지어진 것이다…. 모든 사람은 자신의 길을 발견해야 한다.[43)]

그가 마을 사람들의 눈을 뜨게 하자고 제안했을 때, 제우스는 만일 오레스테스가 그들의 눈에서 장막(veil)을 걷어낸다면 "그들은 자신의 삶이 지금 더럽고 천박한 있는 그대로 다 볼 것이다."라고 항의했다. 그러나 오레스테스는 그들은 자유로운 사람들이고, 그들이 자신의 절망을 직면하는 것이 맞다고 주장했다. 그리고 유명한 실존적인 말을 옹호했다. "인간의 생명은 절망의 저 끝에서 시작된다."[44)]

최종의 목적인 자기실현은 오레스테스가 그의 여동생의 손을 잡고 그들의 인생 여정을 시작하였을 때 발생한다. 엘렉트라가 어디로 가는 거냐고 물을 때, 그는 다음과 같이 말한다.

> 우리 자신을 향하는 거야. 저 강과 산들을 넘어서 어떤 오레스테스와 어떤 엘렉트라가 우리를 기다리고 있고, 우리는 그들을 향하여 우리의 고난의 길을 가야 한다.[45)]

그래서 사르트르는 "인간은 무익한 열정이다." "우리가 태어난 것은 의미가 없고, 우리가 죽는 것도 의미가 없다."라고 말한 것이다. 그는 소설에서 의미를 향한 탐구의 분명한 가치의 견해에 도달하고 그 탐구를 착수하는 길들을 제안한다. 이것은 '안식처', 세상에서의 동료성, 행동, 자유, 억압에 대한 반항, 이웃에 대한 봉사, 계몽, 자기실현 그리고 무엇보다 먼저 참가를 포함한다.

그리고 왜 실현해야 할 의미가 있는 것일까? 이 질문에 대하여 사르트르는 말이 없다. 확실히 그 의미는 신성하게 정해진 것이 아니다. 인간 이외에 '밖에 저기'에 존재하는 것은 아무것도 없고 하나님이 없기에 의미는 '밖에 저기'에 있는 것이 아니다. 오레스테스가 단순하게 말한다. "나는 소속되기를 원한다." 혹은 이웃을 섬기는 것, 사람의 존엄성을 회복하는 것 혹은 자유를 포용하는 것은 "그것은 맞다." 혹은 모든 사람은 '반드시' 자신의 길을 발견해야 하고, 자신을 기다리고 있는 전적으로 실현된 자기를 위해 여정을 떠나야 한다. '원한다' 혹은 '그것은 맞다' 혹은 '반드시' 용어들은 임의적이고, 인간행동에 대한 확고한 기초를 제정하지 않는다. 그러나 이것들은 사르트르가 모을 수 있었던 가장 좋은 논쟁인 것 같다. 사르트르는 토머스 만이 앞서 인용한 구절에 있는 실용적 위치에 동의하는 것 같다. "그것이 그렇든 아니든, 마치 그런 것같이 행동하는 것은 사람에게 좋은 것이다."

카뮈와 사르트르 두 사람에게 중요한 것은 인간은 자신의 의미를 반드시 고안해 내야 한다는 것을 알고 있다는 것이다(하나님의 의미 혹은 자연의 의미이기보다는). 그리고 그 의미를 실현하기 위해 자신을 전적으로 헌신해야 한다. 이것은 올포트(Gordon Allport)가 말한 것과 같이 쉬운 작업은 아니지만 '반 확신과 전적인 마음' (half-sure and whole-hearted)[46]이 되는 것이 필요하다. 이 점에 대하여 대부분의 서구 신학적 그리고 무신론적인 실존적 구조는 동의한다. 삶의 흐름 안에 자신을 몰입시키는 것은 좋은 것이고 바른 것이다.

삶의 목적을 사람에게 제공하는 세상의 활동을 살펴보자. 이러한 활동은 사르트르가 오레스테스를 통해 나타낸 것과 같은 논쟁을 통해서 도움을 받는다. 그들이 올바른 것 같다. 그들이 좋은 것 같다. 그들은 본능적으로 만족하고 있으며 어떤 다른 동기의 기초 위에 정당화될 필요가 없다.

이타주의 더 좋은 장소에서 살기 위해서 이 세상을 떠나는 것, 이웃을 섬기는 것, 자선(모든 선 중에 가장 위대한 것)에 참여하는 것 등 이 모든 활동은 바르고 좋은 것이고 많은 사람들에게 의미를 제공한다. 카뮈 소설의 리외 박사와 사르트르의 오레스테스는 봉사를 통하여 자신들을 실현하였다. 한 사람은 페스트 희생자들을 간호함으로써, 다른 한사람은 죄의식을 훔치는 피리 부는 사나이인데 사람들이 존엄성, 자유 그리고 축복받은 절망에 대하여 눈을 열게 하였다.

암으로 죽어 가는 환자에 대한 임상경험에서 나는 인간존재의 의미구조의 중요성을 고찰할 수 있는 특별한 위치에 있었다. 나는 환자 중에 자신의 삶에서 깊은 의미를 경험한 사람은 의미를 가지지 않은 사람보다 더 활기차고, 죽음을 직면해도 절망하지 않는다는 사실을 계속 주목했다(융은 "의미는 위대한 거의 모든 것들을 감내할 수 있게 한다."라고 평가하였다).[47] 이러한 경우에 환자들은 의미의 몇 가지 형태를 경험하지만 종교적이든 그렇지 않든 이타주의보다 중요한 것은 없는 것 같다. 여기에 대한 임상사례가 있다.

샐(Sal)은 31세의 환자로 복합 골수종(multiple myeloma)으로 2년 후 고통스럽고 무능력하게 죽었지만 발생하기 전까지는 늘 왕성하고 운동을 잘하는 사람이었다. 어떤 면에서 샐의 마지막 2년은 그의 삶에서 가장 풍요로운 때였다. 그가 비록 심한 통증 가운데 살았고, 전신 깁스로 싸여 있었음에도 불구하고(다중 뼈 분쇄 때문에), 샐은 다른 젊은 사람들을 봉사할 수 있다는 것으로 삶의 큰 의미를 발견했다. 샐은 마약 중독자인 10대들을 상담하기 위해 고등학교들을 방문했고, 자신의 암과 부패해가는 신체를 위험한 가운데 있는 10대들을 위해 이용하여야 할 사명의 중요한 수단으로 사용하였다. 이러한 일은 대단히 효과적이었다. 그가 휠체어에 앉아 깁스 때문에 움직이지 못하고 학생들을 권면했을 때 전 청중들은 떨었다. "당신들은 니코틴이나 알코올이나 마약으로 몸을 망치기를 원합니까? 당신들의 몸을 차에다 부딪히고 싶습니까? 당신들이 우울해서 금문교에서 몸을 던져 버렸으면 합니까? 그렇다면 당신들의 몸을 나에게 주십시오! 내가 그것을 필요로 합니다! 내가 가지겠습니다! 나는 살기를 원합니다!"

에바(Eva)는 50대 초반에 난소암으로 사망한 환자로 대단히 활기찬 삶을 살았으며, 이타적인 활동을 통해 항상 삶의 목적에 막강한 힘을 제공했다. 그녀는 자신의 죽음을 같은 방법으로 직면하게 되었다. 그리고 내가 표현하는 데 편하지 않음에도 불구하고, 그녀의 죽음은 '좋은 죽음'으로만 생각할 수 있었다. 그녀의 마지막 2년 동안 그녀와 접촉한 거의 모든 사람은 그녀 때문에 삶이 풍요로워졌다. 그녀가 처음으로 자신의 암과 암이 퍼지고 있다는 것과 암의 치명적 예측을 알았을 때 그녀는 절망 속에 빠졌지만 이타적인 계획에 관심을 가짐으로써 곤경에서 빠르게 탈출했다. 그녀는 치명적인 병에 걸린 아이들을 위하여 병원에서 자원봉사를 하였다. 그녀는 자신의 재산을 합리적으로 분배하기 위하여 몇몇 자선단체와 긴밀하게 접촉하였다. 많은 친구들은 암이 발발한 이후에 긴밀한 접촉을 피했다. 에바는 그들 한 명 한 명에게 접근해서 왜 접촉을 피하는지 자신이 이해하고 있고, 불만도 없다고 했다. 그러나 친구들이 자신의 죽음에 직면하였을 때 그들의 기분을 자신에게 말하면 그들에게 도움이 될 수 있을 것이라 하였다.

에바의 마지막 의사인 L 박사는 냉정하고 차갑게 보이는 사람으로 거대한 책상에 앉아서 에바에게 말하면서 의료행위를 기록하였다. L 박사는 능력이 뛰어난 의사였지만, 에바는 더 따뜻하게 돌볼 수 있는 사람으로 바꾸려고 고려하였다. 그러나 그녀는 그와 계속 있기로 결심했고, 그녀의 삶에서 마지막 목표를 'L 박사를 인간화' 시키는 것으로 하였다. 그녀는 그와 함께하기 위하여 더 많은 시간을 요구하였고, 그가 자신이 원하는 형태의 사람이 아니며 그녀의 이야기를 들어야 한다고 요청하였다. 그녀는 환자와 함께하는 그의 위치에 대하여 공감하였다. 죽어가는 많은 환자들을 보는 것이 얼마나 힘든가에 대하여 공감하였다. 사실상 그 의사의 특별성 때문에 거의 모두가 그런 환자들이다. 그녀가 죽기 얼마 전 두 가지 꿈을 꾸었는데 이것을 나와 L 박사에게 말하였다. 첫 번째 꿈에서 그녀는 이스라엘에 있었다. 그러나 유대인 대학살 박물관을 방문하는 결정을 내리지 못했다. 두 번째 꿈에서 그녀는 어떤 병원의 복도에 있었고 의사들(L을 포함한)이 그녀에게서 빠르게 멀어져 갔다. 그래서 그녀는 그들을 따라 달려가 말했다. "좋습니다. 나는 당신들이 나의 암을 치료할 수 없다는 것을 이해합니다. 당신들을 용서합니다. 괜찮습니다. 당신들이 그렇게 느끼는 것은 정말 정상적입니다." 에바의 인내는 성공하였고, 결국 그녀는 L 박사의 장애를 극복시키는 만족을 가졌으며, 인간적인 태도로 그의 마음을 깊게 움직였다.

그녀는 암 환자들을 위한 지원집단에 있었고 마지막 삶까지 죽음에 대한 자신의 태도가 많은 다른 환자들에게 가치를 줄 수 있다는 것과, 삶에 대한 열정과 죽음에 대한 용기 있는 에바의 자세가 환자 자신의 삶과 죽음에 한 모델이 될 수 있다는 사실에 의미를 발견했다. 이 환자들 중 한 사람인 샐먼(Madeline Salmon)은 훌륭한 시인으로 에바의 추도식에서 자작시를 읽었다.

사랑하는 에바,
바다로부터 소금기 있고 강한
바람이 불 때마다
당신은 여기에 있습니다.

언덕 꼭대기에서 당신의 열정과

당신 웃음의 불굴의 파도를 기억하는 것은
당신의 떠남으로 인한 나의 슬픔을 어루만지고
나 자신의 생각을 어루만집니다.

'나 자신의 생각을 어루만지다' 는 죽음을 직면한 많은 사람들에게 의미의 중요한 근원을 아름답게 표현하고 있다. 다른 사람들에게 모델이 된다는 생각은, 특별히 자녀에게 모델된다는 것은 환자로 하여금 죽음의 공포를 감소시키거나 제거하는 것을 도와주어 죽음의 순간까지 삶이 의미로 찰 수 있게 할 수 있다. 자신을 자녀에게 확장시키고, 존재의 커다란 사슬 안에서 후손들 속으로 확장하는 것이다. 물론 에바는 나에게 큰 영향을 주었고, 그렇게 함으로써 그 과정 안에서 그녀의 선물을 나의 독자에게 전수함으로써 나의 의미를 발견한다.

이타주의는 심리치료를 위한 의미에서 중요한 원천을 구성하고 있고, 무엇이든 도와주는 전문가와 환자를 도우려고 자신을 헌신하는 심리치료자뿐만 아니라 한 사람의 성장은 파문 효과가 있어서 그 환자의 삶을 알게 된 다른 많은 사람들에게 유익을 줄 수 있다. 이 효과는 환자가 널리 영향력을 미치는 사람일 때(교사, 의사, 작가, 고용주, 행정가, 개인관리자, 다른 치료자) 가장 분명하다. 그러나 실제에서는 다른 사람과 수없이 만나야 하는 환자들의 매일의 생활에서 획득된다. 나의 상담과정에서는 모든 환자들이 이 명백한 질문의 영역을 만들기 위하여 노력한다. 나는 친밀하거나 우연한 환자들의 대인관계접촉을 알아본다. 나는 그 환자들에게서 다른 사람으로부터 무엇을 원하고 다른 사람의 삶에 무엇을 기여할 수 있는지를 탐구한다.

베푸는 것, 다른 사람에게 유익한 것, 이웃을 위하여 더 나은 세상을 만든 것이 좋다는 신념은 의미에서 막강한 기초가 된다. 이것은 유대-기독교의 전통에 깊게 뿌리 내린 것이고 이 종교의 유일신적 구조를 반대하는 사람들조차 이 우선된 진리(priori truth)를 수용하고 있다.

대의(大義)에 대한 헌신 "인간이란 자기 자신을 만들고 있는 대의를 통하여 되어져 가는 것이다."[48] 철학자 야스퍼스(Karl Jaspers)의 이 말은 대의에 헌신이라는 삶의 의미에 또 하나의 중요한 현세적 근원을 말한다. 철학자요 역사가였던 듀랜트(Will Durant)는 『삶의 의미에 대하여(*On the Meaning of Life*)』라는 제목으로 책을 썼는데, 저명인사들의 삶의 의미에 대한 생각을 진술한 것으로 구성되어 있다. 어떤 '대의' 를 위해 일하는 것은 지속적인 주제다.

결론에서 듀랜트는 그의 개인적 입장을 말한다.

> 전체적인 것을 위해 결합하고, 당신의 몸과 마음을 다해 그것을 위해 일하라. 인생의 의미는 기회 안에 놓여 있는 것이고, 그 의미는 생산하도록 하거나 우리 자신보다 위대한 어떤 것을 기여하도록 한다. 그것이 가족일 필요는 없다(가족은 가장 직접적인 넓은 길로서 그것의 숨어 있는 지혜 속의 성격상 가장 단순한 영혼을 제공해 주고 있음에도 불구하고). 이것은 어떤 집단으로써 개인의 잠재된 고귀함 모두를 불러올 수 있는 집단이고, 죽음으로 산산이 흩어져 버리지 않아서 개인으로 하여금 일하게 하려는 대의를 제공해 주는 집단이다.[49]

다양한 종류의 대의를 충족시킬 것이다. 가족, 국가, 정치적 혹은 종교적 대의, 공산주의나 파시즘과 같은 세속적 종교들, 과학적 모험 등의 대의가 그것이다. 그러나 듀랜트가 말했듯이, 중요한 일은 '삶의 의미를 주려고 한다면, 개인을 자신의 밖에서 번쩍 들어서 더 광대한 조직(sheme)에 협동하는 부분으로 만들어야 한다' 는 것이다.[50]

개인적 의미의 근원으로써 '대의에 헌신' 하는 것은 복잡한 것이다. 듀랜트의 말에는 몇 가지 관점이 있다. 첫째로 이타적인 구조가 있다. 사람은 다른 사람에게 기여함으로써 의미를 발견한다. 많은 대의들은 이타적 토대를 가지고 있다. 직접적 봉사로 헌신하거나, 궁극적인 방향의 공리적(더 많은 사람을 위한 더 많은 선)인 것으로 더 복잡한 운동이 될 수 있다. 만일 한 행동이 의미를 제공하는 것이라면, 그것은 중요한 것 같고 '자신으로부터 자신을 번쩍 드는 것이다.' 비록 이것이 명백하게 이타적이지 않더라도 말이다. '자기 초월성' 이라는 개념은 인생 의미의 구조에 핵심적인 것이고 간략하게 논의할 것이다. 그러나 듀랜트가 대의에 대하여 '죽음으로 산산이 흩어져 버리지 않을 것' 혹은 '우리 자신보다 위대한 어떤 것의 부분이 되는 것' 을 말하였을 때, 말하자면 무의미에 대한 것이기보다는 그는 다른 문제를 언급하는 것이다(예를 들어, 죽음 초월, 분리와 무력감의 불안이다).

창의성 우리 대다수는 이웃에게 봉사하는 것과 대의에 헌신하는 것은 삶에 의미를 제공하고, 또 창의적인 삶이 의미 있다는 것에 동의할 것이다. 어떤 새로운 것을 창조하는 것은, 어떤 것을 진기함(novelty) 혹은 미, 그리고 조화와 함께 연결한다는 것으로 무의미감에 매우 강력한 교정수단이다. 이 창의성은 그 자체를 정당화하고, '무엇을 위해?' 라는 질문을 허용치 않으며, '존재를 위한 그 자신의 변명을 가지고 있다.' 이 창의성은 창조한 것이 맞고, 개인은 이것의 창조를 위해 헌신해야 한다는 것이 맞다.

테일러(Irvin Taylor)는 큰 개인적 장애와 사회적 구속을 가지고 일을 한 창의적인 예술가들(갈릴레오(Galileo), 니체(Nietzsche), 도스토예프스키(Dostoevsky), 프로이트(Freud), 키츠(Keats), 브론테자매(the Bronte sisters), 고흐(Van Gogh), 카프카(Kafka), 버지니아 울프(Virginia Woolf) 등)은 매우 높게 발달된 자기성찰의 기능들을 가지고 있었기에 인간의 실존적 상황과 우주의 정연한 무관심에 대하여 보통 사람들보다 예민한 관점을 발달시켰을 것으로 본다.[51] 베토벤(Beethoven)는 명료하게 자신의 예술이 자신을 자살로부터 지키고 있다고 말했다. 그는 32세 때 귀가 들리지 않자 절망 가운데 다음과 같이 썼다. "작은 것이 나를 생의 끝으로부터 물러서게 했다. 예술만이 뒤로 물러서는 나를 잡아 주었다. 아! 내가 하고 싶다고 끌리는 것을 하기 전까지 이 세상을 떠나는 것은 나에게 불가능한 것 같다. 그래서 나는 이 비참한 인생을 끌어 가고 있다."[52]

의미로 가는 창의적인 길은 창의적인 예술가들에게만 나타나는 제한된 것이 아니다. 과학적 발견 행위도 가장 높은 질서의 창의적 행위다. 관료정치(bureaucracy)도 창의적으로 접근할 수 있다. 분야를 변화시킨 연구과학자들은 행동적 위치에서 창의성의 가능성과 중요성을 말한다.

> 당신이 경영을 하면, 그 자체가 창의적 행동이라는 것을 믿어야 한다. 그리고 당신의 목적은 책상을 깨끗하게 청소하는 것보다 더 중요한 어떤 것이다. 당신은 조정자이고 중재자이며, 수많은 다른 사람들을 동등하게 다루도록 노력할 것이다. 그러나 당신 또한 아이디어를 가져야 할 것이고, 중요한 당신의 생각으로 그들로 하여금 현실을 볼 수 있도록 설득해야 한다…. 이것이 경영의 재미있는 부분이다. 연구와 경영 둘 다에 흥분과 의기양양함이 있는 것은 창의적 힘에 있다. 경영은 일들을 처리하는

것이다. 나는 연구보다 경영이 더 흥미로운 것이라고 생각한다.[53)]

가르침, 요리, 노는 것, 공부하는 것, 기록하는 것, 정원을 돌보는 창의적 접근은 인생에 가치 있는 어떤 것을 더한다. 창의성을 짓누르고 사람을 자동 의지 기계로 변하게 하는 작업환경은 얼마나 많은 월급을 받든 간에 관계없이 항상 불만족을 양산한다.

친구 중 한 명인 여성조각가는 작업하면서 기쁨을 발견하느냐는 질문을 받았을 때 창의성의 다른 면을 지적했다. 자기발견이다. 그녀의 작업은 부분적으로 자신의 무의식적 힘의 지시를 받는 것이다. 새로운 조각은 이중적으로 창의적이다. 작업 그 자체가 예술작업이고 이것으로 계몽되는 새로운 내적 전망(vistas)이다.[54)]

창의성에 대한 이 확대된 관점은 예외적으로 치료를 추구하는 작곡가에게 유용한데, 왜냐하면 그의 55번째 생일이 가까워지면서 자신의 삶을 시험해 보도록 했기 때문이다. 이 과정은 그가 자신의 분야에 공헌한 것이 별로 없다는 것으로 결론을 내리게 하였다. 그는 뿌리 깊은 무목적성을 가지고 있었고 자신의 노력들 중 어떤 것도 지속되는 가치가 없다는 것을 인정하게 되었다. 그는 자신의 전문적 창의성을 증진시키기 위해서 치료를 원하였고, 동시에 작곡가로서의 재능이 제한되어 있다는 것을 알았다. 내가 그의 생애 전체를 포함시키기 위하여 창의성의 개념을 확대할 때까지 치료는 생산적이지 않았다. 그는 자신의 삶이 여러 분야에서 얼마나 보잘 것 없었는가를 알았다. 그는 30년이 넘게 불만족스러운 결혼에 갇혀 있었기 때문에 그 결혼을 변화시키지도 끝내지도 못했다. 우리가 그의 처음 불만을 새로운 것으로 재형성할 때 치료는 서서히 앞서 나갔다. "어떻게 그가 자신의 새로운 형태의 삶에 자기 나름대로 창의적이 될 수 있을까?"

창의성은 이타성과 중복되어 이 안에서 많은 연구가 세상의 조건을 향상시키고, 미를 발견키 위해, 자신만을 위한 것이 아니라 타인의 즐거움을 위해 창의적으로 되어 간다. 창의성은 사랑의 관계성에서 역할을 한다. 다른 사람의 삶에 중요한 것을 가져오는 것은 성숙하고도 창의적인 과정의 부분이다.

쾌락주의적 해결 한 철학교수가 학부강의를 듣는 학생들에게 자신들의 사망기사에 대하여 쓰라고 했다. 학생들의 글은 다음과 같은 내용으로 나타났다.

여기에 나는 의미를 발견하지 못하고 누워 있다.

그러나 삶은 지속적으로 놀라운 것이었다.

혹은,

죽으려고 사는 사람들을 위하여 당신의 눈물을 흘려라.

살기 위해 죽으려는 나를 위해 당신의 눈물을 아껴라.[55)]

이 관점에서 삶의 목적은 단순하게 삶을 전적으로 살고, 삶의 경이에 대하여 감탄하는 개인의 감각을 가지고 삶의 자연적 리듬에 자신을 던져 넣으며, 가능한 가장 깊은 곳에서 즐거움을 찾는 것이다. 근래에 발행된 인본주의적 심리학 교과서는 이것을 다음과 같이 요약한다. "삶은 선물이다. 그것을 가지고, 포장을 풀고, 감사하고, 사용하고, 인생을 즐겨라."[56)]

이 관점은 오래된 전통이다. 플라톤(Plato)은 저서 『필레보스(*Philebus*)』에서 모든 인간의 합당한 목적에 대한 토의를 발표했다. 한쪽은 사람의 목적은 지적이어야 하고, 지식 그리고 지혜가 되어야 한다고 하였다. 반대쪽은 쾌락(pleasure)만이 삶의 진정한 목적이라고 했다. 이 쾌락주의적 관점은 B.C. 3~4세기의 에우독소스(Eudoxus)와 에피쿠로스(Epicurus) 때부터 17~18세기의 로크(Locke)와 밀(Mill)에 이르기까지 그리고 현재까지 영향을 미치고 있다. 쾌락주의자들은 쾌락 그 자체가 인생의 목적이라는 것은 인간행위에 만족스럽고 충분한 설명이라는 힘 있는 논쟁을 모을 수 있다. 사람은 미래 계획을 만들 수 있고, 자신을 위해 더 즐거운 계획을 선택할 수 있다. 쾌락주의적 관계의 구조는 가공할 만한 것인데, 왜냐하면 그것이 탄력적인 관대한 범주 내에서 다른 의미구조의 각각을 포함할 수 있기 때문이다. 고통과 불유쾌 혹은 자기희생을 목적으로 하는 것 같은 행동조차도 쾌락주의적일 수 있다. 왜냐하면 이것을 쾌락을 위한 투자로 여길 수 있기 때문이다. 이것은 현실원칙에 양보하는 쾌락원칙의 예다. 일시적 불편은 미래에 쾌락 배당금을 줄 것이기 때문이다.

자기실현 개인적 의미의 다른 근원은 인간이 자신을 실현하도록 노력한다는 것이며, 사람들은 내재되어 있는 잠재성을 실현하기 위하여 자신을 헌신해야 한다는 믿음이다(제6장에서 책임성의 입장에서 자기실현 개념을 토의했다).

'자기실현' 용어는 기원전 4세기 아리스토텔레스의 신학적 원인(theological

causation)의 조직에서 명백하게 표현된 고대개념의 현대적 재형성이다. 내적 목적성에 대한 교리로 각 대상의 목적 혹은 적합한 끝은 결실에 이르고 그 자신의 존재를 실현할 것이라고 가설하는 것이다. 그래서 도토리는 상수리나무에서 실현되고, 유아는 성장한 성인에게서 된다는 것이다.

후에 기독교 전통에서 자기완전을 강조한 인간이자 하나님(man-God)인 예수는, 하나님이 준 자신의 존재가 완전해지기를 구하는 사람들이 본받아야 할 모델로 보여 주었다. 『그리스도를 본받아(*The Imitation of Christ*)』는 15세기 켐피스(Thomas à Kempis)의 저서로 기독교인들에게는 성경 다음으로 많은 영향을 준다. 성인(saints)의 삶에 대한 수많은 책들은 이 시대에 기독교인이 되려는 사람에게 안내를 제공하고, 특별히 교육을 받은 사람들에게 그렇다.

오늘날 세상에서 '자기실현' 은 인간적인 개인적 구조 안에서 곤란에 빠졌다. 사르트르의 오레스테스는 하나님을 향하는 것이 아니라 자신 안에 기다리고 있는 전적으로 실현된 오레스테스 잠재성을 향하여 출발한다.

심리학자 매슬로(Abraham Maslow)는 사람 안에 있는 성장과 인격의 통일성을 향한 경향, 선천적으로 청사진의 유형 혹은 성격의 특이성과 일치하는 유형, 그리고 그것들을 표현하려는 쪽의 자동적인 움직임을 가지고 있었기에 자기실현을 특히 중요시하였다. 매슬로에 따르면 사람에게는 내적으로 형성된 구조질서가 있다. 생존의 관점에서 이들 중 가장 근본적인 것은 신체적인 것이다. 이러한 요소들이 만족될 때 개인은 더 높은 차원인 안락과 안전, 사랑과 소속감, 정체성과 자존감으로 이동한다. 이러한 욕구들이 만날 때 개인은 인식적 필요인 지식, 통찰, 지혜와 심미적 필요인 좌우균형, 합치, 통합, 미, 묵상, 창의성, 조화로 구성되어 있는 자기실현의 만족을 향하여 움직인다.

자기실현 이론가들은 진화론적 도덕을 제안한다. 예를 들어, 매슬로는 "인간은 더 결여됨이 없는 존재가 되기 위하여 자신을 움직이도록 만들어졌다. 이것은 대부분의 사람이 선한 가치, 평온, 친절, 용기, 정직, 사랑, 이타성, 선이라고 부르는 쪽으로 움직인다는 의미다."[57]라고 하였다. 그래서 매슬로는 인간이 무엇을 위하여 살 것인가의 질문에 우리의 잠재성을 실현하기 위하여 말한다. '인간이 무엇으로 살 것인가?' 라는 질문에 본질적으로 인간 유기체에 조성되어 있는 선한 가치, 그리고 만일 사람이 자신의 유기체적 지혜를 신뢰한다면 그것을 직관적으로 발견함에 따라서 라고 답한다.

그래서 매슬로는 실현은 인간에게 근본적인 유기체적 과정인 자연적 과정이고, 어떤 사회적 구조의 도움 없이 발생할 것이라는 입장을 가지고 있다. 사실 매슬로는 자기실현에서 사회를 장애로 본다. 왜냐하면 사회는 개인의 독특한 발달을 포기하고 잘못된 사회적 역할과 하찮은 관습을 수용하도록 강요하기 때문이다. 나는 두 가지 그림이 병렬로 배치된 오래된 심리학 교과서를 기억한다. 하나는 아이들이 아동기의 풍요로움과 천진난만의 자발성과 모든 신선함 속에서 노는 그림이다. 다른 하나는 복잡한 뉴욕 시의 지하철 손잡이가 생동력 없이 흔들거리는 것을 보고 있는 반점 박힌 얼굴과 멍하니 응시하는 군중을 그린 그림이다. 이 두 그림 밑에 간단한 문구가 써 있다. "무슨 일이 발생하였는가?"

자기초월 의미의 마지막 두 가지 형태(쾌락주의와 자기실현)는 한 가지 중요한 관점에서 이타주의와 대의에 대한 헌신과는 다르다. 쾌락주의와 자기실현은 자기(self)와 관계되어 있다. 반면 다른 것은 자기이익을 초월하려고 하고 어떤 것이나 외부 사람이나 자기보다 '위에 있는' 것을 향해 노력하는 근본적 열망을 반영하는 것이다.

서구사상의 오랜 전통은 인생에서 비자기 초월성(non-transcendent) 목적을 두지 말라고 우리에게 말한다. 예를 들어, 이스라엘 사상가 부버(Martin Buber)는 그의 사상에서 인간은 자신으로부터(자신의 마음을 찾고, 자신을 통합시키고, 자신의 특별한 의미를 찾는 것을 통해서) 시작해야 함에도 불구하고, 자신의 것으로 끝나서는 안 된다고 한다.[58] 그에게 나라는 것은 '무엇을 위해서? 나의 특별한 길을 찾기 위해서 무엇을 해야 하는지? 나의 존재를 일치시키기 위해서 나는 무엇이지?' 의 질문을 하기 위해서 나는 단지 필요할 뿐이다. 여기에 대한 답은 "나를 위한 것이 아니다." 사람은 자신을 잊어버리기 위해서 그리고 세상 속으로 들어가기 위해서 자신과 함께 시작하여야 한다. 사람은 자신에게 선점되지 않기 위해서 자신을 이해하여야 한다.

'돌아서는 것' 은 유대 신비 전통에서 중요한 개념이다. 만일 사람이 죄를 짓고 죄로부터 멀어져 세상과 하나님이 준 어떤 과업의 완성을 위하여 돌아서면 그 사람은 가장 경건한 사람보다 위에 있는 자신이 독특하게 계몽된 것으로 여겨진다.

다른 한편으로 사람이 만일 죄의식과 회개(repentance) 속에 계속 빠져 있다면 그 때는 이기성과 비열(baseness)의 진흙탕에 빠지는 것으로 여겨진다. 부버는 "악에서 떠나 선을 행하라. 당신이 잘못을 했는가? 그러면 선을 행함으로 그것을 좌절시켜라!"[59] 라고 말한다.

부버의 핵심은 인간은 개인 영혼의 구원보다 더 멀리 이르는 의미를 가지고 있다는 것이다. 사실 영원 속에서 유리한 개인적 장소를 가져 과도하게 몰두함으로써 사람은 이 장소를 잃어버릴 수 있다. 자기표현과 자기실현에 대한 과도한 관심은 진정한 의미를 방해한다는 것이 부버의 관점이다. 그는 흔히 이 점을 목표물을 놓쳤을 때 사냥꾼에게 돌아오는 부메랑에 비유한다. 같은 점에서 그는 인간의 눈에 비유하여 말하는데, 눈이 눈 밖의 것을 볼 수 없을 때 눈 자체를 보거나 혹은 그 안의 어떤 것을 보는 것으로 비유한다(이 말은 눈이 렌즈 안에 어떤 대상을 본다는 것이나 눈의 액체 혹은 유리체를 본다는 것이다).

비초월적 입장의 위험은 특히 사람간의 관계성에서 분명하다. 예를 들어, 성적인 관계에서 사람이 자신에게 초점을 맞추면 맞출수록 그 사람의 궁극적 만족은 더 줄어든다. 만일 사람이 자신의 흥분과 방출(release)에 주로 관심을 갖는다면 사람은 성적 불능으로 고통받기 쉽다. 프랭클은, 내가 생각하기에는 아주 바르게, '자기표현' 의 현대적 이상화는 그 자체만을 목적으로 할 때 자주 의미 있는 관계성을 불가능하게 한다고 했다. 사랑하는 관계성의 기본적 내용은 자유로운 자기표현이 아니라(이것은 중요한 요소임에도 불구하고) 자신 밖의 것에 다가가는 다른 사람의 존재에 관심을 가지는 것이다.

매슬로는 같은 개념을 전달하기 위해서 다른 용어를 사용한다. 그의 관점에서 전적으로 실현화된 사람은(인구의 아주 작은 부분) '자기표현' 에 선점되어 있지 않다. 이러한 사람은 자신에 대한 확고한 것을 가지고 있고, 개인의 공허를 채우기 위해서나 자기표현의 수단으로 삼기 위해서 타인을 사용하기보다는 타인을 '돌본다.' 매슬로에 따르면, 자기실현된 개인은 자기초월적 목표에 헌신한다. 그들은 큰 범주인 지구상의 문제들에 대하여 일할 수 있다. 바로 빈곤, 편협 혹은 생태학 문제나 작은 범주에서 자신과 함께 살고 있는 사람들에 대한 성장에 관심이 있다.

자기초월성과 삶의 주기 의미를 제공하는 이러한 삶의 활동들은 절대 독단적이지 않다. 대부분 개인들은 이러한 몇몇 활동에서 의미를 발견한다. 더욱이 에릭슨(Erik Erikson)이 오래전에 이론화한 것과 같이[60](이것은 1970년대 성인 인생주기 연구에 따라서 철저하게 공조되었다[61]), 개인의 인생주기를 통하여 의미의 점진적 진화가 있다. 청소년기와 초기, 중기 성인기에는 안정된 정체성을 확립키 위해서, 친밀한 관계성을 개발하기 위해서, 그리고 전문적 노력 가운데 장인정신을 성취하기 위해 힘을 쓰는 반면, 40~50대는(사람이 자신의 초기 발달업무를 수행하는데 실패하지 않는 한) 자기초월성 모험에서 의미를 찾으려는 단계로 이동한다. 에릭슨은 "다음 세대를 안착시키고 안내하는 데 관심"을 둠[62]으로써 이 단계를 '성숙성'(generativity)*으로 정의한다. 그리고 이 성숙성은 개인의 후손 혹은 더 넓은 의미에서 인류에 대한 관심과 자선 가운데 특별한 관심의 형태를 취할 수도 있다.

하버드 대학의 학부생들을 장기간 조사한 벨리언트(George Valliant)의 훌륭한 연구는 이 학부생들이 40~50대의 성공적인 중년세대가 되면, "자신들에 대한 걱정이 줄고 자녀들에 대한 관심을 갖는다."라고 말한다.[63] 55세의 한 대상자는 다음과 같이 말한다. "자녀들에게 횃불을 넘겨 주고 개화된 가치를 알려 주는 것은 나에게 항상 중요했다. 그러나 이것은 해마다 증가하였다." 다른 사람은, 다음과 같이 말했다.

> 내가 지금 가지고 있는 관심은 자기중심적인 것이 아니다. 30세에서 40세까지 이 사람들이 자신의 전문직에 있든지 아니든지 그들은 너무 많은 요구에 있어야 했거나 혹은 너무 적은 물질을 가지고 있었다. 45세를 지나는 것은 더 철학적이고, 더 긴 기간이며 덜 개인적이다…. 나는 인간관계성 상태에 대하여 관심이 있고, 그리고 특히 사회에 대하여 관심이 있다. 나는 내가 배운 것으로부터 가능하면 내가 할 수 있는 한 다른 사람에게 가르치는 것에 대하여 관심이 있다.

* 기존 번역은 '생산성'으로 번역하고 있으나 역자는 '성숙성' 혹은 '관대성'으로 번역하는 것이 에릭슨이 지적하는 정확한 의미가 더 반영된다고 본다.

또 다른 사람은 "나는 후에 무엇인가 대단한 것을 남기려는 계획은 없다. 그러나 새로운 병원을 건립키 위해, 학교를 지원하기 위해, 아이들에게 노래를 가르치기 위해 도시를 떠나고자 하는 시도를 더 지속적으로 하고 있다."[64]라고 했다.

자기초월성 관심의 출현은 벨리언트의 조사대상 중 몇몇 전문직 경력에서 반영된다.[65] 한 과학자는 20대 때 독가스를 만드는 새로운 방법을 개척했다. 50세 때는 공기오염 줄이는 방법을 연구했다. 다른 사례의 대상자는 젊은 시절에 군사 산업시설을 위해 일했고 핵탄두 폭발반경을 계산하는 것을 도왔다. 50세에는 대학에서 박애주의에 대한 과목을 개척했다.

캘리포니아 버클리에서 한(Norma Haan)과 블록(Jack Block)이 수행한 중요한 장기 연구에서는 30세와 45세의 사람들을 청소년기 때와 비교했는데 비슷한 점을 발견했다. 이타주의와 다른 자기초월적 행위는 시간이 감에 따라 증가한다. 45세의 개인들은 30세였을 때보다 '동정적인 것, 주는 것, 생산적인 것, 그리고 의존적인 것이 더했다.'[66]

많은 발달적 조사들은 남성의 생애주기를 주로 다루었고 여성의 삶에 대하여서는 고려할 만큼의 충분한 조사를 하지 않았다. 근래 여성주의적 학문은 중요한 시정을 제공한다. 예를 들어, 결혼과 어머니로 자신의 삶을 일찍이 헌신한 중년여성은 중년남성과는 다른 의미를 채우려고 한다. 전통적 여성들은 자신의 것이 다른 사람의 필요성을 맞추고, 아이와 남편을 통하여 그렇게 하고, 사회에서는 간호사, 자원봉사자, 자선의 조달자로서의 양육 모델로 활동하도록 기대하고 있다. 이타성은 중년여성이 자유롭게 선택하기보다는 강제적으로 부여된 것이다. 그래서 남편이 세상적으로 성공했을 때 많은 중년여성들은 생애에서 처음으로 다른 사람에 대한 관심을 가지기보다는 자신에 대하여 주로 관심을 갖는다.

프랭클의 기여

자기초월성은 의미의 질문에 접근하는 프랭클의 주요한 특징이다. 그리고 이것은 의미와 심리치료에 대한 프랭클의 관점을 생각할 수 있는 적합한 것이다.

아주 소수의 사람들만이 심리치료에서 의미에 역할의 본질적 기여를 하고 있을 뿐, 실제로 이 분야에 지속적인 관심을 유지하는 출판물도 없다. 프랭클만이 예외적이다. 그는 경력 처음부터 전문적 관심을 심리치료에서의 의미의 역할에 대하여 독점적으로 초점을 맞추었다. 비엔나 사람으로 실존적 경향을 가진 심리치료자인 프랭클은 1920년대에 '의미요법'(logotherapy) 언어를 처음 사용했다(로고스(logos)는 말씀 혹은 '의미'라는 뜻). 후에 그는 비슷한 용어로 '실존적 분석' 용어를 사용했다. 그러나 다른 실존적인 접근과 혼란을 피하기 위해(특히 빈스와그너) 근래에 이론적 혹은 치료적 상황에서 그의 접근을 '의미요법'이라고 불렀다. 프랭클은 다른 실존적인 궁극적 관심에서 나오는 많은 임상적 이슈들을 알고 있었으나, 모든 작업에서 인생의 의미에 대한 단 한 가지의 강조를 유지하였다. 실존주의적 절망에 대하여 말할 때, 그는 무의미의 상태를 언급하였다. 그리고 치료에 대하여 말할 때, 그는 환자들이 의미를 발견할 수 있도록 돕는 과정을 언급하였다.

프랭클의 기여에 대하여 논하기 전에 그의 발표 유형과 방법에 대하여 논의하려고 한다. 그의 많은 작품 수와 심리치료 이론에 가져다준 중대한 기여에도 불구하고, 그는 학문적 세계에서 인정받지 못했다고 생각한다.

부분적으로 이러한 소홀은 실존적 치료에서의 대부분의 기여와 같이 '더 좋은' 학문적 세계에서 안식처를 찾을 수 없기 때문일 것이다. 의미요법은 정신분석을 기반으로 한 학파에 속하지 않고, 일반적 정신의학에도 속하지 않고, 종교적 연구에도, 행동을 중심으로 연구하는 학문적 심리학에도, 심지어 개인적 성장에 관심 있는 '일반적'인 것에도 속하지 않는다(그럼에도 불구하고 그의 저서들은 폭넓은 독자를 가지고 있다. 첫 번째 책 *Man's Search for Meaning*은 200만 부 이상 팔렸다).

더욱이 많은 학자들은 프랭클의 방법론에서 불쾌한 점을 발견한다. 그의 논쟁은 흔히 감정에 호소한다. 그는 설득하고 권위 있는(ex cathedra) 선포를 하고, 귀에 거슬리는 말을 되풀이한다. 또한 의미에 세속적인 접근을 한다고 하면서(그는 히포크라테스 선언을 한 의사로 모든 환자들과 무신론자 그리고 독실한 신자들에게도 똑같이 적용할 수 있는 치료방법을 개발하는 것이 자신의 의무라고 생각한다), 그의 의미에 대한 접근은 근본적으로 종교적이다.

심각한 독자들은 프랭클의 책을 읽으면서 주제에서 자주 이탈되는 것을 경험한다. 실제로 그의 모든 저서는 수없이 확대하는 설명이 많다. 자기 인용, 많은 대학에서 그가 가르친 내용에 관한 메모, 그의 직함들, 그의 접근방식을 좋아한 많은 저명인사들, 그를 지지한 전문인들, 그와 인터뷰한 의과대 학생들이 자유롭게 그를 칭송한 일들, 어리석은 질문에 대한 그의 힘 있는 답변들이 바로 그것이다. 프랭클의 훈련방법에 따른 연구들은 특별히 계몽적이지 않고, 그의 의견에 대한 재진술로 이루어져 있으며, 그 자신의 이상으로 구성되어 있다.

그러나 나는 독자에게 인내를 가지라고 주장하고 싶다. 프랭클의 꿰뚫는 통찰은 임상적 의미를 찾는 치료자에게 의미의 문제를 생각하게 하는 중요한 기여를 하고 있다.

프랭클은 『죽음의 수용소에서(*From Death Camp to Existentialism*)』—후에는 『의미를 찾는 인간: 의미요법의 소개(*Man's Search for Meaning: An Introduction to Logotherapy*)』[67]—에서 의미의 역할에 대한 자신의 관점을 처음으로 발표한다. 프랭클은 이 책의 첫 부분에서 1943~1945년 동안 아우슈비츠 수용소에서의 소름끼쳤던 실존을 설명하고, 후반에 인생의 의미에 대해 계속 설명한 것은 강제수용소에서 생존을 위해서 결정적으로 중요한 것이라는 그의 통찰력에 따른 치료방법을 말한다. 책 내용은 수용소에서 종이쪽지에 쓴 것으로, 존재하는 이유와 함께 의미를 제공하였다. 이후 인생에 대한 그 자신의 의미는 "사람이 자신의 의미를 찾을 수 있도록 돕는 것"이다.[68]

근본적 추측 프랭클은 프로이트가 말하는 인간 유기체는 끊임없이 내적인 평형을 유지하려고 시도한다는 평형원칙, 즉 인간 동기의 근본적 원칙에 대한 것을 문제화함으로써 시작한다. 쾌락원칙은 평형원칙을 유지하려고 움직이는데 이 긴장의 제거를 위해 이것을 근본적 목표로 가지고 있다. 쾌락원칙은 인생의 초기에 벌거벗은 채 부끄러워하지 않는 형태로 작동한다. 후에는 개인이 성숙하는 것과 같이 쾌락원칙의 작용은 현실원칙이 만족의 연장이나 승화를 요구할 때 더 불명확해진다.

이러한 내적 힘(이것은 '쾌락의 드라이브' 혹은 '긴장감소')을 견지하고 있는 이론의 문제는 궁극적으로 곤혹스럽게 환원주의적이라는 것이다. 이러한 관점에서 인간은 "단지…"(그리고 여기에는 형식의 어떤 무한적 배열이 따라올 것이다)다. 프랭클이 좋아하는 것은 "인간은 단지 암호화된 정보를 보유키 위해 놀라운 저장기술로 컴퓨터에 에너지를 주입하는 연소 구조에 따라 움직이는 복잡한 생화학적 기제다."다.[69] 따라서 사랑이나, 이타주의나, 진리나, 미를 추구하는 것은 '단지' 이

중적 이론(duality theory)에서 근원적 충동(drive) 중의 하나 혹은 다른 것의 표현이다. 프랭클의 지적과 같이, 이 환원주의적 관점은 "인류의 모든 문화적 창조는 실제 개인적 만족을 위한 충동의 소산물이 된다."[70]

심리학에서 환원주의의 강조는 치료에 중요한 함축을 가지고 있다. 인간행동은 흔히 무의식적 힘으로 움직여지고, 치료자는 환자의 내부에서 힘 있게 움직이는 정신역동을 밝혀내야 한다. 그러나 프랭클은(내 생각에는 아주 정확하다) 이렇게 밝혀내는 것을 멈춰야 할 때가 올 것이라고 주장한다. 물질주의(즉, 낮은 단계로 높은 단계를 설명하는 것)는 흔히 토대를 침식시킨다. 평화봉사단 자원봉사자들은 자기보존 이유로 선택을 하지 않는다. 그들이 봉사하고자 하는 소망은 '더 낮은' 혹은 '더 깊은' 정당함을 필요로 하지 않는다. 인생에서 목적을 발견하고 성취하는 쪽은 자기의 밖으로 뻗어나가는 것이다.

프랭클은 많은 다른 사람들과 함께(예를 들어, 뷜러(Charlotte Buhler)[71]와 올포트(Goldon Allport)[72]) '평형이론은 인간 삶의 많은 중심적인 면을 설명할 수 없다' 고 믿는다. 프랭클은 인간에게 필요한 것은 "긴장이 없는 상태가 아니라 오히려 자신에게 가치 있는 어떤 목적을 위하여 노력하고 분투하는 것이다."[73] 그는 "인간을 구성하는 성격은 항상 자신보다는 다른 어떤 것을 가리키고, 그곳으로 향하고 있는 것이다."*라고 했다.

인간의 동기에 대한 비초월적 쾌락원칙에 대하여 프랭클의 또 다른 중요한 반대는 이것이 항상 자기패배적이라는 것이다. 사람이 행복을 구하면 구할수록 이것은 인간을 더 기만한다. 이 관찰을 통해 프랭클은 (많은 전문직 철학자들이 '쾌락적 역설' 이라고 명명함[75]) "행복은 발생한다. 이것은 추구해서 되는 것이 아니다."[76] 라고 말했다. 그러므로 쾌락은 최종 목적이 아니라 의미를 찾는 사람의 부산물이다.

프랭클은 자신의 입장을 심리치료에서 '제3의' 비엔나 학파라고 부른다.

* 프랭클의 입장은 브렌타노(Franz Brentano)로 시작해서 후에 인간의 의식은 항상 '의도적' 이라는 것을 발견한 후설(Edmund Husserl) 같은 현상학자들의 지지를 받고 있다. 인간의 의식은 그 자신의 밖에 있는 어떤 것으로 향하고 있다.[74]

> 의미요법에 따르면, 인생에서 의미를 찾으려고 노력하는 것은 사람에게 주된 동기적 힘이다. 이것을 나는 쾌락원칙에(혹은 이것을 우리는 '쾌락을 위한 의지'라고 할 수 있다) 대조적으로 '의미를 위한 의지'라고 말하는 이유다. 쾌락원칙에 프로이트주의 정신분석이 중심을 두고 있고, 또한 이것은 아들러 심리학에서 강조한 '힘을 향한 의지'와 대조되는 것이다.[77]

또한 그는 (웅거스마(Aaron Ungersma)[78]의 제안을 따른다) 인간에게 주된 동기적인 힘은 발달적 연속을 경험한다고 진술하고 제3의 비엔나 학파는 이 진화를 반영하고 있다고 말했다. "프로이트주의의 쾌락원칙은 작은 아이들을 안내하는 원칙이고, 아들러의 힘 원칙은 청소년을 위한 원칙이며, 의미의 의지는 성숙한 성인을 안내하는 원칙이다."[79] 프랭클은 인간의 내부에서 인간을 움직이는 내적인 충동(예를 들어, 성적 혹은 폭력적 충동)과 밖에서 인간을 잡아끄는 의미(그리고 그 가치는 의미조직에서 명료하다)를 주의 깊게 구분한다. 인간의 가장 본질적 존재에서, 동물이기보다는 인간을 만드는 특성은 우리가 본능에 따라서 움직이는 것이 아니라 어떤 목적을 향해 적극적으로 노력한다는 것이다. 어떤 내부 힘에 따라서 움직인다는 것에 반대하는 무엇인가 추구하는 것은 인간이 자기 밖의 어떤 것을 향해 있다는 것을(이것은 우리가 자기 초월적이다는 것) 포함할 뿐 아니라 우리가 자유롭다는 것이다. 우리를 유인하는 목적을 수용하든지 혹은 부정하든지 간에 말이다.

프랭클은 의미는 인생에서 본질적이라고 주장한다. 이것은 아우슈비츠 수용소에서 본질적인 것이었으며 어떤 시대에서도 모든 사람에게 본질적인 것이다. 그는 프랑스에서 국민을 대상으로 한 여론조사를 인용해서 일반 국민의 89%가 삶을 위해서 '어떤 것'(something)이 필요하고, 61%는 기꺼이 자신을 희생하려 하는 어떤 것이 있음을 느낀다고 했다.[80] 프랭클은 "어떤 정신과 의사들은 삶의 의미는 단지 방어기제이고 반동형성(reaction formations)이라고 하지만, 나는 단순히 나의 방어기제를 위하여 살려고 하지 않으며 나의 반동형성을 위하여 죽으려는 경향조차 거의 없다."라고 말한다.[81]

삶의 의미의 세 가지 범주 프랭클은 각 개인은 다른 사람이 완성할 수 없는 독특한 의미를 가지고 있다고 강조하였다. 이러한 범주는 세 가지로 나뉜다. ① 개인 완성하는 것 혹은 개인의 창의성에 따라서 세상에 주는 것, ② 만남과 경험을

통해서 세상에서 개인이 취하는 것, ③ 개인이 변화시킬 수 없는 고통과 운명을 향하여 서는 것이다.[82]

창의적, 경험적 그리고 태도적인 이 세가지 의미 구조는 개인적 의미에 다양한 구조에 앞서서 다루어졌다. 말하자면, 사람에게 감동을 주는 창의적인 작업이나 예술이나 학문적 열심, 그리고 우리 각자가 홀로 유일하게 완성되도록 갖추어져 있다. 프랭클은 오직 자신만이 심리치료에서 의미의 역할을 말하는 책을 쓸 수 있다고 생각했는데, 이것은 그의 설명에 따르면, 아우슈비츠 강제수용소에서 그가 참아 내고 생존할 수 있도록 한 주된 요소다. 만일 창의적으로 접근한다면 삶 활동의 넓은 정렬은 그 사람을 의미에 빠지게 할 것이다. 그는 "문제가 되는 것은 당신 활동의 범주가 얼마나 넓은가가 아니라 얼마나 그 원을 채우는가다."[83]라고 말한다.

프랭클은 경험에서 나오는 의미에 대하여 분명하지는 않지만 일반적으로 미, 진실, 그리고 특히 사랑에서 나오는 것을 언급하고 있다. 깊은 경험에 종사하는 것은 의미를 만든다. "당신이 좋아하는 음악을 듣고 있는 동안 어떤 사람이 당신의 어깨를 두드리면서 '인생이 의미가 있습니까?' 라고 물어보면 예라고 말하지 않겠는가? 또 산 정상에 있는 자연을 사랑하는 사람, 추도예배 중인 종교적인 사람, 감동 있는 강의를 하는 지적인 사람, 대가의 그림 앞에 있는 예술가에게서도 나올 것이다."[84]

아우슈비츠 감옥에서의 프랭클의 개인적 경험은 의미와 고통, 고난과 죽음 사이의 관계성에 대하여 깊게 생각하도록 하였다. 극한 상황에서 생존은 개인의 고통에서 의미를 발견할 수 있는가에 달려 있다. 수용소 안의 절망의 깊음에서 프랭클은 그의 고통과 다른 사람의 고통에 대하여 의미를 주려는 방법을 연구했다. 그는 자신의 고난에서 생존함으로써만 의미를 줄 수 있다고 결론을 내었다. 그에게 생존은 그의 글을 끝낼 수 있는 것이었고, 공포스러운 아우슈비츠 감옥에서 가치 있는 심리치료 방법을 연마할 수 있는 것을 의미했다. 감옥에서 어떤 수감자들은 그들을 기다리고 있는 자녀나 배우자를 위해 생존하려 하였다. 어떤 이는 자신의 유일한 인생계획을 위하여, 어떤 사람은 감옥에 대하여 세상에 말하기 위하여, 어떤 이는 복수하기 위하여(어떤 사람은 코브노(Kovno)에 있는 리투니아 사람의 유대인 강제거주지역을 생각했다. 여기에서 이들은 자신들에게 발생한 모든 잔학상을 기록하기 위하여 생존하기를 원했다. 기록된 이야기 설명, 예술가들의 얼굴표정 그림, 나치 친위대 장교들의 군복 일련번호 그리고 사람들이 주의 깊게 관찰되었고, 전쟁 후 재판에서 유죄 판결로 이끄는 자료로 삼기 위해 근거가 될 수 있도록 땅속에 묻어 두었다) 살려고 하였다. 다른 때 프랭클은 니체의 "나를 죽이지 못한 것이 나를 강하게 한다."[85]라는 말을 기억함으로써 고통의 의미를 발견하였다. 고통이 보다 나은 것으로 사람을 변화시키면 의미를 가질 수 있다. 그리고 최종적으로 고통과 죽음에서 벗어날 수 있는 희망이 없을 때 사람, 신, 그리고 자신에게 고통을 당하고 존엄성을 가지고 죽는다는 것에 의미가 있다고 말한다.

프랭클의 의미의 범주는 의미 위기에 있는 환자들을 돕는 심리치료전략을 제공한다. 나는 치료에 대한 토의에서 이러한 기여를 짧게 고려할 것이다. 그러나 지금은 인생의 의미 상실에서의 임상적 함축성을 먼저 말하겠다.

의미의 상실 : 임상적 함축성

변화하는 문화 : 의미는 어디로 가는가?

많은 임상의들은 사람이 인생의 의미 부족과 상실과 연관된 불만을 가지고 오는 것이 커지는 것을 자주 주목한다. 왜 그럴까? 현대 문화에서 인생의 의미를 저하시키는 요소는 무엇일까?

산업시대 전 농경세계의 사람에게도 많은 삶의 문제가 있었겠지만 오늘날의 무의미의 병은 그 당시에 없었던 것 같다. 의미는 여러 방법에서 제공이 된다. 종교적 세계관은 포괄적인 답을 제공하기에 의미 물음에 대한 질문이 확실치 않았다. 더욱이 인류 초기의 사람들은 음식과 거주지 문제와 같은 기본적인 생존의 필요성으로 사람을 만나는 것이 주된 업무였기에 의미를 위한 필요를 시험하는 사치가 허락되지 않았다. 후에 언급하겠지만 정말 무의미는 한가로운 시간과 여가와 복잡하게 얽혀 있다. 사람이 삶과 생존의 매일 매일의 과정에 관계되면 될수록, 의미의 문제는 적게 발생한다. 이 장의 앞에서 언급한 톨스토이는 무의미의 위기에서 그의 토지에서 일하는 순박한 농부는 의미와 같은 근본적 의심 때문에 비교적 고생하지 않는다는 것을 관찰했다. 톨스토이는 그 농부가 자신이 알지 못하는 것을 알고 있었고, 따라서 그는 농부의 비밀스러운 지식을 발견하기 위하여 그에게서 무엇인가 배우려는 시도를 통해서 고통으로부터 안도하기를 구했다.

산업시대 전의 사람들은 자신들의 일상생활 안에서 의미를 제공하는 활동을 하고 있었다. 그들은 땅에 근접해서 살았고, 자신들을 자연의 일부로 느꼈고, 땅을 개간하여 자연의 목적을 완성하였고, 씨를 뿌리고, 추수하고, 요리를 하였다. 그리고 자연적으로 자녀를 낳고 양육함으로써 사심 없는 의식으로 미래로 나아갔다. 그들의 일상은 가축과 씨와 곡식 사이에서 삶의 창조를 나누는 창의적인 것이었다. 그들은 더 큰 조직에 강하게 소속되어 있었다. 그들은 가족과 공동체의 내적 부분이었고, 이러한 상황에서 역할이 주어졌다. 더욱이 그들의 일은 본질적으로 가치 있는 것이었다. 곡식을 재배하면서 무엇을 위해서라는 질문을 누가 하겠는가? 곡식을 성장하도록 하는 것은 질문을 넘어 있는 것이다.

그러나 이 모든 의미들이 사라지고 있다. 오늘날 도시화된 사람들, 산업화된 세계는 종교적으로 기초한 우주의 의미 구조 없이 삶을 직면하게 하고 삶의 근본적 사슬과 자연적 세계의 접합으로부터 떨어지게 되었다. 우리는 괴롭게 하는 질문을 물어보는 데 너무나 많은 시간이 있다. 일주일에 3~4일 일하는 것이 앞을 어렴풋이 보게 함에 따라 증가되는 의미의 잦은 질문에 대하여 우리 자신을 버텨야 한다. '자유' 시간은 우리에게 자유를 던지기에 문제가 된다.

일은 더 이상 의미를 제공하지 않는다. 특별하게 풍성한 상상조차도 창의적 잠재성을 가지고 현대 직업의 많은 일반적 형식을 감동시키지 않는다. 예를 들어, 작업장이 자동으로 돌아가는 생산라인의 생산자들은 자신을 그 직업의 생산적인 출구라고 여기지 않을 뿐만 아니라, 자신들을 공장 기계 안에 있는 무감각한 톱니바퀴로 여긴다. 더욱이 많은 일들은 내적인 가치가 부족하다. 광대하고 소비적인 관료체제 안에서 '바쁜' 일을 수행하는 성직자적 군인(clerical army) 구성원들이 자신들의 활동이 가치 있다고 어떻게 믿을 수 있을까? 인구의 폭발과 함께 거대한 방송매체의 노출로 개인이 자녀를 낳고 키우는 것이 지구나 인류를 위한 것이 아니라, 어떤 사람에게 좋은 일을 하는 것이라고 의심하지 않을 수 있을까?

임상적 나타남

어떻게 임상의들이 임상에서 매일 무의미의 현상을 만나는가? 이러한 것을 의심하는 임상의는 거의 없다. 이 장의 처음에서 나는 융, 프랭클, 매디(Maddi), 울먼(Wolman) 그리고 홉스(Hobbs)가 말하는 임상의 불만으로 무의미가 자주 발생하는 것을 인용하였다. 그러나 불행하게도 조직적인 임상적 물음들은 만들어지지 못하고 있다.

동료들과 나는 몇해 전에 한 계획을 실행하였는데, 작은 임상사례를 연구하였음에도 불구하고 무의미는 흔한 임상적 불만이라는 것을 보조해 준다.[86] 정신병의 외래환자 병동에서 치료하러 오는 환자들 40명의 주된 문제들을 세 가지의 다른 방법으로 조사하였다. 환자가 쓴 자기 보고서, 치료자의 보고서, 각 환자의 임상적 인터뷰를 비디오 녹화한 내용을 관찰하는 세 가지 방법으로 조사하였다. 이 방법에 따른 세 명의 의사들의 결론은 다음과 같다. 40명의 환자 중 9명의 환자는(대부분의 환자는 3~6개의 문제를 가졌다) 의미의 부재가 중심된 문제로 기록되었다('목적 부재' '나의 인생이 의미 필요성' '내가 하는 일을 왜 하고 있는지 모른다' '목적 없이 표류' '내 인생의 방향의 부족'). 치료자들과 독립해서 평가하는 평가자는 아홉 명 환자 중 다섯 명은 의미에 대한 주된 문제를 가지고 있었고, 또한 세 명의 부수적 환자들을 포함시켰다(이들은 '삶의 의미의 부족' '무목적' 그리고 '목적의 막연함' 문제로 기록된 사람들이다). 그래서 40명의 환자 중 12명(30%)은 의미에 대하여 주된 문제를 가지고 있었다(자기평가, 치료자 혹은 독립적 판단자들의 판단에 따라).

가드너(Jill Gardner)는 외래환자 병동에서 치료하러 온 89명의 환자를 연구하였다.[87] 환자들은 치료에 들어가기 위한 16가지의 다른 이유를 지적하라는 요청을 받았다. 68%의 환자들이 '삶의 증가된 의미를 찾기 위해서'는 '보통' 혹은 '매우' 중요한 것이라 평가하였다. 이 항목은 16가지 이유 중 9번째로 기록되었고, '내가 어떻게 사람들과의 관계성을 변화시키는 것' 그리고 '외로움'은 앞 순위에 있는 항목들이다.

무의미는 임상적 본질로 거의 언급되지 않았다. 왜냐하면 이것은 일반적으로 어떤 주된 다른 그리고 더 친근한 임상적 증후군의 표현으로 여겨지기 때문이다.

실지로 프로이트는 "인간의 삶의 의미에 질문을 하는 순간, 그는 아프다…. 이 질문을 함으로써 사람은 단순히 어떤 중요한 것이 발생한 슬픔과 우울로 이끄는 효소와 같은 불만족한 리비도의 저장소로 들어간 것이다."[88]라고 했다. 따라서 무의미는 지속되는 알코올 중독, 본질적 학대의 다른 형태, 낮은 자존감 그리고 정체성 위기의 증세와 같은 더 중요한 근원적인 조건의 증상으로 여겨진다.

그러나 임상에서 무의미의 표현이 어떻게 관찰되고 있는지 살펴보자. 첫째로, 임상에는 무의미의 편재(ubiquity)가 있다. 나는 실제로 내가 보살폈던 환자들은 이유 없이 자신의 삶에 대한 무의미 부족에 대한 관심을 표현하거나 혹은 이 문제에 대하여 내가 만든 질문에 쉽사리 응답을 했다.

실존적 공허와 실존적 신경증 프랭클은 무의미 증상의 두 단계를 구분했다. 바로 실존적 공허와 실존적 신경증이다. 실존적 공허는 때때로 그가 '실존적 좌절'로 사용했는데 공통된 현상이고 지겨움, 냉담, 공허의 주관적인 상태로 성격지어진다. 어떤 이는 바쁜 주간이 끝이 나면('일요일 신경증') 허무와 막연한 불만족을 불평한다. 자유로운 시간은 사람으로 하여금 자신이 원하는 것이 아무것도 없다는 사실을 알게 한다. 어떤 사람은 냉소적이고, 인생 활동 대부분의 질문과 방향성의 부족을 느낀다. 프랭클은 실존적 좌절은 빈도수가 높아지고 있고 세상의 모든 부분에 퍼지고 있다고 주장한다. 한 연구에서는 비엔나에 있는 대학생들의 40%와 미국 대학생들의 80%가 '실존적 공허' 빈도가 있다고 보고되었다.[89] 다른 연구에서 그는 체코, 다른 철의 장막국가들 그리고 아프리카와 같은 지역에 급속도로 빠르게 번지고 있다고 한다.[90] 하빈거(Alois Habinger)는 비엔나에서 2년(1970~1972) 넘게 젊은이들 사이에서 실존적 좌절의 횟수가 30%에서 80%로 증가한다고 보고했다![91] 이러한 설명의 조사방법이 알려지지 않음에 따라('빈곤한 통계적 조사'라는 평가는 제쳐 놓고), 우리는 이러한 과장된 통계를 문자 그대로 적용할 수는 없다. 그러나 실존적 공허의 비율에 대하여 멀리서 곰곰이 생각하면, 이 통계들은 가치가 있다.

만일 환자가 무의미의 분명한 감정에 더하여 명백한 임상적 신경증 증후를 나타낸다면, 그때 프랭클은 이 조건을 실존적인 신경증*이라고 말할 것이다. 그는 심리적 공포적 공허를 단정한다. 분명한 (실존적) 공허가 있을 때 증상은 그것을 채우려고 돌진할 것이다. 프랭클에 따르면, 이 신경증은 어떤 임상적 신경증 형태를 가지고 있다. 그는 다양한 현상을 언급한다. 알코올 중독, 우울증, 강박증, 태만, 성에 대한 극도의 관심(hyperinflation of sex), 무모함 등이다. 인습적인 정신신경증에서 이 신경증을 구별시키는 것은 증상들이 의미를 방해하는 의지의 표현이라는 점이다. 또한 행동적인 양식 또한 무의미의 위기를 반영한다. 현대인의 딜레마는 프랭클이 진술한 것처럼, 사람은 자신이 반드시 해야 할 본능에 따라서 혹은 사람이 반드시 해야 하는 어떤 전통에 따라 더 이상 설명되지 않는다는 것이다. 또한 사람은 자기가 무엇을 원하는지 알지 못한다. 가치의 이 위기에 두 가지 공통적 행동반응은 유사(conformity, 다른 사람이 하는 것을 한)와 전체주의에 대한 복종(submission to tatalitarianism, 다른 사람이 원하는 것을 한다)이다.

십자군주의, 허무주의, 무위주의 매디는 현재 심리치료의 상당한 분량이 무의미에서 발생한 것이라 제안한다.[92] (그러나 매디의 임상적 자료는 제한되어 있고[93] 그의 기본적 토대는 대이론(macrotheoretician)과 학술적 심리학자다) 그는 '실존적 병' 의 세 가지 임상적 형태를 설명했다(그가 널리 유포되는 무의미를 명명한 것과 같이). 십자군주의, 허무주의 그리고 무위주의다.

십자군주의(이것은 '모험' (adventurousness)[94]이라고도 한다)는 드라마적이고 중요한 원인에 자신을 헌신하고 구하는 역동 있는 경향에 따라서 성격지어지는 것이다. 이러한 개인들은 이슈를 구하는 시위 운동가다. 그들은 거의 내용에 관계없이 원인을 신봉한다. 하나의 원인이 끝나자마자 이 고집 센 행동주의자들은 자신을 좇아오는 무의미에 한 발짝 앞서 가기 위해서 빨리 다른 것을 찾는다.

십자군이 원인을 찾는 것은 거의 무차별적으로 어떤 주어진 사회운동의 대부분 혹은 많은 지지자들이 유사한 요소에 따라서 움직인다는 것을 물론 의미하지 않는다. 혹은 방어기제로 여겨지기 위해서 사회적 변화를 위한 열성도 아니다. 그러나 사회 움직임 안에 포함은 일반적으로 시간소비, 낭비이고 만일 사회 움직임이 시민 불복종을 포함한다면 흔히 위험스러운 것이다. 운동의 목적이 완성되었

* (역자 주) 누제닉 노이로제(Noogenic Neurosis)는 실존적 좌절의 결과로 오는 신경증을 의미한다.

을 때 십자군들과는 달리 참가자들은 일반적으로 자신의 일터로 돌아간다. 매디가 설명한 것과 같이 십자군주의는 반동형성이다. 개인을 목적성에 깊게 반응키 위하여 충동적으로 행동에 참여한다.

허무주의는 다른 사람들이 의미를 가졌다는 것에 따라 주장되는 활동에 불신하는 적극적이고 널리 퍼져 있는 경향으로 특성지어진다. 허무주의자의 에너지와 힘은 절망에서 흐른다. 그들은 매디의 인용처럼 파괴에 포함되어 있는 분노의 쾌락을 구한다.

> 그는 사랑이 이타적이 아니고 이기적이라는 것을 빠르게 지적할 것이다. 박애는 얼마의 죄의식을 속죄하는 한 방법이며, 아이들은 천진하기보다는 오히려 악하다. 얼마나 지도자들이 거대한 비전에 따라서 영감을 받기보다는 헛되고 힘에 미쳤는지, 일은 생산적인 것이 아니라 오히려 우리 안에 있는 괴물을 숨기고 있는 얇은 문명의 합판이다.[95]

매디가 제안하기를, 허무주의는 너무 공통적이어서 문제로 인식되지 않을 때도 있다고 했다. 사실 허무주의는 흔히 인생에 아주 계몽되고, 궤변된 접근으로써 가면 무도회를 한다. 그는 소설가이며 영화를 만드는 그리예(Alain Robbe-Grillet)를 인용한다. 그의 영화 〈Marienbad에서 마지막 해(Last Year at Marienbad)〉는 의미 있는 줄거리가 있는 것 같으나 이 영화는 그 의미를 믿으며 유용성을 보이려는 영화팬들의 시도에 도전한다.

실존적 아픔의 무위적 형태는 무목적의 가장 극단적인 상태다. 사람은 원인 안에서 의미를 찾기 위하여 충동적인 탐구를 하지 않는다. 또한 사람은 다른 사람이 수용하는 의미에 화를 내면서 혹평하지 않는다. 대신 사람은 방향상실과 냉담의 심각한 상태로 가라앉는다. 인지적 구성요소는 유용성 혹은 삶의 노력의 어떤 가치있는 유용성을 믿는 데 만성적인 무능력이다. 감정적인 음색은 권태와 지루함이고, 이것들은 일시적인 우울증 때문에 강조되는 것이다. 조건이 진행됨에 따라 개인들은 무관심에 정착되고, 우울증의 기간은 더 적어진다. 전반적인 행동적 차원은 낮으나 더 중요한 것은 행동선택의 결핍이다. 사람이 만일 이것을 추구한다면 행동하는 사람에게는 대수롭지 않은 것이 된다.

무위적 경향은 현대문화에 넓게 유포되어 있다. 매디는 이러한 것은 엘리엇

(Antonioni, T. S. Eliot)의 『황무지(*The Wasteland*)』, 알비(Edward Albee)의 『동물원 이야기(*The Zoo Story*)』, 제넷(Jean Genet)의 『발코니(*The Balcony*)』와 같은 예술적 창의 속에 분명하게 반영되어 있다. 현대영화 〈이지 라이더(Easy Rider)〉는 특히 냉담과 무의미에 대한 생생한 예를 보여 주고 있다.

무위적 증후군(vegetative syndrome)이 나타나는 개인들은 연관된 우울과 괴로운 의심 때문에 치료를 필요로 한다. 치료자는 이러한 환자는 죄의식 혹은 자존심, 정체성 문제 혹은 성적 표현 혹은 공격적 관심과는 상관이 없다는 것을 알 수 있다. 대신 이 환자는 다음과 같은 관심이 있다. 만일 모든 것이 죽음으로 끝난다면 왜 한평생 일하면서 괴로워하는가? 왜 인생의 반을 학교에 다니며 허비하는가? 왜 결혼하는가? 왜 가족을 부양하는가? 왜 손실을 견뎌야 하는가? 모든 가치는 임의적이고 모든 목적은 환영적이 아닌가?

만일 상태 진행이 검사되지 않는다면 환자는 더 깊은 무관심 속으로 가라앉을 것이다. 이 환자는 은둔자가 되고, 만성적 알코올 중독자, 부랑자 혹은 다른 유사한 삶의 유형이 되어 가면서 삶의 참여로부터 멀어져 갈 것이다. 매디는 많은 제도화된 환자들은 무의미의 무위적 의미에 있으나 이들이 어떤 공식적 질병분류학에 따라 분류되어야 하기 때문에 일반적으로 단순한 정신분열증 환자라고 불린다. 지금 이 용어는 잘못된 것으로 받아들여진다. 어떤 무위적 증후군 환자는 정신병적으로 우울한 것으로 진단된다. 이들이 우울증의 표시나 현상은 보이지 않으나 증후를 가지고 있으면 이들이 반드시 우울할 것이라는 가정을 지닌다. 매디는 적어도 이러한 진단으로 시설에 수용되어 있는 환자들의 어느 정도 혹은 다른 일시적인 병명으로 분류된 환자들도 더 적합하게 실존적인 병으로 고려될 수 있다고 주장한다.

충동적인 행동 앞에서 말한 무의미의 임상적 형태는 완전한 실체로 일반적으로 관찰되지는 않는다. 다양한 병의 특징과 심한 정도가 많은 환자들에서 나타날 수 있는데, 이것들은 자주 다른 임상적 불만과 함께 섞여 있다. 나의 경험에서 무의미 임상적 형태의 더 일반적인 것 중 하나는 개인의 에너지를 소비하게 하여 의미의 쟁점이 그 독소에 소모되는 광적인 행위 유형이다. 이 유형은 십자군주의와 연관이 있지만 그 범위는 더 넓다. 어떤 드라마적인 사회적 원인만이 아니라, 긴급하게 요구되는 활동도 있어서 이것이 의미의 만화처럼 역할한다. 이 활동이 본질적으로 '선함' 혹은 '정의'가 없으면, 이것은 조만간 그 사람을 실망시키게 된다. 파이크(James Pike)가 인생의 '거짓 중심'(false centering)이라고[96] 언급한 이 현상은 일반적으로 의미의 수단이 붕괴되거나 분명히 붕괴의 위험에 있을 때 온다. 이러한 예들은 너무 많은데, 사회적 지위, 위엄, 물질 획득 혹은 권력을 통하여 의미를 추구한 사람들이 인생추구로써 이러한 목적의 가치에 갑자기 질문을 한다.

하비(Harvey)라는 42세의 환자는 이러한 임상적 예를 보여 준다. 치료하러 온 그가 처음 부탁한 것은 이례적이었다. 그는 비행기를 탈 일이 있었는데, 이코노믹 클래스를 사야 할지 일등석을 사야 할지에 대하여 부인과 다투었다. 그래서 치료를 결심했다고 했다. 하비의 아버지는 중산층이었고, 식료품 가게를 열어 일주일에 6~7일간 일했다. 점차적으로 사업은 2층과 3층으로 확장되었다. 이 사업은 가족과 하비의 영역을 제정하였다. 그는 사업에 대한 가족의 의식에 찬동하였고 사업의 번영을 그의 존재 이유로 여겼다. 어린아이였을 때도 일을 했기 때문에 중요한 우정이나 친구와의 관계성을 발달시킬 수 없었고, 고등학교를 졸업할 때까지 집을 떠나 하루 저녁이라도 보낸 적이 없었다. 그의 정체성은 결코 질문하지 않고, 반항하지 않고, 인생과 자신에 대하여 깊게 생각하지 않는 '착한 아이'였다.

대학(상과계통)을 졸업한 후 가족의 사업을 이어받아서 매우 성공적인 사업경력을 쌓았다. 다양한 환경, 즉 경제적으로 화려한 결혼, 우수하고 경험 있는 동반자, 그리고 자신의 자랑스러운 지성 등을 통하여 그는 전국에 체인점을 조직하였고 후에 큰 대기업에 엄청난 금액으로 매각했다. 30세에 1965년 기준으로 몇 백만 달러의 재산을 모은 것이다. 이때 그는 잠시 동안 안정을 취하면서 다음은 무엇인가, 시들어버릴 것인가, 혹은 무엇을 위하여 살 것인가에 관하여 깊게 생각했으면 좋았을 것이다. 그러나 즉각 다른 사업에 뛰어들었고, 한 주에 70시간 넘게 일하면서 에너지를 너무 소비하는 바람에 결혼생활은 위기에 처하고 말았다. 치료받으러 왔을 때 그는 거의 자본 없이, 사업 동반자 없이, 그리고 외부의 조언 없이(그 사업은 광야에서의 생존과 같은 것) 사업을 시작할 수 있는지 알아보면서 세 번째 기업 계획을 가지고 있었다.

하비는 확실히 문제되는 부조화를 깨달았다. 아버지에게서 배운 경제적 실행이 남아 있었고, 엄청난 이자 수입에도 불구하고 신문에서 세일하는 물건을 찾았고, TV를 사는 데 몇 달러를 절약하기 위하여 몇 마일을 기꺼이 운전해서 가려고 했다.

그러나 그가 인생의 목표에 대하여 심각하게 생각하게 만든 것은 비행기 티켓 사건이었다. 그와 아내 그리고 다른 한 부부는 아시아로 여행할 계획이었다. 12시간을 비행하기 때문에 일등석과 일반석 티켓은 한 장당 몇 백 달러의 차이가 났다. 하비의 아내와 그의 친구(우연히 하비를 위해 일하게 됨)와 친구의 아내는 일등석을 원했다. 하비는 샴페인과 좀 더 넓은 자리가 제공된다는 이유로 더 많은 돈을 소비해야 하는 것을 거부했다. 그의 아내와 친구 부부는 일등석을 예약했지만 그는 일반석을 예약했다. 하비는 유머감각이 있었고 상황에 필요한 희극(comedy)을 알고 있다. 그러나 그는 이 상황에 이르자 깊게 고민하였고, 불안과 불면 그리고 어떤 우울증적 불만이 발생하였고, 이 시점에서 심리치료를 찾은 것이다.

비행기 에피소드는 치료에서 더 넓은 가치의 토의에 지렛대 받침이 되었다. 만일 사소한 안락을 위해 분별없이 소비한다면 하비는 더 많은 물질을 얻기 위해 왜 자신을 죽이고 있는가? 왜 물질을 위하여 전 생애를 바치는가? 그는 자신이 소비할 수 있는 것보다 더 많은 물질을 가지고 있었고 그가 물질을 얻을 수 있다는 것을 증명했다. 그는 자신의 근본적인 일생의 의미 구조에 질문을 하기 시작했다. 치료에서 하비가 획득한 처음 통찰 중 하나는 물질은 자신의 인생 중심에 거짓되게 구성하는데, 시험을 견디어 내지 못하므로 그가 바로 자신의 인생에 거짓되게 중심을 두고 있었다는 점이다.

의미의 위기 속으로 하비를 몰아 붙인 사건은 그가 성공적으로 고귀하게 자신 인생의 목표(항상 비초월적 인생 의미 구조에서 위험한 것)를 이루었다는 것이다. 위기를 촉진시킬 수 있었던 다른 사건들은 죽음의 직면 혹은 개인의 실존적 상황에 직면케 하는 급한(한계적) 경험과 많은 의미 조직의 비본질적 성격을 조명하는 것들이었다. 사회 구조의 전통과 의식을 급하게 뿌리채 뽑는 주된 격변은 또한 어떤 가치를(예를 들어, '사회' 의 관습들) 예리한 구조 속으로 던진다. 사람은 의식(ritual)에는 집착했기에 외부로부터의 보상이 멈출 뿐만 아니라, 더 중요한 것은 자신이 전에는 절대적으로 여겼던 가치가 절대적 상대성을 가지고 있다는 것을 알게 된다는 점이다.

어떤 환자들은 심리치료의 결과로 의미의 위기를 거친다. 환자가 자신을 깊게 탐험하고 내부에 새로운 관(view)을 열어 놓음에 따라 낡은 충동적인 유형은 침식을 당하고 결국 해체된다. 삶에서 많은 부분을 고정된 반복적 양식의 제한으로 좁게 살았던 환자는 자신을 보호했던 충동성으로부터 자유를 직면하게 된다. 예를 들어, 제5장에서 설명했던 성적 충동을 가지고 있었던 브루스(Bruce)는 성적 환상이나 성적 추구를 함으로써 '자유' 혹은 숙고하는 시간으로 항상 가득 차 있었다. 성공적 치료과정에서 브루스의 충동성이 전적으로 약화되었을 때 그는 의미의 위기를 통과하였다.*

브루스가 처음으로 충동적 행동 없이 삶을 대면하였을 때 인생은 평평하고, 무색이고, 움직임도 없고, 무엇보다 초점이 없었다. 치료에서 많은 시간이 그의 인생에서 기초가 무엇이 되어야 하는지에 관해 그의 내적 지혜가 무엇을 말하고 있는지 탐험하는 데 쓰였다.

임상적 조사

삶의 목적 테스트 1964년 두 명의 심리학자 크럼바우(James Crumbaugh)와 매홀릭(Leonard Maholick)은 프랭클에게 큰 영향을 받아서 삶의 목적을 측정하는 심리측정도구를 만들었다.[97] 이 삶의 목적 테스트(the Purpose in Life Test: PIL)는 20가지 항목으로 구성되어 7점 척도로 평가하도록 되어 있다.** 각 항목의 네 번째는 '중립적' 인 것으로 만들어졌고, 다른 설명 용어는 (1)번과 (7)번 위치에 있

* 이것은 그가 전에 의미에 대해 만족감을 가지고 있다는 것이 아니다. 그의 충동적 행위는 항상 무의미에 잠재적 해독제, 즉 참가(engagement)를 제공하였다. 문제는 브루스의 충동적 약속의 내용은 너무 제한되어 있고 엄격해서 인간 잠재성을 깨닫는 데 실패했다는 것이다. 결과적으로 그의 인생에서 의미의 의식적 위기는 없었으나, 그 장소에는 거대한 실존적 죄의식을 경험했다. 바로 그가 되어야 하는 것이 되지 못했다는 것에 대한 죄의식이다.

**이 도구는 원래 두 가지 첨가적 부분으로 구성되어 있다. 13가지 항목 완성 부분과 개인적 야망과 목적에 대하여 문장을 쓰도록 비어 있는 부분이다. 그러나 단지 첫 번째 항목만이 후에 사용되었다.[98]

다. 예를 들어, 첫 번째 항목은 '나는 항상 …' 그리고 첫 번째 위치는 '너무 지겹다' 로 하였고, 일곱 번째는 '열의적, 열광적' 으로 정의하였다. 다른 19개 항목은 (1)번과 (7)번의 설명된 정의가 다음과 같다.

2. 나에게 인생은
   (1) 너무 판에 박힌 것 (7) 항상 흥분스럽다
3. 나의 인생에 내가 가진 것
   (1) 전혀 목적이나 목표가 없다 (7) 아주 분명한 목표와 목표가 있다
4. 나의 개인적 존재는
   (1) 전적으로 의미 없고, 목적 없다 (7) 아주 목적과 의미로 차 있다
5. 매일
   (1) 정확하게 똑같다 (7) 계속해서 새롭고 다르다
6. 내가 선택할 수 있었다면 나는
   (1) 태어나지 않았다면 좋았다 (7) 지금처럼 더 많은 삶을 살 것이다
7. 은퇴 후 나는
   (1) 나머지 인생을 빈둥거린다 (7) 내가 항상 원했던 흥미 있는 것을 한다
8. 삶의 목적을 달성키 위해 나는
   (1) 무엇이든지 진보가 없다 (7) 완전하게 완성키 위해 진보했다
9. 내 인생은
   (1) 공허하고 절망으로 차 있다 (7) 흥분되는 일로 넘친다
10. 내가 오늘 죽는다면 나의 인생은
   (1) 전적으로 가치가 없다 (7) 매우 가치 있다
11. 내 생각에 내 인생은
   (1) 내가 왜 존재하는지 자주 의아하다 (7) 항상 내 존재가 여기 있다는 이유를 본다
12. 나의 인생과 관계되어 세상을 볼 때 나는
   (1) 완전하게 나를 혼란케 한다 (7) 내 인생에 의미 있게 맞는다
13. 나는
   (1) 매우 책임 없는 사람이다 (7) 매우 책임감 있는 사람이다
14. 자신의 선택에 대한 사람의 자유에 대하여 나는 사람이
   (1) 유전과 환경에 완벽하게 제한되어 있다 (7) 모든 인생 선택을 하는 데 절대적으로 자유롭다
15. 죽음에 관하여 나는
   (1) 준비되어 있지 않고 놀란다 (7) 준비되어 있고 두렵지 않다

16. 자살에 대하여 나는
    (1) 한 방법으로 심각하게 생각한다 (7) 일 초도 생각하지 않았다
17. 삶의 의미, 목적, 소명을 발견하는 나의 능력에 대하여
    (1) 실제적으로 아무것도 없다 (7) 아주 좋다
18. 나의 인생은
    (1) 내 손 밖에 있고 외부적 요소에 따라 조정된다 (7) 내 손과 내 통제 안에 있다
19. 나의 일과 업무를 직면하는 것은
    (1) 고통스럽고 지겨운 경험이다 (7) 쾌락과 만족의 근원이다
20. 나는 발견했다
    (1) 인생의 소명이나 목적이 없다 (7) 분명한 목적과 만족스러운 삶의 목적

PIL 테스트는 넓게 사용되었다. 삶의 목적에 대한 50개가 넘는 박사학위 논문에서 이 측정도구를 주도구로 사용하였다. 그러나 이 연구결과를 토의하기 전에, 나는 그 도구의 유용성을 면밀하게 조사할 것이다.

우선 이 항목들의 표면 내용은 몇 가지 다른 개념을 다루고 있다. 여덟 가지 항목(3, 4, 7, 8, 12, 17, 20)은 인생의 의미(목적, 소명)에 대하여 분명하게 다루고 있다. 여섯 가지 항목(1, 2, 5, 6, 9, 10)은 삶의 만족(삶이 지겹다, 틀에 박혔다, 흥분된다 혹은 고통스럽다)을 다루고 있다. 세가지 항목(13, 14, 18)은 자유를 다루었고, 한가지 항목(15)은 죽음의 두려움을, 한 가지는 자살에 대한 생각, 그리고 한 가지(10)는 인생의 무의미에 관한 것이다. 나의 개념적 혼란은 도구의 유용성에 관하여 심각한 문제를 일으킨다. 예를 들어, 삶의 만족이나 죽음에 대한 고려는 인생의 의미와 연관될 수 있음에도 불구하고, 이것들은 다른 심리적 상태와 더 분명하게 연관되어 있다. 바로 대부분 주목할 만한 우울의 상태다. 테스트 고안자로부터 항목 선택 방법과 개인적 항목 행위에 관하여 제공된 정보가 거의 없다. 이러한 방법론적인 결핍의 관점에서 한 논평가가 '당신의 삶이 얼마나 의미 있습니까?' 라고 질문한 항목은 전체 척도처럼 유용할 수 있다고 제안했다.[99]

더욱이 PIL은 사회적 기대치(desirability)에 분명하게 짐을 지고 있었다(0.57의 상관계수가 말로에-크라운 사회기대치 측정(Marloew-Crowne Social Desirability Scale)과 함께 보고되었다).[100] 비평가들이 지적하는 것과 같이 PIL은 확실한 가치를 생각하게 한다.[101] 예를 들어, 책임성 수용은 인생의미의 긍정적인 것과 동등하다는

것을 가정한다. 이것이 흥미로운 가정임에도 불구하고, 책임성과 의미가 서로 연관되어 있다는 것은 분명하지 않다.

가필드(Charles Garfield)는 몇 가지 속 문화(우범지역 거주가, 기술자, 심리학과 종교를 연구하는 대학원생들, 일반거주자)로부터 PIL를 대상에게 시험하였고, 그러고 나서 각 항목들이 그들에게 무엇을 의미하는지 결정하기 위해서 높고, 낮고, 중간인 점수로 하여 인터뷰를 하였다.[102] 부분적으로 그들의 문화에 의존하여 대상자들은 항목을 매우 특이하게 해석하였다. 예를 들어, 아홉 번째 항목('나의 인생은 공허하다 혹은 흥분된 일들로 넘친다') 중 '공허하다' 는 것에 대하여 우범지역 거주자들은 텅 빈 위(stomach), 지역 거주자는 명상 그리고 축복에서 자신의 자아를 상실한 것, 기술자들은 둔함과 연관시켰다. 심리학과 학생들은 '흥분되다' 를 좋은 것이 아니라 망설임 혹은 긴장한 행동으로 연관시켰다. 다른 항목에 대한 유사한 다양한 반응들은 말로 나타내는 애매성만이 아니라, 이 테스트는 매우 가치가 있는 것이고, 목적지향적 행동, 미래적응, 수동성을 넘어 능동성, 그리고 자극에 대하여 매우 높은 확신을 강조하는 것과 함께 개신교 노동 윤리 안에 있는 고유의 가정(assumption)에 기초한 것이라는 사실을 강조하고 있다.

이러한 비판은 본질적이며 정말 좌절케 하는 것이고, PIL을 사용하는 조사자는 만족할 만한 답들을 얻지 못했다. 그들 모두는 도구를 통해서 만족의 높은 점수를 얻기가 어려웠다. 그런데 이 측정은 조직적 방법으로 무의미를 연구하는 데 지금도 널리 사용되는 유일한 심리측정도구다. 이러한 사실들을 마음에 간직하면서 연구의 발견들을 생각해 보자.

몇몇 유용한 연구의 테스트 결과는 환자에게 치료자의 삶 목적 비율(0.38의 상관성)과 교인들에 대한 목사의 비율과 만족스럽게 연관된다(0.47).[103] 전반적으로 환자의 인구는 환자가 아닌 사람들보다 낮은 PIL을 보였다(어떤 연구는 확실치 않았다. 예를 들어, 어떤 연구는 가난한 정신병 환자들과 학부학생들의 108 대 106 점수에서 놀랍도록 적은 차이를 보였다)*[104] 더구나 PIL은 다양적 독립적 성격을 측정할 수

* 이 테스트에는 20가지의 항목이 있고, 각 항목은 7점 측정으로 되어 있다는 것을 주목해야 한다. 따라서 가장 높은 점수는 140이고, 가장 낮은 점수는 20이다.

있는 것 같다. 이것은 다른 측정과 높게 연관되어 있지 않다(MMPI 우울증척도[105]와 다르게 Srole Anomie 측정과 약간 중복되고, 이미 적어 놓았던 것과 같이 사회호감(Social Desirability) 척도와 약간 중복된다).

PIL은 다양한 사람들을 대상으로 많은 임상 현장에서 사용되고 있다. 탈선 청소년과[106] 마약을 사용하는 고등학교 학생들은[107] PIL 점수가 얼마 낮은지 보여 준다. 만성적 알코올 중독과 정신분열로 입원한 환자들은 신경증 환자들보다 낮은 PIL 점수를 보여 준다.[108] 입원환자와 외래환자 모두 환자가 아닌 사람보다 아주 낮은 점수를 보여 준다.[109] 특히 알코올 중독자는 낮은 PIL 점수가 보고 되었다.[110] 다른 연구는 입원한 알코올 중독자는 낮은 보통(low-normal) 점수가 나왔지만 한 달간의 치료 프로그램으로 PIL 점수가 유의미하게 증가했다는 점이 주목할 만하다.[111] 영국의 병원에서 외래환자에 대한 한 연구에서는 더 높게 신경증적이고 사회적으로 내성적인 환자들은(아이젱크(Eysenck) 성격조사로 측정됨) 낮은 PIL 점수를 보였다.[112] 보통 대학생 집단에서는 성적 적응(sexual adjustment)에 대하여 연구되었고, 성적으로 좌절되면 될수록 부적응한 학생들은 더 낮은 PIL 점수를 나타내었다.[113] 신체적으로 아픈 환자들의 PIL 점수를 비교한 한 연구는 흥미로운 발견을 보고하였다. 병이 심하지 않거나 혹은 환자가 아닌 사람보다 중한 병을 가진 환자들은 더 높은 PIL 점수를 나타낸 것이다.[114] 이러한 결과들은 죽음의 접근이 중한 병을 앓고 있는 환자들의 삶과 함께 오는 것을 정제하고 환자들의 의심을 '통하여 일하고' 내적 평화에 이른다고 지적하였다.

사회와 종교적 태도와 가치 사이의 관계성은(로키츠(Rokeach) 가치조사) 많이 연구되고 있다. 낮은 PIL 점수는 쾌락주의, 흥분 그리고 안위의 높은 가치와 상관이 있다.[115] 높은 PIL 점수는 개인의 삶에서 중요한 역할을 하는 강한 종교적 신념과 연관되어 있는 것을 보여 준다.[116] (그러나 또 다른 연구에서는 발견되지 않았다.[117]) 다른 연구는 높은 PIL 점수는 보수주의, 반쾌락주의, 청교도적 가치 그리고 이상주의 사이의 상관성을 보여 준다.[118] 성공적인 도미니파 정규 수녀들은 그들보다 덜 성공적인 동료보다 더 높은 PIL 점수를 나타냈다.[119] 두 개의 연구가 인생의 높은 가치는 낮은 죽음불안과 연관되어 있음을 보여 준다.[120]

앞서 나는 의미 있는 집단이나 원인에 속하는 것은 개인의 의미를 얼마나 증대시키는지에 대하여 토의했다. 몇몇 연구는 이 개념을 시험했고 높은 PIL 점수는 조직된 집단(종교적, 소수민족, 정치적이든지 지역사회 봉사이든지)[121]에 속한 사람들과 스포츠나 취미활동을 하는 사람들이다[122] (그러나 한 연구는 사회활동(시민권리 운동)과 PIL이 상관없다는 것을 보였다)[123] (이것이 매디의 어떤 '십자군' 출현의 결과가 될 수 있을 것인가?). 호주인에 대한 한 연구에서는 높은 PIL 점수가 나타났는데, 이는 긍정적 세계관, 목적 지향 그리고 자기초월적 목적(개인의 물질과 정신적 안녕을 넘어 있는 관심) 사이에 상관성이 있다고 보고한다.[124] 또 다른 연구에서는 높은 PIL 점수를 가진 대학생이 낮은 PIL 점수를 가지고 있는 사람보다 직업을 선택하는 것을 즐거워한다는 것이 나타났다.[125] 그러나 사업 행정가들과 간호원에 대한 연구는 PIL 점수와 일 태도 혹은 일 동기 사이에 관계성이 없다는 것을 보였다.[126]

마지막으로 흑인이거나[127] 미국에 사는 멕시코인[128] 빈민지역 거주자들은 낮은 PIL점수를 보여 주고 있다. PIL과 사회경제적 층[129] 사이의 일반적 관계성에 대하여 모순적 발견이 있다.[130]

인생 관심 지표 이러한 발견들의 함축적 의미를 생각하기 전에 간략하게 인생의 의미를 연구키 위해 고안된 다른 도구를 살펴보자. 인생 관심 지표(John Battista와 Richard Almond)는 PIL보다 개념적으로 더는 잘된 것이지만, 불행히도 후속적으로 이용되지 않았다.[131] 이 도구는 '성취' 항목('나는 전적으로 삶을 살고 있다고 느낀다')에서 '구조' 항목('나는 내 인생에 무엇을 할 것인지 분명한 생각이 있다')으로 차별화하였다. 저자들은 사람이 스스로 구조를 완성하고 있다는 신념은 삶의 의미에 필요한 것이라고 제안한다. 이 도구는 대상과 인터뷰를 통하여 성공적으로 유용하였고, PIL과 매우 연관성이 있었으며, 사회적 욕망의 혼돈되는 효과로부터 자유로울 수 있다. 자긍심과 인생관심(삶에서의 의미)은 조사되었다. 저자들은 자긍심의 만족스러운 차원은 필요하지만 잘 발달된 인생 의미에는 충분하지 않다고 결론지었다. 이 말은 높은 자긍심을 가진 사람은 인생의 낮은 의미를 가질 수 있다는 뜻이지만, 낮은 자존심을 가진 사람이 인생의 높은 의미를 갖는다는 것은 아니다. 에릭슨이 제안한 것과 같이, 사람은 삶 의미에 만족감을 발달하기 이전에 자기가치와 개인적 정체성을 정착시키는 과제를 풀어야 한다.

이 조사는 긍정적인 삶의 의미는 개인의 목표와 가치와 역할 그리고 개인이 망(web)에 있는 사회적 구조의 필요성 사이의 어떤 접합에 의존한다고 제안한다.

최종적으로 저자들은 사람이 자신의 목표에 만족스러운 비율로 접근하는 것으로 자신을 인식한다면, 개인의 인생의 의미를 크게 가지고 있다고 보여 주고 있다.

조사연구결과의 요약 삶에서 의미에 대한 경험적 조사는 다음과 같은 것을 확증한다.

1. 인생의미의 결핍은 개략적 의미에서 정신병리와 연관이 있다. 이 말은 의미가 적을수록 정신병리의 정도가 심하다는 것이다.
2. 인생의미의 긍정적인 느낌은 깊게 가지고 있는 종교적 신앙과 연관이 있다.
3. 인생의미의 긍정적인 느낌은 자기초월성 가치와 연관이 있다.
4. 인생의미의 긍정적인 느낌은 집단의 소속 회원, 어떤 것에 대한 헌신 그리고 분명한 인생의 목적을 가진 것과 연관이 있다.
5. 인생의미는 발달론적 관점에서 관찰되어야 한다. 인생의미의 형태는 개인의 삶 동안에 변화한다. 다른 발달론적 과업은 의미 발달에 선행되어야 한다.

단서 이러한 결론은 문장들을 주목하는 것이 중요하다. '~와 연관되어 있다' 는 것이 계속 나타나는데, 예를 들어, 인생의미의 낮은 느낌은 정신병리와 '연관이 있다' 고 되어 있다. 그러나 이것은 의미의 부재가 정신병리를 발생케 하는 증거가 있다는 것을 의미하지 않는다. 모든 조사연구는 상호연관이 있다. 이것들은 단지 인생의미의 감소와 병리는 동시에 발생하는 것을 보여주는 것이다. 어떤 사람은 줄어드는 인생의미는 병리의 한 기능, 말하자면 현상이라고 이러한 연구로부터 동등하게 잘 논쟁할 수도 있다. 정말로 어떤 연구는 우울증 환자들이 전기충격요법을 받고 인생의미가 극적으로 증가했다는 것을 보여 준다.[132]

제11장

무의미와 심리치료

앞 장에서 나는 인생의미의 질문이 관습적으로 구조화된 것으로 접근하였다. 인생의 의미는 얼핏 보기에 우리 모두와 깊게 연관된 중요한 심리적 구성이다. 나는 이 구조를 액면 그대로 가치로써 받아들였고, 따라서 의미를 제공하는 삶 활동을 토의했으며, 무의미의 현상적 상태의 병리적인 임상적 증상을 설명하였다.

이제 인생의 의미가 없다는 환자를 직면하는 치료자의 긴급한 일상의 문제로 갈 것이다. 환자의 문제 형성을 수용하는 치료자는 환자의 함정 느낌을 나누는 것을 좋아한다. 이러한 치료자는 인생의 의미에서 자신의 불완전한 질문을 생각하게 된다. 어떻게 자신의 문제를 해결하지 못한 사람이 다른 사람의 문제를 풀 가능성이 있는가? 치료자는 놀란다. 치료자는 또한 그 문제는 풀 수 없는 것으로 결론 내고, 이것을 우회할 수 있는 방법을 발견한다.

이러한 비치료적인 사건의 연속을 피하기 위하여 치료자가 처음부터 환자의 문제 형성을 문자 그대로 받아들이면 안 된다. 대신 치료자는 엄격하게 '인생이 의미가 없다' 는 불만의 정당성을 조사해야 한다. 만일 불만이 자리 내리고 있는 근원을 분석하면, 말하자면 '인생에 무슨 의미가 있는가?' 의 질문은 매우 오래된 것이고 오염되었다는 것을 알게 될 것이다.

형식적으로 제기된 것처럼 '인생에 무슨 의미가 있는가?' 라는 질문은 한 가지를 추측케 하는데 특별한 환자가 찾아낼 수 없는 인생의 의미가 있다는 것이다. 이 질문은 의미를 주는 주체로써의 인간은 생각하는 실존적인 관점과는 갈등 관계다. 미리 존재하는 계획도 없고 '저기 밖에' (out there) 목적도 없다. 그렇다면 우리가 자신의 '저기 밖에' 를 만들어야 할 때 어떻게 거기에 의미가 있을 수 있는가?

인생의 의미에 관한 질문에 딸린 또 다른 주된 문제는 다른 쟁점과 함께 흔히 섞인다는 점이다. 이러한 다른 관점들이 분리되고 무시될 때 환자의 주된 의미 위기는 훨씬 덜 치명적이 되고 더 많이 관리될 수 있다. 나는 왜 인간이 의미가 필요한지를 먼저 생각함으로써 인생에서 의미의 임상적 질문을 정의하고 그리고 이 질문을 불투명하게 만드는 다양한 관심들을 고찰할 것이다.

왜 우리는 의미가 필요한가

수십 년 동안 경험적 연구는 우리 지각의 신경심리학적 조직이 무작위로 들어오는 순간 자극들을 모방한다는 것을 정착시켰다. 콜러(Wolfgang Kohler), 베르트하이머(Max Wertheimer) 그리고 코프카(Kurt Koffka)가 이러한 기초를 만들었다. 심리학에서 이러한 형태의 움직임은 관념과 동기에서 상당한 양의 연구를 하게 하였고, 이러한 연구는 사람이 분자적 자극(molecular stimuli)과 질량의 행위적 그리고 심리적 자료를 형태나 유형으로 체계화시켰다. 벽지에 여기저기 점이 산재해 있으면, 사람은 이것을 모양이나 땅으로 체계화시킨다. 깨어진 원으로 나타나면 사람은 자동적으로 이것으로 완성한 것으로 인식한다. 다양한 행동적 자료로 나타나면, 예를 들어 시끄러운 밤의 소음, 비정상적인 얼굴 표정, 무분별한 국제적 사건 등을 친근한 설명적 구조 속으로 들어가게 하여 '납득' 할 수 있는 것으로 만든다. 이러한 자극들이나 상황이 유형화되지 않으면 사람은 긴장되고, 속이 타고, 불만족한다. 이 형성장애(dysphoria)는 더 완전한 이해가 상황에 좀 더 넓고 인식할 수 있는 유형으로 허용할 때까지 지속된다.

이러한 의미부여 경향의 함축성은 분명하다. 같은 방법으로 우리는 일상 안에서 일정치 않은 자극과 사건을 같은 방법으로 직면하고 체계화시키고, 또한 우리의 실존적 상황에 접근한다. 우리는 무관심과 모방되지 않는(unpatterned) 세계에 직면하여 형성장애를 경험하고, 모형(pattern), 설명 그리고 실존의 의미를 구하고 있다.

연관된 유형을 찾을 수 없을 때 사람은 속이 탈 뿐 아니라 불만족스러워지고 무기력해진다. 사람이 판독된 의미를 가지고 있다는 신념은 항상 지배감을 가져온다. 만일 발견한 의미구조가 사람은 미약하거나, 무기력하거나 혹은 중요치 않다는 생각을 가지고 있을지라도, 무지의 상태보다는 더 위안을 주는 것이다.

인간은 의미를 갈망하고, 의미가 없을 때는 불안해한다는 것은 명백하다. 사람은 목적을 발견하고 귀중한 인생을 위해 그 목적에 매달린다. 그러나 사람이 그 목적을 거짓으로 꾸며냈다는 것을 계속 기억한다면 사람이 만든 그 목적은 효과적으로 불편함을 안도시키지 못한다(프랭클(Frankl)은 이 믿음을 개인적으로 구조화된 것 혹은 '발명된' 인생의미를 사람이 자신을 공중으로 내던져야 하는 수도승의 밧줄을 오르는 것과 비교하였다). 의미라는 것은 '밖에 저기' 에 있는 것으로 믿는 것이 훨씬 더 위안을 주고, 사람은 그것을 발견하고 있는 것이다. 프랭클은 "의미는 질문과 대답을 요구하는 상황에 따라서 정해지는 것이다. 각 문제에 대한 것은 오로지 바른 정답 하나만 있다. 그리고 각 해결에는 한 의미만 있고, 이것이 진정한 의미다."[1]라고 했다. 그는 사르트르의 입장인 자유한다는 것 중 하나인 사람이 의미를 만들어야 한다는 견지를 취했다. 프랭클은 저술을 통하여 강조한다. "의미라는 것은 주어지는 것이기보다는 찾아야 하는 것이다. 인간은 의미를 만들 수는 없으나 반드시 발견해야 한다."[2] 프랭클의 입장은 근본적으로 종교적이고 인간이 발견하고 완성해야 할 의미를 규정해 놓은 하나님이 있다는 가정에 기초하고 있다. 그 의미를 전적으로 다 이해할 수는 없는데도, 프랭클은 인생에는 시종일관된 모형이 있고, 인간의 고통에는 목적이 있다는 신념을 수용해야 한다고 주장한다. 실험용 동물이 그 고통에 대해 이해할 수 없는 것과 같이 인간도 그 의미를 발견할 수 없는데, 그것은 그 의미가 인간의 이해를 넘어선 차원에 있기 때문이다. 그러나 이 논의의 근본적 전제가 동의할 수 있는 것인가? 하여튼 만일 하나님이 있다면, 하나님이 인생에 대하여 가지고 있는 목적은 무엇이며, 무엇보다 우리 각자를 향한 목적을 왜 따라야 하는가? 목적에 사로잡혀 있는 것이 사람이지 하나님이 아니라는 사실을 잊지 말자.

인생의 의미와 가치

그러므로 의미의 한 뜻은 이것이 불안완화제(emollient)라는 것이다. 의미는 정해지고, 위안하는 구조 없이 세상과 인생을 직면하는 데서 오는 불안을 안도시키기 위해서 온다. 그러나 여기에는 왜 의미가 필요한지에 대한 다른 중요한 이유가 있다. 의미가 발달되었을 때 의미는 가치를 낳는다. 교대로 이것은 상호적으로 개인의 의미감을 증대하는 데 활동한다.

무엇이 가치이고 우리는 왜 그것들이 필요한가? 톨스토이는 의미의 위기에서 이유의 질문('왜 우리가 살아야 하는가?')만 묻지 않고, 또한 방법의 질문('어떻게 살아야 하는가? 무엇으로 살 것인가?')을 하였다. 이 모든 것은 가치의 필요를 표현한 것이다. 어떤 지침 혹은 원칙이 어떻게 살아야 하는지를 그에게 말했다.

가치에 대한 표준이 되는 인류학적 정의는 '명백하든지 불명백하든지 개인이나 집단의 독특한 '바람직한' 개념으로 사용할 수 있는 양식(modes), 수단 그리고 행동의 목적을 선택하는 데 영향을 주는 개념'[3]이다. 다른 말로 하면, 가치는 행동의 조직이 형성될 수 있도록 규약(code)을 제정한다. 가치는 우리로 하여금 어떤 허가나 불허계급제도로 행동할 수 있는 가능한 길을 허락한다. 예를 들어, 만일 사람의 의미구조가 다른 사람을 섬기는 것을 강조한다면, 그때 사람은 '이 행동은 좋은 것이고 저 행동은 나쁜 것'이라고 말할 수 있도록 허용하는 안내 혹은 가치를 쉽게 개발할 수 있다. 앞서서 나는 사람은 계속되는 결정의 연속에 따라서 자신을 창조하는 것을 강조했다. 그러나 사람은 자신의 삶 전체를 통해 다시 각각의 결정과 모든 결정을 만들 수 없다. 차후의 결정을 위하여 체계화시키는 원칙을 제공하는 어떤 상위(superordinate)의 결정을 해야 한다. 만일 그런 경우가 아니었다면 인생의 많은 부분이 결정의 소용돌이로 소비되었을 것이다.

가치는 개인에게 개인적 행동의 청사진만 제공할 뿐 아니라 집단 안에 개인이 존재할 수 있도록 한다. 클럭홈(Clyde Kluckhom)은 "사회생활은 그것들 없이 불가능하다. 가치는 사회생활의 예측성 요소를 더한다."[4]라고 했다. 특정한 문화에 속한 사람들은 '무엇인지'에 관해 나누는 어떤 개념을 가지고 있고, 이러한 개념에서 '무엇을 해야 하는지'에 대하여 공유된 개념을 가지고 있다. 사회규범은 집단의 동의를 가지고 있는 의미구조에서 발생하는 것이고, 사회의 신뢰와 결집을 위하여 필요한 예측성을 제공한다. 공유된 신념구조는 개인이 무엇을 해야 하는지 말해 줄 뿐만 아니라 다른 사람들이 무엇을 해야 하는지를 말한다.

인생의 의미와 다른 궁극적 관심

우리 행동의 기초를 두고 있는 전반적인 개념적 구조와 가치의 구조에 대한 인간의 필요는 인생에서 의미를 찾는 '순수한' 이유를 함께 구성한다. 그러나 일반적으로 의미에 대한 질문은 오염되었다. 말하자면, 의미보다는 다른 이슈가 부가되었고 혼동된다는 것이다.

자주 다음과 같은 질문을 한 톨스토이에게 잠시 돌아가자. "나를 기다리고 있는 불가피한 죽음으로 멸망되지 않을 나의 인생에 의미가 있는가?"[5] "내가 무엇을 하든지 나의 모든 행동은 조만간 잊혀질 것이고 나 자신은 어디에도 없을 것이다. 그렇다면 왜 우리는 어떤 것을 가지고 삶을 바쁘게 살아야 하는가?"[6] 이러한 질문은 의미에 대한 것이 아니라 초의미(meta-meaning) 관심에 관한 것이고, 일시성(transience) 문제에 관한 것이다.

우리는 죽은 후에 지속되는 어떤 것을 남길 것인가? 우리가 흔적 없이 사라진다면 어떻게 우리의 삶이 문제가 될 수 있는가? 러셀(Bertrand Russell)이 한탄한 것처럼 "모든 세대의 노동, 모든 헌신, 모든 영감, 천재성의 대낮과 같은 명석함이 태양계 조직의 방대한 죽음에서 사라지는 것으로 운명 지어졌다면, 그리고 인간 성취의 모든 전당(temple)이 불가피하게 폐허 가운데 우주의 파편 조각 아래 묻혀야 한다면 모든 것이 무의미한 것이 아닌가?"[7]

베커(Ernest Becker)*는 우리의 '보편적 야망' 은 '번영' (말하자면 '지속되었던 경험')이고 죽음은 인간이 반드시 다루어야 할 주제임을 설득력 있게 주장한다. 인간은 이 책의 처음 부분에서 토의했던 많은 방법 가운데서 죽음을 초월하려고 할 뿐만 아니라, 자신의 뒤에 어떤 것을 '중요성을 지니고' 혹은 중요한 것 혹은 남

* (역자 주) 신 프로이트 정신분석학자였으며 저서 *The Denial of Death*로 퓰리처상을 수상했다.

기는 것을 통하여 초월하려고도 한다.

> 인간은 자신의 식욕(이것은 천국에 대한 단순한 기쁨으로 찬 가운데서)을 채우는 것을 계속함으로써 죽음을 초월할 뿐만 아니라 특히 자신에게 맞는 더 큰 구조에서 자신의 인생에 의미를 발견하는 것을 통하여 초월한다…. 이것은 살려는 의지의 표현이고, 중요해지려는 피조물의 강렬한 바람이고, 지상에서 차별성을 가지려는 것이다. 왜냐하면 인간은 살고 있고, 지상 위에 출현했고, 일하고 있고, 고통을 받고 있고, 그리고 죽기 때문이다.[8)]

그러므로 자신의 뒤에 차별성을 만들고 어떤 것을 남기려는 바람은 죽음을 초월하려는 노력의 표현이라고 베커는 주장한다. 일생에서 차별성, 중요한 것으로 되는 것, 후손을 위해서 자신의 부분을 남기는 것으로 사용되는 의미는 멸망을 원치 않는 것에서 파생된 듯하다. 톨스토이가 자신을 기다리는 불가피한 죽음으로 멸망되는 인생에는 의미가 없다고 한탄한 것은 죽음이 의미를 파괴해서가 아니라 죽음을 파괴할 만한 의미를 발견하는 데 실패하였기 때문이다.

만일 인간이 영원하게 살 수 있다고 해도 우리는 여전히 의미에 대하여 관심을 가질 것이다. 그러나 경험을 기억으로 남기고 결국 시들어 버린다면 어떻게 할 것인가? 이것이 의미에 어떠한 연관이 있는가? 이러한 것은 경험의 성격이다. 이것은 또한 어떻게 다르게 될 수 있을까? 경험은 일시적이고, 사람은 시간의 밖에 존재할 수 없다. 경험이 끝날 때 어떠한 것도 행해질 수 없다. 과거는 사라졌는가? 쇼펜하우어가 "존재하는 것은 존재하지 않는 것처럼 미약한 것이다."라고 한 말은 진실인가? 기억은 '실제'가 아닌가? 프랭클은 과거는 실제만이 아니라 영원한 것이라 한다. 그는 벽에 걸린 달력이 매일 한 장씩 찢겨 나가 점점 얇아질 때 절망하는 염세주의자에게 슬픔을 느낀다. 그러나 매일 달력 한 장씩을 모아 보면 다양한 경험들을 떠올리는 사람은 흠모한다. 이러한 사람은 "가능성 대신에 나는 현실을 가지고 있다."[9)]라고 생각할 것이다.

우리는 사실의 진술이 아니라 가치판단을 다루고 있다. 이것은 영원이 지속되지 않는 한, 종국적으로 영원히 지속될 어떤 것으로 이끌지 않는 한 어떤 것도 중요치 않다는 객관적 진실을 결코 의미하는 것은 아니다. 확실하게 우리 밖에서 끊임없는 정당성의 연속을 필요로 함 없이 자신들 스스로에게 완벽한 목적들이 있다. 18세기에 흄(David Hume)은 "무한정으로 진행할 수 있다는 것은 불가능하고, 한 가지는 일을 왜 다른 것이 필요한지 항상 이유가 될 수 있다. 어떤 것은 반드시 그 자체의 이유와 인간의 감정 혹은 애정과의 즉각적인 조화나 동의 때문에 바람직해야 한다. 만일 목적들이 스스로에게 완전하지 않으면, 만일 모든 것이 자신 밖에 있는 어떤 것—이것 또한 차례로 정당화가 될 것—에 의해 정당화된다면, 그러면 무한적인 퇴보만 있다: 정당화의 사슬은 결코 끝이 나지 않는다."[10)]라고 말했다. 만일 마지막이 완성되지 않는다면, 만일 모든 것이 그 자신 밖의 어떤 것으로 정당화된다면, 그리고 또한 밖의 어떤 것도 정당화되면, 무한정 퇴행(infinite regress)이 있다. 정당화의 사슬은 결코 끝이 없다.

죽음불안은 흔히 무의미로 가장할 뿐만 아니라, 자유와 고립의 깨달음에서 나오는 불안은 흔히 무의미의 불안과 혼돈된다. '저기 밖에' 존재하는 것으로 어떤 위대한 설계의 부분으로 존재를 상상하는 것과, 그 안에서 사람에게 어떤 역할이 주어지는 것은 개인의 자유와 디자인에 대한 개인의 책임성 그리고 개인 삶의 구조를 부인하는 한 방법이고, 무근거의 불안을 피하는 한 방법이다. 절대적 외로움의 두려움은 역시 어떤 것이나 어떤 사람과 동일시를 하도록 사람을 몰아낸다. 큰 집단의 부분이 되려는 것 혹은 어떤 움직임이나 대의(大義)에 자신을 헌신하는 것은 고립을 부인하는 효과적인 방법이다.

삶의 의미 – 문화적 가공품인가?

인생에서 의미에 대한 물음은 죽음, 자유, 고립의 궁극적 관심에 속한 이슈에 섞여 있을 뿐 아니라, 이것은 또한 특정한 문화에서 내려온 편견으로부터 자유롭게 이해한다는 것은 매우 어려운 것이다. 내가 전에 본 풍자만화는 이 문제를 적합하게 보여 주었다. 이 그림에는 티벳의 가파른 산 정상에서 수염이 긴 성자의 말씀을 들으려고 열심인 미국인 여행자들의 무리가 그려져 있었다. 삽화의 설명문은 다음과 같다. "인생의 목적은? 만일 내가 그것을 알았다면 나는 부자였을 것이다!"

풍자만화가 예시한 문화적 편견은 강한 확신을 가지고 삶의 의미에 관하여 글을 쓰면서 주장하는 저명한 정신과 의사의 관점에 영향을 준다.

> 어떤 인간도 항상 성취하거나 항상 창조할 수 없다. 어떤 사람도 자신의 노력에서 연속적으로 성공적일 수 없다. 그러나 바른 방향을 가기 위해서 성취했다는 것이 아니라 성취하고 있다는 것, 숙소에 이르렀다고 하는 것이 아니라 숙소 방향으로 걸어가고 있다는 것, 영예를 얻는 것이 아니라 월계관을 향해 움직이고 있다는 것, 개인의 재주를 가장 건설적이고 생산적이고 창의적인 사용으로 향하는 것은 인생에서 주된 의미이고, 인간의 노력을 무능케하고 인간의 마음을 마비시키는 실존적 신경증에 대한 유일하게 가능한 답이다.[11]

프랭클은 같은 확신을 가지고 '성취' 혹은 '완성'을 인생의미의 '분명하고 자명한' 범주로 설명한다.[12]

그러나 이것은 분명한 것인가? 추구하고, 창조하고, 성취하고, 과정에 있는 것이 인간 동기의 가장 깊은 층의 부분인가? 여기에 대한 답은 확실하게 '아니다'이다. 우리 문화에서 목적지향적인 노력이 인생에서 의미를 발견하는 데 일반적으로 인정된 방식으로 수용되지 않은 다른 시기가 있었다. 오래된 고대 해시계 위의 새겨진 내용은 Horas non numero nisi serena('시간이 평온하지 않는 한 시간을 셈하지 않는다')이었다. 프롬(Erich Fromm)은 명성과 지속되는 성취를 향한 인간의 불타는 야망은 르네상스 시대부터 현재까지 공통된 것이었으나 중세 사람들에게는 이러한 경향은 거의 볼 수 없다고 한다. 더욱이 북유럽국가에서는 16세기가 되어서야 일을 하려는 인간의 집착적인 열정이 나타났다.[13] '과정'에 대한 믿음, 즉 문명이 바람직한 방향으로 냉혹하게 향하고 있다는 것은 17세기 말까지 인정할 만한 형태를 띠지 않은 비교적 근대에 기원이 있는 개념이다.

다른 현대문명은 성취중심적인 인생 목적의 이슈를 취할 뿐만 아니라 '삶의 목적' 개념으로도 이슈를 취한다. 이 양자적 관점을 가진 가장 대표적인 사람 중의 하나는 선(禪)의 대가인 스즈키(D. T. Suzuki)다. 스즈키는 그의 매우 명료한 글에서[14] 두 가지의 시를 비교함으로써 인생의 대립되는 두 자세를 예로 든다. 그 첫째는 17세기 바쇼(Basho)가* 지은 하이쿠(Haiku)다.**

* (역자 주) 일본의 시인(1644~1694).
** (역자주) 5 · 7 · 5 운율로 된 일본의 짧은 정형시.

내가 주의해서 보았을 때
울타리에!
Nazuma가* 꽃피는 것을 보았다.

두 번째 시는 테니슨(Tenyson)이 쓴 것이다.

갈라진 틈새 사이의 꽃,
나는 틈새에서 그것을 꺾었다;
내 손에 뿌리와 모든 것을 쥐었다.
작은 꽃-그러나 만일 내가 너의 뿌리와 모든 것을
알았다면, 나는 하나님과 인간을 알 수 있을 것이다.

첫 번째 시에서 바쇼는 단지 울타리에 피어 있는 Nazuma(눈에 띄지 않고, 별다른 게 없고, 거의 하찮은 식물)를 관찰하고 있다. 이 시는 부드럽고, 겸허하고, 친밀하며, 자연과의 조화된 관계성을 전달하고 있다(스즈키는 번역의 과정에서 이 섬세함이 상실되었다고 말한다). 바쇼는 조용한 사람이다. 그는 많은 것을 느끼지만 그가 무엇을 느끼는지 부드럽게 전달하기 위하여 마지막 두 마디의 여지를 남겼다(일본어로 'Kana' 라고 부르며, 영어로는 감탄으로 적합하게 표현하였다).

테니슨은 말이 유창하고 활동적이다. 그는 꽃을 꺾어서 '뿌리와 모든' (이것은 그 식물이 죽는다는 것을 의미한다) 것을 자연에서 떼어 놓는다. 테니슨은 그것을 분석하고 그 꽃을 이해하려고 시도하였다. 그는 어떤 다른 것을 알기 위해서 꽃을 사용하였다. 그는 꽃과의 만남을 지식으로 변형하였고, 궁극적으로는 힘으로 변형하였다.

스즈키는 이러한 대조는 자연에 대한, 그리고 함축적으로 삶에 대한 동양인과 서양인의 차이를 예시하는 것이라 제안하였다. 서양인은 분석적이고, 객관적이고, 해부하고, 정복하고, 이용함으로써 본성을 이해하려고 한다. 동양인들은 주관적이고, 통합적이고, 전체적이고, 자연을 분석하거나 이용하려고 하지 않고, 자연

* 보잘것없는 작은 꽃.

을 경험하고 조화하려고 한다. 동양인과 서양인의 차이는 탐구행동 형태대 조화일치이고, 자주 '행하는 것(doing)' 대 '존재하는 것' 으로 대조된다.

우리가 현대에서 벗어나 옛 역사를 돌아보면 '목적' 을 향한 우리의 자세라는 것이 점진적으로 진화하고 있다는 것을 볼 수 있다. 초기 기독교인들은 명상(contemplation)을 가장 가치 있는 것으로 생각했다. 예수의 말을 생각해 보라. "공중의 새를 보라. 심지도 않고 거두지도 않고 창고에 모아들이지도 아니하되 너희 천부께서 기르시나니 너희는 이것들보다 귀하지 아니하냐."[15] 혹은 "또 너희가 어찌 의복을 위하여 염려하느냐. 들의 백합화가 어떻게 자라는가 생각하여 보라. 수고도 아니하고 길쌈도 아니하느니라."[16] 초기 기독교인들은 일과 부를 추구해야 할 목적으로 보지 않고, 남을 보호하는 마음을 방해하고 하나님을 섬기는 데 써야 할 시간을 소비하는 것으로 여겼다. 초기 수도원에서 평신도들은 육체적 노동을 했다. 예술적 표현은 더 높게 가치 평가를 받았고, 반면 묵상은 가장 거룩한 노력으로 여겼다. 이러한 계급제도는 로마시대 대성당 벽면의 석조 조각에 명백하게 나타나 있다.

중세기 후반에 자연의 법칙을 알려는 인간의 열망이 시작되었고 물리적 세계를 적극적으로 정복하기 위해 노력하였다. 13세기 점성학 책에서 중심적인 격언은 '현자는 별을 정복할 것이다' 였다. 르네상스 시대의 사람은 명백하게 세계를 향한 적극적인 자세를 취하였다. 레오나르도 다빈치(Leonardo da Vinci), 브루노(Giordano Bruno) 그리고 첼리니(Benvenuto Cellini)와 같은 사람은 세계가 변형되기 위해서 존재한다고 믿었고, 게으른 사람들이 빠졌던 생각으로부터 일의 개념(기술의 개념)을 구하였다.

16세기 종교개혁가 칼뱅(John Calvin)은 인생의 목적에 대해 서구인에게 크게 영향을 미친 신학적 조직을 제안했다. 그는 인간은 하나님의 은혜에 따라서 선택되거나 버림받을 것이라는 예정을 믿었다. 선택된 사람들은 직관적으로 구원되었음을 알고 있었고, 하나님의 은혜로 이 세상의 일에 적극적으로 참여한다고 했다. 사실 그는 하나님이 선택한 사람은 개인의 세상적 성공의 표시라고 말했다. 다른 한편으로 선택받지 못한 사람은 세상 삶에서 실패한 사람이다.

아직 전적으로 자유의 몸이 되지 못한 칼뱅의 영향을 받은 청교도 전통은 희생, 열심히 일하는 것, 야망 그리고 사회적 위치를 소중하게 여겼다. 일을 신성하게 여겼다. 악마는 게으른 자를 위해서 일을 발견했다. 한 국가를 노를 젓는 배로 본다. 각 개인은 배의 승무원이고 자신의 노를 당겨야 한다.[17] 각 개인은 노가 되든지 아니면 과도한 짐, 즉 상대방에게 기생충이 되든지였다. 이러한 윤리는 젊은 사람들에게 경제적 생기를 주었고 미국을 발전시키는 데 놀랍게 작용하였다. 그러나 한 방향이나 다른 방향에 있는 개인들은 그들이 죄의식과 무가치 느낌의 단계를 설정하는 자격을 매긴다는 것을 느끼지 못했다.

그러므로 서구세계는 모든 개인 노력의 결과인 '목적' 이 있다는 세계관을 집요하게 적용하였다. 사람은 목적을 위하여 노력한다. 설교에 도덕이 있고 만족스러운 결과로 끝난 이야기가 있는 것과 같이, 개인의 노력은 어떤 목적이 반드시 있어야 한다. 모든 것은 어떤 중요한 것을 위한 준비다. 예츠(Willian Butler Yeats)는 다음과 같이 불평했다. "내가 읽은 모든 책들, 들은 현명한 말들, 부모에게 준 불안들…. 내가 가졌던 희망들을 생각할 때, 내 자신의 인생 균형에서 무게가 실렸던 것들은 나에게 결코 발생하지 않을 어떤 것을 위한 준비였던 것 같다."[18]

이러한 서구적 세계관 토의에 유용한 언어는 미학(aesthetics)에서 빌려온 것인데, 여기에서는 음악적 작곡에서 '도입' (혹은 '준비') 부분의 질(quality)과 '공개연기(Exhibition)' (혹은 '완성')의 질을 가진 악절 사이에 구별이 된다.[19] 서구에서 우리는 같은 방법으로 삶의 활동을 본다. 과거와 현재는 다가올 것을 위한 준비다. 그러나 무엇이 다가오는가? 만일 우리가 불사성을 믿지 않는다면, 우리는 인생이란 '공개연기' 의 질 없이 모두 준비하는 것이라는 것을 느낄 것이다. 이 감수적인 '무목적' 혹은 '무감각' 은 이러한 믿음에서 자연적으로 나오는 것이다.

그러나 예술은 인생이 아니라는 것을 기억해야 한다. 예술의 탁월성은 인생이 할 수 없는 '준비' 와 '공개연기' 의 균형을 어떤 방법으로 제공할 수 있다는 것이다. 목적의 성취 없이 인생이 미완된다는 믿음은 인생의 비극적인 실존적 사실이라기보다는 서구적 신비, 문화적 가공품이다. 동양적 세계는 인생의 '목적' 이 있다거나 풀어야 할 숙제가 있다고 가정하지 않는다. 대신 인생은 살아야 하는 신비라는 것이다. 인디언 성자 라즈니쉬(Bhaqway Shree Rajneesh)는 "존재는 목적이 없다. 존재는 순수한 여정이다. 인생의 여정은 너무 아름답기 때문에 누가 이 목적을 귀찮게 하는가?"[20]라고 말했다. 삶은 단지 발생한 것이고, 우리는 단지 이 안으로 던져진 것이다. 인생은 이유를 필요로 하지 않는다.

심리치료 전략

나는 '오염된' 문제의 실재를 발견하기 위하여 환자의 무의미에 대한 불평을 재형성하는 것은 치료자에게 중요한 첫 번째 단계라는 것을 말하면서 이 장을 시작했다. 무의미의 경험은 죽음, 무의미, 소외와 연관된 불안으로 '대신' 할 수 있다. 그리고 치료자는 앞서 이 책에서 토의된 안내에 따라 이러한 관심에 접근하고 분석하도록 잘 조언받고 있다. 흔히 치료자들은 의미에 대하여 비교적 문화적으로 자유한 관점을 유지함으로써, 그리고 '의미' 가 상당히 연관되어 있다는 것을 환자가 절실히 느낄 수 있도록 도와줌으로써 환자에게 유용하다. 삶이 분명한 목적을 가지고 있지 않다는 형식은 인생이 살아갈 가치가 없다는 독단적 가정의 문화적 영역에 기초한 것을 따르는 것이다.

어떤 다른 기술적 선택들이 치료자에게 사용될 수 있을 것인가? 나는 무의미에 임상적으로 접근하는 것을 다루는 문헌들을 살펴볼 것이다. 그러나 이 자료들이 빈약하다는 것을 우선 알게 될 것이다. 훈계적인 기술을 설명하는 여기저기 흩어진 작은 양의 자료와 프랭클이 제공한 어떤 추상적 기술 외에 문헌은 많이 없다.

왜 이러한 상태인가? 아마 무의미가 너무 자주 합성적이거나 파생적(한 가지 요소라기보다는) 관심이기 때문에, 적당한 치료 기술들이 개발되고 있고 적합한 상황 어디에서든 서술되고 있는 것이다. 무의미는 원래 당황케 하는 문제이기 때문에 성공적인 기술의 발달을 문제 삼지 않는다. 따라서 치료자들은 이 문제에 대하여 선택적으로 부주의하는 것과, 그들이 답할 수 있는 물음에 대해서만 답하는 것을 배웠을 것이다. 이것은 실망스러운 상태다. 그러나 임상조사에서 목적을 찾으려는 임상의에게는 기회가 될 것이다. 이 장에서는 무의미 문제에 대하여 하나의 학문적 지평선을 제공하려는 의도를 가지고 광범위한 생각들을 함께 모을 것이다. 이러한 지평선에 대하여 치료자들은 오래된 문제에 대하여 새롭고 창의적인 반응을 형성시킬 수 있을 것이다.

치료자의 '설정'

치료자가 죽음, 자유, 고립의 궁극적 관심들이 포함된 갈등에 접근할 때 가장 먼저 해야 할 행동 중 하나는 '마음설정'(mind-setting)이다. 무의미를 다루는 치료자에게도 같은 행동이 요구된다. 치료자들은 이 문제에 자신의 민감성을 다하고, 다르게 듣고, 개인의 삶 속에서 의미의 중요성을 알아야 한다. 많은 환자들에게 이 문제는 결정적인 것이 아니다: 그들의 삶은 무의미로 가득 차 있는 듯하다. 그러나 다른 이들에게 무의미는 심각한 것이고 널리 미치는 것이다. 그러므로 치료자는 의미에 초점을 맞추고, 환자의 삶의 방향과 전반적인 초점에 대하여 생각하여야 한다. 환자가 일상적 판에 박힌 단조로운 것을 넘어, 자신을 넘어 있는 어떤 길에 가려고 하지 않는가? 나는 관능성, 성적 욕구, 명성 추구와 물질적 목적으로 특성지어지는 캘리포니아의 많은 젊은 독신자들을 치료하고 있다. 나는 상담을 하면서 이들에게 이러한 목적을 넘어 있는 어떤 중요한 것에 초점을 맞추지 않는 한 성공하기 어렵다는 것을 알았다.

그러나 어떻게 한다는 말인가? 치료자들이 어떻게 초점을 달리하여 효과적으로 할 수 있을까? 만일 치료자가 삶에서 의미의 중요성에 아주 민감하게 반응한다면, 그때 환자는 치료자로부터 미세한 단서를 잡아서 그 문제에 비슷하게 민감해진다. 치료자는 명료하게 그리고 불명료하게 환자의 믿음 구조에 대하여 의아해할 것이고, 다른 사람의 사랑에 깊게 질문할 것이고, 긴 안목의 희망과 목적에 대하여 질문하고, 창의적 흥미와 추구를 탐험할 것이다. 예를 들어, 나는 환자 자기 자신을 창의적으로 표현하려는 환자의 노력의 심층의 역사를 가지는 독자적인 보답을 보았다.

이러한 활동들의 모든 것은 환자 삶의 내적인 부분이다. 만일 사람이 자신을 알고 평가하기를 원한다면 이러한 부분들에 대하여 증명하고 평가하는 것을 배워야 한다. 치료자가 환자를 '돌보려면' 환자를 가능하면 깊게 알아야 한다. 이것은 이러한 의미를 추구하고, 의미를 제공하는 활동들을 아는 것을 포함한다. 나는 낮에는 외로운 작업을 하고 밤과 주말에는 대부분 개인 컴퓨터를 서투르게 만지며 보내는 매우 이상하게 고립된 젊은 기술자를 기억한다. 나는 그와 관계를 맺는 것이 어렵다는 것을 알았다. 그는 엄격하고, 활기차지 않고, 매우 둔한 것 같았다.

나는 그를 내 사무실에서 코를 킁킁거리는 작은 실험실 쥐로 자주 시각화하곤 했다. 나의 치료적 환상은 그 컴퓨터를 날려 버리고 그에게 새로운 사람들을 소개해 주는 환상으로 이루어졌다. 우리는 막다른 골목에 있는 것 같았다. 나는 그를 돌볼 수 있는 방법을 개발하지 못했고, 따라서 그의 고립된 방식으로부터 생각을 바꾸게 할 수 없었다. 최종적으로 나는 그가 매일 저녁 컴퓨터로 무엇을 하는지 물어보았다. 그는 고립되고, 은둔적이고, 삶의 대부분을 어설프게 컴퓨터를 만지는 것이 다른 사람들과 관계성을 가지는 데 실패하게 하는 상징을 형성한 것에 대하여 말하기를 싫어했다. 그러나 결국 말문을 열더니 흥분하여 자신이 만지작거리는 것에 대하여 2시간 동안 세밀하게 말하였다. 이러한 기간은 치료에서 모든 것을 변화시켰다. 그와 나는 최종적으로 그 '무감각한' 만지작거림은 창의적 표현의 중요한 형태이고 단순히 어떤 승화적이거나 대체적 행위가 아니었다. 이러한 나눔의 결과처럼 우리의 관계는 훨씬 가까워졌고, 나에게 그의 다른 중요한 비밀을 기꺼이 말하려고 하였다. 나는 점차적으로 그로 하여금 인생에 자신의 창의적 일과 함께 다른 사람들을 데리고 오고, 다른 사람들과 함께 그 일을 나누도록 도와주었다.

비반영

앞에서 나는 "행복이란 추구하는 것이 아니라, 단지 발생하는 것이다."라는 프랭클의 격언을 설명하였다. 우리가 자기만족을 계획적으로 추구하면 할수록, 행복은 우리를 교묘히 피해 갈 것이다. 우리가 자기초월적인 의미를 더 많이 완성하면 할수록, 더 많은 행복이 발생할 것이다. 치료 중인 환자를 위하여 환자가 자신을 보는 응시를 떼어 놓도록 도와주는 것이다. 프랭클은 특별한 기술인 '비반영'을 설명하였는데, 이것은 원칙에서 환자의 응시, 자신들의 형성장애(dysplasia)에서, 자신의 신경증의 근원으로부터 세상에서 자신을 위하여 사용할 수 있는 의미와 자신 인격의 본래적인 상태 쪽으로 멀리 다른 곳으로 옮기는 것을 포함한다.

프랭클이 설명한 것과 같이 비반영의 기술은 극단적으로 단순하고, 자신 외의 다른 관심에 대하여 초점을 맞추는 것을 말하는 것이다. 프랭클의 이러한 내용은 정신분열증을 겪고 있는 19세의 여성 환자와의 인터뷰에 대표적으로 나타나 있다.

프랭클 : 이제 당신은 당신을 기다리는 삶을 재구성해야 하는 상태에 있습니다. 그러나 사람은 삶의 목적 없이, 당신에게 도전하는 어떤 것이 없이 개인 삶의 목적을 재구성할 수 없습니다.

환 자 : 박사님, 나는 당신이 무엇을 의미하는지 알고 있습니다. 그러나 무엇이 나를 당혹케 하는지가 물음입니다. 나한테서 무슨 일이 발생하고 있는 것입니까?

프랭클 : 당신에 대하여 너무 곰곰하게 생각하지 마십시오. 당신 문제의 원인에 대하여 묻지 마십시오. 이 원인들은 의사들에게 맡기십시오. 우리는 위기를 통하여 당신을 안내할 것입니다. 자, 당신에게 손짓하는 목적이 있지 않습니까? 말하자면 예술적인 성취? 당신 안에 발효하고 있는 많은 일들이 있지 않습니까? 아직 형태를 가지지 않는 예술적인 작업, 당신의 창조를 기다리는 아직 그려지지 않은 그림들, 즉 당신이 생산할 당신을 기다리는 작품. 이러한 것들에 대하여 생각해 보십시오.

환 자 : 그런데 이 내적 혼란은….

프랭클 : 당신의 내적 혼란을 보지 마십시오. 다만 당신을 기다리고 있는 그것에 눈길을 돌리십시오. 당신이 중요하게 생각해야 할 것은 의식의 깊은 곳에 숨어 있는 것이 아니라, 미래에 당신을 기다리고 있는 것, 당신이 실현하기를 기다리고 있는 것입니다. 당신을 괴롭게 하는 어떤 신경성 위기가 있다는 것을 압니다. 그러나 당신을 괴롭게 물 위에 기름을 부읍시다. 그것이 의사로써 의 우리의 일입니다. 그 문제를 정신과 의사에게 맡기십시오. 어떻든 당신 자신을 보지 마십시오. 당신 자신에게 무슨 일이 발생하는지 물어보지 말고, 오히려 당신이 성취하길 기다리고 있는 것이 무엇인지 물어보십시오.

환 자 : 그러나 나의 내적 혼란의 근원이 무엇입니까?

프랭클 : 그와 같은 문제들에 초점을 맞추지 마십시오. 당신의 심리적 고통에 흐르고 있는 병리적 과정이 무엇이든 간에 우리는 당신을 고칠 것입니다. 그러므로 당신을 괴롭히고 있는 이상한 감정에 관심을 가지지 마십시오. 그것들을 제거할 때까지 무시하십시오. 그것들에 신경을 쓰지 마십시오. 그것들과 싸우지 마십시오.[21]

자기에게 과도하게 몰두하는(self-absorbed) 어떤 환자이든지, 불안의 원인에 대한 오랜 연구는 일반적으로 이 문제를 혼합하고 있다고 느끼고, 궁극적으로 그 환자를 더 자기몰두하게 함으로써 역효과를 낸다고 느낀다. 그는 이러한 환자에게 치료자가 이 입장을 가져 보라고 추천한다(그리고 이 입장을 환자에게 전달한다). 왜냐하면 뒤집을 수 없는 요소들(환자의 가족역사, 유전적으로 전수된 불안, 자율적 조직의 유전적 불균형 등) 때문에, 그 환자는 매우 높은 불안의 기준선을 경험할 수밖에 없고, 이러한 것 때문에 약을 복용하거나 운동을 하거나 혹은 어떤 유사한 개량된 활동 외에 할 수 있는 것이 거의 없다. 그래서 치료자는 환자 상황에 대한 환자의 태도와 환자에 유용한 의미를 찾는 작업에 노력해야 한다.[22]

앞에서 말한 간결한 실례에 묘사된 특별한 기술은 너무 권위적인 것 같아서 많은 현대 미국 상담자들과 환자들이 싫어할 수 있고, 대부분 비효과적인 것 같다. 의심할 것 없이 어느 정도 문화적 가공이 있다. 비엔나(Vienna) 시민들은 대부분 전통적으로 전문적인 직함이나 지식을 뒤집기를 좋아한다. 그러나 다른 입장에서 고려하면 이것은 문제가 있는 것이다. 권위에('우리 전문가들이 당신의 위기를 통해 관찰하겠습니다') 대한 항의는 궁극적으로 개인적인 성장을 저해하는 것이다. 왜냐하면 이것은 책임성에 대한 개인의 자각과 가정을 방해하기 때문이다.

그럼에도 불구하고 프랭클의 강조점은 중요하다. 그의 이론은 자주 환자의 관점을 자신에게서 다른 사람에게로 이동케 한다. 치료자는 환자들로 하여금 타인에 대한 호기심과 관심을 개발할 수 있도록 돕는 방법을 발견해야 한다. 치료집단은 특별히 이 시도에 아주 적합하다. 자기몰두, 나르시시즘적 경향은 아주 명백하고, 불가피하게 '주는 것 없이 받는' 유형은 집단에서 중요한 이슈가 된다. 치료자는 환자에게 어떤 순간에 다른 사람들을 어떻게 느끼는지에 대하여 생각해 보라고 물어볼 수 있다. 치료자는 흐르고 구조화되지 않는 태도로 다른 사람들에게 공감 가운데 훈련을 제공할 수 있다.

의미의 구별

프랭클은 치료자의 일은 인생에서 임의적이고 비극적인 사건으로 나타날 수 있는 연관된 유형, 어떤 의미 있는 형태(gestalt)를 이해하는 것이라고 제안했다. 프랭클의 사례 중 하나가 예시하는 것과 같이, 치료자에게는 많은 재능이 필요하다.

그는 2년 전 부인과의 사별을 극복하지 못하여 우울해 하는 나이든 의사로부터 상담을 의뢰받았다. 프랭클의 말을 인용하면 다음과 같다.

자, 어떻게 그를 도와줄 수 있을 것인가? 그에게 무엇을 말해야 하는가? 글쎄, 나는 말하는 것을 삼갔다. 대신 다음의 질문으로 그를 직면케 하였다. "의사선생님, 만일 당신이 먼저 죽었다면 무슨 일이 발생했고, 선생님의 부인이 당신을 살아남게 했겠습니까?" 그가 말하길 "그렇게 되면 이것은 그녀에게 비참했을 것입니다. 어떻게 그녀가 고통을 당하겠습니까?" 이 말을 듣고 나는 대답했다. "의사선생님, 그러한 고통이 그녀를 구해 주었고, 이러한 고통으로부터 그녀를 구해 준 것은 당신입니다. 그러나 지금 당신은 생존함으로써, 그녀에 대한 슬픔으로써 그 대가를 지불해야 합니다." 이 말에 그는 아무 말도 하지 않고 다만 나에게 악수를 하고 내 사무실을 조용히 떠났다.[23)]

프랭클은 환자를 어떻게 도와 환자의 의미를 탐구할 수 있었는지에 대하여 또 다른 예를 인용했다. 아래에 나오는 인용구는 암으로 거의 죽을 때가 되고, 많이 우울해 하고, 불안으로 싸여 있고, 자신이 쓸모없다는 기분을 가지고 있는 80세 할머니와의 인터뷰다.

프랭클 : 당신 인생을 돌이켜 볼 때 무엇이 떠오릅니까? 인생이 가치 있는 것이었습니까?

환 자 : 글쎄요, 의사선생님. 나는 좋은 인생을 살았다고 할 수 있습니다. 인생이 정말 좋았습니다. 나를 도와준 하나님께 감사해야 합니다. 극장에도 갔었고, 음악회에도 참가했고….

프랭클 : 지금 당신은 정말 좋은 경험을 말하고 있습니다. 그러나 그 모든 것이 끝납니다. 그렇지 않아요?

환 자 : (생각하면서) 사실 지금 모든 것이 끝나고….

프랭클 : 글쎄, 인생의 끝이 다가올 때 당신 인생의 이 모든 좋은 일들이 무효가 되고 소멸될 것이라고 생각하고 있습니까? (그녀는 이것이 그렇다는 것을 알고 있었다!)

환 자 : (여전히 더 심각하게) 이 모든 좋은 일들이….

프랭클 : 그런데 저에게 말해 보십시오. 예를 들면, 당신은 누가 당신이 경험한 행복

을 취소할 수 있다고 생각하십니까? 어떤 사람이라도 그것을 없앨 수 있다고 생각하십니까?

환 자 : (이제는 나를 바라보고) 의사선생님 말이 맞습니다. 누구도 지울 수 없습니다!

프랭클 : 혹은 당신의 삶에서 만난 선한 것들을 누가 없앨 수 있습니까?

환 자 : 누구도 없앨 수 없습니다!

프랭클 : 혹은 당신이 용감하고 솔직하게 고통당한 과거의 경험에서 저장된 것을 없애 버릴 수 있습니까?

환 자 : (이제 눈물을 흘리면서) 누구도 그렇게 할 수 없습니다! (잠시 후) 정말입니다. 나는 많이 고생을 했습니다. 그러나 나는 그 고난에서 용감했고 인생의 어려움을 직면하는 데 꾸준하려고 노력하였습니다. 의사선생님, 아시다시피 나는 나의 고통을 징벌로 여기고 있습니다. 나는 하나님을 믿습니다.

프랭클 : 그러나 때때로 고통 또한 도전이 될 수 없습니까? 하나님이 어떻게 당신이 견딜지 보기를 원한다고 상상할 수 없습니까? 그리고 아마 하나님은 허락했을 것입니다. "그래, 그녀가 매우 용감하게 견디어 내었다." 자, 나에게 말해 보십시오. 어떤 사람이 이러한 성취와 완성을 당신으로부터 제거해 버릴 수 있습니까?

환 자 : 어느 누구도 할 수 없습니다!

프랭클 : 인생에서 부분적으로 문제가 되고 중요한 것은 어떤 것을 완성하고 성취하는 것입니다. 그리고 이것은 분명하게 당신이 한 것입니다. 당신은 고통으로부터 가장 좋은 것을 만들었습니다. 고통을 대하는 당신의 방법과 태도는 환자들의 모범이 되었습니다. 이 성취와 완성을 축하합니다. 또한 이러한 모범을 보고 증인이 될 기회를 가진 당신의 룸메이트들을 축하합니다.[24)]

프랭클은 이 상담이 환자로 하여금 의미를 더 가질 수 있도록 하였다. 환자가 살아 있는 몇 주간 환자의 우울은 없어지고, 자랑과 믿음으로 가득 찬 상태로 세상을 떠났다고 하였다.

즈엘케(Terry Zuehlke)와 왓킨스(John Watkins)는 한 연구를 발표하였는데, 의미 발달을 아주 강조하는 임상적 접근으로 12명의 죽어 가는 환자들을 치료하였다.[25] 저자들은 삶의 목적(Purpose of Life) 테스트를 가지고 치료 전과 후를 조사하였는데 삶의 목적이 아주 중요하게 증가하였다는 것을 보고하였다.

치료자가 어떤 의미 유형을 환자들에게 발견하도록 도와주었는가? 프랭클은 각 환자의 의미의 독특성을 강조했다. 그러나 우리가 임상적 기록에서 보는 것과 같이, 환자에게 넓게 암시해 주는 것이나 어떤 분명한 형성된 의미를 제공하는 것으로부터 움츠리지는 않았다. 그가 제공한 의미는 이 장에서 서술한 것처럼 의미 범주의 3가지로 형성되어 있다. 창의적 완성(creative accomplishment), 경험 그리고 고통에 대한 태도다. 창의적 완성이나 경험을 강조할 때, 프랭클은 과거의 영구성을 강조한다. 완성과 경험은 저장되고 영원히 지속된다. 프랭클은 현재 비극과 어려움으로 모든 다른 의미가 불투명할 때, 사람이 자신의 운명을 향하여 영웅적 자세를 상상함으로써 여전히 의미를 발견할 수 있다고 프랭클은 강조한다. 사람의 태도는 아이들, 친척, 친구, 학생 혹은 병상에 있는 다른 환자 등의 다른 사람에게 영감을 주는 모델로 섬길 수 있다. 불가피한 고통을 수용하는 것은 고통을 발생케 한 하나님을 수용하는 것으로 보이는 것이다. 혹은 최종적으로 개인의 운명을 향한 개인의 영웅적 태도는 카뮈(Camus)가 불합리성에 대한 인간의 최종적 응답으로써 '자랑스러운 반역' 으로 여긴 것과 같은 방법으로 그 자체에 의미를 가지고 있다.

프랭클의 기술적 접근에 대표적인 이 두 가지 사례에서 예시가 된 것과 같이 그의 치료적 기술은 비반영에 접근하는 것이 문제인 것과 같은 문제가 있다. 권위적 방식 안에서 그는 환자에게 의미를 제공한다. 그러나 이렇게 함으로써 그가 전적인 개인적 자율성의 수용에서 훨씬 더 멀리 환자를 이동시키지 않았는가? 의미에 초점을 맞추는 다른 치료자를 조사하면 같은 문제가 발생한다.

예를 들어, 융(Carl Jung)은 여성 환자에게 의미도식(schema)을 명백하게 제안한 사례를 말한다.[26] 그 환자는 젊고, 분석적이고, 세속화되고(secularized), 견식이 있는 유대인으로 심한 불안 신경증을 가지고 있었다. 융은 그녀의 배경을 물어보았는데, 랍비인 그녀의 할아버지가 투시력을 가지고 있는 성자로 널리 알려진 사람이라는 사실을 알았다. 그녀와 그녀의 아버지는 할아버지의 이러한 투시력을 비상식적인 것으로 비웃었다. 융은 자신이 신경증에 대한 통찰력을 가지고 있다고 느꼈고 그녀에게 다음과 같이 말했다. "이제 나는 당신이 아마 받아들일 수 없는 어떤 것을 말하고자 합니다. 당신의 할아버지는 성자였습니다. 당신의 아버지는 그 비밀을 배반하였고 하나님에 대하여 등을 돌렸습니다. 그리고 당신이 신경증을 가지고 있는데 왜냐하면 하나님의 두려움이 당신 속으로 들어갔기 때문입니다." 융의 이러한 해석은 '번갯불이 전광석화처럼 쳤다' 고 보고했다.

그날 저녁 융은 꿈을 꾸었다. 환영 만찬이 나의 집에서 열렸는데, 거기에 그 소녀(환자)가 있었다. 그녀가 나에게 와서 물었다. "우산을 가지고 계세요? 비가 너무 많이 옵니다." 나는 우산을 찾아서 가장자리를 잡고 그녀에게 주었다. 그런데 무슨 일이 발생하였는가? 나는 무릎을 꿇고 그녀가 마치 여신인 것처럼 그녀에게 우산을 건네주었다.

융의 꿈은 그 환자가 그냥 추상적인 작은 소녀가 아니고, 성인의 요소를 가지고 있다는 것을 말해 주는 것이다. 그러나 그녀의 삶은 생각 없는 연애, 성관계 그리고 물질주의를 향하고 있었다. 그녀는 자신이 본성의 가장 본질적인 특징을 표현할 방법이 없었다. 즉, 실제에서 그녀는 하나님의 자녀이고 하나님의 비밀한 의지를 실현시키는 운명을 가지고 있었다. 융은 자신의 꿈과(그의 습관처럼) 해석을 말했다. 일주일 후 그는 다음과 같이 말했다. "그 신경증은 사라졌다."(덧붙이자면, 융이 성공적으로 끝낸 짧은 치료사례는 드물다).

카스텐바움(Peter Koestenbaum)은 분명하게 환자가 어떤 목적을 향하도록 하는 치료자의 다른 예를 제공해 준다.[27] 30대 초반인 남자환자는 성장과정 동안 부모의 무관심으로부터 대부분 근거가 있는 개인 정체성과 개인가치에 심각한 결핍을 가지고 있었다. 8세 이전의 자신의 삶에 대한 심각한 기억상실이 있었고, 치료를 하면서 자신의 잃어버린 소년기를 줄기차게 슬퍼하였다. 치료자는 환자가 자신의 잃어버린 소년기를 재창조하고, 소년기를 가진 사람으로 스스로를 재규정할 수 있는 중요한 한 방법은 어린아이에게 헌신하는 것이라고 느꼈다. 이 환자와 그의 부인은 어린아이를 낳지 말자는 확고한 계약을 가지고 있었다. 그래서 치료자와 환자는 계획을 하나 실행하였고, 이것으로 후에 자신을 빅 브라더(Big Brother) 조직에서 일하면서 자신을 헌신하였다. 카스텐바움은 이 계획은 아주 훌륭하게 수행되었다고 보고하였다. 아이들과 함께 지내는 것이 이 환자로 하여금 자신과 자신의 과거를 다르게 볼 수 있게 하였다. 1년 후에 그 환자와 부인은 아이를 갖기로 결심을 하였고, 이맘 때 치료는 성공적으로 끝났다.

프로그램화된 의미

크럼바우(James Crumbaugh)는 알코올 중독자에게 조직적인 두 주간의 '집중훈련(crash course)' 의미요법(logotherapy)* 프로그램을 보고하였는데, 여기서 그는 환자가 의미를 찾고 발견하는 능력을 증진시킬 수 있도록 훨씬 덜 권위적인 방법을 시도하였다.[31] 크럼바우는 만일 사람이 복잡한 삶의 상황에서 어떤 연관된 유형을 발견한다면, 사람은 이해할 수 있는 방법 안에서 세부적인 것과 사건들을 인식할 수 있을 것이고, 어떤 새로운 형태 속으로 이 자료를 재결합케 할 것이라는 가정을 만들었다. 따라서 집중훈련은 관념적 자각을 확대하는 것이고 창의적인 상상을 자극하는 것이다.

인식적 자각을 확장키 위한 프로그램은 시각적 자극을 기록하는 연습을 포함한다(예를 들어, 로르샤흐 카드의 한 주제에 대한 그림과 바다그림을 보여 주고 자세하게

---

* 제10장에서 토의한 것같이 '의미요법'은 환자에게 인생의 의미를 다시 회복할 수 있도록 돕는 것을 기초로 한 프랭클의 심리치료적 접근을 말하는 용어다. 의미요법학술지(Logotherapy Journal), 의미요법신문('의미를 통한 건강'이라는 문구를 사용), 의미요법기관, 의미요법에 대한 몇 가지 시험들이[28] 있다. 그러나 앞서 암시한 것처럼, 내 의견에는 아직 연관되는 의미요법적 조직이 없다. 의미요법은 환자에게 의미를 탐구하도록 돕기 위해 즉흥적으로 시도되는 것으로 구성된다. 의미요법 안내서는 두 가지 기본적 기술을 설명한다. 첫째는 이미 토의한 것같이 비반영이다. 둘째는 '역설적인 의도'이며 이것은 근본적으로 '증상조제'(symptom-prescription)[29] 기술이다. 여기서 환자는 경험하기를 요청받고 자신의 증상을 과대시하여야 한다. 그러므로 말더듬이는 의도적으로 말을 더듬어야 하고, 공포증 환자는 그 공포를 강조해야 하고, 망상적인 환자는 망상을 더 하여야 하고, 충동적인 노름꾼은 의도적으로 자신의 돈을 잃어야 한다. 역설적 의도는 흥미로운 기술인데, 이것을 프랭클이 1938년에 처음으로 설명하였고, 이것은 에릭슨(Milton Erickson), 할리(Jay Haley), 잭슨(Don Jackson)과 워츠라윅(Paul Watzlawick) 학파가 채택한 유사한 증상조제의 기술과 역설하는 것을 예상케 하였다.[30] 단순한 치료를 위해서 이 방법이 효과적이라는 증거가 있다. 그러나 이것이 특별히 인생의 의미와 연관이 있다는 것은 납득할 수 없다. 역설적 의도는 환자 자신의 증상으로부터 분리할 수 있도록 돕는다. 이것은 자신을 열정이 없는 것으로 여기도록 내버려 두고, 우습게까지 여기도록 한다. 무엇보다 먼저 그들이 자신의 증상에 영향력을 미칠 수 있다는 것을 감사하도록 한다. 사실 창조조차 한다. 어느 정도 역설적 의도는 자신의 증상에 대하여 책임감을 가지도록 하고, 이것은 실존적 치료의 영역 내에서 고려될 수 있다. 그러나 의미를 제공하기 위한 기술로써의 기능은 불투명하다.

마음속에 떠오르는 내용을 도와주는 것). 창조적 상상을 위한 이 프로그램은 화면에 있는 그림을 보고, 그 그림에 자신을 투사하여 과거의 경험에 기초한 바람의 그림을 관계시키는 연습으로 구성되어 있다.

PIL 테스트는 인생 목적의 점수가 증가되었음을 보여 주었다. 그러나 뒤따르는 시간이 부적합하고, 결과의 특이성을 구별하는 방법이 없다. 말하자면, 고급반의 어떤 특성이 어떤 결과에 원인이 되는 것인가를 확인할 수 없다. 시각적 인식과 창의적 상상에서 삶 의미 구조의 생각으로의 추론적 뜀(leap)은 광범위하고 경신(輕信)성을 남용한다. 그러나 만일 긍정적인 성과 결과가 계속된다면, 그때는 이 과정의 더 상세한 분석이 필요할 것이다.

참여 : 무의미에 대한 주된 치료적 답

이제 나는 잠시 동안 제10장을 주제로 시작한 자살의 기록에 대하여 돌아가고자 한다. 이 자살기록을 쓴 사람에 대하여서 알려진 것이 없으나 이것은 매우 뛰어난 것이다. 그 사람은 삶 안에 있지 않았으나, 삶으로부터 자신을 제거해 버렸고, 자신을 거기까지 제거해 버렸기 때문에 삶과 활동, 인간의 경험은 우스운 것이고 불합리한 것이었다. 그의 간략한 동화에서조차도 한 인물(벽돌을 나르는 얼간이들 중 하나)이 왜 벽돌을 옮겨야 하는지를 물음으로 여전히 더 자신으로부터 거리를 둔다. 그리고 그 순간부터 그와 작가는 상실된다. 삶으로부터 너무 멀리 물러나는 과정에는 선천적으로 유해한 것이 있다. 우리가 삶으로부터 우리 자신을 멀리하고 먼 관망자가 될 때 모든 일들은 더이상 본질이 되지 않는다. 철학자들이 '은하의' (galactic)[32] 혹은 '성운의 눈' (nebula' s-eye)[33] 관점(혹은 '우주적' 또는 '세계적인' 관점)[34]으로 언급하는 이런 우월한 점에서 우리와 동료들이 만든 것이 사소하고 어리석은 것 같다. 우리는 헤아릴 수 없는 수많은 생명 형태 중 단지 하나일 뿐이다. 삶의 활동들은 불합리한 것 같다. 경험된 다양한 순간들은 시간의 광대한 확장 속에서 상실이 되었다. 우리는 미세한 작은 반점이고 우리의 모든 삶은 소비되는 것이며, 우주적 시간의 한순간이라고 느낀다.

거대한 관점은 치료자에게 만만치 않은 문제를 준다. 다른 한편으로, 이것은 추궁을 받지 않게 논리적인 것 같다. 어떻든 자각할 수 있는 능력은, 자신의 밖으로 걸음을 옮기고 거리를 두고 자신을 보는 것은 인간의 가장 가치 있는 특성 중의 하나다. 이것이 인간을 만드는 것이다. 대부분의 경우에 넓고 더 이해할 수 있는 관점은 일반적으로 관찰자에게 더 객관적인 것을 제공한다. 그러나 이 특별한 관점은 삶으로부터 생명력을 빼어 버린다. 이 관점을 오랜 기간 동안 취하는 사람은 심각하게 의기소침하고, 이것에 계속적으로 몰입하는 것은 치명적인 것이 된다.

예를 하나 들면, 철학적 염세주의의 전통은 성운의 눈(nebula' s-eye) 관점의 한 파생물이다. 그리고 19세기에 이 염세주의를 이끌었던 쇼펜하우어는 일시성을 이러한 거리에서 보았고, 짧은 기간에 사라지는(은하의 관점에서) 어떤 목적을 위해 노력하는 것은 이치에 닿지 않는다고 결론 내렸다. 그러므로 행복과 목적은 도달할 수 없는 것인데, 왜냐하면 이것들은 미래의 환영(phantom)이거나 사라진 과거의 부분이기 때문이다. 그는 예언적으로 결론지었다. "우리가 애쓰는 것, 우리의 노력, 우리의 투쟁은 아무 가치가 없다. 모든 선한 것은 허무한 것이고, 세계에 있는 모든 것은 끝나고 도산하는 자신의 비용을 보호하지 못한 사업과 같다."[35)]

무엇을 할 수 있을 것인가? 거대한 관점의 악한 효과를 상쇄하기 위해 치료자는 무엇을 할 수 있는가? 첫째로 성운의 눈 관점은 '어떤 것도 중요하지 않다. 그리고 아무것도 중요하지 않기 때문에 삶은 살아야 하는 가치가 없다' 는 쇼펜하우어의 관점으로 이끈다는 논쟁의 논리적 불일치가 있다. 한 가지는 만일 아무것도 중요하지 않다면, 아무것도 중요하지 않다는 것이 중요해지지 말아야 한다. 불합리성에 대한 예리한 글에서 나겔(Thomas Nagel)은 최고의 명확한 양식 가운데서 성운의 눈 관점에서 명확해진 불합리성은 얼핏 보기에는 재앙이 아니고, 단순히 그 많은 재난을 정당화하지 못한다고 제안한다.[36)] 나겔은 성운의 눈 관점을 가정하는 능력은 가장 앞서가고, 귀하고, 흥미로운 인간의 성향의 하나이고, 우리가 그것을 그렇게 만드는 한 번민스러운 것이 아니라고 말한다. 그것을 중요하다고 허용하는 것은 우주적 비중요성을 판단하는 실패를 아주 심하게 배반하는 것이다. 나겔은 성운 눈 관점을 추측할 수 있는 것이 인간의 강점이라는 지식과 함께 엮어서 성운 눈 관점의 진정한 평가는 절망대신 "모순으로 묶인"(laced with irony) 우리의 불합리한 삶의 되돌아 가는 것을 반드시 허락할 것이라고 제안한다.

치료자들이 주목해야 할 다른 사실은 실제적으로 중요한 것은 거대한 관점에서 '중요하지 않은' 것과 함께 연관되어 절망의 밑에 있다는 것이다. 예를 들어, 쇼펜하우어가 "우리가 애쓰는 어떤 것도 가치 없다."는 결론을 내렸음에 불구하고 많은 것들이 그에게는 중요했다. 모든 일이 중요하지 않다는 것을 다른 사람들에게 납득시키기 위한 것이 그에게 중요했던 것이다. 헤겔주의 사상의 조직에 반대하여 자살이라기보다는 오히려 철학화를 시키기 위해 그의 삶 마지막까지 글을 계속하여 쓰는 것도 그에게 중요했다. 벽돌을 나르는 얼간이들에 대한 자살기록은 쓰는 사람에게조차도 일은 중요했다. 인간의 조건을 이해하도록 노력하는 것, 자신의 결론을 다른 사람들과 대화하는 것이 그에게 중요했다. 그의 자살 전에 나에게 만일 도움을 청했었더라면, 나는 그가 '중요한' 삶을 찾으려는 그의 일부분을 이야기했을 것이다.

바흐(Kent Bach)는 거대한 관점의 유독성을 좌절시키기 위해서 다른 일화를 제안한다. 이 관점이 의미성을 저해함에도 불구하고 이것은 어떤 절대적 의미에서 그렇게 하지 않는다는 것을 명심해야 한다. 오히려 그것은 사람이 우주적 관점에 있을 때만[37] 일을 무의미로 되게 한다. 그러한 시간들은 삶의 부분이다. 그러나 겨우 부분일 뿐이다. 무의미는 경험적 상태다. 그리고 이 무의미가 매우 소비적이어서 과거, 미래, 또한 현재에서 모든 것을 무의미로 돌리는 것으로 나타남에도 불구하고, 무의미는 우리가 삶을 거대한 관점에서 보았을 때만 될 수 있다. '의미'는 어떤 무언가 중요한 것을 단지 그 관점에서만 필요로 한 것이다. 다른 때는 일이 중요하다. 왜냐하면 그것들이 중요하기 때문이다. 일은 항상 우리에게 중요하다. 그렇기 때문에 나는 이러한 생각들을 가능하면 분명하게 전달한다. 다른 때는 관계성, 테니스, 독서, 장기, 이야기 등의 다른 일들이 중요하다. 이러한 활동들이 성운의 눈 관점에서 중요한 것이 되지 않는다는 사실은 이러한 활동이 어떤 통합된 완전체처럼 함께 떠 있지 않기에 이것들의 중요성을 없애 버리는가? 일들이 중요할 때 중요해지는 의미를 필요로 하지 않는다.

이 개념은 즉각적인 치료적 함축성을 가지고 있다. 치료자는 현재 의심(혹은 새로운 의미구조의 적용)이 과거 문제의 실체를 해치지 않는다는 것을 환자들이 이해할 수 있도록 도와야 한다. 세 명의 환자가 생각난다. 첫 번째 환자는 25년간 수녀였다가 신앙을 잃은 후 수도회를 떠났다. 현재의 우울감과 실어증 증상은 그녀 자신의 삶이 '거짓으로 살았다' 는 그녀의 신념으로 더 깊어졌다. 다른 환자는 55세에 시를 쓰기 시작했고, 자신에게 상당한 재주가 있다는 것을 빠르게 발견하였다. 나는 그녀가 암으로 죽어 갈 무렵인 60세에 상담을 하였다. 그녀는 자신이 농부의 아내로 아이들을 양육하고, 부엌일을 하고, 감자를 캐는 활동들이 자신의 현 의미 구조와 맞지 않는 활동이었기에, 대부분의 삶을 '허비' 했다는 사실에 매우 비참해하였다. 다른 환자는 이혼 전쟁 중에 남편이 자신을 결코 사랑하지 않았다고 고함을 친 남편에게서 20년간 깊은 상처를 입은 사람이다.

이 환자들은 새로운 의미 구조 혹은 깊은 의심의 상태가(이것은 우주적 관점에서 인생을 보는 현재적인 것) 다른 때 의미가 존재하는 중요성을 망치지 못한다는 깨달음으로 도움을 받았다. 그 수녀는 점차적으로 현재 자신의 신앙 부족은 그녀가 예전에 가졌던 신앙을 없애 버릴 수 없고, 또한 다른 의미구조의 보호 아래 선생으로서 그녀가 행했던 선한 것을 없앨 수 없다는 것을 점차적으로 깨달았다. 시인 역시 치료를 통하여 초반의 삶은 자신에게 의미가 있었다는 것을 배웠다. 그녀는 자연의 순환 가운데 자녀 양육, 음식 준비를 했다. 이 모든 가운데 그녀의 시는 잉태되었고, 조금씩 새싹이 돋았다. 그녀의 시는 오늘날 그녀의 전적인 삶의 생산물이다. 그 시의 특별한 특성은 그녀의 특별한 삶의 경험에 따라 조형되었다. 감자의 먼지를 닦아내는 소리조차도 그녀의 시 구절에서 중요한 구조 안에 자리를 발견하였다. 세 번째 환자도 과거의 일은 없어지지 않을 뿐 아니라 매우 귀하다는 것을 배웠다. 그녀는 이것을 방어하는 가운데 담대해졌고 남편에게 말할 수 있다. "만일 당신이 나를 사랑하지 않고 20년간 나와 함께 살았다면, 그것은 당신의 비극이야! 나는 지금 당신을 사랑하지 않지만, 한때는 당신을 매우 사랑했었고, 당신과 함께 내 생의 가장 좋은 세월을 보냈어."

삶의 참여 무의미 상태에 이러한 철학적 항변들은 심리치료에 어떤 흥미로운 함축성을 가지고 있음에도 불구하고, 그것들은 잠재성이 부족하고 대부분 심리치료적 호기심에 머물러 있다. 치료적 변화의 모든 다른 요소와 같이 이성은 그 자체가 충분하지 않다. 치료자들은 더 잠재력 있는 접근을 요구한다. 흄(David Hume)은 '논문' (*Treatise*)의 유명한 구절에서 그 길을 지적했다. 성운적 관점에서의 명상의 결과로 그는 의심의 구름 때문에 당황했다('철학적 우울').

아주 다행스럽게도 이성은 이러한 구름을 추방할 수 없기 때문에 발생했고, 자연 자체가 그 목적을 충족시켰고, 어떤 취미(avocation)에 의해서 그리고 그러한 모든 키메라(chimeras)를 제거한 나의 살아 있는 감각의 느낌에 의해서 나의 철학적 우울을 저주하였다. 나는 저녁을 먹고, 주사위 놀이를 하고, 대화하고, 나의 친구와 즐거운 가운데 있다. 그리고 3~4시간의 즐거움 후에는 이러한 사색으로 돌아가려 하였을 때 그들은 너무 차갑고, 긴장되고, 웃기는 것이어서 그것들 안으로 더 이상 들어가려는 것을 나의 마음에서 찾을 수가 없었다.[38)]

우주적 관점에서 내려오는 무의미에 대한 흄의 일화는 참여다. 그리고 참여는 샤르트르의 것이고, 카뮈의 해결도 같다. 위임과 행동 속으로 뛰는 것이다. 톨스토이는 역시 해결을 선택하였다. 그는 "오로지 삶이 우리를 위태롭게 만드는 한 살아가는 것이 가능하다."*라고 하였다. 그리고 참여는 무의미 치료를 위한 치료자의 가장 효과적인 접근 방법이다.

이 책의 앞에서 우리가 쾌락을 구하면 구할수록 쾌락은 우리를 더 현혹한다는 쾌락주의적 역설을 토의했다. 프랭클은 쾌락이 의미의 소산물이고, 사람의 탐구는 의미의 발견 쪽으로 향해야 한다고 했다. 나는 의미를 향한 탐구는 역설적으로 비슷하다고 믿는다. 우리가 더 합리적으로 의미를 찾을수록, 그것을 더 발견하지 못한다. 의미에 관하여 사람이 물어볼 수 있는 질문은 오랫동안 찾지 못할 것이다.

의미는 쾌락과 마찬가지로 비스듬히 추구되어야 한다. 의미는 참여의 소산물이다. 참여는 거대한 관점에서 발생한 치명적 질문을 논리적으로 파하지 못하나, 이것은 이러한 질문들이 문제가 되지 않도록 한다. 이것이 위튼슈타인(Wittengstein)의 격언의 의미다. "삶의 문제해결은 문제의 사라짐에서 보인다."[40)]

참여는 후자의 근원에 관계없이 무의미에게 치료적 답이다. 인생 활동의 어떤 무한적 정렬 안에 전적인 참여는 거대한 관점을 무장 해제시킬 뿐만 아니라 어떤

* 그러나 아, 거대한 관점의 치열한 다툼은 너무 커서 다음과 같이 결론을 내렸다. "우리가 정신을 차리고 다시 한 번 맑은 정신으로 생각하자마자 모든 것이 멍청한 망상(delusion)인 것을 안다."[39)]

연관된 방법 안에서 개인 삶의 사건 유형을 완성시키는 가능성을 증진시킨다. 쉴 곳을 발견키 위해 다른 사람을 돌보는 것, 생각이나 계획에 대하여 탐구하고 창의하고 세우는 것과 그리고 참여의 모든 다른 형태들은 두 배의 보상이다. 그것들은 본질적으로 풍요롭게 만들고 있으며, 존재의 정리되지 않은 맹목적인 질문 공세에서 유래되는 불안을 경감시킨다.

치료자의 목적은 참여다. 이 과업은 참여를 창조하지 않고 참여로 환자를 고무시키지도 않는다. 치료자는 이것을 할 수 없다. 그러나 이것은 필요한 것이 아니다. 삶에 참여하려는 욕구는 환자에게 항상 있으며, 치료자의 임상적 활동은 환자의 길을 방해하는 것을 제거하는 쪽으로 향하여야 한다. 예를 들어, 무엇이 환자가 다른 사람을 사랑하는 것을 방해하는가? 무엇이 조직적으로 그들의 관계성을 망치는 병렬적 왜곡인가? 다른 사람과의 관계에 왜 만족이 없는가? 무엇이 환자로 하여금 그들의 상응된 혹은 현재 일에서 즐거운 점을 발견하려는 작업을 방해하는가? 왜 환자는 자신의 창의적, 종교적, 자기초월적 노력을 무시하게 하는가?

이러한 상황에서 치료자의 가장 중요한 도구는 자신인데 이것을 통해 치료자는 환자에게 참가한다. 내가 언급한 이러한 방법 가운데서 치료자는 환자에게 처음 개인적으로 깊고 진실한 관계를 맺게 함으로써 환자가 다른 사람들과의 참가로 향하도록 안내한다. 또한 치료자는 참가에 개인적 수행(commitment)의 본보기로써 환자가 치료자와 동일시할 수 있는 대상으로서의 자신을 제공해야 할 것이다. 치료자는 자신의 전문적 임무에 관해 관심을 가진다. 다른 사람의 성장은 치료자에게 중요한 것이다. 치료자는 흔히 의미를 찾기 위해서 자주 창의적 방법 가운데 타인을 돕는다.

요약하자면, 무의미의 질문을 다루는 치료자의 첫 번째 단계는 질문을 분석하고 정제(refine)하는 것이다. '무의미' 의 보호 아래 많은 부분이 포섭되어 있는 것은 어디엔가 속해 있는 것이고(문화적 가공품 혹은 죽음, 자유, 고립 등 다른 궁극적 관심의 부분으로), 차례로 다루어져야 한다. '순수한' 무의미, 특별히 이것이 편견이 없는 거대한 관점에서 발생했을 때 그 거대한 관점을 무효로 하는 참여를 통하여 간접적으로 가장 잘 접근될 수 있다.

이러한 치료적 접근은 내가 설명한 다른 궁극적 관심을 다루는 치료적 전략에 따라 매우 다르다. 죽음, 자유, 고립은 직접적으로 파악할 수 있다. 그러나 환자가 무의미를 가졌을 때 효과적인 치료자는 환자를 그 질문에서 떨어져 볼 수 있도록 도와야 한다. 무의미의 문제에 뛰어들어 돌진하기보다는 참여의 해결을 껴안아야 한다. 인생에서 의미의 질문은 부처가 가르친 것과 같이 지덕을 함양하는 것이 아니다. 사람은 인생의 강에 자신을 담그고 그 질문이 떠내려 가도록 해야 한다.

에필로그

무의미에 대한 토의는 내가 시작한 정의(definition) 쪽으로 다시 일주하도록 하였다. 실존주의적 치료는 인간의 존재에 뿌리 내리고 있는 관심에 초점을 두고 있는 역동적 접근이다. 우리는 영속(perdurance), 근거(groundedness), 공동체 그리고 본보기(pattern)를 열망하고 있다. 그럼에도 불구하고 우리는 불가피한 죽음, 무근거, 소외, 무의미를 직면해야 한다. 실존적 치료는 불안과 불안의 잘못된 적응 결과가 이러한 네 가지 궁극적 관심의 응답이라는 견지를 가지고 있는 정신병리의 모델에 기초하고 있는 것이다.

이 네 가지 궁극적 관심을 각각 분리하여 토의해야 하지만, 생체 조건 내에서 이 네 가지는 복잡하게 서로 짜여 있고 치료의 배후적 의미를 구성하고 있다. 환자와 치료자의 대화 가운데 이 네 가지 요소는 내용과 과정을 제공한다. 환자가 죽음, 자유, 소외 그리고 무의미와 직면하는 것은 치료자에게 명백하게 해석할 수 있는 내용을 제공한다. 이러한 주제들이 치료에서 명백하게 드러나지 않았을 때조차도, 이 요소들은 여전히 과정을 제공한다. 의지, 책임성 수용, 치료자에게 관계하는 것, 삶의 참여와 같은 정신적 현상은 치료적 변화 과정의 열쇠다. 이러한 명백하고 결정적인 행동 모두가 많은 치료적 구조에서 너무 자주 중요치 않은 덤(throw-ins)으로 여겨지고 있다.

실존적 치료는 인간실존의 가장 깊은 구조인 존재론적 기초에 확실하게 심어진 것에 주의하기를 강요한다. 이 치료가 강요하는 것은 이것이 치료적 패러다임 중 홀로 치료적 기회의 본질적인 인간적 성향과 전적으로 조화를 이루는 인간적인 것에 기초하고 있기 때문이다. 더욱이 실존적 패러다임은 넓은 영역을 가지고 있다. 이것은 궁극적 관심에 대한 직면으로 발생한 고통스럽고 구속적인 결과들에 관한 많은 철학자, 예술가, 치료자들의 통찰을 모으고 추수한 것이다.

그러나 실존주의치료는 이것의 임상적 유용성에 따라서만 정당화 될 수 있는 하나의 심리적 구조 패러다임이다. 모든 심리적 개념들이 그런 것같이 이 실존주의치료는 더 위대한 설득력을 가진 다른 개념에 따라 언젠가는 따를 것이다. 어떤 공식 학회가 시기상조로 인식하지 않은 모든 임상적 패러다임은 조직적이다. 혹은 새로운 관점을 제공함으로써 이것들은 예전에 불명료한 자료가 분명해지도록 허락한다. 반대로 이러한 새로운 자료는 원 패러다임(parent paradigm)을 변경한다. 나는 이 실존적인 패러다임을 자료, 범위(scope) 그리고 수에서 제한된 임상적 관찰에 기초한 초기형성으로 여긴다. 나는 이 실존적 패러다임이 조직되기를 바란다. 현재 형태에서 임상의들에게 유용한 것으로 증명될 뿐만 아니라, 이것을 변형하고 풍요롭게 하기 위하여 필요한 설명을 자극할 수 있게 되는 것이 나의 희망이다.

주석

제 1 장

1. J. Breuer and S. Freud, *Studies on Hysteria*, vol. II in *The Standard Edition of the Complete Works of Sigmund Freud*,* 24 vols., ed. James Strachey (London: Hogarth Press, 1955; originally published 1895), pp. 135–183.
2. Ibid., p. 158.
3. B. Spinoza, cited by M. de Unamuno, *The Tragic Sense of Life*, trans. J. E. Flitch (New York: Dover, 1954), p. 6.
4. A. Freud, *The Ego and the Mechanisms of Defense* (New York: International Universities Press, 1946).
5. H. Sullivan, *The Interpersonal Theory of Psychiatry* (New York: W. W. Norton, 1953).
6. O. Rank, *Will Therapy and Truth and Reality* (New York: Alfred A. Knopf, 1954), p. 121.
7. A. Malraux, cited in P. Lomas, *True and False Experience* (New York: Taplinger, 1973), p. 8.
8. T. Hardy, "In Tenebris," *Collected Poems of Thomas Hardy* (New York: Macmillan, 1926), p. 154.
9. *Encyclopedia of Philosophy*, vol. III (New York:

* Hereafter referred to as *Standard Edition*.

Macmillan and Free Press, 1967), p. 147.
10. S. Kierkegaard, "How Johannes Climacus Became an Author," in *A Kierkegaard Anthology*, ed. R. Bretall (Princeton, N.J.: Princeton University Press, 1946), p. 193.
11. Ibid.
12. W. Barrett, *What Is Existentialism?* (New York: Grove Press, 1954), p. 21.
13. L. Binswanger, "Existential Analysis and Psychotherapy," in *Progress in Psychotherapy*, eds. F. Fromm-Reichman and J. Moreno (New York: Grune & Stratton, 1956), p. 196.
14. R. May, E. Angel, and H. Ellenberger, *Existence* (New York: Basic Books, 1958), pp. 3-35.
15. A. Sutich, American Association of Humanistic Psychology: Progress Report 1962, citied in J. Bugental, "The Third Force in Psychology," *Journal of Humanistic Psychology* (1964) 4:19-26.
16. J. Bugental, "The Third Force."
17. F. Perls, *Gestalt Therapy Verbatim* (New York: Bantam, 1971), p. 1.
18. S. Freud, *The Interpretation of Dreams*, vol. IV in *Standard Edition* (London: Hogarth Press, 1953; originally published 1900), p. 263.
19. T. Wilder, citied in *Reader' s Digest* (January 1978), p. 133.
20. V. Frankl, oral communication, 1974.
21. May, Angel, and Ellenberger, *Existence*, p. 11.
22. C. Rogers, cited in D. Malan, "The Outcome Problem in Psychotherapy Research," *Archives of General Psychiatry* (1973), 29:719-729.
23. M. Lieberman, I. Yalom, and M. Miles, *Encounter Groups: First Facts* (New York: Basic Books, 1973).
24. Ibid., p. 99.
25. Personal communication, 1978.

제2장

1. A. Meyer, cited by J. Frank, oral communication, 1979.
2. Cicero, cited in M. Montaigne, *The Complete Essays of Montaigne*, trans. Donald Frame (Stanford: Stanford University Press, 1965), p. 56.
3. Seneca, cited in Montaigne, *Complete Essays*, p. 61.
4. St. Augustine, cited in Montaigne, *Complete Essays*, p. 63.
5. Manilius, cited in Montaigne, *Complete Essays*, p. 65.
6. Montaigne, *Complete Essays*, p. 67.
7. M. Heidegger, *Being and Time* (New York: Harper & Row, 1962), pp. 210-224.
8. Ibid., passim.
9. K. Jasper, cited in J. Choron, *Death and Western Though* (New York: Collier Books, 1963), p. 226.
10. S. Freud, "Thoughts for the Times on War and Death," vol. XIV in *Standard Edition* (London: Hogarth Press, 1957; originally published 1915), p. 291.
11. Ibid., p. 290.
12. J. Giraudoux cited in *The Meaning of Death*, ed. H. Feifel (New York: McGraw-Hill, 1965),

p. 124.
13. Montaigne, *Complete Essays*, p. 67.
14. L. Tolstoy, *War and Peace* (New York: Modern Library, 1931), p. 57.
15. L. Tolstoy, *The Death of Ivan Ilych and Other Stories* (New York: Signet Classics, 1960).
16. D. Rosen, "Suicide Survivors," *Western Journal of Medicine* (April 1975) 122:289–294.
17. A. Schmitt, *Dialogue with Death* (Harrisonburg, Va.: Choice Books, 1976), pp. 55–58.
18. R. Noyes, "Attitude Changes Following Near-Death Experiences," *Psychiatry*, in press.
19. A. Hussain and S. Tozman, "Psychiatry and Death Row," *Journal of Clinical Psychiatry* (1978) 39 (3): 183–188.
20. R. Neuberger, cited in J. Frank in "Nuclear Death–The Challenge of Ethical Religion," *The Ethical Platform* (29 April 1962).
21. D. Spiegel, J. Blum, and I. Yalom, *Peer Support for Metastatic Cancer Patients: A Randomized Prospective Outcome Study*, in preparation.
22. K. Chandler, "Three Processes of Dying and the Behavioral Effects," *Journal of Consulting Psychology* (1965) 29:296–301: D. Cappon, "The Dying," *Psychiatric Quarterly* (1959) 33:466–489; A Weisman and T. Hackett, "Predilection to Death," *Psychosomatic Medicine* (1961) 23:232–256; and E. Kübler-Ross, *On Death and Dying* (New York: Macmillan, 1969).
23. K. Weers, manuscript in preparation.
24. Schmitt, *Dialogue with Death*, p. 54.
25. R. Lifton, " The Sense of Immortality: On Death and the Continuity of Life," *Explorations in Psychohistory*, eds. R. Lifton and E. Olson (New York: Simon & Schuster, 1974), pp. 271–288.
26. J. Diggory and D, Rothman, "Values Destroyed by Death," *Journal of Abnormal and Social Psychology* (1961) 63(1): 205–210.
27. J Choron, *Modern Man and Mortality* (New York: Macmillan, 1964), p. 44.
28. R. Kastenbaum and R. Aisenberg, *Psychology of Death* (New York: Springer, 1972), p. 44.
29. S. Kierkegaard, *The Concept of Dread* (Princeton, N.J.: Princeton University Press, 1957), p. 55.
30. R. May, *The Meaning of Anxiety*, rev. ed. (New York: W. W. Norton, 1977), p. 207.
31. S. Freud, "Inhibitions, Symptoms and Anxiety," vol. XX in *Standard Edition* (London: Hogarth Press, 1959; originally published 1926), p. 166.
32. Kierkegaard, *Concept of Dread*, p. 55.
33. May, *Meaning of Anxiety*, p. 207.
34. Heidegger, *Being and Time*, p. 223.
35. A. Sharp, *A Green Tree in Geddes* (New York: Walker, 1968).
36. R. Skoog, cited in J. Meyer, *Death and Neurosis* (New York: International Universities Press, 1975), p. 47.
37. E. Strauss, cited in E. Weigert, "Loneliness and Trust–Basic Factors of Human Existence," *Psychiatry* (1960) 23:121–130.
38. W. Schwidder, cited in J. Meyer, *Death and Neurosis* (New York: International Universities Press, 1975), p. 54.
39. H. Lazarus and J. Kostan, "Psychogenic

Hyperventilation and Death Anxiety," *Psychosomatics* (1969) 10:14–22.

40. D. Friedman, "Death Anxiety and the Primal Scene," *Psychoanalytic Review* (1961) 48:108–118.
41. V. Kral, "Psychiatric Observations under Severe Chronic Stress," *American Journal of Psychiatry* (1951) 108:185–192.
42. Ibid., J. Meyer, *Death and Neurosis*, p. 58; and A. Heveroch, cited in J. Meyer, *Death and Neurosis*, p. 58.
43. M. Roth, " The Phobic Anxiety–Depersonalization Syndrome and General Aetiological Problems in Psychiatry," *Journal of Neuropsychiatry* (1959) 1:293–306.
44. R. Kastenbaum and R. Aisenberg, *Psychology of Death*.
45. D. Lester, "Experimental and Correlational Studies of Fear of Death," *Psychological Bulletin* (1967) 64(1):27–36; and D. Templer and C. Ruff, "Death Anxiety Scale Means, Standard Deviations, and Embedding," *Psychological Reports* (1971) 29:173–174.
46. P. Livingston and C. Zimet, "Death Anxiety, Authoritarianism and Choice of Speciality in Medical Students," *Journal of Neurological and Mental Disorders* (1965) 140:222–230.
47. W. Swenson, "Attitudes toward Death in an Aged Population," *Journal of Gerontology* (1961) 16(1):49–52; D. Martin and L. Wrightsman, "The Relationship between Religious Behavior and Concern about Death," *Journal of Social Psychology* (1865) 65:317–323; and D. Templer, "Death Anxiety in Religiously Very Involved Persons," *Psychological Reports* (1972) 31:361–367.
48. N. Iammarino, "Relationship between Death Anxiety and Demographic Variables," *Psychological Reports* (1975) 37:262.
49. Iammarino, "Death Anxiety and Demographic Variables"; Swenson, "Attitudes toward Death"; A. Christ, "Attitudes toward Death among a Group of Acute Geriatric Psychiatric Patients," *Journal of Gerontology* (1961) 16(1):56–59; and P. Rhudick and A. Dibner, " Age, Personality, and Health Correlates of Death Concerns in Normal Aged Individuals," *Journal of Gerontology* (1961) 16(1):44–49.
50. M. Lieberman and A. Coplan, "Distance from Death as a Variable in the Study of Aging," *Developmental Psychology* (1970) 2:71–84.
51. M. Means, "Fears of One Thousand College Woman," *Journal of Abnormal and Social Psychology* (1936) 31:291–311.
52. W. Middleton, "Some Reactions toward Death among College Students," *Journal of Abnormal and Social Psychology* (1936) 3:165–173.
53. Templer and Ruff, "Death Anxiety Scale Means", Iammarino, "Death Anxiety and Demographic Variables"; and D. Templer, C. Ruff, and C. Franks, "Death Anxiety; Age, Sex, and Parental Resemblance in Disease Populations," *Developmental Psychology* (1971) 4:108.
54. P. Thauberger, "The Avoidance of Ontological Confrontation," unpublished Ph. D. dissertation, University of Saskatchewan, 1974.
55. C. Stacey and K. Markin, "The Attitudes of

College Students and Penitentiary Inmates toward Death and a Future Life," *Psychiatric Quarterly*, Supplement (1952) 26:27–32.

56. D. Templer, "Death Anxiety as Related to Depression and Health of Retired Persons," *Journal of Gerontology*, (1971) 26:521–523.

57. Swenson, "Attitudes toward Death" ; J. Munnichs, *Old Age Finitude* (Basel and New York: Karger, 1966); and S. Shrut, "Attitude toward Old Age to Death," *Mental Hygiene* (1958) 42:259–263.

58. Munnichs, *Old Age and Finitude*; A. Christ, "Attitude toward Death among a Group of Acute Geriatric Psychiatric Patients," *Journal of Gerontology* (1961) 16:56–59; and Kastenbaum and Aisenberg, *Psychology of Death*, p. 83.

59. Kastenbaum and Aisenberg, *Psychology of Death*, p. 107.

60. C. Stacy and M. Reichers, "Attitudes toward Death and Future Life among Normal and Subnormal Adolescent Girls," *Exceptional Children* (1959) 20:259–262.

61. A. Maurer, "Adolescent Attitudes toward Death," *Journal of Genetic Psychology* (1964) 105:79–80.

62. H. Feifel and A. Branscomb, "Who' s Afraid of Death?" *Journal of Abnormal Psychology* (1973) 81(3):282–288; and H. Feifel and L. Herman, "Fear of Death in the Mentally Ill," *Psychological Reports* (1973) 33:931–938.

63. Feifel and Branscomb, "Who' s Afraid of Death?"

64. W. Meissner, " Affective Response to Psychoanalytic Death Symbols," *Journal of Abnormal and Social Psychology* (1958) 56:295–299.

65. K. G. Magni, "Reactions to Death Stimuli among Theology Students," *Journal for the Scientific Study of Religion* (Fall 1970) 9(3):247–248.

66. Kastenberg and Aisenberg, *Psychology of Death*, p. 95.

67. Rhudick and Dibner, "Age, Personality, and Health Correlates."

68. Shrut, "Attitude toward Old Age."

69. Swenson, "Attitudes toward Death."

70. Templer, "Death Anxiety."

71. N. Kogan and R. Shelton, "Beliefs about 'Old People,' " *Journal of Genetic Psychology* (1962) 100:93–111.

72. M. Kramer, C. Winget, and R. Whitman, "A City Dreams: A Survey Approach to Normative Dream Content," *American Journal of Psychiatry* (1971) 127:86–92.

73. H. Cason, " The Nightmare Dream," *Psychology Monographs* (1935) 209:46.

74. M. Feldman and M. Hersen, "Attitudes toward Death in Nightmare Subjects," *Journal of Abnormal Psychology* (1967) 72:421–425; and D. Lester, "The Fear of Death of Those Who Have Nightmares," *Journal of Psychology* (1968) 69:245–247.

75. P. Handal and J. Rychlak, "Curvilinearity between Dream Content and Death Anxiety and the Relationship of Death Anxiety to Repression–Sensitivity," *Journal of Abnormal Psychology* (1971) 77:11–16.

76. W. Bromberg and P. Schilder, "The Attitudes of

Psychoneurotics toward Death," *Psychoanalytic Review* (1936) 23:1–28.

77. C. Parks, "The First Year of Bereavement," *Psychiatry* (1970) 33:444–467.

78. *The Gilgamesh Epic and Old Testament Parallels*, trans. A. Heidel (Chicago: University of Chicago Press, 1946), pp. 63, 64.

79. A. Witt, personal communication, September 1978.

80. Personal communication from a friend.

81. Freud, "Thought for the Times," vol. XIV, *Standard Edition*, p. 298.

82. J. Breuer and S. Freud, *Studies on Hysteria*, vol. II in *Standard Edition* (London: Hogarth Press, 1955; originally published in 1895).

83. Ibid., p. 9.

84. Ibid., p. 7.

85. Ibid., p. xxxi.

86. Ibid., p. 14.

87. Ibid., p. 34.

88. Ibid., p. 117.

89. Ibid., p. 63.

90. Ibid., p. 131.

91. Ibid., p. 137.

92. Ibid., p. 157.

93. S. Freud, *Origins of Psychoanalysis*, ed. by M. Bonaparte, A Freud, and E. Kris (New York: Basic Books, 1954).

94. S. Freud, "Inhibitions, Symptoms and Anxiety," vol. XX, *Standard Edition*, p. 166.

95. A. Compton, "Psychoanalytic Theories of Anxiety," *Journal of American Psychoanalytic Association* (1972) 20(2):341–394.

96. S. Freud, *Studies on Hysteria*, vol. II, in *Standard Edition*, (London: Hogarth Press, 1955; originally published 1895), p. 33.

97. Ibid., p. 40.

98. Freud, "Inhibitions, Symptoms and Anxiety," vol. XX, *Standard Edition*, p. 130.

99. M. Klein, "A Contribution of the Theory of Anxiety and Guilt," *International Journal of Psychoanalysis* (1948) 29:114–123.

100. O. Fenichel, *The Psychoanalytic Theory of the Psychoneuroses* (New York: Norton, 1945).

101. R. Waelder, *Basic Theory of Psychoanalysis* (New York: International Universities Press, 1960).

102. R. Greenson, *The Technique and Practice of Psychoanalysis* (New York: International Universities Press, 1967).

103. S. Freud, *The Ego and the Id*, vol. XIX, *Standard Edition* (London: Hogarth Press, 1961; originally published in 1923), p. 57.

104. Ibid., p. 58ff.

105. S. Freud, *Beyond the Pleasure Principle*, vol. XVIII in *Standard Edition* (London: Hogarth Press, 1955; originally published in 1920), pp. 1–64.

106. Freud, "Thoughts for the Times," vol. XIV, *Standard Edition*, p. 299.

107. E. Jones, *The Life and Work of Sigmund Freud*, vol. I (New York: Basic Books, 1953). p. 40.

108. Ibid., p. 41.

109. Ibid., p. 45.

110. N. Brown, *Life Against Death* (New York: Vintage Books, 1959).

111. S. Freud, "Thoughts for the Times," vol. XIV in *Standard Edition*, pp. 273–300.

112. S. Freud, "The Theme of Three Caskets," vol. XII in *Standard Edition* (London: Hogarth Press, 1966; originally published 1913), pp. 289–302.
113. E. Jones, *The Life and Work of Sigmund Freud*, vols. I, II, III (New York: Basic Books, 1953, 1955, 1957).
114. I. Stone, *Passions of the Mind* (New York: Doubleday, 1971).
115. For example, J. Wortis, *Fragments of an Analysis with Freud* (New York: Simon & Schuster, 1954).
116. For example, S. Freud, *Origins of Psychoanalysis*, eds. M. Bonaparte, A. Freud, and E. Kris (New York: Basic Books, 1954); H. Abraham and E. Freud, eds., *A Psycho-Analytic Dialogue: The Letters of Sigmund Freud and Karl Abraham 1907–1926*, trans. B. Marsa and C. Abraham (New York: Basic Books; London: Hogarth Press and Institute of Psycho-Analysis, 1965); E. Freud and H. Meng, eds., *Psycho-Analysis and Faith: The Letters of Sigmund Freud and Oskar Pfister*, trans. E. Mosbacher (New York: Basic Books; London: Hogarth Press and Institute of Psycho-Analysis, 1963); and E. Pfeiffer, ed., *Sigmund Freud and Lou Andreas-Salomé: Letters*, trans. William and Elaine Robson-Scott (New York: Harcourt Brace Jovanovich; London: Hogarth Press and Institute of Psycho-Analysis, 1972.)
117. Jones, vol. I, p. 4.
118. Ibid., p. 20.
119. Ibid.
120. Ibid., p. xii.
121. Ibid., p. 78.
122. Freud, *Origins of Psychoanalysis*, p. 217.
123. Ibid., p. 129.

제3장

1. S. Anthony, *The Discovery of Death in Childhood and After* (New York: Basic Books, 1972).
2. E. Becker, *The Denial of Death* (New York: Free Press, 1973). p. 36.
3. Anthony, *Discovery of Death*, p. 155.
4. Ibid., pp. 155–156.
5. Ibid., p. 157.
6. F. Moellenkoff, "Ideas of Children about Death," *Bulletin of the Menninger* Clinic (1939) 3:148–156.
7. E. Erikson, *Childhood and Society* (New York: W. W. Norton, 1963).
8. Anthony, *Discovery of Death*, pp. 78ff.
9. R. Kastenbaum & R. Aisenberg, *Psychology of Death* (New York: Springer, 1972). p. 9.
10. S. Freud, *The Interpretation of Dreams*, vol. IV in *Standard Edition* (London: Hogarth Press, 1964; originally published 1900), pp. 254–255.
11. R. Lapouse and M. Monk, "Fears and Worries in a Representative Sample of Children," *American Journal of Orthopsychiatry* (1959) 29:803–818.
12. S. Harrison, C. Davenport, and J. McDermott, "Children' s Reactions to Bereavement," *Archives of General Psychiatry* (1967) 17:593–597.
13. Anthony, *Discovery of Death*; M. Nagy, "The Child' s View of Death," *Journal of Genetic Psychology*, (1948) 73:3–27; P. Schilder & D. Wechsler, "The Attitudes of Children toward

Death," *Journal of Genetic Psychology* (1934) 45:406–451; G. Koocher, "Talking with Children about Death," *American Journal of Orthopsychiatry* (1974) 44:404–411; M. MacIntire, C. Angle, and L. Struempler, "The Concept of Death in Mid-Western Children and Youth," *American Journal of Disease of Children* (1972) 123:527–532.

14. Nagy, "Child' s View of Death."
15. Anthony, *Discovery of Death*, p. 47–77.
16. Schilder and Wechsler, "Attitudes of Children."
17. Anthony, *Discovery of Death*, p. 158.
18. E. Furman, *A. Child' s Parent Dies* (New Haven, Conn.: Yale University Press, 1974), p. 5.
19. Anthony, *Discovery of Death*, p. 255.
20. J. Sully, cited in Anthony, *Discovery of Death*, p. 269.
21. J. Piaget, cited in Anthony, *Discovery of Death*, p. 56.
22. Anthony, *Discovery of Death*, p. 59.
23. Kastenbaum and Aisenberg, *Psychology of Death*, p. 9.
24. Kastenbaum and Aisenberg, *Psychology of Death*, p. 12f.
25. S. Brant, cited in Kastenbaum and Aisenberg, *Psychology of Death*, p. 14.
26. Kastenbaum and Aisenberg, *Psychology of Death*, p. 14.
27. G. Rochlin, *Griefs and Discontents: The Focus of Change* (Boston: Little, Brown, 1965), p. 67.
28. G. Rochlin, "How Younger Children View Death and Themselves," in *Explaining Death to Children*," ed. E. Grollman (New York: Beacon Press, 1967).
29. M. Scheler, cited in J. Choron, *Death and Western Thought* (New York: Collier Books, 1963), p. 17.
30. Rochlin, "How Younger Children," p. 56.
31. Ibid., pp. 84–85.
32. M. Klein, "A Contribution to the Theory of Anxiety and Guilt," *International Journal of Psychoanalysis* (1948) 29:114–123.
33. K. Eissler, *The Psychiatrist and the Dying Patient* (New York: International Universities Press, 1959), pp. 57–58.
34. A. Freud, "Discussion of John Bowlby' s Paper," *Psychoanalytic Study of the Child* (1960) 15:53–62.
35. Furman, *A Child' s Parent Dies*, p. 139.
36. Anthony, *Discovery of Death*, p. 139.
37. Ibid., pp. 157–158.
38. A. Maurer, "Maturation of Concepts of Death," *British Journal of Medical Psychology* (1964) 39:35–41.
39. M. Stern, "Pavor Nocturnis," *International Journal of Psychoanalysis* (1951) 32:302.
40. R. White, "Motivation Reconsidered: The Concept of Competence," *Psychological Review* (1959) 66:297–333.
41. Maurer, "Maturation."
42. Kastenbaum and Aisenberg, *Psychology of Death*, p. 29.
43. Maurer, "Maturation."
44. MacIntire, Angle, and Struempler, "The Concept of Death."
45. I. Alexander and A. Adlerstein, "Affective Responses to the Concept of Death in a Population of Children and Early Adolescents,"

Journal of Genetic Psychology (1958) 93:167–177.

46. Nagy, "Child' s View of Death."
47. S. Hostler, "The Development of the Child' s Concept of Death," in *The Child and Death*, ed. O. J. Sahler (St. Louis, Mo.: C. V. Mosby, 1978), p. 9.
48. E. Jaques, "Death and the Mid–Life Crisis," *International Journal of Psychoanalysis* (1968) 46:502–513.
49. J. Masserman, *The Practice of Dynamic Psychiatry* (Philadelphia and London: W. B. Saunders, 1955), p. 467.
50. V. Frankl, oral communication, 1974.
51. Anthony, *Discovery of Death*, p. 154.
52. Ibid., p. 155.
53. Schilder and Wechsler, "Attitudes of Children."
54. Anthony, *Discovery of Death*, p. 155.
55. Ibid., p. 257.
56. Schilder and Wechsler, "Attitudes of Children."
57. Nagy, "Child' s View of Death."
58. Koocher, "Talking with Children."
59. I. Opie, *The Love and Language of School Children* (Oxford: Clarendon Press, 1959).
60. Maurer, "Maturation."
61. J. Bowlby, *Attachment and Loss*, vol. II: *Separation* (New York: Basic Books, 1973).
62. A. Jersild and F. Holmes, *Children' s Fears* (New York: Teachers College, Columbia University, 1935); and A. Jersild, "Studies of Children' s Fears," in *Child Behavior and Development*, eds., R. Barker, J. Kounin, and H. Wright (New York, London: McGraw–Hill, 1943).
63. Bowlby, *Attachment and Loss*, pp. 105–118.
64. R. May, *The Meaning of Anxiety* (New York: W. W. Norton, 1977) pp. 105–109.
65. Ibid., pp. 107–108.
66. Klein, "A Contribution"; and D. Winnicott, *The Maturational Process and the Facilitating Environment* (New York: International University Press, 1965), p. 41.
67. A. Freud, "Discussion."
68. Anthony, *Discovery of Death*, p. 161.
69. C. Wahl, "The Fear of Death," in *The Meaning of Death*, ed. H. Feifel (New York: McGraw–Hill. 1959), pp. 214–223.
70. S. Freud, *An Outline of Psycho–Analysis*, vol. XXIII, in *Standard Edition* (London: Hogarth Press, 1964; originally published 1940), p. 185.
71. S. Rosenzweig, and D. Bray, "Sibling Death in Anamneses of Schizophrenic Patients," *Psychoanalytic Review* (1942) 49:71–92; and S. Rosenzweig, "Sibling Death as a Psychological Experience with Special Reference to Schizophrenia," *Psychoanalytic Review* (1943) 30:177–186.
72. Rosensweig, "Sibling Death."
73. Ibid.
74. H. Searles, "Schizophrenia and the Inevitability of Death." *Psychiatric Quarterly* (1961) 35:631–655.
75. J. Hilgard, M. Newman, and F. Fisk, "Strength of Adult Ego Following Childhood Bereavement," *American Journal of Orthopsychiatry* (1960) 30:788–798.
76. Furman, *A Child' s Parent Dies*; Bowlby, *Attachment and Loss*; R. Furman, "Death and

the Young Child," *Psychoanalytic Study of the Child* (1964) 29:321–333; and R. Zeligs, *Children's Experience with Death* (Springfield, Ill.: C. C. Thomas, 1974), pp. 1–49.
77. Maurer, "Maturation."
78. MacIntire, Angle, and Struempler, "The Concept of Death"; F. Brown, "Depression and Childhood Bereavement," *Journal of Mental Science* (1961) 107:754–777; I. Gregory, "Studies in Parental Deprivation in Psychiatric Patients," *American Journal of Psychiatry* (1958) 115:432–442; G. Pollack, "Childhood Parent and Sibling Loss in Adult Patients," *Archives of General Psychiatry* (October 1962) 7:295–305; and H. Barry and E. Lindeman, "Critical Ages for Maternal Bereavement in Psychoneuroses," *Psychosomatic Medicine* (1960) 22:166–181.
79. J. Hilgard and M. Newman, "Evidence for Functional Genesis in Mental Illness: Schizophrenia, Depressive Psychoses and Psychoneurosis," *Journal of Nervous and Mental Disease* (1961) 132:3–6.
80. M. Breckenridge and E. Vincent, *Child Development,* ed. W. B. Saunders, 4th ed. (Philadelphia, Pa.: W. B. Saunders 1960), p. 138.
81. E. K ler–Ross, address at Stanford Medical School, May 1978.
82. S. Ferenczi, cited in Anthony, *Discovery of Death*, p. 157.
83. Anthony, *Discovery of Death*, p. 159.
84. J. Bruner, cited in H. Galen, "A Matter of Life and Death," *Young Children* (August 1972) 27:351–356.
85. Galen, "A Matter of Life."
86. Rochlin, "How Younger Children," p. 63.

제4장

1. S. Kierkegaard, cited in E. Becker, *The Denial of Death* (New York: Free Press, 1973), p. 70.
2. O. Rank, *Will Therapy and Truth and Reality* (New York: Alfred A. Knopf, 1945), p. 126.
3. P. Tillich, *The Courage to Be* (New Haven and London: Yale University Press, 1952), p. 66.
4. Becker, *Denial of Death*, p. 66.
5. R. Lifton, "Thee Sense of Immortality: On Death and the Continuity of Life," in *Exploration of Psychohistory*, eds. R. Lifton and E. Olson (New York: Simon & Schuster, 1974), p. 282.
6. L. Loesser and T. Bry, "The Role of Death Fears in the Etiology of Phobic Anxiety," *International Journal of Group Psychotherapy* (1960) 10:287–297.
7. Rank, *Will Therapy*, p. 124.
8. E. Fromm, *Escape from Freedom* (New York: Holt, Rinehart & Winston, 1941), p. 6.
9. L. Tolstoy, *The Death of Ivan Ilych and Other Stories* (New York: Signet Classics, 1960), pp. 131–132.
10. R. Frost, *In the Clearing* (New York: Holt, Rinehart & Winston, 1962), p. 39.
11. N. Kazantzakis, *Report to Greco*, trans. P. A. Bien (New York: Simon & Schuster, 1965), p. 457.
12. N. Kazantzakis, *The Odyssey: A Modern*

Sequel, trans. Kimon Friar (New York: Simon & Schuster, 1958).

13. C. Baker, *Ernest Hemingway: A Life Story* (New York: Charles Scribner, 1969), p. 5.
14. E. Hemingway, *The Old Man and the Sea* (New York: Charles Scribner, 1961).
15. C. Wahl, "Suicide as a Magical Act," *Bulletin of Menninger Clinic*, (May 1957) 21:91–98.
16. F. Kluckholm and F. Stroedbeck, *Variations in Value Orientations* (New York: Harper & Row, 1961), p. 15.
17. J. M. Keynes, cited in Norman Brown, *Life Against Death* (New York: Vintage Books, 1959), p. 107.
18. L. Tolstoy, *Anna Karenina* (New York: Modern Library, 1950), p. 168.
19. H. Feifel, *Taboo Topics*, ed. Norman Forberow (New York: Atherton Press, 1963), p. 15.
20. Rank, *Will Therapy*, p. 130.
21. H. Ibsen, cited in Rank, *Will Therapy*, p. 131.
22. S. Freud, *Some Character Types Met with in Psychoanalytic Work*, vol. XIV in *Standard Edition* (London: Hogarth Press, 1957; originally published in 1916), pp. 316–331.
23. Rank, *Will Therapy*, p. 119.
24. A. Maslow, *The Further Reaches of Human Nature* (New York: Viking, 1971), p. 35.
25. Becker, *Denial of Death*. pp. 35–39.
26. Fromm, *Escape from Freedom*, (New York: Holt, Rinehart & Winston, 1941), pp. 174–179.
27. J. Masserman, *The Practice of Dynamic Psychiatry* (London: W. B. Sanders, 1955). pp. 476–481.
28. L. Tolstoy, *War and Peace* (New York: Modern Library, 1931), p. 231.
29. S. Kierkegaard, cited in Rollo May, *The Meaning of Anxiety*, rev. ed. (New York: W. W. Norton, 1977), p. 38.
30. M. Heidegger, *Being and Time* (New York: Harper & Row, 1962), p. 105.
31. S. Arieti, " Psychotherapy of Severe Depression," *American Journal of Psychiatry* (1977), 134(8):864–868.
32. Ibid.
33. I. Yalom and G. Elkins, *Everyday Gets a Little Closer* (New York: Basic Books, 1974).
34. Rank, *Will Therapy*, pp. 119–134.
35. W. Tietz, "School Phobia and the Fear of Death," *Mental Hygiene* (1970) 54:565–568.
36. Oral communication, May 1979.
37. E. Greenberger, "Fantasies of Woman Confronting Death," *Journal of Consulting Psychology* (1965) 29:252–260.
38. M. Mahler, F. Pine, and A. Bergman, *The Psychological Birth of the Infant* (New York: Basic Books, 1975).
39. Rank, *Will Therapy*, p. 126.
40. S. Kierkegaard, *Fear and Trembling and The Sickness unto Death* (New York: Doubleday Anchor Books, 1953), pp. 182–200.
41. Tillich, *The Courage to Be*, p. 52.
42. Rank, *Will Therapy*, p. 149.
43. H. Searles, "Schizophrenia and the Inevitability of Death," *Psychiatric Quarterly* (1961) 35:631–655.
44. Ibid.
45. Ibid.
46. Ibid.

47. Ibid.

48. N. Brown, *Life Against Death* (New York: Vintage Books, 1959). p. 107.

49. H. Witkin, *Psychological Differentiation* (New York: John Wiley, 1962).

50. H. Witkin, "Psychological Differentiation and Forms of Pathology." *Journal of normal Psychology* (1965) 70(5):317–336.

51. J. Rotter, "Generalized Expectancies for Internal vs. External Control of Reinforcement," *Psychological Monographs* (1966) 80 (1, whole #609).

52. E. Phares, *Locus of Control in Personality* (Morristown, N.J.: General Learning Press, 1976).

53. J. Rotter, "Some Implications of Social Learning Theory for the Prediction of Goal Directed Behavior from Testing Procedures," *Psychology Review* (1960) 67:301–316.

54. W. Mischel, R. Zeiss, and A. Zeiss, "Internal–External Control and Persistence," *Journal of Personality and Social Psychology* (1974) 29:265–278.

55. Phares, *Locus of Control*, p. 7.

56. Ibid., pp. 144–156.

57. Ibid., p. 149.

58. P. Duz, "Comparison of the Effects of Behaviorally Oriented Action and Psychotherapy Reeducation of Intraversion–Extraversion, Emotionality, and Internal–External Control," *Journal of Counseling Psychology* (1970) 17:567–572.

59. Witkin, "Psychological Differentiation," Rotter, "Some Implications," and Phares, *Locus of Control*.

60. R. Ryckman and M. Sherman, "Relationship between Self Esteem and Internal–External Locus of Control," *Psychological Reports* (1973) 32:1106; and B. Fish and S. Karabenick, "Relationship between Self Esteem and Locus of Control," *Psychological Reports* (1971) 29:784.

61. D. Kilpatrick, W. Dubin, and D. Marcotte, "Personality, Stress of the Medical Education Process and Changes in Affective Mood State," *Psychology Reports* (1974) 3:1215–1223.

62. F. Melges and A. Weisz, "The Personal Future and Suicidal Ideation," *Journal of Nervous and Mental Disease* (1971) 153:244–250; and H. Lefcourt, *Locus of Control* (Hillsdale, N.J.: Lawrence Erlbaum, 1976), p. 148.

63. J. Shybutt, "Time Perspective, Internal vs. External Control and Severity of Psychological Disturbance," *Journal of Clinical Psychology* (1968) 24:312–315; and C. Smith, M. Peyer, and M. Distefano, "Internal–External Control and Severity Emotional Impairment," *Journal of Clinical Psychology* (1971) 27:449–450.

64. M. Harrow and A. Ferrante, "Locus of Control in Psychiatric Patients," *Journal of Consulting and Clinical Psychology* (1969) 33:582–589; and R. Cromwell, "Description of Parental Behavior in Schizophrenic and Normal Subjects," *Journal of Personality* (1961) 29:363–379.

65. C. Fersten, "A Functional Analysis of Depression," *American Psychologist* (1973) 28:857–870; P. Lewinsohn, cited in Lefcourt, *Aspects of Depression*; W. Miller and M.

Seligman, "Depression and the Perception of Reinforcement," *Journal of Abnormal Psychology* (1973) 82:62–73; and L. Abramson and H. Sackeim, "A Paradox in Depression: Uncontrollability and Self–Blame," *Psychology Bulletin* (1977) 84:838–852.

66. A. Tolor and M. Reznikoff, "Relation between Insight, Repression–Sensitization, Internal–External Control and Death Anxiety," *Journal of Abnormal Psychology* (1967) 72:426–431.

67. A. Berman and J. Hays, "Relation between Death Anxiety, Belief in Afterlife, and Locus of Control," *Journal of Consulting and Clinical Psychology* (1973) 41:318.

제5장

1. N. Kazantzakis, *The Odyssey: A Modern Sequel*, trans. Kimon Friar (New York: Simon & Schuster, 1958).
2. S. Kierkegaard, cited in R. May, *The Meaning of Anxiety*, rev. ed. (New York: W. W. Norton, 1977), p. 37.
3. M. Heidegger, *Being and Time* (New York: Harper & Row, 1962), p. 294.
4. F. Nietzsche, *The Gay Science*, trans. W. Kaufman (New York: Random House, Vintage, 1974), p.37.
5. M. Montaigne, *The Complete Essays of Montaigne*, trans. D. Frame (Stanford, Calif.: Stanford University Press, 1945), p. 65.
6. G. Santayana, cited in K. Fisher, "Ultimate Goals in Psychotherapy," *Journal of Existentialism* (Winter 1966–67) 7:215–232.
7. R. Assagioli, *Psychosynthesis* (New York: Viking Press, 1971), p. 116.
8. P. Landsburg, cited in J. Choron, *Death and Western Thought* (New York: Collier Books, 1963), p. 16.
9. J. Donne, *Complete Poetry and Selected Prose* (New York: Modern Library, 1952), p. 332.
10. R. Gardner, "The Guilt Reaction of Parents of Children with Severe Physical Disease," *American Journal of Psychiatry* (1969), 126:82–90.
11. Heidegger, *Being and Time*, p. 105.
12. S. Golburgh and C. Rotman, "The Terror of Life: A Latent Adolescent Nightmare," *Adolescence* (1973) 8:569–574.
13. E. Jaques, "Death and the Mid–Life Crisis,: *International Journal of Psychoanalysis* (1965), 46:502–513.
14. C. Jung, cited in D. Levinson, *The Seasons of a Man's Life* (New York: Alfred A. Knopf, 1978), p. 4.
15. D. Krantz, *Radical Career Change: Life Beyond Work* (New York: Free Press, 1978).
16. R. Noyes, "Attitude Change Following Near–Death Experiences," *Psychiatry*, in press.
17. Montaigne, *Complete Essays*, p. 62.
18. A. Kurland, et al. "Psychedelic Therapy Utilizing LSD in the Treatment of the Alcoholic Patient," *American Journal of Psychiatry* (1967) 123(10):1202–1209.
19. I. Silbermann, The Psychical Experience During the Shocks in Shock–Therapy," *International*

Journal of Psychoanalysis (1940) 21:179–200.
20. P. Koestenbaum, *Is There an Answer to Death?* (Englewood Cliffs, N.J.: Prentice–Hall, 1976), pp. 31–41, 65–74.
21. E. Aronson, oral communication, 1977.
22. J. Laube, "Death and Dying Workshop for Nurses: Its Effects on Their Death Anxiety Level," *International Journal of Nursing Students* (1977) 14:111–120; P. Murray, "Death Education and Its Effects on the Death Anxiety Level of Nurses," *Psychological Reports* (1974) 35:1250; J. Bugental, "Confronting the Existential Meaning of My Death Through Group Exercises," *International Development* (1973) 4:1948–1963; and W. Whelan and W. Warren, "A Death Awareness Workshop: Theory Application and Results," unpublished manuscript, 1977.
23. Whelan and Warren, "Death Awareness Workshop."
24. J. Fowles, *Daniel Martin* (Boston: Little, Brown, 1977), p. 177.
25. I. Yalom, et al. "The Written Summary as a Group Psychotherapy Technique," *Archives of General Psychiatry* (1975) 32:605–613.
26. G. Zilboorg, "Fear of Death," *Psychoanalytic Quarterly* (1943) 12:465–475.
27. S. Freud, *Three Essays on the Theory of Sexuality*, vol. VII in *Standard Edition* (London: Hogarth Press, 1957; originally published, 1905), pp. 125–231.
28. M. Stern, "Fear of Death and Neurosis," *Journal of American Psychoanalytic Association* (May 1966), pp. 3–31.
29. Dante Alighieri, *La Divina Commedia* (Florence, Italy: Casa Editrice Nerbini, n. d.); translation by John Freccero, 1980.
30. Jaques, "Death and the Mid–Life Crisis."
31. H. Rosenberg, "The Fear of Death as an Indispensable Factor in Psychotherapy," *American Journal of Psychotherapy* (1963) 17:619–630.
32. J. Breuer and S. Freud, *Studies on Hysteria,* vol. II in *Standard Edition* (London: Hogarth Press, 1964; originally published, 1895), p. 268.
33. M. Eliade, Shamanism: *Archaic Techniques of Ecstasy* (Princeton, N.J.: Princeton University Press, 1964), p. 43.
34. Ibid., p. 45.
35. Stern, "Fear of Death."
36. J. Bugental, *The Search for Authenticity* (New York: Holt, Rinehart & Winston, 1965), p. 167.
37. J. Hinton, "The Influence of Previous Personality on Reactions to Having Terminal Cancer," *Omega* (1975) 6:95–111.
38. F. Nietzsche, cited in N. Brown, *Life Against Death* (New York: Vintage Books, 1959), p. 107.
39. H. Searles, "Schizophrenia and the Inevitability of Death," *Psychiatric Quarterly* (1961) 35:631–655.
40. Montaigne, *Complete Essays*, p. 268.
41. Whelan and Warren, "Death Awareness Workshop."
42. D. Kaller, "An Evaluation of a Self–Instructional Program Designed to Reduce Anxiety and Fear about Death and of the Relation of That Program to Sixteen Personal

History Variables," *Dissertation Abstracts* (May 1975) 35(11):7125–A.

43. E. Pratt, "A Death Education Laboratory as a Medium for Influencing Feelings Toward Death," *Dissertation Abstracts* (1974) 4026(B).
44. Laube, "Death and Dying Workshop."
45. Murray, "Death Education."

제6장

1. J. Sartre, *Being and Nothingness*, trans. Hazel Barnes (New York: Philosophical Library, 1956), p. 633.
2. J. Sartre, *Nausea*, trans. Hazel Barnes (New York: New Direction, 1964), pp. 126–130.
3. *The Encyclopedia of Philosophy*, ed. P. Edwards, vol. IV (New York: Macmillan and Free Press, 1967), p. 308.
4. J. Russel, "Sartre, Therapy, and Expanding the Concept of Responsibility," *American Journal of Psychoanalysis* (1978) 38:259–269.
5. Sartre, *Being and Nothingness*, p. 566.
6. Sartre, cited in D. Follesdal, "Sartre on Freedom," in *Library of Living Philosophers*, ed. Paul Schilpp (Evanston: Northwestern University Press), forthcoming.
7. *Encyclopedia of Philosophy*, vol. V, pp. 416–419.
8. E. Fromm, *Escape from Freedom* (New York: Holt, Rinehart & Winston, 1941).
9. R. Kogod, oral communication, 1974.
10. V. M. Gatch and M. Temerlin, "Belief in Psychic Determinism and the Behavior of the Psychotherapist," *Review of Existential Psychology and Psychiatry* (1965) 5:16–35.
11. M. Mazer, "The Therapeutic Function of the Belief in Will," *Psychiatry* (1960) 23:45–52.
12. F. Perls, cited in J. Russel, "Sartre, Therapy."
13. F. Perls and P. Baumgardner, *Legacy from Fritz* (Palo Alto, Calif.: Science and Behavior Books, 1975), pp. 45–46.
14. A. Levitsky and F. Perls, "The Rules and Games of Gestalt Therapy," in *Gestalt Therapy Now*, ed. J. Fagan and Irma Lee Shepherd (Palo Alto: Science and Behavior Books, Inc., 1973), p. 143.
15. Ibid., p. 98.
16. F. Perls, *Gestalt Therapy Verbatim* (New York: Bantam Books, 1969), p. 80.
17. V. Frankl, *The Will to Meaning* (Cleveland, O.: New American Library, 1969), pp. 101–107.
18. J. Haley, *Uncommon Therapy: The Psychiatric Techniques of Milton Erickson* (New York: W. W. Norton, 1973); and P. Watzlawick, J. Beavin, and D. Jackson, *Pragmatics of Human Communication* (New York: W. W. Norton, 1967).
19. Perls and Baumgardner, *Legacy from Fritz*, p. 117.
20. F. Perls, *Gestalt Therapy Verbatim*, p. 79.
21. Ibid., pp. 69–70.
22. Perls and Baumgardner, *Legacy from Fritz*, p. 44.
23. Ibid., p. 44–45.
24. Perls, *Gestalt Therapy Verbatim*, p. 79.
25. R. Drye, R. Goulding, and M. Goulding, "No

Suicide Decision: Patient Monitoring of Suicidal Risk," *American Journal of Psychiatry* (1973) 130:171–174.
26. H. Kaiser, *Effective Psychotherapy: The Contribution of Hellmuth Kaiser*, ed. L. Fierman (New York: Free Press, 1965).
27. Ibid., p. 135.
28. Ibid., p. 126.
29. Ibid., p. 129.
30. H. Kaiser, "The Problem of Responsibility in Psychotherapy," *Psychiatry* (1955) 18:205–211.
31. Kaiser, *Effective Psychotherapy: The Contribution of Hellmuth Kaiser*, pp. 159ff.
32. Ibid., pp. 172–202.
33. W. Dyer, *Your Erroneous Zones* (New York: Avon Books, 1977).
34. Ibid., p. 14.
35. W. Dyer, *Pulling Your Own Strings* (New York: Funk & Wagnalls, 1978).
36. G. Weinberg, *Self–Creation* (New York: Avon Books, 1978).
37. Dyer, *Your Erroneous Zones*, pp. 194–196.
38. Ibid., pp. 214–215.
39. A. Lazarus and A. Fay, *I Can If I Want To* (New York: William Morrow, 1975).
40. N. Lande, *Mindstyles Lifestyles* (Los Angeles: Price, Stern, Sloan, 1976), pp. 135–146.
41. A. Bry, *EST–60 Hour That Transform Your Life* (New York: Harper & Row, 1976), pp. 49–50.
42. Ibid., p. 53.
43. L. Rhinehart, *The Books of EST* (New York: Holt, Rinehart & Winston, 1976), pp. 142–144.
44. Bry, *EST*, p. 59.
45. Rhinehart, *The Books of EST*, pp. 144–145.
46. Bry, *EST*, p. 61.
47. Ibid., p. 71.
48. Ibid., pp. 72–73.
49. Ibid., p. 73.
50. Ibid., p. 72.
51. Ibid., p. 76.
52. Ibid., pp. 72–73.
53. Ibid., p. 128.
54. Ibid., p. 129.
55. S. Fenwick, *Getting It: The Psychology of EST* (New York: J. P. Lippincott, 1976), p. 181.
56. R. Ryckman and M. Sherman, "Relationship between Self–Esteem and Internal–External Locus of Control," *Psychological Report* (1973) 32:1106; and B. Fish and S. Karabenich, "Relationships between Self–Esteem and Locus of Control," *Psychological Reports* (1971) 29:784–787.
57. D. Kilpatrick, W. Dubin, and D. Marcotte, "Personality, Stress of the Medical Education Process and Changes in Affects Mood State," *Psychological Reports* (1974) 3:1215–1223.
58. F. Melgas and A. Weisz, "The Personal Future and Suicidal Ideation," *Journal of Nervous and Mental Disease* (1971) 153:244–250; and H. Lefcourt, *Locus of Control* (New Jersey: Lawrence Erlbaum 1976), p. 148.
59. J. Rotter, "Generalized Expectancies for Internal vs. External Control of Reinforcement," *Psychological Monographs* (1966) 80(1, whole #609) 7, 61, 166.
60. J. Easterbrook, *The Determinants of Free Will* (New York: Academic Press, 1978), p. 26.
61. M. Harrow and A. Ferrante, "Locus of Control

in Psychiatric Patients," *Journal of Consulting and Clinical Psychology* (1969) 33:582–589; and R. Cromwell, "Description of Parental Behavior in Schizophrenic and Normal Subjects," *Journal of Personality* (1961) 29:363–379.

62. J. Shybutt, "Time Perspective, Internal vs. External Control and Severity of Psychological Disturbance," *Journal of Clinical Psychology* (1968) 24:312–315; and C. Smith, M. Pryer and M. Distefano, "Internal–External Control and Severity Emotional Impairment," *Journal of Clinical Psychology* (1971) 27:449–450.

63. C. Fersten, "A Functional Analysis of Depression," *American Psychologist* (1973) 28:857–870; P. Lewinsohn, cited in Lefcourt, *Locus of Control;* W. Miller and Seligman, " Depression and the Perception of Reinforcement," *Journal of Abnormal Psychology* (1973) 82:62–73; and L. Abramson and H. Sackeim, "A Paradox in Depression: Uncontrollability and Self–Blame," *Psychological Bulletin* (1977) 84:838–852.

64. M. Seligman, *Helplessness: On Depression, Development and Death* (San Francisco: W. h. Freeman, 1975).

65. M. Seligman and S. Maier, "Failure of Escape Traumatic Shock,: *Journal of Experimental Psychology* (1967) 74:1–9; and J. Overmier and M Seligman, "Effects of Inescapable Shock upon Subsequent Escape," *Journal of Comparative and Physiological Psychology* (1967) 63:23–33.

66. D. Hiroto, "Locus of Control and Learned Helplessness," *Journal of Experimental Psychology* (1974) 102:187–193.

67. D. Hiroto and M. Seligman, "Generality of Learned Helplessness in Man," *Journal of Personality of Social Psychology* (1975) 31:311–327.

68. D. Klein and M. Seligman, "Reversal of Performance Deficits and Perceptual Deficits in Learned Helplessness and Depression," *Journal of Abnormal Psychology* (1976) 85:11–26.

69. W. Miller and M. Seligman, "Depression and the Perception of Reinforcement," *Journal of Abnormal Psychology* (1973) 82:62–73.

70. Abramson and Sackeim, "A Paradox."

71. A. Beck, *Depression: Clinical, Experimental and Theoretical Aspects* (New York: Harper & Row, 1967).

72. Abramson and Sackeim, "A Paradox."

73. Lefcourt, *Locus of Control,* pp. 96–109; and J. Phares, *Locus of Control in Personality* (Morristown, N.J.: General Learning Press, 1976), pp. 144–156.

74. Phares, *Locus of Control*; and C. Crandall, W. Katkovsky, and V. Crandall, "Children' s Beliefs in Their Own Control of Reinforcement in Intellectual–Academic Situations," *Child Development* (1965) 36:91–109.

75. J. Gillis and R. Jessor, "Effects of Brief Psychotherapy on Belief in Internal Control," *Psychotherapy: Research and Practice* (1970) 7:135–137.

76. P. Dua, "Comparison of the Effects of Behaviorally Oriented Action and Psychotherapy Reeducation on Intraversion–Extraversion, Emotionality, and Internal vs.

External Control," *Journal of Counseling Psychology* (1970) 17:567–572.

77. S. Nowick and J. Bernes, "Effects of a Structured Camp Experience on Locus of Control," *Journal of Genetic Psychology* (1973) 122:247–252.

78. M. Foulds, "Change in Locus of Internal–External Control," *Comparative Group Studies* (1971) 2:293–300; M. Foulds, J. Guinan, and R. Warehine, "Marathon Group: Change in Perceived Locus of Control," *Journal of College Student Personnel* (1974) 15:8–11; and M. Dianard and J. Shapiro, "Change in Locus of Control as a Function of Encounter Group Experiences," *Journal of Abnormal Psychology* (1973) 82:514–518.

79. I. Yalom, *Theory and Practice of Group Psychotherapy* (New York: Basic Books, 1975), pp. 77–98.

80. D. York and C. Eisman, unpublished study.

81. J. Dreyer, University of West Virginia, Unpublished study.

82. M. Lieberman, N. Solow, G. Bond, and J. Reibstein, "The Psychotherapeutic Impact of Woman' s Consciousness–raising Groups," *Archives of General Psychology* (1979) 36:161–168.

83. L. Horowitz, "On the Cognitive Structure of Interpersonal Problems Treated in Psychotherapy," *Journal of Consulting and Clinical Psychology* (1979) 47:5–15.

84. G. Helweg, cited in J. Phares, *Locus of Control*, p. 169.

85. R. Jacobsen, cited in Phares, *Locus of Control*, p. 169.

86. K. Wilson, cited in in Phares, *Locus of Control*, pp. 169–70.

87. M. Lieberman, I. Yalom, and M. Miles, *Encounter Groups: First Facts* (New York: Basic Books, 1973).

88. B. Skinner, cited in A. Bandura, *Social Learning Theory* (Englewood Cliffs, N. J.; Prentice Hall, 1977), p. 203.

89. L. Binswanger, *Sigmund Freud: Reminiscences of a Friendship*, trans. N. Guterman, (New York: Grune & Stratton, 1957) p. 90.

90. A. Bandura, "Presidential Address," delivered at the meeting of the American Psychological Association, New Orleans, August 1974.

91. Ibid.; and A. Bandura, "The Self System in Reciprocal Determinism," *American Psychologist* (1978) 33(4):344–358.

92. Bandura, "Presidential Address," p. 633.

93. Epictetus, cited in H. Arendt, *Willing–The Life of the Mind*, vol. II (New York: Harcourt Brace Jovanovich, 1978) p. 29.

94. Sartre, *Being and Nothingness*, p. 629.

95. S. Freud, *The Psychopathology of Everyday Life*, vol. VI in *Standard Edition* (London: Hogarth Press, 1960; originally published 1901), pp. 178–188.

96. O. Simonton, S. Matthews–Simonton, and J. Crieghton, *Getting Well Again* (Los Angeles: J. P. Tarcher, 1978).

97. I. Yalom and C. Greaves, "Group Therapy with the Terminally Ill," *American Journal of Psychiatry*, (1977) 134(4):396–400; and D. Spiegel and I. Yalom, "Cancer Group,"

International Journal of Group Psychotherapy (1978) 28(2):233–245.

98. I. Janis, *Psychological Stress* (New York: John Wiley, 1958).
99. V. Frankl, oral communication, 1972.
100. Yalom and Greaves, "Group Therapy"; and Spiegel and Yalom, "Cancer Group,"
101. S. Freud, "New Introductory Lectures on Psychoanalysis," vol. XXII in *Standard Edition* (London: Hogarth Press, 1964; originally published 1933), p. 66.
102. M. Buber, "Guilt and Guilt Feelings," *Psychiatry* (1957) 20:114–129.
103. M. Heidegger, *Being and Time*, trans. J. Macquarrie and E. Robinson (New York: Harper & Row, 1962), p. 327.
104. Ibid., p. 329.
105. Ibid., p. 330.
106. P. Tillich, *The Courage to Be* (New Haven, Conn.: Yale University Press, 1952), p. 52.
107. S. Kierkegaard, *The Sickness Unto Death* (New York: Doubleday, 1941), pp. 186–187.
108. M. Friedman, introduction to M. Buber, *Between Man and Man* (New York: Macmillan, 1965), p. xix.
109. O. Rank, *Will Therapy and Truth and Reality* (New York: Alfred A. Knopf, 1945).
110. R. May, ed., *Existential Psychology* (New York: Random House, 1969), p. 19.
111. R. May, *Art of Counseling* (Nashville, Tenn.: Abingdon Press, Apex Books, 1967), p. 70.
112. R. May, E. Angel, and H. Ellenberger, eds., *Existence* (New York: Basic Books, 1958), p. 52.
113. A. Maslow, *Toward a Psychology of Being* (Princeton N.J.: D. Van Nostrand, 1962), p. 5.
114. M. Buber, *The Knowledge of Man* (New York: Harper & Row, 1965), pp. 121–148.
115. G. Murphy, *Human Potentialities* (New York: Basic Books, 1958).
116. E. Fromm, *Man for Himself* (New York: Rinehart, 1974).
117. C. Buhler, "Maturation and Motivation," *Dialectica* (1951) 5:312–361.
118. G. Allport, *Becoming* (New Haven, Conn.: Yale University Press, 1955).
119. C. Rogers, *On Becoming a Person* (Boston: Houghton Mifflin, 1961).
120. C. Jung, *Modern Man in Search of a Soul* (New York: Harcourt, 1933).
121. Maslow, *Psychology of Being*, pp. 19–41.
122. K. Horney, *Neurosis and Human Growth* (New York: W. W. Norton, 1950).
123. Ibid., p. 17.
124. Maslow, *Psychology of Being*, pp. 3–4.
125. J. S. Mill, cited in Arendt, *Willing*, p. 9.
126. St. Augustine, cited in Arendt, *Willing*, p. 98.
127. F. Kafka, *Tagebucher 1910–1923* (Germany: S. Fischer Verlag; New York: Schocken, 1948), p. 350.
128. F. Kafka, *The Trial* (New York: Modern Library, Random House, 1956), pp. 247–278.
129. J. Heuscher, "Inauthenticity, Flight from Freedom, Despair," *American Journal of Psychoanalysis* (1976) 36:331–337.
130. Kafka, *The Trial*, p. 266.
131. Kafka, cited in M. Buber, *The Knowledge of Man* (New York: Harper & Row, 1965) p. 143.
132. Buber, *Knowledge of Man*, p. 143.

133. Heuscher, "Inauthenticity."

134. Ibid.

135. S. Kierkegaard, cited in R. May, *The Meaning of Anxiety*, rev. ed. (New York: W. W. Norton, 1977) p. 40.

제7장

1. A. Wheelis, "The Place of Action in Personality Change," *Psychiatry* (1950) 13:135–148.

2. A. Wheelis, "Will and Psychoanalysis," *Journal of Psychoanalytic Association* (1956) 4:285–303.

3. Ibid.

4. E. Jones, *The Life and Work of Sigmund Freud,* vol. I (New York: Basic Books, 1953), p. 41.

5. S. Freud, cited in R. May, *Love and Will* (New York: W. W. Norton, 1969), p. 183.

6. May, *Love and Will,* p. 183.

7. S. Freud, *The Ego and the Id,* vol. XIX in *Standard Edition* (London: Hogarth Press, 1961, originally published in 1923), p. 50.

8. May, *Love and Will,* p. 198.

9. T. Hobbes, cited in H. Arendt, *Willing,* vol. II in *The Life of Mind* (New York: Harcourt Brace Jovanovich, (1978), p. 23.

10. B. Spinoza, *The Chief Works,* ed. R. H. Elwes, vol. II (New York: Dover, 1951), p. 390.

11. May, *Love and Will,* pp. 197–198.

12. Aristotle, cited in Arendt, *Willing,* pp. 15–18.

13. Arendt, *Willing,* p. 32.

14. I. Kant, cited in Arendt, *Willing,* p. 6.

15. L. Farber, *The Ways of the Will* (New York: Basic Books, 1966), p. 27.

16. Wheelis, "Will and Psychoanalysis."

17. S. Arieti, *The Will to Be Human* (New York: Quadrangle Books, 1972), p. 2.

18. Wheelis, "Will and Psychoanalysis."

19. Arendt, *Willing,* p. 15.

20. A. Schopenhauer, *The World as Will and Representation* (Indian Hills, Col.: Falcon' s Wing Press, 1958).

21. F. Nietzsche, cited in Arendt, *Willing,* p. 161.

22. Aristotle, cited in Arendt, *Willing,* p. 16.

23. Arendt, *Willing,* p. 13; and May, *Love and Will,* p. 243.

24. W. James, *Psychology* (Greenwich, Conn.: Fawcett, 1963), pp. 376–380.

25. E. Becker, *Denial of Death* (New York: Free Press, 1973).

26. O. Rank, *Will Therapy and Truth and Reality* trans. J. Traft, (New York: Alfred A. Knopf, 1945).

27. Ibid., p. 111.

28. Ibid., p. 24.

29. Ibid., p. 28.

30. O. Rank, "The Training of the Will and Emotional Development," *Journal of Otto Rank Associates,* (December 1967) 3:51–74.

31. Ibid., p. 68.

32. Ibid., p. 68.

33. Ibid., p. 69.

34. Rank, *Will Therapy,* p. 230.

35. Ibid., p. 7.

36. Ibid., p. 9.

37. Ibid., p. 12.

38. Ibid., p. 8.
39. Ibid., p. 11.
40. S. Tomkins, cited in R. May, *Love and Will* (New York: W. W. Norton, 1969), p. 194.
41. Wheelis, "Will and Psychoanalysis."
42. Rank, *Will Therapy,* p. 16.
43. Ibid., p. 56.
44. L. Farber, *The Ways of the Will* (New York: Basic Books, 1966).
45. Ibid., p. 8.
46. Ibid., p. 15.
47. May, *Love and Will,* p. 197.
48. Ibid., p. 211.
49. Ibid., p. 243.
50. Ibid., p. 211.
51. S. Freud, *Interpretation of Dreams,* vol. V in *Standard Edition* (London: Hogarth Press, 1953; originally published in 1900), pp. 565–570.
52. Ibid., pp. 550–572.
53. May, *Love and Will,* p. 210.
54. Ibid., p. 211.
55. Ibid., p. 218.
56. Ibid.
57. Rank, *Will Therapy,* p. 12.
58. H. Arendt, *Willing,* p. 158.
59. E. Keen, cited in May, *Love and Will,* p. 268.
60. May, *Love and Will,* p. 165.
61. J. Nemiah, "Alexithymia and Psychosomatic Illness." *Journal of Continuing Education and Psychiatry* (October 1978) pp. 25–38.
62. S. Freud, *Studies on Hysteria,* vol. II in *Standard Edition* (London: Hogarth Press, 1955; originally published, 1895).
63. I. Yalom, *Theory and Practice of Group Psychotherapy* (New York: Basic Books, 1975), pp. 77–79.
64. S. Rose, "Intense Feeling Therapy," in *Emotional Flooding,* ed. P. Olsen (New York: Penguin Books, 1977), pp. 80–96.
65. T. Stampfl and D. Lewis, "Essentials of Implosive Therapy," *Journal of Abnormal Psychology* (1967) 6:496–503.
66. A. Lowen, *Bioenergetics* (N.Y.: Coward, McCann & Geoghegan, 1975).
67. P. Olsen, *Emotional Flooding,* p. 77.
68. A. Janov, *The Primal Scream* (New York: G. P. Putnam, 1970).
69. J. P. Sartre, *The Age of Reason* (New York: Alfred A. Knopf, 1952), p. 144.
70. I. Yalom, Bloch, et al., "The Impact of a Weekend Group Experience on Individual Therapy." *Archives of General Psychiatry* (1977) 34:399–415.
71. D. Hamburg, oral communication, 1968.
72. F. Alexander and T. French, *Psychoanalytic Theory: Principles and Applications* (New York: Ronald Press, 1946).
73. F. Perls, *The Gestalt Approach and Eye-Witness to Therapy* (Palo Alto, Calif.: Science and Behavior Books, 1973), p. 63.
74. Ibid., pp. 63–64.
75. Ibid., p. 68.
76. Ibid., pp. 73–74.
77. Ibid., p. 78.
78. F. Perls, *Gestalt Therapy Verbatim* (Toronto, New York and London: Bantam Books, 1971), p. 1.
79. E. Pohlster and M. Pohlster, *Gestalt Therapy*

Integrated (New York: Brunner Maxel, 1973), p. 229.

80. May, *Love and Will*, p. 216.
81. J. Bugental, "Intentionality and Ambivalence," in *William James: Unfinished Business*, ed. R. MacLoed (Washington, D.C.: American Psychological Association, 1969), pp. 93–98.
82. Ibid.
83. M. Heidegger, *Being and Time*, trans. J. Macquarrie and E. Robinson (New York: Harper & Row, 1962), p. 158.
84. A. Camus, *The Fall and Exile in the Kingdom* (New York: Modern Library, 1965), p. 63.
85. S. Beckett, *En Attendant Godot* (Paris: Les Editions de Minuit, 1952); my translation.
86. W. James, *Principles of Psychology* (Greenwich, Conn.: Fawcett, 1963), chap. 26, pp. 365–401.
87. R. Goulding, "New Directions in Transactional Analysis: Creating an Environment for Redecision and Change," in *Progress in Group and Family Therapy*, eds. C. Sager and H. Kaplan (New York: Brunner Mazel, 1972), pp. 105–134.
88. J. Dusay and C. Steiner, "Transactional Analysis in Groups," in *Comprehensive Group Therapy*, eds. H. Kaplan and B. Sadock (Baltimore: Williams & Wilkins, 1971), pp. 198–240.
89. Goulding, "New Directions," pp. 110–112.
90. E. Erikson, *Childhood and Society*, 2nd ed. (New York: W. W. Norton, 1963).
91. J. Gardner, *Grendel* (New York: Ballantine Books, 1971), p. 115.
92. F. Estess, oral communication, 1977.
93. Heidegger, *Being and Time*, p. 310.
94. Wheelis, "Will and Psychoanalysis."
95. *Encyclopedia of Philosophy*, vol. I, p. 428.
96. E. Menaker, "Will and the Problem of Masochism," *Journal of Contemporary Psychotherapy* (1969), 1:186–226.
97. E. Jones and H. Gerard, *Foundations of Social Psychology* (New York: John Wiley, 1967), pp. 186–226.
98. L. Festinger, *A Theory of Cognitive Dissonance* (Evanston, Ill.: Row, Peterson, 1957).
99. Jones and Gerard, *Social Psychology*, pp. 193–194.
100. L. Rhinehart, *The Dice Man* (New York: William Morrow, 1971).
101. J. Bugental, "Someone Needs to Worry: The Existential Anxiety of Responsibility and Decision," *Journal of Contemporary Psychotherapy* (1967) 2:41–53.
102. R. White, "Motivation Reconsidered," *The Psychological Review* (1959) 66:297–333.
103. K. Horney, *Neurosis and Human Growth* (New York: W. W. Norton, 1950).
104. Ibid., p. 17.
105. H. Greenwald, *Decision Therapy* (New York: Peter Wyden, 1973), p. 154.
106. Farber, *Ways of the Will*, p. 450.
107. Greenwald, *Decision Therapy*, p. 22.
108. Ibid., p. 38.
109. May, *Love and Will*, pp. 236–237.
110. J. Frank, "Emotional Reaction of American Soldiers to an Unfamiliar Disease," *Archives of General Psychiatry* (1967) 17:416–427.
111. M. Leiberman, I. Yalom, and M. Miles,

Encounter Groups: First Facts (New York: Basic Books, 1973), pp. 365–367.
112. R. Nisbett and T. Wilson, "Telling More Than We Can Know: Verbal Reports on Mental Process," *Psychological Reviews* (1977) 84:231–258.
113. Yalom, *Group Psychotherapy*, pp. 440–45.
114. S. Freud, "Construction in Analysis," vol. XXIII in *Standard Edition* (London: Hogarth Press, 1964; originally published in 1937), p. 259.
115. Ibid., p. 266.
116. Rank, *Will Therapy*, p. 44.
117. M. Gatch and M. Temerlin, "Belief in Psychic Determinism and the Behavior of the Psychotherapist," *Review of Existential Psychology and Psychiatry*, (1965) 5:16–35.
118. Rank, *Will Therapy*, p. 36.
119. E. Goffman, "The Moral Career of the Mental Patient," *Psychiatry* (1959) 22:123–142.
120. C. Rycroft, *Psychoanalysis Observed* (London: Constable, 1966), p. 18.

제8장

1. M. Heidegger, *Being and Time*, trans. J. Macquarrie and E. Robinson (New York: Harper & Row, 1962), p. 57.
2. S. Freud, "Inhibitions, Symptoms and Anxiety," vol. XX in *Standard Edition* (London: Hogarth Press, 1959; originally published in 1929), pp. 119–23.
3. P. Mullahy, *Psychoanalysis and Interpersonal Psychiatry: The Contribution of Harry Stack Sullivan* (New York: Science House, 1970), p. 137.
4. C. Rogers, "The Loneliness of Contemporary Man as Seen in the Case of Ellen West," in *Review of Existential Psychology and Psychiatry* (1961) 1:94–101.
5. I. Yalom, *Theory and Practice of Group Psychotherapy*, 2nd ed. (New York: Basic Books, 1975), p. 80.
6. Rogers, "Loneliness of Contemporary Man"; F. Fromm-Reichman, "Loneliness," *Psychiatry* (1959) 22:1–16; H. Leiderman, "Intervention," *Psychiatry Clinics* (1969) 6:1557–1574; E. Josephson and M. Josephson, *Man Alone* (New York: Dell Books, 1962); J. Rubins, "On the Psychopathology of Loneliness," *American Journal of Psychoanalysis* (1964) 24:153–165; D. Reisman, R. Denny, and N. Glaser, *The Lonely Crowd* (New Haven, Conn.: Yale University Press, 1950); G. Moustakas, *Loneliness* (New York: Prentice-Hall, 1961); M. Wood, *Path of Loneliness* (New York: Columbia University Press, 1953); A. Wenkert, "Regaining Identity through Relatedness," *American Journal of Psychoanalysis* (1961) 22:227–233; and W. Willig, "Discussion of A. Wenker paper," *American Journal of Psychoanalysis* (1961) 22:236–239.
7. T. Wolfe, *Look Homeward, Angel* (New York: Charles Scribner, 1929), p. 31.
8. Heidegger, *Being and Time*, p. 284.
9. M. Abrams et al., eds., Everyman, in *The*

Norton Anthology of English Literature, vol. I (New York: W. W. Norton, 1962), pp. 281–303.

10. E. Fromm, *The Art of Loving,* (New York: Bantam Books, 1956), p. 7.
11. A. Camus, "La Mort dans l' âme," in *L' Envers et l' endroit* (Paris: Librairie Gallimard, 1937), pp. 87–88; passage translated by Marilyn Yalom.
12. R. Frost, "Desert Places," in *Complete Poems of Robert Frost* (New York: Henry Holt, 1949), p. 386.
13. K. Reinhardt, *The Existential Revolt* (New York: Frederick Ungar, 1952), p. 235.
14. Heidegger, *Being and Time,* p. 233.
15. Ibid., p. 393.
16. H. Drefuss, "Commentary on Being and Time," unpublished manuscript, 1977.
17. F. Nietzsche, cited in M. Heidegger, *An Introduction to Metaphysics* (New York: Anchor Books, 1961), p. 29.
18. L. Fierman, ed., *Effective Psychotherapy: The Contributions of Hellmuth Kaiser* (New York: Free Press, 1965), p. 126.
19. E. Fromm, *Escape From Freedom* (New York: Holt, Rinehart & Winston, 1941), p. 29.
20. O. Rank, *Will Therapy and Truth and Reality,* trans. J. Taft (New York: Alfred A. Knopf, 1945), p. 123.
21. J. Bugental, *The Search for Authenticity* (New York: Holt, Rinehart & Winston, 1965), p. 309.
22. M. Buber, *Between Man and Man* (New York: Macmillan, 1965), p. 11.
23. Ibid., p. 175
24. M. Buber, *I and Thou* (New York: Charles Scribner, 1970), p. 69.
25. Ibid., pp. 76–79.
26. Buber, *Between Man and Man,* p. xx.
27. Buber, *I and Thou,* p. 54.
28. Ibid., p. 58.
29. Ibid., p. 62.
30. Buber, *Between Man and Man,* pp. 22–23.
31. Ibid., p. 19.
32. Ibid., p. 23.
33. V. Frankl, "Encounter: The Concept and Its Vulgarization," *Journal of the American Academy of Psychoanalysis* (1973) 1:73–83.
34. Buber, *Between Man and Man,* p. 19.
35. Ibid., pp. 13–14.
36. Buber, *I and Thou,* pp. 84–85.
37. Hillel, cited in Buber, *I and Thou,* p. 85 n.
38. M. Buber, *Between Man and Man,* pp. 1–2.
39. A. Maslow, *Toward A Psychology of Being* (New York: D. Van Nostrand, 1968), pp. 21–22.
40. Ibid., p. 35.
41. Ibid., p. 36.
42. Ibid., pp. 42–43.
43. E. Fromm, *Art of Loving* (New York: Bantam Books, 1963).
44. Ibid., p. 7.
45. Ibid., p. 15.
46. Ibid., p. 17.
47. Ibid., p. 34.
48. Ibid., p. 18.
49. E. Fromm, *Man for Himself* (New York: Fawcett World Library, 1969), pp. 68–122.
50. Fromm, *Art of Loving,* pp. 21–22.

51. Buber, *I and Thou,* p. 67.
52. Fromm, *Art of Loving,* p. 61.
53. Ibid., p. 39.
54. S. Kierkegaard, *Fear and Trembling/The Sickness unto Death,* trans. W. Lowrie (Garden City, N.Y.: Doubleday, Anchor, 1954), p. 177.
55. L. Carroll, cited in J. Solomon, "Alice and the Red King," *International Journal of Psychoanalysis* (1963) 44:64–73.
56. I. Yalom, *Theory and Practice of Group Therapy* (New York: Basic Books, 1975), pp. 440–445.
57. A. Arieti, "Psychotherapy of Severe Depression," *American Journal of Psychiatry* (1977) 134:864–868.
58. L. Fierman, ed., *Effective Psychotherapy: The Contribution of Hellmuth Kaiser,* op. cit., p. 131.
59. Ibid., p. 110.
60. K. Bach, *Exit–Existentialism* (Belmont, Calif.: Wadsworth, 1973), p. 28.
61. S. Kierkegaard, *Fear and Trembling/The Sickness unto Death,* p. 175.
62. Fierman, *Effective Psychotherapy,* p. 120.
63. Fromm, *Escape from Freedom,* p. 158.
64. S. Freud, *The Psychopathology of Everyday Life,* vol. VI in *Standard Edition* (London: Hogarth Press, 1960; originally published 1901), p. 158.
65. E. Greenspan, " Fantasies of Women Confronting Death," *Journal of Consulting Psychology* (1975) 29:252–260.
66. V. Soloviev, cited in E. Becker, *Angel in Armor* (New York: George Braziller, 1969), p. 5.
67. S. Kierkegaard, *Either/Or,* vol. I., trans. D. Swanson and L. Swanson (Princeton, N.J.: Princeton University Press, 1944), pp. 297–443.
68. Buber, *Between Man and Man,* pp. 29–30.
69. M. Buber, *The Knowledge of Man* (New York: Harper Torchbook, 1965), p. 77.
70. A. Camus, *A Happy Death* (New York: Alfred A. Knopf, 1972), pp. 81–82.

제9장

1. B. Russell, *The Autobiography of Bertrand Russell* (London: Allen & Unwin, 1975), p. 209.
2. Ibid., p. 146.
3. I. Yalom, *Theory and Practice of Group Psychotherapy* (New York: Basic Books, 1975), pp. 78–83.
4. A. Whitehead, *Religion in the Making* (London: Cambridge University Press, 1962), p. 16.
5. E. Fromm, *The Art Of Loving* (New York: Bantam Books, 1963), p. 47.
6. Moustakas, *Loneliness* (New York: Prentice–Hall, 1961), p. 47.
7. A. Camus, cited in M. Charlesworth, *The Existentialists and Jean–Paul Sartre* (Brisbane, Australia: University of Queensland Press, 1975), p. 5.
8. R. Hobson, "Loneliness," *Journal of Analytic Psychology* (1974) 19:71–89.
9. R. Bollendorf, unpublished doctoral dissertation, Northern Illinois University, 1976.
10. O. Will, oral communication, child psychiatry grand rounds, Stanford University, Department

of Psychiatry, 1978.

11. L. Sherby, "The Use of Isolation in Ongoing Psychotherapy," *Psychotherapy: Theory, Research and Practice,* (1975) 12:173–174.

12. I. Yalom, et al., "The Impact of a Weekend Group Experience on Individual Therapy," *Archives of General Psychiatry* (1977) 34:399–415.

13. C. Truax and K. Mitchell, "Research on Certain Therapist Interpersonal Skills in Relation to Process and Outcome," in *Handbook of Psychotherapy,* A. Bergin and S. Garfield, eds. (New York: John Wiley, 1971), pp. 299–344; C. Rogers, "Empathic: An Unappreciated Way of Being," *Counseling Psychologist* (1975) 5(2):2–10; C. Truax and R. Cark–huff, *Toward Effective Counseling and Psychotherapy: Training and Practice* (Chicago: Aldine, 1967); G. Barrett–Lennard, "Dimensions of Therapist Response as Causal Factors in Therapeutic Change," *Psychological Monographs* 76, no. 43 (whole no. 562), 1962; E. Fieder, " A Comparison of Therapeutic Relationships in Psychoanalytic, Non–Directive and Adlerian Therapy," *Journal of Consulting Psychology* (1950) 14:436–445; A. Bergin and L. Jasper, "Correlates of Empathy in Psychotherapy: A Replication," *Journal of Abnormal Psychology* (1969) 74:477–481; and A. Bergin and S. Solomon, "Personality and Performance Correlates of Empathic Understanding in Psychotherapy," in J. Hart and T. Tomlinson, eds., *New Directions in Client–Centered Therapy* (Boston: Houghton Mifflin, 1970), pp. 223–236.

14. S. Standal and R. Corsini, eds., *Critical Incidents in Psychotherapy* (Englewood Cliffs, N. J.: Prentice Hall, 1959).

15. Ibid., p. 3.

16. Ibid., p. 41.

17. Ibid., p. 67.

18. Ibid., p. 90.

19. Ibid., p. 158.

20. Ibid., p. 178.

21. S. Freud, *Studies on Hysteria,* vol. II in *Standard Edition* (London: Hogarth Press, 1964, originally published in 1895).

22. M. Buber, *The Knowledge of Man,* trans. M. Friedman and R. Smith (New York: Harper Torchbooks, 1965), p. 81.

23. Ibid., p. 82.

24. I. Yalom and G. Elkin, *Every Day Gets a Little Closer: A Twice–Told Therapy* (New York: Basic Books, 1974).

25. H. Kaiser, *Effective Psychotherapy: The Contribution of Hellmuth Kaiser,* ed. L. Fierman (New York: Free Press, 1965), p. 152.

26. K. Fisher, "Ultimate Goals in Therapy," *Journal of Existentialism: The International Quarterly of Existential Thought* (1967) 7:215–232.

27. M. Buber, *The Knowledge of Man* (New York: Harper Torchbooks, 1965), pp. 171–172.

28. C. Sequin, *Love and Psychotherapy* (New York: Libra, 1965), p. 113.

29. Ibid., p. 121.

30. Buber, *Knowledge of Man,* p. 82.

31. M. Buber, *I and Thou,* p. 179.

32. Sequin, *Love and Psychotherapy,* p. 123.

33. M. Heidegger, *Being and Time,* (New York: Harper & Row, 1962), p. 158.
34. Buber, *Knowledge of Man,* pp. 166–184.
35. D. Rosenhan, "On Being Sane in Insane Places," *Science* (1973) 179:250–258.
36. S. Freud, *Observations on Transference–Love,* vol. XII in *Standard Edition* (London: Hogarth Press, 1958; originally published in 1915), p. 169.
37. Ibid., p. 165.
38. S. Ferenczi, cited in S. Foulkes, " A Memorandum on Group Therapy," British Military Memorandum, ADM, July 1945.
39. R. Greenson and M. Wexler, "The Non–Transference Relationship in the Psychoanalytic Situation," *International Journal of Psychoanalysis* (1969) 50:27–39.
40. A. Freud, "The Widening Scope of Indications for Psychoanalysis," discussion, *Journal of American Psychoanalytic Association* (1954) 2:607–620.
41. Greenson and Wexler, "Non–Transference Relationship."
42. Ibid.
43. Buber, *I and Thou,* pp. 84–85.

제10장

1. Anonymous, cited in H. Cantril and C. Bumstead, *Reflections on the Human Venture* (New York: New York University Press, 1960), p. 308.
2. L. Tolstoy, *My Confession, My Religion, The Gospel in Brief* (New York: Charles Scribner, 1929), p. 12.
3. Ibid., p. 13.
4. Ibid., p. 14.
5. Ibid.
6. Ibid., p. 20.
7. A. Camus, cited in A. Jaffe, *The Myth of Meaning in the Work of C. J. Jung* (London: Hodden & Stoughton, 1970), title page.
8. C. Jung, cited in Jaffe, *Myth of Meaning,* p. 130.
9. C. Jung, *Collected Works: The Practice of Psychotherapy,* vol. XVI (New York: Pantheon, Bollingen Series, 1966), p. 83.
10. V. Frankl, "The Felling of Meaninglessness: A Challenge to Psychotherapy," *American Journal of Psychoanalysis* (1972) 32:85–89; V. Frankl, *The Will to Meaning* (New York: World, 1969), p. 90; and V. Frankl, *The Doctor and the Soul* (New York: Alfred A. Knopf, 1965), p. xi.
11. S. Maddi, "The Search for Meaning," in *The Nebraska Symposium on Motivation–1970,* ed. W. Arnold and M. Page (Lincoln: University of Nebraska Press, 1970), pp. 137–186.
12. S. Maddi, "The Existential Neurosis," *Journal of Abnormal Psychology* (1967) 72:311–325.
13. B. Wolman, "Principles of International Psychotherapy" in *Psychotherapy: Theory, Research and Practice* (1975) 12: 149–159.
14. N. Hobbs, "Sources of Gain in Psychotherapy," *American Psychologist* (1962) 17:742–748.
15. *The Encyclopedia of Philosophy,* vol. IV, ed. P. Edwards, et al. (New York: Macmillan and Free Press, 1967), pp. 467–478.

16. B. Pascal, cited in V. Frankl, *The Doctor and the Soul,* 2nd ed. (New York: Alfred A. Knopf, 1965), p. 31.
17. V. Frankl, *Man's Search for Meaning* (Boston: Beacon Press, 1963), pp. 186–187.
18. *M. Maimonides, The Guide of the Perplexed,* vol. II (Chicago, London: University of Chicago Press, 1963), pp. 634–636.
19. Jung, cited in Jaffe, *Myth of Meaning,* p. 130.
20. C. Jung, *Memories, Dreams, Reflection* (New York: Pantheon Books, 1961), pp. 255–256.
21. G. Hegel, cited in Jaffe, *Myth of Meaning,* p. 145.
22. R. Rilke, *Ausgewahlte Werke,* vol. I (Leipzig: Iminsel–Verlag, 1930), p. 28; translation by Marilyn Yalom.
23. T. Mann, cited in Jaffe, *Myth of Meaning,* p. 140.
24. Teilhard de Chardin, *The Phenomenon of Man* (New York: Harper, 1959).
25. C. Merchant, *The Death of Nature: Women, Ecology and Scientific Revolution* (San Francisco: Harper & Row, 1980).
26. A. Pope, *The Selected Poetry of Pope,* ed. M. Price (New York: New American Library, 1978), p. 133.
27. T. Dobzhansky, *The Biology of Ultimate Concern* (New York: New American Library, 1967), p. 132.
28. P. Teilhard de Chardin, cited in Dobzhansky, *Biology of Ultimate Concern,* p. 137.
29. A. Camus, *The Myth of Sisyphus and Other Essays* (New York: Alfred A. Knopf, 1955).
30. A. Camus, *A Happy Death* (New York: Alfred A. Knopf, 1972).
31. A. Camus, *The Stranger* (New York: Alfred A. Knopf, 1946).
32. Camus, *Myth of Sisyphus,* p. 90.
33. A. Camus, *The Plague* (New York: Modern Library, 1948).
34. J. P. Sartre, cited in R. Hepburn, "Questions about the Meaning of Life," *Religious Studies* (1965) 1:125–140.
35. J. P. Sartre, *No Exit and Three Other Plays* (New York: Vintage Books, 1955).
36. Ibid., p. 91.
37. Ibid., p. 92.
38. Ibid.
39. Ibid., p. 94.
40. Ibid., p. 94.
41. Ibid., p. 105.
42. Ibid., p. 108.
43. Ibid., p. 121–122.
44. Ibid., p. 123.
45. Ibid., p. 124.
46. G. Allport, cited in V. Frankl, *Will to Meaning,* p. 66.
47. C. Jung, cited in Jaffe, *Myth of Meaning,* p. 146.
48. K. Jaspers, cited in Frankl, *Will to Meaning,* p. 38.
49. W. Durant, *On the Meaning of Life* (New York: Ray Long and Richard R. Smith, 1932), pp. 128–129.
50. Ibid., p. 129.
51. I. Taylor, cited in S. Maddi, "The Strenuousness of the Creative Life," in I. A. Taylor and J. W. Getzels, eds., *Perspectives in Creativity* (Chicago: Aldine, 1975), pp. 173–190.

52. L. Beethoven, cited in M. Von Andics, *Suicide and the Meaning of Life* (London: William Hodge, 1947), p. 178.
53. A. Roe, "Changes in Scientific Activities with Age," *Science* (1965) 150:313–318.
54. M. Crosby, oral communication, 1979.
55. P. Koestenbaum, *Is There and Answer to Death?* (New York: Prentice–Hall, 1976), pp. 37–38.
56. J. Brennecke and R. Amick, *The Struggle for Significance*, 2nd ed. (Beverly Hills, Calif.: Clencoe Press, 1975), pp. 9–10.
57. A. Maslow, *Toward a Psychology of Being* (N.J.: Van Nostrand, 1962), p. 147.
58. M. Buber, "The Way of Man According to the Teaching of Hasidism," in *Religion from Tolstoy to Camus*, ed. W. Kaufman (New York: Harper Torchbooks, 1961), pp. 425–441.
59. Ibid., p. 437.
60. E. Erikson, *Childhood and Society*, 2nd ed. (New York: W. W. Norton, 1963), pp. 247–274.
61. G. Vaillant, *Adaptation to Life* (Boston: Little, Brown, 1977); R. Gould, "The Phases of Adult Life: A Study in Developmental Psychology," *American Journal of Psychiatry* (1972) 129:521–31; and D. Levinson, *The Seasons of A Man's Life* (New York: Alfred A. Knopf, 1978).
62. Erikson, *Childhood*, p. 267.
63. G. Vaillant, *Adaptation*, p. 228.
64. Ibid., p. 232.
65. Ibid., p. 343.
66. N. Haan and J. Block, cited in G. Vaillant, op. cit., p. 330.
67. V. Frankl, *Man's Search for Meaning: An Introduction to Logotherapy* (New York: Pocket Books, 1963).
68. V. Frankl, oral communication, 1971.
69. Frankl, *Will to Meaning*, p. 21.
70. V. Frankl, "Self–transcendence as a Human Phenomenon," *Journal of Humanistic Psychology* (1966) 6:97–107.
71. C. Buhler, "The Human Course of Life in Its Goal Aspects," *Journal of Humanistic Psychology*, (1964) 4:1–17.
72. G. Allport, *Becoming: Basic Considerations for a Psychology of Personality* (New Haven, Conn.: Yale University Press, 1955).
73. Frankl, *Man's Search*, p. 166.
74. Frankl, "Self–transcendence."
75. W. Frankena, *Ethics* (New York: Prentice–Hall, 1973) p. 86.
76. A. Watts, *The Meaning of Happiness* (New York: Perennial Library, Harper & Row, 1940). p. vi.
77. Frankl, *Man's Search for Meaning*, p. 154.
78. A. Ungersma, *The Search for Meaning* (Philadelphia, Pa.: Westminister Press, 1961), pp. 27f.
79. Frankl, "Self–transcendence."
80. Frankl, *Man's Search for Meaning*, p. 155.
81. Ibid., p. 154.
82. Frankl, *Will to Meaning*, p. 70.
83. V. Frankl, cited in J. Fabry, *The Pursuit of Meaning* (Boston: Beacon Press, 1968). p. 40.
84. Ibid., p. 44.
85. Frankl, *Will to Meaning*, p. 21.
86. S. Bloch et al., "Outcome in Psychotherapy Evaluated by Independent Judges." *British*

Journal of Psychiatry (1977). 131:410–14; and G. Bond, et al., "The Evaluation of the 'Target Problem' Approach to Outcome Measures," *Psychotherapy: Theory, Research and Practice* (1979) 16(1): 48–54.

87. J. Gardner, doctoral dissertation, University of Chicago, 1977.
88. S. Freud, cited in Edwards, "Meaning and Value," p. 477.
89. Frankl, *Will to Meaning,* p. 84.
90. J. Crumbaugh, "Frankl' s Logotherapy: A New Orientation in Counseling," *Journal of Religion and Health* (1971) 10:373–386.
91. Ing. Alois Habinger, cited in V. Frankl, "The Feeling of Meaninglessness: A Challenge to Psychotherapy," *American Journal of Psychoanalysis* (1972) 32:85–89.
92. Maddi, "Search for Meaning" ; Maddi, "Existential Neurosis"; and S. Kobasa and S. Maddi, "Existential Personality Theory," in *Current Personality Theory,* ed. R. Corsini (Itasca, Ill.: Peacock Books, 1979).
93. S. Maddi, oral communications, 1979.
94. S. Maddi, S. Kobasa, and M. Hoover, "The Alienation Test," *Journal of Humanistic Psychology* (1979) 19(4): 73–76.
95. Maddi, "Search for Meaning."
96. J. Pike, *Beyond Anxiety* (New York: Charles Scribner, 1953).
97. J. Crumbaugh and L. Maholick, " An Experimental Study in Existentialism: The Approach to Frankl' s Concept of Noogenic Neurosis," *Journal of Clinical Psychology* (1964) 20:200–207.
98. J. Braun and G. Dolmino, "The Purpose in Life Test," in *The Seventh Mental Measurements Yearbook,* ed. O. K. Buros (Highland Park, N.J.: Gryphon Press, 1978), p. 656.
99. Ibid.
100. Ibid.
101. J. Battista and R. Almond, "The Development of Meaning in Life," *Psychiatry* (1973) 36:409–427.
102. C. Garfield, "A Psychometric and Clinical Investigation of Frankl' s Concept of Existential Vacuum and of Anomie," *Psychiatry* (1973) 36:396–408.
103. Braun and Domino, "Purpose in Life Test."
104. Ibid.
105. J. Crumbaugh, "Cross–Validation of Purpose in Life Test," *Journal of Individual Psychology,* (1968) 24:74–81.
106. M. Familetti, "A Comparison of the Meaning and Purpose in Life of Delinquent and Non–delinquent High School Boys," United States International University, *Dissertation Abstracts International* Sept. 1975 vol. 36(3–A), 1825.
107. B. Padelford, "Relationship between Drug Involvement and Purpose in Life," San Diego State University, *Journal of Clinical Psychology* (1974) 30(3):303–305.
108. Crumbaugh, "Frankl' s Logotherapy."
109. Ibid.
110. Crumbaugh, "Frankl' s Logotherapy."
111. R. Jacobson, D. Ritter, and L. Mueller, "Purpose in Life and Personal Values among Adult Alcoholics," *Journal of Clinical Psychology* (1977) 33(1):314–316.

112. B. Sheffield and P. Pearson, "Purpose in Life in a Sample of British Psychiatric Outpatients," *Journal of Clinical Psychology* (1974) 30(4):59.

113. D. Sallee and J. Casciani, "Relationship between Sex Drive and Sexual Frustration and Purpose in Life," *Journal of Clinical Psychology* (1967) 32(2):273–275.

114. J. Thomas and E. Weiner, "Psychological Differences among Groups of Critically Ill Hospitalized Patients, Noncritically Ill Hospitalized Patients and Well Controls," *Journal of Consulting and Clinical psychology* (1974) 42(2):274–279.

115. J. Crandall and R. Rasmussen, "Purpose in Life as Related to Specific Values," *Journal of Clinical Psychology* (1975) 31(3):483–485.

116. Ibid.; and D. Soderstrom and E. Wright, "Religious Orientation and Meaning in Life," *Journal of Clinical Psychology* (1977) 33(1):65–68.

117. J. McCarthy, "Death Anxiety, Intrinsicness of Religion and Purpose in Life among Nuns and Roman Catholic Female Undergraduates," *Dissertation Abstracts International* (1975) vol. 35(11–B) 5646.

118. P. Pearson and B. Sheffield, "Purpose in Life and Social Attitudes in Psychiatric Patients," *Journal of Clinical Psychology* (1975) 31(2):330–332.

119. J. Crumbaugh, Sister mary Raphael, and R. Shrader, "Frankl' s Will to Meaning in a Religious Order," *Journal of Clinical Psychology* (1970) 21(2):206–207.

120. McCarthy, op. cit.; and J. Blazer, "The Relationship between Meaning in Life and Fear of Death," *Psychology* (1973) 10(2):33–34.

121. L. Doerries, "Purpose in Life and Social Participation," *Journal of Individual Psychology,* (1970) 26(1):50–53; and R. Matteson, "Purpose in Life as Related to Involvement in Organized Groups and Certain Sociocultural Variables," *Dissertation Abstracts International* (1975) vol. 35(8–BO) 4147–4148.

122. Matteson, "Purpose in Life."

123. A. Butler and L. Carr, "Purpose in Life through Social Action," *Journal of Social Psychology* (1968) 74(2):243–250.

124. D. Sharpe and L. Viney, "Weltanschauung and the Purpose in Life Test," *Journal of Clinical Psychology* (1973) 29(4):489–491.

125. Matteson, "Purpose in Life."

126. G. Sargent, "Motivation and Meaning: Frankl' s Logotherapy in the Work Situation," *Dissertation Abstracts International* (1973) vol. 34(4–B), 1785.

127. Garfield, " Psychometric and Clinical Investigation."

128. Padelford, "Drug Involvement and Purpose in Life."

129. Crumbaugh, "Cross–Validation."

130. Sheffield and Pearson, "Purpose in Life and Social Attitudes."

131. Battista snd Almond, "Development of Meaning."

132. M. Carney and B. Sheffield, "The Effects of Pulse ECT in Neurotic and Endogenous Depression," *British Journal of Psychiatry* (1974) 125:91–94.

제 11 장

1. V. Frankl, "What Is Meant by Meaning," *Journal of Existentialism* (1966) 7:21–28.
2. Ibid.
3. C. Kluckholm, "Values and Value–Orientation in the Theory of Action," in *Toward A General Theory of Action,* ed. T. Parsons and E. Shils (Cambridge, Mass.; Harvard University Press, 1951), p. 396.
4. Ibid., pp. 388–434.
5. L. Tolstoy, *My Confession, My Religion, The Gospel in Brief* (New York: Charles Scribner, 1929), p. 20.
6. Ibid., p. 185.
7. B. Russell, *A Free Man's Worship* (Portland, Me.; T. B. Mosher, 1927).
8. E. Becker, *Escape from Evil* (New York: Free Press, 1975), p. 3.
9. V. Frankl, *Man's Search for Meaning: An Introduction to Logotherapy* (New York: Pocket Books, 1963), p. 192.
10. D. Hume, cited in A. Flew, "Tolstoi and the Meaning of Life," *Ethics* (1963) 73:110–118.
11. B. Wolman, "Principles of Interactional Psychotherapy," *Psychotherapy: Theory, Research and Practice* (1975) 12:149–159.
12. Frankl, *Man's Search,* p. 176.
13. E. Fromm, *Escape From Freedom* (New York: Holt, Rinehart & Winston, 1941), p. 13.
14. D. Suzuki, "East and West," in E. Fromm, D. Suzuki, and R. DeMartino, *Zen Buddhism and Psychoanalysis* (New York: Harper & Row, 1960), pp. 1–10.
15. Matthew 6:26 (King James' Version).
16. Luke 12:27 (King James' Version).
17. J. Brennecke and R. Amick, *The Struggle for Significance* (Beverly Hills, Calif.: Glencoe Press, 1975), p. 143.
18. W. B. Yeats, cited in R. Hepburn, "Questions about the Meaning of Life," *Religious Studies* (1965) 1:125–140.
19. Hepburn, *"Questions."*
20. B. Rajneesh, cited in B. Gunther, *Dying for enlightenment* (New York: Harper & Row, 1979).
21. V. Frankl, "Fragments from the Logotherapeutic Treatment of Four Cases," in *Modern Psychotherapeutic Practice,* ed. A. Burton (Palo Alto, Calif.: Science and Behavior Books, 1965), pp. 365–367.
22. Personal communication, 1970.
23. Frankl, *Man's Search,* pp. 143–144.
24. Ibid., pp. 368–370.
25. T. Zuehlke and J. Watkins, "The Use of Logotherapy with Dying Patients: An Exploratory Study," *Journal of Clinical Psychology* (1975) 31:729–732.
26. C. Jung, *Memories, Dreams, Reflections* (New York: Pantheon Books, 1961), pp. 139–140.
27. P. Koestenbaum, *Is There an Answer to Death* (Englewood Cliffs, N.J.: Prentice–Hall, 1976), p. 81.
28. A. Ungersma, *The Search for Meaning* (Philadelphia: Westminister Press, 1961), p. 27f.; J. Fabry, *The Pursuit of Meaning* (Boston: Beacon Press, 1969); and J. Crumbaugh,

Everything to Gain (Chicago: Nelson Hall, 1973).

29. V. Frankl, *The Doctor and the Soul* (New York: Alfred A. Knopf, 1965), pp. 221–253.
30. M. Erickson, "The Use of Symptoms as an Integral Part of Hypnotherapy," *American Journal of Clinical Hypnosis* (1965) 8:57–65; J. Haley, *Uncommon Therapy: The Psychiatric Techniques of Milton Erickson* (New York: W. W. Norton, 1973); and P. Watzlawick, J. Beavin, and D. Jackson, *Pragmatics of Human Communication* (New York: W. W. Norton, 1967).
31. J. Crumbaugh, "Frankl' s Logotherapy: A New Orientation in Counseling,– *Journal of Religion and Health* (1970) 10: 373–386.
32. D. Follesdal, oral communication, 1979.
33. T. Nagel, *Mortal Questions* (London: Cambridge University Press, 1979), p. 21.
34. K. Bach, *Exit–Existentialism: A Philosophy of Self–Awareness* (Belmont, Calif.: Wadsworth, 1973), p. 6.
35. A. Schopenhauer, cited in *The Encyclopedia of Philosophy,* vol. IV, ed. P. Edwards, et al. (New York: macmillan, 1967), p. 468.
36. Nagel, *Mortal Questions,* p. 22.
37. Bach, *Exit–Existentialism,* p. 7.
38. Hume, cited in Nagel, *Mortal Questions,* p. 20.
39. Tolstoy, *My Confession,* p. 16.
40. L. Wittgenstein, *Tractatus Logico–Philosophicus,* trans. D. Pears and B. McGuinness (London and Henley: Routledge & Kegan Paul, 1961), p. 73.

찾아보기

인 명

내 용

저자 소개 Irvin D. Yalom

1931년 미국 Washington, D.C. 출생으로 스탠퍼드 대학교 심리학과 교수를 역임하고, 1994년 이후로 이 대학의 명예교수로 있다. 임상심리와 연구에 대한 공헌으로 1974년에 Edward Strecker Award, 1979년 미국정신의학회(American Psychiatric Association)에서 Foundations' Fund Prize in Psychiatry, 2000년에는 종교와 심리치료에 중요한 기여로 Oscar Pfister Prize를 수상했다.

저서

The Theory and Practice of Group Psychotherapy(1975), *Every Day Gets a Little Closer*(1974), *Inpatient Group Psychotherapy*(1983), *Love's Executioner and Other Tales of Psychotherapy*(1989), *The Yalom Reader*(1998), *Momma and the Meaning of Life*(1999), *The Gift of Therapy: An Open Letter to a New Generation of Therapists and Their Patients*(2001)

인간심리에 대한 세 편의 소설

When Nietzsche Wept(1992), *Lying on the Couch*(1996), *The Schopenhauer Cure*(2005). 이 소설 중 *When Nietzsche Wept*은 1993년에 가장 좋은 소설에게 부여하는 Commonwealth Gold Medal을 받았다.

역자 소개 임경수

계명대학교 인문국제대학 교수. 미국 게렛(Garrett) 신학교에서 신학과 목회상담을 전공(M.Div. & M.T.S.)하였다. 노스웨스턴 대학교, 시카고 대학교, 시카고 칼 융 연구소에서 심리학을 공부하고 노스웨스턴 대학병원(Northwestern Memorial Hospital)에서 임상실습을 하였다. 이후 시카고 신학대학에서 박사학위(Ph.D.)를 받았다. 현재 한국기독상담심리학회 감독회원, 한국목회상담협회 감독회원, 한국임상목회교육협회 감독회원, 아동·놀이치료수련감독, 한국가족문화상담협회 수련감독으로서 개인상담, 가족상담, 집단상담, 교육분석을 하고 있다.

저서

폴 틸리히(Paul Tillich)의 인간이해와 목회상담신학(학지사, 근간)

오후수업: 중년 리모델링(시그마프레스, 2016)

불안심리: 마음의 집이 없는 사람들(학지사, 2014)

애착이론과 역기능발달상담(학지사, 2014)

심리학이 모르는 기독교(학지사, 2013)

죽음불안과 발달심리학(계명대출판사, 2013)

인간발달 이해와 기독교 상담(2판, 학지사, 2013)

인간관계심리학: 기본을 알면 사람이 보인다(시그마프레스, 2013)

심리학과 신학에서 본 인간 이해(학지사, 2009)

인생의 봄과 가을: 중년의 심리이해와 분석(학지사, 2005)

Male Mid-life Crisis: Psychological Dynamics, Theological Issues, and Pastoral Interventions (New York: University Press of America, 2000)

역서

하나님의 방법으로 훈육하라(CUP, 2011)

실존주의 심리치료(학지사, 2007)

상담학총서
COUNSELING SERIES

실존주의 심리치료
Existential Psychotherapy

2007년 6월 25일 1판 1쇄 발행
2023년 1월 20일 1판 9쇄 발행

지은이 • Irvin D. Yalom
옮긴이 • 임경수
펴낸이 • 김진환
펴낸곳 • (주) 학지사
04031 서울특별시 마포구 양화로 15길 20 마인드월드빌딩
대표전화 • 02)330-5114 팩스 • 02)324-2345
등록번호 • 제313-2006-000265호

홈페이지 • http://www.hakjisa.co.kr
페이스북 • https://www.facebook.com/hakjisa

ISBN 978-89-5891-485-3 93180

정가 22,000원

역자와의 협약으로 인지는 생략합니다.
파본은 구입처에서 교환해 드립니다.